에듀윌과 함께 시작하면,
당신도 합격할 수 있습니다!

전문성을 인정받기 위해 국가공인 자격 취득을
목표로 한 반려동물훈련사와 관련 종사자

반려동물 산업 현장에서 실력을 갖춘 전문가로
커리어를 시작하고 싶은 취준생과 N잡러

반려동물의 삶을 더 깊이 이해하고
행복한 공존을 꿈꾸는 진심 어린 보호자

누구나 합격할 수 있습니다.
필요한 건 단 하나, 반려동물에 대한 진심과 열정입니다.

마지막 페이지를 덮으면,

에듀윌과 함께
반려동물행동지도사 합격이 시작됩니다.

2주 합격 플랜

- 하루 4~5시간 학습
- 관련 분야 종사자, 기본 지식이 있는 학습자 추천

WEEK	DAY	학습내용	완료
WEEK 1	DAY 01	제1과목 CH 01~02 핵심이론+출제 예상문제	🐾
	DAY 02	제1과목 CH 03~05 핵심이론+출제 예상문제+제1과목 복습	🐾
	DAY 03	제2과목 CH 01~03 핵심이론+출제 예상문제	🐾
	DAY 04	제2과목 CH 04~06 핵심이론+출제 예상문제+제2과목 복습	🐾
	DAY 05	제3과목 CH 01~02 핵심이론+출제 예상문제	🐾
	DAY 06	제3과목 CH 03~04 핵심이론+출제 예상문제+제3과목 복습	🐾
	DAY 07	제4과목 CH 01 핵심이론+출제 예상문제	🐾
WEEK 2	DAY 08	제4과목 CH 02~04 핵심이론+출제 예상문제+제4과목 복습	🐾
	DAY 09	제5과목 CH 01~03 핵심이론+출제 예상문제	🐾
	DAY 10	제5과목 CH 04~07 핵심이론+출제 예상문제+제5과목 복습	🐾
	DAY 11	제1과목~제2과목 실전문제	🐾
	DAY 12	제3과목~제5과목 실전문제	🐾
	DAY 13	실전모의고사 1~2회	🐾
	DAY 14	실전모의고사 1~2회 복습+총정리	🐾

4주 합격 플랜

- 하루 2~3시간 학습
- 기본 지식부터 쌓아야 하는 학습자 추천

WEEK	DAY	학습내용	완료
WEEK 1	DAY 01	제1과목 CH 01~02 핵심이론+출제 예상문제	🐾
	DAY 02	제1과목 CH 03~05 핵심이론+출제 예상문제	🐾
	DAY 03	제1과목 핵심이론 복습	🐾
	DAY 04	제2과목 CH 01~03 핵심이론+출제 예상문제	🐾
	DAY 05	제2과목 CH 04~06 핵심이론+출제 예상문제	🐾
	DAY 06	제2과목 핵심이론 복습	🐾
	DAY 07	제3과목 CH 01~02 핵심이론+출제 예상문제	🐾
WEEK 2	DAY 08	제3과목 CH 03~04 핵심이론+출제 예상문제	🐾
	DAY 09	제3과목 핵심이론 복습	🐾
	DAY 10	제4과목 CH 01 핵심이론+출제 예상문제	🐾
	DAY 11	제4과목 CH 02~04 핵심이론+출제 예상문제	🐾
	DAY 12	제4과목 핵심이론 복습	🐾
	DAY 13	제5과목 CH 01~03 핵심이론+출제 예상문제	🐾
	DAY 14	제5과목 CH 04~05 핵심이론+출제 예상문제	🐾
WEEK 3	DAY 15	제5과목 CH 06~07 핵심이론+출제 예상문제	🐾
	DAY 16	제5과목 핵심이론 복습	🐾
	DAY 17	제1과목 실전문제	🐾
	DAY 18	제1과목 복습	🐾
	DAY 19	제2과목 실전문제	🐾
	DAY 20	제2과목 복습	🐾
	DAY 21	제3과목 실전문제	🐾
WEEK 4	DAY 22	제3과목 복습	🐾
	DAY 23	제4과목 실전문제	🐾
	DAY 24	제4과목 복습	🐾
	DAY 25	제5과목 실전문제	🐾
	DAY 26	제5과목 복습	🐾
	DAY 27	실전모의고사 1~2회	🐾
	DAY 28	실전모의고사 1~2회 복습+총정리	🐾

에듀윌
반려동물행동지도사
한권끝장 + 무료특강

머리말

에듀윌 반려동물행동지도사 한권끝장 교재는 각 과목별 핵심이론을 쉽고 명확하게 정리하고, 실전문제와 모의고사를 함께 수록하여 반려동물행동지도사 자격시험을 준비하는 수험생이 보다 효율적으로 학습할 수 있도록 구성하였습니다. 핵심이론과 함께 최신 기출 경향을 반영한 문제를 반복적으로 풀어나가다 보면, 시험에 대한 이해도와 실전 감각이 자연스럽게 길러질 것입니다.

이 책과 함께 반려동물 전문가로 나아가는 첫걸음을 힘차게 내딛으시길 바랍니다.

저자 이하늬

- 건국대학교 수의학과 졸업
- 강원대학교 수의학과 석사 졸업
- 중부대학교 반려동물학부 외래 교수

반려동물행동지도사는 반려동물과 보호자가 건강하고 안정된 관계를 맺을 수 있도록 돕는 중요한 역할을 합니다. 반려동물에 대한 사회적 관심이 높아지며, 행동문제를 과학적으로 분석하고 해결할 수 있는 전문가의 필요성도 커지고 있습니다.

이 책은 반려동물행동지도사 자격시험을 준비하는 분들이 처음 접하더라도 부담 없이 학습할 수 있도록, 핵심 개념과 자주 출제되는 내용을 중심으로 쉽고 명확하게 정리하였습니다. 또한 실전 대비를 위한 모의고사를 함께 수록하여 시험에 필요한 이해력과 문제 해결력을 효과적으로 높일 수 있도록 하였습니다.

이 책이 여러분의 합격 여정에 든든한 길잡이가 되어, 반려동물행동지도사로서의 전문성과 자신감을 쌓는 데 큰 도움이 되길 바랍니다.

저자 이광호

- 강원대학교 동물생명공학과 학사
- 건국대학교 동물매개치유학과 석사
- 수원여자대학교 반려동물과 겸임 교수
- 서울대공원 동물원 사육사

반려동물행동지도사
자격시험 Q&A

1. 필기시험은 어떤 방식으로 출제되나요?

반려동물행동지도사 필기시험은 객관식 4지선다형으로, 총 5과목의 100문항으로 출제됩니다.
과목별로 20문항씩 구성되어 있으며, 시험 시간은 120분입니다(2급 기준).

2. 반려동물행동지도사 자격증의 유효기간이 있나요?

유효기간은 없으나, 향후 반려동물행동지도사의 업무능력 향상을 위한 별도의 보수교육이 진행될 수 있습니다.

3. 반려동물 관련 분야에 종사하려면, 반려동물행동지도사 자격 취득이 필수인가요?

반려동물행동지도사는 면허가 아니므로, 관련 분야 종사에 필수사항은 아닙니다. 다만, 「자격기본법」 제30조(자격취득자에 대한 우대)에 따라 국가자격을 취득한 자는 관련 분야 채용 시 우대받을 수 있습니다.

반려동물행동지도사 자격시험이란?

시행처 바로가기

시험일정 및 응시원서 접수

반려동물행동지도사란 반려동물의 행동분석·평가 및 훈련 등에 전문지식과 기술을 가진 사람으로서 자격시험에 합격한 사람을 말한다. 반려동물행동지도사 자격시험은 농림수산식품교육문화정보원(수탁기관)에서 농림축산식품부장관으로부터 자격시험의 시행 등을 위탁받아 운영하는 국가공인 자격시험이다. 반려동물행동지도사 자격은 1급과 2급으로 구분된다.

- **1급**: 「동물보호법」에서 요구하는 반려동물에 대한 행동지도, 행동분석 및 평가, 소유자 등에 대한 교육 등을 수행 할 수 있는 **전문적인 지식과 능력을 갖춘 사람**
- **2급**: 「동물보호법」에서 요구하는 반려동물에 대한 행동지도, 행동분석 및 평가, 소유자 등에 대한 교육 등을 수행할 수 있는 **기본적인 지식과 능력을 갖춘 사람**

시험일정 및 응시원서 접수

시험 등급	시험 구분	공고 및 원서 접수	시험 일시	시험장
2급	1차 필기시험	시험공고: '25. 5월 말 中	'25. 8월 中 14:00~16:00 *입실 마감 13:00 (시험 시간은 '24 기준)	전국 6개 지역 中 응시자 선택 가능 ('24 기준)
2급	1차 필기시험	응시원서 접수: '25. 6~7월 中	'25. 8월 中 14:00~16:00 *입실 마감 13:00 (시험 시간은 '24 기준)	전국 6개 지역 中 응시자 선택 가능 ('24 기준)
2급	2차 실기시험	1차 필기시험 합격자 발표 이후 별도 공지 ('25. 9월 中)	'25. 10~11월 예정	전국 6개 지역 中 응시자 선택 가능 ('24 기준)
1급	1차 필기시험	시험공고: '25. 5월 말 中	'25. 8. 23.(토) 14:00~16:00 *입실 마감 13:00 (시험 시간은 '24 기준)	전국 6개 지역 中 응시자 선택 가능 ('24 기준)
1급	1차 필기시험	응시원서 접수: '25. 6~7월 中	'25. 8. 23.(토) 14:00~16:00 *입실 마감 13:00 (시험 시간은 '24 기준)	전국 6개 지역 中 응시자 선택 가능 ('24 기준)
1급	2차 실기시험	1차 필기시험 합격자 발표 이후 별도 공지 ('25. 9월 中)	'25. 10~11월 예정	전국 6개 지역 中 응시자 선택 가능 ('24 기준)

※ 출간 기준(5월 20일)으로 2025년 시험 공고가 게시되지 않아 작년 시험 일정을 기준으로 한 대략적인 일정을 안내하오니, 자세한 사항은 자격시험정보시스템(시행처)에서 반드시 확인하시기 바랍니다.

반려동물행동지도사 자격정보시스템 누리집(https://apms.epis.or.kr/pet)에서 회원가입 후 온라인 등록·접수 *단체접수 및 현장접수 불가
응시원서 접수 기간 중에는 24시간 접수 가능하며, 응시원서 접수 마감일은 14시까지 접수(접수 기간 종료 후에는 응시원서 접수 불가)
* 1차 필기시험 응시원서 접수 시 자격정보시스템에서 선착순에 따라 시험지역(전국 6개 지역) 직접 선택
* 2차 실기시험 응시원서 접수 시 자격정보시스템에서 선착순에 따라 시험일시 및 시험지역(전국 6개 권역), 시험장조건(실내·외) 등을 직접 선택
* 지역별 시험장 수용인원 초과 시 해당 시험장 신청 불가(타 시험장 선택 필요)

응시 수수료

1·2차 시험 응시원서 접수 시 반려동물행동지도사 자격정보시스템 누리집(https://apms.epis.or.kr/pet)을 통해 응시수수료를 납부해야 하며, 계좌이체 납부 시 반드시 '응시자명'으로 입금

시험 등급	1차 필기시험	2차 실기시험	납부 방법
2급	50,000원	150,000원	정보통신망을 이용한 전자결제(신용카드, 계좌이체, 가상계좌)
1급	미정	미정	미정

응시 자격

- 2급 반려동물행동지도사 자격시험: 18세 이상 *1차 시험 응시접수 마감일(7.11.) 기준(2007년 7월 11일 출생자까지)
- 1급 반려동물행동지도사 자격시험: 2급 자격 취득 후 반려동물 관련 분야 3년 이상 실무경력 보유자 또는 반려동물 관련 분야 10년 이상 실무경력 보유자 *응시자격 검증을 위한 경력증명서 등 증빙서류·방법은 수탁기관에서 마련한 세부 운영규정에 따름(자격정보시스템 내 별도 공지)

  ☞ 1차 시험 면제 대상
  「동물보호법 시행령」 제14조의4 제2항에 따라, 1차 시험에 합격한 사람에 대해서는 합격한 날부터 2년간 해당 자격시험의 1차 시험 면제

합격 기준

- 필기시험: 전 과목 평균 60점 이상, 각 과목 40점 이상
- 실기시험: 60점 이상

증빙자료 제출

- 1차 필기시험 접수 시 반려견의 직계가족 소유 여부를 증빙할 수 있는 '가족관계증명서', '맹견사육허가서', '장애인 증명서류' 등이 요구될 수 있음
- 1차 필기시험 접수 시 개인정보 활용 및 제공 동의를 받아 행정정보공동이용망에서 범죄사실 일괄 확인 예정
  * 결격사유 확인을 위한 서류심사의 관련 증빙자료 목록·제출기간 등은 별도 안내
  * 1차 응시원서 접수 시 제출한 증빙자료를 포함하여 일체 확인·검토
- 2차 실기시험 합격자를 대상으로 결격사유 해당 여부 확인을 위해 '향정신성의약품 중독 및 정신질환자가 아님을 증빙하는 진단서'를 자격정보시스템을 통해 별도 증빙
  * 증빙자료 미제출 및 제출된 자료가 허위이거나 위조 등일 경우 「동물보호법」 제31조제3항 및 제4항에 따라 합격 취소 등 불이익 발생

합격자 발표 및 자격증 발급

- 1차 시험 시행 후 필기 합격자를 발표하고, 2차 시험 합격자 대상 결격사유 확인(서류심사) 후 최종 합격자를 발표할 예정

시험 등급	시험 구분	합격자 발표	발표 방법
2급	1차 필기시험	'25. 9월 초·중 예정	개별 자격정보시스템 확인 및 문자 통보
	2차 실기시험 및 최종 합격자	'25. 12월 중·말 예정	

- 발급 방법: 반려동물행동지도사 자격정보시스템 누리집(https://apms.epis.or.kr/pet)을 통해 발급

주의사항

① 자격정보시스템을 통해 응시원서를 잘못 작성·제출하여 착오가 발생하였을 때에는 시행기관이 책임지지 않으며, 이로 인한 불이익 처분을 받지 않도록 정확히 작성·제출
② 접수된 응시원서와 그 밖의 서류는 일체 반환하지 않음
③ 시험 공고일을 기준으로 '응시자격' 및 '증빙자료' 등의 요건을 충족하지 못하는 경우에는 해당시험 무효 또는 합격 취소
④ 「동물보호법」 제31조 제3항'에 따라 '거짓이나 그 밖에 부정한 방법으로 시험에 응시한 사람', '시험에서 부정한 행위를 한 사람'은 해당 시험을 무효로 하거나 합격 결정을 취소하며, 「동물보호법」 제31조 제4항'에 따라 위 사항이 확인된 자는 그 처분이 있이 있은 날로부터 3년간 반려동물행동지도사 자격시험에 응시할 수 없음

필기시험 안내

시험 과목 및 출제 범위

시험 등급 및 구분	시험 과목	출제 범위
2급 1차 필기시험 (5과목) * '법률' 과목은 해당 시험 시행일 기준으로 시행 중인 법률·규정·기준 등을 적용하여 정답 처리	반려동물 행동학	① 반려동물 행동의 개념 ② 반려동물의 행동발달 ③ 반려동물의 정상행동 ④ 반려동물의 의사소통 ⑤ 반려동물의 문제행동
	반려동물 관리학	① 반려동물의 복지 ② 영양관리 ③ 건강관리 ④ 환경관리 ⑤ 운동 및 행동관리 ⑥ 반려견개론 및 견종 표준
	반려동물 훈련학	① 반려견 훈련개념 및 훈련의 영향요인 ② 반려견의 학습이론 ③ 훈련원리의 활용 ④ 반려견 훈련능력 평가와 활용
	직업윤리 및 법률	① 동물보호법 ② 소비자기본법 ③ 기타 생활법률 ④ 반려동물행동지도사의 직업윤리
	보호자 교육 및 상담	① 반려동물 보호자의 개념과 역할 ② 반려동물 보호자 교육 계획수립 ③ 반려동물 보호자 교육방법 ④ 반려동물문제행동 예방교육 ⑤ 고객상담 ⑥ 반려견 위탁서비스 ⑦ 사후관리

- 1차 필기시험 응시자는 해당 고사장에 신분증, 응시표, 필기도구, 장애인 시험 보조기구만 지참하여 입실 후 지정된 좌석에 착석
  * 입실 마감: 시험 시행 1시간 전
  * 신분증 인정범위는 응시원서 접수 시 '자격정보시스템'에서 확인 가능하고, 개별 좌석번호는 응시표 출력 시 표기 및 문자 별도 발송
  * 지참 가능 물건 외 휴대폰을 포함한 전자·통신기기 등은 반입·소지하지 않거나 시험 시작 전 수거함에 일괄 제출(자격정보시스템 안내 참고)

주의사항

- 시험시간 중에는 필기구·허용된 목줄 등의 물건을 다른 사람에게 빌리거나 빌려주지 못함
- 부정행위를 하거나 시험 시행과 관련된 감독관의 지시에 따르지 않는 사람은 즉시 퇴장 조치되며, 해당 시험은 무효로 처리됨
- '시험답안카드(OMR)'는 반드시 '컴퓨터용 사인펜(검정색)'을 사용해야 함

부정행위 및 실격사유

① 필수 지참물(응시표, 신분증)을 지참하지 않거나, 시험 도중 휴대폰을 포함한 전자·통신기기 등을 사용하는 경우
② 시험 중 다른 응시자와 시험과 관련된 대화를 하거나 답안지를 교환하는 경우
③ 시험 중 다른 응시자의 답안지(OMR 카드 등) 또는 문제지를 엿보고 자신의 답안지를 작성하는 경우
④ 다른 응시자에게 답안을 알려주거나 엿보게 하는 경우
⑤ 시험 중 시험문제 내용과 관련된 물건을 휴대하여 사용하거나 이를 주고받는 경우
⑥ 시험장 내·외의 자로부터 도움을 받고 답안지를 작성하는 경우
⑦ 사전에 시험문제를 알고 시험을 치르는 경우
⑧ 다른 응시자와 성명 또는 응시번호를 바꾸어 제출하는 경우
⑨ 대리시험을 치르거나 치르게 하는 경우
⑩ 시험 종료 후에도 계속하여 답안을 작성하는 경우
⑪ 다른 응시자에게 답안지를 보여주거나 보는 경우
⑫ 다른 응시자와 쪽지 교환, 손동작, 소리 등으로 서로 신호를 주고 받는 경우
⑬ 폭력으로 다른 응시자를 위협하는 경우 → 즉시 시험 중단 및 고발 조치
⑭ 시험운영위원의 지시에 불응하는 경우
⑮ 기타 부정 또는 불공정한 방법으로 시험을 치르는 경우

실기시험 안내

시험 과목 및 출제범위

실기시험 알아보기

시험 등급	시험 구분 및 시험 과목	출제 범위
2급 2차 실기시험 (1과목)	반려동물 기본 지도능력 평가 • 공통: 규격 15m×15m 이상 'ㅁ자' 도식 • 선택: 지역 및 실내·외 시험장 (응시자가 실내·외 선택 가능)	① 견줄하고 동행하기(상보·속보·완보) ② 동행 중 앉기 ③ 동행 중 엎드리기 ④ 동행 중 서기 ⑤ 부르기(와) ⑥ 가져오기 *물건(덤벨 등) 응시자 지참 가능 / 미지참 시 공용 물건 사용 ⑦ 악수하기 ⑧ 짖기 ⑨ 지정장소로 보내기(하우스) *하우스(컨넬 등) 응시자 지참 가능하며, 미지참 시 공용 상판 사용 ⑩ 기다리기(대기) *견줄 없이 3분 기다리기

※ 출간 기준(5월 20일)으로 '25년 1급 관련 공고가 게시되지 않아 관련 내용은 본문에 수록되지 않았으니, 자세한 사항은 자격시험정보시스템(시행처)에서 반드시 확인하시기 바랍니다.

2급 실기시험 도식도

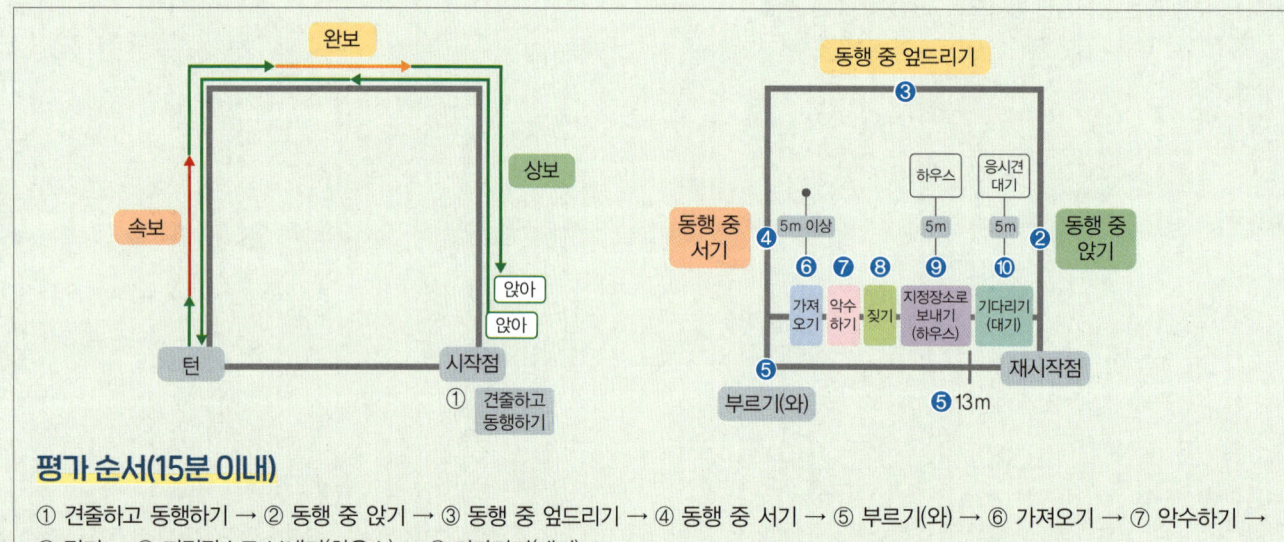

평가 순서(15분 이내)
① 견줄하고 동행하기 → ② 동행 중 앉기 → ③ 동행 중 엎드리기 → ④ 동행 중 서기 → ⑤ 부르기(와) → ⑥ 가져오기 → ⑦ 악수하기 → ⑧ 짖기 → ⑨ 지정장소로 보내기(하우스) → ⑩ 기다리기(대기)

- 2차 실기시험은 1차 필기시험 합격자를 대상으로 하며, 필수 지참물만 지참하여 입실 후 운영요원 안내에 따라 대기
- 2차 실기시험은 해당 등급 시험 합격 이력이 없는 응시자 본인 또는 직계가족 소유의 반려견과 함께 지정된 활동을 수행
- 2차 실기시험 시 응시견은 1차 응시원서 접수 시 등록한 반려견(1마리)만 동행 가능하며, 내장형 고유식별번호 장치가 부착되어 동물등록번호가 확인되어야 하며 6개월령 이상 모든 견종 가능(크기 무관)
- 장애인 및 기타 응시편의 사전 요청자의 경우, 증빙서류 검토·확인 후 선택한 지역의 별도의 고사장과 시험시간을 개별 문자로 별도 통보할 예정

  *입실 마감: 시험 시행 1시간 전
  *응시견은 1차 시험 응시접수 마감일(7월 중)을 기준으로 동물등록번호를 부여 받은 6개월령 이상 모든 견종은 응시 가능(크기 무관)
  *응시 견종별(소형, 중대형, 맹견)로 구분하여 시험일정 안내 예정
  *허용된 물건(개인용 덤벨·인형·공 및 켄넬 등) 및 목줄[버튼·걸쇠 형태 허용, 초크체인, 프롱(핀치)칼라, 쇠줄 불가]만 반입·착용 가능
  *지참 가능 물건 외 휴대폰을 포함한 전자·통신기기 등은 반입·소지하지 않거나 시험 시작 전 수거함에 일괄 제출

부정행위 및 실격사유

① 수행불능
- 필수 지참물[응시견, 응시표, 신분증, 허용 목줄, 입마개(맹견의 경우)]을 지참하지 않은 경우
  * 응시견은 응시원서 접수 시 등록된 반려견(1마리)만 동행 가능하며, 실기시험 현장에서 동물등록번호(내·외장형 고유식별번호 장치 부착 必) 및 월령 등을 확인
- 근골격계 질환 등으로 통증 및 파행 동작이 보이는 경우
- 응시견이 위축된 후 회복되지 않아 시험시간이 지연되는 경우(겁먹은 행동)
- 수행불능(평가위원 판단)으로 시험시간이 지연되는 경우
- 그 외 평가위원 전원이 합의하여 실기시험 수행이 불가능하다고 판단한 경우

② 통제불능
- 시작점에서 3회 명령에도 기본자세가 되지 않았을 경우
- 3회 이상 추가명령에도 복종시키지 못하는 경우
- 시험장을 이탈한 경우
- 시험장에서 마킹을 하거나 배설을 한 경우
- 시험장 내·외에서 다른 응시자, 응시견 등을 물거나 공격적인 행위를 한 경우(공격성)
- 반복되는 짖기 등 사회성이 결여된 경우(시험장 내·외)

③ 부정행위
- 시험 도중 휴대폰을 포함한 전자·통신기기 등을 사용하는 경우
- 지참 가능 물건이 아닌 물건(먹이·간식, 장난감 등)을 반입·소지·사용한 경우
  * 지참 가능 물건: '가져오기' 수행 용도의 덤벨, 장난감, 공, 인형 등 / '하우스' 수행 용도의 컨넬 등
  * 단, 지참 가능 물건에 먹이·간식 등을 넣어 평가의 공정성을 해하는 경우 부정행위로 간주
- 응시견에게 학대 행위(구타·위협·신체적 압박 등)를 하는 경우
- 응시자가 평가위원의 퇴장 지시에 불응한 경우

이 책의 구성

이론편

과목별 개념 이해도를 키우는 핵심이론

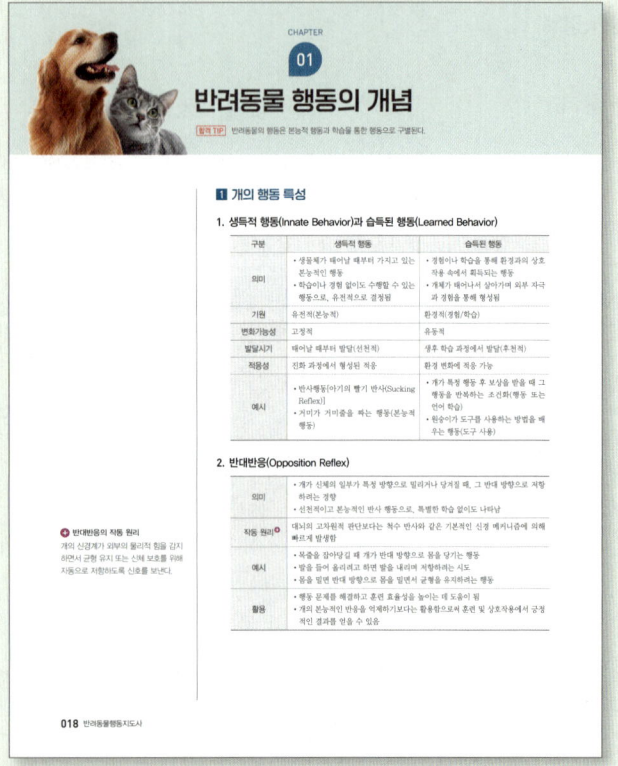

- ✓ 다양한 시각자료 수록으로 이론의 이해도를 높입니다.
- ✓ 보조단에서 중요한 용어와 추가 설명을 확인합니다.

학습한 이론을 바로 적용하는 출제 예상문제

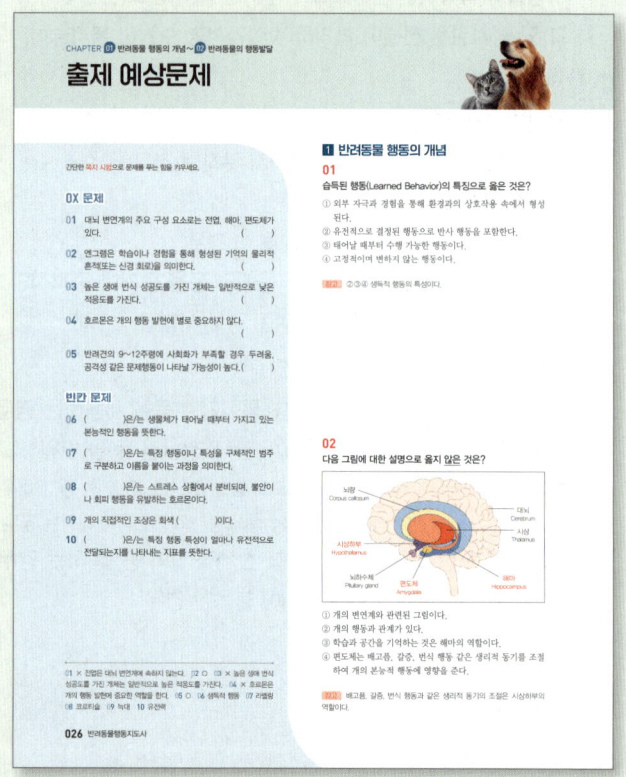

- ✓ 핵심이론에서 학습한 이론이 문제에 어떻게 적용되는지 알아봅니다.
- ✓ OX 문제와 빈칸 문제부터 선택형 문제까지 단계별로 학습 완성도를 점검합니다.

반려동물행동지도사 | 자격 한눈에 보기

반려동물행동지도사란 반려동물의 행동분석·평가 및 훈련 등에 전문지식과 기술을 가진 사람으로서 자격시험에 합격한 사람을 말한다. 반려동물행동지도사 자격시험은 농림수산식품교육문화정보원(수탁기관)에서 농림축산식품부장관으로부터 자격시험의 시행 등을 위탁받아 운영하는 국가공인 자격시험이다. 반려동물행동지도사 자격은 1급과 2급으로 구분된다.

문제편

합격 자신감을 키우는 실전문제

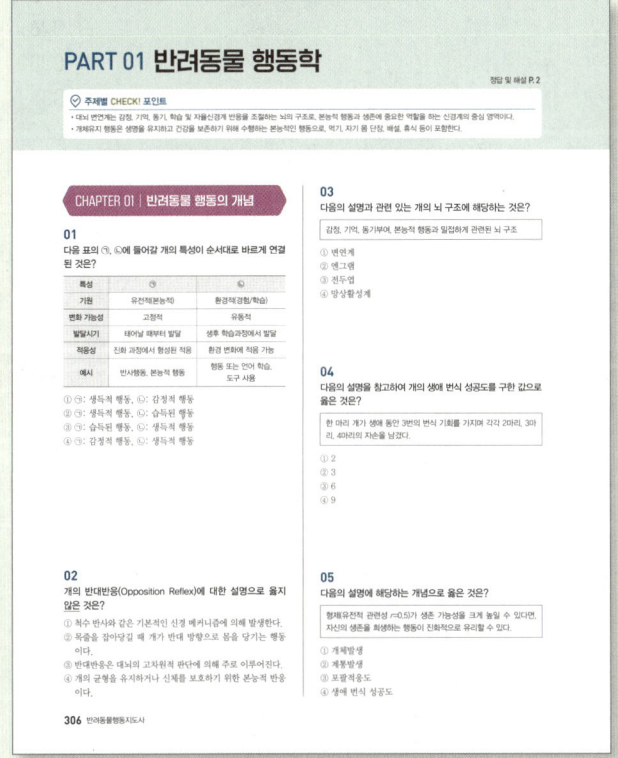

☑ 기출과 유사한 유형으로 이론 학습을 꼼꼼하게 점검합니다.

최종 실력 점검 실전모의고사

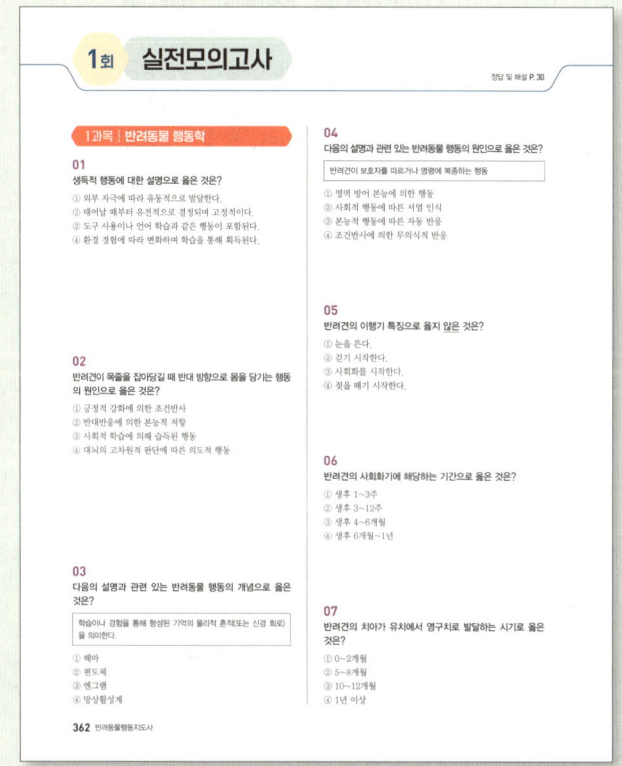

☑ 최신 기출을 복원한 과목별 문항 구성으로 학습을 마무리합니다.

▶ 핵심이론 + 출제예상 무료 특강

전과목 핵심이론 특강(14강)과 출제예상 모의고사 해설 특강(2강)을 무료로 제공합니다.

수강 경로

• 유튜브 ▶ '에듀윌 자격증' 채널

특강 바로 보기

차례

- 머리말
- Q&A
- 반려동물행동지도사 자격시험이란?
- 필기시험 안내
- 실기시험 안내
- 이 책의 구성

핵심이론 015

PART 01 반려동물 행동학
- CHAPTER 01 반려동물 행동의 개념 · 018
- CHAPTER 02 반려동물의 행동발달 · 022
- CHAPTER 01~02 출제 예상문제 · 026
- CHAPTER 03 반려동물의 정상행동 · 030
- CHAPTER 04 반려동물의 의사소통 · 036
- CHAPTER 05 반려동물의 문제행동 · 042
- CHAPTER 03~05 출제 예상문제 · 052

PART 02 반려동물 관리학
- CHAPTER 01 반려동물의 복지 · 058
- CHAPTER 02 영양관리 · 062
- CHAPTER 03 건강관리 · 072
- CHAPTER 01~03 출제 예상문제 · 080
- CHAPTER 04 환경관리 · 084
- CHAPTER 05 운동 및 행동관리 · 090
- CHAPTER 06 반려견개론 및 견종 표준 · 098
- CHAPTER 04~06 출제 예상문제 · 106

PART 03 반려동물 훈련학
- CHAPTER 01 반려견 훈련개념 및 훈련의 영향요인 · 112
- CHAPTER 02 반려견의 학습이론 · 122
- CHAPTER 01~02 출제 예상문제 · 130
- CHAPTER 03 훈련원리의 활용 · 134
- CHAPTER 04 반려견 훈련능력 평가와 활용 · 152
- CHAPTER 03~04 출제 예상문제 · 168

PART 04 직업윤리 및 법률
- CHAPTER 01 동물보호법 · 174
- CHAPTER 01 출제 예상문제 · 216
- CHAPTER 02 소비자기본법 · 220
- CHAPTER 03 기타 생활법률 · 230
- CHAPTER 04 반려동물행동지도사의 직업윤리 · 238
- CHAPTER 02~04 출제 예상문제 · 244

PART 05 보호자 교육 및 상담
- CHAPTER 01 반려동물 보호자의 개념과 역할 · 250
- CHAPTER 02 반려동물 보호자 교육 계획수립 · 256
- CHAPTER 03 반려동물 보호자 교육방법 · 260
- CHAPTER 01~03 출제 예상문제 · 266
- CHAPTER 04 반려동물 문제행동 예방교육 · 270
- CHAPTER 05 고객상담 · 280
- CHAPTER 04~05 출제 예상문제 · 290
- CHAPTER 06 반려견 위탁서비스 · 294
- CHAPTER 07 사후관리 · 298
- CHAPTER 06~07 출제 예상문제 · 302

실전문제 — 305

PART 01 반려동물 행동학 — 306
- CHAPTER 01 반려동물 행동의 개념
- CHAPTER 02 반려동물의 행동발달
- CHAPTER 03 반려동물의 정상행동
- CHAPTER 04 반려동물의 의사소통
- CHAPTER 05 반려동물의 문제행동

PART 02 반려동물 관리학 — 316
- CHAPTER 01 반려동물의 복지
- CHAPTER 02 영양관리
- CHAPTER 03 건강관리
- CHAPTER 04 환경관리
- CHAPTER 05 운동 및 행동관리
- CHAPTER 06 반려견개론 및 견종 표준

PART 03 반려동물 훈련학 — 328
- CHAPTER 01 반려견 훈련개념 및 훈련의 영향요인
- CHAPTER 02 반려견의 학습이론
- CHAPTER 03 훈련원리의 활용
- CHAPTER 04 반려견 훈련능력 평가와 활용

PART 04 직업윤리 및 법률 — 336
- CHAPTER 01 동물보호법
- CHAPTER 02 소비자기본법
- CHAPTER 03 기타 생활법률
- CHAPTER 04 반려동물행동지도사의 직업윤리

PART 05 보호자 교육 및 상담 — 346
- CHAPTER 01 반려동물 보호자의 개념과 역할
- CHAPTER 02 반려동물 보호자 교육 계획수립
- CHAPTER 03 반려동물 보호자 교육방법
- CHAPTER 04 반려동물문제행동 예방교육
- CHAPTER 05 고객상담
- CHAPTER 06 반려견 위탁서비스
- CHAPTER 07 사후관리

실전모의고사 — 361
- 실전모의고사 1회 — 362
- 실전모의고사 2회 — 376

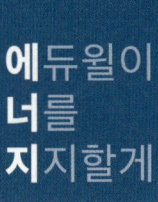

낙관주의는 성공으로 인도하는 믿음이다.
희망과 자신감이 없으면 아무것도 이루어질 수 없다.

– 헬렌 켈러(Helen Keller)

반려동물행동지도사
핵심이론

PART 01 반려동물 행동학 ·· 016

PART 02 반려동물 관리학 ·· 056

PART 03 반려동물 훈련학 ·· 110

PART 04 직업윤리 및 법률 ··· 172

PART 05 보호자 교육 및 상담 ···································· 248

PART
01

반려동물 행동학

출제 키워드

과목	챕터	출제 키워드
1과목 반려동물 행동학	01 반려동물 행동의 개념	대뇌 변연계, 행동의 진화와 유전
	02 반려동물의 행동발달	행동의 발현기전, 연령별 행동발달
	03 반려동물의 정상행동	개체유지 행동, 사회적 행동
	04 반려동물의 의사소통	개의 시각, 꼬리, 귀, 눈, 자세와 의사소통
	05 반려동물의 문제행동	문제행동의 특성과 원인

CHAPTER 01
반려동물 행동의 개념

합격 TIP 반려동물의 행동은 본능적 행동과 학습을 통한 행동으로 구별된다.

1 개의 행동 특성

1. 생득적 행동(Innate Behavior)과 습득된 행동(Learned Behavior)

구분	생득적 행동	습득된 행동
의미	• 생물체가 태어날 때부터 가지고 있는 본능적인 행동 • 학습이나 경험 없이도 수행할 수 있는 행동으로, 유전적으로 결정됨	• 경험이나 학습을 통해 환경과의 상호작용 속에서 획득되는 행동 • 개체가 태어나서 살아가며 외부 자극과 경험을 통해 형성됨
기원	유전적(본능적)	환경적(경험/학습)
변화가능성	고정적	유동적
발달시기	태어날 때부터 발달(선천적)	생후 학습 과정에서 발달(후천적)
적응성	진화 과정에서 형성된 적응	환경 변화에 적응 가능
예시	• 반사행동[아기의 빨기 반사(Sucking Reflex)] • 거미가 거미줄을 짜는 행동(본능적 행동)	• 개가 특정 행동 후 보상을 받을 때 그 행동을 반복하는 조건화(행동 또는 언어 학습) • 원숭이가 도구를 사용하는 방법을 배우는 행동(도구 사용)

2. 반대반응(Opposition Reflex)

의미	• 개가 신체의 일부가 특정 방향으로 밀리거나 당겨질 때, 그 반대 방향으로 저항하려는 경향 • 선천적이고 본능적인 반사 행동으로, 특별한 학습 없이도 나타남
작동 원리 ➕	대뇌의 고차원적 판단보다는 척수 반사와 같은 기본적인 신경 메커니즘에 의해 빠르게 발생함
예시	• 목줄을 잡아당길 때 개가 반대 방향으로 몸을 당기는 행동 • 발을 들어 올리려고 하면 발을 내리며 저항하려는 시도 • 몸을 밀면 반대 방향으로 몸을 밀면서 균형을 유지하려는 행동
활용	• 행동 문제를 해결하고 훈련 효율성을 높이는 데 도움이 됨 • 개의 본능적인 반응을 억제하기보다는 활용함으로써 훈련 및 상호작용에서 긍정적인 결과를 얻을 수 있음

➕ **반대반응의 작동 원리**
개의 신경계가 외부의 물리적 힘을 감지하면서 균형 유지 또는 신체 보호를 위해 자동으로 저항하도록 신호를 보낸다.

3. 뇌기능의 발달과 개의 행동

(1) 대뇌 변연계

① 의미: 감정, 기억, 동기부여, 본능적 행동과 밀접하게 관련된 뇌 구조이다.

② 주요 구성 요소: 편도체(Amygdala), 해마(Hippocampus), 시상하부(Hypothalamus)

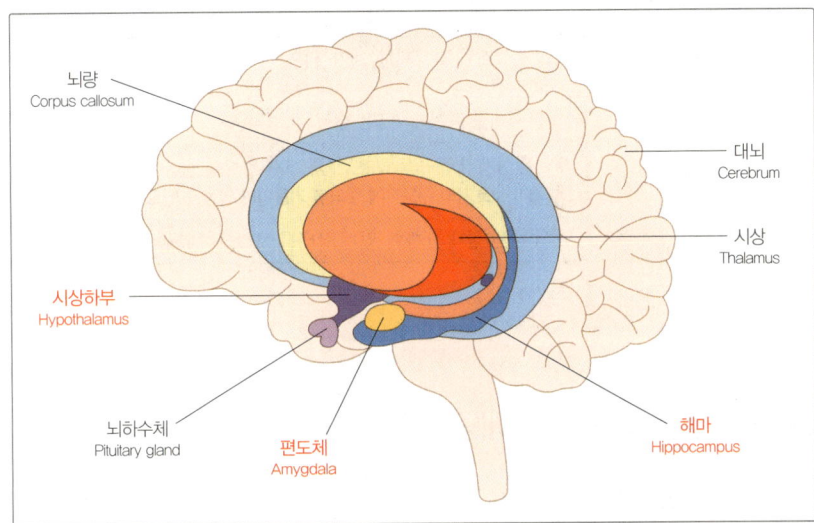

▲ 개의 뇌 구조와 대뇌 변연계

③ 개의 행동과의 관계

행동	기관	원리
감정과 기억	편도체	공포, 분노, 즐거움 등과 같은 감정 반응을 조절하여 학습된 행동에 감정적 의미를 부여하고 특정 자극에 대한 반응을 형성함 예 개가 위험한 상황에서 겪은 과거의 기억을 통해 그와 유사한 상황에서 회피 행동을 보이는 경우
학습과 공간 기억	해마	학습과 공간 기억에 중요한 역할을 함 예 개가 산책 후 집으로 돌아오는 경로를 학습하여 기억하고 찾아가는 능력
생리적 동기	시상하부	배고픔, 갈증, 번식 행동 같은 생리적 동기를 조절하여 개의 본능적 행동에 영향을 줌

(2) 엔그램

① 의미: 학습이나 경험을 통해 형성된 기억의 물리적 흔적(신경 회로)으로, 자극을 통해 신경조직에 남는 명확한 영구적 흔적이다.

② 개의 행동과의 관계

훈련과 학습	• 개가 새로운 명령(예 앉아, 기다려 등)을 학습할 때, 반복적인 훈련을 통해 엔그램이 형성됨 • 반복과 보상이 엔그램을 강화시켜 행동의 일관성을 높임
습관 형성	학습된 행동이 장기적으로 반복될 경우 엔그램이 강화되어 개가 습관적으로 행동함 예 매일 정해진 시간에 밥을 주면 개가 시간에 맞춰 밥을 기대함
조건화	조건 반응을 학습하는 과정도 엔그램의 형성과 관련이 있음 예 파블로프의 개 실험

(3) 망상활성계

① 역할
- 외부 자극에 대한 반응성과 주의 집중에 관여하는 기관이다.
- 대뇌피질로 가는 감각 자극을 조절하며 각성과 주의 상태 유지에 중요한 역할을 한다.

② 개의 행동과의 관계

각성과 반응성	망상활성계의 활성화로 개가 외부 자극(예 소리, 냄새 등)에 신속하게 반응하도록 함 예 문 소리를 듣고 개가 짖는 행동
집중력	망상활성계의 작용으로 훈련 중 개가 명령에 집중할 수 있도록 함 예 개가 보호자의 손동작에 주의를 기울이며 명령을 따르는 과정
수면-각성 주기	개의 수면 상태와 깨어 있는 상태를 조절하여 행동 주기에 영향을 줌

2 개의 행동 특성 관련 개념

1. 적응도와 동물 행동

(1) 적응도(Fitness)와 생애 번식 성공도(Lifetime Reproductive Success)

① 의미

적응도	특정 환경에서 한 개체(또는 유전자)가 생존하고 번식하여 다음 세대에 자신의 유전자를 전달할 가능성을 나타내는 척도
생애 번식 성공도	• 한 개체가 일생 동안 남긴 자손의 총수 • 적응도를 측정하는 데 직접적으로 사용되는 구체적인 값 • 개체가 생존과 번식을 통해 얼마나 성공적으로 유전자를 전달했는지를 수량화할 수 있음

참고 상대적 적응도(Relative Fitness)
동일한 환경에서 다른 개체들과 비교한 번식 성공도를 의미한다.

참고 적응도와 생애 번식 성공도의 비교
- 적응도: 개념적 척도
- 생애 번식 성공도: 실질적인 측정값

② 관계
- 높은 생애 번식 성공도를 가진 개체는 일반적으로 높은 적응도를 가진다.
- 생애 번식 성공도는 적응도의 정량화에 유용하며, 개체군의 진화적 변화 예측에 활용된다.

(2) 이타행동(Altruistic Behavior)과 포괄적응도(Inclusive Fitness)

① 의미

이타행동	개체가 자신의 생존이나 번식 성공도를 낮추더라도 다른 개체(특히 근연 개체)의 생존이나 번식을 돕는 행동
포괄적응도	개체가 직접 남긴 자손(직접 적응도, Direct Fitness)뿐만 아니라, 친족의 생존과 번식에 기여함으로써 간접적으로 남긴 유전자(간접 적응도, Indirect Fitness)를 포함한 전체 적응도

포괄적응도
직접 적응도 + 간접 적응도

② 관계
- 이타행동의 진화로 포괄적응도의 개념을 설명할 수 있다.
- 이타행동이 친족의 생존과 번식을 돕는다면, 그 친족이 공유하는 유전자가 다음 세대로 전달될 가능성이 높아진다.

형제(유전적 관련성 $r=0.5$)가 생존 가능성을 크게 높일 수 있다면 자신의 생존을 희생하는 행동이 진화적으로 유리할 수 있다.

2. 행동의 진화와 유전

(1) 개과 동물의 행동과 진화
① 개과(犬科, Canidae) 동물은 진화적 과정에서 다양한 특유의 행동을 가진다.
② 개과 동물의 행동 특성은 주로 진화적 적응과 유전적 요인에 의해 형성된다.
③ 행동은 개과 동물의 생존과 번식에 유리한 방식으로 발전했으며, 각자의 유전적 특성과 밀접하게 연결되어 있다.
  예 사회적 행동, 사냥 및 먹이 찾기 행동 등

(2) 계통발생(Phylogenic) 행동과 개체발생(Ontogenic) 행동
① 특징

계통발생 행동	• 종의 진화적 역사와 자연 선택을 바탕으로 발달한 행동 • 종이 진화하는 동안 생존과 번식에 유리한 방식으로 발전한 본능적이고 유전적으로 물려받은 행동 패턴 • 다양한 환경에서 종의 생존을 돕는 역할 예 늑대의 무리 생활이나 사냥의 방식
개체발생 행동	• 개체가 생애 동안 경험을 통해 배우고 발달시키는 행동 • 유전적 본능이나 유전자의 영향을 받지만 학습과 환경적 요인이 주요하게 작용함 • 개체의 성장 과정에서 환경에 따른 변화와 적응으로 형성됨 예 개와 사람이 상호작용하면서 특정 명령을 학습 • 사회적 상호작용을 통해 어떻게 행동해야 하는지 배우는 것

② 계통발생 행동과 개체발생 행동의 관계
• 개체의 환경 적응에 필요한 기본적인 틀을 제공한다.
• 개체의 틀 안에서 개체가 경험과 학습으로 더욱 정교하게 적응해 나가도록 한다.
• 사냥 본능과 학습된 사냥 전략의 경우 계통발생 행동과 개체발생 행동이 결합된 형태로 볼 수 있다.

(3) 고정행동패턴
① 의미: 유전적으로 결정되어 있는, 특정한 자극에 의해 자동적으로 나타나는 일련의 행동이다.
② 특징
• 반복적이고 예측 가능하며, 환경적 자극에 대한 고정된 반응으로 발생한다.
• 일반적으로 개체가 본능적으로 수행하는 행동으로, 외부 자극이 있을 때 무의식적으로 발생한다.

(4) 본능회귀(Instinctive Drift)와 라벨링(Labeling)
① 특징

본능회귀	• 동물이 스트레스나 환경적 변화, 불안 등을 겪을 때 본능적으로 이전 단계로 돌아가려는 행동 • 개의 경우 본능회귀는 어린 시절의 행동 패턴이나 발달 초기의 행동으로 돌아가는 경향을 의미함
라벨링	• 특정 행동이나 특성을 구체적인 범주로 구분하고 이름을 붙이는 과정 • 개는 사람이나 다른 동물, 상황을 특정한 방식으로 분류하고 자신의 경험을 바탕으로 라벨을 붙일 수 있음

② 본능회귀와 라벨링의 관계: 심리적 스트레스나 불안과 관련하여, 본능회귀는 라벨링된 자극에 의해 유발될 수 있다.

참고 계통발생의 예
늑대는 사냥 본능을 유전적으로 물려받으며, 이 본능적인 행동은 늑대가 사냥을 하거나 무리 내에서 협력적으로 사냥하는 데 도움을 준다.

참고 개체발생의 예
개별 늑대는 어릴 때부터 부모나 다른 늑대와 함께 사냥을 하면서 자신만의 사냥 전략을 학습하며, 이는 사회적 경험이나 환경적 요인에 의해 영향을 받는다.

참고 고정행동패턴의 예
짖기는 개가 자신을 방어하거나 경고를 하는 방식으로 진화했다.

❗ 개가 어릴 때의 경험에서 특정 상황이나 자극(낯선 사람이나 다른 개와의 접촉 등)과 불쾌한 경험을 연결 짓고 이를 위협적인 자극으로 라벨링할 수 있으며, 이후 그 개는 이러한 자극을 다시 접할 때 불안이나 공포 반응을 보이게 되고, 이로 인해 본능회귀 행동을 유발한다.

CHAPTER 02

반려동물의 행동발달

합격 TIP 개의 가축화 과정과 연령별 행동발달 과정을 이해한다.

1 행동의 발생 기전

1. 행동 특성

(1) **원리**: 개의 행동은 유전적 요인과 환경적 요인이 상호작용하여 형성된다.

(2) **종류**

사회적 행동	• 개는 무리 생활을 하던 늑대의 후손으로 사회적 상호작용을 중요하게 생각함 • 개는 서열에 따른 리더십 구조를 인지함 → 사람과의 관계에서도 나타남 • 개는 표정, 자세, 소리, 꼬리 흔들기 등을 통해 의사소통하며, 이를 통해 신뢰 관계를 형성하거나 경계심을 표현함
의존적 행동	개는 인간과의 유대를 통해 심리적 안정감을 얻음
학습과 적응	• 개는 긍정적 강화(Positive Reinforcement)와 같은 학습 원리에 매우 민감함 • 개는 환경에 따라 조건반사나 사회적 학습을 통해 행동을 변화시키거나 새로운 기술을 습득함 • 개는 훈련을 통해 특정 행동을 강화하거나 억제할 수 있음
영역 표시 및 방어 행동	• 개는 본능적으로 자신의 영역을 확보하고 방어하려는 행동을 보임 • 개는 낯선 사람이나 동물을 경계하는 행동을 함 → 배설물로 영역 표시
본능적 행동	사냥, 짖기, 냄새 탐지, 물기 등의 행동은 유전적으로 내재된 본능임 → 특정 자극에 의해 자동으로 발현됨

> **참고** 의존적 행동의 예
> 보호자를 따르거나 명령에 복종하는 행동

2. 행동의 발현 기전

(1) **특징**: 개의 행동은 신경계, 호르몬, 감각 기관, 유전적 요인, 환경, 학습 경험 등이 상호작용하여 나타난다.

(2) **역할**

① 신경계

중추신경계(CNS)	• 행동을 통제하고 조정하는 핵심 기관 • 변연계: 공포, 공격성, 기쁨 등 본능적인 반응을 처리함 • 전두엽: 학습된 행동, 판단력, 문제 해결 능력을 조절함
말초신경계(PNS)	외부 자극을 감지하고 이를 중추신경계로 전달함

> **참고** 신경계 역할의 예
> 냄새를 맡은 후 탐지나 회피 등의 특정 반응 발현

② 호르몬

코르티솔	스트레스 상황에서 분비되어 불안이나 회피 행동을 유발함
옥시토신	유대감 형성, 사회적 행동과 신뢰감을 증진시킴
테스토스테론	공격성과 관련된 행동을 강화함

③ 감각 기관: 행동 발현의 초기 자극을 감지함

후각	개의 가장 발달된 감각 → 정보 수집을 통한 행동을 유발함 예 냄새로 먹이를 찾거나 위험을 감지
청각	개는 인간보다 높은 주파수의 소리를 감지하여 경계 반응을 유발함
시각	움직임에 민감하며, 사냥이나 경계 행동을 유도함

④ 유전적 요인: 특정 견종은 고유한 행동 특성을 유전적으로 가짐 → 목적 번식의 결과 (Selective Breeding)

⑤ 학습과 환경
- 개의 행동은 태어난 이후 환경적 자극과 경험에 의해 조정된다.
- 개는 긍정적 자극(보상)을 통해 원하는 행동을 강화하거나, 부정적 자극(꾸짖음)으로 행동을 억제할 수 있다.

> **참고** 유전적 요인의 예
> - 셰퍼드 → 경비 능력 강화
> - 래브라도 리트리버 → 회수 행동 강화

(3) 개의 행동 특성과 발현 기전의 통합적 이해
① 개의 행동은 내적 기전(신경계, 호르몬, 감각기관, 유전적 요인)과 외적 요인(환경, 학습 경험)의 상호작용으로 나타난다.
② 대표적인 모습

짖기	낯선 사람을 보고 짖는 행동 → 본능적인 영역 방어(내적 기전: 유전적 요인)와 그간의 경험(외적 요인: 환경, 학습 경험)의 영향을 동시에 받음
사냥 행동	움직이는 공을 쫓는 행동 → 본능적인 사냥 행동(내적 기전: 유전적 요인)이며, 특정 명령(외적 요인: 학습 경험)을 통해 조정됨

2 개의 행동발달 과정

1. 개의 진화 과정
(1) 기원: 개는 약 4만 년 전 늑대와의 공통 조상에서 진화하였으며, 회색 늑대(Canis lupus)가 개의 직접적인 조상이다.

(2) 관계 형성: 늑대는 인간 거주지 주변에서 생활하며 서로의 먹이 자원을 공유하거나 경쟁하는 관계를 형성한다.

2. 개의 가축화 과정
(1) 과정

약 4만 년 전, 늑대 중 일부가 인간 거주지 주변에서 생활하며 가축화가 시작됨	▶	인간에게 친화적인 늑대 개체가 선택적으로 생존하며 인간과의 상호작용이 증가함 (인간의 사냥을 돕는 역할)	▶	인간이 늑대의 일부 특성(온순함)을 선호하여 의도적 교배를 시작함

(2) 특징
① 가축화 과정에서 늑대의 외모와 행동이 점차 변화하기 시작한다.
- 외모 변화: 털색, 크기, 꼬리 모양, 귀의 형태 등이 다양해진다.
- 행동 변화: 인간에 대한 두려움이 감소하고, 온순한 성격이 발달한다.

② 인간과 가까이 생활하면서 옥시토신이 증가하여 인간과의 정서적 유대감이 강화된다.

> 참고 **개의 이행기**
>
> 생후 2~3주로, 눈을 뜨고 소리를 듣기 시작하며 서서히 걷기 시작하는 시기이다.

3. 개의 연령별 행동발달 과정

신생아기 (0~2주)	• 배변 활동, 체온 유지 등을 어미에게 의존함 • 대부분 먹고 자면서 시간을 보내며, 신체적 접촉을 통해 안정감을 얻음 • 눈과 귀가 닫혀 시각과 청각이 미발달한 상태로, 주로 냄새와 촉각을 통해 환경을 인식함
사회화 전기 (3~12주)	• 3~5주: 눈과 귀가 열리며 외부 자극에 반응하기 시작함 → 걷기와 뛰기가 가능해지며, 어미 및 형제들과의 상호작용이 활발해지면서 사회적 행동이 발달함 • 6~8주: 탐구심의 증가로 환경에 대해 적극적으로 탐색하며, 놀이를 통해 사회적 기술(예 물기, 싸우기, 복종 등)을 학습함 • 9~12주: 사람과의 교류가 중요한 시기로, 이 시기에 다양한 사람, 환경, 소리 등을 접하는 것이 사회화에 긍정적인 영향을 미치며 이때 사회화가 부족하면 두려움, 공격성 등의 문제행동이 나타날 가능성이 높음
강아지기 (3~6개월)	• 에너지가 넘치고 호기심이 강해 독립성이 생김 • 이가 나면서 무엇이든 물으려는 행동이 증가함 • 기본 명령어와 규칙을 가르치기 좋은 시기이며, 긍정적 보상 훈련을 통해 올바른 행동을 강화할 수 있음 • 3~4개월부터 기본 예절 교육을 진행하는 것이 가장 효과적임
청소년기 (6~18개월)	• 성장하며 성격이 확립되기 시작함 • 독립심과 자율성이 증가하며 반항적인 행동을 보이기도 함 • 에너지가 많은 경우 파괴적인 행동이 나타날 수도 있음 • 다른 개나 인간과의 관계에서 중요한 기술을 익히는 시기로, 꾸준한 훈련과 사회적 활동이 필요함
성견기 (18개월~6세)	• 신체적·정신적으로 성숙하며 안정적인 행동 패턴을 보임 • 배운 명령어와 규칙을 잘 따름 • 규칙적인 운동과 지적 자극을 제공해야 하며, 사회적 활동이 꾸준히 필요함
노견기 (7세 이상)	• 활동량이 감소하고 수면 시간이 증가함 • 새로운 상황에 대한 적응력이 점차 감소하며 감각 기관, 기억력, 학습 능력 등이 약화됨 • 신체적 불편을 최소화하는 환경을 조성하고, 정서적 안정감을 제공하여 스트레스를 줄여야 함

4. 개의 사회화 과정

(1) 집단 내 사회화

① 의미: 개가 다른 개와의 상호작용을 통해 사회적 기술과 행동 규범을 배우는 과정이다.

② 주요 시기: 생후 3~12주(9~12주 사이가 매우 중요)

③ 특징

어미 및 형제들과의 상호작용	• 놀이를 통해 물기, 서열, 협동 등의 사회적 행동 학습 예 퍼피파티 • 과도하게 물거나 공격적 행동을 제어하는 방법 학습
다른 개와의 상호작용	• 다양한 크기 및 견종의 개와 만나면서 다른 개의 신호(몸짓, 표정, 소리)를 이해하고 해석하는 능력 향상 • 적절한 인사 방법(냄새 맡기, 꼬리 흔들기)과 갈등 회피 방법 학습

④ 중요성: 집단 내 사회화가 부족하면 성견이 되었을 때 다른 개에 대해 과도한 공격성이나 두려움을 보일 수 있다.

> 참고 **퍼피파티(Puppy Party)**
>
> • 반려견의 보호자를 포함한 가족 구성원 다른 가족과 함께 즐기면서 반려견이 즐거운 분위기 속에서 다양한 경험을 하도록 도와주는 과정이다.
> • 훈련사, 수의사 등도 함께 참여하므로 반려견과 관련된 여러 가지 정보를 공유하는 모임의 성격도 있다.

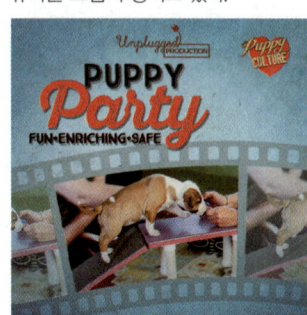

▲ 퍼피파티 안내문

(2) 사람과의 사회화

① 의미: 개가 사람과의 관계를 형성하고 사람의 언어, 표정, 행동을 이해하는 과정을 통해 신뢰를 쌓는 단계

② 주요 시기: 생후 3~12주(9~12주가 매우 중요)

③ 특징

다양한 사람들과의 만남	• 성별에 따라 다양한 연령 및 외모를 가진 사람들과 만나면서 낯선 사람에 대한 두려움을 줄임 • 친근한 접촉(쓰다듬기, 간식 주기)을 통해 긍정적인 경험을 축적함
훈련을 통한 관계 강화	• 이름 부르기, 앉기, 기다리기 등 기본 명령을 배우며 사람과의 의사소통 능력을 기름 • 긍정적 보상 기반의 훈련을 통해 신뢰와 협력 관계를 형성함
어린아이와의 상호작용 주의	어린아이는 예측 불가능한 행동을 할 수 있기 때문에 긍정적이고 안전한 환경에서 점진적으로 상호작용해야 함

④ 중요성: 개의 삶에서 주요 보호자는 사람이므로, 사람과의 긍정적인 사회화는 개의 안정적인 성격 형성과 문제행동을 예방하는 데 중요하다.

(3) 환경과 사회화

① 의미: 개가 다양한 환경, 소리, 물건, 장소에 적응하면서 새로운 상황에 대한 두려움을 줄이고 자신감을 키우는 단계이다.

② 주요 시기: 생후 3~12주(환경 적응은 평생 지속 가능)

③ 중요성
- 개의 환경 적응이 부족하면 새로운 상황에서 두려움이나 스트레스를 받을 가능성이 높다.
- 긍정적인 경험을 통해 자신감을 높일 수 있다.

5. 개체 성격에 영향을 주는 요인

(1) 유전력(Heritability)

① 의미: 특정 행동 특성이 얼마나 유전적으로 전달되는지를 나타내는 지표이다.

② 특징
- 행동은 다수의 유전자와 그들의 상호작용에 의해 영향을 받는다.
  - 예 공격성, 학습 능력 등
- 각 견종은 특정 작업이나 목적으로 교배되었기 때문에 행동 패턴에서 큰 차이를 보인다.

(2) 환경적 요인

사회화 경험	• 생후 3~12주 동안의 사회화 기간은 성격 형성에 중요한 영향을 미침 • 다양한 사람, 개, 환경과의 접촉으로 자신감을 형성하게 됨 • 사회화 경험 부족 시 새로운 환경이나 사람에 대해 과도한 두려움이나 공격성을 보일 수 있음
훈련과 상호작용	• 긍정적 강화훈련은 자신감과 신뢰를 형성하지만, 부정적 강화 방법이나 처벌은 불안감, 두려움, 공격성을 유발할 수 있음 • 보호자의 안정적이고 일관된 태도는 개의 안정된 성격 형성에 기여함

> **참고** 유전력 특징의 예
> - 시각 사냥견: 빠른 속도와 시각 추적 능력
>   예 그레이하운드
> - 후각 사냥견: 강한 후각과 냄새 추적 본능
>   예 비글
> - 가정 동반견: 사람과의 교감 능력과 독립성
>   예 프렌치 불독

CHAPTER 01 반려동물 행동의 개념 ~ 02 반려동물의 행동발달

출제 예상문제

간단한 쪽지 시험으로 문제를 푸는 힘을 키우세요.

OX 문제

01 대뇌 변연계의 주요 구성 요소로는 전엽, 해마, 편도체가 있다. (　　　)

02 엔그램은 학습이나 경험을 통해 형성된 기억의 물리적 흔적(또는 신경 회로)을 의미한다. (　　　)

03 높은 생애 번식 성공도를 가진 개체는 일반적으로 낮은 적응도를 가진다. (　　　)

04 호르몬은 개의 행동 발현에 별로 중요하지 않다. (　　　)

05 반려견의 9~12주령에 사회화가 부족할 경우 두려움, 공격성 같은 문제행동이 나타날 가능성이 높다.(　　)

빈칸 문제

06 (　　　　)은/는 생물체가 태어날 때부터 가지고 있는 본능적인 행동을 뜻한다.

07 (　　　　)은/는 특정 행동이나 특성을 구체적인 범주로 구분하고 이름을 붙이는 과정을 의미한다.

08 (　　　　)은/는 스트레스 상황에서 분비되며, 불안이나 회피 행동을 유발하는 호르몬이다.

09 개의 직접적인 조상은 회색 (　　　　)이다.

10 (　　　　)은/는 특정 행동 특성이 얼마나 유전적으로 전달되는지를 나타내는 지표를 뜻한다.

---

01 × 전엽은 대뇌 변연계에 속하지 않는다. 02 ○ 03 × 높은 생애 번식 성공도를 가진 개체는 일반적으로 높은 적응도를 가진다. 04 × 호르몬은 개의 행동 발현에 중요한 역할을 한다. 05 ○ 06 생득적 행동 07 라벨링 08 코르티솔 09 늑대 10 유전력

1 반려동물 행동의 개념

01

습득된 행동(Learned Behavior)의 특징으로 옳은 것은?

① 외부 자극과 경험을 통해 환경과의 상호작용 속에서 형성된다.
② 유전적으로 결정된 행동으로 반사 행동을 포함한다.
③ 태어날 때부터 수행 가능한 행동이다.
④ 고정적이며 변하지 않는 행동이다.

참고 ②③④ 생득적 행동의 특성이다.

02

다음 그림에 대한 설명으로 옳지 않은 것은?

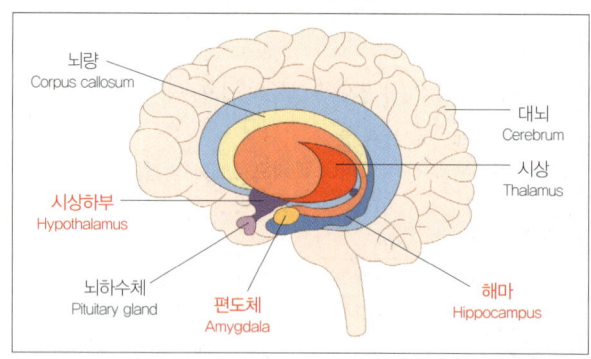

① 개의 변연계와 관련된 그림이다.
② 개의 행동과 관계가 있다.
③ 학습과 공간을 기억하는 것은 해마의 역할이다.
④ 편도체는 배고픔, 갈증, 번식 행동 같은 생리적 동기를 조절하여 개의 본능적 행동에 영향을 준다.

참고 배고픔, 갈증, 번식 행동과 같은 생리적 동기의 조절은 시상하부의 역할이다.

03
이타행동(Altruistic Behavior)에 대한 설명으로 옳지 않은 것은?

① 이타행동은 자신의 번식 성공도를 낮추더라도 다른 개체를 돕는 행동이다.
② 이타행동은 개체 간 경쟁을 증가시키기 위한 전략이다.
③ 이타행동은 근연 개체의 생존이나 번식을 돕는 경향이 있다.
④ 포괄적응도(Inclusive Fitness)와 밀접한 연관이 있다.

> 참고 이타행동은 다른 개체의 생존을 돕는 행동으로 개체 간의 경쟁을 감소시킨다.

05
개가 자신을 방어하거나 경고를 하는 방식으로 개의 짖기가 진화한 것과 관련된 행동 특성으로 옳은 것은?

① 고정행동패턴
② 본능회귀
③ 라벨링
④ 반대반응

> 참고 짖기는 반복적이고 예측 가능하며, 환경적 자극에 대한 고정된 반응으로 발생하는 행동으로 고정행동패턴에 속한다.

04
계통발생(Phylogenic) 행동의 정의로 옳은 것은?

① 개체가 생애 동안 경험을 통해 배우고 발달시키는 행동을 의미한다.
② 종의 진화적 역사와 자연 선택을 바탕으로 발달한 본능적 행동이다.
③ 환경 변화에 의해 점진적으로 형성되는 행동이다.
④ 개체의 유전적 특징과 무관하며 순수하게 환경적 요인에 의해 형성된다.

> 참고 ①③ 개체발생 행동의 정의와 관련이 있다.
> ④ 계통발생은 유전적 특징과 밀접한 관련이 있다.

2 반려동물의 행동발달

06
개의 학습과 적응에 대한 설명으로 옳지 않은 것은?

① 긍정적 강화(Positive Reinforcement)와 같은 학습 원리에 민감하다.
② 조건반사나 사회적 학습을 통해 행동을 변화시킬 수 있다.
③ 훈련을 통해 특정 행동을 강화하거나 억제할 수 있다.
④ 학습 없이 유전적 본능에 따라 환경에 적응한다.

> 참고 개가 환경에 적응하는 데는 유전적 본능뿐만 아니라 학습도 중요한 역할을 한다.

| 정답 | 01 ② 02 ④ 03 ② 04 ② 05 ① 06 ④

07
다음의 설명과 관련 있는 호르몬에 해당하는 것은?

> 유대감을 형성하며, 사회적 행동과 신뢰를 증진시킨다.

① 코르티솔
② 옥시토신
③ 테스토스테론
④ 에스트로겐

참고 ① 코르티솔은 스트레스 상황에서 분비된다.
③ 테스토스테론은 공격성을 강화시키는 호르몬이다.
④ 에스트로겐은 암컷의 번식 호르몬이다.

08
개의 신생아기에 대한 설명으로 옳지 <u>않은</u> 것은?

① 신체적 접촉을 통해 안정감을 얻는다.
② 어미의 도움으로 배변을 하고 체온을 유지한다.
③ 눈과 귀가 닫혀 있어 시각과 청각이 발달되지 않은 상태이다.
④ 이 시기에 사회화가 부족하면 두려움, 공격성 같은 문제행동이 나타날 가능성이 높다.

참고 사회화 전기 중 9~12주일 때, 사회화가 부족하면 두려움, 공격성 등의 문제행동이 나타날 가능성이 높다.

09
다음 설명과 관련된 개의 시기에 해당하는 것은?

> 활동량이 감소하고 수면 시간이 증가하며, 새로운 상황에 대한 적응력이 감소하여 고집스러워질 수 있다.

① 신생아기
② 강아지기
③ 성견기
④ 노견기

참고 노견기에 대한 설명이다.

10
어미와 형제와의 상호작용에서 개가 학습하는 내용으로 옳지 <u>않은</u> 것은?

① 물기와 같은 기본적인 사회적 행동을 학습한다.
② 과도한 공격적 행동을 제어하는 방법을 배운다.
③ 다양한 환경에서의 적응력을 높인다.
④ 서열, 협동과 같은 사회적 행동을 익힌다.

참고 다양한 환경에 대한 적응력은 환경과 사회화 과정에서 이루어진다.

11

개의 생애에서 성격 형성과 사회화에 가장 중요한 영향을 주는 기간으로 옳은 것은?

① 3~12주
② 6~18개월
③ 18개월~6세
④ 7세 이후

참고 개의 생애에서 성격 형성과 사회화에 중요한 시기는 사회화 전기에 해당하는 3~12주이다.

12

훈련과 상호작용이 반려견의 성격에 미치는 영향으로 옳지 않은 것은?

① 긍정적 강화훈련은 자신감과 신뢰를 형성한다.
② 부정적 강화나 처벌은 불안감, 두려움, 공격성 등을 유발할 수 있다.
③ 보호자의 태도는 반려견의 성격에 영향을 미치지 않는다.
④ 훈련과 상호작용뿐만 아니라 유전력도 반려견의 성격에 영향을 미친다.

참고 보호자의 일관되고 안정적인 태도는 반려견의 성격 형성에 영향을 준다.

CHAPTER 03
반려동물의 정상행동

합격 TIP 정상행동의 종류 및 유발 원인에 대해 이해한다.

1 개체 유지 행동

1. 섭식행동

(1) **의미**: 생존과 관련된 필수 행동으로 개의 모든 행동 패턴의 근간이 된다.

(2) **특징**

음식 기호의 형성	특정 음식에 대한 선호는 태어날 때부터 정해져 있지만, 이유(離乳) 후 섭취한 음식의 종류와 경험에 따라 개별적인 기호가 형성됨
결핍 보상 행동	체내에 특정 성분이 부족할 때 결핍된 영양소를 적극적으로 섭취하려고 함
미각 혐오 학습	특정 음식을 섭취한 후 구토나 설사를 경험하면 해당 음식의 냄새나 맛을 기억하고 다시 섭취하지 않음
사회적 촉진 효과	무리 내의 다른 개체가 음식을 먹으면 그 영향을 받아 해당 동물의 섭취량이 증가함
협력적 사냥 행동	무리 생활에서 형성되는 협력적 사냥 행동은 개체 간의 유대감 형성에 기여함
환경 요인의 영향	야생 개와 달리 반려견의 경우 보호자에 의해 음식이 제공되므로 섭식 행동의 형태와 빈도가 생활 환경에 맞춰 변화함

> ❗ **이유(離乳)**
> 젖먹이가 자라서 젖을 먹지 않게 되는 상태를 뜻한다.

(3) **문제행동**
① 음식 섭취를 줄이는 식욕 저하와 음식 섭취를 멈추는 무식욕 증상이 나타날 수 있다.
② 식욕 저하와 무식욕 증상은 스트레스 또는 면역계 이상으로 인한 병리적 상태에서 나타날 수 있다.

> ➕ 병리적 무식욕 증상은 질환 극복을 위한 적응적 행동이 진화된 것으로 볼 수 있다.

2. 배변행동

(1) **의미**

생리적 기능	신체의 불필요한 노폐물을 체외로 배출하는 필수적인 생리적 과정
사회적 의미	자신에 관한 정보를 다른 동물에게 알리는 의사소통의 수단

(2) **특징**

배변 시	• 배변 장소 선택: 본능적으로 보금자리에서 떨어진 곳에서 배변함 → 청결과 안전을 위한 행동, 포식자로부터 자신을 보호하려는 본능 • 마킹 행동: 수컷은 수직 물체(나무, 전신주)에 소변을 배출하여 냄새를 남김 → 다른 개들은 마킹으로 남겨진 배설물로 상대의 정보(지나간 시간, 성별, 생리적 상태)를 파악할 수 있음
배변 후	발로 지면을 긁어 흙이나 잔디를 덮는 행동 → 배변 장소를 감추기 위함이 아니라, 시각적 또는 후각적으로 흔적을 과시하려는 의미

> ➕ 마킹 행동은 성호르몬의 영향을 받으며, 수컷에게서 더 빈번하게 나타난다.

▲ 개의 마킹 행동

참고 **마킹 행동의 의미**
영역 표시를 하여 다른 개에게 자신의 존재를 알린다.

(3) 문제행동
① 특정 장소에서 배변하지 않거나 부적절한 장소에서 배변하는 문제행동은 스트레스, 건강 이상, 잘못된 습관 등에서 기인한다.
② 스트레스나 특정 질환(예 방광염, 장염 등)이 배변행동의 변화를 유발할 수 있다.

(4) 새끼의 배변

배변 촉진 행동	• 어미 개가 새끼 개의 항문과 생식기를 핥아 배변을 유도하는 행동 • 새끼 개는 어미 개의 도움 없이는 배변이 불가함
보금자리 유지	• 어미 개는 새끼 개의 배변물을 섭취하여 보금자리를 청결히 유지함 • 포식자로부터 새끼를 보호하는 중요한 행동

3. 몸단장행동

(1) 의미 ⊕
① 개가 자신의 신체를 손질하여 청결을 유지하고 건강을 보호하는 본능적·사회적 행동이다.
② 위생뿐만 아니라 사회적 상호작용과 스트레스 해소에도 중요한 역할을 한다.

(2) 목적

위생 유지	• 털과 피부에 쌓인 먼지, 기생충(벼룩·진드기), 죽은 털 등을 제거함 • 피부 염증이나 상처를 치료하기 위해 핥는 행동도 포함됨
체온 조절	• 발바닥 패드를 핥아 높아진 체온을 낮춤 • 털을 손질하여 공기 순환을 원활하게 하여 더위나 추위를 완화함
심리적 안정	• 스트레스를 받았을 때 자신의 몸을 핥아 안정감을 찾으려 함 • 스트레스 해소와 불안을 줄이는 자기 위안 행동

(3) 종류

핥기	털, 피부, 발 등의 신체나 상처 부위를 핥아 깨끗하게 만드는 행동
긁기	앞발이나 뒷발을 이용해 몸을 긁어 기생충을 제거하거나 가려움을 해소하는 행동
물기	털에 엉킨 이물질을 제거하거나, 가려운 부위를 물어내는 행동
비비기	바닥이나 벽, 풀밭 등에 몸을 문질러 몸에 묻은 냄새나 이물질을 제거하는 행동

(4) 문제행동과 관리

과도한 몸단장	스트레스, 불안, 알레르기, 기생충 감염 등으로 과도하게 몸을 핥거나 긁는 행동이 나타남 → 긍정적 강화: 스트레스를 줄이고, 적절한 장난감과 놀이를 제공하여 주의를 돌림
몸단장 부족	질병, 노화, 우울증 등으로 몸단장행동이 줄어들면 털 엉킴, 피부염, 기생충 증가 등이 나타남 → 정기적인 그루밍: 털과 피부를 손질하여 몸단장행동을 보완하고, 기생충 및 피부 질환을 예방함

⊕ **몸단장행동의 사회적 의미**
• 어미 개가 새끼를 핥아주는 행동은 유대감을 강화하고 뇌 발달에 긍정적인 영향을 미친다.
• 성체 개들도 서로 핥아주는 행동을 통해 친밀감을 표현하고 관계를 유지한다.

▲ 개의 몸단장(그루밍)행동

➕ **무리 생활(사회 구조)과 서열 체계**
- 개의 무리 생활에서 발전된 행동 패턴이다.
- 개의 본능적이고 사회적인 특성을 나타낸다.
- 개의 생존과 사회적 유대감 형성에 중요한 역할을 한다.

참고 서열화가 되지 않은 상태에서 올라타기와 같은 지배적인 행동을 보일 경우에는 개체 간의 갈등이 유발될 수 있다.

2 사회적 행동

1. 무리 생활(사회 구조) ➕

(1) 의미

① 개는 본래 늑대의 사회적 유전자를 이어받아 무리(사회 구조)를 이루며 살아가는 동물이다.

② 무리 생활은 협력과 의사소통을 통해 생존 가능성을 높이는 데 기여한다.

(2) 특징

역할과 자원의 분배	각 개체는 무리 내에서 자신의 역할과 위치를 이해함으로써 갈등을 줄이고 효율적인 자원 분배를 가능하게 함
협력과 유대	• 무리 내 개체들은 먹이 찾기, 사냥, 위험 감지 등에서 협력하며, 이를 통해 서로 의존적 관계를 형성함 • 보호자와의 유대감도 무리 생활에서 형성된 본능을 반영한 것으로, 보호자를 무리의 일부로 인식함

2. 서열 체계

(1) 의미

① 무리 내에서 각 개체의 지위를 규정하는 구조이다.

② 개체 간의 서열은 자원(예 먹이, 짝짓기, 휴식 공간 등)의 접근 권한과 행동 규범을 결정한다.

(2) 구조

지배적 개체 (알파)	• 무리의 리더로서 가장 높은 서열을 차지하며, 먹이와 짝짓기에 우선권을 가짐 • 다른 개체의 행동을 통제하며 무리의 안정성을 유지함
하위 개체 (베타, 오메가)	• 베타: 알파를 보조하며, 무리의 다른 개체들을 관리하는 역할을 함 • 오메가: 가장 낮은 서열로, 무리 내 갈등 해소와 같은 역할을 함

(3) 형성 과정

① 신체적 힘, 나이, 경험, 사회적 기술 등에 따라 형성된다.

② 초기에는 신체적 싸움으로 서열이 정해지지만, 시간이 지나면서 싸움 없이 의사소통(예 눈빛, 자세, 소리 등)만으로 서열을 유지한다.

(4) 특징

서열 체계의 유연성	• 무리 내 상황 변화(예 새로운 개체의 추가, 기존 개체의 부재 등)에 따라 서열이 바뀔 수 있음 • 개는 서열을 유연하게 받아들이며, 새로운 환경에서도 빠르게 적응함
다양한 의사소통 방식	서열을 유지하거나 갈등을 방지하기 위해 다양한 신호를 사용함 예 시선, 귀와 꼬리의 위치, 몸의 자세, 짖음 등
복종 신호	하위 서열의 개체는 복종의 신호를 통해 갈등을 회피함 예 배를 보이며 눕기, 귀를 뒤로 젖히기

(5) 문제행동과 관리
① 개는 서열 체계가 명확하지 않으면 혼란을 느끼며, 공격적이거나 불안한 행동을 보일 수 있다.
② 보호자는 일관된 태도를 유지하고, 긍정적 강화훈련을 통해 개의 행동을 유도함으로써 해결할 수 있다.⊕

3. 생식행동

(1) 개의 생식 주기
① 개는 생후 6~12개월 사이에 첫 발정을 경험하고, 암컷은 이때부터 번식이 가능하다.
② 발정 주기

암컷	• 약 6~8개월 주기로 반복됨 • 비발정기, 발정 전기, 발정기, 발정 후기로 구성됨(연속성)
수컷	• 발정 주기가 없음 • 번식 가능한 암컷을 만나면 교미 행동을 함

(2) 암컷의 발정 주기⊕

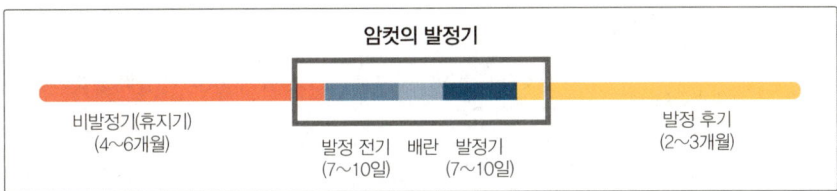

구분	기간	증상 및 행동 특징
비발정기 (=휴지기, Diestrus)	4~6개월	생식기가 비활성 상태이며, 번식 행동을 보이지 않음
발정 전기 (Proestrus)	7~10일	• 외음부가 붓고 혈성 분비물이 관찰됨 • 난포자극호르몬(FSH)❓에 의해 난소의 난포가 성숙함 • 수컷에게 관심을 보이지만 교미는 거부함
발정기 (Estrus)	7~10일	• 분비물의 색이 옅어지고 외음부의 부기가 줄어듦 • 황체형성호르몬(LH)❓이 분비되어 배란이 유도됨 • 수컷을 받아들여 교미를 허용하고 임신이 가능함
발정 후기 (Metestrus)	2~3개월	• 외음부의 부기가 완전히 가라앉음 • 프로게스테론❓이 분비됨 • 임신을 준비하거나 거짓 임신 등이 나타날 수 있음

> **참고** 분만 시 어미 개의 모성행동

유두 및 생식기 핥기	청결을 유지하고 출산 준비를 하기 위한 본능적인 행동
복부 및 근육의 긴장	진통이 시작되며 배 근육이 긴장하고 복부에 경련이 발생할 수 있음
체온 변화	분만 12~24시간 전에 체온이 평소보다 1℃ 정도 하락할 수 있음
안절부절못함	머물고 있는 자리를 파헤치거나 불안해하며 휴식을 취하지 못하는 모습을 보일 수 있음
식욕 감소	분만 직전에 식욕이 떨어지면서 사료를 먹지 않을 수 있음
헐떡거림 및 불안	통증이나 불안감으로 인해 헐떡거리거나 긴장한 모습을 보임

⊕ **반려견과 보호자와의 서열 관계**
• 반려견은 보호자를 무리의 리더로 인식하며, 보호자의 행동을 통해 자신의 위치를 학습한다.
• 보호자가 명확한 규칙을 세우고 일관된 훈련을 진행하면, 반려견은 보호자를 신뢰하고 복종한다.

❗ **난포자극호르몬(FSH, Follicle Stimulating Hormone)**
뇌하수체에서 합성·분비되는 호르몬으로, 난소 내의 여포를 자극하고 성장을 촉진하는 역할을 한다.

❗ **황체형성호르몬(LH, Luteinizing Hormone)**
뇌하수체에서 합성·분비되는 호르몬으로, 성호르몬의 생성을 촉진하고 생식세포를 성숙시키는 등의 생식 주기 조절의 역할을 한다.

❗ **프로게스테론(Progesterone)**
난소의 황체에서 분비되는 호르몬으로, 생식 주기를 조절하여 자궁벽을 임신에 맞게 변화시키며, 분만까지 임신을 유지하는 역할을 한다.

> ⚠ **테스토스테론(Testosterone)**
> 정소에서 생성되는 남성 호르몬으로, 정자 형성의 촉진, 수컷의 발정 유도 및 공격성 증가 등의 역할을 한다.

(3) 수컷의 생식행동
① 수컷은 암컷과 달리 특정한 발정 주기가 없으며, 언제든 번식할 수 있는 상태가 유지된다.
② 성적으로 활성화된 암컷의 냄새(페로몬)에 의해 자극을 받는다.
③ 테스토스테론❷이 번식 행동과 정자 생성에 관여한다.

(4) 생식행동 관련 호르몬

구분	종류	특징
암컷	에스트로겐 (Estrogen)	• 난소에서 주로 분비되며, 발정 전기에 수치가 높아짐 • 발정기의 행동(수컷에 대한 개방적 태도)을 유도함
	황체형성호르몬 (LH, Luteinizing Hormone)	배란을 유도하며, 암컷이 임신 가능 상태가 되는 주요 신호를 보냄
	프로게스테론 (Progesterone)	발정 후기에 황체에서 분비되어 임신 준비를 돕거나 거짓 임신을 유발함
수컷	테스토스테론 (Testosterone)	수컷의 발정을 유도하거나 공격성 증가에 영향을 줌

(5) 생식 주기의 특수 상황

거짓 임신 (Pseudopregnancy)	• 암컷의 발정 후기에 프로게스테론이 증가했다가 급격히 감소하면서 나타날 수 있음 • 젖 분비, 둥지 만들기, 장난감을 새끼로 여기는 행동 등을 보임
발정 이상	• 호르몬 이상, 난소 질환 등이 원인이 됨 • 발정 주기가 지나치게 길거나(지속 발정), 짧아짐(불규칙 발정) 등이 발생함

(6) 생식 활동과 반려견 관리

중성화 수술	• 불필요한 번식을 방지함 • 생식기 질환(예 난소낭종, 자궁축농증 등)을 예방함
활동 제한	발정기의 암컷이 외부 산책 시 수컷과의 접촉을 주의해야 함
안정적 환경 제공	발정기의 암컷이 지나치게 흥분하거나 공격적인 행동을 보일 수 있으므로 차분한 환경을 제공해야 함

4. 양육행동

(1) **의미**: 어미 개가 새끼를 보호하고 성장에 필요한 환경을 제공하는 본능적 행동이다.

(2) **어미 개의 역할**➕
① 새끼의 생존과 건강, 사회적 적응에 중요한 역할을 한다.
② 새끼를 출산한 후 체온 유지와 생존을 위해 밀착하여 보호한다.
③ 새끼의 항문과 생식기를 핥아 배뇨와 배변을 유도한다.
④ 젖을 먹이고 위험으로부터 새끼를 방어한다.

> ➕ **모성애**
> • 호르몬(옥시토신)의 영향을 받아 형성되며, 이로 인해 어미와 새끼 간의 강한 유대감이 만들어진다.
> • 새끼를 위해 희생적 행동을 보이며, 필요 시 공격성을 동반한 보호 본능을 발휘한다.

(3) 어미와 새끼의 상호작용

① 어미의 그루밍(핥기)은 새끼의 뇌 발달과 스트레스 완화에 도움을 준다.

② 새끼는 어미의 냄새와 소리로 안정을 찾고 사회성을 배운다.

③ 새끼의 생존과 사회적 적응에 결정적인 역할을 한다.

5. 공격행동

(1) **의미**: 두 마리 이상의 개체 사이에서 발생하는 경합적인 성격의 사회적 행동이다.

(2) **종류**

포식성 공격	• 먹이를 사냥하거나 추적하는 본능에서 비롯된 행동 • 주로 움직이는 대상에게 나타나며 포식 본능과 관련됨
공포성 공격	• 위협을 느끼거나 도망칠 수 없는 상황에서 발생하는 행동 • 방어적 성격이 강하고 낯선 사람이나 환경에서 자주 나타남
경합적 공격	• 자원(먹이, 장난감, 짝)을 차지하거나 보호하려는 행동 • 서열 다툼이나 영역 방어 시 발생함
학습적 공격	• 이전의 공격행동이 성공적으로 목표를 달성한 경험에서 학습된 행동 • 보상받은 행동이 강화되어 반복됨

6. 친화행동

(1) **의미**

① 사회적 유대감을 형성하고 관계를 강화하기 위한 행동이다.

② 개의 사회적 본능과 밀접하게 관련되어 있다.

(2) **종류**

놀이 행동	• 동료나 보호자와 함께 장난을 치거나 물건을 물고 노는 행동 • 유대감을 형성하고 스트레스 해소와 사회성 발달에 도움을 줌
그루밍(핥기)	• 동료나 보호자의 몸을 핥아주는 행동 • 애정을 표현하거나 상호 신뢰와 친밀감을 강화함
몸의 밀착	• 동료나 보호자에게 몸을 기대는 행동 • 친밀함을 표현하고 보호자와의 유대 관계를 강화함
꼬리 흔들기	• 꼬리를 높은 위치에서 빠른 속도로 흔드는 행동 • 긍정적 감정이나 친밀감을 표현하는 주요 신호임

CHAPTER 04
반려동물의 의사소통

합격 TIP 개의 꼬리, 귀, 눈, 몸짓별 의사소통 방식을 이해한다.

❗ 개의 신체 부위와 의사소통 방식
- 개의 신체 부위를 활용한 의사소통 방식은 주로 몸짓, 눈빛, 귀, 꼬리 등으로 나타난다.
- 개는 사람처럼 말을 할 수 없기 때문에, 몸의 움직임이나 표정 등을 통해 감정을 표현하고 의사를 전달한다.

➕ 꼬리를 흔드는 속도와 개의 감정상태
- 빠르게 흔들 때: 흥분
- 천천히 흔들 때: 편함, 친구를 맞이할 때

1 개의 신체 부위와 의사소통

1. 꼬리(Tail)

① 꼬리의 위치, 움직임, 흔들리는 정도 등은 개의 감정을 표현하는 중요한 신체 부위이다.
② 꼬리와 감정 상태의 관계

높게 들려 있을 때	• 자신감, 경계 • 자신의 영역을 지키려 하거나 상위에 있다고 느낄 때 • 공격적인 자세나 주도적인 태도를 보일 때
낮게 처져 있을 때	• 불안, 두려움, 복종 • 위협을 느끼거나 보호자의 지배를 인정할 때
흔들 때	• 기쁨, 흥분, 사회적 상호작용을 원할 때 • 꼬리를 흔드는 속도나 꼬리의 방향도 감정 상태를 나타냄 ➕
수평으로 펴져 있을 때	중립적인 감정으로, 경계나 흥분이 없는 상태
다리 사이로 움츠릴 때	• 강한 두려움, 복종 • 위협을 받거나 더 이상 싸울 의향이 없을 때

위쪽으로 높이	위쪽에서 등쪽으로 굽힘	평행하고 뻣뻣
자신있음	매우 자신있음	경계
평행하고 뻣뻣하지 않게	몸에서 떨어져 아래로	몸에서 가까이 아래로
주의	편안	불안

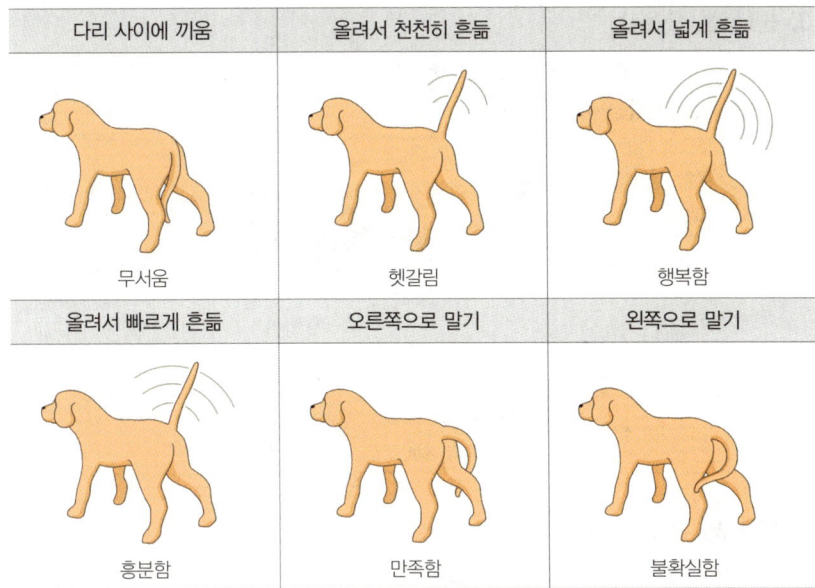

▲ 개의 꼬리와 감정 상태

2. 귀(Ears)

① 귀의 움직임과 위치, 방향은 감정 상태를 나타내는 중요한 지표이다.
② 귀와 감정 상태의 관계

두려움, 불안(뒤로 젖힘)	경계(앞쪽으로 향함)
• 두려움, 불안, 공격성 • 위협을 느끼거나 불쾌감을 느낄 때, 방어적인 태도를 보일 때	• 경계, 위협적인 감정 • 곧게 펴진 귀: 상황에 대해 강한 관심을 보일 때
평상시, 관심 있음(높게 세움)	편안함(약간 누움)
• 관심, 호기심, 약한 경계 • 무언가에 주의를 기울이고 있을 때	• 두려움 또는 불안 없음 • 감정의 동요 없이 편안한 상태를 유지할 때

3. 눈(시선, Eyes)

① 개의 시선은 중요한 시각적 의사소통 신호를 전달한다.
② 눈(시선)과 감정 상태의 관계

눈을 직시할 때	자신감, 공격적인 의도의 표현 참고 두 마리 개가 눈을 마주쳤을 때, 한 쪽이 공격적인 태도를 취할 수 있음
눈을 피할 때	• 회피, 불편함 또는 복종 • 개가 사람이나 다른 개와의 직접적인 대면을 피할 때 • 개가 위협을 느끼거나 다가가기 싫을 때
눈이 둥글게 떠지고 크게 열릴 때	• 놀람, 불안, 두려움 • 개가 위협적이거나 예상치 못한 상황에 직면했을 때
눈이 좁아질 때	• 편안함, 신뢰 또는 포용적인 태도 • 개가 보호자와 친밀한 관계를 맺고 있을 때

4. 몸(자세, Body Posture)

① 개는 몸의 자세를 통해 자신의 감정을 표현한다.
② 자세와 감정 상태의 관계

흥미, 관심(꼬리나 몸 들기)	두려움, 불안(몸을 낮추며 굽힘)
• 흥미 • 특정 대상에 대한 강한 관심 예 특정 소리나 냄새에 반응	• 두려움, 불안 • 놀기 위한 신호(때때로) • 위협을 가하지 않겠다는 의도
복종, 애정 표현(배를 보이며 누움)	경계, 화가 남(몸을 뻣뻣하게 세움)
• 복종, 편안함, 애정 표현 • 안전하고 신뢰하는 사람에게 열려 있다는 신호	• 경계 또는 위협적인 자세 • 공격적인 의도를 가질 때 다리 근육을 긴장시키는 자세
긴장됨(뻣뻣한 자세로 고개를 돌려 한 곳을 응시함)	
	• 근육이 굳어 있고 움직임이 뻣뻣함 • 빠르게 주위를 살피거나 특정 대상을 응시함

2 개의 감각기관과 의사소통

1. 청각

(1) 짖기(Barking)

짧고 날카로운 짖음	• 경고, 경계 또는 위협 • 개가 위험을 감지하거나 경계할 때 　예 낯선 사람이 다가오거나 다른 동물이 접근할 때
빠르고 계속된 짖음	• 흥분, 기대, 놀라움 • 개가 보호자나 다른 사람을 만나거나 놀 때 • 보통 기쁨이나 관심을 나타냄
느리고 꾸준한 짖음	불안이나 스트레스 참고 개가 혼자 있을 때나 익숙한 환경이 아닌 경우 꾸준히 짖으면서 불안감을 표현함
높은 톤의 짖음	• 흥분이나 불안 • 특히 개가 불안하거나 보호자의 주의를 끌고자 할 때
낮은 톤의 짖음	• 위협이나 공격성 • 개가 위험을 느끼거나 방어적인 태도를 취할 때

(2) 그르렁거리기(Growling)

부드럽고 짧은 그르렁거림	• 불편함이나 불만을 표현할 때 • 개가 어떤 상황에서 불쾌하거나 불안할 때 • 자신이 위협을 받지 않기를 원할 때
깊고 지속적인 그르렁거림	• 위협적인 감정이나 공격성을 나타낼 때 • 개가 상대방에 대해 더 큰 경고를 보내거나, 공격을 준비하고 있을 때
편안한 상태에서 그르렁거림	• 강한 위협이 아니라 애정 표현 • 보호자나 다른 개와 친밀감을 나타낼 때

(3) 낑낑거리기

불안하거나 스트레스를 받을 때	• 개가 혼자 있을 때나 낯선 환경에 있을 때 • 개가 불안하고 위로를 원한다는 신호
보호자의 주의를 끌고 싶을 때	• 개가 배고프거나 목마르거나 혹은 놀이를 원할 때 • 보호자의 관심을 끌어 자신의 필요를 충족시키려는 의도
고통을 느낄 때	• 개가 아프거나 불편하여 고통을 느낄 때 • 개가 신체적 불편함을 느끼고 있다는 신호

2. 후각

(1) 냄새 맡기

① 특징과 역할
- 개의 후각은 인간에 비해 약 1~10만 배 정도 민감하며, 후각으로 감정, 상태, 성별, 건강 상태 등을 파악할 수 있다.
- 개의 코에는 약 2~3억 개의 후각 수용체가 있다(인간의 후각 수용체는 약 500만 개).
- 주변 환경, 다른 개체, 사람에 대한 정보 수집과 상호작용에 중요한 역할을 한다.

＋ 소리 내지 않기(=침묵, Silent Communication)
- 짖기, 그르렁거리기, 낑낑거리기 이외에도 소리를 내지 않고 몸짓으로만 의사소통의 신호를 나타낼 때도 있다.
  예 꼬리 흔들기, 귀를 뒤로 젖히기 등
- 주변 환경에 대한 경계를 나타낼 때도 소리를 내지 않는다.

＋ 짖기의 특징
- 짖기는 개가 가장 자주 내는 소리로, 상황에 따라 다양한 의미를 전달한다.
- 짖는 소리의 톤, 속도, 빈도 등에 따라 의미가 달라진다.

＋ 그르렁거림은 개가 주로 불만이나 위협을 느낄 때 내는 소리이다.

＋ 낑낑거리기는 개가 주로 불안, 스트레스, 요구사항을 표현할 때 내는 소리이다.

② 냄새 맡기의 종류

서로 냄새 맡기	• 서로의 코, 입, 항문, 생식기 부위의 냄새를 맡으며 정보를 교환함 • 사회적 인사와 유사하며, 개들은 이를 통해 상대방의 나이, 성별, 건강 상태 등을 파악함
땅 냄새 맡기	다른 개가 남긴 소변이나 배설물의 냄새를 맡아 그 개가 누구인지, 언제 다녀 갔는지, 어떤 상태였는지 파악함
발 냄새 맡기	사람의 발 냄새나 신발 냄새를 맡으면 사람의 상태를 확인할 수 있음

③ 냄새 맡기로 파악할 수 있는 정보의 종류

개체 인식	특정 개체의 냄새를 기억하고 구별함
성적 상태	다른 개의 성별과 발정 여부를 후각으로 확인함
건강 상태	냄새를 통해 상대방이 건강한지, 병에 걸렸는지 파악함
감정 상태	냄새로 스트레스, 두려움, 행복 등을 감지함
환경 탐색	특정 장소의 냄새를 통해 그곳에 있었던 다른 동물이나 사람을 파악함
음식 탐색	냄새를 통해 어떤 음식이 안전하고 먹을 수 있는지 판단함
추적	경찰견이나 탐지견으로 훈련받은 개들은 냄새를 통해 사람, 물건 또는 특정 물질을 찾음

➕ 개는 냄새 맡기뿐만 아니라 특정 장소나 사물에 자신의 냄새 남기기를 통해 서로 후각적인 의사소통을 한다.

(2) 냄새 남기기 ➕

소변과 배설물 남기기	특정 장소에 소변을 보거나 배설물을 남겨 자신의 존재를 알림
발톱으로 긁기	발바닥에서도 냄새가 나기 때문에 자신의 냄새를 남기기 위해 땅을 긁는 행동을 함
몸 비비기	특정 장소나 사람에게 몸을 비벼 자신의 냄새를 남기며 친밀감을 표시함

➕ 개의 소변에는 페로몬, 특정 화학 물질 등이 포함되어 있어 여러 정보를 전달할 수 있다.

(3) 소변 ➕

개체 식별	개는 소변을 통해 자신이 누구인지 다른 개들에게 알림
영역 표시	• 개는 특정 장소에 소변을 보며 자신의 영역임을 표시 • 다른 개들에게 그곳에 접근하지 말라는 신호
성적 상태	암컷은 발정기 동안 소변을 통해 수컷에게 자신의 생식 가능성을 알림
사회적 지위	높은 위치에 소변을 보는 행동은 개가 자신이 더 높은 사회적 지위에 있음을 나타냄

(4) 항문선(Anal Glands)

개체 특성	항문선 냄새는 개의 나이, 성별, 건강 상태를 나타냄
사회적 관계	개들은 서로의 항문 냄새를 맡음으로써 관계를 확인하고 친밀감을 형성함
감정 상태	스트레스나 두려움을 느낄 때 항문선에서 더 많은 분비물이 나올 수 있음

> ➕ 개의 항문선에서는 고유한 냄새를 가진 물질이 분비되어 개들 사이의 의사소통에 중요한 역할을 한다.

(5) 페로몬

발정 상태 알림	암컷은 발정기 동안 특정 페로몬을 분비하여 수컷에게 자신의 생식 가능성을 알림
영역 표시	개는 페로몬을 사용하여 자신의 영역을 표시함
스트레스 신호	개는 스트레스를 받으면 페로몬을 분비하여 다른 개들에게 경고의 의사를 전달함

> ➕ 페로몬은 개의 신체에서 분비되는 특수 화학 물질로, 다른 개들에게 화학 신호로 특정 정보를 전달한다.

(6) 사람과의 후각적 의사소통

감정 상태	사람의 땀이나 호르몬 냄새를 통해 스트레스, 두려움, 행복감과 같은 사람의 감정 상태를 감지함
건강 상태	일부 개는 특정 질병(예 암, 당뇨)을 냄새로 탐지함
신원 확인	개는 사람의 고유한 체취를 기억하고 체취로 그 사람을 식별함

> ➕ 개는 사람의 냄새로 여러 가지 정보를 얻을 수 있다.

CHAPTER 05 반려동물의 문제행동

합격 TIP 반려동물 문제행동의 종류와 원인을 이해한다.

1 문제행동의 개념

1. 문제행동의 정의

(1) 일반적 정의

인간과의 생활 환경에서 보이는 부적절하거나 바람직하지 않은 행동으로, 개의 행복과 건강뿐만 아니라 보호자의 삶의 질에도 영향을 미칠 수 있기 때문에 이를 이해하고 교정하는 것이 중요하다.

(2) 특수적 정의

개의 본능적이거나 자연스러운 행동이지만, 인간과 함께 생활하는 사회적 환경에서 문제가 될 수 있는 특정 행동이다.

2. 문제행동의 요인

유전적 요인	견종별로 잘 드러나는 특정 행동 특성이 존재함 예) 테리어 견종은 사냥 본능으로 인해 과도하게 짖음
환경적 요인	적절한 사회화 부족, 불안정한 생활 환경, 자극 과잉 또는 부족 등으로 유발됨
건강적 요인	통증, 질병 또는 신경학적 문제로 인한 행동의 변화가 나타남

3. 문제행동의 구분

(1) 갈등행동

① 의미: 특정 상황에서 개가 충돌하는 감정이나 욕구를 조율하려는 방식으로 나타나는 행동이다.
② 원인: 스트레스, 불안 또는 혼란을 느낄 때 주로 관찰된다.
③ 종류

행동유형	특징	원인	발생 행동
전위행동	긴장 완화를 목적으로 상황과 무관해 보이는 행동을 수행함	스트레스, 긴장	하품, 털 털기, 바닥 냄새 맡기
전가행동	감정이 다른 대상에게 전가되어 나타남	흥분, 좌절	보호자를 물거나 물건을 파괴함
진공행동	자극 없이 본능적 행동을 수행함	자극 부족, 본능적 욕구 미충족	바닥 핥기, 공중에서 씹기, 꼬리 쫓기
양가행동	상반된 욕구로 행동이 상충되어 모순적으로 나타남	상충된 감정 또는 충동	다가가다 멈추기, 충동적으로 망설이며 행동함

+ 문제행동의 주관적 정의

문제행동은 상황에 따라 다르게 해석될 수 있다.
예) 과도한 짖음은 어떤 보호자에게는 문제지만, 다른 보호자에게는 문제가 아닐 수 있다.

+ 정상행동의 구분

정상행동은 개가 건강하고 행복한 상태에서 보이는 일반적인 행동으로, 개의 본능적·사회적·신체적 욕구를 충족하는 방식으로 나타난다.
- **탐색 행동**: 주위 환경을 냄새 맡고 살펴보며 새로운 정보를 탐지하려는 행동이다.
- **놀이**: 다른 개나 사람과 장난감 또는 신체적 놀이를 통해 에너지를 발산하는 행동이다.
- **사회적 상호작용**: 다른 개, 사람 또는 동물과 긍정적인 교류를 가지는 행동이다.
  예) 꼬리 흔들기, 냄새 맡기 등
- **기본 욕구 표현**: 배고픔, 목마름, 배변 등의 욕구를 적절히 표현하고 해결하는 행동이다.

참고 정상적인 신체 언어
- 밝은 눈과 귀, 몸 전체에 긴장이 없고, 꼬리를 흔들며 편안한 자세를 취한다.
- 낯선 상황에서는 경계하지만, 위협적이지 않으면 호기심을 보인다.
- 하루 일과 중에 놀이와 산책으로 에너지를 소모하고 나머지 시간은 휴식을 취하면서 휴식과 활동의 균형을 유지한다.

(2) 이상행동

행동유형	특징	원인	발생 행동	관리
상동행동	반복적이고 목적 없는 행동	스트레스, 지루함, 신경학적 이상	꼬리 쫓기, 공중 씹기, 원형 이동	환경 풍부화, 스트레스 완화
변칙행동	정상행동 범위를 벗어난 비정상적 행동	유전적, 사회화 부족, 의학적 문제	이식증, 물체에 대한 집착	행동 훈련, 사회화, 전문적 상담
이상반응	자극에 대한 과도한 반응 또는 반응 부족	외상 경험, 신경학적 이상, 공포	폭죽 소리에 과잉 반응, 특정 소리에 무반응	둔감화 훈련, 안정적 환경 제공

2 문제행동의 종류

1. 배변 관련 문제행동

(1) 의미
① 개가 훈련된 장소(예 야외, 지정된 배변 장소 등) 이외의 곳에서 소변이나 대변을 보는 행동이다.
② 일시적일 수도 있으나, 지속적이거나 반복적으로 발생할 수도 있다.

(2) 원인
① 의학적 요인

방광 문제	방광염, 요로감염, 방광 결석 등으로 인하여 잦은 배뇨가 발생함
소화 문제	설사, 변비, 기생충 감염 등으로 인하여 배변 조절이 어려움
호르몬 변화	나이가 들며 나타나는 요실금(특히 노령견에서 흔히 유발됨)
신경학적 이상	척추 손상이나 신경계 질환으로 인하여 배뇨·배변의 조절이 불가함

② 행동적 요인

배변 훈련 부족	자견이거나 배변 훈련이 제대로 이루어지지 않은 경우
분리불안	보호자가 없을 때 스트레스의 일환으로 부적절한 배변이 유발됨
스트레스 또는 두려움	새로운 환경, 소음, 낯선 사람이나 동물로 인해 발생함
영역 표시	주로 수컷이 특정 장소에 소변을 봄으로써 자신의 영역을 알림

③ 환경적 요인

잘못된 장소 제공	지정된 배변 장소가 적절하지 않거나 접근하기 어려움
일정의 불규칙성	산책 시간이나 배변 시간의 변화로 인한 불규칙성
환경 변화	이사, 가구 재배치, 새로운 가족 구성원 등으로 스트레스가 증가됨

(3) 문제행동의 유형

구분	원인	관리
자견의 배변 문제	배변 훈련 부족, 소화기능 미성숙	긍정적 강화훈련, 정기적인 배변 시간 설정, 칭찬과 보상 활용
노령견의 배변 문제	요실금, 인지장애(Cognitive Dysfunction Syndrome)	방광 건강 관리, 약물 치료, 기저귀 또는 배변 패드 사용
분리불안으로 인한 배변 문제	보호자의 부재로 인하여 불안감이 극도로 증가하여 배변	분리불안 완화 훈련, 페로몬 스프레이 등 진정 보조제 활용
스트레스·두려움으로 인한 배변 문제	환경 변화, 소음, 보호자의 감정적 스트레스 전염	안정적 환경 제공, 두려움의 근본 원인 제거
영역 표시	다른 개 또는 새로운 환경에 대한 영역 의식 증가	중성화 수술, 긍정적 강화훈련, 영역 표시 행동 방해

(4) 개선 방법

의학적 원인 소거	수의사의 검진으로 질병, 감염 또는 신체적 문제가 있는지 확인함 → 의학적 문제가 발견될 경우 적절한 약물 치료나 관리 방법을 시행함
배변 훈련 강화	• 일정한 루틴: 일정한 시간에 산책을 하거나 배변 기회를 제공함 • 긍정적 강화: 올바른 장소에서 배변했을 때 보상과 칭찬을 제공함 • 배변 장소 지정: 실내 배변 패드나 특정 장소를 고정적으로 사용함
행동 교정	• 스트레스 완화: 안정적인 환경 제공, 불안감을 줄이는 보조제를 사용함 • 문제행동 수정: 부적절한 배변행동을 방해하는 소리 또는 신호를 활용함 • 영역 표시 방지: 중성화 수술, 환경관리, 지속적인 훈련을 실시함
환경관리	• 배변 장소 관리: 깨끗하고 접근 가능한 상태로 유지함 • 청소 및 냄새 제거: 배변 실수한 장소를 철저히 청소하여 냄새를 제거(재발 방지)함 • 대체 계획 수립: 보호자가 자주 자리를 비우는 경우 배변 패드 또는 장기 산책 계획을 활용함
전문가의 도움	행동 교정 전문가 또는 수의사와 상담하여 문제행동을 교정함 → 약물 치료가 필요한 경우 전문가의 진단 및 처방에 따름

2. 고령성 인지장애

(1) 원인

뇌의 퇴행성 변화	• 나이가 들면서 뇌 세포가 손상되거나 사멸하며 신경 전달 능력이 감소함 • 뇌의 산화 스트레스 증가와 자유 라디칼 축적이 중요한 요인으로 작용함
베타-아밀로이드 플라크(단백질) 축적	• 뇌에 베타-아밀로이드 플라크(단백질)가 축적되면서 신경 세포 간의 신호 전달이 방해됨 • 인간의 알츠하이머와 유사한 병리적 특징을 가지고 있음
뇌 혈류 감소	나이가 들면서 뇌로 가는 혈류가 줄어들어 산소와 영양 공급이 감소함
도파민 감소	신경 전달 물질인 도파민의 감소가 인지기능 저하에 영향을 줌

(2) 문제행동의 유형

D (Disorientation, 방향 감각 상실)	• 머무른 공간이나 환경을 혼란스러워하며 익숙한 장소에서 길을 잃은 듯한 행동을 보임 • 보호자나 가족을 알아보지 못하거나, 집안에서 길을 헤매는 경우가 있음
I (Interactions, 상호작용 변화)	• 보호자, 가족 또는 다른 동물과의 상호작용 방식이 달라짐 • 이전에 친근감을 표시했던 개가 갑작스럽게 고립되거나 공격성을 보임
S (Sleep-Wake Cycle, 수면-각성 주기 변화)	• 밤에 깨어서 걷거나 짖고, 낮에는 졸거나 무기력해짐 • 수면 패턴이 불규칙해지며 보호자의 생활에도 영향을 줌
H (House Soiling, 배변 실수)	• 실내 배변이 훈련된 경우라도 잘못된 장소에서 배변·배뇨함 • 배변 장소를 기억하지 못하거나 배변 신호를 인지하지 못함
A (Activity, 활동성 변화)	• 활동량 감소 또는 반복적인 행동(예 원형으로 돌기, 벽을 응시하기 등)을 보임 • 무기력하거나 흥미를 잃는 경우가 많음

➕ 고령성 인지장애의 주요 증상은 'DISHA'라는 약어로 나타낸다.

참고 고령성 인지장애의 추가 증상
• 무의미한 짖음 또는 소음 내기
• 장난감, 놀이 또는 음식에 대한 관심 감소
• 간단한 명령을 이해하지 못하거나 이전에 배운 훈련을 잊음

참고 고령성 인지장애의 관리
• 개의 고령성 인지장애 관리는 발생된 증상을 관리하고 악화를 방지하기 위한 장기적인 접근이 필요하다.
• 고령성 인지장애는 완전한 치료가 어려운 경우가 많음을 숙지하고 꾸준한 치료와 관리가 필요하다.

3. 분리불안

(1) 원인

사회적 동물로서의 특성	• 개는 사회적 동물로서 무리나 가족과 함께 지내는 본능이 강한 편임 • 보호자와의 유대가 깊을수록 분리불안이 나타날 가능성이 높음
생활 환경의 변화	• 보호자 변경, 이사, 새로운 가족 구성원의 등장(예 아기 또는 다른 반려동물) 등으로 인한 불안이 유발됨
과도한 의존	• 보호자가 항상 옆에 있던 개는 보호자가 잠시 자리를 비울 때도 스트레스를 받을 가능성이 높음 • 보호자가 개를 지나치게 보호하거나 의존하도록 키웠을 때 발생할 수 있음
부정적 경험	보호자가 떠날 때 불쾌하거나 무서운 경험(예 소음, 폭풍, 낯선 사람의 방문 등)을 겪은 것과 보호자와의 분리를 연관 지어 불안을 느낄 수 있음
파양 경험	유기되거나 보호소에서 구조된 개는 보호자와의 유대가 약해질 것에 대한 두려움이 클 수 있음

(2) 문제행동의 유형

파괴적 행동➕	• 문, 창문, 가구를 물어뜯거나 긁는 행동을 보임 • 보호자가 떠난 직후에 집중적으로 나타날 가능성이 큼
과도한 소리 내기	지속적으로 짖거나, 울거나, 하울링(울부짖음)함
집안에서의 실수	실내 배변이 훈련된 경우라도 보호자 부재 시 잘못된 장소에서 배변·배뇨함
불안한 몸짓	계속해서 방을 돌아다니거나 창문을 바라보는 등 끊임없이 움직임
식욕 감소	보호자의 부재 시 먹거나 마시기를 거부함
보호자 귀가 시 과도한 반응	보호자가 돌아왔을 때 지나치게 흥분하거나, 안절부절못하는 모습을 보임

▲ 분리불안으로 인한 파괴적 행동

➕ 분리불안 문제행동 개선 시 주의사항

- 분리불안으로 인한 행동 문제는 개의 의도가 아닌 본능적 불안에서 기인한 것이므로, 훈육이나 처벌은 불안을 악화시킬 수 있다.
- 분리불안 해결은 시간이 걸리는 문제이기 때문에 즉각적인 개선을 기대하기보다 보호자의 인내와 꾸준한 훈련이 필요하다.

(3) 개선 방법 ➕

점진적 훈련	• 혼자 있는 연습을 시행함 • 짧은 시간 동안 개를 혼자 두고, 점차 시간을 늘림 • 처음에는 몇 초, 그다음 몇 분, 점차 30분 이상으로 시간을 연장하여 보호자가 떠나는 것이 큰 사건이 아님을 알려주는 데 중점을 둠
안정적인 환경 제공	• 안심할 수 있는 공간: 개가 편안함을 느낄 수 있는 공간을 만들어 줌 　예 침대, 켄넬 등 • 안정감을 주는 물건: 보호자의 냄새가 묻은 옷이나 담요를 두는 것이 도움이 될 수 있음
심리적 자립 훈련	• 보호자와의 독립성 훈련: 집에 함께 있을 때도 개가 항상 보호자를 따라다니지 않도록 지도함 • 보호자가 다른 방에 머무르는 연습을 통해 독립성을 키움
에너지 발산	• 운동과 놀이: 산책이나 놀이를 통해 에너지를 충분히 발산시키면 혼자 있을 때 더 차분해질 수 있음 • 지능형 장난감 사용: 퍼즐 장난감이나 간식을 담을 수 있는 장난감을 통해 개의 관심을 다른 곳으로 돌림
보호자 행동 수정	• 떠나고 돌아오는 행동의 중립화: 보호자가 집을 떠나거나 돌아오는 것을 특별한 일처럼 행동하지 않는 것이 중요함 • 떠날 때 아쉬워하거나 돌아와서 과도하게 반기는 것은 개의 불안을 증폭시킴
전문가 도움	• 훈련사 또는 행동 전문가: 분리불안이 심각한 경우, 전문가의 도움을 받아 체계적인 교정을 시도해야 함 • 수의학적 치료: 필요하다면 수의사와 상의하여 항불안 약물 또는 보조제를 사용하는 것도 고려해야 함

4. 과도한 관심 요구

(1) 원인

지속적인 보상	보호자가 개의 관심 요구에 매번 응답하면 해당 행동에 대해서는 보상 받을 수 있다고 학습됨 예 짖거나 앞발로 밀치는 행동을 통해 간식을 얻거나 보호자가 쓰다듬어 주는 경험이 반복되면 문제행동이 강화됨
에너지 과잉	충분한 신체적·정신적 활동이 부족하면 에너지를 발산하기 위해 보호자의 주의를 끌려 할 수 있음
분리불안과 관련	보호자와의 분리를 극도로 싫어하는 개는 항상 보호자와 가까이 있기를 원하며 과도한 관심을 요구함
사회적 본능	개는 사회적 동물이므로 보호자와의 유대감을 유지하려는 자연스러운 본능에서 비롯됨
스트레스 또는 불안	환경적 변화나 새로운 상황에서 개가 심리적으로 불안해지면 보호자에게 의지하려는 행동이 증가함

(2) 문제행동의 유형

지속적인 짖음	• 보호자의 주의를 끌기 위해 끊임없이 짖음 • 보호자가 다른 일에 집중할 때(예 통화, 컴퓨터 작업 등) 더 빈번하게 발생함
앞발로 밀치기 또는 점프	• 앞발로 보호자를 계속 밀치거나, 몸에 올라타는 행동을 보임 • 사람의 다리나 몸에 반복적으로 점프하는 경우도 문제행동에 포함됨
과도한 핥기	보호자의 손, 얼굴 또는 몸을 계속 핥으며 관심을 요구함
지속적으로 물건을 물어오는 행동	장난감, 신발, 보호자의 소지품 등을 물어와서 보호자에게 놀이를 요구함
파괴적 행동	주의를 끌기 위해 가구를 물어뜯거나, 집안을 어지럽히는 행동을 보임
식탐 증가	• 보호자가 먹는 것에 과도하게 관심을 보이며 음식을 요구함 • 식탁 옆에서 짖거나, 음식을 얻기 위해 앞발로 밀치는 행동을 보임
추적 행동	보호자가 움직이는 곳마다 따라다니며 계속 보호자와 가까이 머물려고 함

(3) 개선 방법 ⊕

적절한 무시	• 짖거나 앞발로 밀칠 때 반응하지 않고, 개가 차분해질 때만 칭찬하거나 보상함 • 부정적 관심(예 소리치거나 밀치는 행동)도 개에게는 일종의 관심으로 작용할 수 있으므로 피함
긍정적 행동 강화	• 개가 차분하게 앉아 있거나, 조용히 있을 때 보상을 제공함 • 관심은 흥분이 아니라 차분하게 행동했을 때 얻는 것임을 가르침
에너지 발산	• 산책, 놀이 또는 훈련을 통해 신체적·정신적 자극을 충분히 제공함 • 에너지를 충분히 발산하면 고도한 관심 요구 행동이 줄어들 가능성이 높음
독립성 훈련	보호자에게 지나치게 의존하지 않도록 독립적인 시간을 갖도록 함 예 개를 특정 공간(켄넬 또는 방)에 두고 보호자가 다른 방으로 이동하는 연습
대체 행동 제공	• 장난감, 퍼즐 피더, 씹을 수 있는 뼈 등으로 개가 혼자만의 시간을 보낼 수 있도록 함 • 보호자의 주의를 끄는 대신 스스로 만족감을 얻을 수 있도록 함
일관된 반응	• 보호자 가족 구성원 모두가 같은 방식으로 개의 행동에 반응함 • 한 사람이 관심 요구를 무시해도, 다른 사람이 응답한다면 행동 교정이 어려워짐
훈련 강화	• 기본적인 명령(예 앉아, 기다려 등)을 통해 보호자가 상황을 통제할 수 있음을 알림 • 명령에 순응할 때만 보상을 주는 방식으로 행동을 교정함

⊕ **과도한 관심 요구 행동 개선 시 주의 사항**

- 관심 요구 행동 문제는 개가 보호자와의 상호작용을 원해서 나타나는 반응으로, 훈육이나 처벌은 불안을 악화시킬 수 있다.
- 행동 교정은 시간이 걸리는 문제이기 때문에 즉각적인 개선을 기대하기보다 보호자의 일관되고 긍정적인 접근이 필요하다.
- 갑작스러운 행동 변화는 건강 문제일 수 있으므로 수의사와의 상담 혹은 검진으로 이를 확인한다.

+
- 과잉행동은 개가 지속적으로 과도하게 활동적이며, 주어진 상황에서 기대되는 행동을 보이지 못하는 상태를 의미한다.
- 주로 보호자의 지시를 무시하거나, 불필요한 행동이 반복적으로 나타난다.

5. 과잉행동 문제 ⊕

(1) 원인

행동적 원인	• 부족한 운동량: 에너지가 과잉 축적되어 행동으로 표출됨 • 부족한 정신적 자극: 환경이 단조로워 지루함과 스트레스를 과잉행동으로 표현함 • 사회화 부족: 다른 개나 사람과 상호작용하는 방법을 배우지 못해 에너지를 적절히 조절하지 못함 • 주의 끌기: 보호자의 관심을 얻기 위해 과잉행동을 보이는 경우
의학적 원인	• 갑상선 기능 항진증: 에너지 소모가 급격히 증가하여 과잉행동이 나타날 수 있음 • 통증: 몸의 불편함을 과잉행동으로 나타낼 수 있음 • 신경학적 문제: 뇌 기능 이상으로 충동 조절이 어려워지는 경우
견종 특성	• 작업견이나 에너지 레벨이 높은 견종(예 보더 콜리, 래브라도 리트리버, 시베리안 허스키 등)은 더 많은 활동량이 필요함 • 활동량이 부족할 경우 과잉행동이 나타날 가능성이 높음
유전적·학습적 요인	• 과잉행동에 대해 반복적으로 보상받은 경우 예 과잉행동 시 보호자가 주의를 기울임 • 유전적으로 높은 활동성과 에너지 수준을 타고난 경우

(2) 문제행동의 유형

실내에서의 과잉행동	• 이유 없이 계속 뛰어다니거나 가구에 점프함 • 보호자에게 과도하게 달려들거나 보호자를 물려고 함 • 장난감이나 물건을 끝없이 물고 흔드는 행동을 보임
야외에서의 과잉행동	• 산책 중 끊임없이 줄을 당기거나 멈추지 않음 • 지나가는 사람이나 동물에게 무분별하게 달려듦 • 소리, 냄새 등 외부 자극에 과도하게 반응함
기타 증상	• 짖음, 울음, 낑낑거림이 과도하게 지속됨 • 휴식을 잘 취하지 못하고 항상 깨어있거나 긴장 상태가 지속됨 • 보호자의 명령에 전혀 집중하지 못함

(3) 개선 방법 ⊕

운동량 증가	• 에너지를 효과적으로 소비할 수 있는 활동을 제공함 • 매일 규칙적으로 산책함(30분 이상, 견종에 따라 더 필요할 수 있음) • 공놀이, 프리스비 등 적극적인 활동을 진행함 • 어질리티 트레이닝과 같은 고강도 운동을 진행함
정신적 자극 제공	• 개의 두뇌 활동을 촉진하는 장난감 예 퍼즐 피더, 숨겨진 간식 찾기 • 새로운 명령어 훈련을 통해 정신적 피로를 유도함 • 후각을 활용한 놀이 예 냄새 추적 놀이
긍정적 훈련	• 과잉행동이 나타날 때 무시하거나 올바른 행동을 했을 때만 보상을 제공함 • 클리커 훈련⊕을 통해 집중력을 높이고 행동을 수정함 • 과잉행동 시 대체 행동(예 앉기, 기다리기 등)을 명령하고 성공적으로 수행할 때 보상함
환경 조정	• 자극적인 환경을 피하고 개가 안정감을 느낄 수 있는 공간을 제공함 • 보호자가 외출 시, 장난감이나 퍼즐 피더를 제공하여 지루함을 방지함
전문가의 도움⊕	• 심각한 경우 행동 전문가의 상담 및 행동 교정 프로그램에 참여함 • 의학적 문제가 의심될 경우 수의사와 상의하여 진단 및 치료를 진행함

⊕ **과잉행동 문제 개선 시 주의사항**
- 보호자가 모든 상황에서 일관성을 유지하면서 동일한 규칙을 적용해야 한다.
- 과잉행동 문제를 처벌하기보다 적절한 행동을 보상하는 긍정적인 방식으로 접근한다.
- 개가 올바른 행동을 했을 때 즉시 보상하여 행동을 강화한다.
- 과잉행동 문제는 즉각적으로 해결되지 않으므로 보호자의 꾸준한 노력이 필요하다.

▲ 클리커 훈련

⊕ 심각한 과잉행동으로 정상적인 생활이 어려운 경우, 수의사의 판단에 따라 진정제 혹은 행동 교정 약물을 사용하여 치료할 수 있다.

6. 과도한 짖음

(1) 원인

행동적 원인	• 주의 끌기: 보호자의 관심을 얻기 위해 짖음 • 스트레스 및 불안: 낯선 환경, 새로운 사람 및 동물, 또는 분리불안으로 인해 발생함 • 영역 보호: 자신의 영역을 침범하는 것처럼 느껴 짖는 경우 • 사회적 학습: 짖음을 통해 원하는 것을 얻은 경험이 강화된 경우
환경적 원인	• 자극 과잉: 지나가는 사람, 자동차, 소음 등 외부 자극에 민감하게 반응함 • 지루함 또는 활동 부족: 신체적·정신적 자극이 부족할 때 짖음을 통해 에너지를 해소함
의학적 원인	• 통증 또는 불편함: 통증, 노화 또는 질병으로 인해 짖음이 증가함 • 인지장애: 노령견에서 인지 기능이 저하되며 나타나는 짖음 문제 • 청각 이상: 소리에 대한 민감도가 변화하면서 짖음이 과도해질 수 있음

!
• 과도한 짖음은 개가 상황에 비해 지나치게 자주, 오래, 또는 큰 소리로 짖는 행동이다.
• 단순한 의사소통 이상의 반복적이고 통제되지 않는 짖음을 의미한다.

➕ **짖음의 원인 파악 유형**
• 관찰: 개가 짖는 상황, 시점, 빈도 등을 기록하여 원인을 파악한다.
• 의학적 검사: 짖음이 갑작스레 증가했거나 노령견한테서 발생한 경우 수의사 상담 및 검진을 진행한다.

(2) 개선 방법

① 훈련

무시하기	• 주의 끌기가 목적인 짖음일 경우, 개가 짖음을 통해 원하는 것을 얻지 못하도록 무시함 • 짖음이 멈췄을 때 즉시 보상함 예 칭찬, 간식 제공 등
긍정적 강화훈련	• "조용히"와 같은 명령어를 가르쳐 적절한 상황에서 짖음을 멈추도록 유도함 • 올바른 행동에 대해 긍정적 보상을 줌
체계적 둔감화 훈련	• 특정 자극(예 방문자, 소음 등)에 대해 점진적으로 익숙해지도록 훈련함 • 자극 강도를 천천히 증가시키며, 개가 평온함을 유지할 때 보상을 줌
대체 행동 가르치기	짖음 대신 "앉기", "기다리기" 같은 대체 행동을 수행하도록 훈련함 예 방문자가 초인종을 눌러 벨소리가 들린 후 "앉아" 명령어 수행 시 보상

② 환경 조정

운동 및 정신 자극 증가	산책, 놀이, 퍼즐 장난감 등으로 에너지를 소모시켜 짖음을 감소시킴
자극 차단	• 외부 소음이나 시각적 자극(예 창문 밖 풍경 등)을 차단함 • 적절한 켄넬 훈련으로 안정적인 환경을 제공함
안정적 환경 제공	• 페로몬 디퓨저 또는 진정 효과가 있는 보조제 등을 사용함 • 휴식 시간을 늘리기 위한 조용한 공간을 제공함

③ 전문적 도움

• 훈련사: 행동 전문가나 트레이너의 도움으로 행동 교정 프로그램을 진행한다.
• 수의사: 분리불안이나 심리적 원인이 심각한 경우, 수의사 상담을 통해 약물 치료를 병행한다.

7. 과도한 공격행동

(1) 원인

공포 또는 불안	• 개는 자신이 위협받는다고 느끼면 방어적 공격이 가능함 • 특히 낯선 사람이나 개에게서, 혹은 새로운 환경에서 발생이 가능함
영역 방어	• 자신의 영역(예 집, 마당 등)을 보호하려는 본능에서 비롯됨 • 보호자나 가족에 대한 충성심이 강한 개에서 흔히 나타남
사회적 지위 갈등	• 개가 가정 내에서 자신의 위치를 높게 인식하고 지배하려는 시도에서 공격적 행동을 보일 수 있음 • 보호자와의 상호작용 방식에서 비롯될 수 있음
통증 또는 질병	• 신체적 고통은 개가 예민해지고 공격적으로 변하게 만드는 중요한 요인임 • 관절염, 피부염, 치통, 또는 심리적 불안과 같은 문제가 포함될 수 있음
학습된 행동	과거에 공격행동을 통해 원하는 것을 얻은 경험이 있다면, 이를 반복할 가능성이 있음 예 공격을 통해 낯선 사람이 물러난다면 공격행동이 강화
유전적 요인 및 견종 특성	• 경계심이나 보호 본능이 더 강한 경향의 일부 견종에서 발생할 수 있음 • 개의 개별적인 성격도 큰 영향을 미침

(2) 문제행동의 유형

방어적 공격	두려움에 의해 유발되며, 귀를 뒤로 젖히고 꼬리를 내리는 자세를 동반함
지배적 공격	으르렁거리고, 체중을 앞으로 실으며 위협적인 태도를 보임
소유권 방어	음식, 장난감, 또는 특정 물건에 대한 집착에서 발생함
과도한 흥분으로 인한 공격	놀이 중에 지나치게 흥분하면 공격적인 행동으로 발전될 수 있음

(3) 개선 방법➕

전문가 상담	• 행동 전문가나 훈련사를 통해 정확한 원인 파악과 훈련 방법 계획이 중요함 • 공격행동의 강도와 빈도에 따라 전문가의 조언이 필요할 수 있음
긍정적 강화	• 원하는 행동을 보였을 때 보상을 주어 공격성을 줄이고 적절한 행동을 강화함 • 처벌보다는 칭찬과 보상이 효과적임
사회화 훈련	• 어릴 때부터 다양한 사람, 동물, 환경에 노출시켜 개의 적응력을 높이는 것이 중요함 • 성견이라도 점진적으로 사회화 과정을 시도함
신체적 건강 확인	수의사를 통해 개의 건강 상태를 점검하여 신체적 원인을 소거함
환경관리	• 공격을 유발하는 자극을 최소화함 • 개가 스트레스를 받을 수 있는 상황(예 낯선 사람의 방문 등)을 조절함
마음의 안정	• 스트레스를 줄이고, 충분한 운동과 놀이를 통해 에너지를 발산함 • 심리적 안정을 위해 보호자의 차분한 태도가 중요함

➕ **과도한 공격행동 개선 시 주의사항**
• 갑작스럽게 공격행동이 나타났다면 반드시 수의사와 상의하여 질병이나 통증 여부 등을 확인한다.
• 공격성이 강한 경우 보호자와 타인 등의 안전을 위하여 물리적 제한(입마개 등)을 사용하는 것도 고려해야 한다.

CHAPTER 03 반려동물의 정상행동 ~ 05 반려동물의 문제행동

출제 예상문제

간단한 쪽지 시험으로 문제를 푸는 힘을 키우세요.

OX 문제

01 개의 정상행동에는 섭식행동, 배변행동, 몸단장행동, 상동행동이 있다. ( )

02 개의 친화행동은 놀이 행동, 그루밍, 몸의 밀착, 꼬리 흔들기로 분류된다. ( )

03 개는 회피, 불편함 또는 복종의 의미로 눈을 직시한다. ( )

04 개는 냄새로 스트레스, 두려움, 행복 등을 감지한다. ( )

05 과잉행동은 개가 지속적이고 과도하게 활동적이며, 주어진 상황에서 기대되는 행동을 보이지 못하는 상태를 의미한다. ( )

빈칸 문제

06 ( )은/는 특정 음식을 섭취한 후 구토나 설사를 경험하면 해당 음식의 냄새나 맛을 기억하고 다시 섭취하지 않는 행동을 뜻한다.

07 ( )은/는 암컷이 수컷을 받아들이며, 교미를 허용하는 시기이다.

08 ( )은/는 개가 가장 자주 내는 소리로, 상황에 따라 다양한 의미를 전달한다.

09 ( )은/는 개의 몸에서 분비되는 특수 화학 물질로, 다른 개들에게 화학 신호로 특정 정보를 전달한다.

10 ( )은/는 긴장 완화를 목적으로 상황과 무관해 보이는 행동을 수행하는 것이다.

---

01 X 상동행동은 이상행동에 속한다. 02 ○ 03 X 개는 회피, 불편함, 복종의 의미로 눈을 피한다. 04 ○ 05 ○ 06 미각 혐오 07 발정기 08 짖기 09 페로몬 10 전위행동

3 반려동물의 정상행동

01

개의 배변행동에 대한 설명으로 옳지 않은 것은?

① 개는 본능적으로 보금자리에서 멀리 떨어진 곳에서 배변한다.
② 새끼 개는 스스로 배변을 조절할 수 있는 능력이 있다.
③ 배변은 신체의 불필요한 노폐물을 배출하는 생리적 과정이다.
④ 개의 소변 마킹은 영역 표시와 같은 사회적 의미를 가진다.

> 참고 새끼 개는 스스로 배변을 조절하지 못하며, 어미의 도움을 받아야 배변이 가능하다.

02

다음 사진과 관련 있는 개의 행동에 대한 설명으로 옳은 것은?

① 결핍 보상 행동이다.
② 어미 개가 새끼를 보살피는 중에 나타나는 배변 촉진 행동이다.
③ 이 행위를 통해 다른 개들은 소변 냄새를 맡고 다양한 정보를 파악할 수 있다.
④ 음식 섭취를 줄이는 식욕 저하 증상이 나타날 때 하는 행동이다.

> 참고 위 사진은 마킹 행동으로, 수컷은 수직 물체(나무, 전신주)에 소변을 배출하여 냄새를 남긴다. 다른 개들은 마킹으로 남겨진 배설물로 상대의 정보(지나간 시간, 성별, 생리적 상태)를 파악할 수 있다.

03

다음 내용에 대한 설명으로 옳지 않은 것은?

> • 무리 내에서 각 개체의 지위를 규정하는 구조이다.
> • 자원(먹이, 짝짓기, 휴식 공간 등)의 접근 권한과 행동 규범을 결정한다.

① 알파는 무리의 리더로, 가장 높은 서열을 가지며 먹이와 짝짓기에 우선권을 갖는다.
② 초기에는 신체적 싸움으로 서열이 정해지지만, 시간이 지나면서 싸움 없이 의사소통만으로 서열이 유지될 수 있다.
③ 베타는 알파를 보조하며, 무리의 다른 개체들을 관리하는 역할을 한다.
④ 서열이 한 번 고정되면 상황 변화가 있어도 바뀌지 않는다.

> 참고 서열은 상황 변화에 따라 유연하게 바뀔 수 있다.

04

다음 설명에 해당하는 호르몬으로 옳은 것은?

> 발정 후기에 황체에서 분비되어 임신 준비를 돕거나, 거짓 임신을 유발한다.

① 에스트로겐
② 황체형성호르몬(LH)
③ 프로게스테론
④ 테스토스테론

> 참고 프로게스테론의 기능에 관한 설명이다. 프로게스테론이란 난소의 황체에서 분비되는 호르몬으로, 생식 주기를 조절하여 자궁벽을 임신에 맞게 변화시키며, 분만까지 임신을 유지하는 역할을 한다.

4 반려동물의 의사소통

05

다음의 그림과 관련 있는 개의 심리 상태로 가장 옳은 것은?

① 주의
② 경계
③ 불확실함
④ 흥분함

> 참고 개가 꼬리를 올려서 빠르게 흔드는 것은 기쁨, 흥분, 사회적 상호작용을 원할 때의 심리 상태이다. 꼬리를 흔드는 속도나 꼬리의 방향도 감정 상태를 나타낸다.

06

다음 그림과 개의 심리 상태의 연결이 옳지 않은 것은?

① ㉠ - 피곤함
② ㉡ - 평상시, 관심 있음
③ ㉢ - 경계
④ ㉣ - 편안함

> 참고 개가 귀를 뒤로 젖히는 경우는 두려움, 불안, 공격성과 같은 심리 상태일 때 나타난다.

07

개가 불안이나 두려움, 경계 상태일 때의 자세로 옳지 <u>않은</u> 것은?

① 몸을 낮추며 굽히기
② 배를 보이며 눕기
③ 몸을 뻣뻣하게 세우기
④ 자주 몸을 긁거나 깨물기

> 참고 개가 배를 보이며 눕는 것은 복종, 편안함, 애정 표현을 나타낼 때 하는 행동이다.

08

개가 그르렁거릴 때의 심리 상태에 해당하는 것은?

① 기쁨을 나타내는 행동이다.
② 불만이나 위협을 느낄 때 자주 내는 소리이다.
③ 편안한 상태에서는 그르렁거리지 않는다.
④ 고통을 느낄 때 주로 내는 소리이다.

> 참고 ① 개가 빠르게 계속 짖는다.
> ③ 보호자나 다른 개와 친밀감을 나타낼 때와 같이 편안한 상태에서도 그르렁거린다.
> ④ 개가 고통을 느낄 때는 낑낑거린다.

5 반려동물의 문제행동

09

이상행동의 유형에 해당하지 <u>않는</u> 것은?

① 상동행동
② 변칙행동
③ 이상반응
④ 탐색행동

> 참고 탐색행동은 주위 환경을 냄새 맡고 살펴보며 새로운 정보를 탐지하려는 행동으로, 정상행동에 속한다.

10

다음 증상에 해당하는 문제행동으로 옳은 것은?

- 방향 감각 상실
- 상호작용 변화
- 수면-각성 주기 변화
- 배변 실수
- 활동성 변화

① 고령성 인지장애
② 분리불안
③ 과잉행동
④ 상동행동

> 참고 위 증상 외 고령성 인지장애의 증상에는 무의미한 짖음 또는 소음 내기, 장난감이나 놀이 또는 음식에 대한 관심 감소, 간단한 명령을 이해하지 못하거나 이전에 배운 훈련을 잊음 등이 있다.

11

다음과 같은 분리불안으로 인한 파괴적 행동에 대한 설명으로 옳은 것은?

① 주로 편안한 심리 상태일 때 나타나는 행동이다.
② 가구 등을 물어뜯거나 긁는 행동을 보인다.
③ 적절한 처벌은 행동을 교정하는 데 도움이 된다.
④ 보호자 변경, 이사 등의 생활 환경 변화는 이 행동과 관련이 없다.

참고 분리불안으로 인한 파괴적 행동에는 문이나 가구 등을 물어뜯거나 긁는 행동이 있으며, 보호자가 떠난 직후에 집중적으로 나타날 가능성이 크다.

12

과잉행동의 주요 원인으로 옳지 않은 것은?

① 부족한 운동량
② 사회화 부족
③ 통증
④ 갑상선 기능 저하증

참고 과잉행동은 갑상선 기능 항진증과 관련이 있다.

|정답| 07 ② 08 ② 09 ④ 10 ① 11 ② 12 ④

PART

02

반려동물 관리학

📝 출제 키워드

과목	챕터	출제 키워드
2과목 반려동물 관리학	01 반려동물의 복지	동물복지의 5대 자유, 동물복지의 종류
	02 영양관리	적정 급여량, 필수 영양소
	03 건강관리	성장곡선, 신체검사, 주요 질병
	04 환경관리	위생과 안전관리
	05 운동 및 행동관리	반려견 스포츠, 행동 풍부화
	06 반려견개론 및 견종 표준	반려견체 명칭, 견종

CHAPTER 01 반려동물의 복지

> **합격 TIP** 동물 복지의 5대 자유와 종류에 대해 이해한다.

1 동물 복지의 개념

1. 동물 복지의 의미와 목적

의미	인간의 영향 아래 있는 동물들이 신체적, 심리적, 행동적으로 건강하고 행복한 상태를 유지하며, 고통과 스트레스에서 자유로운 삶을 영위하는 것을 뜻함
목적	동물들이 인간의 목적(예 반려, 농업, 연구, 오락 등)으로 이용되더라도, 그 과정에서 동물이 기본적인 욕구와 권리를 존중받고, 가능한 최상의 상태로 살아갈 수 있도록 함

2. 동물 복지의 5대 자유(Five Freedoms)

배고픔과 갈증으로부터의 자유 (Freedom from Hunger and Thirst)	• 동물이 굶주리거나 목마르지 않도록 적절한 음식과 깨끗한 물을 제공해야 함 • 동물의 영양 상태를 고려한 균형 잡힌 식단을 제공하며, 식수는 언제나 접근 가능해야 함
불편함으로부터의 자유 (Freedom from Discomfort)	• 동물이 적절한 환경에서 생활할 수 있도록 해야 함 • 환경 조건에 적합한 쉼터와 휴식 공간을 제공해야 하며, 동물이 스트레스를 받지 않도록 환경을 조성함
질병과 상해로부터의 자유 (Freedom from Pain, Injury, or Disease)	• 동물이 아프거나 다쳤을 때 적절한 예방 및 치료를 받을 수 있어야 함 • 건강을 관리하고, 필요한 경우 수의학적 도움을 줌
정상적인 행동을 표현할 자유 (Freedom to Express Normal Behavior)	• 동물이 종에 따라 자연스러운 행동을 할 수 있도록 적절한 공간과 환경을 제공함 • 군집 생활을 하는 동물에게는 사회적 상호작용의 기회를 제공하고, 독립적인 동물에게는 독립성을 유지할 수 있는 환경을 보장함
공포와 스트레스로부터의 자유 (Freedom from Fear and Distress)	• 동물이 두려움과 스트레스를 느끼지 않도록 보호함 • 환경을 안정적으로 유지하고, 동물의 심리적 안정감을 위해 신체적 학대나 불필요한 스트레스를 피해야 함

2 동물 복지의 구분

1. 신체적 복지(Physical Welfare)

(1) 의미

① 반려견의 신체적 복지는 건강하고 안전한 환경에서 반려견의 신체적 요구를 충족시켜, 건강과 삶의 질을 보장하는 것을 의미한다.

➕ 동물 복지의 5대 자유의 의미
- 동물의 복지와 권리를 보장하기 위한 국제적인 기준이다.
- 동물의 신체적, 정신적인 건강과 행복한 삶을 위한 다섯 가지 기본 권리를 뜻한다.

➕ 노령견의 신체적 복지
노령견은 관절과 근육의 퇴화 및 수면 패턴 변화 등으로 추가적인 관리가 필요하다.
- **운동과 신체 활동**: 낮은 강도의 운동으로 신체 활동을 유지한다.
- **영양 관리**: 관절 보호제(예 글루코사민) 등의 영양제를 급여하거나 및 부드럽고 쉽게 소화되는 음식을 제공한다.
- **안전한 생활 환경**: 수면의 질을 높이기 위한 편안한 침구를 제공한다.

② 반려견은 신체 활동, 적절한 영양, 정기적인 건강관리, 안전한 생활 환경 등이 충족될 때 신체적 복지가 보장된다.
③ 반려견의 신체적 복지는 생리적 건강뿐만 아니라 반려견의 전반적 행복에도 중요한 영향을 미친다.

(2) 구성 요소

① 영양 관리 ⊕

균형 잡힌 식단	• 반려견의 나이, 견종, 크기, 건강 상태에 맞는 영양소가 포함된 사료를 제공함 • 단백질, 지방, 탄수화물, 비타민, 미네랄의 균형이 중요함
급식 관리	• 정기적인 급여 시간 유지: 규칙적인 식습관을 위하여 사료 급여 시간을 일정하게 유지함 • 과식 방지: 과체중은 관절 문제, 심혈관 질환 등을 유발할 수 있으니 과식을 자제함 • 신선한 물 제공: 반려견이 항상 깨끗한 물을 마실 수 있도록 함

⊕ 알레르기, 비만, 신장 질환 등 반려견의 건강 상태에 따라 특수 사료 또는 식단을 제공한다.

② 운동과 신체 활동

정기적인 운동	• 산책, 놀이, 훈련 등을 통해 반려견의 체력을 유지하고 스트레스를 완화함 • 견종과 개별 성격에 따라 운동 강도와 시간을 조정함 • 에너지가 높은 견종(예 보더 콜리, 래브라도 리트리버 등)은 더 많은 운동이 필요함
근력과 유연성 유지	• 다양한 활동(예 달리기, 점프 등)으로 근육과 관절을 건강하게 유지함 • 노령견의 경우, 가벼운 산책이나 유산소 운동으로 신체 기능을 유지함

③ 정기적인 건강관리

예방접종	광견병, 디스템퍼, 파보바이러스 등 주요 질병 예방을 위해 정기적으로 백신 접종을 실시함
기생충 관리	내부 기생충(예 회충, 촌충) 및 외부 기생충(예 벼룩, 진드기)을 예방하고 치료함
정기 건강검진	• 정기적인 건강검진으로 잠재적인 질병을 조기에 발견함 • 노령견은 더 자주 건강검진을 받는 것이 바람직함
구강 건강	• 치석 제거와 치아 관리로 치주 질환을 예방함 • 장난감 또는 간식으로 자연스럽게 치아를 청결히 유지하도록 함

④ 안전한 생활 환경

안전하고 청결한 공간 제공	• 사고 위험이 없는 안전한 공간에서 생활할 수 있도록 함 • 깨끗한 침대나 매트, 주기적으로 세척되는 환경을 유지함
적정 온도 유지	• 과도한 추위나 더위는 반려견의 건강에 부정적인 영향을 미침 • 여름철에는 더위를 피할 수 있는 공간, 겨울철에는 따뜻한 환경을 제공함
유독 물질 및 위험 물건 제거	초콜릿, 포도, 약물 등 유해한 음식 및 물건을 반려견의 접근 범위에 없도록 제거함
적절한 케이지 사용	필요 시 케이지나 펜스를 사용할 때는 과도한 공간 제한 없이 반려견이 편안함을 느낄 수 있도록 관리함

⑤ 위생 관리

피부와 털 관리	• 정기적인 목욕과 빗질로 피부 건강을 유지시킴 • 털 빠짐이 심한 견종은 빗질을 통해 주기적으로 관리해 줌
발톱 관리	길어진 발톱은 보행에 불편함을 초래할 수 있으므로 정기적으로 손질해 줌
귀 청결	귀 질환을 예방하기 위해 귀를 주기적으로 확인하고 청소해 줌
배변 관리	배변 장소를 깨끗이 유지하여 위생과 건강을 보장함

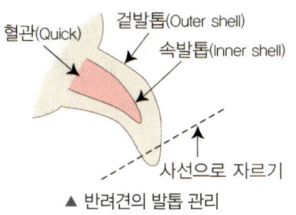

▲ 반려견의 발톱 관리

⑥ 질병 및 부상 치료

질병 관리	• 질병 징후(예 식욕 부진, 무기력, 구토 등)를 즉시 파악하고 치료를 진행함 • 만성 질환(예 관절염, 심장 질환 등)이 있는 경우 지속적으로 관리함
부상 예방 및 치료	• 산책 시 안전한 리드줄을 사용하며 및 위험 요소를 확인함 • 부상 발생 시 즉각적인 치료와 재활을 진행함

2. 심리적 복지(Psychological Welfare)

(1) 의미
① 동물의 부정적 정서(예 스트레스, 공포, 불안, 좌절)를 최소화하고, 긍정적 정서(예 행복, 흥미, 만족감)를 최대화하여 심리적 안정감을 느끼는 상태를 의미한다.
② 신체적 복지와는 별개로, 동물의 감정과 정신적 상태를 고려한 복지를 말한다.

(2) 영향을 주는 요인
① 환경적 요인⁺ : 공간 부족, 소음, 온도, 조명 등 환경적 조건
② 사회적 요인⁺ : 동물 간 갈등, 고립, 과한 사회적 자극 등 심리적 안정을 해칠 수 있는 요인

➕ **환경적 요인**
좁은 공간에서 장기간 생활하면 동물이 스트레스를 받을 가능성이 높다.

➕ **사회적 요인**
반려견은 보호자와 물리적으로 떨어져 있을 경우 심리적 불안정(분리불안)을 겪을 수 있다.

참고 심리적 복지의 사회적 요인
• 보호자의 태도와 상호작용이 영향을 준다.
• 보호자의 긍정적, 일관된 태도는 동물의 심리적 안정에 기여한다.
• 보호자의 분노, 혼란스러운 명령 등은 동물에게 심리적 불안을 초래한다.

(3) 구성 요소

두려움과 불안으로부터의 해방	• 동물이 공포나 불안감을 느끼지 않는 것이 중요함 • 낯선 환경, 소음, 불규칙한 대우 등은 동물에게 심리적 스트레스를 유발함 예 보호자의 갑작스러운 분노나 예측 불가능한 행동은 동물에게 심리적 불안을 초래
스트레스 관리	• 스트레스는 심리적 복지에 가장 큰 영향을 줌 • 스트레스 유발 요소(예 환경적 변화, 과도한 자극, 고립 등)를 최소화함 예 반려견은 보호자와의 분리가 스트레스 요인일 수 있음
긍정적 감정 경험	• 동물이 행복과 만족감을 느낄 수 있는 환경과 상호작용을 제공함 • 놀이, 탐색, 사회적 상호작용은 긍정적 정서를 촉진시킴 예 반려견은 보호자와의 놀이를 통해 행복감을 느낌
자율성과 통제감	• 동물이 자신의 환경에서 일정한 자율성과 통제력을 가질 수 있는 상태 • 동물은 자신이 선택할 수 있는 기회를 가질 때 심리적 안정감을 느낌 예 반려견이 다양한 산책 경로를 스스로 선택하도록 함
사회적 유대감	• 사회적 동물은 집단 또는 보호자와의 긍정적인 관계에서 심리적 안정을 느낌 • 고립된 환경은 외로움과 고립감을 유발하여 심리적 복지를 해침 예 반려견은 보호자 또는 다른 반려견과의 교감에서 안정감을 얻음
정신적 자극	• 지적이고 호기심 많은 동물은 정신적 자극이 부족할 경우 심리적으로 좌절하거나 무기력해질 수 있음 • 놀이, 문제 해결, 탐색 활동 등이 정신적 자극을 줌 예 퍼즐 장난감, 간식 숨기기, 새로운 냄새를 탐색할 기회를 줌

(4) 관리 및 유지 방법

안정감 제공	• 동물이 예측 가능한 환경에서 살아가도록 도움 • 규칙적인 식사 시간, 산책 시간, 휴식 시간을 유지함
적절한 환경 조성	동물이 쉴 수 있는 조용하고 안전한 공간을 제공함 예 안락한 침대 제공
긍정적 상호작용	• 부드럽고 일관된 보호자의 행동이 중요함 • 놀이와 훈련을 통해 동물과 긍정적인 유대를 강화함
정신적 자극 제공	지능형 장난감, 놀이 활동, 탐색 기회를 제공하여 동물이 정신적으로 충족감을 느낄 수 있도록 함

스트레스 요인 최소화	• 낯선 사람, 과도한 소음, 보호자 부재 등의 스트레스 요인을 줄임 • 스트레스 상황에서는 진정할 수 있는 시간을 제공함
사회적 상호작용 지원	사회적 동물은 보호자 또는 다른 동물과의 상호작용 기회를 제공함 예 다른 반려견과의 놀이 시간 제공

3. 행동적 복지(Behavioral Welfare)

(1) 의미

① 반려견의 본능과 욕구에 맞는 행동 발현, 스트레스와 좌절감 최소화, 심리적 안정감 유지 등을 돕는 것을 의미한다.

② 사회적이고 활동적 동물이라는 반려견의 특성을 고려하여 신체적, 정신적, 사회적 요구를 모두 충족하는 행동적 복지를 추구해야 한다.

(2) 주요 요소

① 운동과 신체적 활동⊕

산책	신체적 에너지를 발산하고, 새로운 냄새와 환경을 탐색할 기회를 제공함
놀이	공 던지기, 터그 놀이, 숨바꼭질 등은 반려견의 활동성을 증가시키고 보호자와의 유대감을 강화함
운동 공간	충분히 달리고 탐색할 수 있는 안전한 공간이 필요함

② 탐색과 사냥 본능 충족⊕

냄새 탐색 게임	간식을 숨기고 찾게 하거나, 냄새 맡기를 유도하는 활동은 본능을 충족시킴
장난감 사용	던질 수 있는 장난감, 퍼즐 피더, 씹을 수 있는 장난감은 반려견의 관심을 끌고 행동 욕구를 충족함

③ 사회적 상호작용⊕

보호자와의 시간	보호자와 함께하는 산책, 놀이, 훈련 시간은 사회적 욕구를 충족시킴
다른 반려견과의 교류	다른 반려견과의 놀이를 통해 사회적 기술을 발달시키고 스트레스를 해소할 수 있음

④ 환경적 풍부화⊕

실내 환경 풍부화	퍼즐 등 다양한 장난감 혹은 씹을 수 있는 물체를 제공함
실외 활동	정원, 공원 등 새로운 환경에서 활동하며 다양한 자극을 경험함
은신처와 개인 공간	혼자 편히 휴식을 취할 수 있는 켄넬이나 침대를 제공함

⑤ 훈련과 정신적 자극⊕

기본 훈련	앉아, 기다려, 손 등 기본 명령 훈련은 반려견이 보호자의 지시에 따라 행동하도록 도움을 줌
문제 해결 게임	퍼즐 피더❓ 혹은 간식을 얻기 위한 간단한 문제 해결은 반려견에게 정신적 자극을 제공함
명령 강화와 보상	긍정적 강화를 통해 올바른 행동을 유도하고 행동적 만족감을 높임

(3) 관리 및 유지 방법

일상적인 활동 제공	매일 정기적으로 산책이나 놀이 시간을 가지며, 반려견의 운동 욕구를 충족함
환경적 다양성 유지	다양한 장난감과 활동을 제공하며, 새로운 장소와 냄새를 경험할 기회를 제공함

➕ 반려견은 신체 활동이 부족하면 스트레스가 쌓이며, 부적응 행동(파괴행동, 과도한 짖음 등)이 유발될 수 있다.

➕ 반려견은 자연스럽게 냄새를 맡고 탐색하며, 물체를 쫓는 행동에서 만족감을 느낀다.

➕ 반려견은 사회적 동물로서 사람이나 다른 동물과의 상호작용을 통해 심리적 안정감을 느낀다.

➕ 단조로운 환경은 반려견의 행동적 욕구를 제한하며, 무기력증이나 이상 행동을 유발하기 때문에 다양한 환경을 제공하는 것이 바람직하다.

▲ 반려견의 환경 풍부화 사례
(노즈워크 장난감 제공)

➕ 훈련은 반려견의 정신적 에너지를 발산시키고, 보호자와의 유대를 강화하는 동시에 행동을 관리하는 데 효과적이다.

❗ 퍼즐 피더

퍼즐 피더(=먹이 퍼즐)는 먹이를 찾으면서 집중을 하거나 성취감을 주는 목적으로 만들어진 노즈워크 장난감이다. 놀이용 혹은 급여 시 식사 속도 조절의 목적으로 활용된다.

▲ 퍼즐 피더

CHAPTER 02

영양관리

합격 TIP 반려동물의 적정 급여량과 필수 영양소에 대해 이해한다.

1 반려동물의 급여

1. 섭취량과 에너지 요구량

(1) 섭취량

① 체중 1kg당 종이컵으로 0.5컵을 하루에 3~4회(자견) 또는 2회(성견)로 나누어서 급여한다.

예 3kg의 자견의 경우 하루에 종이컵 1.5컵으로 급여하며, 하루 3회 급여 시 1회 급여 사료량은 종이컵 반 컵으로 한다.

② 평균적인 급여량에서 대변이 딱딱할 경우 사료량을 약간 늘린다.
③ 대변이 무를 경우 사료량을 약간 줄인다.
④ 성장기인 경우 매주 체중을 측정하여 체중별 적정 사료량을 급여한다.

(2) 에너지 요구량

① RER(Resting Energy Requirement, 휴식기 에너지 요구량)[kcal/day]
- [(체중kg)×30]+70(체중 범위 2~45kg일 때)

② DER(Daily Energy Requirement, 일일 에너지 요구량)[kcal/day]
- RER×기준 상수

예 가벼운 운동을 하는 5kg 성견의 경우
- RER: (5kg×30)=70=220
- DER: 220(DER)×2(기준 상수)=440

참고 상태별 상수의 기준

구분	상태	상수
성견	비만	1.0
	비만 경향	1.4
	중성화 수술	1.6
	운동량 없음	1.8
	가벼운 운동	2.0
	적당한 운동	3.0
	심한 운동	4.0~8.0
성장기	성견 체중의 50% 미만	3.0
	성견 체중의 50~80%	2.5
	성견 체중의 80% 초과	2.0

➕ 영양소별 칼로리
- 단백질: 4kcal/g
- 지방: 9kcal/g
- 탄수화물: 4kcal/g

참고 가벼운 운동을 한다는 전제 하에 일반적인 성견 기준의 상수는 '2'이며 크기, 나이, 활동량, 중성화, 견종, 질병에 따라 차이가 있다.

2. 비만도

(1) BCS⊕

① 반려견의 체중 상태와 건강을 평가하는 도구이다.
② 체지방 비율을 기준으로 반려견의 건강 상태를 점수로 표시하는 시스템이다.

⊕ 반려견의 비만도는 BCS(Body Condition Score, 체중지수) 단계로 구분할 수 있다.

(2) BCS 5단계

단계	정의 및 기준	상태
1단계 심각한 저체중	• 체지방 비율이 매우 낮고, 근육량도 부족함 • 갈비뼈와 척추가 뚜렷하게 보이며 만졌을 때 쉽게 느껴짐 • 허리와 배가 깊이 들어가 있고, 근육이 소모됨 • 활동성이 낮고, 건강 상태가 매우 나쁨	
2단계 저체중	• 체지방은 부족하지만 BCS 1보다는 나은 상태 • 갈비뼈가 쉽게 만져지며, 얇은 지방층으로 덮여 있음 • 허리가 들어가 있지만 BCS 1보다는 덜 뚜렷함 • 반려견이 마른 상태로 보이며, 근육량이 약간 부족함 • 에너지 수준이 낮고, 기력이 부족함	
3단계 이상적인 체중	• 몸은 슬림하고 균형 잡힌 형태로, 체중이 과도하거나 부족하지 않음 • 갈비뼈가 쉽게 만져지지만, 약간의 지방층으로 덮여 있음 • 허리가 자연스럽게 들어가 있고, 복부가 정상적으로 보임 • 체력과 활동 수준이 적절하며, 건강 상태가 좋은 편	
4단계 과체중	• 갈비뼈가 만져지긴 하지만, 덮여 있는 지방도 함께 만져지는 상태로 체지방이 약간 많음 • 허리가 들어가지 않거나 덜 뚜렷하며, 복부에 지방이 약간 축적되어 있음 • 체중 증가로 기동성이 떨어지고 활동량이 줄어듦 • 비만의 초기 단계로, 체중 관리가 필요함	
5단계 비만	• 체지방이 많이 축적되어 있으며, 갈비뼈가 거의 만져지지 않음 • 허리와 복부의 굴곡이 거의 없거나 전혀 보이지 않음 • 몸 전체에 과도한 지방이 축적되어 있어 비만 상태로 분류됨 • 운동 능력과 활동성이 크게 제한되고, 건강 문제가 발생할 위험이 큼	

3. 주식 급여

(1) 자유급식과 제한급식

① 자유급식

특징	일정한 급여 시간 없이 사료를 배치해두고 반려견이 원하는 시간에 먹는 방식
장점	• 사료 인한 스트레스가 감소할 수 있음 • 자유로운 식사 습관을 형성할 수 있음 • 급여 시간에 구애받지 않으므로 보호자 부재 시 편리함
단점	• 과식으로 인한 비만의 위험이 있음 • 규칙적인 식사가 어려울 수 있음 • 다견 가정에서의 한 반려견이 먹이를 독점할 수 있음
추천대상	스스로 사료 섭취 조절이 가능한 반려견(활동량이 많고 비만 위험이 낮은 경우에 한함)

② 제한급식

특징	일정한 급여 시간에 일정량의 사료를 제공하는 방식
장점	• 체중 관리에 용이함 • 식사와 배변을 규칙적으로 관리할 수 있음 • 섭취량을 통제할 수 있음
단점	• 규칙적이고 일관된 관리가 필요함 • 배고픔 느낄 가능성 있음
추천대상	• 체중 관리가 필요한 반려견 • 훈련 중인 반려견

(2) 건식사료와 습식사료

① 건식사료

특징	건조된 형태의 사료(수분 함량 약 10% 이하)
장점	• 습식사료에 비해 저렴함 • 변질 없이 장기 보관이 가능함 • 반려견의 치아 건강에 도움을 줌
단점	• 물 섭취 부족 시 탈수 위험이 있음 • 치아가 약한 반려견은 섭취에 어려움이 있을 수 있음
추천대상	• 건강한 성견 • 치아 관리가 필요한 반려견

② 습식사료

특징	캔에 담긴 고습도 사료(수분 함량 약 70~85%)
장점	• 수분 섭취에 도움을 줌 • 노령견이나 치아가 약한 개에게 적합함
단점	• 보관 기간 짧음 • 고칼로리로 비만 유발 가능성이 있음 • 지나치게 부드러운 제형으로 치아 건강에 부적합할 수 있음
추천대상	• 노령견 • 수분 섭취가 부족한 반려견 • 입맛이 까다로운 반려견

4. 간식 급여

(1) 간식 권장량
① 반려견의 하루 권장 칼로리의 10% 이하로 간식을 제공한다.
   예 하루 500kcal가 필요한 반려견의 경우 간식은 최대 50kcal까지 제공
② 권장 칼로리의 나머지 90%는 균형 잡힌 주식으로 급여해야 한다.

(2) 간식의 종류

천연 간식	• 과일, 채소, 삶은 고기 등 사람이 먹는 음식을 활용한 간식 • 장점: 자연적인 성분, 화학 첨가물이 없음 • 단점: 과일 중 독성이 있는 것도 있어 주의 필요(예 포도, 아보카도 등)
상업용 간식	• 시중에서 판매되는 다양한 형태의 간식(예 비스킷, 젤리, 말린 고기 등) • 장점: 영양 성분이 조절되어 있고, 다양한 맛과 질감을 제공함 • 단점: 일부 제품은 고칼로리 또는 첨가물이 포함될 수 있음
특수 간식	• 치석 제거 혹은 치아 건강 등의 기능을 포함한 간식 • 장점: 특정 건강 문제의 관리나 예방에 도움 • 단점: 제한된 상황에서만 사용 가능함
보상용 간식	• 훈련 과정에서 긍정적 행동 강화를 목적으로 하는 간식 • 즉각적인 보상으로 훈련 효율성을 높임 • 주로 반려견이 선호하는 고기류 간식이나 부드러운 질감의 간식을 사용함 • 주의사항: 잦은 급여 혹은 과다 급여 등으로 인하여 반려견이 간식에 의존하거나 비만으로 이어질 수 있음

(3) 간식 급여 시 주의사항

고열량 간식 섭취	간식의 칼로리가 높아 과다 섭취 시 비만으로 이어질 수 있음
운동 부족	간식 섭취량에 비해 활동량이 부족하면 지방 축적이 증가됨
특정 간식 성분	당분, 지방이 많이 포함된 간식은 체중 증가의 주요 원인이 될 수 있음
비만의 결과	관절 문제, 심장병, 당뇨병 등 다양한 건강 문제로 이어질 수 있음

2 반려동물의 소화기관과 필수 영양소

1. 소화기관과 소화효소

소화기관	소화효소	소화효소의 기능과 특징
침샘 (Salivary Glands)	아밀라아제 (Amylase)	• 녹말(전분)을 말토스(Maltose) 등의 이당류로 분해하는 효소 • 반려견의 침에는 아밀라아제가 거의 없으며, 주로 사람과 일부 동물에서 활성적임
위장 (Stomach)	펩신 (Pepsin)	• 단백질을 작은 펩타이드로 분해하는 효소 • 펩시노겐(Pepsinogen)으로 분비되며, 위산(HCl)에 의해 활성화됨
	렌닌 (Rennin, 키모신 Chymosin)	• 젖 단백질(카제인)을 응고시키는 효소 • 주로 어린 포유류(특히 송아지)에서 발견되며, 반려견에서는 중요성이 낮음
췌장 (Pancreas)	아밀라아제 (Amylase)	녹말(전분)을 말토스(Maltose) 등의 이당류로 분해하는 효소
	리파아제 (Lipase)	• 지방을 글리세롤과 지방산으로 분해하는 효소 • 지방 소화를 돕기 위해 담즙(Bile)과 함께 작용함
	트립신(Trypsin) & 키모트립신 (Chymotrypsin)	• 단백질을 펩타이드로 분해하는 효소 • 불활성 상태(트립시노겐, 키모트립시노겐)로 분비되며, 소장에서 활성화됨
소장 (Small Intestine)	말타아제 (Maltase)	말토스를 포도당(Glucose) 2분자로 분해함
	락테이스 (Lactase)	유당(젖당, Lactose)을 포도당+갈락토오스로 분해함 참고 락테이스 부족 시 유당불내증(젖당 소화불량)이 발생함
	수크라아제 (Sucrase)	자당(설탕, Sucrose)을 포도당(Glucose)+과당(Fructose)으로 분해함

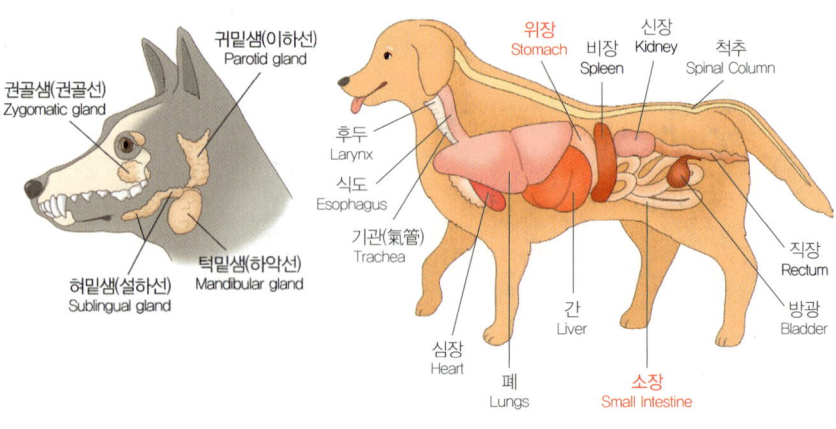

▲ 반려견의 침샘　　　　　　▲ 반려견의 소화기관

2. 필수 영양소 ➕

(1) 수분

① 수분의 기능
- 수분은 물질대사, 체액생성 등 생명유지에 가장 중요한 영양소로, 반려견 체중의 60~70%를 차지한다.
- 사료 자체에 포함되어 있는 수분(건식사료의 약 10%, 습식사료의 70~85%)도 수분 섭취량에 어느 정도 기여한다.
- 반려견이 언제나 신선하고 깨끗한 물을 필요한 만큼 마실 수 있도록 해야 한다.

② 수분 부족 시 생길 수 있는 질병
- 반려견이 체수분의 10%를 상실하면 저혈압 등 탈수 증상이 발생하여 건강 이상이 발생한다.
- 15% 이상 수분을 잃게 되면 폐사 위험성이 있다.

(2) 단백질

① 단백질의 기능
- 단백질은 육식동물인 반려견에게 가장 중요한 영양소 중 하나이다.
- 단백질은 세포, 조직, 기관, 효소, 호르몬 형성 등에 쓰이며, 반려견의 성장, 유지, 번식 및 회복에 필수적인 영양소이다.
- 아미노산은 단백질의 구성단위로 20가지가 있으며, 체내에서 합성 여부에 따라 필수 아미노산과 비필수 아미노산으로 분류한다.

구분	특징	종류
필수 아미노산 (Essential Amino Acid)	체내에서 충분히 합성될 수 없기 때문에 사료에 반드시 포함되어야 하는 아미노산으로, 성장과 면역 기능 유지에 중요한 역할을 함	아르기닌, 메티오닌, 히스티딘, 페닐알라닌, 이소류신, 트레오닌, 트립토판, 류신, 발린, 리신
비필수 아미노산 (Nonessential Amino Acid)	체내에서 합성 가능한 아미노산으로 사료에 반드시 포함될 필요는 없지만, 필수적인 영양소임	글리신, 알라닌, 세린, 시스테인, 아스파르트산, 아스파라긴, 글루탐산, 글루타민, 타이로신, 프롤린

- 동물성 단백질은 반려견에게 가장 이상적인 아미노산 조성을 가진다.
- 야채, 곡류, 콩류 등에도 단백질이 함유되어 있지만 동물성 단백질의 아미노산 조성보다는 다소 떨어진다.

② 단백질 부족 시 생길 수 있는 질병

근육 약화	근육의 성장과 회복에 필요한 재료가 부족해지므로, 반려견의 체중 감소와 함께 근육 약화를 유발함
피부와 털 문제	피부가 건조해질 수 있으며 털이 빠지거나 윤기가 없어질 뿐 아니라 탈모나 피부염을 유발함
면역 시스템 약화	면역 세포의 형성이 어려워 면역력이 약화되며 감염될 위험성이 증가됨
성장 지연 (자견)	• 자견의 단백질 부족은 골격, 근육, 장기 등의 적절한 성장 저하를 유발 • 성견이 되어도 체격이나 체력이 미성숙하게 유지됨
저단백혈증	• 혈중 단백질(알부민, Albumin) 수치가 낮아지면 혈장 압력이 떨어져 부종을 유발함 • 특히 다리와 배에 심한 부종 증상이 유발됨

➕
- 영양소는 동물의 에너지 공급과 성장을 위해 사료로 섭취하는 물질을 말한다.
- 반려동물의 필수 영양소는 수분, 단백질, 지방, 탄수화물, 비타민 등이 있다.
- 반려견의 사료는 성견 일반사료 기준으로 조단백질 35~45%, 조지방 20~30%, 탄수화물 10~20%, 조섬유 5~10% 정도의 비율이 이상적이다.

(3) 지방

① 지방의 기능
- 사료 내의 지방은 가장 농축된 에너지 형태로, 단백질과 탄수화물의 에너지 함량의 두 배 이상을 함유한다.
- 세포구조 유지에 필수적이며, 호르몬의 원료로도 이용된다.
- 지용성 비타민의 흡수와 이용에도 필요하다.
- 외부환경으로부터 몸을 단열하거나 내부 장기를 충격으로부터 보호하는 기능을 한다.
- 지방은 지방산과 글리세롤 등으로 구성된다.
- 필수 지방산➕은 체내에서 충분히 합성되지 않기 때문에 사료를 통해 공급해야 한다.

➕ 반려견의 필수 지방산에는 리놀레산(Linoleic Acid)이 있다.

② 지방 부족 시 생길 수 있는 질병

성장 부진 및 피부 질환	염증치료에 중요한 오메가-6와 오메가-3 지방산이 부족할 경우 만성 염증 유발 가능성이 있음➕
체중 감소 및 에너지 부족	에너지 공급원인 지방의 감소로 인하여 활동성이 줄어들고 체중이 감소하고 피로감을 느끼는 등의 에너지 부족 상태가 됨
호르몬 불균형	호르몬 불균형 및 성호르몬에 영향을 주어 불규칙한 발정 주기, 성적 발달 문제, 또는 갑상선 기능 저하(예 저체온, 탈모, 피로 등)와 같은 문제를 유발함
비타민 흡수 문제	지용성 비타민(A, D, E, K)의 흡수율이 떨어지면서 비타민 결핍 증상이 유발됨
신경계 문제	뇌 기능과 신경 전달에 필수적인 오메가-3 지방산이 부족할 경우 집중력 부족이나 학습 능력 저하, 행동 변화 등의 증상이 유발됨

➕ 오메가-3 지방산 섭취비율을 높이면 피부염증(알레르기), 관절염, 염증성 장염 또는 신부전증 등의 증상을 완화할 수 있다.

(4) 탄수화물

① 탄수화물의 기능
- 탄수화물 섭취는 반려견의 에너지 공급과 장 건강 및 번식기능에 중요한 역할을 한다.
- 탄수화물의 최소 요구수준이 따로 정해지지는 않았지만, 생명의 유지를 위해서는 일정 수준의 포도당을 지속적으로 섭취해야 한다.
- 뇌 기능을 유지하기 위한 에너지는 포도당으로만 공급이 가능하다.
- 식이섬유는 탄수화물의 일종으로 장내 미생물의 균형을 유지하고, 만성적인 설사를 예방하는 역할을 한다.

② 탄수화물 부족 시 생길 수 있는 질병

저혈당증 (Hypoglycemia)	• 탄수화물(포도당)이 부족하면 혈당 수치가 떨어져 저혈당증이 발생함 • 떨림, 불안정한 걸음걸이, 기력 저하, 구토, 혼수상태 등을 유발함 • 심한 경우, 의식 상실이나 발작이 일어남
소화 불량 및 변비	식이섬유가 풍부한 탄수화물이 부족하면 소화 불량, 변비, 또는 장 건강 문제 발생

(5) 비타민

① 지용성 비타민

지용성 비타민	기능	결핍증
비타민 A	성장 촉진, 상피보호, 항감염 비타민	야맹증
비타민 D	뼈의 석회화 촉진	구루병
비타민 E	번식능력과 관련	번식장애, 뇌연화증, 근육위축증
비타민 K	혈액응고와 관계	혈액응고 지연

② 수용성 비타민

수용성 비타민	기능	결핍증
비타민 B1	탄수화물 대사	다발성 신경염, 부종, 식욕감퇴
비타민 B2	산화환원효소의 조효소	성장정지, 신경장애, 피부장애, 탈모, 다리마비, 경직, 각막혼탁, 결막염
비타민 B6	아미노산 대사	성장정지, 피부병, 신경장애, 부종, 충혈, 빈혈
비타민 B7	생체성분의 산화 환원	성장정지, 피부병, 식욕감퇴, 설사, 신경장애
비타민 B12	항악성빈혈인자	성장불량, 악성빈혈
판토텐산 (Pantothenic Acid)	소화조효소	성장불량, 피부염, 빈혈
비오틴 (Biotin)	여러 효소계의 조효소	피부염, 신경염, 탈모, 성장불량
엽산 (Folic Acid)	동물의 성장 조혈에 관여	악성빈혈
비타민 C	세포간질 생성, 지혈작용, 항산화제	괴혈병

❗ 악성빈혈이란 적혈구를 구성하는 헤모글로빈 생성이 부족하여 적혈구가 정상적으로 생산되지 못하는 빈혈을 의미한다.

3 반려동물의 유해 음식

1. 과일 및 견과류

종류	위험요인
감귤류 오일 추출물	구토 유발
포도, 건포도	신장손상 유발
마카다미아	소화계, 신경계, 근육에 알려지지 않은 중독 유발
복숭아, 자두 씨	소화경로 폐색
감	변비 유발
살구, 복숭아, 자두, 매실, 체리, 사과, 대부분 과일의 씨	시안생성 글라이코사이드(청산)에 의한 독성

2. 야채류

종류	위험요인
양파, 마늘 (날 것, 익힌 것, 분말 모두 해당)	적혈구 손상으로 빈혈 유발
감자의 싹	솔라닌 중독 유발
토마토의 꽃, 잎, 줄기 (푸른색 부분)	소화장애, 심장 및 신경계 이상, 비뇨기 독성

3. 축산 및 수산 식품

종류	위험요인
큰 동물의 간	비타민 A 중독증 유발
우유 또는 유제품	유당 소화 불가로 설사 유발
날달걀	• 효소 아비딘(Avidin)이 비타민 B의 흡수를 방해하여 피부 및 피모 문제 유발 • 달걀에 감염된 세균 및 바이러스에 의한 식중독
날 생선	생선 내 세균, 바이러스, 기생충 등에 의한 식중독 유발
등 푸른 생선	알레르기 유발 가능
오징어 등의 건어물	소화불량 및 장 폐색 유발

4. 가공식품

종류	위험요인
초콜릿 또는 커피, 차, 기타 카페인 함유 음식	카페인, 이뇨제, 테오브로민에 의한 심장 및 신경계 독성
알코올 음료	신경을 억제하여 과량 복용 시 혼수상태, 심할 시 폐사 위험
자일리톨 껌	저혈당증을 유발하여 심할 시 저혈당성 쇼크 유발

5. 기타

종류	위험요인
생선·조류·육류의 뼈	장 폐색 또는 소화기관의 천공
기름기가 많은 부위 (특히 돼지고기, 족발, 튀김류)	췌장염 및 대장염의 원인으로 구토, 혈변 유발
소금	• 과다 섭취 시 전해질 불균형 • 땀 배출이 적어 배출장애로 심장비대나 신부전 유발

4 자견 및 노령견의 영양관리

1. 자견의 영양관리

(1) 사료의 선택과 급여

사료의 선택	• 성견과 영양 요구가 다르기 때문에 자견 전용 사료를 선택해야 함 • 성장기에 필요한 단백질, 지방, 칼슘 등의 영양소가 충분히 포함되어야 함 • 사료 라벨에서 '퍼피(Puppy)'나 '성장기용'이라고 표시된 제품을 선택함
사료의 급여	• 소화기관이 성견보다 약하기 때문에 적은 양을 자주 급여하여 소화기관에 부담을 줄임 • 하루에 3~4번 정도 사료를 급여하다가 성견이 되면 1일 2회 급여로 조절함

➕ 자견은 빠르게 성장하며 에너지를 많이 소모하기 때문에 성장기에 맞는 영양을 제공해야 한다.

(2) 중요 영양소

단백질과 지방	• 자견은 빠른 성장과 발달을 위해 단백질과 지방이 풍부한 사료를 섭취해야 함 • 지방은 에너지 공급원으로 중요한 역할을 함 • 자견에게 필요한 단백질은 육류(예 닭, 소고기, 양고기 등)에서 얻는 것이 이상적임
칼슘과 인	• 자견은 뼈와 치아 발달에 중요한 칼슘과 인을 충분히 섭취해야 함 • 칼슘과 인의 비율이 맞지 않으면 뼈 발달에 문제가 생길 수 있기 때문에 사료에서 비율을 확인해야 함

❗ 자견의 칼슘과 인의 적정 비율
칼슘 : 인 = 2:1

2. 노령견의 영양관리

(1) 사료의 선택과 급여

노령견 전용 사료 선택	• 노령견의 영양 요구(단백질 함량이 적당하고 소화가 쉬운 성분)에 맞게 제조된 사료 • 노령견의 건강 유지에 도움이 되도록 칼로리가 낮고, 오메가-3 지방산이나 항산화물질이 포함된 사료
적절한 칼로리 구성	저칼로리 혹은 체중 조절용 사료를 권장함
소화에 좋은 사료 선택	• 소화 능력이 떨어진 노령견을 위하여 소화가 용이한 사료를 선택해야 함 예 고섬유소 사료 혹은 쌀과 같이 부드럽고 소화가 잘 되는 성분을 포함한 사료 선택 • 노령견에게는 습식 사료를 주면 소화에 도움이 됨

➕ 노령견은 대사 및 운동 능력이 감소하기 때문에 적절한 영양 관리가 필요하다.

❗ 고칼로리 사료 섭취는 비만을 유발할 수 있으며, 비만은 관절 질환, 심장병, 당뇨병 등 여러 가지 건강 문제를 악화시킬 수 있다.

(2) 중요 영양소

오메가-3 지방산	글루코사민, 콘드로이틴과 함께 퇴행성 관절염 예방이 가능함
비타민	항산화물질인 비타민 E, 비타민 C, 베타카로틴 등이 포함된 사료를 선택하여 세포 노화를 방지하고 면역력을 강화할 수 있음
적절한 수분	• 수분 부족은 신장 기능 저하를 가속하므로 충분한 물을 섭취하도록 관리함 • 습식 사료를 제공하거나 물을 자주 교체하여 수분 섭취를 유도함

CHAPTER 03

건강관리

합격 TIP 반려동물의 성장관리, 신체검사법, 주요 질병을 이해한다.

1 반려동물의 성장과 건강

1. 반려견의 성장 곡선

(1) 성장 곡선 ⊕

➕ 성장 곡선은 견종, 반려견의 크기, 유전적 요인, 그리고 환경적 요인에 따라 다르게 나타날 수 있다.

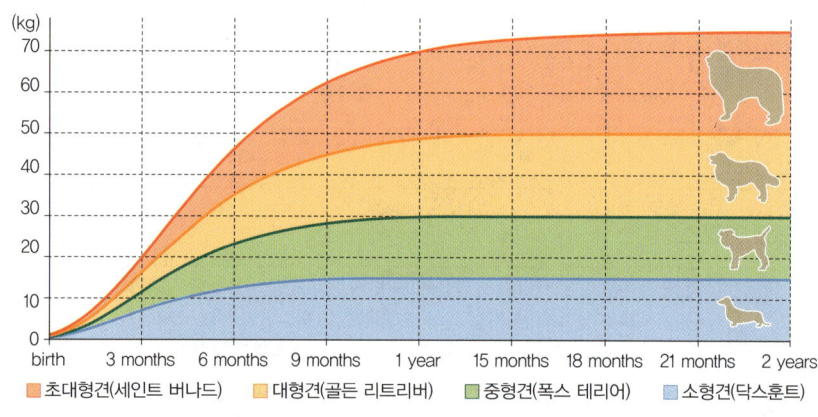

▲ 반려견의 성장 곡선

① 의미
- 반려견의 성장 곡선은 자견이 성견으로 자라는 동안의 신체적 발달과 체중 증가의 패턴을 나타낸다.
- 성장 곡선을 이해하면 반려견이 건강하게 성장하고 있는지 평가가 가능하다.
- 과체중이나 성장 장애를 조기에 발견하는 데 도움이 된다.

② 소형견과 대형견의 성장 곡선 비교

소형견	일반적으로 생후 12개월 전에 성장 곡선이 일정하게 유지됨
대형견	성장 기간이 더 길어 생후 18~24개월에 성장 곡선이 완성됨

(2) 성장단계

① 자견, 성견, 노령견의 기준

구분	소형견	중형견	대형견	특징
자견	0~12개월	0~18개월	0~24개월	• 빠른 신체적 성장과 행동 발달이 이루어지는 시기 • 에너지가 넘치고 학습 능력이 매우 높아 훈련과 사회화가 중요함 • 이유식 시작 후 고단백 자견용 사료를 급여해야 함
성견	1~8세	1.5~7세	2~6세	• 신체 발달이 완료되고, 에너지 소모가 안정화되는 시기 • 행동적으로도 성숙해지며, 훈련된 습관을 유지해야 함
노령견	8세 이상	7세 이상	6세 이상	• 신체적 활동성과 대사율이 감소하는 시기 • 노화 관련 질환이 나타날 가능성이 증가함 • 관절염, 치아 문제, 시력 및 청력 저하 등의 증상이 발생함

② 반려견의 연령과 치아

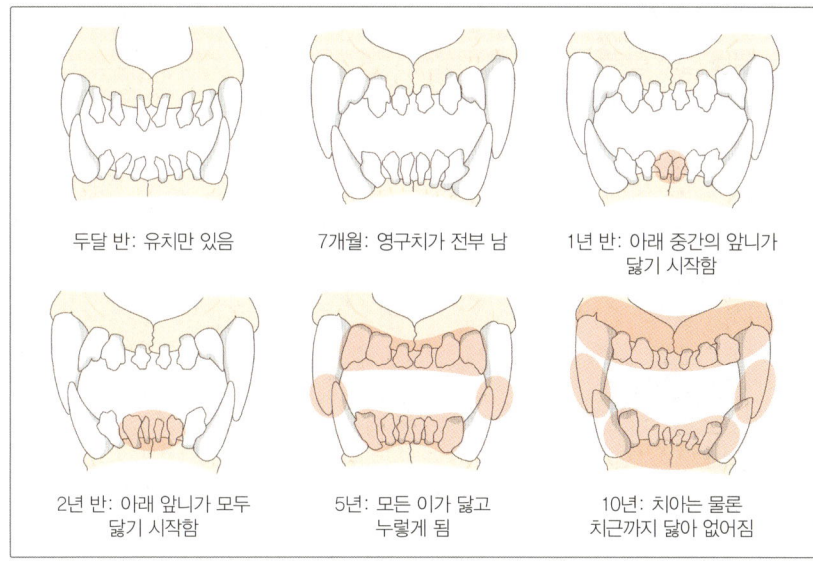

두달 반: 유치만 있음
7개월: 영구치가 전부 남
1년 반: 아래 중간의 앞니가 닳기 시작함
2년 반: 아래 앞니가 모두 닳기 시작함
5년: 모든 이가 닳고 누렇게 됨
10년: 치아는 물론 치근까지 닳아 없어짐

▲ 반려견의 연령과 치아

➕ 소형견은 대형견에 비해 수명이 길기 때문에 노화 속도가 상대적으로 느리다.

참고 반려견과 인간의 나이 비교

반려견 실제 나이	소형견 인간 나이	대형견 인간 나이
1세	약 15세	약 12~15세
2세	약 24세	약 22세
3세	약 28세	약 31세
7세	약 44~48세	약 50세
10세	약 56~60세	약 66세

➕ 노령견의 구분
- 노령견 초기(7~10세): 관절 문제가 시작될 가능성이 있으며, 골밀도가 감소하고 관절염이 나타날 수 있다.
- 노령견 후기(10세~): 관절과 골격이 약해지며 대형견은 고관절 문제가 심화될 수 있다.

참고 노령견 후기 단계의 관리 방법
- 부드러운 음식을 제공한다.
- 정기적으로 건강검진을 시행한다.
- 치아 스케일링은 필요 시 진행한다.
- 가벼운 산책이나 부드러운 운동을 권장한다.
- 관절 영양 보충제 및 균형 잡힌 식단을 제공한다.

구분	나이	치아 상태	골격 상태	관리 포인트
자견	생후 0~6개월	• 유치(젖니)가 자라기 시작함 • 생후 6~8개월에 영구치(총 42개)가 완성됨	• 골격이 급격히 성장함 • 소형견: 생후 8~12개월에 성장이 완료됨 • 대형견: 생후 18~24개월까지 성장이 지속됨	• 균형 잡힌 고단백 사료를 제공함 • 과도한 운동을 자제함 • 정기적인 치아관리를 시작해야 함
성견	1~7세	1.5~7세	2~6세	• 신체 발달이 완료되고, 에너지 소모가 안정화됨 • 행동적으로도 성숙해지며, 훈련된 습관을 유지함
노령견	8세 이상	7세 이상	6세 이상	• 신체적 활동성이 줄어들고, 대사율이 감소하며, 노화 관련 질환이 나타날 가능성이 증가함 • 관절염, 치아 문제, 시력 및 청력 저하 등의 증상이 발생함

➕ **노령견 관리 체크리스트**
• 수면 패턴 변화에 주의한다.
• 인지능력 저하에 주의한다.
• 배변 상태 및 빈도 변화에 주의한다.

2. 신체검사 ➕

(1) 부위별 검사 항목

① 눈, 코, 귀 및 구강 검사 항목

부위	정상적인 상태	비정상적인 상태	관리
눈	맑고 투명하며 윤기가 있음	• 충혈, 탁함, 과도한 눈물 • 녹색 혹은 노란색 눈곱 • 눈꺼풀 부종 • 백내장 또는 각막 손상	• 정기적인 관찰이 필요함 • 눈곱 제거 및 안구 건강 관리 • 이상 시 즉시 수의사에게 방문함
코	• 촉촉하고 차가움 • 투명한 콧물이 약간 있음	• 코 건조, 갈라짐 • 탁하거나 녹색, 노란색 분비물 • 혈액 배출 • 부종 또는 코 모양 변형	• 주기적인 관찰이 필요함 • 실내 습도를 유지함 • 비정상적인 분비물이 있으면 수의사 상담
귀	• 연한 분홍색에 안쪽이 깨끗함 • 냄새가 없고 귀지가 적음	• 악취, 과도한 귀지 • 발적, 부종 • 귀 긁기·흔들기 • 검은 점(귀 진드기 가능성)	• 주기적인 귀 청소가 필요함 • 귀 안쪽을 부드럽게 닦아줌 • 염증이나 감염 징후가 있으면 수의사에게 진단을 요청함
구강 ➕	• 잇몸: 분홍색이고 촉촉함 • 치아: 깨끗하고 희며 입냄새가 심하지 않음	• 잇몸 창백·붉음·파란색 • 치석, 충치, 부러진 치아 • 구취 • 궤양 또는 상처	• 치아 칫솔질 또는 치아용 간식을 제공함 • 구강 상태를 정기적으로 확인함 • 치석이 많거나 입냄새가 심할 경우 치과 스케일링을 진행함

참고 **반려견의 비강청소**
비강청소는 반려견에게 큰 스트레스를 유발할 수 있으므로 비강 이물 등 문제 상황이 생길 경우 동물병원에서 검진을 받아야 한다.

➕ **반려견의 치아 상태**
• 성견 초기(6~18개월): 영구치가 하얗고 깨끗한 상태이다.
• 성견 중기(18개월~7세): 치석이 쌓이기 시작한다.
• 노령견 초기(7~10세): 치아의 마모가 뚜렷해지며 잇몸 질환이 발생할 수 있다.
• 노령견 후기(10세 이상): 치아의 상실이 발생할 수 있다.

② 몸통, 생식기 및 다리 검사 항목

부위	정상적인 상태	비정상적인 상태	관리
몸통	• 피부가 매끄럽고 털이 윤기 있음 • 피부색이 고르고 염증이나 발진이 없음 • 촉진 시 덩어리나 통증 없음	• 피부 발진, 붉은 반점, 탈모 • 종양 또는 딱딱한 덩어리 • 긁거나 핥는 행동 증가 • 피부 감염, 벼룩, 진드기	• 주기적인 피부와 털 관리를 실시함 • 피부 이상 발견 시 수의사 상담함 • 벼룩·진드기 예방약을 정기적으로 투여함
생식기	• 깨끗하고 붉은기가 없으며 분비물이 없음 • 암컷: 주기적 발정 이외에는 출혈 없음 • 수컷: 고환이 대칭이며 정상 크기임	• 붓거나 발적이 심함 • 악취 또는 비정상적인 분비물 예 농, 혈액 등 • 고환 비대, 종양, 탈장 • 과도한 핥기	• 정기적으로 청결을 유지함 • 이상 분비물이나 부종이 있을 경우 수의사에게 진료를 받음 • 생식기 종양이나 감염 예방을 위해 중성화를 고려함
다리 및 관절	• 정상적으로 걸으며, 절뚝거리지 않음 • 관절이 부드럽고, 부종이나 열감이 없음	• 절뚝거림, 걷기 불편, 관절 부종, 비정상적인 움직임 • 통증 반응 • 발톱이 과도하게 길거나 부러져 있음	• 발톱을 정기적으로 관리함 • 운동 후 관절을 확인함 • 절뚝거림이 지속되면 관절염이나 인대 손상을 검사함
발바닥 (패드)	• 패드가 깨끗하고 부드러움 • 균열이나 상처가 없음	• 패드의 균열, 상처, 이물질 • 염증이나 부종 • 걷는 것을 꺼리거나 패드를 핥는 행동	• 산책 후 발바닥을 확인하고 세척함 • 패드에 보습제를 사용함 (건조 방지) • 패드 손상 시 소독 및 필요 시 수의사와 상담함

(2) 체중 측정 ➕

① 목적

성장 추적	자견과 성장기 반려견의 발달 상태를 확인함
건강 상태 확인	갑작스러운 체중 증가나 감소는 질병의 신호일 수 있음
적정 체중 유지	비만이나 저체중을 방지하여 장기적으로 건강을 관리함
약물 용량 계산	정확한 체중 측정은 약물 투여량을 결정하는 데 필수적임

② 소형견과 중·대형견의 체중 측정

소형견의 체중 측정	• 인간용 체중계 사용
	  – 반려견을 안고 체중계에 올라감
	  – 반려견 없이 본인만 체중계에 올라서 무게를 측정함
	  – 두 값의 차이를 계산하여 반려견의 체중을 계산함
	    예 (본인+반려견) 체중 – 본인 체중 = 반려견 체중
	• 반려동물용 체중계 사용
	  – 반려견 전용 체중계(정밀한 소형 동물용 스케일)를 사용함
	  – 반려견을 체중계에 올려서 바로 무게를 측정함

중·대형견의 체중 측정	• 반려동물 병원 이용: 대형견의 경우 가정에서 체중 측정이 어렵기 때문에 병원에서 체중계(대형 동물용)를 이용하는 것을 추천함 • 반려동물 체중계 사용: 가정용 대형견 전용 체중계를 준비하여 반려견을 올려놓고 체중을 측정함 • 보호자와 반려견 동반 측정: 중형견이라면 소형견 방법처럼 보호자와 함께 체중계를 사용한 뒤 차이를 계산함

➕ **정확한 체중 측정을 위한 팁**
• 반려견이 안정된 상태에서 측정한다.
　예 앉거나 서 있는 자세
• 체중계가 평평한 곳에 놓여 있는지 확인한다.
• 일정한 시간대(예 식사 전)에 주기적으로 측정하여 변화를 기록한다.

➕ 활력징후(바이털사인)는 체온, 맥박수, 호흡수로 측정한다.

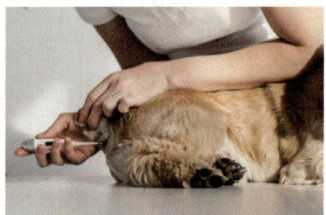
▲ 반려견의 체온 측정

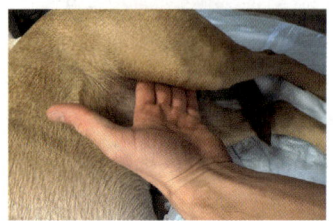
▲ 반려견의 맥박수 측정

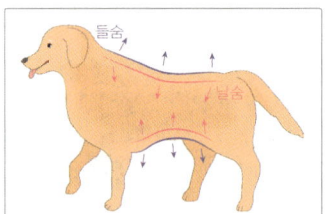
▲ 반려견의 호흡수 측정

3. 활력징후(바이털사인) 측정➕

(1) 체온➕

필요 도구 준비	• 안전하고 빠른 측정을 위해 디지털 직장 체온계를 사용함 • 바셀린 등의 윤활제로 체온계 끝부분을 부드럽게 코팅함
측정 절차	① 반려견을 편안하게 눕히거나 서게 한 후, 꼬리를 들어 직장 입구를 노출시킴 ② 체온계를 직장 입구에 부드럽게 삽입(약 2~3cm 깊이)함 ③ 체온계에서 '삐' 소리가 날 때까지 기다린 후, 결과를 확인함
주의사항	체온계가 반려견의 직장을 손상시키지 않도록 부드럽게 삽입함

(2) 맥박수➕

측정 위치	반려견의 가슴 왼쪽(앞다리 뒤쪽, 심장 위치) 또는 허벅지 안쪽의 대퇴 동맥
측정 절차	① 손가락 두 개(검지와 중지)를 사용해 가볍게 압박하여 맥박을 감지함 ② 맥박이 일정하게 느껴지는지 확인함 ③ 15초 동안 맥박수를 센 후, 4를 곱해 1분당 맥박수를 계산함
주의사항	• 사람의 맥박이 함께 감지될 수 있으므로 엄지손가락은 사용하지 않음 • 맥박이 너무 빠르거나 느리면 비정상적일 수 있으므로 수의사와 상담을 진행함

(3) 호흡수➕

측정 준비	반려견이 안정되고 긴장하지 않는 상태에서 측정함
측정 절차	① 가슴이나 배의 움직임(들숨과 날숨)을 관찰함 ② 15초 동안 호흡 횟수를 센 후, 4를 곱해 1분당 호흡수를 계산함
주의사항	• 운동 직후나 흥분 상태에서는 호흡수가 증가할 수 있으니 안정된 상태에서 측정함 • 호흡이 너무 빠르거나 느리거나 소리가 나는 경우 호흡기 문제일 가능성 있음

(4) 바이털사인의 정상범위와 이상징후

바이털사인	정상범위	이상징후	조치
체온	37.5℃ ~ 39.2℃	발열, 저체온	수의사와 상담
맥박수	60~160회/분 (무게별 차이가 있음)	• 빠르거나 느림 • 불규칙적 박동	심장/순환계 검진 필요
호흡수	10~30회/분	• 호흡 곤란, 빠른 호흡 • 소리 나는 호흡	호흡기 질환 검사 필요

2 질병과 예방

1. 주요 질병과 전염병

(1) 기생충성 질병

종류	질병명	원인	주요 증상	전파 경로	예방 및 치료
외부 기생충 질환	바베시아증	바베시아 (Babesia spp.)	발열, 황달, 빈혈, 체중 감소, 기력 저하	감염된 진드기에 물려 감염	항생제 치료, 진드기 예방약
소화기 내부 기생충 질환	회충증	회충 (Toxocara canis)	구토, 설사, 배설물에 회충이 보일 수 있음	오염된 음식물, 배설물 또는 모체를 통한 감염	주기적인 구충제 복용
	십이지장충증	십이지장충 (Ancylostoma caninum)	구토, 설사, 빈혈, 체중 감소, 피로	오염된 환경에서 피부나 음식물을 통해 감염	구충제 치료, 청결한 환경 유지
	편충증	편충 (Trichuris vulpis)	구토, 설사, 복통, 배변에 혈액, 체중 감소	오염된 음식물, 배설물	구충제 치료, 위생 관리

참고 심장사상충⁺

전파 경로	심장과 폐에 기생하는 기생충으로, 모기를 통해 전파됨
주요 증상	기침, 피로, 호흡 곤란, 체중 감소, 심부전 등
예방 방법	• 약물예방: 경구약, 주사약, 국소약(예 월 1회 복용, 6개월에 1회 접종 등) • 모기회피: 모기 활동이 많은 장소 피하기, 실내에서 지내기
치료 방법	감염된 경우 치료가 어려우며, 치료에 시간이 오래 걸리고 부작용이 있을 수 있음
예방 중요성	심장사상충은 예방이 가능하므로 정기적인 예방약 복용과 모기 회피가 필수적임

▲ 심장사상충

(2) 바이러스성 전염병

질병명	원인	주요 증상	전파 경로	예방 및 치료
디스템퍼	디스템퍼 바이러스	발열, 기침, 구토, 설사, 신경계 증상	공기 중 비말	예방접종 (별도 치료법 없음)
전염성 간염	아데노바이러스 1형	발열, 구토, 설사, 황달	오염된 음식이나 물, 배설물	증상 완화 치료, 예방접종
파보바이러스 장염	파보바이러스	구토, 심한 설사, 탈수, 식욕 부진	오염된 물건, 배설물	증상 완화 치료, 예방접종
파라인플루엔자 기관지염	파라인플루엔자 바이러스	기침, 콧물, 호흡 곤란, 발열	공기 중 비말	증상 완화 치료, 예방접종
코로나바이러스 장염	코로나바이러스	구토, 설사, 식욕 부진, 탈수	배설물	증상 완화 치료, 예방접종
광견병	광견병 바이러스	불안, 발작, 공격성, 마비, 사망	• 감염된 동물의 타액(물림) • 너구리를 통하여 전파	예방접종 (별도 치료법 없음)

(3) 세균성 전염병

질병명	원인	주요증상	전파경로	예방 및 치료
전염성 기관지염 (켄넬코프)	보데텔라 브론키셉티카(Bordetella bronchiseptica, 세균) + 파라인플루엔자 바이러스	마른 기침, 콧물, 호흡 곤란, 열	감염된 개와의 밀접 접촉	항생제 및 항바이러스제 치료, 예방 접종
렙토스피라증	렙토스피라 세균	발열, 구토, 설사, 황달, 신장 및 간 기능 이상	감염된 동물의 배설물, 오염된 물	항생제 치료, 예방 접종

2. 예방접종

(1) 예방접종의 종류

구분	상세	특징
종합백신 (DHPPL)	디스템퍼	고열, 호흡기 문제를 일으킬 수 있는 바이러스성 질병
	아데노바이러스	간질환을 일으키는 바이러스성 질병
	파보바이러스	심각한 설사와 탈수를 유발하는 바이러스성 질병
	파라인플루엔자	기침, 호흡기 문제를 일으키는 바이러스성 질병
	렙토스피라	황달, 신부전을 유발할 수 있는 세균성 질병
광견병백신		• 전염성이 강한 질병으로, 인간과 동물에게 모두 위험함 • 접종이 법적으로 요구되는 경우가 많음
기생충 예방접종		• 구충제: 회충, 촌충 등 내부 기생충 예방 • 벼룩 및 진드기 예방: 외부 기생충 예방
기타 추가 예방접종		• 리케차, 켄넬코프 등 일부 지역에서는 추가 백신이 필요할 수 있음 • 피부사상균 예방: 곰팡이성 피부병 예방을 위해 비오칸 M 주사제와 같은 예방접종을 권장함

구분	6주령	8주령	10주령	12주령	14주령	16주령	18주령	추가 접종
종합(DHPPL)	1차	2차	3차	4차	5차			1년 1회
코로나 장염	1차	2차						
전염성 기관지염			1차	2차				
개 인플루엔자						1차	2차	
비오칸M						1차	2차	
광견병					기초 접종			
구충제	3개월 간격						
심장사상충	매달						

▲ 예방접종 일정표

(2) 예방접종 항체가 검사

① 의미
- 예방접종 항체가 검사는 반려동물이 예방접종을 통해 형성된 항체의 수준을 확인하는 검사이다.
- 검사를 통해 특정 질병에 대한 반려동물의 면역 상태를 알 수 있으며, 추가 접종이 필요한지 여부를 판단하는 데 도움을 준다.

② 목적: 예방접종 후 반려동물이 해당 질병에 대해 충분한 면역력을 가지고 있는지 확인하기 위해 실시한다.

③ 방법: 혈액을 채취하여 혈중에 존재하는 특정 질병에 대한 항체(면역 물질)의 수치를 측정한다.

④ 결과 해석

양성 결과	충분한 항체가 존재하면 추가 접종이 필요 없음
음성 결과	항체가 부족하면 추가 접종이 필요함

⑤ 장점

불필요한 접종 방지	항체가 충분한 경우, 추가 접종을 피할 수 있어 불필요한 약물 투여를 방지함
면역력 확인	예방접종 후 면역력이 제대로 형성되었는지 확인함

⑥ 활용
- 주로 광견병 백신, 종합백신(예 디스템퍼, 파보바이러스 등) 등에 대해 항체가 검사를 진행한다.
- 보강접종 시기나 접종이 필요한지를 판단하는 데 유용하다.

CHAPTER 01 반려동물의 복지~03 건강관리
출제 예상문제

OX 문제

간단한 쪽지 시험으로 문제를 푸는 힘을 키우세요.

01 동물 복지의 5대 자유는 배고픔·갈증·불편함·질병과 상해·공포와 스트레스로부터의 자유, 정상적인 행동을 표현할 자유이다. ( )

02 아스파라긴은 필수 아미노산이다. ( )

03 비타민 E가 부족하면 번식장애를 유발할 수 있다. ( )

04 소형견의 3세는 인간의 28세와 유사하다. ( )

05 광견병백신은 종합백신(DHPPL)을 맞으면 따로 맞지 않아도 된다. ( )

빈칸 문제

06 반려견의 (　　　)은/는 반려견이 자신의 본능과 욕구에 맞는 행동을 자유롭게 발현하고, 스트레스와 좌절감을 최소화하며, 심리적 안정감을 유지할 수 있도록 돕는 것을 뜻한다.

07 (　　　)은/는 육식동물인 반려견에게 가장 중요한 영양소 중 하나이며 세포, 조직, 기관, 효소, 호르몬 등을 만드는 데 사용된다.

08 양파는 (　　　)에 손상을 입혀 빈혈을 유발할 수 있다.

09 반려견의 (　　　)은/는 자견이 성견으로 자라는 동안 신체적 발달과 체중 증가의 패턴을 나타낸다.

10 (　　　)은/는 반려견의 심장과 폐에 기생하는 기생충으로, 모기를 통해 전파된다.

---

01 ○　02 × 아스파라긴은 비필수 아미노산이다.　03 ○　04 ○　05 × 광견병백신은 종합백신에 포함되지 않는다.　06 행동적 복지　07 단백질　08 적혈구　09 성장 곡선　10 심장사상충

1 반려동물의 복지

01
노령견의 신체적 복지를 위한 방법으로 옳지 않은 것은?
① 관절 보호제 급여
② 고강도의 운동으로 신체 활동 유지
③ 부드럽고 쉽게 소화되는 음식 제공
④ 관절과 근육의 퇴화로 인한 추가 관리

> 참고 노령견은 관절과 근육이 퇴화되어 있으므로 낮은 강도의 운동으로 신체 활동을 유지해야 한다.

02
다음의 요소와 관련 있는 반려동물 복지의 종류로 옳은 것은?

- 두려움과 불안으로부터의 해방
- 스트레스 관리
- 긍정적 감정 경험
- 자율성과 통제감
- 사회적 유대감

① 행동적 복지
② 심리적 복지
③ 신체적 복지
④ 사회적 복지

> 참고 ① 행동적 복지는 산책, 놀이와 같은 행동과 관련이 있다.
③ 신체적 복지는 영양, 건강관리 등과 관련이 있다.
④ 사회적 복지는 반려동물의 복지로 분류되지 않는 요소이다.

03

반려견의 행동적 복지에 대한 설명으로 옳지 않은 것은?

① 반려견은 신체 활동이 부족하면 스트레스가 쌓이며, 부적응 행동이 유발될 수 있다.
② 반려견은 자연스럽게 냄새를 맡고 탐색하며, 물체를 쫓는 행동에서 만족감을 느낀다.
③ 반려견은 사회적 동물로서 사람과 다른 동물과의 상호작용을 통해 심리적 안정감을 느낀다.
④ 다양한 환경을 접하는 것은 반려견에게 스트레스를 유발할 수 있으므로 최대한 일관된 환경을 제공하는 것이 좋다.

> 참고 단조로운 환경은 반려견의 행동적 욕구를 제한하며, 무기력증이나 이상 행동을 유발하기 때문에 다양한 환경을 제공하는 것이 바람직하다.

2 영양관리

04

반려동물의 에너지 요구량에 대한 설명 중 옳지 않은 것은?

① 비만인 성견은 RER×1로 DER을 구할 수 있다.
② DER(일일 에너지 요구량)은 일반적인 성견은 RER×2이다.
③ 성견 체중의 50% 이하의 성장기인 자견은 RER×2.5로 DER을 구한다.
④ RER(휴식기 에너지 요구량) [kcal/day]은 (체중kg)×30+70의 수식으로 구할 수 있다.

> 참고 성견 체중의 50% 이하의 성장기인 자견은 RER×3으로 DER을 구한다.

05

반려동물의 필수 아미노산에 해당하는 것은?

① 발린
② 글리신
③ 프롤린
④ 글루타민

> 참고 아르기닌, 메티오닌, 히스티딘, 페닐알라닌, 이소류신, 트레오닌, 트립토판, 류신, 발린, 리신이 필수 아미노산에 해당한다.
> ②③④ 글리신, 프롤린, 글루타민은 비필수 아미노산에 해당한다.

06

비타민에 대한 설명 중 옳지 않은 것은?

① 비타민 B12가 부족할 시 악성빈혈이 생길 수 있다.
② 비타민 C는 항산화제 역할을 하며 부족 시 괴혈병이 유발될 수 있다.
③ 비타민 B6은 탄수화물 대사가 주 기능이며 결핍 시 다발성 신경염, 부종, 식욕감퇴의 증상이 나타난다.
④ 비타민 A는 성장을 촉진하며 상피를 보호하고 감염을 막는 역할을 하며 부족 시 야맹증을 유발할 수 있다.

> 참고 비타민 B6은 아미노산 대사가 주 기능이다. 탄수화물 대사가 주기능인 비타민은 비타민 B1이며, 비타민 B1 결핍 시 다발성 신경염, 부종, 식욕감퇴 증상이 나타난다.

07

자견의 영양 관리에 대한 설명으로 옳은 것은?

① 자견에게 필요한 칼슘과 인의 적정 비율은 2:1이다.
② 자견은 체구가 작으므로 적은 칼로리의 사료를 급여한다.
③ 반려견에게 필요한 단백질은 식물성 단백질로만 공급해도 충분하다.
④ 퇴행성 관절염이 생길 가능성이 높으니 글루코사민, 콘드로이틴, 오메가-3 지방산으로 예방해준다.

참고 성장기의 자견에게 필요한 칼슘과 인의 적정 비율은 2:1이다.
②③ 성장기의 자견에게는 고열량의 칼로리가 요구되며 충분한 동물성 단백질을 공급해야 한다.
④ 퇴행성 관절염은 노령견에게 생길 가능성이 높다.

3 건강관리

08

다음의 그래프에 대한 설명으로 옳지 않은 것은?

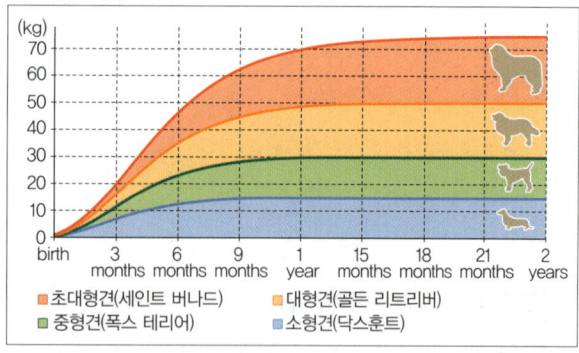

■ 초대형견(세인트 버나드)   ■ 대형견(골든 리트리버)
■ 중형견(폭스 테리어)   ■ 소형견(닥스훈트)

① 그래프를 통해 과체중이나 성장 장애를 발견하기는 어렵다.
② 소형견은 일반적으로 생후 12개월 전에 성장 곡선이 평탄하다.
③ 자견이 성견으로 자라는 동안 신체적 발달과 체중 증가의 패턴을 나타낸다.
④ 견종, 반려견의 크기, 유전적 요인, 그리고 환경적 요인에 따라 다르게 나타날 수 있다.

참고 그림은 성장 곡선이며, 과체중이나 성장 장애의 조기 발견에 도움이 된다.

09

다음의 설명에 해당하는 반려견의 나이로 옳은 것은?

- 치아의 마모가 뚜렷해진다.
- 치석이 쌓이고 잇몸 질환이 발생할 수 있다.

① 6~18개월
② 18개월~7세
③ 7~10세
④ 10세 이상

참고 노령견 초기(7~10세)일 때의 치아 상태이다.
① 성견 초기(6~18개월)에는 영구치가 하얗고 깨끗한 상태이다
② 성견 중기(18개월~7세)에는 치석이 쌓이기 시작한다.
④ 노령견 후기(10세 이상)에는 치아의 상실이 발생할 수 있다.

10

반려견의 몸통 상태에서 비정상적인 몸통 상태에 해당하지 않는 것은?

① 긁거나 핥는 행동이 증가한다.
② 피부 발진과 붉은 반점이 있다.
③ 피부가 매끄럽고 털이 윤기가 있다.
④ 피부에 종양이나 딱딱한 덩어리가 있다.

참고 피부가 매끄럽고 털이 윤기 있는 것은 피모의 정상적인 상태이다.

11
다음의 사진에 대한 설명으로 옳지 않은 것은?

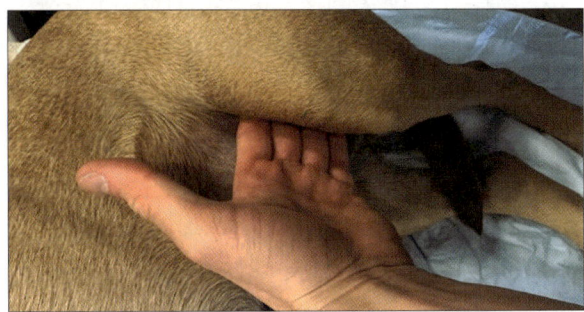

① 반려견의 맥박수를 측정하는 사진이다.
② 정상 맥박수는 200~250회/분이다.
③ 15초 동안 맥박수를 센 후, 4를 곱해 1분당 맥박수를 계산한다.
④ 손가락 두 개(검지와 중지)를 사용해 가볍게 압박하여 맥박을 감지한다.

참고 정상 맥박수는 60~160회/분이다.

12
다음의 사진에 대한 설명으로 옳은 것은?

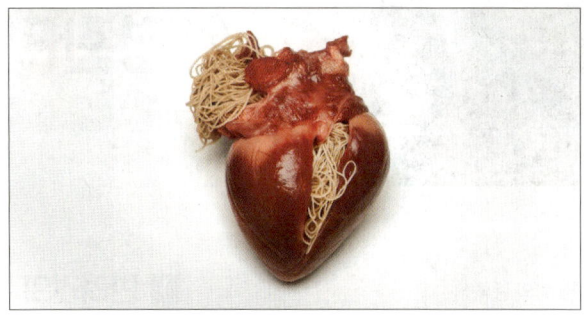

① 파리를 통해 전염된다.
② 약물로 예방되지 않는다.
③ 감염된 경우 치료가 어려운 편이다.
④ 기침, 피로, 호흡 곤란, 체중 감소, 신부전 등의 증상을 나타낸다.

참고 위 사진은 심장사상충에 감염된 개의 심장 사진이다.
① 심장사상충은 모기를 통해 전염된다.
② 심장사상충은 약물로 예방 가능하다.
④ 신부전이 아닌 심부전을 유발한다.

CHAPTER 04

환경관리

합격 TIP 반려견의 기본 위생관리 및 시설관리에 대해 이해한다.

➕ **털의 종류**
- 이중모(Double Coat)
  - 속털(Undercoat): 부드럽고 짧아 보온 기능을 담당한다.
  - 겉털(Guard Coat): 길고 단단하며 외부 자극으로부터 보호하는 역할을 한다.
  - 예 시베리안 허스키, 골든 리트리버
- 단일모(Single Coat)
  - 속털 없이 겉털로만 구성된다.
  - 털빠짐이 적고 관리가 용이한 편이다.
  - 예 푸들, 말티즈

➕ **피모 관리의 중요성**
- 주기적인 브러싱, 목욕, 적절한 영양 섭취는 건강한 피모 유지에 필수적이다.
- 피부 문제나 비정상적인 털 상태가 발견되면 즉시 수의사와의 상담이 필요하다.

➕ **반려견의 외이 구조**
'ㄴ'자의 굽은 형태로, 환기가 잘 되지 않아 염증, 귀지 축적, 감염 가능성이 높다.

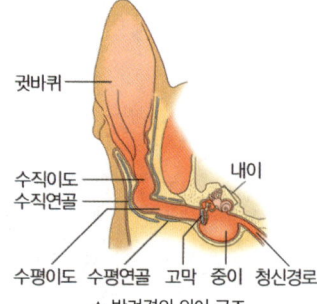

▲ 반려견의 외이 구조

➕ 반려견의 발톱을 깎을 때는 퀵(혈관)이 손상될 수 있으므로 주의해야 한다.

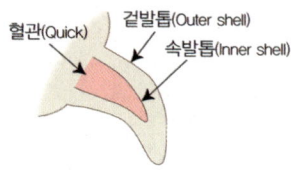

▲ 반려견의 발톱

1 반려견의 위생관리

1. 피부와 털➕ 관리

(1) 피모의 기능

피부	• 외부 자극으로부터 보호하며, 피지 분비를 통해 피모를 건강하게 유지함 • 상처 치유 및 감염을 방지함
털	• 더운 날에는 열을 방출하고, 추운 날에는 체온을 보존함 • 외부 환경(예 자외선, 상처 등)으로부터 신체를 보호함

(2) 피모의 건강 상태➕

건강한 피모	윤기 있고 부드러우며, 털빠짐이 적고 피부가 매끄럽고 균일한 색을 가짐
비정상적인 피모	탈모, 염증, 비듬, 건강 문제로 인한 과도한 털빠짐 등

(3) 반려견의 털 관리

빗질(브러싱)	• 목적: 털 엉킴 방지, 피부 혈액순환 촉진, 묵은 털 제거 • 빈도: 짧은 털은 주 1~2회, 긴 털은 매일 관리 권장 • 주의사항: 털 유형에 맞는 브러시 사용
미용	• 목적: 털 엉킴 방지 및 건강 유지 • 방법: 장모종은 정기적으로 털을 다듬고, 짧은 털도 필요 시 정돈함 • 주의사항: 관리 난이도에 따라 미용은 전문가에게 맡기는 것도 고려함
목욕	• 목적: 피부와 털을 깨끗하게 유지하고 불쾌한 냄새를 제거함 • 빈도: 약 4~6주 간격으로 실시함 • 주의사항: 반려견 전용 샴푸를 사용하며, 너무 잦은 목욕은 피부를 건조하게 할 수 있으므로 피부 상태에 맞는 목욕 주기 설정이 필요함

2. 기타 부위의 관리

귀➕	• 목적: 귀지 제거 및 감염 예방 • 빈도: 1~2주 간격으로 점검하며 필요 시 청소함 • 주의사항: 전용 세정제를 사용하며 너무 깊숙이 닦지 않도록 주의함
발톱➕	• 목적: 발톱이 너무 길어져 걷는 데 불편하거나 관절에 무리가 가지 않도록 예방함 • 빈도: 약 3~4주마다 손질함 • 주의사항: 반려견의 혈관 위치를 확인하며 손질하고, 반려견이 불안해할 경우 천천히 적응시킴

2 반려견의 안전관리

1. 안전사고와 예방

(1) 반려견 안전사고 발생 위험요소

가정 내 요인	• 전선 물어뜯기, 유독성 물질(예 초콜릿, 약물, 세제 등) 섭취 • 날카로운 물건에 의한 부상, 높은 곳에서의 추락
외부 환경 요인	교통사고, 낙상, 날씨 변화(더위, 추위)
사회적 요인	다른 동물과의 갈등, 공포로 인한 도주

(2) 예방의 종류

구급상자+	• 목적: 응급상황에서 즉각적인 조치를 위해 필수적임 • 구성: 소독제, 거즈, 붕대, 반창고, 가위, 핀셋, 체온계, 장갑, 구토 유도제, 진통제(수의사 지침 필요) 참고 반려견 전용 응급 키트 포함

CCTV 설치	• 목적: 반려견의 안전한 행동 모니터링
	• 장점
	  – 외출 시 반려견의 상태를 실시간으로 확인할 수 있음
	  – 위험 행동이 포착되면 즉시 대처할 수 있음
	  – 사고 발생 시 원인 파악이 용이함
	• 활용법: 집안 주요 활동공간에 설치하여 실시간으로 반려견의 활동을 관찰함

2. 반려견의 위험상황 대처

(1) 반려견 부상 대처+

부상 유형	증상 및 특징	대처 방법
피부 상처+	교상, 자상, 찰과상	• 깨끗한 물로 상처 부위를 세척함 • 소독약으로 감염을 예방함 • 거즈로 덮고 붕대로 상처 부위를 감쌈 • 심각한 경우 병원에 방문함
골절+	골절 부위의 안정화 필요	• 반려견의 움직임을 최소화함 • 부목으로 골절 부위를 고정함 • 부목은 지나치게 꽉 조이지 않도록 주의함 • 즉시 병원에 방문함
낙상 및 교통사고	외부 충격으로 인한 부상 및 내출혈 가능성	• 반려견을 안정시키고 움직임을 최소화함 • 출혈 여부 확인 후 응급처치함 • 골절 시 부목으로 부상 부위를 고정함 • 빠른 시일 내에 병원에 방문함
화상	화상 부위의 감염 예방 처리	• 화상 부위를 차가운 물로 10~15분간 식힘 • 깨끗한 천으로 감싸 감염을 방지함 • 병원에서 소독 및 치료함(연고는 처방 후 사용)
쇼크	잇몸 창백, 심박수 증가, 무기력, 숨 가쁨	• 반려견의 체온을 따뜻하게 유지하되 과열되지 않도록 주의함 • 즉시 병원으로 이동함 • 병원으로 이동 중에도 반려견의 상태를 실시간으로 관찰하고 세부 증상을 수의사에게 설명함

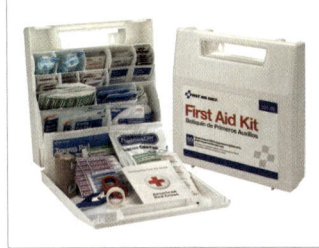

▲ 구급상자의 구성

+ 반려견의 부상 시 응급처치 후에는 전문적인 진단과 치료를 위하여 반드시 동물병원에서 진료를 받아야 한다.

+ 피부 상처 처치 순서
① 상처 주변의 털을 제거한다.
② 상처 부위를 소독약으로 소독한다.
③ 종이 테이프로 안장 걸이를 만든다.
④ 솜붕대로 상처 부위를 감싸고, 종이 테이프를 솜붕대에 붙인다.
⑤ 탄력붕대로 감아준다. 이때, 상처 부위가 세게 압박되지 않도록 주의한다.

▲ 반려견의 피부 상처 소독과 붕대 처치법

+ 골절 처치 순서
① 골절 부위를 솜붕대로 감싸준다.
② 골절 부위에 적합한 크기의 부목을 대고 탄력붕대로 감싸준다.

▲ 반려견의 골절 시 부목 처치법

> **참고** 반려견의 심폐소생술(CPR)
>
> 반려견이 쇼크로 심장박동이 멈추었거나 호흡이 없을 시 즉시 심폐소생술을 실시한다.

순서	'인공호흡 2회 → 심장마사지 30회' 반복
기도 확보	• 반려견을 옆으로 눕힘 • 입 안에 이물질(토사물, 침 등)이 있는지 확인하고 제거함 • 혀를 부드럽게 잡아 기도를 열어줌
인공호흡	• 반려견의 입을 막고 코를 감싸 사람의 입에 밀착시킴 • 반려견의 코에 강하게 숨을 불어넣어 가슴이 부푸는지 확인함 　- 소형견: 1~1.5초 동안 가볍게 불기 　- 중·대형견: 1.5~2초 동안 강하게 불기 • 30초에 2번씩 반복
심장 마사지	• 반려견을 옆으로 눕히고 심장 부위의 위치(가슴의 왼쪽, 앞다리 바로 뒤)를 확인함 • 손바닥이나 손가락을 사용하여 가슴을 압박함 　- 소형견: 손가락 두 개로 가볍게 압박함 　- 중·대형견: 손바닥을 겹쳐 4~5cm 깊이로 압박함 • 분당 100~120회 속도로 압박함
주의사항	• 심폐소생술은 반려견의 심장 박동이나 호흡이 멈춘 상태에서만 시행함 • CPR을 진행하는 동시에 즉시 동물병원으로 이동하여 전문적인 치료를 받아야 함 • 적절한 강도와 리듬을 유지하며 과한 압박으로 부상을 유발하지 않도록 주의함

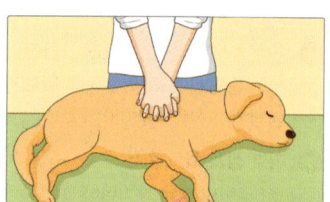

▲ 반려견의 심장마사지

➕ 반려견의 질병 대처 시 응급 처치는 빠르고 신중하게 진행해야 하며, 즉시 전문 의료진의 진단과 치료를 받는 것이 중요하다.

(2) 반려견의 질병 대처

질병 유형	발생 요인 및 증상	대처 방법
열사병	• 원인: 더운 환경에서 체온 상승으로 발생함 • 증상: 헐떡임, 무기력, 구토, 혼수상태	• 즉시 시원한 장소로 이동함 • 천을 찬물에 적셔 몸에 대고 체온을 낮춤 • 즉시 병원으로 이동함 • 찬물이나 얼음물은 피하고 미지근한 물을 제공함 • 급격한 체온 변화는 위험하니 주의함 　**참고** 반려견의 체온을 내리기 위해서 얼음물에 담글 경우, 혈관이 급격히 수축하여 쇼크를 유발할 수 있음
소화기 관련	• 원인: 음식 섭취, 스트레스, 감염 등 • 증상: 구토 및 설사	• 12~24시간 금식(물은 소량 제공) • 증상이 심하거나 혈변, 탈수 징후 시 즉시 병원에 방문함 • 병원 방문 후 적절한 약물 치료를 진행함
이물 및 독성 물질 섭취	• 원인: 이물(예 장난감, 뼈 등) 및 독성 물질(예 초콜릿, 포도 등) 섭취 • 증상: 위장 장애 및 중독	• 즉시 병원에 전화하여 섭취 물질과 상황을 설명함 • 병원으로 빠르게 이동하여 전문 치료를 진행함
안과 질병	눈 분비물, 충혈, 눈물 과다, 외상 등의 증상(안과 문제)	• 눈 주위 분비물은 깨끗한 천이나 솜으로 제거함 • 눈에 자극을 줄 수 있는 약물이나 물질은 절대 사용하지 않음 • 증상 지속 시 병원에 방문함

(3) 반려견의 탈출 및 분실

예방	• 산책 시 목줄과 하네스를 꼭 착용함 • 외출 시 문이나 창문이 제대로 닫혔는지 확인함 • 반려견에게 인식표와 등록번호를 부착하고, 내장형 인식칩을 등록함
분실 시 대처	• 반려견이 자주 가는 장소나 익숙한 경로부터 탐색함 • SNS와 지역 커뮤니티에 사진 및 특이점을 포함한 실종 공고를 게시함 • 가까운 동물 보호소나 동물병원에 신고 및 협조를 요청함

(4) 개물림 사고

피해자 응급처치	• 물린 부위를 깨끗한 물로 씻고 소독함 • 심각한 출혈 시 깨끗한 천으로 압박하여 지혈함 • 즉시 병원에 방문해 치료 및 파상풍 예방접종을 실시함
반려견 관리	• 공격성이 지속될 경우 목줄 및 입마개 착용으로 추가 사고를 방지함 • 동물병원에서 건강 상태와 접종 여부를 확인(특히 광견병 예방접종) • 사고 후 피해자와 소통하며 필요한 협조를 제공함

3 위생 관련 시설 관리

1. 전염성 질병 관련

(1) 격리시설

전용 격리 공간 마련	다른 반려견과의 접촉을 최소화할 수 있도록 독립된 공간을 준비함
환기 및 청결	격리 공간은 환기가 잘 되도록 하고, 청소가 용이한 재질로 준비함
편안한 환경	질병 의심 반려견이 스트레스를 받지 않도록 편안한 침구와 물을 제공함
다른 개체와의 접촉 금지	격리된 반려견이 다른 반려동물과 접촉하지 않도록 공간을 완벽하게 차단

(2) 차단방역

손 세척 및 장비 소독	격리 공간 출입 후 손을 철저히 씻고 접촉 장비 및 용품을 소독함
옷과 신발 관리	격리된 공간에 접근할 때는 전용 옷과 신발을 착용하고, 외부에서 돌아온 후 반드시 세척 및 소독함
접촉 최소화	격리된 반려견과 접촉 필요 시 최소한으로 하며, 접촉 후에는 반드시 소독함
기타 동물과의 분리	다른 개체의 환경과 격리된 반려견의 환경을 완전히 구분하여 감염 전파를 차단함
격리 기간 설정	전염성 질병의 의심이 해소될 때까지 격리를 유지하고, 증상이 개선되면 동물병원에서 재검사를 시행함

(3) 인수공통전염병의 관리

① 전염병의 종류와 특징

기생충	사람과 동물 간에 전염되는 외부 기생충
진드기	혈액을 빨아 사람과 동물 간에 질병을 전파하는 외부 기생충
곰팡이균	피부 감염을 유발할 수 있는 균
세균 및 원충	설사, 구토 등 소화기 질환을 유발할 수 있는 미생물
광견병	사람과 동물 간에 전염되는 치명적인 바이러스

② 사육장 청소와 소독

정기적인 청소	사육장 내 오염물질을 정기적으로 제거하여 위생 상태를 유지함
소독 및 주기	• 소독제를 사용하여 균 번식을 방지함 • 주기적인 소독으로 질병 예방 및 건강한 환경을 유지함
배수 및 환기	사육장의 배수와 환기를 철저히 하여 습기와 오염물질 축적을 방지함

2. 공중위생 및 방역

(1) 소독

① 의미

세척	먼지와 오염물질을 물리적으로 제거하는 과정
소독	병원균을 제거하여 감염 위험을 최소화하는 과정
멸균	모든 형태의 미생물(예 세균, 바이러스 등)을 완전히 제거하는 과정

➕ **소독제별 사용 대상**

알코올(70%)	피부 및 기구 소독
클로르헥시딘	피부 및 점막 소독
포비돈 요오드 (베타딘)	상처 및 점막 소독
차아염소산나트륨 (락스, 0.5%)	플라스틱, 바닥, 벽 등 환경 소독

② 종류 ➕

차아염소산나트륨	강력한 살균 효과를 가진 소독제로, 병원균 및 세균을 빠르게 제거함
1% 크레졸 비누액	세균과 진드기 제거에 효과적인 소독제임
4급 암모늄	세균과 바이러스 제거에 사용되며, 표면 소독에 유용함
글루타알데하이드	고효율 멸균제로, 의료 기기 및 실험실 용품 소독에 사용함

(2) 개인 위생 관리

복장	방역 작업 시 전용 방역복 착용으로 외부 오염을 방지함
손과 손톱	손 세척 및 손톱 관리를 철저히 하여 세균 전파를 막음
머리와 얼굴	방역 작업 시 머리카락이나 얼굴이 노출되지 않도록 머리망이나 마스크를 착용함
장신구	귀걸이, 목걸이 등 장신구는 세균이 묻을 수 있으므로 착용을 금지함

4 반려동물 시설관리

1. 법정 기준 시설

위탁 관리실과 고객 응대실 분리 운영	고객 응대실과 동물 관리실을 완전히 구분하여 운영하여 혼잡을 방지하고 동물 스트레스를 최소화함
동물들의 개별 휴식실 설치	각 개체가 개별적으로 휴식할 수 있는 휴식 공간을 제공함 → 분리된 휴식실로 스트레스와 불안을 감소시킴
출입문 이중문 및 잠금장치 설치	동물의 탈출 방지 및 보안 강화를 위한 이중문 및 잠금장치를 설치함
CCTV 설치	시설 내 전반적인 모니터링 및 실시간 관리를 위한 CCTV를 설치함
관리인원 배치	동물 관리의 질 향상을 위한 규모에 맞는 관리인원을 배치함 예 20마리당 1명 이상의 관리자를 배치하여 효율적인 관리

2. 법정 기준 이외 시설

야외 울타리	반려견의 운동 및 활동 반경 제한을 위한 울타리를 설치함
반려견 훈련 및 운동을 위한 운동장	반려견의 스트레스 해소, 건강 유지, 훈련을 위한 운동장을 제공함
반려견 훈련 장비	훈련용 장비 사용으로 반려견의 효율적인 교육과 훈련을 진행함
이동장	반려견의 안전한 이동을 위한 이동장을 마련함
물림 방지 안전 장비	물림 사고 예방을 위한 물림 방지용 입마개 및 안전 장비를 설치함
사료 및 간식	반려견의 건강과 만족도를 위한 영양가 있는 사료와 간식을 제공함

3. 소방시설

안전점검표	소방시설의 정기적인 점검을 위한 안전점검표를 작성함
소화기 비치	화재 발생 시 대응을 위한 구역별 소화기는 반드시 배치함
전기, 콘센트 점검	전기 설비 및 콘센트 안전 점검으로 화재 예방 및 고장 즉시 수리함
냉난방 상태 점검	계절별 냉난방 장치 점검 및 고장 시 신속히 수리함

4. 발판 소독조 및 보안관리

발판 소독조		시설 출입 시 발판 소독으로 외부 병원균 차단 및 감염을 예방함
보안	출입자 명부	• 출입자 관리 및 보안 강화를 위한 출입자 명부를 작성함 • 보안 이상 징후 발생 시 신속히 파악할 수 있도록 함
	자동문 및 입출입 시스템	출입 통제를 위한 자동문 및 입출입 시스템 설치로 보안 수준을 강화함

CHAPTER 05
운동 및 행동관리

합격 TIP 반려동물 스포츠의 종류와 규정, 행동 풍부화에 대해 숙지한다.

➕ **운동의 의미와 역할**
- 신체적 활동 및 신체적·정신적 건강을 유지한다.
- 문제행동 개선 및 정신적 자극에 중요한 역할을 한다.

1 반려동물과 운동

1. 운동의 이점

(1) 신체 건강 증진
① 과체중 및 비만을 예방할 수 있다.
② 꾸준한 운동으로 심혈관 계통을 강화할 수 있다.
③ 근육 발달과 관절 유연성을 유지하여 노화 관련 건강 문제를 예방할 수 있다.

(2) 정상적인 소화 및 대사

(3) 정신 건강 개선
① 에너지를 발산하여 불안이나 스트레스를 감소시키고 공격성, 과잉행동을 예방할 수 있다.
> **참고** 산책이나 자유롭게 뛰는 활동은 엔돌핀을 분비시켜 반려견의 기분을 좋게 함

② 지루함과 에너지 과잉은 문제행동(예 과도한 짖음, 파괴적 행동 등)의 주요 원인으로, 규칙적인 운동을 통해 이러한 원인을 사전에 방지하고 정신적 자극을 주어 문제행동을 예방할 수 있다.
③ 신체적으로 지치면서도 다양한 감각 자극을 경험할 수 있다.

(4) 사회적 상호작용 및 유대감 증진
① 산책 혹은 놀이 활동으로 반려견과 보호자 간의 유대감 강화 및 신뢰를 형성할 수 있다.
② 공원 산책, 반려견 놀이터에서의 놀이 등으로 다른 반려견과 사람을 만나며 사회적 경험을 쌓을 수 있다.

2. 운동량 비교

(1) 연령별 차이
① 자견은 성견보다 더 많은 운동과 놀이가 필요하다.
② 노령견은 무리가 가지 않도록 짧은 산책과 가벼운 운동이 적합하다.

(2) 견종별 차이
① 대형견은 장시간의 운동으로 에너지 발산이 중요하다.
② 소형견은 대형견보다 운동량이 상대적으로 적은 편이다.
③ 소형견의 체구에 맞는 적절한 운동량이 필요하다.

➕ 반려견의 연령과 견종에 따라 필요한 운동량이 다르므로 견종, 연령, 건강 상태, 활동 수준 등을 고려하여 적절한 운동량을 제공해야 한다.

2 반려견 스포츠

1. 반려견 스포츠의 종류

훈련 종목	특징	훈련과정	훈련기간
어질리티 (Agility)	반려견과 핸들러가 장애물을 빠르고 정확하게 통과하는 스포츠	기본 복종훈련 → 장애물 적응 → 핸들링 기술 훈련	• 기초: 3~6개월 • 대회 수준: 1년 이상
플라이볼 (Fly Ball)	반려견이 릴레이 방식으로 허들을 넘으며 공을 받아오는 경기	출발신호 연습 → 허들 넘기 → 공 받기 → 빠른 복귀	• 기초: 2~4개월 • 경기 가능: 6개월~1년
디스크독 (Disc Dog)	반려견이 공중에서 원반(프리스비)을 잡아오는 스포츠	기본 복종훈련 → 디스크 관심 유도 → 잡기 연습 → 점프 캐치	• 기초: 3~6개월 • 대회 수준: 1년 이상
독댄스 (Dog Dance)	음악에 맞춰 반려견과 핸들러가 함께 움직이는 공연형 스포츠	기본 복종훈련 → 음악에 맞춘 동작 연습 → 핸들러와 협력 기술 개발	• 기초: 3~6개월 • 공연 및 대회 준비: 1년 이상
독트릭 (Dog Trick)	다양한 묘기를 수행하는 훈련	기본 동작(손 주기, 구르기) → 고급 동작(두 발 서기, 뒤로 걷기) → 창의적 묘기	• 간단한 트릭: 1~3개월 • 복잡한 트릭: 6개월 이상
IGP 훈련 경기대회	보호견 및 작업견을 위한 고급 훈련경기	추적훈련 → 복종 훈련 → 방어 훈련	• 기초: 6개월~1년 • 대회 준비: 1년 이상
복종 (Obedience) 훈련 경기대회	반려견이 핸들러의 명령을 정확하고 빠르게 수행하는 경기	기본 명령수행(앉아, 따라 걷기) → 고급 복종훈련(장애물 통과) → 장거리 복종 연습	• 기초: 3~6개월 • 대회 준비: 1년 이상

▲ 어질리티(Agility)

▲ 플라이볼(Fly Balll)

▲ 디스크독(Disc Dog)

▲ 독댄스(Dog Dance)

2. 종목별 필요역량

종목	필요역량(반려견)	필요역량(핸들러)	추천 견종
어질리티 (Agility)	• 민첩성: 빠르게 방향 전환 가능 • 지구력: 장시간 운동 가능 • 협응력: 장애물 통과 능력 • 집중력: 핸들러의 지시에 즉각 반응 • 사회성: 경기장 환경에 적응	• 핸들링 기술: 몸짓·음성 명령으로 반려견을 유도함 • 빠른 판단력: 장애물 배치에 따른 최적의 경로를 결정함 • 체력: 반려견과 함께 빠르게 이동 가능	보더 콜리, 셰틀랜드 쉽독, 오스트레일리안 셰퍼드, 파피용
플라이볼 (Fly Ball)	• 속도: 빠른 달리기 능력 • 점프력: 허들을 넘는 힘 • 공 받기 능력: 기계에서 정확히 공 받기 • 팀워크: 다른 반려견들과 협력 • 사회성: 시끄러운 환경에서도 집중	• 출발 타이밍 조절: 반려견의 반응 속도 조정 • 빠른 반응속도: 반려견의 움직임 신속히 파악 • 훈련전략: 허들 넘기, 공 받기 연습 효과적으로 지도	보더 콜리, 잭 러셀 테리어, 와이머라너, 코커 스패니얼
디스크독 (Disc Dog)	• 순발력: 디스크에 빠르게 반응 • 점프력: 공중에서 디스크 캐치 • 동기부여: 디스크를 쫓는 것을 즐김 • 지구력: 장시간 훈련 가능 • 복종력: 핸들러의 명령 수행	• 디스크 던지기 기술: 반려견이 쉽게 잡도록 정확히 던지기 • 전략적 플레이: 다양한 던지기 패턴 활용 • 훈련 지속력: 반려견과 함께 꾸준히 연습	보더 콜리, 오스트레일리안 셰퍼드, 래브라도 리트리버, 벨지안 말리노이즈

3. 대회 규정

(1) FCI 어질리티(Agility)

> ❗ 체고는 몸의 높이를 뜻하며, 반려견이 네 발로 서 있는 상태에서 기갑(어깨뼈의 가장 높은 부분)까지의 높이로 측정한다.

체급 분류	• Small: 체고 35cm 이하 • Medium: 체고 35cm 초과 43cm 이하 • Large: 체고 43cm 초과
코스 시간	• 국내대회: 표준 코스시간은 코스길이를 선택한 속도(m/s) 단위로 나누어 결정함 　예 코스길이 160m 선택속도 4.0%이면 표준시간은 40초(160÷4.0) • 국제대회: 대회에서 코스 실점이 가장 적고, 속도가 가장 빠른 반려견의 시간에 15%를 더하고 가장 가까운 초로 반올림을 해서 결정 　참고 최대 코스시간(MCT) 　　- 어질리티 코스 길이: 2.0% 　　- 점핑 코스 길이: 2.5%
대회 진행 절차	① 코스 공개: 대회 당일 공개됨 ② 코스 검사: 핸들러가 반려견 없이 코스를 걸어보며 전략을 수립함 ③ 경기 시작: 각 팀이 순서대로 코스를 진행하며, 시간과 정확성을 평가받음
대회 실점 규정	• 코스 실점: 장애물 미통과, 순서 오류, 수행 거부 등으로 인한 감점 • 시간 실점: SCT를 초과한 시간에 대해 1초당 1점 감점 • 총 실점: 코스 실점과 시간 실점의 합계로 순위 결정

> ❗ SCT(Standard Course Time)
> 코스를 통과하는 데 소요되는 표준적인 시간이다.

(2) 플라이볼(Fly Ball)

① 대회 진행 절차
- 출발: 첫 번째 반려견이 출발 신호에 맞춰 코스를 시작한다.
- 허들 통과: 4개의 허들을 순서대로 넘는다.
- 공 획득: 플라이볼 박스에서 공을 받아 물고 돌아온다.
- 교대: 다음 반려견과 교대하며, 총 4마리가 순차적으로 진행한다.

② 대회 실점 규정
- 허들 미통과: 허들을 넘지 않으면 감점 또는 재시도한다.
- 공 미획득: 공을 물고 오지 않으면 감점 또는 재시도한다.
- 교대 오류: 교대 구역에서의 부정확한 교대는 감점 요인이다.

(3) 디스크독(Disc Dog)

① 대회 진행 절차
- 프리스타일: 여러 장의 디스크를 가지고 음악에 맞춰 90초 안에 자유롭게 안무를 구성하여 기술을 보여주는 경기이다.
- 디스턴스 어큐러시(DA, Distance Accuracy):
- 파워 디스크: 디스크를 멀리 던져 선수견이 잡은 거리를 측정해 순위를 정하는 경기이다.
- 페어스 디스턴스 어큐러시(PDA, Pairs Distance Accuracy): 두 사람이 한 팀이 되어 90초 동안 번갈아 가며 디스크를 던져 거리에 따라 점수를 획득하는 경기이다.

② 대회 실점 규정
- 원반 미획득: 반려견이 원반을 잡지 못하면 점수 획득이 불가능하다.
- 던지기 오류: 핸들러의 부정확한 던지기는 감점 요인이다.
- 규정 위반: 정해진 시간 초과, 안전 규칙 미준수 등은 감점 또는 실격 요인이다.

➕ Volhard의 반려견 행동 프로필

- Volhard 행동 프로필은 반려견의 성향을 객관적으로 평가하여 적절한 훈련법을 찾기 위한 도구이다.
- 4가지 주요 욕구(행동 동기)를 측정하고, 각 반려견이 어느 욕구가 강한지를 분석하여 훈련 접근법을 제안한다.

3 반려동물의 행동관리

1. 반려동물의 행동 역량 분석 ➕

(1) 행동 프로필의 주요 행동 욕구

	평가항목	행동발생빈도		
		항상 (10점)	가끔 (5점)	없음 (0점)
우리 반려견은 기회가 생기면 ( )	1. 땅이나 공중에 대고 킁킁거리며 냄새를 맡는다.			
	2. 다른 반려견과 잘 지낸다.			
	3. 자신의 자리를 지키고 이상한 물건이나 소리를 탐색한다.			
	4. 새로운 상황을 피한다.			
	5. 자전거나 다람쥐 같은 움직이는 것을 보고 흥분한다.			
	6. 사람들과 잘 어울린다.			
	7. 게임에서 이기는 것을 좋아한다.			
	8. 무서울 때 보호자 뒤에 숨는다.			
	9. 고양이나 반려견 또는 풀밭에 있는 것에 살금살금 다가간다.			
	10. 혼자 있을 때 짖는다.			
	11. 낮은 톤으로 짖거나 으르렁거린다.			
	12. 낯선 상황에서 겁먹은 듯 행동한다.			
	13. 흥분하면 높은 음조로 짖는다.			
	14. 만져주는 것을 원하거나 보호자에게 붙는 것을 좋아한다.			
	15. 자기의 영역을 지킨다.			
	16. 불안하면 떨거나 낑낑거린다.			
	17. 장난감에게 덮치듯이 달려든다.			
	18. 그루밍 해주는 것을 좋아한다.			
	19. 장난감이나 음식을 지킨다.			
	20. 질책을 받으면 기거나 뒤집어진다.			
	21. 장난감을 흔들고 물어뜯는다.			
	22. 보호자와 시선을 마주친다.			
	23. 만져주는 것을 싫어한다.			
	24. "와" 했을 때 보호자에게 오는 것을 피한다.			
	25. 쓰레기나 음식을 훔친다.			
	26. 보호자를 그림자처럼 따라 다닌다.			
	27. 보호자를 지킨다.			
	28. 손질해 줄 때 가만히 있지 않는다.			
	29. 보호자가 무엇인가 들고 있는 것을 좋아한다.			
	30. 다른 반려견들과 잘 논다.			

	31. 그루밍이나 목욕을 싫어한다.			
	32. 낯선 사람이 앞에서 허리를 굽히면 움츠린다.			
	33. 음식을 정신없이 먹는다.			
	34. 사람들을 반기려고 뛰어오른다.			
우리 반려견은 기회가 생기면 ( )	35. 다른 반려견들과 자주 싸우려 한다.			
	36. 인사행동 할 때 소변을 본다.			
	37. 땅을 파고 물건들을 묻는 것을 좋아한다.			
	38. 다른 반려견들에게 구애하거나 올라타는 행동을 한다.			
	39. 어린 강아지들에게 시비를 건다.			
	40. 궁지에 몰리면 공격한다.			

▲ Volhard의 반려견 행동 프로필

행동 욕구	관련 항목	설명
음식 욕구 (식욕, 사냥 본능)	1, 5, 9, 13, 17, 21, 25, 29, 33, 37	• 먹이를 찾거나 사냥하는 행동 • 자극에 대한 반응성
무리 욕구 (사회성, 애착)	2, 6, 10, 14, 18, 22, 26, 30, 34, 38	• 사람 또는 다른 반려견들과의 관계 • 보호자와의 유대감
방어(공격) 욕구 (영역성, 지배 성향)	3, 7, 11, 15, 19, 23, 27, 31, 35, 39	자신의 영역을 지키거나 경쟁하는 성향
방어(도주) 욕구 (겁, 회피 성향)	4, 8, 12, 16, 20, 24, 28, 32, 36, 40	• 낯선 환경에서의 반응 • 회피 경향

▲ 4가지 주요 행동 욕구(행동 동기 분석)

(2) 행동 프로필 적용

점수 범위	성향	훈련 방법
음식 욕구 60점 이상	음식과 사냥 본능에 매우 민감함	• 간식, 장난감을 이용한 보상 기반 훈련 • 흥분 시 과도한 음식 보상을 자제함
음식 욕구 60점 이하	음식에 관심이 적어 보상 기반 훈련이 어려움	• 간식 대신 칭찬, 터치, 놀이를 활용함 • 장난감을 이용한 동기를 부여함
무리 욕구 60점 이상	• 보호자와의 유대가 강함 • 사회성이 좋음	• 칭찬과 스킨십을 통한 긍정적 강화훈련을 실시함 • 놀이 훈련을 활용함
무리 욕구 60점 이하	• 독립적인 성향 • 보호자와의 관계 영향이 적음	• 음식 보상을 활용하여 동기를 부여함 • 사회화 훈련으로 보호자 및 다른 반려견과의 관계를 개선함
방어(공격) 욕구 60점 이상	• 영역 의식 강함 • 공격적일 가능성 있음	• 단호한 리더십이 필요하지만 위협적인 태도는 금지함 • 복종 훈련은 필수적임 • 명확한 행동을 지시함
방어(도주) 욕구 60점 이상	• 겁이 많음 • 낯선 환경에서 도망치려 함	• 강제 훈련은 부적합함 • 부드러운 핸들링이 필요함 • 신뢰 형성 및 사회화 훈련을 진행함

2. 반려동물 행동 풍부화

(1) 의미 및 효과
① 행동 풍부화는 반려동물이 더 건강하고 행복한 삶을 살도록 환경을 개선하는 방법이다.
② 행동 풍부화를 통해 스트레스 감소, 문제행동 예방, 신체 및 정신적 건강 증진을 도모할 수 있다.

(2) 종류

구분	특징	방법	효과
사회적 풍부화 (Social Enrichment)	반려동물이 사람이나 다른 동물과 긍정적인 사회적 교류를 경험하도록 돕는 방법	• 다른 동물과의 교류: 반려견끼리의 놀이, 보호자와의 교감 • 보호자와의 상호작용: 산책, 놀이, 훈련 • 새로운 사람과의 만남: 다양한 환경에서 새로운 사람과 교류 유도	• 사회성 발달 및 공격성이 감소함 • 분리불안이 감소함 • 보호자와의 유대감이 증가함
감각적 풍부화 (Sensory Enrichment)	반려동물이 다양한 감각(시각, 청각, 후각, 촉각, 미각)을 활용하도록 환경을 조성하는 방법	• 시각 자극: 창밖을 볼 수 있도록 창가 공간 마련 • 청각 자극: 차분한 음악, 자연 소리 제공 • 후각 자극: 숨겨진 간식 찾기 놀이, 향기 장난감 사용 • 촉각 자극: 다양한 질감의 장난감, 매트 사용	• 환경에 대한 호기심이 증가함 • 스트레스 및 불안이 감소함 • 문제행동(짖음, 파괴행동)을 예방함
좋은 환경 (Optimal Environment)	반려동물이 편안하고 안전하며 즐겁게 생활할 수 있는 환경을 제공하는 방법	• 안전한 생활공간 제공: 스트레스 없는 조용한 공간 마련 • 적절한 온도와 습도 유지 • 충분한 운동 공간 확보 • 장난감, 퍼즐 피더 제공	• 반려동물이 불안 없이 편안하게 생활할 수 있음 • 충분한 운동과 자극을 통해 건강이 증진됨 • 지루함 해소로 문제행동이 예방됨

3. 중성화 수술

(1) 의미
① 수컷의 고환 제거(거세, Neutering) 또는 암컷의 난소 및 자궁 제거(불임 수술, Spaying)를 의미한다.
② 불필요한 번식 방지 및 반려견의 건강과 행동에 다양한 영향을 준다.

(2) 장점

건강상 이점	• 암 예방: 암컷의 자궁축농증(자궁 내 염증) 및 난소암, 수컷의 고환암 예방 • 전립선 질환 예방: 수컷의 전립선 비대 및 감염 위험 감소 • 호르몬 관련 질환 예방: 호르몬 변화로 인한 건강 문제(예 당뇨, 난소 낭종 등) 방지
사회적 이점	• 예상치 못한 임신 방지: 불필요한 번식으로 인한 유기견 증가가 방지됨 • 다른 반려견들과의 관계 개선: 성호르몬으로 인한 충돌 및 싸움 가능성이 감소함
행동 개선 효과	• 공격성 감소: 호르몬에 의해 유발되는 공격성이 줄어들 가능성이 높아짐 • 배회 행동 감소: 번식기 본능에 따른 탈출 및 방황 습관이 감소됨 • 마킹(영역 표시) 감소: 수컷의 과도한 소변 마킹 행동이 완화됨 • 스트레스 감소: 발정기 동안의 불안 및 짖음이 감소함

(3) 단점

건강상 단점	• 체중 증가 가능성: 신진대사가 느려져 살이 찌기 쉬움
	• 호르몬 변화로 인한 질병 가능성이 증가함
	  – 암컷: 골다공증 및 비만 가능성이 증가함
	  – 수컷: 갑상선 기능 저하 가능성이 증가함

행동 변화 단점	• 활동성 저하: 신체적 변화로 인해 에너지가 낮아질 가능성이 큼 참고 수컷의 경우, 완전한 공격성 제거는 어려울 수 있음 • 일부 개체에서 불안 증가 가능성: 중성화 후 호르몬 변화로 인해 불안감이 커질 수 있음

(4) 반려견 행동에 미치는 영향

긍정적인 변화	• 공격성 감소: 수컷 개의 테스토스테론(남성 호르몬) 감소로 인해 다른 개에 대한 공격성이 완화됨 • 배회 및 도망 행동 감소: 발정기 페로몬 영향으로 떠나는 습성이 줄어듦 • 마킹 행동 감소: 성호르몬 감소로 인해 영역 표시 행동이 줄어들 수 있음
부정적인 변화	행동 교정 효과 감소 → 수술 후에도 기존에 형성된 습관이 쉽게 변하지 않을 수 있음

CHAPTER 06
반려견개론 및 견종 표준

합격 TIP 반려견체의 구조와 견종 표준을 숙지한다.

1 반려견개론

1. 반려견체의 명칭과 구조

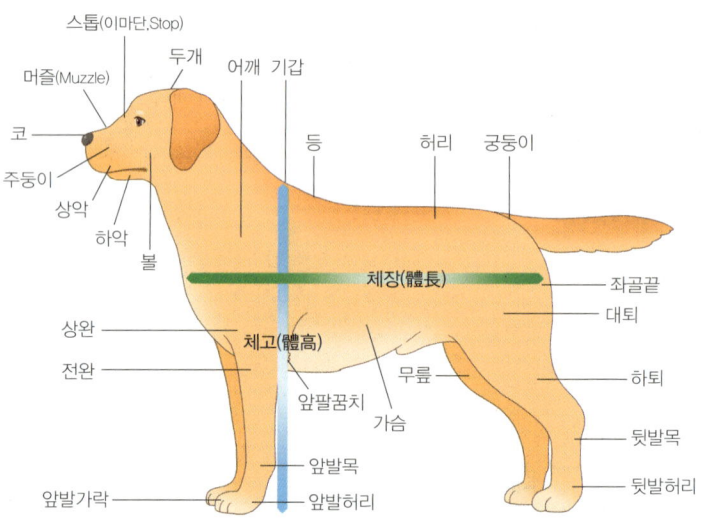

▲ 반려견의 체형 부위 및 명칭

(1) 머리

두부(Head)	머리 전체를 의미하는 일반적인 용어
두개(Skull)	머리뼈 부분으로, 견종에 따라 크기와 형태가 다름
액단(Stop)	이마에서 코로 이어지는 부분의 단차, 얼굴 윤곽을 결정하는 요소
머즐(주둥이, Muzzle)	주둥이 부분으로, 상악과 하악을 포함하며, 냄새를 맡고 먹이를 먹는 역할
상악(위턱, Upper Jaw)	위턱 부분으로, 강한 치아 구조를 가짐

(2) 몸통

기갑(Withers)	목과 등이 만나는 부분으로, 체고(어깨 높이)를 측정하는 기준점
등(Back)	기갑에서 허리까지 이어지는 부분으로, 체형의 균형을 유지하는 역할
허리(Loin)	등과 엉덩이 사이로, 유연성과 강한 지지력을 제공하는 중요한 부위
가슴(Chest)	심장과 폐를 보호하는 부분으로, 견종에 따라 깊이나 넓이가 다름
늑곽(Rib Cage)	갈비뼈로 형성된 구조로, 내부 장기를 보호함
배(Abdomen)	가슴과 허리 사이의 부위로, 내장 기관이 위치해 있으며 복부의 탄력성이 건강 상태를 반영할 수 있음
흉골(Sternum)	가슴 아래쪽 중앙에 위치한 뼈로, 늑골과 연결되어 가슴 구조를 지탱함
엉덩이(Croup)	허리에서 꼬리까지 이어지는 부분으로, 뒷다리의 근력과 균형을 결정함

(3) 발과 다리

상완(Upper Arm)	• 어깨와 팔꿈치 사이의 앞다리 윗부분 • 근육이 발달해 체중을 지탱하는 역할
전완(Forearm)	• 팔꿈치에서 앞발목까지 이어지는 부분 • 보행 시 중요한 역할
앞발목(Carpus)	• 사람의 손목에 해당하는 관절 • 충격 흡수 및 유연성을 제공함
앞발허리(Metacarpus)	• 앞발목과 발가락 사이의 부분 • 보행 시 균형을 유지하는 역할
앞팔꿈치(Elbow)	• 앞다리의 팔꿈치 관절 • 걸을 때 앞다리의 유연한 움직임을 돕는 부위
좌골끝(Ischium)	• 엉덩이 뼈의 뒤쪽 끝부분 • 뒷다리의 근육과 연결되어 강한 추진력을 제공함
대퇴(Thigh)	• 엉덩이와 무릎 사이의 뒷다리 윗부분 • 강한 근육이 발달하여 운동성과 점프력을 담당함
하퇴(Lower Leg)	무릎(슬개골)에서 뒷발목까지 이어지는 뒷다리의 아래쪽 부분
뒷발목(Tarsus)	• 사람의 발목에 해당하는 부위 • 걸을 때 충격을 흡수하고 추진력을 제공함
뒷발허리(Metatarsus)	• 뒷발목과 발가락 사이의 부위 • 보행 시 균형을 유지하고 체중을 지탱하는 역할

(4) 체고 및 체장➕

체고 (Height at Withers)	• 반려견이 네 발로 선 상태에서 기갑(어깨뼈 가장 높은 부분)까지의 높이 • 견종마다 이상적인 체고가 다름 • 공인된 견종 표준에서 중요한 요소 • 측정방법: 땅에서 기갑까지 수직으로 측정함
체장 (Body Length)	• 반려견의 몸 길이 • 일반적으로 어깨(어깨 관절)부터 좌골 끝까지의 거리 • 일부 견종(예 닥스훈트, 웰시 코기 등)은 체장이 체고보다 상대적으로 길게 발달됨 • 측정방법: 측면에서 머리와 꼬리를 제외한 몸통의 길이를 측정함

➕
• 체고와 체장의 비율은 반려견의 체형을 결정하는 중요한 요소이다.
• 특정 견종의 기준(예 정사각형 체형, 장신형 등)에 영향을 준다.

2. 반려견의 형태학적 명칭과 구조

(1) 내부 장기 구조와 명칭

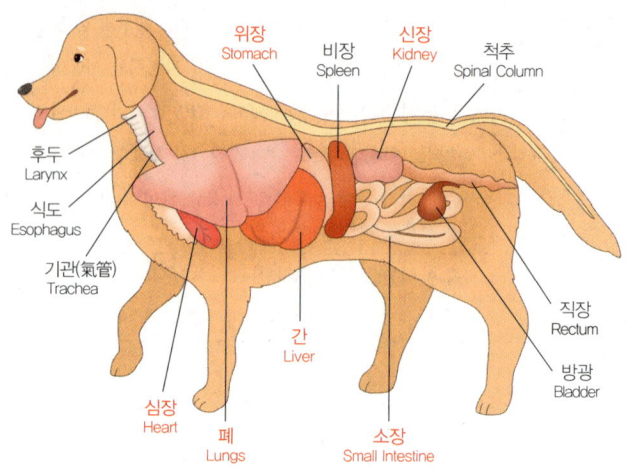

▲ 반려견의 내부 장기 구조 및 명칭

심장(Heart)	혈액을 순환시키는 주요 기관으로, 산소와 영양소를 각 조직으로 전달함
폐(Lungs)	호흡을 통해 산소를 공급하고 이산화탄소를 배출하는 기관
간(Liver)	영양소 대사, 해독 작용, 담즙 생성 등을 담당하는 주요 기관
위(Stomach)	음식물을 소화하는 기관으로, 위액을 분비하여 소화를 도움
장(Intestines)	음식물의 소화와 흡수를 담당하며, 소장과 대장으로 나뉨
신장(Kidneys)	노폐물을 걸러내고, 체액의 균형을 유지하는 중요한 기관

(2) 골격계 구조와 명칭

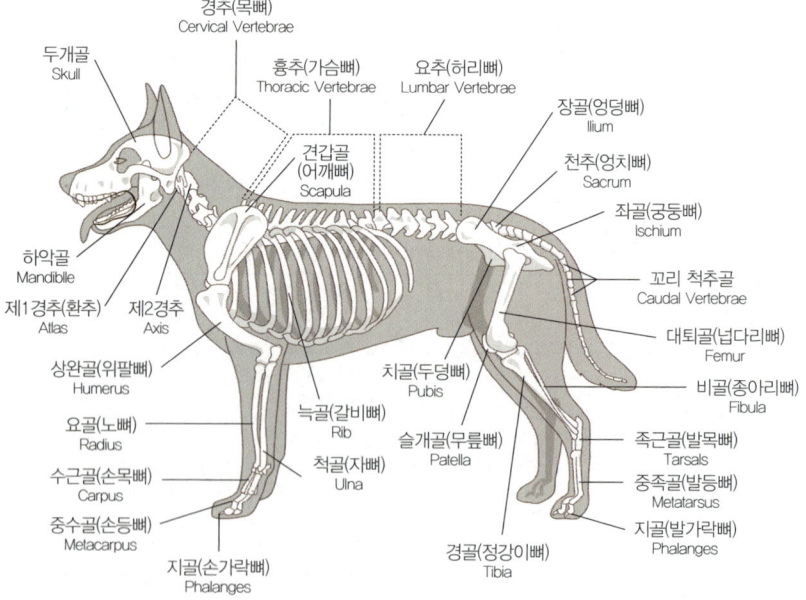

▲ 반려견의 골격 구조 및 명칭

부위	뼈	설명
머리 (Head)	두개골(머리뼈) Skull(Cranial Bones)	• 뇌와 감각기관을 보호하는 뼈 • 얼굴과 두뇌를 형성함
목 (Neck)	경추(목뼈) Cervical Vertebrae	• 목 부분을 구성하는 7개의 뼈 • 머리와 몸통을 연결함 • 목을 구부리거나 회전하는 움직임을 지원함
몸통 (Trunk)	흉추(가슴뼈) Thoracic Vertebrae	13개의 척추가 흉부를 형성함
몸통 (Trunk)	늑골(갈비뼈) Rib	13쌍의 늑골이 붙어 있으며, 심장과 폐를 보호함
몸통 (Trunk)	요추(허리뼈) Lumbar Vertebrae	• 7개의 척추가 허리 부분을 형성함 • 무게를 지탱하는 역할을 함
몸통 (Trunk)	천추(엉치뼈) Sacrum	• 3개의 뼈가 결합된 부분 • 골반과 연결되어 있으며 하체의 움직임을 지원함
골반 (Pelvis)	장골(엉덩뼈) Ilium	• 다리와 척추를 연결하는 부분 • 엉덩 관절을 형성하며, 하체를 지지함
상지 (Front Limbs)	견갑골(어깨뼈) Scapula	• 상체와 앞다리를 연결하는 뼈 • 팔꿈치와 팔을 지지함
상지 (Front Limbs)	상완골(위팔뼈) Humerus	어깨에서 팔꿈치까지 연결되는 큰 뼈
상지 (Front Limbs)	전완골(아래팔뼈) Radius & Ulna	• 팔꿈치에서 발목까지 뻗은 두 개의 뼈 • 노뼈(Radius)와 자뼈(Ulna)로 이루어져 전완을 형성함
상지 (Front Limbs)	손목뼈(손목뼈) Carpals	앞다리의 손목을 구성하는 작은 뼈
상지 (Front Limbs)	중수골(손등뼈) Metacarpals	손목과 발톱 사이를 연결하는 뼈
상지 (Front Limbs)	지골(손가락뼈) Phalanges(Digits)	손가락을 구성하는 뼈
하지 (Hind Limbs)	좌골(궁둥뼈) Ischium	골반강과 엉덩이를 구성하는 뼈
하지 (Hind Limbs)	치골(두덩뼈) Pubis	골반강과 엉덩이를 구성하는 뼈
하지 (Hind Limbs)	대퇴골(넙다리뼈) Femur	엉덩이에서 무릎까지 연결되는 큰 뼈
하지 (Hind Limbs)	슬개골(무릎뼈) Patella	무릎을 보호하고 다리의 움직임을 돕는 작은 뼈
하지 (Hind Limbs)	경골(정강이뼈) Tibia	• 무릎에서 발목까지 연결되는 큰 뼈 • 체중을 지탱함
하지 (Hind Limbs)	비골(종아리뼈) Fibula	• 경골 옆에 위치한 얇은 뼈 • 정강뼈의 보조적인 역할을 함
하지 (Hind Limbs)	족근골(발목뼈) Tarsals	발목을 구성하는 뼈
하지 (Hind Limbs)	중족골(발등뼈) Metatarsals	발목과 발톱 사이를 연결하는 뼈
하지 (Hind Limbs)	지골(발가락뼈) Phalanges(Digits)	발가락을 구성하는 뼈
꼬리 (Tail)	꼬리 척추골(꼬리뼈) Caudal Vertebrae	• 꼬리 부분을 구성하는 뼈 • 꼬리의 균형을 유지하는 역할을 함

2 반려견종 표준

1. 소형견, 중형견, 대형견의 구분

크기	체중기준	체고기준	특징	주요 견종
소형견	10kg 이하	30cm 이하	• 실내에서 키우기 적합함 • 작은 체구로 다치기 쉬움 • 활발하고 애교가 많음 • 일부 견종은 짖음이 많을 수 있음	포메라니안, 치와와, 말티즈, 시츄, 푸들(토이, 미니어처), 닥스훈트(미니어처), 요크셔테리어, 미니어처 슈나우저, 프렌치 불독
중형견	10~25kg	30~50cm	• 적당한 공간과 산책이 필요함 • 영리한 견종이 많음 • 일부 견종은 높은 활동량이 요구됨	웰시 코기, 비글, 코커 스패니얼, 보더 콜리, 시베리안 허스키, 불독(잉글리시/프렌치), 바셋 하운드, 스피츠, 스탠다드 푸들
대형견	25kg 이상	50cm 이상	• 체력이 강하고 충성심 높음 • 넓은 공간과 많은 운동량이 필요함 • 관절과 심장 건강 관리가 필요함 • 소·중형견에 비해 평균 수명이 짧음	골든 리트리버, 래브라도 리트리버, 도베르만, 알래스칸 말라뮤트, 그레이트 데인, 세인트 버나드, 로트와일러, 저먼 셰퍼드

2. 한국의 토종견

진도개

- 유래 지역: 전라남도 진도
- 주요 특징
  - 충성심이 강하고 영리함
  - 뛰어난 경비 능력을 가짐
- 천연기념물 지정 여부: 지정(제53호)

동경이

- 유래 지역: 경상북도 경주
- 주요 특징: 꼬리가 없거나 매우 짧음
- 천연기념물 지정 여부: 지정(제540호)

제주개

- 유래 지역: 제주도
- 주요 특징
  - 외형이 늑대와 비슷함
  - 독립적인 성향이 강함
- 천연기념물 지정 여부: 미지정

삽살개	

	• 유래 지역: 경상북도
	• 주요 특징
	  – 풍성한 털을 가지고 있음
	  – 액운을 쫓는 개로 알려짐
	• 천연기념물 지정 여부: 지정(제368호)

풍산개	

	• 유래 지역: 함경도 풍산
	• 주요 특징
	  – 강한 체력과 용맹함
	  – 사냥 능력이 뛰어남
	• 천연기념물 지정 여부: 미지정

3. 주요 견종

골든 리트리버	

	• 크기: 대형
	• 특징
	  – 친절하고 충성스러움
	  – 수영과 회수 놀이를 좋아함
	  – 가족 친화적
	• 활동량: 높음
	• 평균수명: 10~12년

래브라도 리트리버	

푸들 (토이/미니어처/스탠다드)	

	• 크기: 소형~대형
	• 특징
	  – 영리하고 활발함
	  – 털이 잘 빠지지 않음
	  – 훈련이 쉬움
	• 활동량: 중간~높음
	• 평균수명: 12~15년

포메라니안	

	• 크기: 소형
	• 특징
	  – 활발하고 경계심 강함
	  – 털이 풍성함
	  – 보호자를 잘 따름
	• 활동량: 중간
	• 평균수명: 12~16년

품종		특성

시베리안 허스키		• 크기: 중형
		• 특징
		  – 독립적, 활동적
		  – 추운 기후에 대해 적응력이 높음
		  – 높은 지구력
		• 활동량: 매우 높음
		• 평균수명: 12~15년

닥스훈트		• 크기: 소형~중형
		• 특징
		  – 호기심 많고 용감함
		  – 등 길이가 길어 허리 관리가 필요함
		• 활동량: 중간
		• 평균수명: 12~16년

시츄		• 크기: 소형
		• 특징
		  – 온순하고 애정 많음
		  – 얼굴 주위 털 관리가 중요함
		• 활동량: 낮음~중간
		• 평균수명: 10~16년

말티즈		• 크기: 소형
		• 특징
		  – 온순하고 활발함
		  – 사람을 좋아함
		  – 흰 털 관리 필요
		• 활동량: 중간
		• 평균수명: 12~15년

불독
(잉글리시/프렌치)
		• 크기: 중형
		• 특징
		  – 온화하고 고집이 셈
		  – 단두종으로 호흡기 관리가 필요함
		• 활동량: 낮음~중간
		• 평균수명: 8~12년

치와와		• 크기: 초소형
		• 특징
		  – 대담하고 애교 많음
		  – 작은 체구지만 경계심 강함
		• 활동량: 중간
		• 평균수명: 12~20년

도베르만		• 크기: 대형
		• 특징
		  – 용맹하고 충성스러움
		  – 훈련이 중요하며 경비견에 적합함
		• 활동량: 높음
		• 평균수명: 10~13년

품종	특징
보더 콜리 	• 크기: 중형 • 특징 – 매우 영리하고 활동적임 – 세계에서 가장 똑똑한 견종 중 하나로 꼽힘 • 활동량: 매우 높음 • 평균수명: 12~15년
비글 	• 크기: 중형 • 특징 – 활발하고 친근함 – 후각이 발달하여 냄새 추적 능력이 뛰어남 • 활동량: 높음 • 평균수명: 12~15년
코커 스패니얼 	• 크기: 중형 • 특징 – 애정 많고 장난기 많음 – 긴 귀와 털 관리가 필요함 • 활동량: 중간~높음 • 평균수명: 12~15년
슈나우저 (미니어처/스탠다드/자이언트) 	• 크기: 소형~대형 • 특징 – 용감하고 경계심 많음 – 털 빠짐 적고 관리가 필요함 • 활동량: 중간~높음 • 평균수명: 12~16년
웰시 코기 	• 크기: 중형 • 특징 – 영리하고 활발함 – 다리가 짧고 체고가 낮음 • 활동량: 중간~높음 • 평균수명: 12~15년
샤페이 	• 크기: 중형 • 특징 – 독립적이고 조용함 – 피부 주름 관리가 필요함 • 활동량: 중간 • 평균수명: 8~12년
그레이트 데인 	• 크기: 초대형 • 특징 – 온순하고 친절함 – 체구에 비해 온화한 성격임 • 활동량: 중간~높음 • 평균수명: 7~10년

출제 예상문제

CHAPTER 04 환경관리 ~ 06 반려견개론 및 견종 표준

간단한 쪽지 시험으로 문제를 푸는 힘을 키우세요.

OX 문제

01 주기적인 브러싱, 목욕, 적절한 영양 섭취는 건강한 피모 유지에 필수적이다. ( )

02 반려견의 외이 구조는 직선 형태로 환기가 잘 되지 않아 염증 및 감염이 잘 생긴다. ( )

03 강아지는 성견보다 더 많은 운동과 놀이가 필요하다. ( )

04 중성화 수술 시 호르몬에 의해 유발되는 공격성이 증가할 가능성이 있다. ( )

05 기갑이란 목과 등이 만나는 부분으로, 체고(어깨 높이)를 측정하는 기준점이다. ( )

빈칸 문제

06 ( )은/는 모든 형태의 미생물(세균, 바이러스 등)을 완전히 제거하는 과정이다.

07 운동은 과체중과 ( )을/를 예방하는 데 중요한 역할을 한다.

08 ( )은/는 반려견과 핸들러가 장애물을 빠르고 정확하게 통과하는 스포츠이다.

09 ( )은/는 어깨와 팔꿈치 사이의 앞다리 윗부분으로, 근육이 발달해 체중을 지탱하는 역할을 한다.

10 10~25kg 사이의 체중에 웰시 코기, 비글과 같은 견종은 ( )에 속한다.

---

01 ○ 02 × 직선이 아니라 'ㄴ'자 형태로 굽어있다. 03 ○ 04 × 중성화 수술 시 공격성이 감소한다. 05 ○ 06 멸균 07 비만 08 어질리티 09 상완 10 중형견

4 환경관리

01
반려견의 귀 청소에 대한 설명으로 옳지 않은 것은?

① 전용 세정제를 사용하여 깊숙이 닦아 준다.
② 귀지 제거 및 감염 예방을 위해 귀 청소가 필요하다.
③ 1~2주 간격으로 점검 및 필요 시 귀 청소를 해준다.
④ 반려견은 외이 구조상 귀지 축적 및 감염 가능성이 높다.

참고 귀 청소 시 깊숙하게 닦으면 고막을 손상시킬 위험이 있어 조심해야 한다.

02
다음의 그림과 같은 반려견의 발톱에 대한 설명으로 옳지 않은 것은?

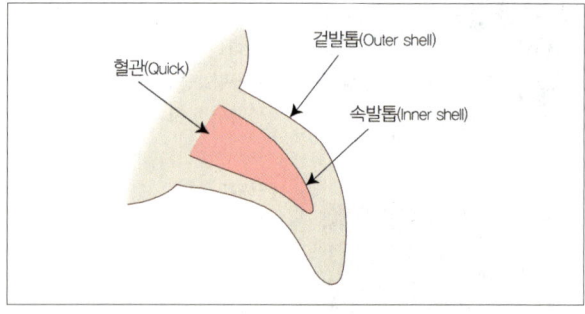

① 약 3~4주마다 발톱을 손질해 준다.
② 혈관을 자르지 않기 위해 최대한 발톱 끝쪽으로 잘라준다.
③ 반려견이 불안해할 경우 천천히 적응시키며 발톱관리를 해준다.
④ 발톱이 너무 길어져 걷는 데 불편하거나 관절에 무리가 가지 않도록 발톱 길이를 적절하게 유지해야 한다.

참고 발톱 끝부분만 자르면 발톱이 긴 상태로 유지될 가능성이 높으므로, 최대한 혈관을 건드리지 않는 위치에서 혈관에 가깝게 잘라준다.

03

반려견의 골절에 대처하는 방법으로 옳은 것은?

① 강아지의 움직임을 최대화한다.
② 부목으로 골절 부위를 고정시킨다.
③ 부목은 최대한 꽉 조여서 단단히 고정시킨다.
④ 부목으로 충분히 고정이 되면 병원으로 가지 않아도 된다.

참고 ① 강아지의 움직임은 최소화한다.
③ 부목은 지나치게 꽉 조이지 않도록 주의한다.
④ 즉시 병원으로 이동한다.

04

다음의 그림과 같은 반려견의 심장마사지에 대한 설명으로 옳지 <u>않은</u> 것은?

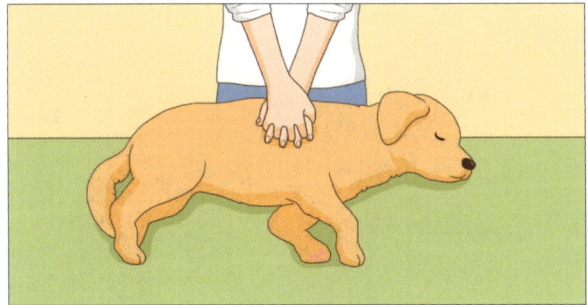

① 소형견은 손가락 두 개로 가볍게 압박한다.
② 인공호흡 1회 후, 심장마사지 30회를 반복한다.
③ 중·대형견은 손바닥을 겹쳐 4~5cm 깊이로 압박한다.
④ 반려견을 옆으로 눕히고 심장 부위의 위치(가슴의 왼쪽, 앞다리 바로 뒤)를 확인한다.

참고 인공호흡 2회 후, 심장마사지를 30회 반복한다.

5 운동 및 행동관리

05

반려견의 운동에 대한 설명 중 옳은 것은?

① 노령견은 더 많은 운동과 놀이가 필요하다.
② 대형견은 장시간의 운동으로 에너지를 발산하는 것이 중요하다.
③ 자견은 체력에 무리가 가지 않도록 짧은 산책과 가벼운 운동이 적합하다.
④ 소형견은 대형견에 비해 운동량이 상대적으로 적은 편이어서 운동이 필요하지 않다.

참고 ① 노령견은 체력에 무리가 가지 않도록 짧은 산책과 가벼운 운동이 적합하다.
③ 자견은 더 많은 운동과 놀이가 필요하다.
④ 소형견은 대형견에 비해 운동량이 상대적으로 적은 편이지만, 반드시 적절한 운동이 필요하다.

06

다음 사진의 반려견 스포츠와 관련된 반려견의 역량에 대한 설명으로 옳지 <u>않은</u> 것은?

① 지구력이 필요 없는 대신 가속력이 필요하다.
② 디스크에 빠르게 반응해야 한다.
③ 디스크를 쫓는 것을 즐겨야 한다.
④ 공중에서 디스크를 캐치할 수 있어야 한다.

참고 장시간 훈련이 가능한 지구력이 필요하다.

07
다음의 지문과 관련된 설명으로 옳지 <u>않은</u> 것은?

> 반려동물이 다양한 감각(시각, 청각, 후각, 촉각, 미각)을 활용하도록 환경을 조성하는 방법

① 사회적 풍부화 방법에 대한 설명이다.
② 청각 자극을 위해 차분한 음악과 자연의 소리를 제공한다.
③ 시각 자극을 위해 창밖을 볼 수 있도록 창가 공간을 마련한다.
④ 후각 자극을 위해 숨겨진 간식 찾기 놀이, 향기 장난감을 사용한다.

참고 감각적 풍부화에 대한 설명이다.

08
중성화 수술의 장점에 대한 설명으로 옳지 <u>않은</u> 것은?

① 수컷의 전립선 비대 및 감염 위험이 감소한다.
② 성호르몬으로 인한 충돌 및 싸움 가능성이 감소된다.
③ 수컷의 경우 중성화 후 마킹 행동이 활발해지는 경향을 보인다.
④ 암컷의 자궁축농증(자궁 내 염증) 및 난소암, 수컷의 고환암을 예방할 수 있다.

참고 중성화 시 수컷의 과도한 소변 마킹 행동은 감소(완화)된다.

6 반려견개론 및 견종 표준

09
다음의 설명에 해당하는 반려견의 명칭으로 옳은 것은?

> 이마에서 코로 이어지는 부분의 단차, 얼굴 윤곽을 결정하는 요소

① 두개
② 액단
③ 머즐
④ 상악

참고 ① 두개는 머리뼈 부분이다.
③ 머즐은 주둥이 부분이다.
④ 상악은 위턱 부분이다.

10
다음 사진의 빈칸에 해당하는 반려견의 뼈의 명칭으로 옳은 것은?

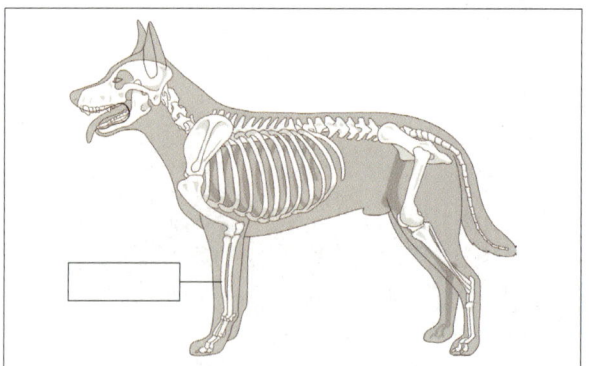

① 노뼈
② 자뼈
③ 정강이뼈
④ 종아리뼈

참고 노뼈에 해당하는 위치이다.

11
대형견으로 구분되는 견종에 해당하지 않는 것은?

① 리트리버
② 도베르만
③ 프렌치 불독
④ 알래스칸 말라뮤트

참고 프렌치 불독은 중형견에 속한다.

12
다음의 사진에 해당하는 견종에 대한 설명으로 옳은 것은?

① 대형견에 속한다.
② 견종은 샤페이다.
③ 세계에서 가장 똑똑한 견종 중 하나이다.
④ 후각이 발달하여 냄새 추적 능력이 뛰어나다.

참고 ① 샤페이는 중형견이다.
③ 세계에서 가장 똑똑한 견종 중 하나는 보더 콜리이다.
④ 후각이 발달하여 냄새 추적 능력이 뛰어난 견종은 비글이다.

PART

03

반려동물 훈련학

📝 출제 키워드

과목	챕터	출제 키워드
3과목 반려동물 훈련학	01 반려견 훈련개념 및 훈련의 영향요인	반려견 훈련 원리, 개체 영향요인, 환경적 요인
	02 반려견의 학습이론	반려견 훈련의 특성, 고전적 조건화, 조작적 조건화
	03 훈련원리의 활용	순화, 조작적 조건화, 소거, 조형, 문제행동
	04 반려견 훈련능력 평가와 활용	반려동물행동지도사 자격시험, 어질리티, 디스크독, 특수목적견

CHAPTER 01

반려동물 훈련개념 및 훈련의 영향요인

합격 TIP 반려견 훈련의 특성과 영향 요인 등을 파악하고 행동 풍부화의 종류와 예시를 구별한다.

1 반려견 훈련의 개념

1. 반려견 훈련의 목적

사회화	반려견이 보호자와 함께 살아가기 위해 다양한 환경, 사람, 동물과 긍정적인 상호작용과 적응을 도움
안전	기본적인 핸들링, 명령어 훈련으로 반려견의 행동을 통제하고 위험한 상황을 예방함
문제행동 예방	과도한 흥분, 짖음, 공격성 등의 문제행동을 예방함
인지발달과 건강	활동성, 성취감, 보호자와의 교감 등으로 정신 건강을 유지하고 스트레스를 감소시킴

2. 반려견 훈련의 역사

고대~중세	• 기원전 15,000년경 개의 가축화가 이루어짐 • 이집트, 그리스, 로마 등 고대 문명에서 사냥, 목축, 경비 목적으로 개를 훈련함 • 중세 시대에는 유럽 귀족 사이에서 사냥과 경비를 위한 특정 목적으로 개를 훈련하는 기법이 발전함
18~19세기	• 개가 반려동물로 인식되기 시작하면서 훈련 철학이 변화하기 시작함 • 복종 훈련과 사회성 훈련에 초점을 맞춤
20세기 초반	• 1900년대 초 군사 목적으로 개 훈련이 시작됨 • 제2차 세계대전 이후 군에서 사용됐던 훈련 방법이 민간에 전해지기 시작함 • 부정적 강화와 처벌 위주의 전통적인 훈련 방식이 주를 이룸
20세기 중반	• 스키너(B.F. Skinner)의 조작적 조건화 이론이 현대 반려견 훈련의 활성화 역할을 함 • 윌리엄 쾰러(William R. Kohler)의 군사견 및 서비스견 훈련 방식이 널리 퍼짐
20세기 후반~현재	• 1980년대부터 긍정적 강화 중심의 훈련 방식으로 패러다임이 변화함 • 카렌 프라이어(Karen Pryor)의 클리커를 이용한 조작적 조건화 훈련 방법이 대중화됨 • 이안 던바(Ian Dunbar)는 개 유치원 개념을 도입하고 긍정적 훈련 방식을 발전시킴 • 현재는 과학적인 연구를 바탕으로 한 긍정적 강화와 보상 기반의 훈련이 주류를 이룸

3. 반려견 시기별 훈련 ⊕

(1) 생후 20일~3개월령

① 특징

특징	• 기본적인 훈육 및 사회화 과정이 시작됨 • 사람의 손길, 체온과 감각, 목소리 등에 자연스럽게 적응함 • 3개월령부터 단어를 서서히 인식함 　[예] 이름 부르기, 장난감 놀이, 목줄 등 간단한 단어를 알려주는 훈련
훈련과의 관계	• 놀이 중심의 훈육: 보호자와의 놀이가 큰 보상으로 작용하며 정서 및 신체 발달에 도움을 줌 • 물고, 당기고, 뛰고, 잡는 놀이: 반려견에게 자신감, 학습 능력을 높여 훈련 단계 발전에 많은 도움이 됨

② 활동

놀이의 종류	훈련 효과
물고 당기는 놀이 ⊕	집중력, 자신감, 의욕을 불러일으키고 스트레스를 감소시킴
공놀이	추적 본능, 물품 의욕을 높여줌
소리나는 장난감	호기심을 유발시키고 장난감을 활용한 놀이를 통해 성장하면서 소리에 대한 민감도를 낮춤

③ 활동 시 주의사항 ⊕

공놀이	• 반려견이 쫓아가서 물고 온 공을 강제로 빼앗을 경우 다시 가져오지 않고 공을 물고 도망가는 습관이 생길 수 있으므로 주의함 • 공을 물고 오면 맛있는 먹이를 먹을 수 있다는 생각을 심어주기 위해 긍정적인 보상을 진행함
물고 당기는 놀이	장난감을 항상 곁에 두면 흥미가 떨어지고 무관심이 생겨 훈련의 효과가 낮아질 수 있으므로 놀이가 끝나면 장난감을 바로 수거함

(2) 생후 6개월~1년 미만

특징	• 생후 6개월 이후에는 호기심이 많고 학습 능력이 뛰어나 훈련 효과가 좋음 • 반려견의 성향에 따라 훈련하는 시기가 달라질 수 있음 • 사회성이 부족하거나 독립심이 강한 견종은 생후 4~5개월부터 훈련을 일찍 시작하는 것을 권장함
훈련과의 관계	• 반려견의 본질과 잠재력을 살려 보호자와 일상생활을 함께 할 수 있도록 예절 교육을 진행함 • 올바른 훈련자의 마음가짐으로 반려견에 대한 애정으로 훈련을 진행함 • 반려견의 행동, 심리 상태 등을 면밀히 관찰하며 적절한 훈련이 이루어질 수 있도록 함

⊕ **훈련 전 확인사항**
- 반려견이 선호하는 먹이를 인지하고 적절하게 준비하였는가?
- 훈련하기에 시간적 여유는 충분한가?
- 훈련에 필요한 충분한 지식을 가지고 있는가?
- 훈련자의 복장 및 훈련 용품을 적절하게 갖추었는가?
- 훈련하기에 적절한 환경인가?

▲ 물고 당기는 놀이

⊕ 놀이를 진행할 때는 하나의 놀이 종목으로 긴 주기로 놀아주기보다 짧은 주기로 여러 놀이를 반복하는 것이 좋다.

2 반려견 훈련의 원리

1. 반려견 훈련의 기본 원칙

긍정적 강화	• 반려견이 원하는 행동을 했을 때 보상을 제공하여 그 행동을 강화하는 방법 • 반려견에게 스트레스를 최소화하고 효과적인 훈련을 할 수 있음
일관성	모든 가족 구성원이 동일한 명령어 및 훈련 방법을 사용함 참고 일관성 없는 훈련은 반려견에게 혼란을 줄 수 있음
짧게 반복하는 훈련 세션	반려견의 집중력이 짧기 때문에 5~10분 정도의 짧은 훈련 세션을 하루에 여러 번 나누어 진행하는 것이 효과적임
인내심	훈련은 시간이 걸리는 과정이므로 보호자가 인내심을 가지고 꾸준히 훈련을 진행해야 함

2. 반려견 학습의 기본 개념

(1) 긍정적인 보상과 칭찬

의미	반려견 학습에서 보상과 칭찬은 가장 기본적인 작용 및 학습 지속의 수단임
활용	• 먹이, 선호하는 장난감 등으로 훈련에 즐거움을 주는 보상을 제공함 • 쓰다듬거나 부드러운 목소리로 '잘했어', '옳지' 등의 칭찬으로 훈련의 지속성을 높임 • 보상을 주는 훈련이 칭찬보다는 훈련 효과가 더 좋음 • 긍정적 보상과 칭찬을 적절히 활용하여 훈련 효과를 더욱 높일 수 있음 • 행위와 명령어를 습득할 경우 먹이 보상 및 칭찬으로 행동을 지속시킴

(2) 부정적인 보상과 처벌

의미	• 반려견이 명령어를 수행했을 때 부정적인 요인을 없애주는 원리 • 고통을 줄여주는 것도 일종의 보상으로 인식함 참고 보상은 주었지만 반려견이 자율적으로 행동한 것이 아니므로 보호자와의 관계도 멀어지고 훈련의 효과가 덜할 수 있으므로 주의해야 함
활용	• 훈련 시에는 강한 어조로 '안돼'라고 명령하는 것이 좋음 • 반려견을 처벌할 때는 직접적인 고통을 가하는 것보다 말로써 벌을 주는 것이 좋음 참고 부정적인 보상이나 처벌을 통해 훈련할 경우 훈련이 거듭되면서 보다 강한 처벌이 요구되고, 훈련에 흥미를 잃어서 훈련을 지속시키기 어려우므로 주의해야 함

(3) 먹이

의미	• 훈련에서 가장 효과적인 보상 방법 • 보상용 먹이로 반려견이 선호하는 햄, 소시지, 육포 등의 간식을 이용함
활용	먹이를 좋아하고 먹고자 하는 의욕이 강할수록 자율성 있는 훈련이 가능함 참고 반려견의 일일 섭취 영양 요구량 안에서 적절하게 먹이 보상을 계획하여 영양 과잉이 되지 않도록 주의해야 함

(4) 반려견과 친해지기

순서	① 반려견이 먼저 훈련자 쪽으로 몸을 향하거나 훈련자에게 관심을 보이면 먹이나 장난감 등으로 보상한다. 참고 경계심이 많은 경우 반려견 근처에 먹이 보상 몇 개를 던져 먹게 한다. ② 훈련자는 반려견이 놀랄 수 있으므로 과격한 행동을 하지 않고 차분하게 동작을 취한다. ③ 반려견이 훈련자를 쳐다보기, 꼬리 흔들기 등의 관심을 보이면 천천히 일어서서 장소를 이동한다. 이때 반려견이 잘 따라오면 간헐적으로 먹이를 던져 주거나, 직접 손으로 준다. ④ 반려견의 성격을 어느 정도 확인하면 신체 접촉을 시도한다. ⑤ 위 과정을 1회에 약 5분 정도 진행한 후 종료한다. 참고 반려견과 친해지는 데 걸리는 시간은 개체마다 다를 수 있으므로 필요하면 더 많이 반복적으로 교육한다.

(5) 클리커 훈련⊕

의미	• 보호자와 반려견 사이의 관계를 연결해주는 의사소통의 도구 • 클리커 소리와 보상을 상호 연관시킨 것으로 '그래, 잘하고 있어. 계속 그렇게 하면 돼'라는 의미를 반려견에게 전달하는 원리
활용	• 명령어를 사용하는 다른 훈련보다 쉽고 빠른 효과를 볼 수 있음 • 행동 교정 이전에 자견 성장기의 예절 교육 진행에 효과적임
훈련 순서	① 반려견에게 클리커 소리를 들려주며 소리에 적응시킨다. ② 간식의 크기는 한 번에 먹을 수 있는 작은 크기로 준비한다. ③ 클리커 소리에 반응하거나 훈련자에게 집중할 때 보상으로 간식을 주고 칭찬한다. ④ 클릭의 타이밍이 매우 중요하며, 반려견이 원하는 행동을 끝내고 난 후가 아니라 수행하는 동시에 클릭한다. ⑤ 클릭 시 반려견이 하던 행동을 멈추고 훈련자에게 집중할 때 먹이로 보상한다. ⑥ 훈련자가 계획한 동작을 수행할 시 클릭+보상하며 반복 학습시킨다.

⊕ 클리커(Clicker)
한 손으로 휴대할 수 있는 작은 크기이며, 버튼을 누르면 '딸깍' 소리가 나는 훈련 도구이다.

▲ 클리커(Clicker)

3. 반려견 훈련 장비

(1) 주요 훈련 장비

① 목줄: 반려견 목에 걸어주는 줄로서 리드줄과 개를 연결하며 핸들링에 필요한 도구이다.

플랫 칼라 (Flat Collar)	• 일반적인 형태의 목줄 • 다양한 재질(예 나일론, 가죽, 벨벳 등)과 디자인이 있음
하네스 (Harness =가슴줄)	• 목이 아닌 가슴과 등을 감싸는 형태로 목에 압박을 주지 않음 • 후각 훈련이나 무는 훈련을 할 때 주로 사용함 • 산책용으로도 자주 쓰이나, 예절 교육이 되지 않은 반려견의 경우 핸들링이 어려울 수 있음
초크 체인 (Choke Chain)	• 금속 체인으로 만들어진 목줄로 복종 훈련에 주로 사용됨 • 목줄을 당기면 목을 조여 강력한 통제가 가능함 • 반려견을 제압하기 쉽지만 강한 자극으로 고통을 줄 수 있으므로 훈련 외의 사용은 권장하지 않음
핀치 칼라 (Pinch Collar)	• 목줄 안쪽에 뾰족한 돌기가 있는 금속 체인으로 가장 강력한 통제가 가능함 • 폭력 성향이 강한 반려견에게 사용됨 참고 반려견의 피부를 조이거나 찔러서 고통과 상처를 주거나 심각한 부상을 가할 수 있으므로 가급적 사용을 피하도록 함

② 리드줄: 반려견과 사람을 연결해주는 주요 훈련 도구로, 용도에 따라 줄의 길이가 다르다.

길이	용도
30cm	보통 줄을 잡고 훈련하는 과정 중 줄 없이 훈련하기 직전 과정에서 사용함 예) 20cm 리드줄 → 짧은 리드줄(30cm) → 리드줄 제거 순으로 훈련
120cm	줄의 길이가 적당하여 일반적인 훈련 및 산책 시 주로 사용함
2m	불러들이기 훈련의 기초 과정에서 주로 사용함
5m	• 멀리 떨어진 곳에서 불러들이기 훈련 시 사용함 • 훈련 도중 도망가는 것을 교정할 때 사용함 • 경비 훈련의 기초 과정인 금족포효 훈련❓에 주로 사용함
10m	• 훈련경기 대회의 규정 줄 길이 • 원거리 대기 훈련, 트레킹(족적 추적) 훈련 등에 사용함

> ❗ **금족포효(禁足咆哮) 훈련**
> 개가 움직이지 못하게 하면서 통제된 상태에서 짖거나 경고음을 내도록 유도하는 훈련이다.

(2) 기타 훈련 장비

켄넬(크레이트)	• 이동 가능한 케이지로, 반려견이 독립된 공간에서 편안히 휴식할 수 있음 • 이갈이 시기에 진행하는 훈련, 대소변 훈련, 차량으로 반려견 이동 시 활용함
보상용 주머니 (트릿 주머니)	허리에 착용하는 간식 주머니로, 훈련 중 반려견에게 보상할 때 활용함
보상용 간식(트릿)	훈련 시 사용하는 보상 간식으로, 한 번에 씹어 먹을 수 있는 크기
클리커	• 버튼을 누르면 '딸깍' 소리가 나는 도구로, 반려견 훈련에 활용함 • 클리커 소리는 훈련의 보상과 상호 연관되어 '클리커 소리=보상'의 의미를 반려견에게 전달하는 역할을 함
퍼피턱	복종 훈련 및 자견과의 놀이에 사용함
바이트 패드	• 무는 훈련 중 기초 과정에서 사용하는 도구 • 방어소매와 같은 용도로 경비견 훈련, IGP 교육 시에 무는 도구로 사용함
훈련공	• 자견과의 놀이와 운동 시 주로 사용됨 • 공을 멀리 던지거나 굴러가는 공은 자견의 흥미를 유발할 수 있는 좋은 놀이 도구가 됨
줄 훈련공	• 공에 손잡이가 달린 줄이 묶여 있어 물고 당기는 놀이에 적합하며 근거리에 던지고 회수하기 쉬운 형태 • 반려견과 가까운 거리에서 함께 놀이를 진행할 수 있어 친화 훈련에 도움이 됨
덤벨	• 주로 운반 훈련에 쓰이며, 훈련 경기대회에서 기본 종목에 활용됨 • 덤벨은 대, 중, 소로 구분하여 지레 운반용 교육의 기초용품이 됨 • 경기대회에서의 덤벨(650g) 운반은 평지에서 가져오기, 허들 넘어 가져오기, A자 판벽 넘어 가져오기 등으로 나눔
스틱, 줄 스틱	• 경비 및 호신훈련에 많이 사용됨 • 직접적인 자극보다는 스틱에 달린 줄에서 나는 소리(딱, 쉭쉭)를 이용하여 반려견의 관심을 유도할 때 활용함
방어소매➕	• 방어 훈련을 할 때 사용되며 개가 무는 소매 부분이 짧은 것과 긴 것으로 구분함 • 긴 방어소매(나탄 방어소매)는 개의 스톱❓이 긴 저먼 셰퍼드, 벨지안 말리노이즈 등에 주로 사용됨 • 짧은 방어소매(일반 방어소매)는 개의 스톱이 짧은 로트와일러, 아메리칸 불독 등에 주로 사용됨 • 자견을 훈련할 때는 부드러운 소재로 만들어진 자견용 방어소매를 사용함

> ❗ **스톱**
> '액단'으로도 불리며, 개의 이마에서 코로 내려오는 두개골의 안면 곡선 부위를 지칭하는 용어이다.

보호복, 에프론	• 보호복 및 에프론은 개의 공격훈련 시 앞발 등에 의한 부상을 방지하고 훈련자를 보호함 • 개의 공격훈련 시 안전을 위해 보호복과 방어소매를 함께 착용함
아티클	범인이 도주하고 지나간 자리에 남는 추적 유류품을 의미함
A판벽	지상에서부터 약 2m 높이의 A자형 판벽
허들	H형 허들로, 장애물 교육 시 허들의 높이를 단계적으로 올리면서 대담성을 기를 때 활용함
테이블	개가 올라가거나 편안하게 기다리는 교육에 응용할 때 쓰임
블라인드	삼각형의 천막 지형 및 지물 수색용품
입마개	공격성 및 짖음이 강한 개의 입에 착용하는 도구
헤드 홀터	리드줄을 당기면 개의 후두와 머즐에 압력이 가해지는 구조로 되어 있는 줄
전신 방어복 (특수 방어복)	• 전신 공격훈련 시에 쓰이며 경찰견이나 링 스포츠에 많이 활용됨 • 개가 직접 공격을 할 때 훈련자를 안전하게 보호함

▲ 방어소매와 보호복

▲ 헤드 홀터(Head Halter)

➕ **행동 풍부화**
- 풍부화는 반려견의 욕구를 파악하여 충족시켜주는 과정이다.
- 반려견의 정신적, 육체적 건강을 증진시키고 문제행동 예방에 매우 중요하다.
- 다양한 자극 및 활동을 제공하여 종 특유의 행동 유도, 스트레스 감소 등 반려견과 보호자의 삶의 질 향상에 도움을 준다.

4. 반려견의 행동 풍부화

(1) 반려견 풍부화의 5요소

① 인지적 요소
- 반려견의 높은 인지능력을 활용하여 훈련, 스포츠에 참여함
- 문제 해결을 통해 정신적인 자극을 줌

② 감각적 요소
- 반려견의 시각, 청각, 후각 등 감각기관에 다양한 자극을 제공함
- 스킨십, 다양한 질감의 물건, 다양한 맛 등을 통해 경험할 수 있음

③ 사회적 요소
다른 반려견 또는 사람과의 상호작용 등으로 반려견의 사회적인 행동을 자극함

④ 먹이 요소
- 다양한 활동으로 음식을 획득하여 의욕과 성취감을 얻음
- 다양한 형태의 먹이를 제공함

⑤ 환경적 요소
다양한 장소, 지형, 물건 등을 통해 반려견의 활동성을 증진하고 새로운 경험을 제공함

➕ 어질리티(Agility)

'Agility'는 '민첩함'을 뜻하는 단어로 반려견이 보호자와 함께 뛰며 각종 장애물을 빠르게 뛰어넘고 통과하는 놀이를 의미한다. 미국, 유럽의 가장 대중적인 반려견 스포츠이다.

▲ 어질리티

➕ 프리스비(Frisbee)

플라스틱 원반 장난감을 멀리 던지면서 주고받는 놀이나 경기를 의미한다.

▲ 프리스비

❗ 텔링턴 티터치(T touch)

- 린다 텔링턴 존슨이 개발한 방법으로 반려견에게 해주는 30가지 이상의 마사지 방법이다.
- 반려견의 행동, 건강, 수행 능력 등 전반적인 건강과 복지에 긍정적인 효과를 줄 수 있다.

(2) 풍부화의 적용

① 인지적 풍부화의 적용

반려견 기본 예절 교육 및 놀이 프로그램	• 사람과 함께 생활하기 위한 기본적인 예절 교육을 진행하는 동시에 반려견의 인지능력을 자극함 • 보호자와의 공놀이를 통해 사회적 상호작용을 할 수 있음 • 반려견의 정신적, 육체적 에너지를 적절한 수준으로 소비하여 문제 행동을 일으킬 기회를 줄여줌
반려견 스포츠	어질리티➕, 프리스비➕, 플라이볼 등 보호자와 함께 할 수 있는 스포츠를 교육함
퍼즐 장난감 제공	• 다양한 형태의 퍼즐 장난감을 제공하여 사용법을 익히고 다양한 활동을 유도함 • 퍼즐 장난감 활용 시 반려견이 즉시 성공할 수 있도록 유도함

② 감각 풍부화의 적용

촉각	• 반려견의 몸을 구석구석 가볍게 만져주어 보호자와의 유대감을 높임 → 목욕, 미용, 다른 접촉 등에 민감한 반응을 하지 않고 안정감 유지에 도움을 줌 • 텔링턴 티터치❓를 진행하여 반려견의 머리 뒤쪽부터 좌골 끝까지 손을 이용하여 천천히 마사지를 해줌 • 반려견의 털을 매일 빗겨주며 특히 외출을 하고 돌아온 후에는 빗질을 해주어 외부 기생충이 있는지 확인함
후각	• 반려견의 뇌는 1/3이 후각 기능과 연계되어 있음 • 다양한 냄새 자극(예 자연적인 향, 인공적인 향 등)을 제공하여 후각적 풍부화 효과를 높임 • 반려견에게 여러 가지 냄새를 맡을 수 있도록 추적(Tracking)을 유도함
청각	• 자연적인 소리와 인공적인 소리를 다양하게 들려줌 • 소리에 민감하게 반응하는 반려견에게 지속적인 배경 소리를 들려줌 → 다른 자극적인 소리(예 다른 반려견의 소리, 고양이 울음 소리, 기타 소음 등)에 대한 민감성을 낮춰줄 수 있음 • 평소에 음의 높낮이가 있는 음악을 들려주어 자극적인 소리에도 안정감을 느낄 수 있도록 함
미각	반려견이 좋아하는 뼈나 껌 등의 간식을 제공하고 다양한 형태의 먹이를 제공함

③ 사회성 풍부화의 적용

사람과의 접촉	• 보호자 혹은 보호자의 지인과 한 공간에 함께 있으면서 사회적인 풍부화가 가능함 • 반려견과 접촉하는 사람의 수를 서서히 늘려가며 적응시킴 • 반려견에게 한번에 너무 많은 사람을 노출시키지 않도록 주의함 참고 반려견의 적응이 더딘 경우 함부로 반려견을 만지지 못하도록 해야 하며, 만질 때는 조심스럽게 접근하도록 함
산책	• 산책 중 다른 반려견과 함께 있는 보호자와 만나는 환경을 조성함 • 다른 반려견과 보호자의 냄새를 맡고 서로 상호작용하도록 유도함

참고 다른 반려견과의 사회성 형성에 도움이 되는 장소와 환경
- 반려견 전용 공원
  - 넓은 공간을 충분히 탐색하고 다른 반려견과 만날 수 있다.
  - 너무 붐비거나 보호자에게 사전교육을 실시하지 않는 곳은 피한다.
  - 소유 본능을 유발할 수 있는 음식, 장난감을 가지고 함께 놀게 하지 않는다.
  - 안전을 위해 생후 6개월 이후부터 출입을 권장한다.
- 반려견 유치원
  - 청결하고 안전한 공간에 전문가를 배치한 곳이어야 한다.
  - 반려견이 노는 것을 관찰하며 공격적 행동과 같은 돌발상황에 안전하게 대처할 수 있는 곳이어야 한다.
  - 반려견의 체구, 연령별로 공간이 구분되어야 한다.
  - 다른 반려견을 따돌리지 못하도록 행동을 제어할 수 있는 곳이 좋다.

④ 먹이 풍부화의 적용

급여 장소	급여하는 장소를 다양하게 설정하여 많은 장소를 안전한 곳으로 인식하도록 함 → 문제행동 예방 및 장소 변화 적응에 도움을 줄 수 있음
급여 방법	• 기존에 사용하는 식기 외에 바닥에 흩뿌려서 주는 먹이 급여 방법 등을 활용함 • 숨겨둔 먹이를 후각을 이용하여 탐색하면서 호기심을 해소하고 탐구 및 인지능력 등을 향상시킴 • 간식이 들어있는 장난감 등을 활용함 • 제한급식으로 부족한 급여량을 다양한 먹이 풍부화에 활용하여 반려견의 참여 욕구 및 보호자와의 상호작용을 향상시킴

⑤ 환경 풍부화의 적용⁺

주거공간	• 주택: 보호자와 함께 할 수 있는 작은 정원, 마당 등을 활용함 • 아파트: 반려견이 편하게 쉴 수 있는 장소에 켄넬과 방석을 놓아주며, 보호자와의 동선이 겹치지 않는 곳을 활용함
야외	• 나무와 관목이 있는 정원에 반려견을 활동하게 하여 탐색과 놀이를 제공함 • 산책 시 인도, 주차장, 잔디밭, 모래밭 등 다양한 물질의 촉감을 느끼도록 유도 함 • 잔디밭은 반려견의 다양한 놀이, 일광욕, 다른 반려견과의 활동을 가능하게 하지만 기생충 등의 유해한 환경에 노출되지 않도록 주의해야 함

➕ 반려견의 본능적 욕구가 충족되도록 다양한 환경과 자극을 제공하고 자연스러운 행동을 유도한다.

> ⚠️ 견종별 특성을 이해하고 그에 맞는 훈련 방식을 선택하는 것이 중요하다.

> ⚠️ 유전력
> 부모견으로부터 물려받은 유전적 요인에 의해 발생하는 정도를 나타내는 개념이다.

> ⚠️ 반려견의 성격과 훈련 방법 설정
> - 활발한 성격의 반려견은 활동적 훈련에 효과적이다.
> - 소심한 성격을 갖는 반려견은 점진적인 접근으로 인내심을 가지고 훈련을 진행해야 한다.

> ➕ 동기의 요소
> - 1차적 요소: 먹이 보상 등
> - 2차적 요소: 사회적 상호작용 등

3 반려견 훈련의 영향요인

1. 개체 관련 요인

(1) 견종별 특성

래브라도 리트리버	• 긍정적 강화훈련으로 효과적인 훈련이 가능함 • 사회성이 좋아 다른 반려견 및 사람과 잘 어울림
저먼 셰퍼드	• 훈련 초기부터 리더십 확립이 중요함 • 복종 훈련에 탁월한 능력을 보임 • 다양한 작업 훈련(예 수색, 구조 등)에 적합함
보더 콜리	• 높은 에너지 수준을 고려한 충분한 운동이 필요함 • 정신적 자극을 주는 복잡한 훈련 과제에 적합함 • 목양 능력을 활용한 훈련이 효과적임

(2) 유전적 영향
① 개체별 특성은 부모 형질의 유전력에 따라 달라진다.
② 유전적 요인은 반려견의 행동에 지속적인 영향을 미친다.
③ 행동은 유전적 요인과 환경적 요인이 함께 작용하여 발현된다.

(3) 개체 성격 특성
① 성격은 행동을 결정하는 중요한 요소로, 유전적 영향과 환경 요인에 의해 형성된다.
② 반려견의 성격을 파악하여 적절한 방법을 적용해야 효과적이다.
③ 성장 과정에서 경험한 사회화 정도에 따라 성격에 영향을 미친다.

(4) 생리적 요인
① 성장 시기에 따라 학습 능력과 집중력이 달라진다.
② 3~12주 사이의 초기 사회화 기간은 훈련에 중요한 영향을 미친다.
③ 반려견의 건강 상태 변화에 주의를 기울이고 필요한 경우 훈련 방법을 조정해야 한다.
④ 감각기 이상, 신체 내·외부의 질병 및 통증은 훈련에 부정적인 영향을 끼치므로 유의해야 한다.

(5) 지능 및 정서 상태
① 지능은 새로운 훈련 과제를 습득하는 데 중요한 역할을 한다.
② 반려견에게 두려움은 훈련 진행을 어렵게 하고, 자칫 훈련 거부 및 공격행동을 보일 수 있다.
③ 훈련은 정서적 안정 상태를 유지해야 효과적이다.

(6) 동기 수준
① 동기는 훈련에 필수적인 요소로 성취도에 큰 영향을 준다.
② 동기는 행동을 유발하는 욕구, 흥미, 호기심 등과 관련이 있으며 복합적으로 작용하기도 한다.
③ 동기를 유발할 때는 반려견의 성격, 정서, 사회적 관계 등을 고려하여 효과적인 자극원을 파악하여 적절히 활용해야 한다.

④ 동기 유형

내적 동기	• 자발적으로 참여하도록 하는 것 • 활동 자체에서 즐거움을 얻는 동기 예 보호자와 함께 하는 즐거움, 목적 의식
외적 동기	• 외부적인 강화에 의해 유발 • 외부 보상을 위해 수행하는 동기 예 간식, 장난감, 칭찬 등의 보상

2. 환경적 요인

(1) 환경적 요인의 구분

물리적 환경	• 위생적이고 안전한 환경이 조성된 훈련장 등이 필요함 • 훈련 목적, 훈련 난이도, 반려견 특성 등에 따라 달라질 수 있음 • 동일 장소에서의 훈련은 특정 동작의 학습 및 숙달에 효과적이지만 일반화에는 불리함 • 훈련장의 온도 및 습도는 훈련 성과에 영향을 줌 • 실외 훈련 시 날씨 조건과 시간대에 따라 반려견 활동 수준의 조절이 필요함 • 후각과 청각을 이용하는 훈련은 훈련장의 냄새와 소음에 유의해야 함
사회적 환경	• 반려견과 훈련자의 관계가 좋으면 자발적이고 적극적인 훈련 참여가 가능함 • 부정적인 경험이나 훈련자와의 강압적인 관계는 반려견의 자발성이 저하될 수 있음 • 다른 반려견과의 관계 또한 훈련에 영향을 줌

(2) 기타 환경 요인

훈련 계획	• 명확한 훈련 목적과 신중한 계획이 필요함 • 훈련 내용, 진행 방식, 평가 항목 및 기준 등을 명확히 설정함 • 훈련 계획은 일관성을 유지하며 반려견의 수행능력을 평가하여 수정 및 보완함 • 반려견의 특성을 고려하여 훈련 계획 및 시간을 설정함
훈련 방법	• 반려견이 즐거움을 느끼고 자발적으로 행동할 수 있는 훈련 프로그램으로 구성함 • 반려견의 개별적 특성을 충분히 고려하여 진행함 참고 강압적인 방법은 반려견의 훈련 동기를 약화시키고 행동의 위축을 가져올 수 있으므로 주의함
훈련 용품	• 훈련의 성취도를 높이며 훈련 목적, 반려견의 특성에 맞는 훈련 용품을 사용함 • 반려견과 훈련자, 보조자의 안전을 고려하여 제작함 • 외형적인 모습보다는 기능에 초점을 두어 제작함
보조자	• 훈련자의 훈련 진행을 도우며, 훈련 과정에서 발생하는 문제를 발견하거나 수정하는 역할을 수행함 • 훈련자와 협력하여 반려견의 행동을 관찰하고 훈련 진행상황을 파악함 • 주체적인 의지로 훈련에 참여하여 훈련 과정에서의 문제를 신속하게 파악함

CHAPTER 02
반려견의 학습이론

합격 TIP 반려견 훈련의 기본이 되는 조건화에 대해 이해한다.

1 반려견 학습의 개념

1. 반려견 학습이론

(1) 행동주의 학습이론

의미	반려견이 어떻게 새로운 행동을 습득하고 유지하는지를 설명하는 이론
특징	• 주로 행동주의 심리학에 기반을 두고 있음 • 관찰 가능한 행동의 변화에 초점을 맞춤 • 환경의 변화에 따라 행동을 조절하고 적응하는 과정을 강조함 • 동물체의 학습은 생존을 위한 적응 방법의 일부로 여김 • 행동주의 학습이론은 파블로프의 고전적 조건화와 스키너의 조작적 조건화가 중심을 이룸

(2) 조건화의 종류

고전적 조건화 (Classical Conditioning)	• 러시아의 생리학자 이반 파블로프가 개를 이용한 실험을 통해 동물의 중성 자극과 무조건 자극의 연관으로 새로운 반응을 학습하는 과정을 설명함 • 파블로프의 조건 반사론은 반려견 훈련의 근본적 원리를 제공하고 행동주의 심리학에도 영향을 줌 **참고** 파블로프의 개 실험
조작적 조건화 (Operant Conditioning)	• 미국의 B.F 스키너가 발전시킨 이론으로 대표적인 실험을 의미함 • '스키너 상자'를 활용하여 동물의 행동은 결과에 따라 증가하거나 감소한다는 동물 행동의 학습 원리를 발견함 • 반려견의 긍정적 강화훈련에 대표적으로 활용됨 **참고** 스키너 상자

2 반려견 훈련의 특성과 절차

1. 반려견의 기본 훈련 요건

개별화	• 반려견의 성격, 정서, 동기 등 개체적 차이에 따라 최적화된 훈련을 진행하는 방법 • 개별화 적용을 위해 각 개체의 상태를 충분히 고려하여 적합한 훈련 계획을 수립함
자발성	• 반려견 스스로가 내적 변화를 이루어 능력을 발휘하는 힘 • 반려견이 훈련에 스스로 참여하는 태도로 훈련 성과에 큰 영향을 줌 • 자발성을 바탕으로 반려견과 훈련자가 즐거운 훈련을 진행하고 목표를 달성할 수 있음
친화성	• 반려견과 훈련자의 관계를 형성할 수 있는 성격을 의미함 • 친화성은 내부적 안정감에 영향을 주는 중요한 기능을 수행함 • 인간의 사회적 환경에 잘 적응할 수 있도록 함
흥미	• 어떤 것에 관심을 가지고 재미를 느끼는 것을 의미함 • 동기와 관련이 있으며 반려견의 자발성으로 연결됨 • 흥미가 강할수록 자발적으로 훈련에 참여하고 집중하는 태도를 보임 • 반려견이 흥미를 가지지 않으면 강압적인 훈련이 될 가능성이 높음
직접 경험	• 반려견은 직접 경험을 통한 행동의 습득이 가능함 • 실제적인 체험을 통해 습득한 것은 효과가 더욱 큼 • 기능 위주의 훈련에는 직접 경험이 필수적으로 동반되어야 함

2. 반려견 학습의 4단계

습득 단계 (Acquisition)	• 새로운 행동을 배우는 단계를 의미함 • 간단하고 명확한 명령어를 사용함 • 즉각적인 보상으로 행동과 보상을 연관 지음
유창 단계 (Fluency)	• 습득한 행동이 숙달되는 과정을 의미함 • 행동의 정확도와 속도를 향상시킴
일반화 단계 (Generalization)	• 학습한 행동을 다양한 상황에서 적용하는 과정을 의미함 • 다른 장소, 시간, 사람들 앞에서 행동을 수행함
유지 단계 (Maintenance)	• 학습한 행동을 기억하고 장기적으로 유지하는 것을 의미함 • 주기적인 복습과 연습으로 학습된 행동을 강화함

3. 반려견 훈련의 특성

(1) 연습의 법칙

① 행동 숙달 과정
- 연습은 새로운 행동을 습득하여 기억 및 유지에 도움을 준다.
- 연습을 통해 행동의 균일성과 지속성을 확보할 수 있다.
- 연습은 목표와 과정을 관찰하고 그 결과를 평가해야 효과적이다.
- 연습은 행동의 빈도, 정확도, 속도 등을 기준으로 평가❷한다.

② 연습 방법

전습법	• 훈련 과제 전체를 한 번에 연습하는 방법 • 단순하거나 단위 과제들이 유사할 때 이용함
분습법	• 훈련 내용을 단위 과제로 나누어 연습하는 방법 • 순수 분습법❷과 반복 분습법❷으로 분류함

❗ **연습 결과의 측정 방법**

행동량	일정 시간 내 수행할 수 있는 행동 횟수
속도	일정 행동을 달성할 수 있는 시간
정확도	연습 결과에 대한 정오비율에서 착오의 수
성공률	연습 결과의 목표에 대한 성공과 실패의 비율

❗ **순수 분습법**
단위 과제들을 개별적으로 목표 수준까지 연습한 후 전체를 동시에 연습하는 방법이다.

❗ **반복 분습법**
단위 과제별로 숙달한 후 동시에 연습하는 방법으로, 대부분의 훈련에 효과적이다.

(2) 기억과 망각

① 기억의 종류

감각기억	감각기관에 수집된 정보가 순간적으로 머무는 상태로, 단기기억으로 전환됨
단기기억	정보가 30초 이내에 잠시 머무르는 상태로, 기억하는 기간이 짧고 용량이 적음
장기기억	단기 기억을 거쳐 오랫동안 저장된 상태로, 훈련된 내용을 비영구적으로 기억함

② 망각⊕ : 기억된 내용을 잊어버리는 현상으로 시간이 지남에 따라 점차적으로 소멸되는 현상이다.

> ⊕ 에빙 하우스(Herman Ebbinghaus)의 망각 곡선 이론
> 학습 후 20분이 지나면 약 58%, 60분 후에는 44%, 1일 후에는 33%만 기억한다는 이론이다.
>
> ⊕ 피터슨(Peterson)의 단기기억 망각 곡선 연구
> 단기기억의 지속 시간이 매우 짧은 것을 실증적인 실험으로 확인하여 18초 후에는 10% 미만으로 회상률이 하락한다.

(3) 전이 현상

의미	이전에 학습한 내용이 다른 훈련에 영향을 주는 확산 현상
특징	• 긍정적 전이: 전이를 통해 새로운 훈련에 도움이 되는 전이 • 부정적 전이: 전이를 통해 새로운 훈련에 방해가 되는 전이 • 전이현상이 긍정적으로 활용되기 위해서는 체계적인 훈련 과정과 정서적으로 편안한 훈련 환경이 조성되어야 함

(4) 자동회복(자발적 회복)

의미	소거됐던 행동이 자동적으로 다시 나타나는 현상
특징	습득했던 기억이 완전히 없어지지 않고 일부 남아 일시적으로 이전 수준보다는 낮은 수준의 행동이 나타남 [예] • 소거 현상: 조건 반응으로 종소리만 듣고도 침을 흘리는 반려견에게 보상을 주지 않자 점점 침을 적게 흘리다가 결국엔 침을 흘리지 않게 된다. • 자발적 회복: 조건 반응을 소거 후 며칠 후 종소리를 다시 들려줄 경우 침을 흘리나, 처음과 같이 많이 흘리거나 오랫동안 흘리지 않는다.

(5) 요소의 우월성

의미	여러 자극 중에서 특정 요소가 다른 자극보다 우월하게 선택되는 현상
특징	• 유사한 자극 간에 반응 유발요인의 차이에 의해 나타남 • 이전 경험 요소에 따라 영향을 미침 • 처음에 경험한 자극이 상대적으로 우월함

(6) 중다반응(Multiple Response)

의미	훈련 초기 단계에서 하나의 명령어나 자극에 대해 반려견이 여러 가지 행동을 보이는 현상
특징	• 반려견은 보상을 받기 위해 여러 가지 행동을 시도하며 새로운 상황에 대한 적절한 방법을 찾는 중요한 과정을 거침 • 명확한 지시가 없으면 반려견이 어떤 행동을 해야 할지 혼란스러워할 수 있음 • 개체별 성향에 따라 반응의 차이가 발생할 수 있음

(7) 유사성의 법칙

의미	이전 경험과 새로운 훈련 간의 유사성이 새로운 훈련에 이롭게 작용하는 현상
특징	• 비슷한 요소가 함께 연결될 때 동일하게 받아들임 • 유사한 요소를 활용하여 새로운 훈련을 발전시킬 수 있음 • 다양한 상황에서 학습한 행동 일반화에 도움을 줌

(8) 보상 기대

의미	이전에 했던 행동이 좋은 결과를 받았다는 기억으로 인해 그 행동을 다시 보이는 현상
특징	• 행동 강화 시 매우 중요한 역할을 함 • 어떤 행동이 보상을 얻을 가능성이 높은지를 학습하게 됨

(9) 장소학습

의미	일정한 체계가 아닌 상황에 적응하여 목표점을 찾는 현상
특징	• 특정 장소를 기억하고 이를 기반으로 행동함 • 외부환경과 상호작용을 통해 배우고 적응하는 과정을 거침

4. 훈련의 절차

(1) 훈련 계획 수립
① 훈련 목적 달성을 위해 훈련 계획은 신중하게 수립해야 한다.
② 훈련 계획은 논리적 구성으로 작성되어야 한다.
③ 훈련 목적을 중심으로 작성하며 최종 목표, 훈련 과제, 소요 시간, 훈련 방법, 훈련 장소 및 용품을 포함하여 계획을 수립한다.

(2) 훈련 실행

훈련준비	목표 점검 및 필요 용품을 준비함
개시과정	• 반려견의 건강 상태, 동기 수준을 점검함 • 이전 훈련 내용에 대한 복습을 진행함
전개과정	• 훈련자의 역량을 바탕으로 훈련을 진행함 • 훈련의 목적과 목표를 유념하며 진행함
정리단계	• 반려견의 건강 상태를 확인하고 훈련 일지를 작성함 • 다음 훈련 계획을 수립함

(3) 훈련 평가
① 평가 기준표를 근거로 절대평가로 진행한다.
② 훈련 평가의 단계

진단평가	훈련을 시작하기 전 반려견의 자질을 파악함
형성평가	훈련 진행에 따른 개체의 습득 수준을 파악함
종합평가	훈련 종료 후 목표 달성도를 평가함
유지평가	훈련 프로그램의 종료 후 개체의 능력 변화를 평가함

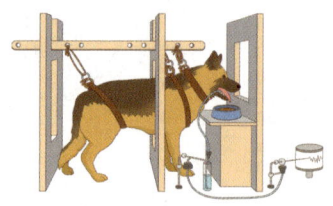

▲ 파블로프의 개 실험

➕ 조건화는 조건 자극과 무조건 자극을 제시하는 시간적 차이에 따라 4가지의 조건화로 나뉜다.

➕ 조건화 용어와 예시

무조건 자극	음식
무조건 반응	침 흘리기
조건 자극	클릭 소리
조건 반응	클릭 소리를 듣고 침 흘리기

3 고전적 조건화

1. 파블로프의 조건반사➕

의미	러시아의 생리학자 이반 파블로프가 동물의 소화효소에 대한 연구를 진행하던 중 개의 침 분비 반사와 관련된 학습이론을 발견함
원리➕	• 고전적 조건화는 자극과 반응 간의 연관성을 형성하는 학습 과정을 의미함 • 조건 자극과 무조건 자극을 결합하여 반응을 유발함 • 조건 자극(종 소리)과 무조건 자극(음식)이 반복적으로 연결함 → 최종적으로 조건 자극(종 소리)만으로 조건 반응(침 흘리기)이 발생함

2. 조건화의 분류➕

흔적 조건화	• 조건 자극을 제시하고, 잠시 후 무조건 자극을 제시함 • 가장 효과적으로 조건화가 가능함	클릭 + 음식
지연 조건화	• 조건 자극을 제시하고, 조건 자극의 영향력을 가지는 상태에서 무조건 자극을 제시함 • 흔적 및 동시 조건화가 결합된 형태	클릭 + 음식
동시 조건화	조건 자극과 무조건 자극을 동시에 제시함(시간 차이 없음)	클릭 + 음식
역향 조건화	• 무조건 자극을 제시하고, 후에 조건 자극을 제시함 • 조건화가 어렵거나 불가능함	음식 + 클릭

3. 고전적 조건화의 영향요인

수반성	• 조건 자극은 무조건 자극과 수반되어야 조건화가 일어남 • 조건 자극과 무조건 자극 사이의 시간 간격이 벌어지면 조건화가 어려워지거나 발생하지 않음
근접성	조건 자극과 무조건 자극 사이의 제공 시간이 짧을수록 조건화가 쉽고 빠르게 일어남
자극의 특성	• 자극의 강도가 강할수록 조건화가 잘 이루어짐 • 너무 강한 자극은 무조건 자극으로 작용함(너무 큰 소리는 두려움을 유발하는 무조건 자극이 됨) • 너무 약한 자극은 조건화가 어려움
사전 경험	조건 자극에 대한 경험을 갖고 있는 경우 조건화에 영향을 줌
개체별 특성	• 나이, 성격, 경험 등은 조건화에 영향을 줌 • 성숙한 개체의 경우 생활에서의 경험요소로 영향을 받음
환경적 요인	• 훈련이 진행되는 환경은 조건화에 영향을 줌 • 집중할 수 있는 편안하고 조용한 환경이 조건화에 유리함

4. 고전적 조건화에 따른 현상

차폐 현상	여러 가지가 복합적으로 이루어진 자극의 조건화는 다른 요소 자극의 반응으로 조건화가 일어나지 않을 수 있음
뒤덮기 현상	• 복합자극으로 이루어진 조건 자극의 강도 및 특성이 유사한 경우에 발생함 • 조건화된 요소 자극이 다른 자극을 뒤덮는 상황에서 요소 자극을 단독으로 제시했을 때 반응을 방해함
사전 조건화	중성 자극을 훈련 전에 경험하여 조건화된 현상이 나타남
잠재적 억제	조건 자극에 무조건 자극이 수반되지 않은 상태에서 경험한 결과가 조건화를 방해함 예 보상을 받지 못한 상태에서 조건 자극을 사전에 경험한 결과
역조건화	• 조건화된 조건 자극을 다른 성질의 것으로 결합하여 새로운 반응을 형성함 • 바람직하지 않은 행동의 교정에 활용할 수 있음
조건 정서 반응	• 특정 자극이 조건화되어 정서적인 반응을 유발하는 현상이 나타남 • 혐오적인 반응과 우호적인 반응으로 나뉠 수 있음
맛 혐오	특정 음식물을 피하거나 혐오하는 경우 혐오 조건화가 형성됨

4 조작적 조건화

1. 스키너의 조작적 조건화

(1) 발표: 1938년 스키너의 저서 '유기체의 행동(The Behavior of Organism)'에서 조작적 조건화에 대한 이론을 정립하여 발표하였다.

(2) 유래: '스키너 상자' 실험을 통해 '동물체의 행동은 그 결과에 의해 증가하거나 감소한다'는 사실을 발견하였고 이것을 '조작적 조건화(Operant Conditioning)'라 명명하였다.

2. 고전적 조건화와 조작적 조건화의 비교

	고전적 조건화	조작적 조건화
개념	• 무조건 자극과 조건 자극의 결합 • 무조건 자극은 반사적인 무조건 반응을 유발함 • 조건 자극은 무조건 자극과 결합되어 조건 반응을 유발함	• 동물체의 행동과 결과에 따라 행동의 변화가 나타남 • 환경변화에 능동적으로 대응하는 행동을 보임
수반성	조건 자극에 무조건 자극을 수반함	행동에 강화물을 수반함
적용	불수의적 반응	수의적 행동
특성	• 자율신경계에 관여함 • 행동과 무관하게 자극과 결합함	• 수의적 신경계에 관여함 • 특정 행동에 보상이 이루어짐

3. 강화(Reinforcement)

(1) 강화의 개념

의미	조작적 조건화를 실행하는 핵심으로 훈련자가 의도하는 행동을 증강시키는 절차
특징	• 반려견의 행동 강도 및 발생 빈도를 증가시키며 반려견이 선호하는 보상물을 강화물로 사용함 • 일상에서 자연스럽게 표현하는 행동들은 대부분 경험을 통해 강화된 결과물로 볼 수 있음 • 행동에 대한 보상이 중단되더라도 일정기간 동안 강화가 계속될 수 있음

(2) 긍정적 강화(Positive Reinforcement)➕

의미	특정 행동이 일어난 직후 반려견이 좋아하는 것을 주어 그 행동의 발생 확률을 높이는 방법
특징	대부분의 긍정적 강화훈련에서 사용되는 강화물➕은 반려견이 선호하는 성격(예 먹이, 간식, 칭찬 등)을 가짐

(3) 부정적 강화(Negative Reinforcement)➕

의미	특정 행동이 일어난 직후 반려견이 싫어하는 것을 제거해주어 그 행동의 발생을 강화하는 모든 자극
특징	• 긍정적 강화훈련과 마찬가지로 훈련자가 원하는 행동의 발생 빈도와 정확도를 높이는 것이 목적이지만, 결과에 대한 자극이 제거되는 차이가 있음 • 반려견이 사라진 어떤 것 때문에 그 행동을 다시 하게 되는 원리로, 부정적 강화에 사용되는 강화물은 반려견이 회피하거나 혐오하는 성격을 가짐

4. 처벌(Punishment)

(1) 처벌의 의미와 특징
① 의미: 특정 행동의 강도를 감소시키는 절차이다.
② 특징: 바람직하지 않은 행동의 빈도를 줄이기 위해 불쾌한 자극을 주거나 좋아하는 것을 제거하는 방법으로, 훈련 시 신중함을 요구하며 자칫 반려견의 공격성을 자극하거나 부정적 정서 반응을 불러일으킬 수 있다.

(2) 긍정적 처벌(Positive Punishment)
① 의미: 특정 행동이 일어난 직후 반려견이 싫어하는 것을 주어 그 행동의 발생확률을 줄이는 방법이다.
② 특징: 일반적으로 반려견이 싫어하는 혐오자극(예 큰 소리, 물 스프레이, 싫어하는 향 등)을 제시한다.

(3) 부정적 처벌(Negative Punishment)
① 의미: 특정 행동이 일어난 직후 반려견이 좋아하는 자극을 제거하여 그 행동의 발생확률을 줄이는 방법이다.
② 특징: 반려견이 좋아하는 자극(예 보호자의 관심, 놀이, 장난감, 간식 등)을 제거한다.

➕ **조작적 조건화에서의 긍정과 부정**
조작적 조건화에의 긍정(Positive)과 부정(Negative)은 좋거나 나쁜 상태를 나타내는 것이 아닌 추가(+) 또는 제거(−)를 의미한다.

➕ **강화물**
행동을 강화하기 위해 반려견에게 제공하는 것을 의미한다.

참고 조작적 조건화의 기본 개념

		행동의 강도	
		증가	감소
자극의 결과	자극의 제시	긍정 강화	긍정 처벌
	자극의 제거	부정 강화	부정 처벌

5. 조작적 조건화 작동 이론 ⊕

추동감소론	• 결핍에 의한 불만족을 해소하기 위해 행동이 발생함 • 특정 행동을 강화하는 강화물이 부족할 때 해당 행동이 발생함 예 음식의 결핍으로 배고픔을 느꼈을 때 먹이 획득을 위한 사냥 행동을 취함
상대적 가치론	• 행동은 강화물에 의해 발생되지만, 강화물을 얻기 위한 행동 자체도 강화물이 될 수 있음 • 행동의 상대적 가치에 따라 상황에 따른 선호 행동이 발생함 • 행동들의 가치를 비교하여 우선순위를 결정하고 훈련에 활용함
반응 박탈론	• 특정 행동이 일정 수준 이하로 제한당하면 그것을 얻고자 하는 욕구가 발생함 • 행동은 특정 행동의 정상적인 수준보다 감소하면 그만큼 강화력이 발생함 • 행동 제한이 욕구를 증가시키고, 이것을 통해 행동 강화에 적용함
회피론	• 특정 행동이 불쾌한 결과를 가져오면 그 결과를 회피하게 됨 • 이 과정에서 다른 행동을 선택하거나 특정 행동을 표현함

6. 조작적 조건화의 영향 요인

강화물의 강화력	• 강화물을 적절한 양과 빈도로 제공하여 강화력을 유지함 • 강화력은 결핍 수준이 높을수록 더 커지며, 강화물의 종류와 질에 따라 효과가 다름 • 보상 횟수 증가에 따라 강화력의 효과가 줄어들 수 있음 • 개체의 특성 및 제공 방법에 따라 강화력의 차이가 발생할 수 있음
강화물의 제공 횟수와 간격	• 행동 강화에서 강화물의 제공 횟수 및 간격이 중요하게 작용함 • 새로운 행동 강화 시 강화물을 자주 제공하는 것이 유리함 • 강화물의 간격이 짧을수록 행동과 강화물 제공의 근접성이 높아 강화 효과가 좋음 예 '앉아' 동작에 대한 교육 시 앉은 자세를 취하면 바로 보상해야 함 참고 앉아서 다른 곳을 바라볼 때 보상이 이루어지면 목표행동과 다른 행동이 강화되므로 주의해야 함

⊕ **훈련 과제의 특성**
• 어려운 행동은 반려견에게 많은 노력을 요구한다.
• 에너지 소비가 같은 경우 조건화에 악영향을 준다.

7. 조작적 조건화의 파생효과

수반성의 함정	행동과 강화물 사이의 시간 지연이 발생하면 행동 결과에 강화물이 결합하지 못함
비율 긴장	• 강화물은 훈련 수준이 높아짐에 따라 제공하는 비율도 증가해야 효과를 유지할 수 있으며 '비율 늘리기'라고 함 • 비율 늘리기의 급격한 증가로 인해 행동이 감소 또는 중단되는 현상인 '비율 긴장'이 발생할 수 있음
선택과 대응	• 여러 행동 강화 시 강화 계획의 종류에 따라 특정 행동을 선택하는 현상이 발생함 • 두 행동이 모두 강화를 받은 경우 강화 비율이 높은 쪽을 선택함
간헐 강화 효과 (부분 강화 효과)	• 간헐적으로 강화를 받은 반려견은 소거와 강화를 분별하기 어려움 • 간헐 강화 계획으로 훈련된 행동은 반려견이 강화물 제공 시기를 예상할 수 없어 행동 소거 시 '소거 저항'이 발생할 수 있음

CHAPTER 01 반려견 훈련개념 및 훈련의 영향요인~ 02 반려견의 학습이론

출제 예상문제

간단한 쪽지 시험으로 문제를 푸는 힘을 키우세요.

OX 문제

01 반려견의 놀이 중심의 훈육은 반려견에게 정서 및 신체적 발달에 도움을 준다. ( )

02 반려견의 훈련은 집중력을 고려하여 한 세션당 30분 이상씩 충분히 진행한다. ( )

03 긍정적 강화훈련에서는 반려견이 싫어하는 것을 제공하여 행동의 발생 확률을 높인다. ( )

04 유사성의 법칙은 다양한 상황에서 학습한 행동을 일반화에 도움을 준다. ( )

05 조건 자극과 무조건 자극 사이의 제공 시간이 짧을수록 조건화가 쉽게 일어난다. ( )

빈칸 문제

06 (　　　)은/는 누르면 '딸깍' 소리가 나는 훈련 도구로 보호자와 반려견 사이의 관계를 연결해주는 의사소통 도구이다.

07 (　　　)은/는 반려견에게 해주는 30개 이상의 마사지 방법으로, 반려견의 전반적인 건강과 복지에 긍정적인 효과를 줄 수 있다.

08 개체별 특성은 부모 형질의 (　　　)에 따라 달라진다.

09 반려견 학습의 4단계 중 (　　　) 단계는 학습한 행동을 다양한 상황에서 적용하는 과정이다.

10 고전적 조건화의 방법 중 (　　　)은/는 조건 자극을 제시하고 잠시 후 무조건 자극을 제시하여 가장 효과적인 조건화가 가능한 것이다.

01 ○　02 × 반려견은 집중력이 짧아서 5~10분의 훈련을 여러 세션으로 나누어 진행한다.　03 × 긍정적 강화훈련에 사용하는 강화물은 반려견이 선호하는 것을 제공한다.　04 ○　05 ○　06 클리커　07 텔링턴 티터치
08 유전력　09 일반화　10 흔적 조건화

1 반려견 훈련개념 및 훈련의 영향요인

01
반려견과의 공놀이 시 주의사항으로 옳은 것은?

① 공을 강제로 빼앗는다.
② 공을 항상 반려견 곁에 둔다.
③ 공놀이는 한 번에 오래 지속한다.
④ 공을 물고 오면 긍정적인 보상을 준다.

참고　반려견과 공놀이를 진행할 때 공을 물고 오면 긍정적인 보상을 주어 공 회수 행동에 좋은 인식을 심는 훈련을 진행한다.
① 물고 온 공을 강제로 빼앗으면 다음에는 오지 않고 공을 물고 도망가려는 습관이 생길 수 있으므로 더 좋은 긍정적인 보상을 주며 공을 회수한다.
② 반려견에게 항상 공을 제공하면 흥미가 떨어질 수 있으므로 놀이를 할 때만 제공하는 것을 권장한다.
③ 놀이를 한 번에 오래 지속하면 집중도나 흥미가 저하될 수 있으므로 놀이는 짧게 여러 번 반복하도록 한다.

02
반려견의 훈련 효과가 가장 높은 시기로 옳은 것은?

① 생후 1~2개월
② 생후 3~4개월
③ 생후 6개월~1년 미만
④ 생후 1년 이상

참고　생후 6개월 이후에는 호기심이 많고 학습능력이 뛰어나 훈련 효과가 가장 높다.

03
클리커 훈련의 장점으로 옳은 것은?

① 성견기에만 효과적이다.
② 훈련효과가 느리게 나타난다.
③ 쉽고 빠른 훈련 효과를 볼 수 있다.
④ 명령어를 사용하는 다른 훈련보다 어렵다.

> 참고 반려견 훈련 시 클리커는 명령어를 사용하는 다른 훈련보다 쉽고 빠른 효과를 볼 수 있다.
> ① 자견기의 예절교육 진행에 효과적이다.
> ② 효과가 빠르게 나타난다.
> ④ 명령어를 사용하는 훈련보다 쉽다.

04
클리커 훈련 시 보상 간식의 크기로 적절한 것은?

① 상관 없음
② 가능한 한 큰 크기
③ 반려견의 체중에 비례하는 크기
④ 한 번에 먹을 수 있는 작은 크기

> 참고 클리커 훈련 시 간식의 크기는 한 번에 먹을 수 있는 작은 크기로 준비한다.

05
다음 설명의 빈칸에 들어갈 말로 옳은 것은?

> ( ) 길이의 리드줄은 반려견 훈련 시 가장 많이 쓰이는 것으로, 적당한 길이로 일반인도 쉽게 반려견을 핸들링할 수 있다. 특히 산책 시 주로 사용된다.

① 30cm
② 120cm
③ 3m
④ 5m

> 참고 120cm 리드줄은 길이가 적당하여 일반 훈련 및 산책에 주로 사용된다.
> ① 줄 없이 훈련하기 직전 과정에서 사용한다.
> ③ 일반적으로 가장 많이 쓰이는 줄의 길이에 해당하지 않는다.
> ④ 멀리 떨어진 곳에서 불러들이기 훈련 시에 사용한다.

06
다음의 설명에 해당하는 훈련 장비로 옳은 것은?

> • 개의 무는 훈련 중 기초 과정에서 사용하는 도구이다.
> • 방어소매와 같은 용도로 경비견 훈련, IGP 교육 시에 무는 도구로 사용한다.

① 클리커
② 퍼피턱
③ 줄 훈련공
④ 비이드 패드

> 참고 ① 버튼 또는 금속 재질을 누르면 '딸깍' 소리가 나는 도구로, 반려견 훈련에 활용된다.
> ② 복종 훈련 및 자견과의 놀이에 사용된다.
> ③ 공에 손잡이가 달린 줄이 묶여 있어 물고 당기는 놀이에 적합하며 근거리에 던지고 회수하기 쉬운 형태이다.

| 정답 | 01 ④ 02 ③ 03 ③ 04 ④ 05 ② 06 ④

07

반려견에게 다양한 물질의 촉감을 제공하는 것에 해당하는 풍부화 요소로 옳은 것은?

① 먹이 요소
② 인지적 요소
③ 환경적 요소
④ 사회적 요소

> 참고 반려견에게 다양한 물질의 촉감을 느낄 수 있도록 하는 것은 환경적 요소에 해당한다.
> ① 다양한 활동으로 음식을 획득하여 의욕과 성취감을 얻는 것에 해당한다.
> ② 반려견의 높은 인지능력을 활용하여 훈련, 스포츠에 참여하는 것에 해당한다.
> ④ 다른 반려견 또는 사람과의 상호작용 등으로 반려견의 사회적인 행동을 자극하는 것에 해당한다.

08

실외 훈련 시 고려해야 할 사항으로 옳은 것은?

① 항상 같은 시간에 훈련한다.
② 실내 훈련과 동일한 방식으로 진행한다.
③ 날씨와 상관없이 일정한 훈련 강도를 유지한다.
④ 날씨 조건과 시간대에 따른 활동 수준을 조절한다.

> 참고 실외 훈련 시 날씨 조건과 시간대에 따라 반려견의 활동 수준의 조절이 필요하다.

2 반려견의 학습이론

09

다음 설명의 빈칸에 들어갈 말로 옳은 것은?

> (   )은/는 고전적 조건화 이론을 발전시킨 학자로, 동물의 중성 자극과 무조건 자극의 연관으로 새로운 반응을 학습하는 과정을 설명하였다.

① 존 왓슨
② B.F 스키너
③ 이반 파블로프
④ 에드워드 톨먼

> 참고 러시아의 생리학자 이반 파블로프는 개를 이용한 실험에서 고전적 조건화의 원리를 발견하였다.

10

다음의 설명에 해당하는 개념으로 옳은 것은?

> • 반려견의 기본 훈련 요건에 해당한다.
> • 반려견이 관심을 가지거나 재미를 느끼는 등의 훈련 동기와 관련 있다.

① 흥미
② 친화성
③ 개별화
④ 직접 경험

> 참고 흥미가 강할수록 반려견의 훈련 자발성과 연결된다.
> ② 반려견과 훈련자의 관계를 형성할 수 있는 성격을 의미한다.
> ③ 반려견의 성격, 정서, 동기 등 개체적 차이에 따라 최적화된 훈련을 진행하는 방법이다.
> ④ 반려견은 직접 경험을 통한 행동의 습득이 가능함을 의미한다.

11

고전적 조건화에 따른 현상 중 조건화된 조건 자극을 다른 성질의 것으로 결합하여 새로운 반응을 형성하는 현상으로 옳은 것은?

① 역조건화
② 차폐 현상
③ 뒤덮기 현상
④ 사전 조건화

> 참고 ① 역조건화는 바람직하지 않은 행동의 교정에 활용되어 조건화된 조건 자극을 다른 성질의 것으로 결합하여 새로운 반응을 형성한다.
> ② 여러 가지가 복합적으로 이루어진 자극의 조건화는 다른 요소 자극의 반응으로 조건화가 일어나지 않을 수 있음을 의미한다.
> ③ 복합자극으로 이루어진 조건 자극의 강도 및 특성이 유사한 경우에 발생함을 의미한다.
> ④ 중성 자극을 훈련 전에 경험하여 조건화된 현상이 나타남을 의미한다.

12

조작적 조건화의 영향요인 중 강화물의 강화력에 대한 설명으로 옳지 않은 것은?

① 강화력은 결핍 수준이 낮을수록 더욱 커진다.
② 보상 횟수가 증가함에 따라 강화력의 효과가 감소한다.
③ 강화물을 적절한 양과 빈도로 제공하여 강화력을 유지한다.
④ 개체 특성 및 제공 방법에 따라 강화력의 차이가 발생한다.

> 참고 강화력은 결핍 수준이 높을수록 더 커지며 강화물의 종류와 질에 따라 효과가 다르다.

CHAPTER
03
훈련원리의 활용

합격 TIP 조작적 조건화를 바탕으로 기본 예절부터 문제행동의 교정 방법을 이해한다.

1 훈련원리

1. 순화(길들임)

(1) **의미:** 반려견이 새로운 자극에 노출될 때 보이는 놀람, 불안 등의 반응을 점차 익숙하게 만드는 과정이다(신체적 고통 및 상해 제외).

> 예 일상생활에서 처음 만나는 사람, 차량 탑승, 큰 소리 등

(2) **특징:** 어린 반려견일수록 순화되기 쉽다.

(3) **순화를 이용한 행동 교정 방법**

홍수법 (Flooding)	• 의미: 강한 강도의 자극에 반복적으로 노출시켜 반응이 없을 때까지 지속함 예 미용을 받기 거부하는 반려견에게 미용 도구를 계속 노출시켜 미용 과정을 진행함 • 어린 반려견이나 공포 대상이 약한 경우에 유용함 • 자극 노출을 중단하거나 반려견이 도망가는 경우 오히려 문제행동이 악화될 수 있음
계통적 탈감작 (Systematic Desensitization)	• 의미: 약한 강도의 자극부터 점진적으로 강도를 높여 반응이 없도록 적응시킴 예 반려견이 발톱 깎기를 거부할 시 발톱 깎기 도구를 멀리서부터 점차 가까이하며 적응시킴(발톱 깎기 도구와 충분히 떨어져 관찰하기 → 발톱 깎기 도구를 살짝 건드려 보기 → 실제 발톱 깎기) • 성숙한 반려견에게 효과적임

> 참고 **조작적 조건화**
>
> | | 자극 제시 | 자극 제거 |
> |---|---|---|
> | 행동 증가 | 긍정 강화 | 부정 강화 |
> | 행동 감소 | 긍정 처벌 | 부정 처벌 |

2. 조작적 조건화

(1) **의미:** 어떤 반응에 대해 선택적으로 보상함으로써 그 반응이 일어날 확률을 증가시키거나 감소시키는 방법을 말한다.

① 강화

의미	• 반려동물이 행동을 표현하도록 만드는 핵심으로, 반려동물의 행동 발생 가능성을 높임 • 어떤 행동을 한 반려동물에게 좋아하는 것을 보상함으로써 그 행동의 빈도가 증가되며, 보상이 중단되더라도 일정기간 동안 계속될 수 있음
구분	• 긍정적 강화: 반려동물의 행동 직후, 반려동물이 좋아하는 것을 주어 그 행동의 발생 확률을 높이는 방법 • 부정적 강화: 반려동물의 행동 직후, 반려동물이 싫어하는 것을 제거해 주어 그 행동의 발생 확률을 높이는 방법

② 처벌

의미	• 조작적 조건화를 실행하는 과정에서 반려동물의 행동 감소를 위해 혐오 자극을 제공(긍정적 처벌)하거나 보상 자극을 제거(부정적 처벌)하는 것 • 긍정적 처벌: 반려동물이 어떤 행동을 했을 때 그 결과로 무엇인가를 부가하여 그 동작을 더 이상 나타내지 못하도록 하는 것 • 부정적 처벌: 반려동물이 표현하는 행동 중 특정 요소를 제거하여 감소시키는 것
구분	• 직접 처벌: 반려견에게 직접 가하는 처벌 예 혼내기, 체벌, 목덜미 잡기 등 • 원격 처벌: 반려견이 처벌 주는 사람을 인식하지 못하도록 원격 조작에 의한 처벌 예 짖음 방지 목걸이, 물대포, 전기사이렌, 뛰어오름 방지장치 등 • 사회적 처벌: 사람과의 사회적 관계를 단절하는 처벌 예 무시, 타임아웃 등

(2) 강화물

① 의미: 반려견 훈련 시 행동을 증강시키기 위해 보상으로 주는 것이다.

② 종류

유형 강화물	• 간식, 장난감처럼 형태가 있는 것 • 훈련 효과가 높지만, 보상 타이밍을 맞추기 어려움
무형 강화물	• 칭찬, 스킨십, 사회적 관계 등 형태가 없는 것 • 사용이 편리하며 보상 타이밍을 맞추기 쉽지만, 훈련 초반에는 효과가 낮음
1차 강화물 (primary reinforcers)	먹이, 장난감(공)처럼 학습 경험에 의존하지 않고 자연스러운 강화 효과를 갖는 것
2차 강화물 (secondary reinforcers)	우호적인 것(칭찬, 미소, 호의)과 혐오적인 것(윽박지름, 큰 소리) 등의 조건화를 통해 강화력을 가지게 된 것

③ 강화물의 선택

음식(간식)	• 종류: 건식(닭가슴살, 육포, 저키류, 스틱류 등), 습식(통조림 형태) • 보상물의 크기: 소형견(0.5×0.5cm씩), 중형견(0.7×0.7cm씩), 대형견(1×1cm씩), 초대형견(1.5×1.5cm씩)
장난감	• 공, 터그: 크기, 재질, 형태, 경도 등이 다양하고 소리가 나는 제품도 있기 때문에 반려견의 크기, 기호, 목적에 맞게 활용해야 함 • 인형: 반려동물이 좋아하고 상황에 맞는 것을 적절하게 활용함

(3) 강화 계획

연속 강화 계획	• 매 행동 시 강화물을 제공함 • 새로운 동작을 가르치는 초기에 효과적임
비율 강화 계획	• 수행 횟수를 기준으로 강화물을 제공함 • 고정비율 강화 계획: 특정 시행 횟수 후 강화물을 제공함 → 휴지현상이 발생할 수 있음 • 변동비율 강화 계획: 평균 시행 횟수를 기준으로 무작위로 강화물을 제공함 → 행동 유지 효과가 있음, 행동 비율이 지속적으로 발생함
간격 강화 계획	• 수행 시간을 기준으로 강화물을 제공함 • 고정간격 강화 계획: 일정 시간마다 강화물을 제공함 → 보상 시점을 예측할 수 있음(보상 시점에 가까워지면 행동 빈도 증가, 보상 직후에는 행동 빈도 감소) • 변동간격 강화 계획: 특정 시간을 기준으로 무작위로 강화물을 제공함 → 행동이 오래 유지되며 균일한 수준을 유지, 보상 시점을 예측할 수 없어 행동이 느리면서 꾸준히 발생함

➕ **강화물의 선택**
• 적절한 강화물을 고른다.
• 개체 특성 및 성격 고려한다.
• 선호도 높은 강화물을 고른다.
• 훈련 중 지속력을 가진다.

➕ **음식 보상의 장점**
• 학습 의욕 및 집중력을 증진시킨다.
• 장난감과 비교했을 때 훈련의 양과 질이 좋다.
• 교육에 대한 즐거움을 제공한다.
• 동기부여 수단이 된다.

참고 **음식 보상 시 주의사항**
• 부드럽고 빨리 먹을 수 있는 간식 선택
• 형태가 유지되는 제품을 선택하여 훈련 시 집중 분산을 예방한다.
• 기호도가 다른 두 가지 간식을 준비하여, 빠르거나 정확한 동작을 하면 상대적으로 더 좋아하는 간식을 보상한다.

➕ **강화 계획**

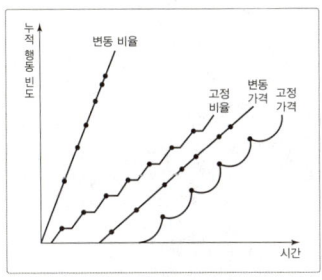

• 보상은 각 선 위의 점으로 표시한다.
• 기울기가 가파를수록 반응률이 높다.
• 기울기가 일정한 것은 행동의 빈도가 시간의 흐름에 따라 일정함을 의미한다.

2 훈련원리의 활용

1. 조건화 활용

조형, 점진적 조건부여 (Shaping, Successive Approximation)	복잡한 행동을 훈련시키기 위해 낮은 단계부터 순차적으로 접근하고 적절한 타이밍에 강화물을 제공하여 훈련시키는 방법 예 시소와 같은 장애물 통과를 위해 단계를 나누어 훈련하는 경우
자극 일반화 (Stimulus Generalization)	특정 자극에 대해 조건화된 반응이 유사한 자극에도 나타나는 현상 예 현관 벨소리에 짖는 행동이 전화벨, 시계 알람 등으로 확대되는 경우
길항 조건부여 (=대안 행동, Counter Conditioning)	자극에 대해 바람직하지 않은 반응과 양립할 수 없는 반응을 하도록 조건화하는 방법 예 점프하는 강아지의 행동을 줄이기 위해 보호자에게 다가가 인사할 때 앉거나 엎드리도록 훈련하는 경우

2. 소거 ⊕

의미	반려견의 행동 중 조건화된 특정 행동 반응을 소멸시키는 것으로, 문제행동을 제거하는 방법
방법	조작적 조건화에서 학습한 반응(문제행동 등)에 대한 강화물을 주지 않아 소멸을 유도함
소거 격발 (Extinction Burst)	소거 시작 직후 강화되어 온 반응이 강화되지 않을 때, 그 반응이 더욱 빈번하게 보이는 현상

⊕ **자발적 회복**
- 소거했던 행동이 자동적으로 다시 나타나는 현상이다.
- 습득했던 기억이 완전히 없어지지 않고 일부 남아 이전 수준보다는 낮은 수준으로 행동이 나타난다.

⊕ 혐오성 자극은 문제행동을 일시적으로 억제하는 효과가 있으나 자발적인 행동을 유도하기 어렵고, 반려견에게 공격성을 나타내게 하거나 훈련에 대해 부정적인 인상을 남길 수 있다.

3. 자극 조절

(1) 자극 ⊕

의미	• 행동을 유발시키는 것 • 행동을 유발하기 위해 조건화된 자극을 사용하면 효과적임
구분	• 1차 자극: 태어나면서부터 알게 된 자극, 조건화되지 않은 자극 　예 빛, 큰 소리, 냄새 등 • 2차 자극: 특정 행동이 강화되는 과정에서 조건화된 자극 　예 음성 사인(실행어), 동작, 손짓 등

(2) 암시(Hint)

의미	반려동물의 행동 유도를 위해 시·청각적 신호를 사용하는 방법
특징	• 훈련자의 의도를 반려동물에게 간접적으로 전달하여 효과적인 행동 조절을 도움 • 조건화 정도에 따라 자극 강도를 줄여 낮은 강도의 자극에도 반응을 유도할 수 있음 • 효과적인 암시는 반려동물의 집중력을 향상시켜 행동 완성도를 높임

(3) 용암(Fade out)

의미	특정 행동을 유발하는 자극의 크기를 조금씩 줄여 목표에 도달하는 방법
특징	• 조건화된 2차 자극이 1차 자극보다 사용하기 편리함 • 용암이 이루어지면 반려견은 작은 자극에도 반응함 • 자극의 크기를 조절하면 보조 장비의 사용이 줄어들고, 물리적인 자극은 무형의 것으로 대체할 수 있음

4. 조형(Shaping)

(1) **의미**: 훈련자가 간단한 동작부터 복잡한 동작까지 새로운 행동을 가르치는 과정이다.

(2) **특징**

① 능동적인 행동을 대상으로 하기 때문에 활동성이 높은 반려견에게 효과적이다.
② 용암과 조형

공통점	반려견의 행동을 점진적으로 변화시킴
차이점	• 조형: 일정한 상태에서 행동을 시작에서부터 마지막으로 변화시킴 → 같은 자극으로 행동을 변화시킴 • 용암: 특정한 행동을 발생시키는 자극의 크기를 조금씩 줄여 목표에 이르게 함 → 자극의 크기가 점차 작아짐

(3) **종류**

포착(Capture)	목표 행동의 전체 모습이 표현될 때 한 번에 보상함
단계적 형성(Step by step)	목표 행동과 유사한 행동을 보상하며 점진적으로 접근함
유도(Magnet, Luring)➕	강화물로 유인하여 목표 행동을 유도하고 보상함
강제적 형성(Molding)	물리적으로 행동을 완성함

➕ 유도는 훈련 초기에 새로운 행동을 알려주기에 효과적인 방법이다.

5. 연쇄

(1) **의미**: 여러 행동을 연결하여 하나의 더 큰 행동으로 구성하는 훈련이다.

(2) **특징**

① 여러 동작으로 이루어진 훈련에 필수적이다.
② 연쇄 시 단위행동별로 숙달 후 순서에 따라 연결한다.
③ 현재의 행동은 다음 행동에서 보상받을 것이라고 약속한다.

(3) **종류**

순향연쇄	• 시작 행동부터 마지막 행동으로 순차적으로 진행함 • 마지막 행동을 목표로 행동들을 연결함 → 시작 행동과 다음 행동이 연결되어 더 큰 단위의 행동으로 구성함 • 연결이 부드럽지만 보상이 마지막 행동을 향하므로 중간 행동을 빠트릴 수 있음 • 순향연쇄를 사용할 때는 중간 행동을 빠트리지 않도록 적절하게 보상함
역향연쇄	• 마지막 행동부터 시작 행동으로 거꾸로 진행함 • 시작 쪽 행동이 계속적으로 강화되므로 처음부터 끝까지 결합력이 강함 • 시작 쪽 행동이 강화되면서 순차적으로 연결함

6. 일반화

(1) **의미**: 훈련 과정에서 습득된 행동이 경험하지 않은 상황으로 퍼지는 현상이다.

(2) **특징**
① 자극의 유사성이 높을수록 일반화에 유리하다.
② 일반화 초기에는 경험한 요소의 유사성이 큰 영향을 미친다.

(3) **방법**

도야론	경험을 중심으로 일반화가 증진된다는 전형적인 방법
동일요소론	• 훈련 중 경험한 동일한 요소를 접합시켜 확산하는 방법 • 훈련 과정의 동일요소를 새로운 훈련에 포함시켜 일반화할 수 있는 기회를 제공함

7. 변별

(1) **의미**: 특정한 자극에 대한 반응을 강화하는 훈련이다.

(2) **특징**
① 습득한 자극과 일치하는 것에만 반응하도록 한다.
② 특정 자극에 대한 결과가 다른 자극보다 좋으면 변별력이 발생한다. → 변별자극에는 보상을 주고, 대조자극에는 보상을 주지 않는다.
③ 변별력이 높아지면 일반화 능력이 낮아질 수 있다.
④ 변별훈련 시 실패하는 비율이 높아지면 동기가 저하될 수 있다.

> ❗ **변별자극과 대조자극**
> • 변별자극: 행동의 강화가 일어나는 자극
> • 대조자극: 행동의 강화가 일어나지 않는 자극

(3) **종류**

무오류변별	• 실패를 최소화하여 성공률을 높이는 방법 • 방법 – 고수준의 변별자극과 저수준의 대조자극을 배열하여 자극의 차이를 크게 조성함 – 변별자극의 숙련도를 높여 식별력을 강화한 후 실시함
연속변별	변별자극과 대조자극을 임의의 순서로 연속적으로 제시하여 구별함
동시변별	변별자극과 대조자극을 동시에 제시한 상태에서 이를 식별함
표본변별	표본자극을 제시하고 이와 동일한 것을 분별하도록 함

3 기본예절 훈련

1. 이름에 반응하기

(1) **훈련 내용**
① 반려견이 자신의 이름을 들으면 훈련자를 쳐다보도록 반응하는 것이다.
② 처음에는 조용한 환경에서 시작하여 점차 다양한 환경으로 확장한다.

(2) **훈련 방법**

> ❶ 리드줄을 착용한 반려견의 이름을 밝게 한 번만 부름
> ❷ 반려견이 쳐다보면 즉시 "옳지"라고 말하며 마킹(marking) 또는 클리커를 1회 누른 후 강화물(보상)을 제공함

➕ 소형견의 경우 훈련자는 바닥이나 의자에 앉아서 시작한다.

> ❸ 훈련자의 자세를 변경함(예 앉은 자세 → 서거나 무릎 꿇은 자세)
> ❹ 반려견이 다른 곳을 보고 있을 때 이름을 부르고 반려견이 쳐다보면 바로 "옳지"라고 말하며 마킹 또는 클리커를 1회 누른 후 강화물을 제공함
> ❺ 훈련자와 반려견 간의 거리를 늘리거나 다른 사람이나 다른 반려견이 있는 상황 등 방해 요인이 있는 곳에서 연습함
> ❻ 어려운 환경에서 성공하면 평소보다 더 크게 칭찬함

(3) 주의사항
① 이름을 부를 때는 한 번만 불러야 하며 반복하지 않는다.
② 이름을 부른 후 반려견을 혼내거나 놀라게 해서는 안 된다.
③ 이름을 듣고 반려견이 도망가거나 숨는 등의 겁을 먹은 반응을 보이면 이름을 바꾸거나 음정을 조절해 본다.

2. 앉아

(1) 훈련 내용
① 훈련자의 "앉아"라는 명령어에 따라 반려견이 엉덩이를 바닥에 대는 자세를 취하도록 하는 것이다.
② 초기에는 조용한 장소에서 실시하며, 학습 수준에 따라 난이도를 조절한다.
③ 상황에 따라 앉아 있는 시간을 늘리거나 반려견과 훈련자의 거리를 늘려 훈련한다.

(2) 훈련 방법

> ❶ 훈련자는 반려견과 마주보는 형태를 취하고, 간식을 쥔 손을 반려견에게 냄새를 맡게 하여 반려견이 손에 집중하게 함
> ❷ 간식을 쥔 훈련자의 손을 반려견의 머리 위에서 뒤통수 방향으로 천천히 이동시키고, 반려견의 코가 손을 따라오면 "옳지"라고 말하며 마킹 또는 클리커를 1회 누른 후 강화물을 제공함
> ❸ 간식을 쥔 훈련자의 손을 반려견의 목 뒤로 더 이동시켜 반려견의 코가 손을 따라오며 엉덩이가 바닥으로 향하는 자세를 취하면 "옳지"라고 말하며 마킹 또는 클리커를 1회 누른 후 강화물을 제공함
> ❹ ❸을 거쳐 반려견의 엉덩이가 완전히 바닥에 닿으면 "옳지"라고 말하며 마킹 또는 클리커를 1회 누른 후 강화물을 제공함
> ❺ ❹의 10회 훈련 중 8~9회 정도 반려견이 안정적으로 앉으면 다른 자극을 주지 않고 기다렸다가 반려견이 앉으면 "옳지"라고 말하며 마킹 또는 클리커를 1회 누른 후 강화물을 제공함(반복 실시하며 실패하면 전 단계로 돌아감)
> ❻ ❺까지 안정적으로 수행하면 명령어를 적용함 → 반려견이 서 있을 때 "앉아"라고 한 번만 말하고, 반려견이 앉으면 "옳지"라고 말하며 마킹 또는 클리커를 1회 누른 후 강화물을 제공함(반복)
> ❼ ❻의 10회 훈련 중 8~9회 정도 반려견이 안정적으로 앉으면 불규칙적으로 칭찬하는 과정을 진행함("앉아"라고 말한 후 반려견이 앉으면 구두로만 "옳지"라고 말하고, "오케이" 또는 "그만" 등의 해제 명령어를 사용하여 동작을 해제함 → 장소를 바꿔 반려견에게 "앉아"라고 말한 후 반려견이 앉으면 구두로만 "옳지"라고 말하고 동작을 해제함 → "앉아"라고 말하고 반려견이 앉으면 "옳지"라고 말하며 마킹 또는 클리커를 1회 누른 후 강화물을 제공함 → 반복 후 교육 종료)

3. 엎드리기

(1) 훈련 내용
① 훈련자가 "엎드려"라고 말하면 반려견은 배를 바닥에 대는 자세를 취하도록 한다.
② 초기에는 조용한 장소에서 실시하며, 학습 수준에 따라 난이도를 조절한다.

(2) 훈련 방법

> ❶ 훈련자는 반려견과 마주보는 형태를 취함(소형견의 경우 훈련자가 자세를 낮춤)
> ❷ 훈련자는 앉아있는 반려견에게 좋아하는 강화물(간식, 장난감)을 코 근처에 가져가 냄새를 맡게 한 후 강화물을 제공함 → 반복 실시하여 반려견이 훈련자의 손에 집중하게 함
> ❸ 훈련자가 강화물을 든 손을 반려견의 머리 아래쪽으로 천천히 이동시키고, 반려견의 코가 따라오면 "옳지"라고 말하며 마킹 또는 클리커를 1회 누른 후 강화물을 제공함 → 반복 실시
> ❹ ❸을 잘 수행하였다면 반려견의 배가 바닥에 완전히 닿았을 때 "옳지"라고 말하며 마킹 또는 클리커를 1회 누른 후 강화물을 제공함(반복 실시하며 실패하면 전 단계로 돌아감)
> ❺ ❹의 10회 중 8~9회 안정적으로 엎드리면 훈련자는 다른 행동 없이 반려견이 엎드릴 때까지 기다리고, 반려견이 엎드리면 "옳지"라고 말하며 마킹 또는 클리커를 한 번 누른 후 강화물을 제공함(반복 실시하며 실패하면 전 단계로 돌아감)
> ❻ ❺를 안정적으로 수행하면 명령어를 적용함 → 반려견이 앉아 있을 때 "엎드려"라고 한 번만 말하고, 반려견이 엎드리면 "옳지"라고 말하며 마킹 또는 클리커를 1회 누른 후 강화물을 줌(반복)
> ❼ ❻의 10회 훈련 중 8~9회 정도 반려견이 안정적으로 엎드리면 불규칙적으로 칭찬하는 과정을 진행함("엎드려"라고 말한 후 반려견이 엎드리면 구두로만 "옳지"라고 말하고, "오케이" 또는 "그만" 등의 해제 명령어를 사용하여 동작을 해제함 → 장소를 바꿔 반려견에게 "엎드려"라고 말한 후 반려견이 앉으면 구두로만 "옳지"라고 말하고 동작을 해제함 → "엎드려"라고 말하고 반려견이 엎드리면 "옳지"라고 말하며 마킹 또는 클리커를 1회 누른 후 강화물을 제공함 → 반복 실시 후 교육을 종료함)

4. 기다리기

(1) 훈련 내용

① 훈련자가 "기다려"라고 말하면 반려견은 지시받은 장소와 자세를 유지하도록 하는 것이다.
② 초기에는 조용한 장소에서 실시하며, 학습 수준에 따라 난이도를 조절한다.

(2) 훈련 방법

> ❶ 훈련자는 자신의 발 옆에 리드줄을 착용시킨 반려견을 두고, 반려견에게 앉아 또는 엎드려 자세를 취하게 함
> ❷ 훈련자는 손바닥을 반려견의 얼굴 쪽으로 내밀며 "기다려"라고 말함 → 반려견이 자세를 유지하면 즉시 "옳지"라고 말하며 마킹 또는 클리커를 1회 누른 후 강화물을 제공함(훈련자는 움직이지 않음) → 반복 실시함
> ❸ ❷를 잘 수행하였다면 훈련자는 리드줄을 쥔 상태로 반려견의 반대 방향으로 살짝 이동함(한 발자국 정도)
> - 반려견이 자세를 유지하면 "옳지"라고 말하며 마킹 또는 클리커를 1회 누른 후 강화물을 제공함 → 반복 실시함
> - 반려견의 자세가 흐트러지면 다시 기본 동작부터 시작하여 반려견에게 "기다려"라고 말함 → 훈련자가 리드줄을 쥔 상태로 무게 중심을 옮기는 척하는데, 실제로 움직이지는 않음 → 반려견이 자세를 유지하면 "옳지"라고 말하며 마킹 또는 클리커를 1회 누른 후 강화물을 제공함 → 반복 실시함
> ❹ ❸을 반복 실시 후 훈련자가 반려견의 반대 방향으로 살짝 이동함(한 발자국 정도) → 반려견이 자세를 유지하면 "옳지"라고 말하며 마킹 또는 클리커를 1회 누른 후 강화물을 제공함 → 반복 실시함
> ❺ ❹를 안정적으로 수행하면 훈련자는 리드줄 길이만큼 반려견과의 거리를 늘린 후 훈련을 실시하고, 반려견이 기다리면 "옳지"라고 말하며 마킹 또는 클리커를 1회 누른 후 강화물을 제공함(반복 실시하며 실패하면 전 단계로 돌아감)
> ❻ 훈련자가 반려견의 정면으로 이동해도 반려견이 기다리면 "옳지"라고 말하며 마킹 또는 클리커를 1회 누른 후 강화물을 줌(반복 실시하며 실패하면 전 단계로 돌아감)
> ❼ ❻을 안정적으로 수행하면 불규칙적으로 칭찬하는 과정을 진행함("기다려"라고 말한 후 반려견이 기다리면 구두로만 "옳지"라고 말하고, "오케이" 또는 "그만" 등의 해제 명령어를 사용하여 동작을 해제함 → 장소를 바꿔 반려견에게 "기다려"라고 말한 후 반려견이 기다리면 구두로만 "옳지"라고 말하고 동작을 해제함 → "기다려"라고 말하고 반려견이 기다리면 "옳지"라고 말하며 마킹 또는 클리커를 1회 누른 후 강화물을 줌 → 반복 실시 후 교육을 종료함)

5. 와

(1) 훈련 내용
① 훈련자가 "와"라고 지시하면 반려견이 훈련자에게 곧바로 다가오도록 하는 것이다.
② 초기에는 조용한 장소에서 실시하며, 학습 수준에 따라 난이도를 조절한다.
③ 상황에 따라 기다리는 시간을 늘리거나 반려견과 훈련자의 거리를 늘려 훈련한다.

(2) 훈련 방법

❶ 훈련자는 자신의 발 옆에 리드줄을 착용시킨 반려견을 두고, 반려견에게 앉아 또는 엎드려 자세를 취하게 함
❷ 훈련자는 반려견에게 "기다려"라고 지시한 후 리드줄 길이(약 1.5m)만큼 이동하여 반려견을 마주 봄
❸ 훈련자는 자세를 숙이면서 "와"라고 지시함
  – 반려견이 다가오면 앉힌 후 "옳지"라고 말하며 마킹 또는 클리커를 1회 누른 후 강화물을 제공함 → 반복 실시함
  – 반려견이 오지 않으면 이름을 반복해서 부르거나, 오라는 지시를 추가로 말하거나 훈련자가 앉는 자세를 취하며 재미있게 불러봄
❹ 훈련자가 똑바로 선 자세로 부른 후 반려견이 다가오면 "옳지"라고 말하며 마킹 또는 클리커를 1회 누른 후 강화물을 제공함 → 반복 실시함
❺ ❹를 안정적으로 수행하면 불규칙적으로 칭찬하는 과정을 진행함("와"라고 말한 후 반려견이 다가오면 구두로만 "옳지"라고 말하고, "오케이" 또는 "그만" 등의 해제 명령어를 사용하여 동작을 해제함 → 장소를 바꿔 반려견에게 "와"라고 말한 후 반려견이 다가오면 구두로만 "옳지"라고 말하고 동작을 해제함 → "와"라고 말하고 반려견이 다가오면 "옳지"라고 말하며 마킹 또는 클리커를 1회 누른 후 강화물을 줌 → 반복 실시 후 교육을 종료함)
❻ 반려견의 학습 수준을 반영하여 점진적으로 방해요인(예 사람이나 반려견 등)이 있는 조건에서도 오도록 함

6. 따라 걷기

(1) 훈련 내용
① 반려견이 훈련자의 왼쪽 또는 오른쪽에 나란히 걷는 것이다.
② 초기에는 조용한 장소에서 실시하며, 상황에 따라 반려견과 훈련자와의 거리를 늘려 훈련한다.

(2) 훈련 방법

❶ 훈련자는 반려견과 마주 선 상태에서 손에 강화물(간식)을 쥠
❷ 훈련자가 뒤로 2~3보 걸음
  – 반려견이 따라오면 즉시 "옳지"라고 말하며 마킹 또는 클리커를 1회 누른 후 강화물을 제공함 → 반복 실시함
  – 반려견이 따라오지 않으면 훈련자가 자세를 낮춰서 시도하거나, 강화물을 보여 주거나 진행 방향 쪽으로 강화물을 내려 놓아 반려견의 이동을 유도함
❸ ❷를 안정적으로 수행하면 훈련자는 반려견과 마주 본 상태로 걷다가 슬며시 반려견의 옆으로 이동하여 나란한 상태가 되도록 걸음 → 반려견이 따라오면 즉시 "옳지"라고 말하며 마킹 또는 클리커를 1회 누른 후 강화물을 제공함 → 반복 실시함
❹ 나란한 형태로 걷는 거리를 점진적으로 늘리며 보상 횟수를 줄임(걷기 전에 "따라 와" 또는 "가자"라는 명령어를 먼저 말한 후 시작함)

4 반려견의 문제행동

1. 문제행동

의미	• 주로 보호자가 문제라고 인식할 때 문제행동으로 보는 경우가 많음 • 보호자 및 사회 활동에 불편을 주는 행동, 보호자 및 반려견 스스로를 손상시키는 행동, 일상생활에 지장을 주는 행동 등이 있음
예시	• 반려견이 본래 가지는 행동 양식을 벗어나는 경우 • 반려견의 본래 행동 양식 범위 내에 있지만, 그 행동이 과하거나 부족한 경우 • 반려견의 본래 행동 양식이 과하거나 부족하지 않지만, 인간 사회와 협조적이지 않은 경우

2. 문제행동의 종류

(1) 공격행동

우위성 공격행동	반려견이 자신의 사회적 순위가 위협받았다고 느끼거나 자신을 과시하기 위해 보이는 행동
영역성 공격행동	• 반려견이 자신의 세력권으로 인식하는 장소(예 실내, 차, 정원 등)에 접근하는 다른 개체에 대한 공격행동 • 반려견 자신이 보호해야 한다고 인식하는 대상에게 접근하는 개체에 대한 공격행동
공포성 공격행동	공포, 불안의 행동 및 생리적인 징후를 동반하는 공격행동
포식성 공격행동	주시, 침 흘림, 몰래 접근하기, 낮은 자세 등 포식행동과 연관되어 나타나는 공격행동 → 정동반응이 없음
통증에 의한 공격행동	아픔을 느낄 때 발생하는 공격행동
동종 간 공격행동	• 가정 내 우열관계에 대한 인식 결여 또는 부족으로 발생하는 공격행동 • 위협이나 위해를 줄 의지가 없다고 생각되는 반려견에 대해 보이는 공격행동
특발성 공격행동	예측 불가능하고 원인을 알 수 없는 공격행동

(2) 공포, 불안에 관련된 문제행동

① 분리불안: 보호자가 없을 때 보이는 짖음, 파괴 활동, 부적절한 배설 등의 행동과 구토, 설사, 떨림, 피부염 등의 생리적인 증상이 있다.
② 공포증: 특정 대상(천둥, 경적 소리 등 갑작스럽게 발생하는 소리)에 대해 나타나는 행동학·생리학적 공포 반응이다.
③ 불안기질: 겁이 많은 기질이 있어 사회생활에서 문제가 발생하는 경우를 의미한다.

(3) 그 외 문제행동

쓸데없이 짖기, 과잉포효	불필요하게 반복되는 짖음
파괴행동	이갈이, 놀이, 이기, 분리불안과 관련 없이 보이는 파괴적인 행동
부적절한 배설	부적절한 장소에서의 배뇨, 배변
관심을 구하는 행동	• 보호자의 관심을 끌기 위해 보이는 행동 • 상동행동, 환각행동, 의학적 질환의 징후일 수도 있음
상동행동⊕	반려견이 목적이나 기능 없이 일정한 행동을 비정상적인 빈도와 지속성을 가지고 보이는 행동

⊕ **상동행동의 예**
자신의 신체(꼬리, 발 등)를 지나치게 핥는 행동, 꼬리 쫓기, 같은 자리를 왔다 갔다 하는 행동 등

고령성 인지장애	• 밤중에 일어나 허공 응시, 집안 배회, 용변 실수 등의 행동 • 인지장애, 관절염, 시각장애, 청각장애, 체력 저하, 반응 지연 등의 생리학적 변화를 동반할 수 있음
식분증, 이식증	분변, 작은 돌 등 먹이가 아닌 것을 먹는 행동
성행동 과잉	지나친 성행동(마운팅)

3. 문제행동 파악을 위한 관찰사항

짖음	• 반려견의 생활 환경 확인 　예 혼자 있는 시간, 보호자의 과도한 사랑, 갇혀 지내거나 목끈에 매이는지 여부, 산책 정도 등 • 보호자의 생활 패턴 확인 　예 외출 시간, 보호자 귀가 시간 및 반려견과 함께 하는 시간, 가족 구성원 등 • 짖게 된 시기, 짖는 시간, 짖는 소리의 방법, 짖는 대상과 장소(실내·실외) 확인 　예 끙끙대는지, 하울링하는지, 우렁차게 짖는지, 날카롭게 짖는지, 공격하려 달려들며 짖는지 등 • 짖음으로 인한 보호자의 보상이 있는지 확인
공격성	• 포식성 공격(사냥본능) 여부 확인 • 수컷 간 공격 여부 확인➕ • 경합적 공격 여부 확인 • 통증에 의한 공격 여부 확인 • 영역적 공격 또는 사회적 공격 여부 확인 • 모성 행동과 관련된 공격 여부 확인 • 학습에 의한 공격 여부 확인 • 병적인 공격 여부 확인
배뇨 및 배변	• 불안 및 두려움 요소 확인 • 사회적 스트레스 여부 확인 • 관심을 받고 싶어서인지 확인 • 패드 근처 또는 가구에 실수하는지 확인 • 단순 마킹 행동인지 확인 • 기타 다른 장소나 상황에서 실수하는지 확인
식분증	• 최초로 먹은 시기와 입으로 접촉하였는지 확인 • 반려견의 자견 시기의 발달 환경 확인 • 정기적인 구충 여부 확인 • 불안 여부 확인 • 폭력에 노출된 경험이 있는지 확인 • 급식의 양과 질이 영양적으로 충분한지 확인
파괴행동	• 사회적·생리적 스트레스 정도 확인 • 불안한 행동을 보이는 상황이나 환경 확인 • 보호자 분리 시 분리불안을 보이는지 확인 • 반려견의 기질 확인 • 어떤 상황에서 무엇을 파괴하는지 확인
과잉행동	• 어떤 상황에서 어떤 형태의 과잉행동을 보이는지 확인 • 어떤 사물에 대하여 과잉행동을 보이는지 확인 • 어떤 사람(예 어린이·성인·노인 등)에게 어떤 행동을 보이는지 확인

➕ 성 성숙 시기 테스토스테론 분비가 많으면 공격성이 높아진다.

산책	• 앞에서 어느 정도 심하게 끌고 가는지 확인 • 다른 사람이나 사물을 보고 어떤 행동을 보이는지 확인 • 마주 오는 사람이나 반려견에게 어떤 반응을 보이는지 확인 • 산책 중 냄새 맡는 행동을 심하게 하는지 확인 • 입마개에 대한 불편함을 나타내는지 확인 • 잘 따라오지 않고 보호자 뒤에 자주 멈추는지 확인
불안장애	• 어느 시기부터 불안한 모습을 보이는지 확인 • 주인과 분리 시 불안해하는지 확인 • 무서워서 불안해하는지 확인 • 폭행을 당한 기억이나 경험이 있는지 확인 • 어떤 사람, 물건, 환경에 대해 불안해하는지 확인 • 불안 시 어떤 행동이 나타나는지 확인

> **참고** 환경 풍부화를 통해 반려견에게 다양한 환경자극을 제시하여 비정상적인 행동의 빈도를 낮추고 문제행동을 교정할 수 있다.

5 반려견 문제행동의 교정

1. 문제행동 교정 방법 결정

(1) **원인분석**: 문제행동이 왜 나타나는지 정확하게 파악한다.

(2) **생활환경 점검**: 반려견이 생활하는 공간과 환경적인 요소 등을 고려한다.

(3) **보호자 의지확인**: 문제행동 교정에 대한 보호자의 의지를 확인한다.

(4) **개체 특성 고려**: 반려견 견종, 개체의 크기, 나이 등을 고려한다.

(5) **훈련 가능 시간 점검**: 보호자의 일상생활과 훈련 시간을 확보할 수 있는지 고려한다.

(6) **질문지 활용**: 질문지를 통해 문제행동을 구체적으로 파악하고 이를 바탕으로 보호자에게 교육 방법을 설명한다.

(7) **훈련 방식 상의**: 위탁 훈련, 방문 훈련 등 다양한 교육 방식에 대해 보호자와 충분히 상의 후 결정한다.

(8) **보호자 교육 병행**: 교육 과정 중은 물론 종료 후에도 보호자에 대한 교육이 함께 진행되어야 효과를 높일 수 있음을 알린다.

2. 문제행동 교정 방법

(1) 순화(길들임)를 활용한 훈련

상황		차를 타면 짖거나 구토하는 반려견
훈련	홍수법	❶ 반려견을 차에 태우고 짖으면 바로 내리게 함 ❷ 잠시 쉬었다가 다시 차에 태우고 짖으면 내리게 함 ❸ 반복 실시(10~50회 이상) 후 차에 타서 조용히 있으면 바로 보상함
	계통적 탈감작법	❶ 시동을 걸지 않은 상태에서 반려견이 차 근처에서 움직이면 보상함 ❷ 시동을 걸지 않은 상태에서 반려견을 차에 태움 ❸ 반복(10~50회 이상) 후 반려견의 반응을 확인함 ❹ 시동을 걸고 조용하면 칭찬을 한 후 차에서 내리게 함 ❺ 반복(10~50회 이상) 후 짧은 거리를 운행함 ❻ 반복해서 운행 중에도 짖지 않으면 조금씩 주행 거리를 늘려가며 노출량을 확대함 > **참고** 다음 단계 진행 전에 이전 단계의 순화가 충분히 이루어져야 함

(2) 조작적 조건화를 이용한 훈련

① 클리커를 이용한 긍정적 강화훈련

상황		주의가 산만한 반려견
훈련	❶ 조건 준비하기	반려견과 훈련자 둘만의 공간에서 클리커를 누르고 작은 크기의 보상을 여러 차례 반복함 → 클리커 소리가 즐겁고 좋은 일이라는 학습을 시킴
	❷ 목표 행동 설정하기	교육하고자 하는 행동을 작은 단계로 나누어 세밀한 행동부터 구체적으로 정리함 → 산만하게 돌아다니는 반려견이 '앉으면 클릭하고 보상'이라고 정리함
	❸ 목표 행동 캡처하고 클릭하기	• 산만한 행동을 보이는 반려견을 계속 기다리다가 앉는 모습이 보이는 순간 캡처하여 클리커를 누르고 보상함 → 앉을 때마다 매번 클릭하고 보상하기를 반복함 • 계속 산만하게 돌아다니면 아무 반응을 하지 않고 기다림
	❹ 반려견 행동에 음성 또는 수신호 입히기	• 반려견 스스로 앉는 행동을 반복할 때 "앉아"라고 말하거나 수신호를 함 → "앉아"라는 명령어에 잘 앉으면 클릭하고 보상함 → "앉아"라는 명령어와 동시에 수신호를 하고 잘 앉으면 클릭하고 보상함 • 앉는 행동을 배우기 전까지 "앉아"라는 말은 반려견에게 의미 없음
	❺ 클릭과 먹이 보상을 줄이고 목표 행동 완성하기	• 교육 효과가 나타나면 클릭과 보상의 빈도를 줄임 • 클릭과 보상의 빈도에 변동비율 또는 변동간격을 강화함 • 목표 행동이 완성되면 산만한 반려견이 조금 안정된 모습을 보임

② 처벌을 이용한 훈련

• 직접 처벌

상황	올라타는 행동이 심한 반려견
훈련	❶ 올라타는 순간 반려견 쪽으로 반 걸음 정도 전진하며 몸이나 팔뚝으로 밀침 ❷ 반려견이 올라타는 행동을 멈출 때까지 반복함 ❸ 반려견이 올라타는 행동을 멈추고 얌전히 앉아 있거나 엎드리거나 제자리에 있으면 칭찬하고 보상함 [참고] 가볍게 밀치는 행위는 처벌로 간주될 수 있지만, 동물학대의 의미로 해석되지 않도록 해야 함

• 사회 처벌

상황	과잉행동을 하는 반려견
훈련	❶ 반려견이 바람직하지 않은 행동을 보인 직후, 어둡고 좁은 곳에 가두어 짖는 동안에는 풀어주지 않음 ❷ 반려견이 진정할 때까지 격리시킴(타임아웃)

(3) 도구를 이용한 훈련

헤드 홀터⁺ 활용	• 산책 시 낯선 사람에 대한 공격행동을 보이는 경우, 리드줄을 가볍게 당겨 방향을 전환시켜 공격행동을 예방하는 데 사용됨 • 산책 중 속도와 방향을 수정하는 데 유용하며, 우위성 공격행동이나 낯선 개에 대한 공격행동을 보이는 반려견에게 적용할 수 있음
입마개 활용	• 공격적인 성향을 가진 반려견이나 동물보호법에서 정한 맹견을 교육할 때 사용됨 • 부드러운 재질을 사용하며, 착용 전 간식과 입마개를 같이 쥐고 틈 사이로 강화물을 제공함으로써 거부감을 없앰 • 실내에서 짧은 시간부터 시작하여 점차 착용 시간을 늘려 적응시킴 → 실내 적응 후 실외에서 짧은 거리부터 시작하여 조금씩 늘려감

➕ **헤드 홀터**
• 헤드 홀터 착용 시 리드줄을 당기면 반려견의 후두와 머즐에 압력이 가해져 핸들링을 쉽게 할 수 있다.
• 반려견의 후두부는 어미가 새끼를 물면 얌전해지는 부위이고 머즐 부위는 잘못된 행동을 한 새끼를 어미가 타이를 때 무는 부위이다.

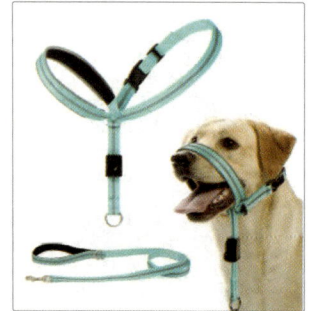

▲ 헤드 홀터 착용 모습

[참고] **헤드 홀터 착용하기**
• 첫 착용 시 편안함을 갖도록 간식을 이용하여 착용시킨다.
• 첫 착용 시 싫어하면 바로 벗긴다.

6 문제행동 교정의 실제

1. 문제행동 교정을 의뢰한 반려견과 교감 활동

(1) 첫 만남
① 보호자의 집이나 훈련 시설에 들어갈 때 보상물(간식, 공)을 준비하고 반려견에게 눈길을 주지 않고 들어간다.
② 반려견이 훈련자에게 관심을 보이면 보상하고, 냄새를 맡으면 보상하는 과정을 반복하여 경계심을 풀도록 한다.
③ 반려견마다 다가오는 정도의 차이가 크므로 인내심을 가지고 기다려야 한다.

(2) 놀이를 통한 교감 활동
① 보호자가 이름을 불렀을 때 바로 오면 칭찬과 보상을 한다.
② 집안에서 숨바꼭질 놀이를 통해 보호자와의 유대감을 높일 수 있다.

> 보호자는 반려견이 보이는 곳에서 불렀을 때 잘 오면, 보이지 않는 곳으로 숨은 후 불러 보고, 보호자를 찾으면 칭찬을 하고 보상함

③ 반려견이 좋아하는 공을 두 개 준비하여 공놀이를 하면서 공에 대한 집착을 줄이고 보호자와의 주도적인 놀이를 유도할 수 있다.

> 반려견이 가져온 공을 빼앗지 않고 즐거운 분위기를 유지함 → 보호자가 준비한 다른 공을 보여 주고 반려견이 물고 온 공을 스스로 놓을 때까지 기다림 → 내려놓은 공을 집어서 다시 가져오도록 던짐(이때 반려견이 공을 잡는 것을 저지하면 바로 손을 빼고 다른 공을 보여 줌) → 반려견이 공을 집을 수 있도록 양보를 하면 집어서 칭찬을 하며 던져줌

2. 문제행동 교정 실제 사례

(1) 창밖에 있는 사람에게 심하게 짖는 반려견

행동 원인	• 생활공간 경계 행동 • 산책 부족 • 낯선 사람에 대한 사회화 부족 • 짖을 때 보호자의 보상 행동 학습(보호자가 "짖지 마"라고 말하며 안아줌) 등

행동 교정	❶ 리드줄을 하고 집안에서부터 천천히 산책 연습을 함
	  - 잘 따라오면 보상을 하고, 거실, 현관 밖 장소 등으로 넓혀 감
	  - 걷는 도중 "앉아, 엎드려" 등을 명령하고 잘 따르면 보상함
	❷ 계단에서 잘 내려오면 보상하고 집으로 들어감 → 반복을 통해 계단에 대한 안정감을 갖도록 함
	❸ 1층까지 계단 적응을 마치면 천천히 집 주변 산책을 함
	  - 강요하지 않고 최대한 반려견을 배려하며 훈련함
	  - 산책 시 돌발 행동을 염두하고 집중하여 훈련함
	❹ 산책을 잘할 때마다 보상하고, 낯선 사람을 보고 짖으면 산책을 중단하고 방향을 전환하여 집으로 돌아옴
	❺ 다시 산책을 시도하고 산책 시 많은 보상을 함 → 낯선 사람이 반려견에게 간식을 줄 수 있는 기회를 만들어 줌(이때 보호자는 "기다려"라고 말하며 반려견을 안정시킴)
	❻ 집으로 돌아와 휴식 후 다시 산책을 함 → 반복 후 안정감을 유지할 때 보상함
	❼ 산책을 위해 현관으로 갔을 때 반려견이 하품을 하거나 졸립다는 표현을 할 때까지 반복함

(2) 초인종 소리에 심하게 짖거나 뛰쳐나가는 반려견

행동 원인	• 집을 지키기 위한 경계 행동 • 짖었을 때 보호자의 관심을 받은 경험 • 방문객을 보고 짖었더니 방문객이 피하는 반응을 보였던 경험에 대한 학습
심하게 짖는 행동 교정	초인종 소리를 부정적인 것에서 긍정적인 것으로 생각하도록 만들어 줌 ❶ 초인종 소리가 나면 현관 반대 방향으로 가서 반려견의 이름을 부르고 따라오면 보상함 → 반복 ❷ 반려견은 초인종 소리가 나면 보상을 받는다는 기대감을 갖게 되고, 짖지 않아도 된다는 안정감을 갖게 됨 ❸ 보호자가 현관으로 이동 후 "기다려" 신호를 하였을 때 반려견이 잘 기다리면 보호자의 냄새를 맡을 수 있도록 함 ❹ 초인종 소리가 나도 짖지 않으면 클릭하고 보상함 → 짖기 전에 클릭해야 하며, 초인종 소리에 민감한 반응을 보이지 않을 때까지 반복
뛰쳐나가면서 짖는 행동 교정	초인종 소리가 나면 현관으로 뛰쳐나가면서 짖는 반려견에게 거절하는 것을 가르침 ❶ 초인종 소리가 났을 때 현관으로 가려는 것을 막거나 가볍게 부딪히면서 진행을 중단시킴 ❷ 반려견이 잠시 생각하는 시간을 가진 후 스스로 앉거나 엎드리는 등의 반응을 보이면 보상을 하고, 초인종 소리를 부정적인 것에서 긍정적인 것으로 생각하도록 만들어 줌 ❸ 하우스의 위치를 현관에서 가능한 먼 곳으로 정하고 하우스 훈련을 함 → 보호자가 '하우스'라고 말한 후 기다리고, 반려견이 집으로 들어가면 클릭하고 보상함 ❹ 현관에서부터 하우스까지의 거리를 조금씩 늘려가면서 교육하고, 초인종 소리가 났을 때 반려견이 집으로 들어가 기다리면 클릭하고 보상함 → 반복함 ❺ 초인종 소리가 났을 때 보호자가 '하우스'라고 하면 반려견은 집으로 들어가 기다림

(3) 사람(어린이, 낯선 사람 등)을 보고 심하게 짖는 반려견

행동 원인	• 사회성 부족 • 짖었을 때 보호자의 반응(안아줌) • 어린이나 낯선 사람의 갑작스러운 행동에 대한 두려움과 불안함
심하게 짖는 행동 교정	• 보호자는 반려견이 짖어도 안아주거나 아는 척을 하지 않음 • 짖음의 대상이 되는 어린이의 행동을 우선적으로 교육시킴 ❶ 어린이와 함께 앉은 후 어린이 근처로 온 반려견에게 어린이가 보상을 주도록 함 → 짖지 않으면 거리를 유지하고 같은 방향으로 이동하면서 보상함 ❷ 여러 어린이들이 순서를 바꿔 가면서 훈련하고, 최대한 많은 수의 어린이를 만날 수 있도록 함 ❸ 참여하는 어린이의 수를 늘려가면서 훈련함

3. 공격행동에 대한 문제행동 교정

영역성 또는 사회적 공격행동에 대한 행동 교정	❶ 낯선 사람이 들어오기 전에 기본적인 예절교육(예 앉아, 엎드려, 기다려, 하우스 훈련 등) 및 훈련을 실시함 ❷ "기다려" 상태에서 낯선 사람이 들어오도록 함 ❸ 낯선 사람을 보고 공격행동을 보이면 낯선 사람은 움직임을 멈추고 말을 하지 않으면서 잠시 대치함 → 대치하는 동안 반려견이 고개를 돌리거나 공격행동을 멈추면 밖으로 물러남 → 반복 ❹ 낯선 사람이 들어와도 반려견이 편하게 있으면 칭찬이나 보상을 함 ❺ 보호자가 있을 때 낯선 사람이 들어와도 보호자의 통제하에 있으면 보상함
포식성(사냥본능) 공격행동에 대한 행동 교정	• 산책 시 필요한 핸들링 및 기본적인 예절 교육 실시 • 보호자의 통제하에 산책할 수 있도록 충분한 연습 실시 ❶ 평소 공격성을 보이던 반려견의 모형이나 사진을 실물 크기로 준비함 ❷ 모형이나 사진으로부터 충분한 거리(약 10m)만큼 떨어진 후 지나가는 연습을 함 → 반려견이 모형이나 사진에 관심을 갖지 않고 보호자를 따르면 보상함 ❸ 반려견이 보호자를 잘 따르면 보조 역할을 할 수 있는 반려견을 준비하여 서로 충분한 거리(약 20m)를 두고 교차함 → 반려견의 공격행동이 줄어들면 점차 거리를 줄이며 훈련함 → 거리와 방향을 바꿔가며 훈련함 → 나란히 같은 방향으로 산책을 시도함
학습에 의한 공격행동에 대한 행동 교정	공격행동을 하는 반려견과 교감 활동을 충분히 함 ❶ 낯선 사람이 있던 자리에 간식을 두고 낯선 사람은 이동함 ❷ 보호자는 반려견을 데리고 낯선 사람이 있던 자리로 가 냄새를 맡게 하고, 간식을 먹게 함 → 반복 → 낯선 사람에 대한 공격행동이 줄어들고 호의를 보임(낯선 사람의 역할을 여러 명으로 수행)

4. 배뇨 및 배변에 대한 문제행동 교정 ⊕

① 배변 장소는 반려견이 자는 곳과 멀리 떨어진 곳으로 정한다.
② 배변 장소는 보호자가 불편하더라도 반려견이 쉽게 찾을 수 있는 곳으로 정한다.

화장실 패드 사용	• 최대한 큰 패드를 활용하여 크게 만들어 주거나 2~3장 정도 겹쳐줌 → 패드를 편안한 장소로 생각할 수 있도록 간식을 이용한 보상 계획을 세움 • 반려견이 화장실 패드 위에 올라가거나 발로 밟으면 칭찬하고 보상함
크레이트 활용	2~3시간 간격으로 화장실에 갈 기회를 줌

③ 반려견이 화장실에 배설하면 칭찬과 보상을 하고, 혹시 실수할 경우 조용히 치운다.
④ 보호자가 배설 교육을 위해 할애하는 시간에 따라 성공 확률이 달라진다.

5. 식분증에 대한 행동 교정

행동 원인	• 반려견의 과도한 식욕 • 반려견이 배변을 먹은 후 보호자에게 많은 관심을 받았던 경험
행동 교정	• 건강검진을 통해 질환이나 영양 결핍 여부를 확인함 • 자유급식이 아닌 제한급식을 하여 영양관리를 함 • 급식시간을 이용한 예절 교육으로 규칙적인 생활의 기초를 만듦 • 아침과 저녁을 이용해 산책과 배변을 유도함 • 반려견이 배변 실수를 하거나 분변을 먹었을 경우 보호자는 관심을 주지 않음 • 적절한 운동과 보호자와 함께할 수 있는 놀이를 제공함

⊕ **반려견의 생활 패턴**

• 반려견은 본능적으로 먹고 자는 곳에서 배설을 하지 않는다.
• 보호자에게 의사표현을 해서 알리도록 반려견을 훈련시킨다.
• 보호자의 지시에 따라 반려견이 배설을 할 수 있도록 훈련시킨다.
• 반려견의 배설 주기를 관찰하면 예측 가능한 시간과 일정한 자극에 반응하며 배설하기 전 여러 가지 징후가 있다.
• 보호자가 직접 지켜볼 수 없다면 하우스 훈련 방법을 활용하여 일정한 시간에 배설하도록 유도한다.

6. 과잉행동에 대한 행동 교정

행동 원인	• 반려견이 올라탔을 때 칭찬이나 안아준 경험 • 반려견이 올라탔을 때 밀치며 많은 말을 한 경험 • 반려견의 산책 부족
행동 교정	• 반려견이 약속된 행동에 잘 따르도록 예절 교육을 하도록 함 • 반려견이 올라타면 반 걸음 앞으로 나아가며 자연스럽게 밀침 → 반려견이 충분히 불편함을 갖도록 밀치며, 밀치는 행동 외에 다른 말은 하지 않음 • 뛰어오르지 않고 서 있거나 앉아 있거나 할 때 보상함 → 여러 차례 반복하여 올라타는 행동을 조금씩 줄임 • 귀가 시 반려견이 올라타면 무시하며 바로 방으로 들어가 반려견을 외면함

7. 파괴행동에 대한 행동 교정

(1) 씹는 행동

행동 원인	• 통증을 줄이려는 경우(생후 4~6개월의 이갈이를 하는 반려견) • 주위를 탐색하기 위해 물건을 물어뜯는 경우 • 어떤 불안을 완화시키기 위한 경우 • 과잉된 에너지를 해소하지 못한 경우 • 무료함을 느끼는 경우 • 물건을 물어뜯어 보호자로부터 관심을 받는 경우
행동 교정	• 충분한 산책(하루 아침, 저녁으로 2회)으로 운동을 시킴 • 반려견과 함께 충분한 놀이(예 더미, 콩 등)를 진행함 • 씹으면 안 되는 물건을 치움 • 적절한 운동과 함께 예절 교육을 병행함 • 예절 교육을 통한 '기다려' 강화, 반려견의 안정감을 기대함

(2) 땅을 파는 행동

행동 원인	• 특정 대상으로부터 도망가거나, 어떤 것을 획득하려는 경우 • 땅을 이용한 체온 조절 • 집을 짓는 행동 • 어떤 것을 묻거나 파내기 위한 경우 • 무료함 해소와 에너지 발산 • 행동 반복을 통한 스트레스 해소 • 보호자의 관심 획득 • 견종 특성
행동 교정	• 충분한 운동과 산책을 제공하여 스트레스를 해소시킴 • 주택의 경우 그늘진 곳에 땅을 파고 놀 수 있는 모래더미를 제공함 • 시원한 그늘과 물을 적절하게 제공함

8. 산책 시 행동 교정

(1) **실내 훈련**: 집안에서부터 산책 연습을 충분히 실시한다.

(2) **예절 교육**: 기본적인 예절 교육을 실시하여 잘 따라오면 보상한다.

(3) **회전 훈련**: 왼쪽 또는 오른쪽으로 회전하면서 따라오게 하고, 잘 따라오면 보상한다.

(4) **실외로 확장**: 집안에서 잘 되면 실외 산책을 시도하며, 칭찬과 보상의 빈도를 조절하며 실시한다.

(5) **바른 보행 훈련**: 려견이 끌고 가는 행동을 보이는 경우 잠시 멈추어 기다린다. → 반려견을 불러서 오도록 한 후 칭찬과 보상을 한다(이때 리드줄을 당기면 안 됨).

9. 불안장애에 대한 행동 교정

행동 원인	• 집에서만 활동하여 사회성이 부족한 경우 • 생후 6~7개월에 의사표현을 하기 시작할 때 보호자와의 의사소통 부족 • 반려견이 불안을 느껴 짖기 시작할 때 보호자의 관심이 과도한 경우 • 자유급식인 경우
행동 교정	• 보호자는 반려견이 짖음으로 의사표현을 할 때 관심을 주지 않음 • 제한급식을 통해 짧은 시간 기다리는 것을 훈련함 • 식사시간 급식을 하기 전 앉아, 엎드려, 기다려 등의 훈련을 함 • 현관에서 가장 먼 곳에서 기다려 훈련을 하면서 보호자는 현관쪽으로 움직이고, 잘 기다리면 칭찬과 보상을 함 • '기다려' 명령 후 현관을 나가 3초 정도 후에 돌아오고, 안정감을 보이면 칭찬과 보상을 함 • 점점 나가 있는 시간을 늘리고, 지속 시간을 불규칙적으로 바꾸며 반복함

7 반려견 문제행동 예방

1. 문제행동 예방 계획 수립

(1) **환경별 훈련**: 주변 환경에 따라 문제행동 예방훈련 방법을 수립한다.
(2) **주차별 교육**: 생후 7~8주부터 행동학적 풍부화 요소를 중심으로 주차별 프로그램을 제공한다.
(3) **요소별 프로그램**: 주차별 행동 관찰을 비롯해 먹이, 환경, 감각, 사회, 인지 풍부화를 고려하여 프로그램을 구성한다.

2. 사회성 풍부화의 적용

가족 구성원과의 친화	• 간식을 활용하여 가족 주변에 반려견이 누워있을 때 칭찬과 보상을 함 • 먹이 보상과 함께 그루밍을 해 줌
산책용 리드줄 교육	• 목줄을 착용하고 50~60cm 정도의 리드줄을 맴 • 실내 또는 실외에서 착용한 상태로 밥을 주고 잠을 재움 • 리드줄의 길이를 1.2m까지 늘려 실내에서 핸들링을 연습함
낯선 장소에서의 급식 교육	• 거실 이외 작은방, 현관문 앞, 엘리베이터 앞, 아파트 복도 및 베란다 등을 활용함 • 7개월 미만의 반려견은 1일 3회 낯선 장소에서 급식하며, 급식 거부 시 다음 급식 시간에 같은 방법으로 반복함 • 8개월 이상인 경우 1일 2회 급식하고 거부하면 다음 급식 시간에 반복함
낯선 장소에서의 휴식 교육	• 반려견에게 익숙한 얇은 방석, 부드러운 천을 활용하여 반려견이 스스로 엎드릴 수 있도록 연습함 • 간식 보상 시 손으로 주는 보상은 그 행위에 대한 보상으로, 지면 바닥에 주는 경우 해당 장소에 대한 보상으로 인식하기 때문에 적절히 구분해야 함 • 훈련자는 앉은 상태에서 보상을 시작하고 익숙해지면 그 자리에 서서 반려견이 엎드리도록 기다려 주기를 반복함
낯선 장소에서 배변 교육	• 실내 및 실외 급식 직후 규칙적으로 일정한 시간에 반려견을 데리고 산책을 나가며 산책 시 반려견의 자발적인 배변을 유도함 • 급식 직후 산책 시 반려견이 흥분하지 않도록 하여 배변에 집중하도록 분위기를 조성함
가족 외 사람이나 동물에 대한 인지 활동 교육	• 가족 구성원을 제외한 사람이나 동물의 냄새를 친숙하게 맡는지 확인함 • 반려견의 자율적인 활동을 위해 하네스(가슴줄)를 착용함 • 반려견이 시각이 아닌 후각을 통하여 인사하고 정보를 얻도록 냄새를 맡으면 적정 언어로 칭찬하고 보상함

3. 사회화 훈련의 적용

(1) 야외 산책 훈련
① 지나치게 앞서는 성향의 반려견은 핸들링 훈련을 실시하여 보호자와 나란히 걷도록 한다.
② 산책 활동 중 사람, 물건, 나무, 시설물 등의 새로운 환경에 대한 냄새를 맡는 기회를 충분히 제공한다.
③ 처음 접하는 것은 조심스럽게 접근하도록 하며 산책 도중 많은 상황에서 칭찬과 보상을 적절히 진행한다.

(2) 이동장 활용 훈련
① 반려견이 어릴 때부터 이동장에 대한 둔감화를 시켜 편한한 장소로 인식하도록 한다.
② 먹이나 간식을 활용하여 반려견이 스스로 이동장 안으로 들어갈 수 있도록 한다.
③ 적응된 이동장을 활용하여 차량 탑승, 공원 또는 운동장에 나가 충분한 산책을 실시한다.

(3) 올바른 휴식처 훈련
① 가족 구성원이 생활하는 거실, 안방을 비롯해 침대, 의자 등 어디에서나 누워서 휴식을 취하는 것은 바람직하지 않다.
② 어린 시절부터 반려견이 실내에서 가장 편안하게 느낄 수 있는 곳을 반려견의 집으로 인식하도록 한다.
③ 보호자의 식사 시간에는 반려견이 이동장이나 휴식 공간 등으로 가도록 훈련한다.

(4) 움직이는 물체에 대한 둔감화 훈련
① 자동차, 이륜차 적응을 위해 차가 움직이는 곳(예 주차장 등)에서 산책한다.
② 기본 예절 교육을 진행한 후 다양한 사람(예 어른, 어린이 등)에게 둔감화가 진행될 수 있도록 천천히 노출을 하고 가만히 잘 있는 경우 먹이 보상을 한다.

CHAPTER 04
반려견 훈련능력 평가와 활용

합격 TIP 반려견의 훈련능력과 관련 스포츠의 특징 및 규정을 이해한다.

1 반려동물행동지도사 자격시험 실기평가

1. 실기시험 규정

(1) 응시견 자격요건
① 실기시험에 응시하는 개는 동물등록이 필수이며, 내·외부 무선식별장치가 있어야 한다.
② 응시견의 견주는 응시자 본인 또는 직계가족이어야 한다.
③ 동일 등급의 2차 시험에 합격한 이력이 있는 반려견은 응시할 수 없다.

(2) 응시견 유형
① 견간 물림 사고 방지를 위해 실기시험 일정은 견종별(소형, 중대형, 맹견)로 구분하여 실시한다.
② 소형견은 체고 40cm 이하 및 체중 12kg이다.
③ 중대형견은 소형견 기준 이상인 경우이다.
④ 맹견은 실기시험장 사고 예방을 위해 '맹견사육허가서'를 반드시 첨부해야 한다.
⑤ 2급 응시견은 6개월령 이상 모든 견종(크기 무관)으로 한다.
⑥ 응시견은 1차 시험 응시접수 마감일을 기준으로 동물등록번호를 부여받은 6개월령 이상의 모든 견종이어야 한다(크기 무관).

(3) 허용, 지참 가능 물건
① '가져오기' 항목 평가를 위해 덤벨, 장난감, 공, 인형 등 물건 지참이 가능하다.
② '하우스' 평가를 위해 컨넬 등 개인 지참이 가능하다.

> • 개인 지참물에 먹이, 간식 등을 넣어 평가의 공정성을 해하는 경우 부정행위로 간주됨
> • 미지참 시 시험장에 비치된 공용 '물건'을 사용할 수 있음

(4) 사용 가능한 목줄
① 버튼, 걸쇠 형태의 목줄만 허용된다(고리 간격 3~4cm의 목줄로 조여지지 않은 상태로 착용해야 함).
② 초크 체인, 프롱 칼라(핀치 칼라), 쇠줄은 사용 금지된다.
③ 그 외 개에게 고통을 줄 수 있는 모든 도구는 사용할 수 없다.

2. 실기시험 내용

시험안내	• 실기시험장은 실내, 실외 중 응시자가 선택할 수 있으며, 규격은 15m×15m 이상 • 배점은 평가항목별로 다르며, 만점은 100점으로 함
평가항목 (10개)	• 견줄하고 동행하기(상보, 속보, 완보)　• 가져오기 • 동행 중 앉기　　　　　　　　　　　• 악수하기 • 동행 중 엎드리기　　　　　　　　　• 짖기 • 동행 중 서기　　　　　　　　　　　• 지정장소로 보내기(하우스) • 부르기(와)　　　　　　　　　　　　• 기다리기(대기/견줄 없이 3분 기다리기)

> 참고 **평가항목 수행 시 주의사항**
> • 덤벨, 장난감, 공, 인형, 컨넬 등 개인 지참물에 먹이, 간식 등을 넣어 평가의 공정성을 해하는 경우 부정행위로 간주됨
> • 미지참 시 시험장에 비치된 공용 '물건 또는 상판'을 사용할 수 있음

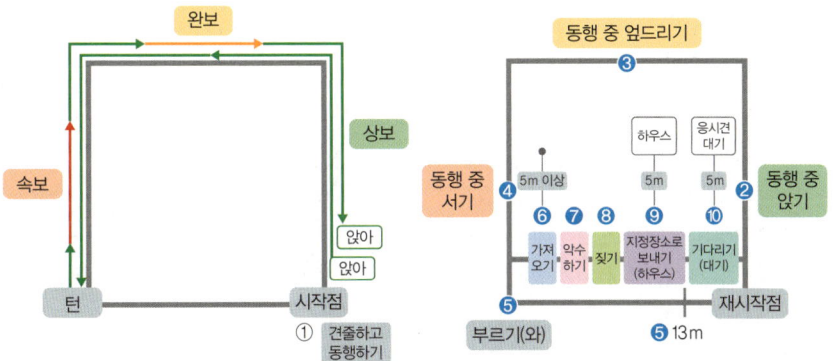

▲ 실기시험 도식

3. 실기시험 수행 절차

(1) 견줄하고 동행하기(상보, 속보, 완보)

① 응시자 및 응시견은 시작점에서 기본자세로 신원 확인
② 평가위원의 요구에 따라 보통 걸음 20보 직진
③ 90° 좌회전 보통 걸음 20보 직진
④ 90° 좌회전 보통 걸음 20보 직진
⑤ 180° 회전 뒤로 돌아 보통 걸음 5보 직진
⑥ 빠른 걸음 10보 직진
⑦ 보통 걸음 5보 직진
⑧ 90° 우회전 보통 걸음 5보 직진
⑨ 느린 걸음 10보 직진
⑩ 보통 걸음 5보 직진
⑪ 90° 우회전 보통 걸음 20보 직진
⑫ 180° 회전 뒤로 돌아 시작점에 기본 동작

(2) 동행 중 앉기
평가위원의 요구에 따라 보통 걸음으로 9보 직진 후 10보에 응시견에게 '앉아' 요구

(3) 동행 중 엎드리기
① 평가위원의 요구에 따라 보통 걸음 10보 직진
② 90° 좌회전 보통 걸음 9보 직진 후 10보에 응시견에게 '엎드려' 요구

(4) 동행 중 서기
① 평가위원의 요구에 따라 보통 걸음 10보 직진
② 90° 좌회전 보통 걸음 9보 직진 후 10보에 응시견에게 '서' 요구

(5) 부르기(와)
① 평가위원의 요구에 따라 보통 걸음 10보 직진
② 90° 좌회전 보통 걸음 15보 후 180° 뒤로 돌아 기본자세
③ 응시견은 앉아 기다려
④ 응시자는 응시견의 견줄의 연결고리를 목줄에서 해제
⑤ 응시자는 보통걸음 15보 후 180° 뒤로 돌아 기본자세
⑥ 평가위원의 요구(또는 5초)에 따라 응시견에게 '와' 요구
⑦ 응시견은 응시자 정면에 '앉아'
⑧ 응시자의 요구에 따라 응시견은 응시자의 왼쪽에 기본자세

(6) 가져오기
① 응시자와 응시견은 평가위원의 요구에 따라 지정 위치로 이동하여 기본자세
② 평가위원의 요구에 따라 전방 5m에 물품을 던짐
③ 응시자가 응시견에게 '가져와' 요구
④ 응시견은 응시자의 요구에 따라 던져진 물품을 가져 와 응시자 앞에 '앉아' 자세
⑤ 5초 후 응시견은 응시자의 요구에 따라 물고 있던 물품을 응시자의 손에 건네 줌
⑥ 응시견은 응시자의 요구에 따라 왼쪽에 기본자세

(7) 악수하기
① 응시자는 평가위원의 요구에 따라 기본자세에서 응시견 50cm 앞으로 이동
② 응시자가 오른손을 내밀며 응시견에게 '악수' 요청
③ 응시견은 오른쪽 앞발을 들어 악수
④ 3회 실시

(8) 짖기
① 응시자는 평가위원의 요구에 따라 (7) 악수하기에 이어 응시견 정면에서 손을 자신의 입으로 갖다 대며 응시견에게 '짖어' 요구
② 3회 실시
③ 응시견은 응시자의 요구에 따라 왼쪽에 기본자세

(9) 지정장소로 보내기(하우스)
① 응시자는 평가위원의 요구에 따라 하우스 5m 전방 지정장소에 응시견과 함께 기본자세
② 응시자는 기본자세에서 응시견에게 하우스로 이동하도록 요구
③ 응시견이 하우스에 들어가면 '엎드려' 요구
④ 응시자는 5초 후 응시견에게 '와' 요구
⑤ 응시견은 응시자 정면에 '앉아'
⑥ 응시견은 응시자의 요구에 따라 왼쪽에 기본자세

(10) 기다리기(대기)
① 응시자는 평가위원의 요구에 따라 대기장소에 응시견과 함께 이동
② 응시자는 응시견에게 '엎드려' 요구
③ 응시자는 원위치하여 기본동작
④ 응시자는 3분 후 응시견에게 다가가 종료

4. 실기시험 평가 예시

(1) 부정행위 및 실격 사유

수행불능	• 필수 지참물(응시견, 응시표, 신분증, 허용 목줄, 입마개)을 지참하지 않은 경우 • 응시견에게 근골격계 질환 등으로 통증 파행 동작이 보이는 경우 • 응시견이 위축된 후 회복되지 않아 시험시간이 지연되는 경우(겁먹은 경우) • 수행불능(평가위원 판단)으로 시험시간이 지연되는 경우 • 그 외 평가위원 전원이 합의하여 실기시험 수행이 불가능하다고 판단한 경우
통제불능	• 시작점에서 3회 명령에도 기본자세가 되지 않았을 경우 • 3회 이상 추가명령에도 복종시키지 못하는 경우 • 시험장을 이탈한 경우 • 시험장에서 마킹을 하거나 배설을 한 경우 • 시험장 내, 외에서 다른 응시자, 응시견 등을 물거나 공격적인 행위를 한 경우 • 반복되는 짖기 등 사회성이 결여된 경우
부정행위	• 시험 도중 휴대폰을 포함한 전자, 통신기기 등을 사용하는 경우 • 응시견에게 학대 행위(예 구타, 위협, 신체적 압박 등)를 하는 경우 • 응시자가 평가위원의 퇴장 지시에 불응한 경우

(2) 감점 및 실격

구분	응시자	응시견
−1~ −3점	• 응시견의 동작 수행 후 1회 초과 칭찬 • 강압적인 명령어 사용	• 느리거나 부정확한 기본자세 • 산만함 혹은 의기소침 • 완만한 동작 수행 • 자의적으로 자세 변경 • 부정확한 자세 • 명령어 제시 이전에 동작 수행
−5점	평가항목 종료 전에 자신의 위치 이탈	명령어 1회 추가
−10점	응시자의 신체적 접촉 도움	• 명령어 2회 초과 • 평가항목 수행 불가
실격	• 시험장 내에 강화물 소지 • 필수 지참물 미소지(응시표, 신분증, 허용 목줄, 입마개) • 시험 도중 휴대폰을 포함한 전자, 전기 통신 등 사용 • 응시견에게 학대 행위(예 구타, 위협, 신체적 압박 등) • 평가위원의 요구에 불응 • 15분 이내에 종료하지 못했을 경우	• 기본자세가 되지 않았을 경우 • 시험장에 배뇨 또는 배변 • 시험장 이탈 • 시험장 내·외에서 다른 응시자, 응시견 등을 물거나 공격적인 행위를 한 경우 • 반복되는 짖기 등 사회성이 결여된 경우 • 근골격계 질환 등으로 통증 및 파행 동작이 보이는 경우 • 심리적으로 위축된 후 회복되지 않아 시험 시간이 지연되는 경우(겁먹은 행동) • 평가위원 판단에 수행 불능으로 시험시간이 지연되는 경우 • 그 외 평가위원 전원이 합의하여 실기시험 수행이 불가능하다고 판단한 경우

(3) 항목별 평가 내용

평가항목	감점 세부내용
견줄하고 동행하기 (상보, 속보, 완보)	• 앞서거나 뒤처짐　　　　　　　　• 측면 이탈 • 방향전환 및 보속 변경 시 응시자가 느리게 전환
동행 중 앉기	• 완만한 태도로 앉기 • 불완전한 앉아 자세 • 자의적으로 자세 변경
동행 중 엎드리기	• 완만한 태도로 엎드리기 • 불완전한 엎드려 자세 • 자의적으로 자세 변경
동행 중 서기	• 불완전한 서 자세　　　　　　　• 자의적으로 자세 변경
부르기(와)	• 앉아, 기다려 자세 변경 • 응시견이 지정 위치 이탈 • 응시자의 요구 이전에 응시견이 이동 • 완만한 동작으로 응시자에게 오기 • 응시자 앞에 앉는 위치가 30cm 이상 이격 • 응시자가 앞에서 기본자세로 전환 시 불완전한 자세 • 응시자가 위치를 이동하거나 발을 벌리고 서 있는 자세 • 응시자 앞에서 기본자세로 전환 시 불완전한 자세
가져오기	• 완만한 동작으로 가기 • 응시자의 요구 이전에 응시견이 이동 • 물품을 가져오는 도중에 떨어뜨림 • 물품을 가지고 놀거나 혹은 물어뜯음 • 완만한 동작으로 응시자에게 돌아오기 • 응시자 앞에 앉는 위치가 30cm 이상 이격 • 물품을 응시자에게 전달하는 과정에 떨어뜨림 • 응시자 앞에서 기본자세로 전환 시 불완전한 자세 • 응시자가 위치를 이동하거나 발을 벌리고 서 있는 자세
악수하기	• 응시견의 위치 및 자세 변경 • 응시견의 오른발, 왼발 부정확한 수행 • 응시자의 손과 응시견의 부정확한 접촉
짖기	• 응시견의 위치 및 자세 변경 • 명령어 제시 후 늦은 짖음 • 응시자의 통제에 따르지 않는 계속된 짖음 • 응시자 앞에서 기본자세로 전환 시 불완전한 자세
지정장소로 보내기 (하우스)	• 완만한 동작으로 가기 • 응시견의 신체 부위가 지정장소에서 벗어남 • 불안한 엎드려 자세 • 응시자의 요구 이전에 응시견이 이동 • 완만한 동작으로 응시자에게 돌아오기 • 응시자 앞에 앉는 위치가 30cm 이상 이격 • 응시자 앞에서 기본자세로 전환 시 불완전한 자세
기다리기 (대기)	• 엎드려 대기 자세 변경 • 응시자의 요구 이전에 응시견이 이동 • 대기 후 응시자가 다가갈 때 응시견이 일어남 • 응시자의 불안한 자세 또는 부정한 도움 • 90초 이상 대기 시 50% 득점 • 응시견이 지정 위치 3m 이상 이탈 시 0점

2 반려견 스포츠

1. 어질리티(Agility)➕

(1) 개념과 특징

개념	반려견과 핸들러가 한 팀이 되어 다양한 장애물을 신속하고 정확하게 통과하는 경기
특징	• 견종이나 크기에 상관없이 모든 반려견이 즐길 수 있으며, 난이도에 따라 비기너(Beginner), 점핑(Jumping), 어질리티(Agility) 등의 종목으로 나뉨 • 원활한 경기 수행을 위해 기본 복종, 스피드, 빠른 방향 전환이 요구되며, 반려견의 민첩성, 활력도, 유연성이 필요함 • 1978년 영국의 크러프트 도그쇼를 시작으로 다양한 단체(예 FCI, IFCS, IAL 등)에서 대회가 열리고 있음

(2) FCI 어질리티(Agility) 규정

① 체급별 규정(체고 측정)❓

소형(S)	35cm 미만인 반려견
중형(M)	35cm 이상 43cm 미만인 반려견
대형(L)	43cm 이상 반려견

② 표준 코스시간(Standard Course Time)

국내대회	표준 코스시간은 코스길이를 선택한 속도(㎧) 단위로 나누어 결정함
국제대회	대회에서 코스 실점이 가장 적고, 가장 빠른 반려견의 시간에 15%를 더하고 가장 가까운 초로 반올림을 해서 결정함

③ 최대코스시간(Maximum Course Time): 코스의 길이를 어질리티는 2.0㎧, 점핑은 2.5㎧로 나누어 결정한다.

④ 대회 진행 절차

- 대회 전 핸들러는 반려견 없이 주어진 시간 동안 코스를 탐색할 수 있음
- 안전상 반려견에게 옷을 입힐 수 없음
- 반려견의 목줄과 리드줄을 제거해야 함
- 핸들러는 경기 중에 아무것도 손에 가질 수 없음
- 심사위원의 신호 후 출발함
- 핸들러는 코스 내 어디서든 시작할 수 있으며 반려견이 출발선을 넘는 순간 경기가 시작됨
- 핸들러는 장애물을 건드리거나 장애물을 넘으면 안 됨
- 마지막 장애물을 올바른 방향으로 통과하여 반려견이 결승선을 통과할 때 경기가 끝나고 시간이 기록됨
- 경기가 끝난 후 핸들러는 반려견과 함께 링에서 퇴장함

➕ 어질리티 대회의 구분

• 국내

KKF 어질리티 대회	한국애견연맹이 주최하는 대회로 본부전, 위원회전, 클럽전과 AWC 예선전이 있음
KKC 어질리티 대회	한국애견협회가 주최하는 대회로 본부전, 위원회전, 클럽전이 있음

• 국제

AWC (Agility World Championship)	연 1회 열리는 가장 큰 국제대회로 각 나라에서 예선전을 진행하여 클래스당 3팀만 참가할 수 있는 개인전과 4명이 참가하는 단체전이 있음
EO (European Open)	연 1회 유럽대륙에서 열리는 대회로 AWC에 비해 출전이 자유롭고 세계 각지에서 참여함
크러프트 어질리티 (Crufts Agility)	영국의 '크러프트 도그 쇼' 행사와 같이 진행하여 어질리티의 태동이 된 대회
WAO (World Agility Open)	연 1회 네덜란드에서 열리는 대회로 각 나라에서 예선전을 통해 참가 가능함

❗ 체고 측정

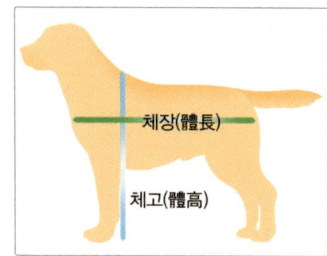

⑤ 대회 실점 및 실격 규정

평가	세부내용
시간	표준 시간을 초과한 만큼 감점하여 코스 시간은 0.01초 단위로 측정함
코스 실패 (-5점)	• 허들의 봉, 월의 상단을 떨어트린 경우 • 반려견이 타이어를 통과할 때 타이어가 벌어지는 경우 • 롱 점프 장애물을 넘어뜨리는 경우 • 반려견이 장애물을 만져서 이득을 얻는 경우 • 접촉 장애물(도그워크, 에이 프레임, 시소)의 접촉구간을 밟지 않은 경우 • 시소가 땅에 닿기 전 뛰어내릴 경우 • 웨이브 폴에서 중간에 빠지는 경우(1회만 실패 인정)
코스 거부 (-5점)	• 장애물 앞에서 멈추거나 도는 경우 • 허들 바 아래로 지나가는 경우 • 터널에 머리나 발을 넣었다 다시 나오는 경우 • 장애물의 거부 라인을 통과하는 경우 • 위브 폴 진입을 잘못한 경우 • 시소에서 중간을 넘지 않고 내려온 경우 • 도그워크와 에이 프레임에서 내리막에 진입하지 않고 뛰어내린 경우
실격	• 핸들러가 손에 무엇을 들고 뛰었을 경우 • 반려견이 목줄을 하고 뛰었을 경우 • 심판의 출발신호 전 출발한 경우 • 경기장 안에서 대소변을 보는 행동을 한 경우 • 코스의 순서와 다른 장애물을 접촉했거나 시도한 경우 • 핸들러가 장애물을 쓰러트리는 경우 • 반려견을 거칠게 다루거나, 반려견이 핸들러에게 공격성을 보였을 경우 • 경기장 안에서 반려견을 통제할 수 없다고 판단되는 경우 • 명령 거부가 3회이거나, 최대시간을 초과한 경우 • 위브 폴을 거꾸로 두 번 이상 통과한 경우 • 핸들러가 장애물을 뛰어넘은 경우

⑥ 대회 순위 규정
- 실점이 없는 경우 가장 빠른 팀이 우선한다.
- 실점이 있는 경우 총 실점(코스 실점+시간 실점)이 낮은 팀이 우선한다.
- 총 실점이 동일한 경우 빠른 팀이 우선한다.

(3) 어질리티 훈련 시설 및 장애물

① 경기장 시설기준

- 코스를 구축하는 링은 20×40m 이상이어야 하며, 링이 포함된 최소면적은 24×40m임
- 두 개 이상의 링을 사용할 경우 링과 링 사이 칸막이를 치거나 최소 10m의 거리를 두는 것이 바람직함
- 코스의 길이는 100~220m 사이여야 하며, 장애물의 수는 최소 15개, 최대 22개를 기준으로 함
- 장애물 중 7개 이상을 점프 장애물로 해야 함
- 표준 경기 세트는 최소 14개의 허들이 있어야 함

② 점핑 장애물

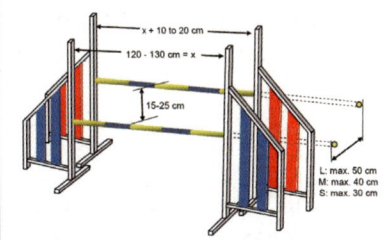

싱글 허들(Single Hurdle)	스프레드 허들(Spread Hurdle)
• 높이: L(55~60cm), M(35~40cm), S(25~30cm) • 허들 높이: 120~130cm • 허들봉: 목재, 안전한 합성수지로 만들어진 한 개의 봉으로 이루어지며, 봉은 직경 3~5cm이고 대조되는 색상으로 3칸 이상 나뉨 • 허들 날개의 폭은 40~60cm, 날개 안쪽 기둥 높이는 최소 1m, 날개 경사의 시작 높이는 75cm • 날개끼리 서로 연결되거나 고정되지 않고, 날개는 직사각형, 삼각형은 허용되지 않고 막혀있으면 안 됨 • 반려견이 날개의 어떤 부분도 들어가거나 통과할 수 없어야 하고, 허들 봉 홀더는 날개의 수직 안쪽에서 돌출되어서는 안 됨	• 두 개의 단일 허들을 함께 배치하여 넓은 장애물을 형성하며 봉은 15~25cm의 차이로 오름차순으로 배치함 • 허들 봉 길이는 뒤쪽 허들이 전면 허들보다 10~20cm 더 길어야 함 • 높이: L(55~60cm), M(35~40cm), S(25~30cm) • 넓이: L(50cm), M(40cm), S(30cm)를 초과하면 안 됨

월(Wall)	타이어(Tyre)
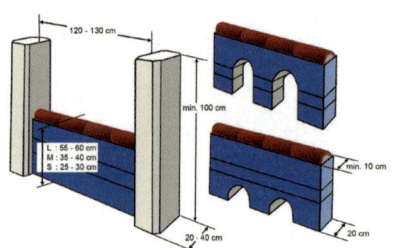	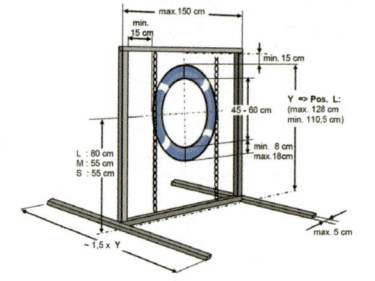
• 높이: L(55~60cm), M(35~40cm), S(25~30cm) • 폭: 최소 120cm, 최대 130cm • 넓이: 하단에서 약 20cm, 상단에서 최소 10cm • 벽에는 1~2개의 터널 모양의 개구부가 있을 수 있고, 별도 구성이어야 함 • 기둥 높이는 100~120cm, 뼈걸이와 연결해서는 안 됨 • 기둥 넓이는 최소 20cm, 최대 40cm이며 둥근 안장은 최소 30cm	• 타이어 직경: 45~60cm • 타이어 폭: 8~18cm • 지면에서 원의 중심까지의 높이: L(80cm), M·S(55cm) • 타이어는 충격을 흡수할 수 있는 재료를 사용하며, 쉽게 넘어지지 않도록 충분한 고정성을 갖추어야 함 • 타이어는 양쪽 기둥으로 고정하며, 기둥 높이는 타이어보다 낮아야 하고, 타이어 상단을 가로지르는 기둥이 없어야 함 • 분리형 타이어는 8kg의 힘을 가했을 때 2~4개로 분리되어야 하며, 분리 프레임이 없는 타이어를 사용할 수도 있음

롱 점프(Long Jump)

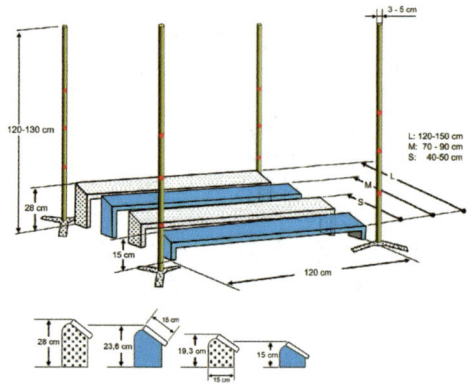

- 2~4개의 장애물로 구성되어 있고 오름차순으로 배치함
- 점프 길이: L(120~150cm/4개), M(70~90cm/3개), S(40~50cm/2개)
- 점프 폭: 전면 120cm, 후면 150cm
- 장애물의 높이는 가장 낮은 것이 15cm, 가장 높은 것이 28cm
- 각 장애물의 깊이는 15cm, 장애물의 기울기 각도는 각 장애물의 전면 가장자리가 앞 장애물의 뒷면 가장자리보다 높지 않아야 함
- 장애물은 목재 또는 안전한 합성재료로 제작하며, 금속은 허용하지 않음
- 높이 120~130cm의 마커폴을 4개 배치해야 하며, 장애물에 고정되지 않아야 함
- 마커폴은 장애물의 일부로 간주되지 않는, 심사를 위한 보조도구임

③ 컨택 장애물

도그워크(Dog Walk)	시소(See-Saw)
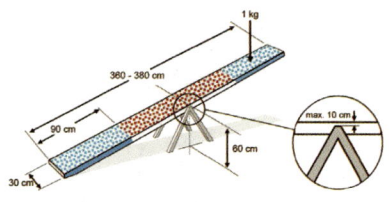	

도그워크(Dog Walk)
- 높이: 120cm~130cm
- 길이: 360cm~380cm
- 폭: 30cm
- 접촉 구역은 각 경사로 하단 90cm(측면 포함)로 다른 색상으로 구분함
- 장애물의 표면은 미끄럽지 않아야 하고 경사로를 쉽게 오를 수 있도록 미끄럼 방지턱(약 25cm 간격, 넓이 2cm, 두께 0.5~1cm)이 있어야 함
- 가장자리가 날카롭지 않아야 함
- 도그워크 다리는 장애물 위로 돌출되지 않아야 하고, 다리와 다른 지지 구조물은 도그워크 아래 터널이 놓이는 것을 방해해서는 안 됨

시소(See-Saw)
- 높이: 지면에서 중앙지점 상단까지 60cm
- 길이: 최소 360cm, 최대 380cm
- 폭: 30cm
- 접촉 구역은 하단 90cm(측면 포함)로 다른 색상으로 구분함
- 모서리 부분이 반려견과 핸들러에게 위험해서는 안 되며, 표면은 미끄럼 방지가 되어 있어야 함(미끄럼 방지턱 불허)
- 시소는 적절한 균형이 이루어져 작은 반려견에게도 문제가 없어야 함
- 점검 사항은 1kg의 중량을 시소의 접촉구역 중앙에 놓았을 때 2~3초 내에 기울어져야 함

A-프레임(A-frame)

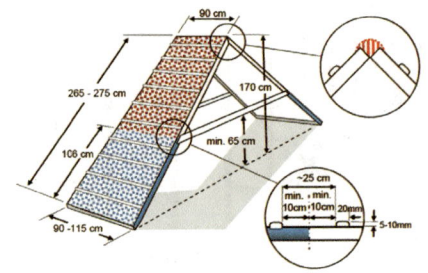

- 꼭지점 높이: 170cm
- 길이: 최소 265cm, 최대 275cm
- 폭: 최소 90cm, 하단은 115cm까지 가능함
- 접촉 구역은 각 경사로 하단 106cm(측면 포함)로 다른 색상으로 구분함
- 미끄럼 방지와 반려견이 쉽게 오를 수 있도록 미끄럼 방지턱이 있어야 하며, 미끄럼 방지턱의 기준은 도그워크와 동일함
- 상단은 반려견에게 위험하시 않아야 하며 필요한 경우 덮어야 함
- 도그워크나 A-프레임의 지지 구조물은 터널이 장애물 아래 배치되는 것을 방해해서는 안 됨

④ 기타 장애물

플랫 터널(Flat Tunnel)	튜브 터널(Tube Tunnel)
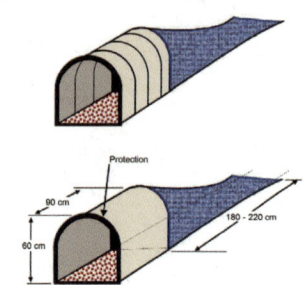	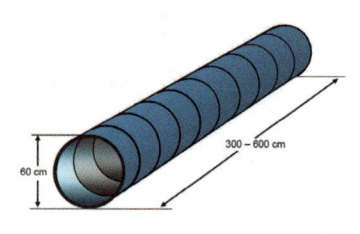
• 최소 90cm 깊이로 단단한 구조의 입구 • 입구 높이: 60cm • 입구 폭: 60~65cm, 평평한 바닥이어야 함 • 출입구 바닥의 표면은 미끄럼 방지가 되어 있고 비침습성이어야 함 • 터널 입구는 움직이지 않도록 고정되어야 함 • 입구의 앞쪽 가장자리는 보호재로 덮여 있어야 함 • 출구는 고정시키지 않고 유연한 소재를 사용하며, 길이는 180~220cm, 지름은 60~65cm	• 지름: 60cm • 길이: 3~6m • 터널은 신축성, 밝은 색상의 균일한 표면 재료를 권장함 • 튜브 터널은 항상 끝까지 당겨야 함 • 터널 고정 스토퍼는 터널의 윤곽을 따라 지름이 줄지 않도록 주의해야 함

위브 폴(Weave Poles)

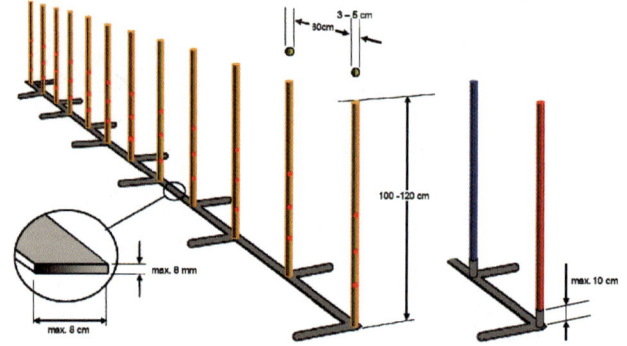

- 폴의 수: 12개
- 프레임 높이: 0.8cm 이하
- 프레임 넓이: 8cm 이하
- 폴은 단단해야 하며, 직경은 3~5cm, 높이는 100~120cm이며 60cm 간격으로 배치함
- 폴은 목재 또는 안전한 합성재료로 제작하며, 금속은 허용되지 않음
- 기둥을 고정하는 브라켓은 10cm 이하로 견고하게 고정되어야 함
- 프레임 측면 지지대는 반려견이 지날 때 방해되지 않아야 함

2. 디스크독(Disc Dog)

(1) 개념
① 사람이 던지고 놀던 디스크를 반려견과 함께 던지는 경기이다.
② 핸들러와 호흡이 매우 중요하다.

(2) 대회 종목과 규정

① 디스턴스(Distance)

개념	일반적인 디스크 대회로 60초 동안 디스크를 던져 거리에 따라 점수를 획득하는 경기
대회 규정	• 한 개의 디스크로 60초 동안 획득한 점수를 합산함 • 선수와 선수견은 경기 시작 전에는 라인 뒤에 있어야 하고 스로잉은 라인 뒤에서 이루어져야 함 • 스로잉 시를 제외한 시간에는 경기장 내에서 자유롭게 이동이 가능함 • 스로잉 시 라인을 밟으면 그 시도는 점수에 합산되지 않음 • 경기 시간 종료 전 선수의 손을 떠난 디스크는 선수견이 잡으면 점수에 합산함 • 채점 기준은 선수견의 네 발 모두 한 득점 구역에 착지해야 하며, 두 개의 득점 구역에 착지하면 낮은 점수를 획득함 • 선수견이 디스크를 치고 다시 잡는 경우 마지막 캐치 지점을 기준으로 점수를 채점함 • 점프하여 캐치한 경우 0.5점의 가산점이 부여됨 • 동점일 경우 던진 횟수가 적은 팀, 높은 점수가 있는 팀 순으로 승리를 결정하며, 모두 같다면 1라운드의 승부 가리기를 진행함

② 프리스타일(Freestyle)

개념	여러 장의 디스크를 가지고 음악에 맞춰 90초 안에 자유롭게 안무를 구성하여 기술을 보여 주는 경기
대회 규정	• 음악에 맞추어 자유형식의 안무로 구성함 • 한 라운드에서 최대 90초의 시간이 주어짐 • 한 경기에서 여러 개의 디스크를 사용할 수 있음

③ 페어스 디스턴트 어큐러시(Pairs Distance Accuracy, PDA)

개념	두 사람이 한 팀이 되어 90초 동안 번갈아 가며 디스크를 던져 거리에 따라 점수를 획득하는 경기
대회 규정	• D/A(디스턴스/어큐러시)와 경기규칙은 같지만 시간은 90초로 다름 • 두 명의 핸들러와 반려견이 한 팀이 되어 한 사람씩 차례대로 던짐

④ 파워 디스크(Power Disc)

개념	디스크를 멀리 던져 선수견이 잡은 거리를 측정해 순위를 정하는 경기
대회 규정	• 2번의 시도 중 더 좋은 기록 하나만 인정함 • 디스크를 잡았을 때의 착지 거리를 측정하여 채점함

➕ 디스크독 대회의 구분

• 국내

KKF 디스크독 대회	한국애견연맹 주관대회로 일 년에 2~3회 개최됨
KKC 디스크독 대회	한국애견협회 주관대회로 일 년에 2~3회 개최됨
스카이 하운즈 코리아 디스크독 대회	스카이 하운즈 세계대회 예선대회를 포함한 대회가 개최됨
KDDN 디스크독 대회	USDDN 월드 파이널 예선대회를 포함한 대회
AWI 코리아 디스크독 대회	AWI 인터내셔널 챔피언십 예선대회를 포함한 대회가 개최됨

• 국제

스카이 하운즈 세계대회	스카이 하운즈사가 주최하는 세계대회로 각 나라별로 예선전을 통과한 선수들이 참여함
AWI 인터내셔널 챔피언십	애슐리 휘핏사가 주최하는 세계대회로 각 지역 예선대회를 통과한 선수들이 참여함
USDDN 월드 파이널	USDDN이 주최하는 세계대회로 각 지역 예선대회를 통과한 선수들이 참여함

(3) 경기장 시설기준

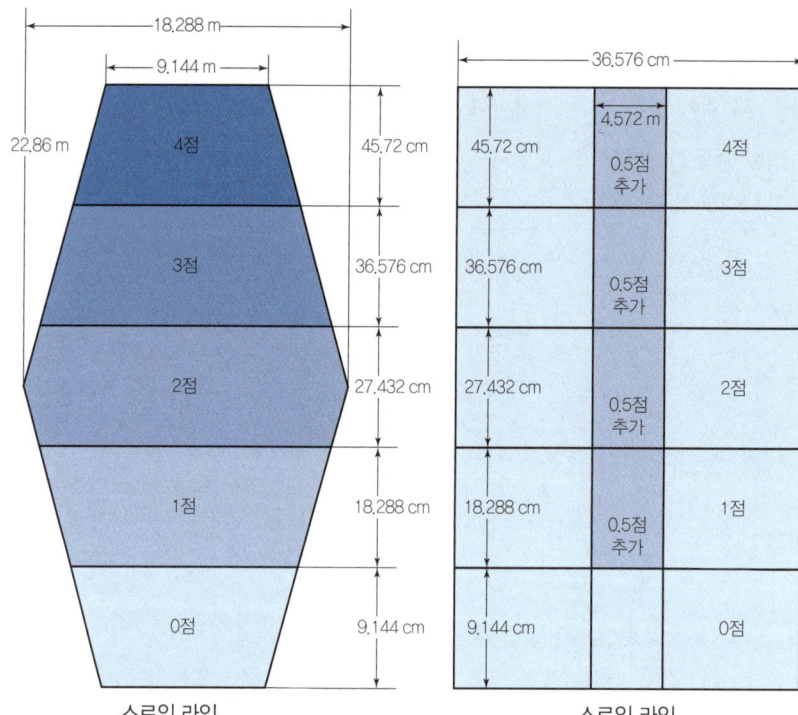

① 경기장 최소 규격은 27(가로)×45(세로)m이다.
② 필드는 평평하고 아무런 장애물이 없어야 한다.
③ 천연잔디 혹은 완충작용이 되고 미끄럽지 않은 인조잔디도 가능하다.

3. 플라이볼(Fly Ball)

(1) 개념

① 반려견이 스타트 지점을 지나 4개의 허들을 통과한 후 박스의 공을 물고 다시 4개의 허들을 넘어 피니시 라인으로 돌아오는 릴레이 경기이다.
② 다른 반려견과 함께 안전하게 경기해야 하므로 친화력과 높은 집중력이 요구된다.

(2) 대회 종목

라운드 로빈	• 각 팀은 상대팀과 레이스를 하여 승리 시 2점, 비길 경우 1점, 패배나 실패 시 0점을 부여함 • 가장 많은 포인트를 획득한 팀이 라운드 우승을 하며 두 팀의 포인트가 같은 경우 완주 시간이 빠른 팀이 우승함
스피드 트라이얼	• 참가팀은 다른 팀과 경쟁하지만 모든 팀과 겨루지 않고 필요한 히트를 마친 후 빠른 완주 시간으로 순위를 정함 • 가장 빠른 완주 시간이 같은 경우 두 번째 빠른 완주 시간으로 결정함
싱글 토너먼트와 패자부활전	• 싱글 토너먼트에서는 레이스에서 진 팀이 바로 실격하고 이긴 팀이 다음 레이스에 진출함 • 패자부활전을 통해 한 번의 레이스를 더 할 수 있음

⊕ **플라이볼 박스(Fly Ball Box)**

플라이볼 경기에서 사용되는 주요 장비로, 선수견이 상자의 패널(발판)을 앞발로 누르면 공이 튀어나온다.

▲ 플라이볼 박스

⊕ **플라이볼 대회의 구분**

• 국내

KKF 플라이볼 대회	한국애견연맹이 주최하며 훈련사위원회가 주관하는 대회
KKC 플라이볼 대회	한국애견협회가 주최하며 훈련사위원회가 주관하는 대회

• 국제

FOWC (Flyball Open World Cup)	세계애견연맹이 주최하는 가장 큰 플라이볼 세계대회
EFC (European Flyball Championship)	유럽에서 개최하는 경기로 각 나라에서 참여함

(3) 경기 규정 ➕

참가 기준	• 선수견은 대회 당일 기준으로 최소한 15개월 1일 이상의 연령이어야 함 • 모든 선수견과 핸들러는 안전하게 플레이할 수 있도록 훈련되어 있어야 함 • 생리 중인 선수견은 경기에 참석할 수 없으며 대회장에 입장할 수 없음
팀 구성 기준	• 한 팀의 구성은 최대 선수견 6마리와 각 핸들러, 박스로더로 구성함 • 각 레이스에서 한 팀은 4마리의 선수견과 각 핸들러로 구성함 • 4마리의 선수견은 경기가 시작되기 전 미리 신고해야 함 • 선수견 교체는 선수견이 부상을 입은 경우 예외적으로 적용되며, 선수견을 교체할 경우 미리 신고하여야 함
점프 높이 ➕	• 허들 보호막을 설치한 경우 보호막의 높이까지 포함함 • 한 팀의 점프 높이는 해당 레이스의 가장 작은 선수견 기준으로 결정함 • 주심은 필요에 의해 점프 높이를 다시 측정할 수 있음
진행 절차	• 경기장마다 한 명 이상의 심판을 배정하여 운영함 • 각 링마다 최소 두 명의 라인심판과 박스심판을 배정하여 운영함 • 참가팀은 경기 전 선수견을 신고하고, 점프 높이와 워밍업 시간을 확인함 • 팀의 선수견은 핸들러의 도움 없이 코스를 완주해야 함 • 한 레이스는 여러 번의 히트(4마리의 선수견이 완주하는 것)로 이루어짐 • 한 코스는 4개의 허들과 플레이 박스로 이루어지며, 4개의 허들을 넘어 플레이 박스의 공을 캐치하여 다시 4개의 허들을 넘어야 완주로 인정됨 • 4마리의 선수견이 모두 실수없이 완주하여 결승점에 먼저 도착한 팀이 해당 히트에서 이김, 이때 실수한 선수견은 코스를 다시 완주해야 함
대회 실점 규정	• 시간 측정이 시작되기 전 1번 선수견이 출발선을 넘은 경우(부정출발) • 앞의 선수견이 피니시 라인 통과 전 다음 선수견이 출발하는 경우(얼리 패스) • 허들을 넘지 않고 그냥 지나친 경우 • 선수견이 뛰고 있는 동안 핸들러가 피니시(스타트) 라인을 지나서 움직일 경우 • 선수견이 공을 물지 않고 피니시 라인을 넘은 경우
대회 실격 규정	• 한 팀이 워밍업을 끝낼 때까지 상대팀이 경기장에 나타나지 않는 경우 • 팀의 선수견 또는 상대 팀을 방해한 경우 • 해당 팀원이 심판을 방해하거나 시끄럽게 한 경우는 경고 후 패배 선언 가능
경기장 시설기준 ➕	• 경기장 표면은 미끄럽지 않고 거칠거나 끈끈해서는 안 됨 • 안전을 위해 바닥이 잔디나 모래가 아닌 경우 레이스에 적합한 매트를 까는 것이 좋음 • 한 링에는 백스톱 보드에서 스타트/피니시 라인으로 이어지는 레이스 라인, 스타트 존, 엑시트 존이 필요함 • 스타트 라인부터 플라이볼 박스까지의 레이스 라인 길이는 15.525m • 스타트 라인에서 첫 번째 허들까지의 거리는 1.83m, 두 개의 허들 간격은 3.05m, 마지막 허들부터 플라이볼 박스까지의 거리는 4.57m • 스타트 라인과 트랙으로 이어진 안전하고 명료한 거리 표시가 있어야 함 • 두 레인의 중심선 간격 거리는 5m • 링 안의 두 개의 레이스 라인은 평행하고 길이가 정확히 같아야 함 • 플라이볼 박스 뒷면 공간은 최소 0.60m 높이의 백스톱 보드를 설치함 • 박스부터 백스톱보드 까지는 최소 1.52m의 공간이 있어야 하며 레이스 진행 시 플라이볼 박스와 백스톱 보드 사이에는 어떤 장애물도 없어야 함

➕ 플라이볼 허들의 높이 기준은 참가견의 자뼈 길이로 한다.

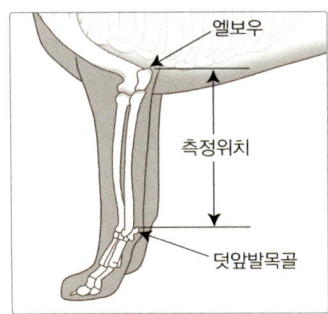

▲ 참가견 자뼈 길이 측정

➕ FCI 플라이볼 점프 규정

자뼈 길이(cm)	점프 높이(cm)
10.00 이하	17.5
10.00~11.25	20.0
11.25~12.50	22.5
12.50~13.75	25.0
13.75~15.00	27.5
15.00~16.25	30.0
16.25~17.50	32.5
17.50 이상	35.0

3 특수 분야 보조견(특수 목적견)

1. 특수 분야 보조견의 개념과 특징

(1) 개념
① 뛰어난 후각 및 감각 능력을 활용하여 특별한 역할을 수행하는 반려견을 말한다.
② 장기간의 훈련과 적절한 훈련 시설이 필요하므로, 주로 국가기관에서 운용된다.
③ 목적별 훈련 프로그램에 따라 도우미견, 구조견, 탐지견 등으로 세분화되어 있다.

(2) 특징
① 위험으로부터 인간을 보호하거나 신체의 일부가 되기도 한다.
② 오랜 기간의 훈련과 자격시험을 거쳐야 한다.
③ 임무 수행 중에는 함부로 접촉하거나 먹이를 주는 등 방해되는 행동을 자제해야 한다.

2. 특수 분야 보조견의 분류

(1) 치료 도우미견 ⊕

개념	• 동물과의 교감을 통해 심리적 안정과 치유 효과를 제공하는 반려견 • 핸들러와 동물 교감 치유 전문가의 지시에 따라 내담자와 상호작용을 수행함
특징	• 인간과 유대가 강해 상호작용이 뛰어남 • 수의학적 관리가 용이함 • 내담자가 안정감과 심리 치유의 효과를 가짐 → 치료 도우미견의 불안함이나 감정이 내담자에게 전달되기 때문에 다양한 생활 환경에 노출되어 여러 자극에 과민 반응을 하지 않도록 해야 함 • 매개 치료 활동은 주로 병원, 학교, 요양원 등 각종 사회시설에서 이루어짐
주요 견종	주로 온순한 리트리버 종이 적합하나, 특정 견종이 정해져 있지 않음 → 온순함, 친근한 외모, 비공격성, 청결함, 친화력 등이 있는 견종은 모두 활용 가능

> ⊕ **치료 도우미견 선발 기준**
> • **연령**: 동물의 연령이 너무 어린 경우 상황 대처 능력이 떨어진다. 생후 1년 이상으로 성 성숙기가 지나야 하며, 수의학적 관리가 수행되어야 한다.
> • **공격성**: 동물 교감 치유 활동 과정에서 사람을 물거나 할퀴는 일이 발생하면 안 되기 때문에 성격 검사를 통하여 공격성이 없는 동물로 선발한다.
> • **기본 복종 훈련**: 사람에게 복종심을 보여야 하며, 기초 복종 훈련을 통해 기본적인 복종 훈련이 되어야 한다.
> • **수의학적 평가**: 사람에게 전염병을 유발하면 안 되며, 동물로부터 발생할 수 있는 인수 공통 감염병 예방을 위해 예방접종, 구충 및 질병 예방을 위한 철저한 수의학적 관리를 받아야 한다.

(2) 인명 구조견

개념	• 산사태, 지진, 건물 붕괴 등의 재난 상황에서 실종자의 위치를 신속·정확하게 탐색하여 인명을 구조하는 도움을 주는 반려견 • 알프스의 Great St. Bernard Hospice와 St. Gotthard 지역에서 인명구조견을 처음 활용함
특징	• 현재 구조견 출동의 90% 이상인 산악 인명 구조견으로, 산악 지대에서 실종자 발생 시 요구조자를 찾는 현장에서 많이 활동하고 있음 • 재해 구조견, 산악 구조견, 수중 구조견, 설상 구조견 등이 있음 • 뛰어난 후각과 청각을 바탕으로 어떤 현장에서도 빠르고 정확하게 수색할 수 있는 능력을 갖추어야 하며 복종심과 민첩성, 대담성이 있어야 함
주요 견종	저먼 셰퍼드, 세인트 버나드, 골든 리트리버, 스패니얼, 보더 콜리

(3) 도우미견(안내견)

구분	내용
개념	• 신체가 불편한 장애인을 안내하거나 도와주는 반려견을 의미함 • 높은 지능, 체력, 인내심, 낮은 공격성이 필수요소임
특징	• 특정 조끼 및 하네스를 하고 있으며 주인이 계속 위험한 곳으로 향할 경우 사람을 제지해야 함 • 주인이나 타인을 압도해야 하기 때문에 입마개를 하지 않으며, 사람보다 힘이 세야 함

분류	• 시각장애인 도우미견
	  – 시각장애인에게 안전하게 길을 안내하거나 위험을 미리 알려 그들을 보호하는 역할 수행
	  – 주요 견종: 래브라도 리트리버, 골든 리트리버
	• 청각장애인 도우미견
	  – 청각장애인에게 초인종이나 차 소리, 화재 경보 등의 소리가 나면 알려주는 역할 수행
	  – 청각장애인과 소리 난 곳을 몇 차례 왔다 갔다 하거나, 몸 일부를 접촉하는 방법으로 소리의 근원지를 안내함
	• 지체장애인 도우미견
	  – 몸이 불편한 사람들을 대신해 손과 발의 역할을 함
	  – 지체장애인에게 필요한 물건을 가져다주기도 하고 문을 여닫거나 물을 사오는 심부름도 할 수도 있음
	  – 주요 견종: 래브라도 리트리버, 골든 리트리버(주로 대형견 활용)

(4) 탐지견 ⊕

구분	내용
개념	• 특정한 냄새를 기억하고 그것과 동일한 냄새를 발산하는 물질을 찾는 공익견 • 전통적으로 폭발물이나 마약을 탐지하는 데 활용함 • 최근에는 세균, 식품검사, 의료 진단 등 다양한 분야로 확대됨

활용	• 시설물 탐지
	  – 시설물 외부를 먼저 탐지하여 안전을 확보하고, 출입문의 안전 상태를 확인함
	  – 시설 내부에 들어가 구조와 집기 등을 파악하고 탐지 순서와 방법을 결정함
	  – 전등이 꺼진 상태에서 적응 후 탐지함
	  – 실내 온도, 창문과 출입문, 천장의 높이, 냉·난방기 등을 파악하여 탐지에 반영함
	  – 의심스러운 장소를 먼저 탐지하고, 이어서 좌석과 무대 등을 탐지함
	• 운송수단 탐지
	  – 그릴, 엔진통, 범퍼, 휠, 도어, 트렁크, 주유구 등을 정밀하게 탐지함
	  – 다수 차량 탐지 시 의심스러운 차량은 표식을 하고 전체를 탐지 후 다시 탐지함
	  – 지도사와 탐지견의 안전에 유의해야 함

⊕ **우리나라의 탐지견 도입**
- **폭발물탐지견**: 1986년 아시안게임과 1988년 서울올림픽 개최를 대비하여 국방부, 경찰청, 관세청의 인원이 주한미공군에서 훈련을 전수받았다.
- **마약탐지견**: 관세청에서 서울올림픽에 이용한 폭발물탐지견으로 전환하였다.
- **식육류탐지견**: 2000년 국립수의과학검역본부에서 도입하였다.

CHAPTER 03 훈련원리의 활용 ~ 04 반려견 훈련능력 평가와 활용
출제 예상문제

간단한 쪽지 시험으로 문제를 푸는 힘을 키우세요.

OX 문제

01 계통적 탈감작은 강한 자극부터 시작하여 점점 약한 자극을 주어 반응을 최소화한다. (   )

02 동시변별은 변별자극과 대조자극을 임의의 순서로 연속적으로 제시하여 구별하는 것이다. (   )

03 반려견의 불안장애는 사회성이 부족한 경우 생길 수 있다. (   )

04 반려동물행동지도사 실기 시험에는 초크 체인의 사용이 불가하다. (   )

05 치료 도우미견은 내담자와의 상호작용을 통해 심리치유의 효과를 갖는다. (   )

빈칸 문제

06 (   )은/는 소거가 시작된 직후 강화되어 온 반응이 갑자기 강화되지 않을 때 그 반응이 더욱 빈번하게 보이는 현상을 말한다.

07 (   )은/는 훈련 과정에서 습득한 행동이 경험하지 않은 상황으로 퍼지는 것을 뜻한다.

08 (   )에 의한 공격행동은 아픔을 느낄 때 발생한다.

09 (   )을/를 착용하면 반려견의 후두와 머즐에 압력이 가해져 핸들링을 쉽게 할 수 있다.

10 (   )은/는 반려견과 함께 디스크를 던지는 경기이다.

---

01 × 계통적 탈감작은 약한 자극부터 시작한다. 02 × 변별자극과 대조자극을 임의의 순서로 연속적으로 제시하여 구별하는 것은 연속변별이다. 03 ○ 04 ○ 05 ○ 06 소거 격발 07 일반화 08 통증 09 헤드홀터 10 디스크독

3 훈련원리의 활용

01
강화 계획에 대한 설명으로 옳지 <u>않은</u> 것은?
① 연속 강화 계획은 매 행동 시 강화물을 제공한다.
② 연속 강화는 신규 동작 훈련 시 초기에 효과적이다.
③ 간격 강화 계획은 수행 시간을 기준으로 강화물을 제공한다.
④ 특정 시행 횟수 후 강화물을 제공하는 것은 고정간격 강화 계획이다.

> 참고 특정 시행 횟수 후 강화물을 제공하는 방법은 고정비율 강화 계획이다.

02
다음의 설명에 해당하는 조작적 조건화를 이용한 훈련 방법으로 옳은 것은?

> 반려견에게 복잡한 반응을 서서히 훈련시키는 경우 사용하는 방법으로 단계를 나누어 훈련을 실시한다.

① 처벌
② 대안 행동
③ 길항 조건부여
④ 점진적 조건부여

> 참고 점진적 조건부여에 대한 설명이다.
> ① 반려동물의 행동 감소를 위해 혐오 자극을 제공하거나 보상 자극을 제거하는 것을 뜻한다.
> ②③ 대안 행동 또는 길항 조건부여는 바람직하지 않은 행동과 양립하지 않는 행동을 하도록 조건화하는 방법이다.

03

다음의 설명에 해당하는 훈련 방법으로 옳은 것은?

> 훈련자가 의도하는 행동을 반려견에게 간접적으로 전달하여 효과적인 행동 조절을 하게 한다.

① 용암
② 자극
③ 조형
④ 암시

참고 반려견 훈련 시 행동 유도를 위한 것으로 암시를 통해 반려견의 집중력을 향상시킨다.
① 특정 행동을 유발하는 자극의 크기를 조금씩 줄여 목표에 도달하는 방법이다.
② 행동을 유발시키는 것을 뜻한다.
③ 훈련자가 간단한 동작부터 복잡한 동작까지 새로운 행동을 가르치는 과정이다.

04

조형에 대한 설명으로 옳지 않은 것은?

① 조형은 행동의 모습을 만드는 과정이다.
② 강제적 형성은 새로운 행동을 알려주는 초기에 좋은 방법이다.
③ 조형 능력은 반려견에게 새로운 행동을 가르치는 데 중요한 역할을 한다.
④ 단계적 형성은 목표 행동과 유사한 행동을 보상하여 점차적으로 목표에 가까워지도록 한다.

참고 유도는 훈련 초기에 새로운 행동을 알려주기에 효과적인 방법이다.

05

반려견의 배뇨 및 배변에 대한 문제행동 파악의 원인에 해당하는 것은?

① 영양 상태
② 산책 여부
③ 사회적 공격
④ 단순 마킹 여부

참고 배뇨 및 배변에 대한 문제행동 여부를 파악하기 위해 단순 마킹을 목적으로 배뇨 또는 배변을 하는지 확인한다.
①②③ 영양 상태, 산책 여부, 사회적 공격은 배뇨 및 배변에 대한 문제행동 파악의 원인과는 거리가 멀다.

06

짖음 문제행동의 파악을 위한 관찰사항으로 옳지 않은 것은?

① 반려견의 생활 환경
② 보호자의 생활 패턴
③ 모성 행동과 관련된 공격 여부
④ 짖음으로 인한 보호자의 보상 여부

참고 모성 행동과 관련된 공격 여부 확인은 공격성 문제행동의 파악을 위한 관찰사항에 해당한다.

| 정답 | 01 ④ 02 ④ 03 ④ 04 ② 05 ④ 06 ③

07

낯선 사람을 보고 심하게 짖는 반려견의 행동 원인으로 옳지 않은 것은?

① 사회성 부족
② 행동 반복을 통한 스트레스 해소
③ 낯선 사람의 갑작스러운 행동에 느끼는 두려움
④ 반려견이 짖을 때마다 보호자가 안아주었던 경험

참고 낯선 사람을 보고 심하게 짖는 경우 사회성 부족, 보호자로부터의 경험, 낯선 사람에 대한 두려움 등의 원인이 있으며 행동 반복을 통한 스트레스 해소는 땅을 파는 행동의 원인에 해당한다.

08

반려견의 배변 훈련에 대한 설명으로 옳지 않은 것은?

① 배변 실수 시 확실한 처벌을 가한다.
② 초기 훈련 시 최대한 큰 패드를 활용한다.
③ 배변 장소는 반려견이 자는 곳과 거리를 둔다.
④ 패드 위에 반려견이 올라가면 칭찬과 보상을 한다.

참고 반려견이 배변 실수를 한 경우 조용히 깨끗하게 치워준다.

4 반려견 훈련능력 평가와 활용

09

FCI 어질리티 대회 규정에 따라 반려견의 체급을 측정하는 부위로 옳은 것은?

① 체장
② 전완
③ 대퇴
④ 체고

참고 반려견의 체고를 측정하여 체급을 결정한다.
①②③ 체장, 전완, 대퇴는 FCI 어질리티 대회 규정에 따른 체급 측정 기준이 아니다.

10

어질리티 장애물의 성격이 다른 것은?

① 월
② 타이어
③ A-프레임
④ 싱글 허들

참고 A-프레임은 컨택 장애물 중 하나이고, 나머지 선택지는 점핑 장애물에 해당한다.

11

다음의 설명에 해당하는 반려견 스포츠 종목으로 옳은 것은?

> 반려견이 스타트 지점을 지나 허들을 통과하고 박스의 공을 물고 다시 허들을 통과하여 피니시 라인으로 돌아오는 경기이다.

① 플라이볼
② 어질리티
③ 디스턴스
④ 디스크독

참고 ① 반려견이 스타트 지점을 지나 4개의 허들을 통과한 후 박스의 공을 물고 다시 4개의 허들을 넘어 피니시 라인으로 돌아오는 릴레이 경기는 플라이볼이다.
② 반려견과 핸들러가 한 팀이 되어 다양한 장애물을 신속하고 정확하게 통과하는 경기이다.
③ 디스크독 대회의 종목 중 하나이다.
④ 사람이 던지고 놀던 디스크를 반려견과 함께 던지는 경기이다.

12

다음의 설명에 해당하는 특수 목적 보조견으로 옳은 것은?

> 산사태, 지진 등 재난 사고 상황에서 실종자의 위치를 신속, 정확하게 탐색하여 인명을 구조한다.

① 탐지견
② 도우미견
③ 인명 구조견
④ 치료 도우미견

참고 산사태, 지진, 건물 붕괴 등의 재난 상황에서 실종자의 위치를 신속·정확하게 탐색하여 인명을 구조하는 도움을 주는 특수 목적 보조견은 인명 구조견이다.
① 특정한 냄새를 기억하고 그것과 동일한 냄새를 발산하는 물질을 찾는 공익견이다.
② 신체가 불편한 장애인을 안내하거나 도와주는 반려견이다.
④ 동물과의 교감을 통해 심리적 안정과 치유 효과를 제공하는 반려견이다.

| 정답 | 07 ② 08 ① 09 ④ 10 ③ 11 ① 12 ③

PART

04

직업윤리 및 법률

출제 키워드

과목	챕터	출제 키워드
4과목 직업윤리 및 법률	01 동물보호법	반려동물행동지도사 관련 법률, 동물 등록제, 맹견의 관리
	02 소비자기본법	소비자의 권리와 책무, 소비자분쟁해결기준
	03 기타 생활법률	가축전염병예방법, 수의사법
	04 반려동물행동지도사의 직업윤리	동물학대 금지, 윤리적 훈련

CHAPTER 01

동물보호법

합격 TIP 동물보호법의 주요내용, 반려동물행동지도사 관련 법률 등을 숙지한다.

1 동물보호법

[시행 2025.1.3.] [법률 제19880호, 2024.1.2., 일부개정]

1. 총칙(동물보호법의 개요)

① 목적(제1조) 이 법은 동물의 생명보호, 안전 보장 및 복지 증진을 꾀하고 건전하고 책임 있는 사육문화를 조성함으로써, 생명 존중의 국민 정서를 기르고 사람과 동물의 조화로운 공존에 이바지함을 목적으로 한다.

② 정의(제2조) 이 법에서 사용하는 용어의 뜻은 다음과 같다.

- "동물"이란 고통을 느낄 수 있는 신경체계가 발달한 척추동물로서 다음의 어느 하나에 해당하는 동물을 말한다.
  - 포유류
  - 조류
  - 파충류·양서류·어류 중 농림축산식품부장관이 관계 중앙행정기관의 장과의 협의를 거쳐 대통령령으로 정하는 동물
- "소유자등"이란 동물의 소유자와 일시적 또는 영구적으로 동물을 사육·관리 또는 보호하는 사람을 말한다.
- "유실·유기동물"이란 도로·공원 등의 공공장소에서 소유자등이 없이 배회하거나 내버려진 동물을 말한다.
- "피학대동물"이란 학대를 받은 동물을 말한다.
- "맹견"이란 다음의 어느 하나에 해당하는 개를 말한다.
  - 도사견, 핏불테리어, 로트와일러 등 사람의 생명이나 신체 또는 동물에 위해를 가할 우려가 있는 개로서 농림축산식품부령으로 정하는 개
  - 사람의 생명이나 신체 또는 동물에 위해를 가할 우려가 있어 시·도지사가 맹견으로 지정한 개
- "봉사동물"이란 「장애인복지법」에 따른 장애인 보조견 등 사람이나 국가를 위하여 봉사하고 있거나 봉사한 동물로서 대통령령으로 정하는 동물을 말한다.
- "반려동물"이란 반려(伴侶)의 목적으로 기르는 개, 고양이 등 농림축산식품부령으로 정하는 동물을 말한다.
- "등록대상동물"이란 동물의 보호, 유실·유기(遺棄) 방지, 질병의 관리, 공중위생상의 위해 방지 등을 위하여 등록이 필요하다고 인정하여 대통령령으로 정하는 동물을 말한다.
- "동물학대"란 동물을 대상으로 정당한 사유 없이 불필요하거나 피할 수 있는 고통과 스트레스를 주는 행위 및 굶주림, 질병 등에 대하여 적절한 조치를 게을리하거나 방치하는 행위를 말한다.
- "기질평가"란 동물의 건강상태, 행동양태 및 소유자등의 통제능력 등을 종합적으로 분석하여 평가 대상 동물의 공격성을 판단하는 것을 말한다.
- "반려동물행동지도사"란 반려동물의 행동분석·평가 및 훈련 등에 전문지식과 기술을 가진 사람으로서 자격시험에 합격한 사람을 말한다.
- "동물실험"이란 「실험동물에 관한 법률」에 따른 동물실험을 말한다.
- "동물실험시행기관"이란 동물실험을 실시하는 법인·단체 또는 기관으로서 대통령령으로 정하는 법인·단체 또는 기관을 말한다.

③ 동물보호의 기본원칙(제3조) 누구든지 동물을 사육·관리 또는 보호할 때에는 다음의 원칙을 준수하여야 한다.

- 동물이 본래의 습성과 몸의 원형을 유지하면서 정상적으로 살 수 있도록 할 것
- 동물이 갈증 및 굶주림을 겪거나 영양이 결핍되지 아니하도록 할 것
- 동물이 정상적인 행동을 표현할 수 있고 불편함을 겪지 아니하도록 할 것
- 동물이 고통·상해 및 질병으로부터 자유롭도록 할 것
- 동물이 공포와 스트레스를 받지 아니하도록 할 것

④ **국가·지방자치단체 및 국민의 책무(제4조)** ㉠ 국가와 지방자치단체는 동물학대 방지 등 동물을 적정하게 보호·관리하기 위하여 필요한 시책을 수립·시행하여야 한다.

㉡ 국가와 지방자치단체는 책무를 다하기 위하여 필요한 인력·예산 등을 확보하도록 노력하여야 하며, 국가는 동물의 적정한 보호·관리, 복지업무 추진을 위하여 지방자치단체에 필요한 사업비의 전부 또는 일부를 예산의 범위에서 지원할 수 있다.

㉢ 국가와 지방자치단체는 대통령령으로 정하는 민간단체에 동물보호운동이나 그 밖에 이와 관련된 활동을 권장하거나 필요한 지원을 할 수 있으며, 국민에게 동물의 적정한 보호·관리의 방법 등을 알리기 위하여 노력하여야 한다.

㉣ 국가와 지방자치단체는 「초·중등교육법」에 따른 학교에 재학 중인 학생이 동물의 보호·복지 등에 관한 사항을 교육받을 수 있도록 동물보호교육을 활성화하기 위하여 노력하여야 한다. 〈신설 2023. 6. 20.〉

㉤ 국가와 지방자치단체는 교육을 활성화하기 위하여 예산의 범위에서 지원할 수 있다. 〈신설 2023. 6. 20.〉

㉥ 모든 국민은 동물을 보호하기 위한 국가와 지방자치단체의 시책에 적극 협조하는 등 동물의 보호를 위하여 노력하여야 한다. 〈개정 2023. 6. 20.〉

㉦ 소유자등은 동물의 보호·복지에 관한 교육을 이수하는 등 동물의 적정한 보호·관리와 동물학대 방지를 위하여 노력하여야 한다. 〈개정 2023. 6. 20.〉

⑤ **동물보호의 날(제4조의2)** ㉠ 동물의 생명보호 및 복지 증진의 가치를 널리 알리고 사람과 동물이 조화롭게 공존하는 문화를 조성하기 위하여 매년 10월 4일을 동물보호의 날로 한다.

㉡ 국가와 지방자치단체는 동물보호의 날의 취지에 맞는 행사와 교육 및 홍보를 실시할 수 있다.

[본조신설 2024. 1. 2.]

⑥ **다른 법률과의 관계(제5조)** 동물의 보호 및 이용·관리 등에 대하여 다른 법률에 특별한 규정이 있는 경우를 제외하고는 이 법에서 정하는 바에 따른다.

2. 동물복지종합계획의 수립 등

① **동물복지종합계획(제6조)** ㉠ 농림축산식품부장관은 동물의 적정한 보호·관리를 위하여 5년마다 다음의 사항이 포함된 동물복지종합계획(종합계획)을 수립·시행하여야 한다.

- 동물복지에 관한 기본방향
- 동물의 보호·복지 및 관리에 관한 사항
- 동물을 보호하는 시설에 대한 지원 및 관리에 관한 사항
- 반려동물 관련 영업에 관한 사항
- 동물의 질병 예방 및 치료 등 보건 증진에 관한 사항
- 동물의 보호·복지 관련 대국민 교육 및 홍보에 관한 사항
- 종합계획 추진 재원의 조달방안
- 그 밖에 동물의 보호·복지를 위하여 필요한 사항

㉡ 농림축산식품부장관은 종합계획을 수립할 때 관계 중앙행정기관의 장 및 특별시장·광역시장·특별자치시장·도지사·특별자치도지사(시·도지사)의 의견을 수렴하고, 동물복지위원회의 심의를 거쳐 확정한다.

㉢ 시·도지사는 종합계획에 따라 5년마다 특별시·광역시·특별자치시·도·특별자치도(시·도) 단위의 동물복지계획을 수립하여야 하고, 이를 농림축산식품부장관에게 통보하여야 한다.

② **동물복지위원회(제7조)** ㉠ 농림축산식품부장관의 다음의 자문에 응하도록 하기 위하여 농림축산식품부에 동물복지위원회(위원회)를 둔다. 다만, 종합계획의 수립에 관한 사항은 심의사항으로 한다.

- 종합계획의 수립에 관한 사항
- 동물복지정책의 수립, 집행, 조정 및 평가 등에 관한 사항
- 다른 중앙행정기관의 업무 중 동물의 보호·복지와 관련된 사항
- 그 밖에 동물의 보호·복지에 관한 사항

㉡ 위원회는 공동위원장 2명을 포함하여 20명 이내의 위원으로 구성한다.

ⓒ 공동위원장은 농림축산식품부차관과 호선(互選)된 민간위원으로 하며, 위원은 관계 중앙행정기관의 소속 공무원 또는 다음에 해당하는 사람 중에서 농림축산식품부장관이 임명 또는 위촉한다.

> - 수의사로서 동물의 보호·복지에 대한 학식과 경험이 풍부한 사람
> - 동물복지정책에 관한 학식과 경험이 풍부한 사람으로서 민간단체의 추천을 받은 사람
> - 그 밖에 동물복지정책에 관한 전문지식을 가진 사람으로서 농림축산식품부령으로 정하는 자격기준에 맞는 사람

ⓔ 위원회는 위원회의 업무를 효율적으로 수행하기 위하여 위원회에 분과위원회를 둘 수 있다.
ⓜ 규정에 따른 사항 외에 위원회 및 분과위원회의 구성·운영 등에 관한 사항은 대통령령으로 정한다.
③ 시·도 동물복지위원회(제8조) ㉠ 시·도지사는 시·도 단위의 동물복지계획의 수립, 동물의 적정한 보호·관리 및 동물복지에 관한 정책을 종합·조정하기 위하여 시·도 동물복지위원회를 설치·운영할 수 있다. 다만, 시·도에 동물복지위원회와 성격 및 기능이 유사한 위원회가 설치되어 있는 경우 해당 시·도의 조례로 정하는 바에 따라 그 위원회가 동물복지위원회의 기능을 대신할 수 있다.
㉡ 시·도 동물복지위원회의 구성·운영 등에 관한 사항은 각 시·도의 조례로 정한다.

3. 동물의 보호 및 관리

(1) 동물의 보호 등

① 적정한 사육·관리(제9조) ㉠ 소유자등은 동물에게 적합한 사료와 물을 공급하고, 운동·휴식 및 수면이 보장되도록 노력하여야 한다.
㉡ 소유자등은 동물이 질병에 걸리거나 부상당한 경우에는 신속하게 치료하거나 그 밖에 필요한 조치를 하도록 노력하여야 한다.
㉢ 소유자등은 동물을 관리하거나 다른 장소로 옮긴 경우에는 그 동물이 새로운 환경에 적응하는 데에 필요한 조치를 하도록 노력하여야 한다.
㉣ 소유자등은 재난 시 동물이 안전하게 대피할 수 있도록 노력하여야 한다.
㉤ 규정한 사항 외에 동물의 적절한 사육·관리 방법 등에 관한 사항은 농림축산식품부령으로 정한다.

> **동물의 적절한 사육·관리 방법 등(동물보호법 시행규칙 제5조 관련), 일부 발췌**
>
> 1. 일반기준
>   ① 동물의 소유자등은 최대한 동물 본래의 습성에 가깝게 사육·관리하고, 동물의 생명과 안전을 보호하며, 동물의 복지를 증진해야 한다.
>   ② 동물의 소유자등은 동물이 갈증·배고픔, 영양불량, 불편함, 통증·부상·질병, 두려움 및 정상적으로 행동할 수 없는 것으로 인하여 고통을 받지 않도록 노력해야 하며, 동물의 특성을 고려하여 전염병 예방을 위한 예방접종을 정기적으로 실시해야 한다.
>   ③ 동물의 소유자등은 동물의 사육환경을 다음의 기준에 적합하도록 해야 한다.
>   ㉠ 동물의 종류, 크기, 특성, 건강상태, 사육목적 등을 고려하여 최대한 적절한 사육환경을 제공할 것
>   ㉡ 동물의 사육공간 및 사육시설은 동물이 자연스러운 자세로 일어나거나 눕고 움직이는 등의 일상적인 동작을 하는 데에 지장이 없는 크기일 것
> 2. 개별기준
>   개는 분기마다 1회 이상 구충(驅蟲)을 하되, 구충제의 효능 지속기간이 있는 경우에는 구충제의 효능 지속기간이 끝나기 전에 주기적으로 구충을 해야 한다.

반려동물에 대한 사육·관리·보호 의무(동물보호법 시행규칙 제6조 제5항 관련)	
동물의 사육공간	① 동물의 사육공간(동물이 먹이를 먹거나, 잠을 자거나, 휴식을 취하는 등의 행동을 하는 곳으로서 벽, 칸막이, 그 밖에 해당 동물의 습성에 맞는 설비로 구획된 공간)은 다음의 요건을 갖출 것 ㉠ 사육공간의 위치는 차량, 구조물 등으로 인한 안전사고가 발생할 위험이 없는 곳에 마련할 것 ㉡ 사육공간의 바닥은 망 등 동물의 발이 빠질 수 있는 재질로 하지 않을 것 ㉢ 사육공간은 동물이 자연스러운 자세로 일어나거나 눕거나 움직이는 등의 일상적인 동작을 하는 데에 지장이 없도록 제공하되, 다음의 요건을 갖출 것 　• 가로 및 세로는 각각 사육하는 동물의 몸길이(동물의 코부터 꼬리까지의 길이)의 2.5배 및 2배 이상일 것. 이 경우 하나의 사육공간에서 사육하는 동물이 2마리 이상일 경우에는 마리당 해당 기준을 충족해야 한다. 　• 높이는 동물이 뒷발로 일어섰을 때 머리가 닿지 않는 높이 이상일 것 ㉣ 동물을 실외에서 사육하는 경우 사육공간 내에 더위, 추위, 눈, 비 및 직사광선 등을 피할 수 있는 휴식공간을 제공할 것 ㉤ 동물을 줄로 묶어서 사육하는 경우 그 줄의 길이는 2m 이상(해당 동물의 안전이나 사람 또는 다른 동물에 대한 위해를 방지하기 위해 불가피한 경우에는 제외한다)으로 하되, ㉢에 따라 제공되는 동물의 사육공간을 제한하지 않을 것

| 동물의
위생·건강관리 | ⓑ 동물의 습성 등 부득이한 사유가 없음에도 불구하고 동물을 빛이 차단된 어두운 공간에서 장기간 사육하지 않을 것
② 동물의 위생·건강관리를 위해 다음의 사항을 준수할 것
　㉠ 동물에게 질병(골절 등 상해를 포함한다)이 발생한 경우 신속하게 수의학적 처치를 제공할 것
　㉡ 2마리 이상의 동물을 함께 사육하는 경우에는 동물의 사체나 전염병이 발생한 동물은 즉시 다른 동물과 격리할 것
　㉢ 동물을 줄로 묶어서 사육하는 경우 동물이 그 줄에 묶이거나 목이 조이는 등으로 인해 고통을 느끼거나 상해를 입지 않도록 할 것
　㉣ 동물의 영양이 부족하지 않도록 사료 등 동물에게 적합한 먹이와 깨끗한 물을 공급할 것
　㉤ 먹이와 물을 주기 위한 설비 및 휴식공간은 분변, 오물 등을 수시로 제거하고 청결하게 관리할 것
　㉥ 동물의 행동에 불편함이 없도록 털과 발톱을 적절하게 관리할 것
　㉦ 동물의 사육공간이 소유자등이 거주하는 곳으로부터 멀리 떨어져 있는 경우에는 해당 동물의 위생·건강상태를 정기적으로 관찰할 것 |

② **동물학대 등의 금지(제10조)** ㉠ 누구든지 동물을 죽이거나 죽음에 이르게 하는 다음의 행위를 하여서는 아니 된다.

- 목을 매다는 등의 잔인한 방법으로 죽음에 이르게 하는 행위
- 노상 등 공개된 장소에서 죽이거나 같은 종류의 다른 동물이 보는 앞에서 죽음에 이르게 하는 행위
- 동물의 습성 및 생태환경 등 부득이한 사유가 없음에도 불구하고 해당 동물을 다른 동물의 먹이로 사용하는 행위
- 그 밖에 사람의 생명·신체에 대한 직접적인 위협이나 재산상의 피해 방지 등 농림축산식품부령으로 정하는 정당한 사유 없이 동물을 죽음에 이르게 하는 행위

> **정당한 사유(동물보호법 시행규칙 제6조 제1항)**
> ① 사람의 생명·신체에 대한 직접적인 위협이나 재산상의 피해를 방지하기 위하여 다른 방법이 없는 경우
> ② 허가, 면허 등에 따른 행위를 하는 경우
> ③ 동물의 처리에 관한 명령, 처분 등을 이행하기 위한 경우

㉡ 누구든지 동물에 대하여 다음의 행위를 하여서는 아니 된다.

- 도구·약물 등 물리적·화학적 방법을 사용하여 상해를 입히는 행위. 다만, 해당 동물의 질병 예방이나 치료 등 농림축산식품부령으로 정하는 경우는 제외한다.
- 살아있는 상태에서 동물의 몸을 손상하거나 체액을 채취하거나 체액을 채취하기 위한 장치를 설치하는 행위. 다만, 해당 동물의 질병 예방 및 동물실험 등 농림축산식품부령으로 정하는 경우는 제외한다.
- 도박·광고·오락·유흥 등의 목적으로 동물에게 상해를 입히는 행위. 다만, 민속경기 등 농림축산식품부령으로 정하는 경우는 제외한다.

> **예외적 허용(동물보호법 시행규칙 제6조 제2항)**
> 1. 질병의 예방이나 치료를 위한 행위인 경우
> 2. 법 제47조(동물실험의 원칙)에 따라 실시하는 동물실험인 경우
> 3. 긴급 사태가 발생하여 해당 동물을 보호하기 위해 필요한 행위인 경우

- 동물의 몸에 고통을 주거나 상해를 입히는 다음에 해당하는 행위
  - 사람의 생명·신체에 대한 직접적 위협이나 재산상의 피해를 방지하기 위하여 다른 방법이 있음에도 불구하고 동물에게 고통을 주거나 상해를 입히는 행위
  - 동물의 습성 또는 사육환경 등의 부득이한 사유가 없음에도 불구하고 동물을 혹서·혹한 등의 환경에 방치하여 고통을 주거나 상해를 입히는 행위
  - 갈증이나 굶주림의 해소 또는 질병의 예방이나 치료 등의 목적 없이 동물에게 물이나 음식을 강제로 먹여 고통을 주거나 상해를 입히는 행위
  - 동물의 사육·훈련 등을 위하여 필요한 방식이 아님에도 불구하고 다른 동물과 싸우게 하거나 도구를 사용하는 등 잔인한 방식으로 고통을 주거나 상해를 입히는 행위

㉢ 누구든지 소유자등이 없이 배회하거나 내버려진 동물 또는 피학대동물 중 소유자등을 알 수 없는 동물에 대하여 다음의 어느 하나에 해당하는 행위를 하여서는 아니 된다.

- 포획하여 판매하는 행위
- 포획하여 죽이는 행위
- 판매하거나 죽일 목적으로 포획하는 행위
- 소유자등이 없이 배회하거나 내버려진 동물 또는 피학대동물 중 소유자등을 알 수 없는 동물임을 알면서 알선·구매하는 행위

ⓔ 소유자등은 다음의 행위를 하여서는 아니 된다.

> - 동물을 유기하는 행위
> - 반려동물에게 최소한의 사육공간 및 먹이 제공, 적정한 길이의 목줄, 위생·건강 관리를 위한 사항 등 농림축산식품부령으로 정하는 사육·관리 또는 보호의무를 위반하여 상해를 입히거나 질병을 유발하는 행위
> - 농림축산식품부령으로 정하는 사육·관리 또는 보호의무를 위반하여 상해를 입히거나 질병을 유발하는 행위로 인하여 반려동물을 죽음에 이르게 하는 행위

ⓗ 누구든지 다음의 행위를 하여서는 아니 된다.

> - ⓐ부터 ⓔ까지(동물을 유기하는 행위 제외)의 규정에 해당하는 행위를 촬영한 사진 또는 영상물을 판매·전시·전달·상영하거나 인터넷에 게재하는 행위. 다만, 동물보호 의식을 고양하기 위한 목적이 표시된 홍보 활동 등 농림축산식품부령으로 정하는 경우에는 그러하지 아니하다.
>
>   **제외하는 경우(동물보호법 시행규칙 제6조 제6항)**
>   ① 국가기관, 지방자치단체 또는 「동물보호법 시행령」에 따른 법인·단체(동물보호 민간단체)가 동물보호 의식을 고양시키기 위한 목적으로 촬영한 사진 또는 영상물에 기관 또는 단체의 명칭과 해당 목적을 표시하여 판매·전시·전달·상영하거나 인터넷에 게재하는 경우
>   ② 언론기관이 보도 목적으로 사진 또는 영상물을 부분 편집하여 전시·전달·상영하거나 인터넷에 게재하는 경우
>   ③ 신고 또는 제보의 목적으로 법인·기관 또는 단체에 사진 또는 영상물을 전달하는 경우
>
> - 도박을 목적으로 동물을 이용하는 행위 또는 동물을 이용하는 도박을 행할 목적으로 광고·선전하는 행위. 다만, 「사행산업통합감독위원회법」에 따른 사행산업은 제외한다.
> - 도박·시합·복권·오락·유흥·광고 등의 상이나 경품으로 동물을 제공하는 행위
> - 영리를 목적으로 동물을 대여하는 행위. 다만, 「장애인복지법」에 따른 장애인 보조견의 대여 등 농림축산식품부령으로 정하는 경우는 제외한다.
>
>   **제외하는 경우(동물보호법 시행규칙 제6조 제7항)**
>   ① 「장애인복지법」에 따른 장애인 보조견을 대여하는 경우
>   ② 촬영, 체험 또는 교육을 위하여 동물을 대여하는 경우. 이 경우 대여하는 기간 동안 해당 동물을 관리할 수 있는 인력이 적절한 사육·관리를 해야 한다.

③ **동물의 운송(제11조)** ㉠ 동물을 운송하는 자 중 농림축산식품부령으로 정하는 자는 다음의 사항을 준수하여야 한다.

> - 운송 중인 동물에게 적합한 사료와 물을 공급하고, 급격한 출발·제동 등으로 충격과 상해를 입지 아니하도록 할 것
> - 동물을 운송하는 차량은 동물이 운송 중에 상해를 입지 아니하고, 급격한 체온 변화, 호흡곤란 등으로 인한 고통을 최소화할 수 있는 구조로 되어 있을 것
> - 병든 동물, 어린 동물 또는 임신 중이거나 포유 중인 새끼가 딸린 동물을 운송할 때에는 함께 운송 중인 다른 동물에 의하여 상해를 입지 아니하도록 칸막이의 설치 등 필요한 조치를 할 것
> - 동물을 싣고 내리는 과정에서 동물 또는 동물이 들어있는 운송용 우리를 던지거나 떨어뜨려서 동물을 다치게 하는 행위를 하지 아니할 것
> - 운송을 위하여 전기(電氣) 몰이도구를 사용하지 아니할 것

㉡ 농림축산식품부장관은 동물 운송 차량의 구조 및 설비기준을 정하고 이에 맞는 차량을 사용하도록 권장할 수 있다.
㉢ 농림축산식품부장관은 규정한 사항 외에 동물 운송에 관하여 필요한 사항을 정하여 권장할 수 있다.

④ **반려동물의 전달방법(제12조)** 반려동물을 다른 사람에게 전달하려는 자는 직접 전달하거나 동물운송업의 등록을 한 자를 통하여 전달하여야 한다.

⑤ **동물의 도살방법(제13조)** ㉠ 누구든지 혐오감을 주거나 잔인한 방법으로 동물을 도살하여서는 아니 되며, 도살과정에서 불필요한 고통이나 공포, 스트레스를 주어서는 아니 된다.
㉡ 「축산물 위생관리법」 또는 「가축전염병 예방법」에 따라 동물을 죽이는 경우에는 가스법·전살법(電殺法) 등 농림축산식품부령으로 정하는 방법을 이용하여 고통을 최소화하여야 하며, 반드시 의식이 없는 상태에서 다음 도살 단계로 넘어가야 한다. 매몰을 하는 경우에도 또한 같다.
㉢ 동물을 불가피하게 죽여야 하는 경우에는 고통을 최소화할 수 있는 방법에 따라야 한다.

⑥ **동물의 수술(제14조)** 거세, 뿔 없애기, 꼬리 자르기 등 동물에 대한 외과적 수술을 하는 사람은 수의학적 방법에 따라야 한다.

⑦ **등록대상동물의 등록 등(제15조)** ㉠ 등록대상동물의 소유자는 동물의 보호와 유실·유기 방지 및 공중위생상의 위해 방지 등을 위하여 특별자치시장·특별자치도지사·시장·군수·구청장에게 등록대상동물을 등록하여야 한다. 다만, 등록대상동물이 맹견이 아닌 경우로서 농림축산식품부령으로 정하는 바에 따라 시·도의 조례로 정하는 지역에서는 그러하지 아니하다.
㉡ 등록된 등록대상동물(등록동물)의 소유자는 다음의 어느 하나에 해당하는 경우에는 구분에 따른 기간에 특별자치시장·특별자치도지사·시장·군수·구청장에게 신고하여야 한다.

- 등록동물을 잃어버린 경우: 등록동물을 잃어버린 날부터 10일 이내
- 등록동물에 대하여 대통령령으로 정하는 사항이 변경된 경우: 변경사유 발생일부터 30일 이내

㉢ 등록동물의 소유권을 이전받은 자 중 등록을 실시하는 지역에 거주하는 자는 그 사실을 소유권을 이전받은 날부터 30일 이내에 자신의 주소지를 관할하는 특별자치시장·특별자치도지사·시장·군수·구청장에게 신고하여야 한다.
㉣ 특별자치시장·특별자치도지사·시장·군수·구청장은 대통령령으로 정하는 자(동물등록대행자)로 하여금 규정에 따른 업무를 대행하게 할 수 있으며 이에 필요한 비용을 지급할 수 있다.
㉤ 특별자치시장·특별자치도지사·시장·군수·구청장은 다음의 어느 하나에 해당하는 경우 등록을 말소할 수 있다.

- 거짓이나 그 밖의 부정한 방법으로 등록대상동물을 등록하거나 변경신고한 경우
- 등록동물 소유자의 주민등록이나 외국인등록사항이 말소된 경우
- 등록동물의 소유자인 법인이 해산한 경우

㉥ 국가와 지방자치단체는 등록에 필요한 비용의 일부 또는 전부를 지원할 수 있다.
㉦ 등록대상동물의 등록 사항 및 방법·절차, 변경신고 절차, 등록 말소 절차, 동물등록대행자 준수사항 등에 관한 사항은 대통령령으로 정하며, 그 밖에 등록에 필요한 사항은 시·도의 조례로 정한다.

⑧ **등록대상동물의 관리 등(제16조)** ㉠ 등록대상동물의 소유자등은 소유자등이 없이 등록대상동물을 기르는 곳에서 벗어나지 아니하도록 관리하여야 한다.
㉡ 등록대상동물의 소유자등은 등록대상동물을 동반하고 외출할 때에는 다음의 사항을 준수하여야 한다.

- 농림축산식품부령으로 정하는 기준에 맞는 목줄 착용 등 사람 또는 동물에 대한 위해를 예방하기 위한 안전조치를 할 것
- 등록대상동물의 이름, 소유자의 연락처, 그 밖에 농림축산식품부령으로 정하는 사항을 표시한 인식표를 등록대상동물에게 부착할 것
- 배설물(소변의 경우에는 공동주택의 엘리베이터·계단 등 건물 내부의 공용공간 및 평상·의자 등 사람이 눕거나 앉을 수 있는 기구 위의 것으로 한정한다)이 생겼을 때에는 즉시 수거할 것

㉢ 시·도지사는 등록대상동물의 유실·유기 또는 공중위생상의 위해 방지를 위하여 필요할 때에는 시·도의 조례로 정하는 바에 따라 소유자등으로 하여금 등록대상동물에 대하여 예방접종을 하게 하거나 특정 지역 또는 장소에서의 사육 또는 출입을 제한하게 하는 등 필요한 조치를 할 수 있다.

(2) 맹견의 관리 등

① **맹견수입신고(제17조)** ㉠ 맹견을 수입하려는 자는 대통령령으로 정하는 바에 따라 농림축산식품부장관에게 신고하여야 한다.
㉡ 맹견수입신고를 하려는 자는 맹견의 품종, 수입 목적, 사육 장소 등 대통령령으로 정하는 사항을 신고서에 기재하여 농림축산식품부장관에게 제출하여야 한다.

② **맹견사육허가 등(제18조)** ㉠ 등록대상동물인 맹견을 사육하려는 사람은 다음의 요건을 갖추어 시·도지사에게 맹견사육허가를 받아야 한다.

- 등록을 할 것
- 보험에 가입할 것
- 중성화(中性化) 수술을 할 것. 다만, 맹견의 월령이 8개월 미만인 경우로서 발육상태 등으로 인하여 중성화 수술이 어려운 경우에는 대통령령으로 정하는 기간 내에 중성화 수술을 한 후 그 증명서류를 시·도지사에게 제출하여야 한다.

㉡ 공동으로 맹견을 사육·관리 또는 보호하는 사람이 있는 경우에는 맹견사육허가를 공동으로 신청할 수 있다.
㉢ 시·도지사는 맹견사육허가를 하기 전에 기질평가위원회가 시행하는 기질평가를 거쳐야 한다.
㉣ 시·도지사는 맹견의 사육으로 인하여 공공의 안전에 위험이 발생할 우려가 크다고 판단하는 경우에는 맹견사육허가를 거부하여야 한다. 이 경우 기질평가위원회의 심의를 거쳐 해당 맹견에 대하여 인도적인 방법으로 처리할 것을 명할 수 있다.

ⓜ 맹견의 인도적인 처리는 제46조 제1항(마취 등을 통하여 동물의 고통을 최소화하는 인도적인 방법으로 처리하여야 한다) 및 제2항(동물의 인도적인 처리는 수의사가 하여야 한다) 전단을 준용한다.

ⓗ 시·도지사는 맹견사육허가를 받은 자(공동으로 맹견사육허가를 신청한 경우 공동 신청한 자를 포함한다)에게 농림축산식품부령으로 정하는 바에 따라 교육이수 또는 허가대상 맹견의 훈련을 명할 수 있다.

ⓢ 규정에 따른 사항 외에 맹견사육허가의 절차 등에 관한 사항은 대통령령으로 정한다.

③ **맹견사육허가의 결격사유(제19조)** 다음의 어느 하나에 해당하는 사람은 맹견사육허가를 받을 수 없다.

- 미성년자(19세 미만의 사람)
- 피성년후견인 또는 피한정후견인
- 「정신건강증진 및 정신질환자 복지서비스 지원에 관한 법률」에 따른 정신질환자 또는 「마약류 관리에 관한 법률」에 따른 마약류의 중독자. 다만, 정신건강의학과 전문의가 맹견을 사육하는 것에 지장이 없다고 인정하는 사람은 그러하지 아니하다.
- 동물학대 등의 금지, 등록대상동물의 관리, 맹견의 관리를 위반하여 벌금 이상의 실형을 선고받고 그 집행이 종료(집행이 종료된 것으로 보는 경우를 포함한다)되거나 집행이 면제된 날부터 3년이 지나지 아니한 사람
- 동물학대 등의 금지, 등록대상동물의 관리, 맹견의 관리를 위반하여 벌금 이상의 형의 집행유예를 선고받고 그 유예기간 중에 있는 사람

④ **맹견사육허가의 철회 등(제20조)** ㉠ 시·도지사는 다음의 어느 하나에 해당하는 경우에 맹견사육허가를 철회할 수 있다.

- 맹견사육허가를 받은 사람의 맹견이 사람 또는 동물을 공격하여 다치게 하거나 죽게 한 경우
- 정당한 사유 없이 규정된 기간이 지나도록 중성화 수술을 이행하지 아니한 경우
- 교육이수명령 또는 허가대상 맹견의 훈련 명령에 따르지 아니한 경우

㉡ 시·도지사는 맹견사육허가를 철회하는 경우 기질평가위원회의 심의를 거쳐 해당 맹견에 대하여 인도적인 방법으로 처리할 것을 명할 수 있다. 이 경우 동물의 인도적인 처리 등의 규정을 준용한다.

⑤ **맹견의 관리(제21조)** ㉠ 맹견의 소유자등은 다음의 사항을 준수하여야 한다.

- 소유자등이 없이 맹견을 기르는 곳에서 벗어나지 아니하게 할 것. 다만, 맹견사육허가를 받은 사람의 맹견은 맹견사육허가를 받은 사람 또는 대통령령으로 정하는 맹견사육에 대한 전문지식을 가진 사람 없이 맹견을 기르는 곳에서 벗어나지 아니하게 할 것
- 월령이 3개월 이상인 맹견을 동반하고 외출할 때에는 농림축산식품부령으로 정하는 바에 따라 목줄 및 입마개 등 안전장치를 하거나 맹견의 탈출을 방지할 수 있는 적정한 이동장치를 할 것
- 그 밖에 맹견이 사람 또는 동물에게 위해를 가하지 못하도록 하기 위하여 농림축산식품부령으로 정하는 사항을 따를 것

㉡ 시·도지사와 시장·군수·구청장은 맹견이 사람에게 신체적 피해를 주는 경우 농림축산식품부령으로 정하는 바에 따라 소유자등의 동의 없이 맹견에 대하여 격리조치 등 필요한 조치를 취할 수 있다.

㉢ 맹견사육허가를 받은 사람은 맹견의 안전한 사육·관리 또는 보호에 관하여 농림축산식품부령으로 정하는 바에 따라 정기적으로 교육을 받아야 한다.

⑥ **맹견의 출입금지 등(제22조)** 맹견의 소유자등은 다음의 어느 하나에 해당하는 장소에 맹견이 출입하지 아니하도록 하여야 한다.

- 「영유아보육법」에 따른 어린이집
- 「유아교육법」에 따른 유치원
- 「초·중등교육법」에 따른 초등학교 및 특수학교
- 「노인복지법」에 따른 노인복지시설
- 「장애인복지법」에 따른 장애인복지시설
- 「도시공원 및 녹지 등에 관한 법률」에 따른 어린이공원
- 「어린이놀이시설 안전관리법」에 따른 어린이놀이시설
- 그 밖에 불특정 다수인이 이용하는 장소로서 시·도의 조례로 정하는 장소

⑦ **보험의 가입 등(제23조)** ㉠ 맹견의 소유자는 자신의 맹견이 다른 사람 또는 동물을 다치게 하거나 죽게 한 경우 발생한 피해를 보상하기 위하여 보험에 가입하여야 한다.

㉡ 보험에 가입하여야 할 맹견의 범위, 보험의 종류, 보상한도액 및 그 밖에 필요한 사항은 대통령령으로 정한다.

㉢ 농림축산식품부장관은 보험의 가입관리 업무를 위하여 필요한 경우 대통령령으로 정하는 바에 따라 관계 중앙행정기관의 장 또는 지방자치단체의 장에게 행정적 조치를 하도록 요청하거나 관계 기관, 보험회사 및 보험 관련 단체에 보험의 가입관리 업무에 필요한 자료를 요청할 수 있다. 이 경우 요청을 받은 자는 정당한 사유가 없으면 이에 따라야 한다.

⑧ **맹견 아닌 개의 기질평가(제24조)** ㉠ 시·도지사는 맹견이 아닌 개가 사람 또는 동물에게 위해를 가한 경우 그 개의 소유자에게 해당 동물에 대한 기질평가를 받을 것을 명할 수 있다.

㉡ 맹견이 아닌 개의 소유자는 해당 개의 공격성이 분쟁의 대상이 된 경우 시·도지사에게 해당 개에 대한 기질평가를 신청할 수 있다.

ⓒ 시·도지사는 명령을 하거나 신청을 받은 경우 기질평가를 거쳐 해당 개의 공격성이 높은 경우 맹견으로 지정하여야 한다.
ⓓ 시·도지사는 맹견 지정을 하는 경우에는 해당 개의 소유자의 신청이 있으면 맹견사육허가 여부를 함께 결정할 수 있다.
ⓔ 시·도지사는 맹견 지정을 하지 아니하는 경우에도 해당 개의 소유자에게 대통령령으로 정하는 바에 따라 교육이수 또는 개의 훈련을 명할 수 있다.

⑨ 비용부담 등(제25조) ㉠ 기질평가에 소요되는 비용은 소유자의 부담으로 하며, 그 비용의 징수는 「지방행정제재·부과금의 징수 등에 관한 법률」의 예에 따른다.
ⓛ 기질평가비용의 기준, 지급 범위 등과 관련하여 필요한 사항은 농림축산식품부령으로 정한다.

⑩ 기질평가위원회(제26조) ㉠ 시·도지사는 다음의 업무를 수행하기 위하여 시·도에 기질평가위원회를 둔다.

- 맹견 종(種)의 판정
- 맹견의 기질평가
- 인도적인 처리에 대한 심의
- 맹견이 아닌 개에 대한 기질평가
- 그 밖에 시·도지사가 요청하는 사항

ⓛ 기질평가위원회는 위원장 1명을 포함하여 3명 이상의 위원으로 구성한다.
ⓒ 위원은 다음의 어느 하나에 해당하는 사람 중에서 시·도지사가 위촉하며, 위원장은 위원 중에서 호선한다.

- 수의사로서 동물의 행동과 발달 과정에 대한 학식과 경험이 풍부한 사람
- 반려동물행동지도사
- 동물복지정책에 대한 학식과 경험이 풍부하다고 시·도지사가 인정하는 사람

ⓔ 규정에 따른 사항 외에 기질평가위원회의 구성·운영 등에 관한 사항은 대통령령으로 정한다.

⑪ 기질평가위원회의 권한 등(제27조) ㉠ 기질평가위원회는 기질평가를 위하여 필요하다고 인정하는 경우 평가대상동물의 소유자등에 대하여 출석하여 진술하게 하거나 의견서 또는 자료의 제출을 요청할 수 있다.
ⓛ 기질평가위원회는 평가에 필요한 경우 소유자의 거주지, 그 밖에 사건과 관련된 장소에서 기질평가와 관련된 조사를 할 수 있다.
ⓒ 조사를 하는 경우 농림축산식품부령으로 정하는 증표를 지니고 이를 소유자에게 보여주어야 한다.
ⓔ 평가대상동물의 소유자등은 정당한 사유 없이 출석, 자료제출요구 또는 기질평가와 관련한 조사를 거부하여서는 아니 된다.

⑫ 기질평가에 필요한 정보의 요청 등(제28조) ㉠ 시·도지사 또는 기질평가위원회는 기질평가를 위하여 필요하다고 인정하는 경우 동물이 사람 또는 동물에게 위해를 가한 사건에 대하여 관계 기관에 영상정보처리기기의 기록 등 필요한 정보를 요청할 수 있다.
ⓛ 요청을 받은 관계 기관의 장은 정당한 사유 없이 이를 거부하여서는 아니 된다.
ⓒ 정보의 보호 및 관리에 관한 사항은 이 법에서 규정된 것을 제외하고는 「개인정보 보호법」을 따른다.

⑬ 비밀엄수의 의무 등(제29조) ㉠ 기질평가위원회의 위원이나 위원이었던 사람은 업무상 알게 된 비밀을 누설하여서는 아니 된다.
ⓛ 기질평가위원회의 위원 중 공무원이 아닌 사람은 「형법」의 규정을 적용할 때에 공무원으로 본다.

(3) 반려동물행동지도사

① 반려동물행동지도사의 업무(제30조) ㉠ 반려동물행동지도사는 다음의 업무를 수행한다.

- 반려동물에 대한 행동분석 및 평가
- 반려동물에 대한 훈련
- 반려동물 소유자등에 대한 교육
- 그 밖에 반려동물행동지도에 필요한 사항으로 농림축산식품부령으로 정하는 업무

ⓛ 농림축산식품부장관은 반려동물행동지도사의 업무능력 및 전문성 향상을 위하여 농림축산식품부령으로 정하는 바에 따라 보수교육을 실시할 수 있다.

② 반려동물행동지도사 자격시험(제31조) ㉠ 반려동물행동지도사가 되려는 사람은 농림축산식품부장관이 시행하는 자격시험에 합격하여야 한다.
ⓛ 반려동물의 행동분석·평가 및 훈련 등에 전문지식과 기술을 갖추었다고 인정되는 대통령령으로 정하는 기준에 해당하는 사람에게는 자격시험 과목의 일부를 면제할 수 있다.

ⓒ 농림축산식품부장관은 다음의 어느 하나에 해당하는 사람에 대해서는 해당 시험을 무효로 하거나 합격 결정을 취소하여야 한다.

- 거짓이나 그 밖에 부정한 방법으로 시험에 응시한 사람
- 시험에서 부정한 행위를 한 사람

ⓔ 다음의 어느 하나에 해당하는 사람은 그 처분이 있은 날부터 3년간 반려동물행동지도사 자격시험에 응시하지 못한다.

- 시험의 무효 또는 합격 결정의 취소를 받은 사람
- 반려동물행동지도사의 자격이 취소된 사람

ⓜ 농림축산식품부장관은 자격시험의 시행 등에 관한 사항을 대통령령으로 정하는 바에 따라 관계 전문기관에 위탁할 수 있다.

ⓑ 반려동물행동지도사 자격시험의 시험과목, 시험방법, 합격기준 및 자격증 발급 등에 관한 사항은 대통령령으로 정한다.

③ **반려동물행동지도사의 결격사유 및 자격취소 등(제32조)** ㉠ 다음의 어느 하나에 해당하는 사람은 반려동물행동지도사가 될 수 없다.

- 피성년후견인
- 「정신건강증진 및 정신질환자 복지서비스 지원에 관한 법률」에 따른 정신질환자 또는 「마약류 관리에 관한 법률」에 따른 마약류의 중독자. 다만, 정신건강의학과 전문의가 반려동물행동지도사 업무를 수행할 수 있다고 인정하는 사람은 그러하지 아니하다.
- 동물보호법을 위반하여 벌금 이상의 실형을 선고받고 그 집행이 종료(집행이 종료된 것으로 보는 경우를 포함한다)되거나 집행이 면제된 날부터 3년이 지나지 아니한 경우
- 동물보호법을 위반하여 벌금 이상의 형의 집행유예를 선고받고 그 유예기간 중에 있는 경우

㉡ 농림축산식품부장관은 반려동물행동지도사가 다음의 어느 하나에 해당하면 그 자격을 취소하거나 2년 이내의 기간을 정하여 그 자격을 정지시킬 수 있다. 다만, 다음의 *표시에 해당하는 경우에는 그 자격을 취소하여야 한다.

- ㉠의 어느 하나에 해당하게 된 경우*
- 거짓이나 그 밖의 부정한 방법으로 자격을 취득한 경우*
- 다른 사람에게 명의를 사용하게 하거나 자격증을 대여한 경우*
- 자격정지기간에 업무를 수행한 경우*
- 동물보호법을 위반하여 벌금 이상의 형을 선고받고 그 형이 확정된 경우
- 영리를 목적으로 반려동물의 소유자등에게 불필요한 서비스를 선택하도록 알선·유인하거나 강요한 경우

ⓒ 자격의 취소 및 정지에 관한 기준은 그 처분의 사유와 위반 정도 등을 고려하여 농림축산식품부령으로 정한다.

④ **명의대여 금지 등(제33조)** ㉠ 자격시험에 합격한 자가 아니면 반려동물행동지도사의 명칭을 사용하지 못한다.

㉡ 반려동물행동지도사는 다른 사람에게 자기의 명의를 사용하여 업무를 수행하게 하거나 그 자격증을 대여하여서는 아니 된다.

ⓒ 누구든지 금지된 행위를 알선하여서는 아니 된다.

(4) 동물의 구조 등

① **동물의 구조·보호(제34조)** ㉠ 시·도지사와 시장·군수·구청장은 다음의 어느 하나에 해당하는 동물을 발견한 때에는 그 동물을 구조하여 치료·보호에 필요한 조치(보호조치)를 하여야 하며, 다음의 *표시에 해당하는 동물은 학대 재발 방지를 위하여 학대행위자로부터 격리하여야 한다. 다만, 유실·유기동물 중 농림축산식품부령으로 정하는 동물은 구조·보호조치의 대상에서 제외한다.

- 유실·유기동물
- 피학대동물 중 소유자를 알 수 없는 동물*
- 소유자등으로부터 학대를 받아 적정하게 치료·보호받을 수 없다고 판단되는 동물*

㉡ 시·도지사와 시장·군수·구청장이 유실·유기동물 및 피학대동물 중 소유자를 알 수 없는 동물에 대하여 보호조치 중인 경우에는 그 동물의 등록 여부를 확인하여야 하고, 등록된 동물인 경우에는 지체 없이 동물의 소유자에게 보호조치 중인 사실을 통보하여야 한다.

ⓒ 시·도지사와 시장·군수·구청장이 소유자등으로부터 학대를 받아 적정하게 치료·보호받을 수 없다고 판단되는 동물을 보호할 때에는 농림축산식품부령으로 정하는 바에 따라 수의사의 진단과 동물보호센터의 장 등 관계자의 의견 청취를 거쳐 기간을 정하여 해당 동물에 대한 보호조치를 하여야 한다. 〈개정 2024. 1. 2.〉

ⓔ 시·도지사와 시장·군수·구청장은 ㉠ 외의 부분 단서에 해당하는 동물에 대하여도 보호·관리를 위하여 필요한 조치를 할 수 있다.

② **동물보호센터의 설치 등(제35조)** ㉠ 시·도지사와 시장·군수·구청장은 동물의 구조·보호 등을 위하여 농림축산식품부령으로 정하는 시설 및 인력 기준에 맞는 동물보호센터를 설치·운영할 수 있다.
㉡ 시·도지사와 시장·군수·구청장은 동물보호센터를 직접 설치·운영하도록 노력하여야 한다.
㉢ 동물보호센터의 업무는 다음과 같다.

• 동물의 구조·보호조치	• 반려동물사육에 대한 교육
• 동물의 반환 등	• 유실·유기동물 발생 예방 교육
• 사육포기 동물의 인수 등	• 동물학대행위 근절을 위한 동물보호 홍보
• 동물의 기증·분양	• 그 밖에 동물의 구조·보호 등을 위하여 농림축산식품부령으로 정하는 업무
• 동물의 인도적인 처리 등	

㉣ 농림축산식품부장관은 시·도지사 또는 시장·군수·구청장이 설치·운영하는 동물보호센터의 설치·운영에 드는 비용의 전부 또는 일부를 지원할 수 있다.
㉤ 동물보호센터의 장 및 그 종사자는 농림축산식품부령으로 정하는 바에 따라 정기적으로 동물의 보호 및 공중위생상의 위해 방지 등에 관한 교육을 받아야 한다.
㉥ 동물보호센터 운영의 공정성과 투명성을 확보하기 위하여 농림축산식품부령으로 정하는 일정 규모 이상의 동물보호센터는 농림축산식품부령으로 정하는 바에 따라 운영위원회를 구성·운영하여야 한다. 다만, 시·도 또는 시·군·구에 운영위원회와 성격 및 기능이 유사한 위원회가 설치되어 있는 경우 해당 시·도 또는 시·군·구의 조례로 정하는 바에 따라 그 위원회가 운영위원회의 기능을 대신할 수 있다.
㉦ 동물보호센터의 준수사항 등에 관한 사항은 농림축산식품부령으로 정하고, 보호조치의 구체적인 내용 등 그 밖에 필요한 사항은 시·도의 조례로 정한다.

③ **동물보호센터의 지정 등(제36조)** ㉠ 시·도지사 또는 시장·군수·구청장은 농림축산식품부령으로 정하는 시설 및 인력 기준에 맞는 기관이나 단체 등을 동물보호센터로 지정하여 업무를 위탁할 수 있다. 이 경우 동물보호센터로 지정받은 기관이나 단체 등은 동물의 보호조치를 제3자에게 위탁하여서는 아니 된다.
㉡ 동물보호센터로 지정받으려는 자는 농림축산식품부령으로 정하는 바에 따라 시·도지사 또는 시장·군수·구청장에게 신청하여야 한다.
㉢ 시·도지사 또는 시장·군수·구청장은 동물보호센터에 동물의 구조·보호조치 등에 드는 비용(보호비용)의 전부 또는 일부를 지원할 수 있으며, 보호비용의 지급절차와 그 밖에 필요한 사항은 농림축산식품부령으로 정한다.
㉣ 시·도지사 또는 시장·군수·구청장은 지정된 동물보호센터가 다음의 어느 하나에 해당하는 경우에는 그 지정을 취소할 수 있다. 다만, *표시에 해당하는 경우에는 그 지정을 취소하여야 한다.

• 거짓이나 그 밖의 부정한 방법으로 지정을 받은 경우*	• 출입·검사 등의 시정명령을 위반한 경우
• 지정기준에 맞지 아니하게 된 경우	• 특별한 사유 없이 유실·유기동물 및 피학대동물에 대한 보호조치를 3회 이상 거부한 경우
• 보호비용을 거짓으로 청구한 경우	
• 제10조 ㉠부터 ㉣까지의 금지 규정을 위반한 경우*	• 보호 중인 동물을 영리를 목적으로 분양한 경우
• 동물의 인도적인 처리 등을 위반한 경우	

㉤ 시·도지사 또는 시장·군수·구청장은 지정이 취소된 기관이나 단체 등을 지정이 취소된 날부터 1년 이내에는 다시 동물보호센터로 지정하여서는 아니 된다. 다만, 제10조 ㉠부터 ㉣까지의 규정을 위반하여 지정이 취소된 기관이나 단체는 지정이 취소된 날부터 5년 이내에는 다시 동물보호센터로 지정하여서는 아니 된다.

> **동물학대 등의 금지(제10조)**
> ㉠ 누구든지 동물을 죽이거나 죽음에 이르게 하는 다음의 행위를 하여서는 아니 된다.
>
> • 목을 매다는 등의 잔인한 방법으로 죽음에 이르게 하는 행위
> • 노상 등 공개된 장소에서 죽이거나 같은 종류의 다른 동물이 보는 앞에서 죽음에 이르게 하는 행위
> • 동물의 습성 및 생태환경 등 부득이한 사유가 없음에도 불구하고 해당 동물을 다른 동물의 먹이로 사용하는 행위
> • 그 밖에 사람의 생명·신체에 대한 직접적인 위협이나 재산상의 피해 방지 등 농림축산식품부령으로 정하는 정당한 사유 없이 동물을 죽음에 이르게 하는 행위

ⓒ 누구든지 동물에 대하여 다음의 행위를 하여서는 아니 된다.

- 도구·약물 등 물리적·화학적 방법을 사용하여 상해를 입히는 행위. 다만, 해당 동물의 질병 예방이나 치료 등 농림축산식품부령으로 정하는 경우는 제외한다.
- 살아있는 상태에서 동물의 몸을 손상하거나 체액을 채취하거나 체액을 채취하기 위한 장치를 설치하는 행위. 다만, 해당 동물의 질병 예방 및 동물실험 등 농림축산식품부령으로 정하는 경우는 제외한다.
- 도박·광고·오락·유흥 등의 목적으로 동물에게 상해를 입히는 행위. 다만, 민속경기 등 농림축산식품부령으로 정하는 경우는 제외한다.
- 동물의 몸에 고통을 주거나 상해를 입히는 다음에 해당하는 행위
  - 사람의 생명·신체에 대한 직접적 위협이나 재산상의 피해를 방지하기 위하여 다른 방법이 있음에도 불구하고 동물에게 고통을 주거나 상해를 입히는 행위
  - 동물의 습성 또는 사육환경 등의 부득이한 사유가 없음에도 불구하고 동물을 혹서·혹한 등의 환경에 방치하여 고통을 주거나 상해를 입히는 행위
  - 갈증이나 굶주림의 해소 또는 질병의 예방이나 치료 등의 목적 없이 동물에게 물이나 음식을 강제로 먹여 고통을 주거나 상해를 입히는 행위
  - 동물의 사육·훈련 등을 위하여 필요한 방식이 아님에도 불구하고 다른 동물과 싸우게 하거나 도구를 사용하는 등 잔인한 방식으로 고통을 주거나 상해를 입히는 행위

ⓒ 누구든지 소유자등이 없이 배회하거나 내버려진 동물 또는 피학대동물 중 소유자등을 알 수 없는 동물에 대하여 다음의 어느 하나에 해당하는 행위를 하여서는 아니 된다.

- 포획하여 판매하는 행위
- 포획하여 죽이는 행위
- 판매하거나 죽일 목적으로 포획하는 행위
- 소유자등이 없이 배회하거나 내버려진 동물 또는 피학대동물 중 소유자등을 알 수 없는 동물임을 알면서 알선·구매하는 행위

ⓔ 소유자등은 다음의 행위를 하여서는 아니 된다.

- 동물을 유기하는 행위
- 반려동물에게 최소한의 사육공간 및 먹이 제공, 적정한 길이의 목줄, 위생·건강 관리를 위한 사항 등 농림축산식품부령으로 정하는 사육·관리 또는 보호의무를 위반하여 상해를 입히거나 질병을 유발하는 행위
- 농림축산식품부령으로 정하는 사육·관리 또는 보호의무를 위반하여 상해를 입히거나 질병을 유발하는 행위로 인하여 반려동물을 죽음에 이르게 하는 행위

ⓗ 동물보호센터 지정절차의 구체적인 내용은 시·도의 조례로 정하고, 지정된 동물보호센터에 대하여는 제35조 제5항(동물보호센터의 장 및 그 종사자는 동물의 보호 및 공중위생상의 위해 방지 등에 관한 교육을 받아야 한다)부터 제7항(동물보호센터의 준수사항 등에 관한 사항은 농림축산식품부령으로 정하고, 보호조치의 구체적인 내용 등 그 밖에 필요한 사항은 시·도의 조례로 정한다)까지의 규정을 준용한다.

④ **민간동물보호시설의 신고 등(제37조)** ⓘ 영리를 목적으로 하지 아니하고 유실·유기동물 및 피학대동물을 기증받거나 인수 등을 하여 임시로 보호하기 위하여 대통령령으로 정하는 규모 이상의 민간동물보호시설(보호시설)을 운영하려는 자는 농림축산식품부령으로 정하는 바에 따라 시설 명칭, 주소, 규모 등을 특별자치시장·특별자치도지사·시장·군수·구청장에게 신고하여야 한다.

ⓒ 신고한 사항 중 대통령령으로 정하는 중요한 사항을 변경할 때에는 특별자치시장·특별자치도지사·시장·군수·구청장에게 신고하여야 한다.

ⓒ 특별자치시장·특별자치도지사·시장·군수·구청장은 ⓘ에 따른 신고 또는 ⓒ에 따른 변경신고를 받은 경우 그 내용을 검토하여 동물보호법에 적합하면 신고를 수리하여야 한다.

ⓔ 신고가 수리된 보호시설의 운영자(보호시설운영자)는 농림축산식품부령으로 정하는 시설 및 운영 기준 등을 준수하여야 하며 동물보호를 위하여 시설정비 등의 사후관리를 하여야 한다.

ⓜ 보호시설운영자가 보호시설의 운영을 일시적으로 중단하거나 영구적으로 폐쇄 또는 그 운영을 재개하려는 경우에는 농림축산식품부령으로 정하는 바에 따라 보호하고 있는 동물에 대한 관리 또는 처리 방안 등을 마련하여 특별자치시장·특별자치도지사·시장·군수·구청장에게 신고하여야 한다. 이 경우 ⓒ을 준용한다.

ⓗ 미성년자, 피성년후견인, 동물보호법을 위반하여 벌금 이상의 실형을 선고받고 그 집행이 종료(집행이 종료된 것으로 보는 경우를 포함한다)되거나 집행이 면제된 날부터 3년(동물학대 등의 금지를 위반한 경우에는 5년으로 한다)이 지나지 아니한 사람 또는 벌금 이상의 형의 집행유예를 선고받고 그 유예기간 중에 있는 사람은 보호시설운영자가 되거나 보호시설 종사자로 채용될 수 없다.

Ⓐ 농림축산식품부장관 또는 특별자치시장·특별자치도지사·시장·군수·구청장은 보호시설의 환경개선 및 운영에 드는 비용의 일부를 지원할 수 있다.

Ⓑ ㉠부터 ㉥까지의 규정에 따른 보호시설의 시설 및 운영 등에 관한 사항은 대통령령으로 정한다.

⑤ **시정명령 및 시설폐쇄 등(제38조)** ㉠ 특별자치시장·특별자치도지사·시장·군수·구청장은 동물보호시설 및 운영 기준 준수, 시설정비 등의 사후관리를 위반한 보호시설운영자에게 해당 위반행위의 중지나 시정을 위하여 필요한 조치를 명할 수 있다.

㉡ 특별자치시장·특별자치도지사·시장·군수·구청장은 보호시설운영자가 다음의 어느 하나에 해당하는 경우에는 보호시설의 폐쇄를 명할 수 있다. 다만, *표시에 해당하는 경우에는 보호시설의 폐쇄를 명하여야 한다.

- 거짓이나 그 밖의 부정한 방법으로 보호시설의 신고 또는 변경신고를 한 경우*
- 제10조 제1항부터 제4항까지의 규정을 위반하여 벌금 이상의 형을 선고받은 경우*
- 중지명령이나 시정명령을 최근 2년 이내에 3회 이상 반복하여 이행하지 아니한 경우
- 신고를 하지 아니하고 보호시설을 운영한 경우
- 변경신고를 하지 아니하고 보호시설을 운영한 경우

동물학대 등의 금지(제10조)

㉠ 누구든지 동물을 죽이거나 죽음에 이르게 하는 다음의 행위를 하여서는 아니 된다.

- 목을 매다는 등의 잔인한 방법으로 죽음에 이르게 하는 행위
- 노상 등 공개된 장소에서 죽이거나 같은 종류의 다른 동물이 보는 앞에서 죽음에 이르게 하는 행위
- 동물의 습성 및 생태환경 등 부득이한 사유가 없음에도 불구하고 해당 동물을 다른 동물의 먹이로 사용하는 행위
- 그 밖에 사람의 생명·신체에 대한 직접적인 위협이나 재산상의 피해 방지 등 농림축산식품부령으로 정하는 정당한 사유 없이 동물을 죽음에 이르게 하는 행위

㉡ 누구든지 동물에 대하여 다음의 행위를 하여서는 아니 된다.

- 도구·약물 등 물리적·화학적 방법을 사용하여 상해를 입히는 행위. 다만, 해당 동물의 질병 예방이나 치료 등 농림축산식품부령으로 정하는 경우는 제외한다.
- 살아있는 상태에서 동물의 몸을 손상하거나 체액을 채취하거나 체액을 채취하기 위한 장치를 설치하는 행위. 다만, 해당 동물의 질병 예방 및 동물실험 등 농림축산식품부령으로 정하는 경우는 제외한다.
- 도박·광고·오락·유흥 등의 목적으로 동물에게 상해를 입히는 행위. 다만, 민속경기 등 농림축산식품부령으로 정하는 경우는 제외한다.
- 동물의 몸에 고통을 주거나 상해를 입히는 다음에 해당하는 행위
  - 사람의 생명·신체에 대한 직접적 위협이나 재산상의 피해를 방지하기 위하여 다른 방법이 있음에도 불구하고 동물에게 고통을 주거나 상해를 입히는 행위
  - 동물의 습성 또는 사육환경 등의 부득이한 사유가 없음에도 불구하고 동물을 혹서·혹한 등의 환경에 방치하여 고통을 주거나 상해를 입히는 행위
  - 갈증이나 굶주림의 해소 또는 질병의 예방이나 치료 등의 목적 없이 동물에게 물이나 음식을 강제로 먹여 고통을 주거나 상해를 입히는 행위
  - 동물의 사육·훈련 등을 위하여 필요한 방식이 아님에도 불구하고 다른 동물과 싸우게 하거나 도구를 사용하는 등 잔인한 방식으로 고통을 주거나 상해를 입히는 행위

㉢ 누구든지 소유자등이 없이 배회하거나 내버려진 동물 또는 피학대동물 중 소유자등을 알 수 없는 동물에 대하여 다음의 어느 하나에 해당하는 행위를 하여서는 아니 된다.

- 포획하여 판매하는 행위
- 포획하여 죽이는 행위
- 판매하거나 죽일 목적으로 포획하는 행위
- 소유자등이 없이 배회하거나 내버려진 동물 또는 피학대동물 중 소유자등을 알 수 없는 동물임을 알면서 알선·구매하는 행위

㉣ 소유자등은 다음의 행위를 하여서는 아니 된다.

- 동물을 유기하는 행위
- 반려동물에게 최소한의 사육공간 및 먹이 제공, 적정한 길이의 목줄, 위생·건강 관리를 위한 사항 등 농림축산식품부령으로 정하는 사육·관리 또는 보호의무를 위반하여 상해를 입히거나 질병을 유발하는 행위
- 농림축산식품부령으로 정하는 사육·관리 또는 보호의무를 위반하여 상해를 입히거나 질병을 유발하는 행위로 인하여 반려동물을 죽음에 이르게 하는 행위

⑥ **신고 등(제39조)** ㉠ 누구든지 다음의 어느 하나에 해당하는 동물을 발견한 때에는 관할 지방자치단체 또는 동물보호센터에 신고할 수 있다.

| • 학대를 받는 동물 | • 유실·유기동물 |

㉡ 다음의 어느 하나에 해당하는 자가 그 직무상 ㉠에 따른 동물을 발견한 때에는 지체 없이 관할 지방자치단체 또는 동물보호센터에 신고하여야 한다. 〈개정 2023. 6. 20.〉

| • 민간단체의 임원 및 회원
• 설치되거나 지정된 동물보호센터의 장 및 그 종사자
• 보호시설운영자 및 보호시설의 종사자
• 동물실험윤리위원회를 설치한 동물실험시행기관의 장 및 그 종사자
• 동물실험윤리위원회의 위원 | • 동물복지축산농장 인증을 받은 자
• 영업의 허가를 받은 자 또는 영업의 등록을 한 자 및 그 종사자
• 동물보호관
• 수의사, 동물병원의 장 및 그 종사자 |

㉢ 신고인의 신분은 보장되어야 하며 그 의사에 반하여 신원이 노출되어서는 아니 된다.

㉣ 신고한 자 또는 신고·통보를 받은 관할 특별자치시장·특별자치도지사·시장·군수·구청장은 관할 시·도 가축방역기관장 또는 국립가축방역기관장에게 해당 동물의 학대 여부 판단 등을 위한 동물검사를 의뢰할 수 있다.

⑦ **공고(제40조)** 시·도지사와 시장·군수·구청장은 유실·유기동물 및 피학대동물 중 소유자를 알 수 없는 동물을 보호하고 있는 경우에는 소유자등이 보호조치 사실을 알 수 있도록 대통령령으로 정하는 바에 따라 지체 없이 7일 이상 그 사실을 공고하여야 한다.

⑧ **동물의 반환 등(제41조)** ㉠ 시·도지사와 시장·군수·구청장은 다음의 어느 하나에 해당하는 사유가 발생한 경우에는 동물을 그 동물의 소유자에게 반환하여야 한다.

| • 유기·유실 동물 또는 피학대동물 중 소유자를 알 수 없는 동물이 보호조치 중에 있고, 소유자가 그 동물에 대하여 반환을 요구하는 경우
• 보호기간이 지난 후, 보호조치 중인 동물 중 소유자등으로부터 학대를 받아 적정하게 치료·보호받을 수 없다고 판단되는 동물에 대하여 소유자가 사육계획서를 제출한 후 보호비용을 부담하고 반환을 요구하는 경우* |

㉡ 시·도지사와 시장·군수·구청장이 보호조치 중인 소유자등으로부터 학대를 받아 적정하게 치료·보호받을 수 없다고 판단되는 동물을 반환받으려는 소유자는 농림축산식품부령으로 정하는 바에 따라 학대행위의 재발 방지 등 동물을 적정하게 보호·관리하기 위한 사육계획서를 제출하여야 한다.

㉢ 시·도지사와 시장·군수·구청장은 ㉠의 *표시에 해당하는 동물의 반환과 관련하여 동물의 소유자에게 보호기간, 보호비용 납부기한 및 면제 등에 관한 사항을 알려야 한다.

㉣ 시·도지사와 시장·군수·구청장은 ㉠의 *표시에 해당하는 동물을 반환받은 소유자가 제출한 사육계획서의 내용을 이행하고 있는지를 동물보호관에게 점검하게 할 수 있다.

⑨ **보호비용의 부담(제42조)** ㉠ 시·도지사와 시장·군수·구청장은 유실·유기동물 및 피학대동물 중 소유자를 알 수 없는 동물의 보호비용을 소유자 또는 분양을 받는 자에게 청구할 수 있다.

㉡ 소유자등으로부터 학대를 받아 적정하게 치료·보호받을 수 없다고 판단되는 동물의 보호비용은 농림축산식품부령으로 정하는 바에 따라 납부기한까지 그 동물의 소유자가 내야 한다. 이 경우 시·도지사와 시장·군수·구청장은 동물의 소유자가 그 동물의 소유권을 포기한 경우에는 보호비용의 전부 또는 일부를 면제할 수 있다.

㉢ 보호비용의 징수에 관한 사항은 대통령령으로 정하고, 보호비용의 산정 기준에 관한 사항은 농림축산식품부령으로 정하는 범위에서 해당 시·도의 조례로 정한다.

⑩ **동물의 소유권 취득(제43조)** 시·도 및 시·군·구가 동물의 소유권을 취득할 수 있는 경우는 다음과 같다.

| • 「유실물법」 및 「민법」에도 불구하고 공고한 날부터 10일이 지나도 동물의 소유자등을 알 수 없는 경우
• 소유자등으로부터 학대를 받아 적정하게 치료·보호받을 수 없다고 판단되는 동물의 소유자가 그 동물의 소유권을 포기한 경우
• 소유자등으로부터 학대를 받아 적정하게 치료·보호받을 수 없다고 판단되는 동물의 소유자가 보호비용의 납부기한이 종료된 날부터 10일이 지나도 보호비용을 납부하지 아니하거나 사육계획서를 제출하지 아니한 경우
• 동물의 소유자를 확인한 날부터 10일이 지나도 정당한 사유 없이 동물의 소유자와 연락이 되지 아니하거나 소유자가 반환받을 의사를 표시하지 아니한 경우 |

⑪ **사육포기 동물의 인수 등(제44조)** ㉠ 소유자등은 시·도지사와 시장·군수·구청장에게 자신이 소유하거나 사육·관리 또는 보호하는 동물의 인수를 신청할 수 있다.

㉡ 시·도지사와 시장·군수·구청장이 인수신청을 승인하는 경우에 해당 동물의 소유권은 시·도 및 시·군·구에 귀속된다.

㉢ 시·도지사와 시장·군수·구청장은 동물의 인수를 신청하는 자에 대하여 농림축산식품부령으로 정하는 바에 따라 해당 동물에 대한 보호비용 등을 청구할 수 있다.

㉣ 시·도지사와 시장·군수·구청장은 장기입원 또는 요양, 「병역법」에 따른 병역 복무 등 농림축산식품부령으로 정하는 불가피한 사유가 없음에도 불구하고 동물의 인수를 신청하는 자에 대하여는 동물인수신청을 거부할 수 있다.

> **불가피한 사유로 인정되는 경우(동물보호법 시행규칙 제27조 제3항)**
> ① 소유자등이 6개월 이상의 장기입원 또는 요양을 하는 경우
> ② 소유자등이 「병역법」에 따른 병역 복무를 하는 경우
> ③ 태풍, 수해, 지진 등으로 소유자등의 주택 또는 보호시설이 파손되거나 유실되어 동물을 보호하는 것이 불가능한 경우
> ④ 소유자등이 「가정폭력방지 및 피해자보호 등에 관한 법률」에 따른 가정폭력피해자 보호시설에 입소하는 경우
> ⑤ 그 밖에 ①부터 ④까지에 준하는 불가피한 사유가 있다고 시·도지사 또는 시장·군수·구청장이 인정하는 경우

⑫ **동물의 기증·분양(제45조)** ㉠ 시·도지사와 시장·군수·구청장은 소유권을 취득한 동물이 적정하게 사육·관리될 수 있도록 시·도의 조례로 정하는 바에 따라 동물원, 동물을 애호하는 자(시·도의 조례로 정하는 자격요건을 갖춘 자로 한정한다)나 대통령령으로 정하는 민간단체 등에 기증하거나 분양할 수 있다.

㉡ 시·도지사와 시장·군수·구청장은 기증하거나 분양하는 동물이 등록대상동물인 경우 등록 여부를 확인하여 등록이 되어 있지 아니한 때에는 등록한 후 기증하거나 분양하여야 한다.

㉢ 시·도지사와 시장·군수·구청장은 소유권을 취득한 동물에 대하여는 분양될 수 있도록 공고할 수 있다.

㉣ 기증·분양의 요건 및 절차 등 그 밖에 필요한 사항은 시·도의 조례로 정한다.

⑬ **동물의 인도적인 처리 등(제46조)** ㉠ 동물보호센터의 장은 보호조치 중인 동물에게 질병 등 농림축산식품부령으로 정하는 사유가 있는 경우에는 농림축산식품부장관이 정하는 바에 따라 마취 등을 통하여 동물의 고통을 최소화하는 인도적인 방법으로 처리하여야 한다.

> **농림축산식품부령으로 정하는 경우(동물보호법 시행규칙 제28조 제1항)**
> ① 동물이 질병 또는 상해로부터 회복될 수 없거나 지속적으로 고통을 받으며 살아야 할 것으로 수의사가 진단한 경우
> ② 동물이 사람이나 보호조치 중인 다른 동물에게 질병을 옮기거나 위해를 끼칠 우려가 매우 높은 것으로 수의사가 진단한 경우
> ③ 기증 또는 분양이 곤란한 경우 등 시·도지사 또는 시장·군수·구청장이 부득이한 사정이 있다고 인정하는 경우

㉡ 동물의 인도적인 처리는 수의사가 하여야 한다. 이 경우 사용된 약제 관련 사용기록의 작성·보관 등에 관한 사항은 농림축산식품부령으로 정하는 바에 따른다.

㉢ 동물보호센터의 장은 동물의 사체가 발생한 경우 「폐기물관리법」에 따라 처리하거나 동물장묘업의 허가를 받은 자가 설치·운영하는 동물장묘시설 및 공설동물장묘시설에서 처리하여야 한다.

4. 동물실험의 관리 등

① **동물실험의 원칙(제47조)** ㉠ 동물실험은 인류의 복지 증진과 동물 생명의 존엄성을 고려하여 실시되어야 한다.

㉡ 동물실험을 하려는 경우에는 이를 대체할 수 있는 방법을 우선적으로 고려하여야 한다.

㉢ 동물실험은 실험동물의 윤리적 취급과 과학적 사용에 관한 지식과 경험을 보유한 자가 시행하여야 하며 필요한 최소한의 동물을 사용하여야 한다.

㉣ 실험동물의 고통이 수반되는 실험을 하려는 경우에는 감각능력이 낮은 동물을 사용하고 진통제·진정제·마취제의 사용 등 수의학적 방법에 따라 고통을 덜어주기 위한 적절한 조치를 하여야 한다.

㉤ 동물실험을 한 자는 그 실험이 끝난 후 지체 없이 해당 동물을 검사하여야 하며, 검사 결과 정상적으로 회복한 동물은 기증하거나 분양할 수 있다.

㉥ 검사 결과 해당 동물이 회복할 수 없거나 지속적으로 고통을 받으며 살아야 할 것으로 인정되는 경우에는 신속하게 고통을 주지 아니하는 방법으로 처리하여야 한다.

ⓐ 규정한 사항 외에 동물실험의 원칙과 이에 따른 기준 및 방법에 관한 사항은 농림축산식품부장관이 정하여 고시한다.

> **동물실험의 정의(실험동물에 관한 법률 제2조 제1항)**
> "동물실험"이란 교육·시험·연구 및 생물학적 제제(製劑)의 생산 등 과학적 목적을 위하여 실험동물을 대상으로 실시하는 실험 또는 그 과학적 절차를 말한다.

② **전임수의사(제48조)** ㉠ 대통령령으로 정하는 기준 이상의 실험동물을 보유한 동물실험시행기관의 장은 그 실험동물의 건강 및 복지 증진을 위하여 실험동물을 전담하는 수의사(전임수의사)를 두어야 한다.

㉡ 전임수의사의 자격 및 업무 범위 등에 필요한 사항은 대통령령으로 정한다.

③ **동물실험의 금지 등(제49조)** 누구든지 다음의 동물실험을 하여서는 아니 된다. 다만, 인수공통전염병 등 질병의 확산으로 인간 및 동물의 건강과 안전에 심각한 위해가 발생될 것이 우려되는 경우 또는 봉사동물의 선발·훈련방식에 관한 연구를 하는 경우로서 공용동물실험윤리위원회의 실험 심의 및 승인을 받은 때에는 그러하지 아니하다.

- 유실·유기동물(보호조치 중인 동물을 포함한다)을 대상으로 하는 실험
- 봉사동물을 대상으로 하는 실험

④ **미성년자 동물 해부실습의 금지(제50조)** 누구든지 미성년자에게 체험·교육·시험·연구 등의 목적으로 동물(사체를 포함한다) 해부실습을 하게 하여서는 아니 된다. 다만, 「초·중등교육법」에 따른 학교 또는 동물실험시행기관 등이 시행하는 경우 등 농림축산식품부령으로 정하는 경우에는 그러하지 아니하다.

⑤ **동물실험윤리위원회의 설치 등(제51조)** ㉠ 동물실험시행기관의 장은 실험동물의 보호와 윤리적인 취급을 위하여 동물실험윤리위원회(윤리위원회)를 설치·운영하여야 한다.

㉡ 다음의 어느 하나에 해당하는 경우에는 윤리위원회를 설치한 것으로 본다.

- 농림축산식품부령으로 정하는 일정 기준 이하의 동물실험시행기관이 윤리위원회의 기능을 공용동물실험윤리위원회에 위탁하는 협약을 맺은 경우
- 동물실험시행기관에 「실험동물에 관한 법률」에 따른 실험동물운영위원회가 설치되어 있고, 그 위원회의 구성이 제53조 제2항(위원은 동물실험시행기관의 장이 위촉하며, 위원장은 위원 중에서 호선한다)부터 제4항(윤리위원회를 구성하는 위원의 3분의 1 이상은 해당 동물실험시행기관과 이해관계가 없는 사람이어야 한다)까지에 규정된 요건을 충족할 경우

㉢ 동물실험시행기관의 장은 동물실험을 하려면 윤리위원회의 심의를 거쳐야 한다.

㉣ 동물실험시행기관의 장은 심의를 거친 내용 중 농림축산식품부령으로 정하는 중요사항에 변경이 있는 경우에는 해당 변경사유의 발생 즉시 윤리위원회에 변경심의를 요청하여야 한다. 다만, 농림축산식품부령으로 정하는 경미한 변경이 있는 경우에는 지정된 전문위원의 검토를 거친 후 위원장의 승인을 받아야 한다.

㉤ 농림축산식품부장관은 윤리위원회의 운영에 관한 표준지침을 위원회(IACUC)표준운영가이드라인으로 고시하여야 한다.

⑥ **공용동물실험윤리위원회의 지정 등(제52조)** ㉠ 농림축산식품부장관은 동물실험시행기관 또는 연구자가 공동으로 이용할 수 있는 공용동물실험윤리위원회(공용윤리위원회)를 지정 또는 설치할 수 있다.

㉡ 공용윤리위원회는 다음의 실험에 대한 심의 및 지도·감독을 수행한다.

- 공용윤리위원회와 협약을 맺은 기관이 위탁한 실험
- 공용윤리위원회의 실험 심의 및 승인을 받도록 규정한 유실·유기동물(보호조치 중인 동물을 포함한다)을 대상으로 하는 동물실험 또는 봉사동물을 대상으로 하는 동물실험
- 「초·중등교육법」에 따른 학교 등이 신청한 동물해부실습
- 둘 이상의 동물실험시행기관이 공동으로 수행하는 실험으로 각각의 윤리위원회에서 해당 실험을 심의 및 지도·감독하는 것이 적절하지 아니하다고 판단되어 해당 동물실험시행기관의 장들이 공용윤리위원회를 이용하기로 합의한 실험
- 그 밖에 농림축산식품부령으로 정하는 실험

㉢ 공용윤리위원회의 심의 및 지도·감독에 대해서는 제51조 제4항(동물실험시행기관의 장은 심의를 거친 내용 중 중요사항에 변경이 있는 경우에는 발생 즉시 윤리위원회에 변경심의를 요청하여야 한다), 제54조 제2항(윤리위원회의 심의대상인 동물실험에 관여하고 있는 위원은 해당 동물실험에 관한 심의에 참여하여서는 아니 된다)·제3항(윤리위원회의 위원 또는 그 직에 있었던 자는 그 직무를 수행하면서 알게 된 비밀을 누설하거나 도용하여서는 아니 된다), 제55조(심의 후 감독)의 규정을 준용한다.

㉣ 공용윤리위원회의 지정 및 설치, 기능, 운영 등에 필요한 사항은 농림축산식품부령으로 정한다.

⑦ 윤리위원회의 구성(제53조) ㉠ 윤리위원회는 위원장 1명을 포함하여 3명 이상의 위원으로 구성한다.
　㉡ 위원은 다음에 해당하는 사람 중에서 동물실험시행기관의 장이 위촉하며, 위원장은 위원 중에서 호선한다.

> • 수의사로서 농림축산식품부령으로 정하는 자격기준에 맞는 사람
> • 민간단체가 추천하는 동물보호에 관한 학식과 경험이 풍부한 사람으로서 농림축산식품부령으로 정하는 자격기준에 맞는 사람
> • 그 밖에 실험동물의 보호와 윤리적인 취급을 도모하기 위하여 필요한 사람으로서 농림축산식품부령으로 정하는 사람

　㉢ 윤리위원회에는 수의사로서 농림축산식품부령으로 정하는 자격기준에 맞는 사람 및 민간단체가 추천하는 동물보호에 관한 학식과 경험이 풍부한 사람으로서 농림축산식품부령으로 정하는 자격기준에 맞는 사람에 해당하는 위원을 각각 1명 이상 포함하여야 한다.
　㉣ 윤리위원회를 구성하는 위원의 3분의 1 이상은 해당 동물실험시행기관과 이해관계가 없는 사람이어야 한다.
　㉤ 위원의 임기는 2년으로 한다.
　㉥ 동물실험시행기관의 장은 위원의 추천 및 선정 과정을 투명하고 공정하게 관리하여야 한다.
　㉦ 그 밖에 윤리위원회의 구성 및 이해관계의 범위 등에 관한 사항은 농림축산식품부령으로 정한다.

⑧ 윤리위원회의 기능 등(제54조) ㉠ 윤리위원회는 다음의 기능을 수행한다.

> • 동물실험에 대한 심의(변경심의를 포함한다)
> • 심의한 실험의 진행·종료에 대한 확인 및 평가
> • 동물실험이 원칙에 맞게 시행되도록 지도·감독
> • 동물실험시행기관의 장에게 실험동물의 보호와 윤리적인 취급을 위하여 필요한 조치 요구

　㉡ 윤리위원회의 심의대상인 동물실험에 관여하고 있는 위원은 해당 동물실험에 관한 심의에 참여하여서는 아니 된다.
　㉢ 윤리위원회의 위원 또는 그 직에 있었던 자는 그 직무를 수행하면서 알게 된 비밀을 누설하거나 도용하여서는 아니 된다.
　㉣ 심의·확인·평가 및 지도·감독의 방법과 그 밖에 윤리위원회의 운영 등에 관한 사항은 대통령령으로 정한다.

⑨ 심의 후 감독(제55조) ㉠ 동물실험시행기관의 장은 위원장에게 대통령령으로 정하는 바에 따라 동물실험이 심의된 내용대로 진행되고 있는지 감독하도록 요청하여야 한다.
　㉡ 위원장은 윤리위원회의 심의를 받지 아니한 실험이 진행되고 있는 경우 즉시 실험의 중지를 요구하여야 한다. 다만, 실험의 중지로 해당 실험동물의 복지에 중대한 침해가 발생할 것으로 우려되는 경우 등 대통령령으로 정하는 경우에는 실험의 중지를 요구하지 아니할 수 있다.
　㉢ 실험 중지 요구를 받은 동물실험시행기관의 장은 해당 동물실험을 중지하여야 한다.
　㉣ 동물실험시행기관의 장은 실험 중지 요구를 받은 경우 제51조 제3항(동물실험시행기관의 장은 동물실험을 하려면 윤리위원회의 심의를 거쳐야 한다) 또는 제4항(동물실험시행기관의 장은 심의를 거친 내용 중 중요사항에 변경이 있는 경우에는 발생 즉시 윤리위원회에 변경심의를 요청하여야 한다)에 따른 심의를 받은 후에 동물실험을 재개할 수 있다.
　㉤ 동물실험시행기관의 장은 감독 결과 위법사항이 발견되었을 경우에는 지체 없이 농림축산식품부장관에게 통보하여야 한다.

⑩ 전문위원의 지정 및 검토(제56조) ㉠ 윤리위원회의 위원장은 윤리위원회의 위원 중 해당 분야에 대한 전문성을 가지고 실험을 심의할 수 있는 자를 전문위원으로 지정할 수 있다.
　㉡ 위원장은 지정한 전문위원에게 다음의 사항에 대한 검토를 요청할 수 있다.

> • 윤리위원회의 심의를 거친 내용 중 경미한 변경에 관한 사항　　• 심의한 실험의 진행·종료에 대한 확인 및 평가

⑪ 윤리위원회 위원 및 기관 종사자에 대한 교육(제57조) ㉠ 윤리위원회의 위원은 동물의 보호·복지에 관한 사항과 동물실험의 심의에 관하여 농림축산식품부령으로 정하는 바에 따라 정기적으로 교육을 이수하여야 한다.
　㉡ 동물실험시행기관의 장은 위원과 기관 종사자를 위하여 동물의 보호·복지와 동물실험 심의에 관한 교육의 기회를 제공할 수 있다.

⑫ 윤리위원회의 구성 등에 대한 지도·감독(제58조) ㉠ 농림축산식품부장관은 윤리위원회를 설치한 동물실험시행기관의 장에게 규정에 따른 윤리위원회의 구성·운영 등에 관하여 지도·감독을 할 수 있다.
　㉡ 농림축산식품부장관은 윤리위원회가 규정에 따라 구성·운영되지 아니할 때에는 해당 동물실험시행기관의 장에게 대통령령으로 정하는 바에 따라 기간을 정하여 해당 윤리위원회의 구성·운영 등에 대한 개선명령을 할 수 있다.

5. 동물복지축산농장의 인증

① **동물복지축산농장의 인증(제59조)** ㉠ 농림축산식품부장관은 동물복지 증진에 이바지하기 위하여 「축산물 위생관리법」에 따른 가축으로서 농림축산식품부령으로 정하는 동물(농장동물)이 본래의 습성 등을 유지하면서 정상적으로 살 수 있도록 관리하는 축산농장을 동물복지축산농장으로 인증할 수 있다.

㉡ 인증을 받으려는 자는 지정된 인증기관(인증기관)에 농림축산식품부령으로 정하는 서류를 갖추어 인증을 신청하여야 한다.

㉢ 인증기관은 인증 신청을 받은 경우 농림축산식품부령으로 정하는 인증기준에 따라 심사한 후 그 기준에 맞는 경우에는 인증하여 주어야 한다.

㉣ 인증의 유효기간은 인증을 받은 날부터 3년으로 한다.

㉤ 인증을 받은 동물복지축산농장(인증농장)의 경영자는 그 인증을 유지하려면 유효기간이 끝나기 2개월 전까지 인증기관에 갱신 신청을 하여야 한다.

㉥ 인증 또는 인증갱신에 대한 심사결과에 이의가 있는 자는 인증기관에 재심사를 요청할 수 있다.

㉦ 재심사 신청을 받은 인증기관은 농림축산식품부령으로 정하는 바에 따라 재심사 여부 및 그 결과를 신청자에게 통보하여야 한다.

㉧ 인증농장의 인증 절차 및 인증의 갱신, 재심사 등에 관한 사항은 농림축산식품부령으로 정한다.

② **인증기관의 지정 등(제60조)** ㉠ 농림축산식품부장관은 대통령령으로 정하는 공공기관 또는 법인을 인증기관으로 지정하여 인증농장의 인증과 관련한 업무 및 인증농장에 대한 사후관리업무를 수행하게 할 수 있다.

㉡ 지정된 인증기관은 인증농장의 인증에 필요한 인력·조직·시설 및 인증업무 규정 등을 갖추어야 한다.

㉢ 농림축산식품부장관은 지정한 인증기관에서 인증심사업무를 수행하는 자에 대한 교육을 실시하여야 한다.

㉣ 규정에 따른 인증기관의 지정, 인증업무의 범위, 인증심사업무를 수행하는 자에 대한 교육, 인증농장에 대한 사후관리 등에 필요한 구체적인 사항은 농림축산식품부령으로 정한다.

③ **인증기관의 지정취소 등(제61조)** ㉠ 농림축산식품부장관은 인증기관이 다음의 어느 하나에 해당하면 그 지정을 취소하거나 6개월 이내의 기간을 정하여 인증업무의 전부 또는 일부의 정지를 명할 수 있다. 다만, *표시에 해당하는 경우에는 그 지정을 취소하여야 한다.

- 거짓이나 그 밖의 부정한 방법으로 지정을 받은 경우*
- 업무정지 명령을 위반하여 정지기간 중 인증을 한 경우*
- 지정기준에 맞지 아니하게 된 경우
- 고의 또는 중대한 과실로 인증기준에 맞지 아니한 축산농장을 인증한 경우
- 정당한 사유 없이 지정된 인증업무를 하지 아니하는 경우

㉡ 지정취소 및 업무정지의 기준 등에 관한 사항은 농림축산식품부령으로 정한다.

④ **인증농장의 표시(제62조)** ㉠ 인증농장은 농림축산식품부령으로 정하는 바에 따라 인증농장 표시를 할 수 있다.

㉡ 인증농장의 표시에 관한 기준 및 방법 등은 농림축산식품부령으로 정한다.

⑤ **동물복지축산물의 표시(제63조)** ㉠ 인증농장에서 생산한 축산물에는 다음의 구분에 따라 그 포장·용기 등에 동물복지축산물 표시를 할 수 있다.

- 「축산물 위생관리법」에 따른 식육, 포장육의 축산물: 다음의 요건을 모두 충족하여야 한다.
  - 인증농장에서 생산할 것
  - 농장동물을 운송할 때에는 농림축산식품부령으로 정하는 운송차량을 이용하여 운송할 것
  - 농장동물을 도축할 때에는 농림축산식품부령으로 정하는 도축장에서 도축할 것
- 「축산물 위생관리법」에 따른 원유, 식용란의 축산물: 인증농장에서 생산하여야 한다.
- 「축산물 위생관리법」에 따른 식육가공품의 축산물: 식육 및 포장육 축산물의 요건을 모두 충족한 원료의 함량에 따라 동물복지축산물 표시를 할 수 있다.
- 「축산물 위생관리법」에 따른 유가공품, 알가공품의 축산물: 인증농장에서 생산한 축산물의 함량에 따라 동물복지축산물 표시를 할 수 있다.

㉡ 동물복지축산물을 포장하지 아니한 상태로 판매하거나 낱개로 판매하는 때에는 표지판 또는 푯말에 동물복지축산물 표시를 할 수 있다.

㉢ 동물복지축산물 표시에 관한 기준 및 방법 등에 관한 사항은 농림축산식품부령으로 정한다.

⑥ 인증농장에 대한 지원 등(제64조) ㉠ 농림축산식품부장관은 인증농장에 대하여 다음의 지원을 할 수 있다. 〈개정 2023. 6. 20.〉

- 동물의 보호·복지 증진을 위하여 축사시설 개선에 필요한 비용
- 인증농장의 환경개선 및 경영에 관한 지도·상담 및 교육
- 인증농장에서 생산한 축산물의 판로개척을 위한 상담·자문 및 판촉
- 인증농장에서 생산한 축산물의 해외시장의 진출·확대를 위한 정보제공, 홍보활동 및 투자유치
- 그 밖에 인증농장의 경영안정을 위하여 필요한 사항

㉡ 농림축산식품부장관, 시·도지사, 시장·군수·구청장, 민간단체 및 「축산자조금의 조성 및 운용에 관한 법률」에 따른 축산단체는 인증농장의 운영사례를 교육·홍보에 적극 활용하여야 한다.

⑦ 인증취소 등(제65조) ㉠ 농림축산식품부장관 또는 인증기관은 인증 받은 자가 거짓이나 그 밖의 부정한 방법으로 인증을 받은 경우 그 인증을 취소하여야 하며, 인증기준에 맞지 아니하게 된 경우 그 인증을 취소할 수 있다.

㉡ 인증이 취소된 자(법인인 경우에는 그 대표자를 포함한다)는 그 인증이 취소된 날부터 1년 이내에는 인증농장 인증을 신청할 수 없다.

⑧ 사후관리(제66조) ㉠ 농림축산식품부장관은 인증기관으로 하여금 매년 인증농장이 인증기준에 맞는지 여부를 조사하게 하여야 한다.

㉡ 조사를 위하여 인증농장에 출입하는 자는 농림축산식품부령으로 정하는 증표를 지니고 이를 관계인에게 보여 주어야 한다.

㉢ 조사의 요구를 받은 자는 정당한 사유 없이 이를 거부·방해하거나 기피하여서는 아니 된다.

⑨ 부정행위의 금지(제67조) ㉠ 누구든지 다음에 해당하는 행위를 하여서는 아니 된다.

- 거짓이나 그 밖의 부정한 방법으로 인증농장 인증을 받는 행위
- 인증을 받지 아니한 축산농장을 인증농장으로 표시하는 행위
- 거짓이나 그 밖의 부정한 방법으로 인증심사, 인증갱신에 대한 심사 및 재심사를 하거나 받을 수 있도록 도와주는 행위
- 규정을 위반하여 동물복지축산물 표시를 하는 다음의 행위(동물복지축산물로 잘못 인식할 우려가 있는 유사한 표시를 하는 행위를 포함한다)
  - 인증농장에서 생산되지 아니한 축산물에 동물복지축산물 표시를 하는 행위
  - 농림축산식품부령으로 정하는 운송차량을 이용하여 농장동물을 운송하거나 농림축산식품부령으로 정하는 도축장에서 농장동물을 도축하지 아니한 축산물에 동물복지축산물 표시를 하는 행위
  - 동물복지축산물 표시 기준 및 방법을 위반하여 동물복지축산물 표시를 하는 행위

㉡ 동물복지축산물로 잘못 인식할 우려가 있는 유사한 표시의 세부기준은 농림축산식품부령으로 정한다.

⑩ 인증의 승계(제68조) ㉠ 다음의 어느 하나에 해당하는 자는 인증농장 인증을 받은 자의 지위를 승계한다.

- 인증농장 인증을 받은 사람이 사망한 경우 그 농장을 계속하여 운영하려는 상속인
- 인증농장 인증을 받은 자가 그 사업을 양도한 경우 그 양수인
- 인증농장 인증을 받은 법인이 합병한 경우 합병 후 존속하는 법인이나 합병으로 설립되는 법인

㉡ 인증농장 인증을 받은 자의 지위를 승계한 자는 그 사실을 30일 이내에 인증기관에 신고하여야 한다.

㉢ 지위 승계의 신고에 필요한 사항은 농림축산식품부령으로 정한다.

6. 반려동물 영업

① 영업의 허가(제69조) ㉠ 반려동물(동물)과 관련된 다음의 영업을 하려는 자는 농림축산식품부령으로 정하는 바에 따라 특별자치시장·특별자치도지사·시장·군수·구청장의 허가를 받아야 한다.

• 동물생산업	• 동물판매업
• 동물수입업	• 동물장묘업

㉡ 영업의 세부 범위는 농림축산식품부령으로 정한다.

㉢ 허가를 받으려는 자는 영업장의 시설 및 인력 등 농림축산식품부령으로 정하는 기준을 갖추어야 한다.

㉣ 영업의 허가를 받은 자가 허가받은 사항을 변경하려는 경우에는 변경허가를 받아야 한다. 다만, 농림축산식품부령으로 정하는 경미한 사항을 변경하는 경우에는 특별자치시장·특별자치도지사·시장·군수·구청장에게 신고하여야 한다.

허가영업의 세부 범위(동물보호법 시행규칙 제38조)

① 동물생산업: 반려동물을 번식시켜 판매하는 영업
② 동물수입업: 반려동물을 수입하여 판매하는 영업
③ 동물판매업: 반려동물을 구입하여 판매하거나, 판매를 알선 또는 중개하는 영업
④ 동물장묘업: 다음의 어느 하나 이상의 시설을 설치·운영하는 영업
  ㉠ 동물 전용의 장례식장: 동물 사체의 보관, 안치, 염습 등을 하거나 장례의식을 치르는 시설
  ㉡ 동물화장시설: 동물의 사체 또는 유골을 불에 태우는 방법으로 처리하는 시설
  ㉢ 동물건조장시설: 동물의 사체 또는 유골을 건조·멸균분쇄의 방법으로 처리하는 시설
  ㉣ 동물수분해장시설: 동물의 사체를 화학용액을 사용해 녹이고 유골만 수습하는 방법으로 처리하는 시설
  ㉤ 동물 전용의 봉안시설: 동물의 유골 등을 안치·보관하는 시설

허가영업의 시설 및 인력 기준(동물보호법 시행규칙 제39조 관련)

1. 공통 기준
   ① 영업장은 독립된 건물이거나 다른 용도로 사용되는 시설과 같은 건물에 있을 경우에는 해당 시설과 분리(벽이나 층 등으로 나누어진 경우를 말한다)되어야 한다. 다만, 다음의 경우에는 분리하지 않을 수 있다.
      ㉠ 영업장(동물장묘업은 제외한다)과 「수의사법」에 따른 동물병원의 시설이 함께 있는 경우
      ㉡ 영업장과 금붕어, 앵무새, 이구아나 및 거북이 등을 판매하는 시설이 함께 있는 경우
      ㉢ 2. 개별 기준 ①의 ㉠의 *표시에 따라 개 또는 고양이를 소규모로 생산하는 경우
   ② 영업시설은 동물의 습성 및 특징에 따라 채광 및 환기가 잘 되어야 하고, 동물을 위생적으로 건강하게 관리할 수 있도록 온도와 습도 조절이 가능해야 한다.
   ③ 청결 유지와 위생 관리에 필요한 급수시설 및 배수시설을 갖춰야 하고, 바닥은 청소와 소독을 쉽게 할 수 있고 동물들이 다칠 우려가 없는 재질이어야 한다.
   ④ 설치류나 해충 등의 출입을 막을 수 있는 설비를 해야 하고, 소독약과 소독장비를 갖추고 정기적으로 청소 및 소독을 실시해야 한다.
   ⑤ 영업장에는 「소방시설 설치 및 관리에 관한 법률」에 따라 소방시설을 화재안전기준에 적합하게 설치 또는 유지·관리해야 한다.

2. 개별 기준
   ① 동물생산업
      ㉠ 일반기준
         • 사육실, 분만실 및 격리실을 분리 또는 구획(칸막이나 커튼 등으로 나누어진 경우를 말한다)하여 설치해야 하며, 동물을 직접 판매하는 경우에는 판매실을 별도로 설치해야 한다. 다만, *표시에 해당하는 경우는 제외한다.
         • 사육실, 분만실 및 격리실에 사료와 물을 주기 위한 설비를 갖춰야 한다.
         • 사육설비의 바닥은 동물의 배설물 청소와 소독이 쉬워야 하고, 사육설비의 재질은 청소, 소독 및 건조가 쉽고 부식성이 없어야 한다.
         • 사육설비는 동물이 쉽게 부술 수 없어야 하고 동물에게 상해를 입히지 않는 것이어야 한다.
         • 번식이 가능한 12개월 이상이 된 개 또는 고양이 50마리당 1명 이상의 사육·관리 인력을 확보해야 한다.
         • 「건축법」에 따른 단독주택(「건축법 시행령」 별표 1의 다중주택·다가구주택은 제외한다)에서 다음의 요건에 따라 개 또는 고양이를 소규모로 생산하는 경우에는 동물의 소음을 최소화하기 위한 소음방지설비 등을 갖춰야 한다.*
            – 체중 5킬로그램 미만: 20마리 이하
            – 체중 5킬로그램 이상 15킬로그램 미만: 10마리 이하
            – 체중 15킬로그램 이상: 5마리 이하
      ㉡ 사육실
         • 사육실이 외부에 노출된 경우 직사광선, 비바람, 추위 및 더위를 피할 수 있는 시설이 설치되어야 한다.
         • 사육설비의 크기는 다음의 기준에 적합해야 한다.
            – 사육설비의 가로 및 세로는 각각 사육하는 동물의 몸길이의 2.5배 및 2배(동물의 몸길이가 80센티미터를 초과하는 경우에는 각각 2배) 이상일 것
            – 사육설비의 높이는 사육하는 동물이 뒷발로 일어섰을 때 머리가 닿지 않는 높이 이상일 것
         • 개의 경우에는 운동공간을 설치하고, 고양이의 경우에는 배변시설, 선반 및 은신처를 설치하는 등 동물의 특성에 맞는 생태적 환경을 조성해야 한다.
         • 사육설비는 사육하는 동물의 배설물 청소와 소독이 쉬운 재질이어야 한다.
         • 사육설비는 위로 쌓지 않아야 한다.
         • 사육설비의 바닥은 망으로 하지 않아야 한다.
      ㉢ 분만실
         • 새끼를 배거나 새끼에게 젖을 먹이는 동물을 안전하게 보호할 수 있도록 별도로 구획되어야 한다.
         • 분만실의 바닥과 벽면은 물 청소와 소독이 쉬워야 하고, 부식되지 않는 재질이어야 한다.

- 분만실의 바닥에는 망을 사용하지 않아야 한다.
- 직사광선, 비바람, 추위 및 더위를 피할 수 있어야 하며, 동물의 체온을 적정하게 유지할 수 있는 설비를 갖춰야 한다.

ⓔ 격리실
- 전염성 질병이 다른 동물에게 전염되지 않도록 별도로 분리되어야 한다. 다만, 토끼, 페럿, 기니피그 및 햄스터의 경우 개별 사육시설의 바닥, 천장 및 모든 벽(환기구는 제외한다)이 유리, 플라스틱 또는 그 밖에 이에 준하는 재질로 만들어진 경우는 해당 개별 사육시설이 격리실에 해당하고 분리된 것으로 본다.
- 격리실의 바닥과 벽면은 물 청소와 소독이 쉬워야 하고, 부식되지 않는 재질이어야 한다.
- 격리실에 보호 중인 동물에 대해 외부에서 상태를 수시로 관찰할 수 있는 구조를 갖춰야 한다. 다만, 동물의 생태적 특성을 고려하여 특별한 사정이 있는 경우는 제외한다.

② 동물수입업
㉠ 사육실과 격리실을 구분하여 설치해야 한다.
㉡ 사료와 물을 주기 위한 설비를 갖추고, 동물의 생태적 특성에 따라 채광 및 환기가 잘 되어야 한다.
㉢ 사육설비의 바닥은 지면과 닿아 있어야 하고, 동물의 배설물 청소와 소독이 쉬운 재질이어야 한다.
㉣ 사육설비는 직사광선, 비바람, 추위 및 더위를 피할 수 있도록 설치되어야 한다.
㉤ 개 또는 고양이의 경우 50마리당 1명 이상의 사육·관리 인력을 확보해야 한다.
㉥ 격리실은 ①의 ⓔ의 격리실에 관한 기준에 적합하게 설치해야 한다.

③ 동물판매업
㉠ 일반 동물판매업의 기준
- 사육실과 격리실을 분리하여 설치해야 하며, 사육설비는 다음의 기준에 따라 동물들이 자유롭게 움직일 수 있는 충분한 크기여야 한다.
  - 사육설비의 가로 및 세로는 각각 사육하는 동물의 몸길이의 2배 및 1.5배 이상일 것
  - 사육설비의 높이는 사육하는 동물이 뒷발로 일어섰을 때 머리가 닿지 않는 높이 이상일 것
- 사육설비는 직사광선, 비바람, 추위 및 더위를 피할 수 있도록 설치되어야 하고, 사육설비를 2단 이상 쌓은 경우에는 충격으로 무너지지 않도록 설치해야 한다.
- 사료와 물을 주기 위한 설비와 동물의 체온을 적정하게 유지할 수 있는 설비를 갖춰야 한다.
- 토끼, 페럿, 기니피그 및 햄스터만을 판매하는 경우에는 급수시설 및 배수시설을 갖추지 않더라도 같은 건물에 있는 급수시설 또는 배수시설을 이용하여 청결 유지와 위생 관리가 가능한 경우에는 필요한 급수시설 및 배수시설을 갖춘 것으로 본다.
- 개 또는 고양이의 경우 50마리당 1명 이상의 사육·관리 인력을 확보해야 한다.
- 격리실은 ①의 ⓔ의 격리실에 관한 기준에 적합하게 설치해야 한다.

㉡ 경매방식을 통한 거래를 알선·중개하는 동물판매업의 경매장 기준
- 접수실, 준비실, 경매실 및 격리실을 각각 구분(선이나 줄 등으로 나누어진 경우를 말한다)하여 설치해야 한다.
- 3명 이상의 운영인력을 확보해야 한다.
- 전염성 질병이 유입되는 것을 예방하기 위해 소독발판 등의 소독장비를 갖춰야 한다.
- 접수실에는 경매되는 동물의 건강상태를 검진할 수 있는 검사장비를 구비해야 한다.
- 준비실에는 경매되는 동물을 해당 동물의 출자자별로 분리하여 넣을 수 있는 설비를 준비해야 한다. 이 경우 해당 설비는 동물이 쉽게 부술 수 없어야 하고 동물에게 상해를 입히지 않는 것이어야 한다.
- 경매실에 경매되는 동물이 들어 있는 설비를 2단 이상 쌓은 경우 충격으로 무너지지 않도록 설치해야 한다.
- 동물보호법 시행령 별표 3에 따라 고정형 영상정보처리기기를 설치·관리해야 한다.

㉢ 「전자상거래 등에서의 소비자보호에 관한 법률」에 따른 전자상거래 방식만으로 반려동물의 판매를 알선 또는 중개하는 동물판매업의 경우에는 1. 공통 기준과 ㉠의 일반 동물판매업의 기준을 갖추지 않을 수 있다.

④ 동물장묘업
㉠ 동물 전용의 장례식장은 장례 준비실과 분향실을 갖춰야 한다.
㉡ 동물화장시설, 동물건조장시설 및 동물수분해장시설
- 동물화장시설의 화장로는 동물의 사체 또는 유골을 완전히 연소할 수 있는 구조로 영업장 내에 설치하고, 영업장 내의 다른 시설과 분리되거나 별도로 구획되어야 한다.
- 동물건조장시설의 건조·멸균분쇄시설은 동물의 사체 또는 유골을 완전히 건조하거나 멸균분쇄할 수 있는 구조로 영업장 내에 설치하고, 영업장 내의 다른 시설과 분리되거나 별도로 구획되어야 한다.
- 동물수분해장시설의 수분해시설은 동물의 사체 또는 유골을 완전히 수분해할 수 있는 구조로 영업장 내에 설치하고, 영업장 내의 다른 시설과 분리되거나 별도로 구획되어야 한다.
- 동물화장시설, 동물건조장시설 및 동물수분해장시설에는 연소, 건조·멸균분쇄 및 수분해 과정에서 발생하는 소음, 매연, 분진, 폐수 또는 악취를 방지하는 데에 필요한 시설을 설치해야 한다.
- 동물보호법 시행령 별표 3에 따라 고정형 영상정보처리기기를 설치·관리해야 한다.

ⓒ 냉동시설 등 동물의 사체를 위생적으로 보관할 수 있는 설비를 갖춰야 한다.
　　　ⓓ 동물 전용의 봉안시설은 유골을 안전하게 보관할 수 있어야 하고, 유골을 개별적으로 확인할 수 있도록 표지판이 붙어 있어야 한다.
　　　ⓔ ㉠부터 ㉣까지에서 규정한 사항 외에 동물장묘업 시설기준에 관한 세부 사항은 농림축산식품부장관이 정하여 고시한다.
　　　ⓕ 특별자치시장·특별자치도지사·시장·군수·구청장은 필요한 경우 ㉠부터 ㉤까지에서 규정한 사항 외에 해당 지역의 특성을 고려하여 화장로의 개수(個數) 등 동물장묘업의 시설기준을 정할 수 있다.

② 맹견취급영업의 특례(제70조) ㉠ 맹견을 생산·수입 또는 판매(취급)하는 영업을 하려는 자는 동물생산업, 동물수입업 또는 동물판매업의 허가 외에 대통령령으로 정하는 바에 따라 맹견 취급에 대하여 시·도지사의 허가(맹견취급허가)를 받아야 한다. 허가받은 사항을 변경하려는 때에도 또한 같다.

　　ⓛ 맹견취급허가를 받으려는 자의 결격사유에 대하여는 맹견사유허가의 결격사유를 준용한다.

맹견사육허가의 결격사유(법 제19조)
- 미성년자(19세 미만의 사람)
- 피성년후견인 또는 피한정후견인
- 「정신건강증진 및 정신질환자 복지서비스 지원에 관한 법률」에 따른 정신질환자 또는 「마약류 관리에 관한 법률」에 따른 마약류의 중독자. 다만, 정신건강의학과 전문의가 맹견을 사육하는 것에 지장이 없다고 인정하는 사람은 그러하지 아니하다.
- 동물학대 등의 금지, 등록대상동물의 관리, 맹견의 관리를 위반하여 벌금 이상의 실형을 선고받고 그 집행이 종료(집행이 종료된 것으로 보는 경우를 포함한다)되거나 집행이 면제된 날부터 3년이 지나지 아니한 사람
- 동물학대 등의 금지, 등록대상동물의 관리, 맹견의 관리를 위반하여 벌금 이상의 형의 집행유예를 선고받고 그 유예기간 중에 있는 사람

　　ⓒ 맹견취급허가를 받은 자는 다음의 어느 하나에 해당하는 경우 농림축산식품부령으로 정하는 바에 따라 시·도지사에게 신고하여야 한다.

- 맹견을 번식시킨 경우
- 맹견을 양도하거나 양수한 경우
- 맹견을 수입한 경우
- 보유하고 있는 맹견이 죽은 경우

　　ⓓ 맹견 취급을 위한 동물생산업, 동물수입업 또는 동물판매업의 시설 및 인력 기준은 별도로 농림축산식품부령으로 정한다.

③ 공설동물장묘시설의 특례(제71조) ㉠ 지방자치단체의 장은 동물을 위한 장묘시설(공설동물장묘시설)을 설치·운영할 수 있다. 이 경우 시설 및 인력 등 농림축산식품부령으로 정하는 기준을 갖추어야 한다.

　　ⓛ 농림축산식품부장관은 공설동물장묘시설을 설치·운영하는 지방자치단체에 대해서는 예산의 범위에서 시설의 설치에 필요한 경비를 지원할 수 있다.

　　ⓒ 지방자치단체의 장이 공설동물장묘시설을 사용하는 자에게 부과하는 사용료 또는 관리비의 금액과 부과방법 및 용도, 그 밖에 필요한 사항은 해당 지방자치단체의 조례로 정한다.

④ 동물장묘시설의 설치 제한(제72조) 다음의 어느 하나에 해당하는 지역에는 동물장묘업을 영위하기 위한 동물장묘시설 및 공설동물장묘시설을 설치할 수 없다.

- 「장사 등에 관한 법률」에 해당하는 지역
- 20호 이상의 인가밀집지역, 학교, 그 밖에 공중이 수시로 집합하는 시설 또는 장소로부터 300미터 이내. 다만, 해당 지역의 위치 또는 지형 등의 상황을 고려하여 해당 시설의 기능이나 이용 등에 지장이 없는 경우로서 특별자치시장·특별자치도지사·시장·군수·구청장이 인정하는 경우에는 적용을 제외한다.

⑤ 장묘정보시스템의 구축·운영 등(제72조의2) ㉠ 농림축산식품부장관은 동물장묘 등에 관한 정보의 제공과 동물장묘시설 이용·관리의 업무 등을 전자적으로 처리할 수 있는 정보시스템(장묘정보시스템)을 구축·운영할 수 있다.

　　ⓛ 장묘정보시스템의 기능에는 다음의 사항이 포함되어야 한다.

- 동물장묘시설의 현황 및 가격 정보 제공
- 그 밖에 농림축산식품부장관이 필요하다고 인정하는 사항
- 동물장묘절차 등에 관한 정보 제공

　　ⓒ 장묘정보시스템의 구축·운영 등에 필요한 사항은 농림축산식품부장관이 정한다.

[본조신설 2023. 6. 20.]

⑥ **영업의 등록(제73조)** ㉠ 동물과 관련된 다음의 영업을 하려는 자는 농림축산식품부령으로 정하는 바에 따라 특별자치시장·특별자치도지사·시장·군수·구청장에게 등록하여야 한다.

• 동물전시업 • 동물위탁관리업	• 동물미용업 • 동물운송업

㉡ 영업의 세부 범위는 농림축산식품부령으로 정한다.

㉢ 영업의 등록을 신청하려는 자는 영업장의 시설 및 인력 등 농림축산식품부령으로 정하는 기준을 갖추어야 한다.

㉣ 영업을 등록한 자가 등록사항을 변경하는 경우에는 변경등록을 하여야 한다. 다만, 농림축산식품부령으로 정하는 경미한 사항을 변경하는 경우에는 특별자치시장·특별자치도지사·시장·군수·구청장에게 신고하여야 한다.

⑦ **허가 또는 등록의 결격사유(제74조)** 다음의 어느 하나에 해당하는 사람은 영업의 허가를 받거나 영업의 등록을 할 수 없다.

• 미성년자 • 파산선고를 받은 자로서 복권되지 아니한 사람 • 허가 또는 등록이 취소된 후 1년이 지나지 아니한 상태에서 취소된 업종과 같은 업종의 허가를 받거나 등록을 하려는 사람(법인인 경우에는 그 대표자를 포함한다) • 동물보호법을 위반하여 벌금 이상의 실형을 선고받고 그 집행이 종료(집행이 종료된 것으로 보는 경우를 포함한다)되거나 집행이 면제된 날부터 3년(동물학대 등의 금지를 위반한 경우에는 5년으로 한다)이 지나지 아니한 사람 • 동물보호법을 위반하여 벌금 이상의 형의 집행유예를 선고받고 그 유예기간 중에 있는 사람	• 피성년후견인 • 교육을 이수하지 아니한 사람

⑧ **영업승계(제75조)** ㉠ 영업의 허가를 받거나 영업의 등록을 한 자(영업자)가 그 영업을 양도하거나 사망한 경우 또는 법인이 합병한 경우에는 그 양수인·상속인 또는 합병 후 존속하는 법인이나 합병으로 설립되는 법인(양수인등)은 그 영업자의 지위를 승계한다.

㉡ 다음의 어느 하나에 해당하는 절차에 따라 영업시설의 전부를 인수한 자는 그 영업자의 지위를 승계한다.

• 「민사집행법」에 따른 경매* • 「채무자 회생 및 파산에 관한 법률」에 따른 환가(換價)* • 「국세징수법」·「관세법」 또는 「지방세법」에 따른 압류재산의 매각* • 그 밖에 *표시에 해당하는 경우의 어느 하나에 준하는 절차

㉢ 영업자의 지위를 승계한 자는 그 지위를 승계한 날부터 30일 이내에 농림축산식품부령으로 정하는 바에 따라 특별자치시장·특별자치도지사·시장·군수·구청장에게 신고하여야 한다.

㉣ 승계에 관하여는 결격사유 규정을 준용한다. 다만, 상속인이 미성년자 또는 피성년후견인에 해당하는 경우에는 상속을 받은 날부터 3개월 동안은 그러하지 아니하다.

⑨ **휴업·폐업 등의 신고(제76조)** ㉠ 영업자가 휴업, 폐업 또는 그 영업을 재개하려는 경우에는 농림축산식품부령으로 정하는 바에 따라 특별자치시장·특별자치도지사·시장·군수·구청장에게 신고하여야 한다.

㉡ 영업자(동물장묘업자는 제외한다)는 휴업 또는 폐업의 신고를 하려는 경우에는 농림축산식품부령으로 정하는 바에 따라 특별자치시장·특별자치도지사·시장·군수·구청장에게 휴업 또는 폐업 30일 전에 보유하고 있는 동물의 적절한 사육 및 처리를 위한 계획서(동물처리계획서)를 제출하여야 한다.

㉢ 영업자는 동물처리계획서에 따라 동물을 처리한 후 그 결과를 특별자치시장·특별자치도지사·시장·군수·구청장에게 보고하여야 하며, 보고를 받은 특별자치시장·특별자치도지사·시장·군수·구청장은 동물처리계획서의 이행 여부를 확인하여야 한다.

㉣ 동물처리계획서의 제출 및 보고에 관한 사항은 농림축산식품부령으로 정한다.

⑩ **직권말소(제77조)** ㉠ 특별자치시장·특별자치도지사·시장·군수·구청장은 영업자가 폐업신고를 하지 아니한 경우에는 농림축산식품부령으로 정하는 바에 따라 폐업 사실을 확인한 후 허가 또는 등록사항을 직권으로 말소할 수 있다.

㉡ 특별자치시장·특별자치도지사·시장·군수·구청장은 영업자가 영업을 폐업하였는지를 확인하기 위하여 필요한 경우 관할 세무서장에게 영업자의 폐업 여부에 대한 정보 제공을 요청할 수 있다. 이 경우 요청을 받은 관할 세무서장은 정당한 사유 없이 이를 거부하여서는 아니 된다.

⑪ **영업자 등의 준수사항(제78조)** ㉠ 영업자(법인인 경우에는 그 대표자를 포함한다)와 그 종사자는 다음의 사항을 준수하여야 한다.

- 동물을 안전하고 위생적으로 사육·관리 또는 보호할 것
- 동물의 건강과 안전을 위하여 동물병원과의 적절한 연계를 확보할 것
- 노화나 질병이 있는 동물을 유기하거나 폐기할 목적으로 거래하지 아니할 것
- 동물의 번식, 반입·반출 등의 기록 및 관리를 하고 이를 보관할 것
- 동물에 관한 사항을 표시·광고하는 경우 영업허가번호 또는 영업등록번호와 거래금액을 함께 표시할 것
- 동물의 분뇨, 사체 등은 관계 법령에 따라 적정하게 처리할 것
- 농림축산식품부령으로 정하는 영업장의 시설 및 인력 기준을 준수할 것
- 정기교육을 이수하고 그 종사자에게 교육을 실시할 것
- 농림축산식품부령으로 정하는 바에 따라 동물의 취급 등에 관한 영업실적을 보고할 것
- 등록대상동물의 등록 및 변경신고의무(등록·변경신고방법 및 위반 시 처벌에 관한 사항 등을 포함한다)를 고지할 것
- 다른 사람의 영업명의를 도용하거나 대여받지 아니하고, 다른 사람에게 자기의 영업명의 또는 상호를 사용하도록 하지 아니할 것

㉡ 동물생산업자는 규정한 사항 외에 다음의 사항을 준수하여야 한다.

- 월령이 12개월 미만인 개·고양이는 교배 또는 출산시키지 아니할 것
- 약품 등을 사용하여 인위적으로 동물의 발정을 유도하는 행위를 하지 아니할 것
- 동물의 특성에 따라 정기적으로 예방접종 및 건강관리를 실시하고 기록할 것

㉢ 동물수입업자는 규정한 사항 외에 다음의 사항을 준수하여야 한다.

- 동물을 수입하는 경우 농림축산식품부장관에게 수입의 내역을 신고할 것
- 수입의 목적으로 신고한 사항과 다른 용도로 동물을 사용하지 아니할 것

㉣ 동물판매업자(동물생산업자 및 동물수입업자가 동물을 판매하는 경우를 포함한다)는 규정한 사항 외에 다음의 사항을 준수하여야 한다.

- 월령이 2개월 미만인 개·고양이를 판매(알선 또는 중개를 포함한다)하지 아니할 것
- 동물을 판매 또는 전달을 하는 경우 직접 전달하거나 동물운송업자를 통하여 전달할 것

㉤ 동물장묘업자는 규정한 사항 외에 다음의 사항을 준수하여야 한다. 〈개정 2023. 6. 20.〉

- 살아있는 동물을 처리(마취 등을 통하여 동물의 고통을 최소화하는 인도적인 방법으로 처리하는 것을 포함한다)하지 아니할 것
- 등록대상동물의 사체를 처리한 경우 농림축산식품부령으로 정하는 바에 따라 특별자치시장·특별자치도지사·시장·군수·구청장에게 신고할 것
- 자신의 영업장에 있는 동물장묘시설을 다른 자에게 대여하지 아니할 것

㉥ 영업자의 준수사항에 관한 구체적인 사항 및 그 밖에 동물의 보호와 공중위생상의 위해 방지를 위하여 영업자가 준수하여야 할 사항은 농림축산식품부령으로 정한다.

> **영업자의 준수사항(동물보호법 시행규칙 제49조 관련)**
> 1. 공통 준수사항
>   ① 영업장 내부에는 다음의 구분에 따른 사항을 게시 또는 부착해야 한다. 다만, 전자상거래 방식으로 영업을 하는 경우에는 영업자의 인터넷 홈페이지 등에 해당 내용을 게시해야 한다.
>   ㉠ 동물장묘업, 동물판매업, 동물수입업, 동물생산업, 동물전시업, 동물위탁관리업 및 동물미용업: 영업등록(허가)증 및 요금표
>   ㉡ 동물운송업: 영업등록증, 자동차등록증, 운전자 성명 및 요금표
>   ② 동물을 안전하고 위생적으로 사육·관리해야 한다.
>   ③ 동물은 종류별, 성별(어리거나 중성화된 동물은 제외한다) 및 크기별로 분리하여 관리해야 하며, 질환이 있거나 상해를 입은 동물, 공격성이 있는 동물, 늙은 동물, 어린 동물(어미와 함께 있는 경우는 제외한다) 및 새끼를 배거나 새끼에게 젖을 먹이는 동물은 분리하여 관리해야 한다.
>   ④ 영업장에 새로 들어온 동물에 대해서는 체온의 적정 여부, 외부 기생충과 피부병의 존재 여부 및 배설물의 상태 등 건강상태를 확인해야 한다.
>   ⑤ 영업장이나 동물운송차량에 머무는 시간이 4시간 이상인 동물에 대해서는 항상 깨끗한 물과 사료를 공급하고, 물과 사료를 주는 용기를 청결하게 유지해야 한다.
>   ⑥ 시정명령이나 시설개수명령 등을 받은 경우에는 그 명령에 따른 사후조치를 이행한 후 그 결과를 지체 없이 보고해야 한다.
>   ⑦ 영업장에서 발생하는 동물 소음을 최소화하기 위해서 노력해야 한다.

⑧ 동물판매업자, 동물수입업자, 동물생산업자, 동물전시업자 및 동물위탁관리업자는 각각 판매, 수입, 생산, 전시 및 위탁관리하는 동물에 대해 별지 서식의 개체관리카드를 작성하여 갖춰 두어야 하며, 우리 또는 개별사육시설에 개체별 정보(품종, 암수, 출생일, 예방접종 및 진료사항 등)를 표시해야 한다. 다만, 기니피그와 햄스터의 경우 무리별로 개체관리카드를 작성할 수 있다.
⑨ 동물판매업자, 동물수입업자 및 동물생산업자는 입수하거나 판매한 동물에 대해 그 내역을 기록한 거래내역서와 개체관리카드를 2년간 보관해야 한다.
⑩ 동물장묘업자, 동물위탁관리업자 및 동물미용업자는 고정형 영상정보처리기기로 촬영하거나 녹화·기록한 정보를 촬영 또는 녹화·기록한 날부터 30일간 보관해야 하며, 동물운송업자는 3일간 보관해야 한다.
⑪ 동물생산업자 및 동물전시업자가 폐업하는 경우에는 폐업 시 처리계획서에 따라 동물을 기증하거나 분양하는 등 적절하게 처리하고, 그 결과를 시장·군수·구청장에게 보고해야 한다.
⑫ 동물전시업자, 동물위탁관리업자, 동물미용업자 및 동물운송업자는 각각 전시, 위탁관리, 미용 및 운송하는 동물이 등록대상동물인 경우에는 해당 동물의 소유자등에게 등록대상동물의 등록사항 및 등록방법을 알려주어야 한다.
⑬ 동물생산업자, 동물수입업자 및 동물판매업자 중 맹견을 취급하는 영업을 하는 자는 맹견이 영업장에서 이탈하지 않도록 관리해야 하며, 영업장 밖으로 탈출 시에는 지방자치단체, 동물보호센터, 경찰관서 및 소방관서 등에 즉시 신고하는 등 필요한 조치를 해야 한다.

2. 개별 준수사항

① 동물생산업자
  ㉠ 사육하는 동물에게 주 1회 이상 정기적으로 운동할 기회를 제공해야 한다.
  ㉡ 사육실 내 질병의 발생 및 확산에 주의해야 하고, 백신 접종 등 질병에 대한 예방적 조치를 한 후 개체관리카드에 이를 기입하여 관리해야 한다.
  ㉢ 사육·관리하는 동물에 대해 털 관리, 손·발톱 깎기 및 이빨 관리 등을 연 1회 이상 실시하여 동물을 건강하고 위생적으로 관리해야 하며, 그 내역을 기록해야 한다.
  ㉣ 월령이 12개월 미만인 개·고양이는 교배 및 출산시킬 수 없고, 출산 후 다음 출산 사이에 10개월 이상의 기간을 두어야 한다.
  ㉤ 개체관리카드에 출산 날짜, 출산동물 수, 암수 구분 등 출산에 관한 정보를 포함하여 작성·관리해야 한다.
  ㉥ 노화 등으로 번식능력이 없는 동물은 보호하거나 입양되도록 노력해야 하고, 동물을 유기하거나 폐기를 목적으로 거래해서는 안 된다.
  ㉦ 질병이 있거나 상해를 입은 동물은 즉시 격리하여 치료받도록 하고, 해당 동물이 회복될 수 없거나 다른 동물에게 질병을 옮기거나 위해를 끼칠 우려가 높다고 수의사가 진단한 경우에는 수의사가 인도적인 방법으로 처리하도록 해야 한다. 이 경우, 안락사 처리내역, 사유 및 수의사의 성명 등을 개체관리카드에 기록해야 한다.
  ㉧ 별지 서식의 영업자 실적 보고서를 다음 연도 1월 31일까지 특별자치시장·특별자치도지사·시장·군수·구청장에게 제출해야 한다.
  ㉨ 동물을 직접 판매하는 경우 동물판매업자의 준수사항을 지켜야 한다.

② 동물수입업자
  ㉠ 동물수입업자는 수입국과 수입일 등 검역과 관련된 서류 등을 수입일부터 2년 이상 보관해야 한다.
  ㉡ 별지 서식의 영업자 실적 보고서를 다음 연도 1월 31일까지 특별자치시장·특별자치도지사·시장·군수·구청장에게 제출해야 한다.
  ㉢ 동물수입업자가 동물을 직접 판매하는 경우에는 동물판매업자의 준수사항을 지켜야 한다.

③ 동물판매업자
  ㉠ 동물을 실물로 보여주지 않고 판매해서는 안 된다.
  ㉡ 다음의 월령(月齡) 이상인 동물을 판매, 알선 또는 중개해야 한다.
    • 개·고양이: 2개월
    • 그 외의 동물: 젖을 뗀 후 스스로 사료 등 먹이를 먹을 수 있는 월령
  ㉢ 미성년자에게는 동물을 판매, 알선 또는 중개해서는 안 된다.
  ㉣ 동물 판매, 알선 또는 중개 시 해당 동물에 관한 다음의 사항을 구입자에게 반드시 알려주어야 한다.
    • 동물의 습성, 특징 및 사육방법
    • 등록대상동물을 판매하는 경우에는 등록 및 변경신고 방법·기간 및 위반 시 과태료 부과에 관한 사항 등 동물등록제도의 세부 내용
    • 맹견을 판매하는 경우에는 맹견사육허가 방법·기간 및 위반 시 벌칙 부과에 관한 사항 등 맹견사육허가제도의 세부 내용(시·도지사가 맹견사육허가를 하기 전에 거쳐야 하는 기질평가에 소요되는 비용 및 절차에 관한 사항을 포함한다)
  ㉤ 「소비자기본법 시행령」에 따른 소비자분쟁해결기준에 따라 다음의 내용이 포함된 계약서와 해당 내용을 증명하는 서류를 판매할 때 제공해야 하며, 계약서를 제공할 의무가 있음을 영업장 내부(전자상거래 방식으로 판매하는 경우에는 인터넷 홈페이지 또는 휴대전화에서 사용되는 응용프로그램을 포함한다)의 잘 보이는 곳에 게시해야 한다.
    • 동물판매업 등록번호, 업소명, 주소 및 전화번호
    • 동물의 출생일자 및 판매업자가 입수한 날
    • 동물을 생산(수입)한 동물생산(수입)업자 업소명 및 주소
    • 동물의 종류, 품종, 색상 및 판매 시의 특징
    • 예방접종, 약물 투여 등 수의사의 치료기록 등
    • 판매 시의 건강상태와 그 증명서류

- 판매일 및 판매금액
- 판매한 동물에게 질병 또는 사망 등 건강상의 문제가 생긴 경우의 처리방법
- 등록된 동물인 경우 그 등록내역

ⓗ ⓓ에 따른 계약서의 예시는 다음과 같고, 동물판매업자는 다음 계약서의 기재사항을 추가하거나 순서를 변경하는 등 수정해서 사용할 수 있다.

반려동물 매매 계약서(예시)

1. 계약내용

매매(분양)금액	금 원 정(₩)	인도(분양)일	년 월 일

2. 반려동물 기본 정보

동물의 종류		품 종		성별	암 / 수
출생일		부		모	
입수일		생산자/수입자 정보		업소명 및 주소, 전화번호	
털색		동물등록번호 (등록대상 동물만 적습니다)			
특징					

3. 건강상태 및 진료 사항(예방접종기록 포함)

현재 상태	[ ]양호 [ ]이상 [ ]치료 필요	중성화 여부	[ ]예 [ ]아니요

세부기록	일자	질병명 또는 상태	처치내역	비고

4. 분쟁해결기준

1) 구입 후 15일 이내 폐사한 경우	동종의 반려동물로 교환 또는 구입 금액 환급(다만, 소비자의 중대한 과실로 인하여 피해가 발생한 경우에는 배상을 요구할 수 없음)
2) 구입 후 15일 이내 질병이 발생한 경우	판매업소(사업자)가 각종 비용을 부담하여 회복시켜 소비자에게 인도. 다만, 업소 책임하의 회복기간이 30일이 지나거나, 판매업소 관리 중 폐사 시에는 동종의 반려동물로 교환 또는 구입가 환급
3) 계약서를 교부하지 않은 경우	계약해제(다만, 구입 후 7일 이내)

5. 매수인(입양인) 주의사항

- 반려동물의 관리에 관한 사항으로 사업자가 반려동물별로 작성합니다.
- 다만, 소비자의 중대한 과실에 해당할 수 있어 분쟁해결기준에 따른 배상이 제한될 수 있는 주의사항은 일반적인 주의사항과 구분하여 분명하게 적습니다.

위와 같이 계약을 체결하고 계약서 2통을 작성, 서명날인 후 각각 1통씩 보관한다.

년   월   일

매도인 (분양인)	주소			서명 날인	(인)
	영업등록번호				
	연락처		성명		
매수인 (입양인)	주소			서명 날인	(인)
	연락처		성명		

Ⓐ 기준을 갖추지 못한 곳에서 경매방식을 통한 동물의 거래를 알선·중개해서는 안 된다.
Ⓞ 온라인을 통해 홍보하는 경우에는 등록번호, 업소명, 주소 및 전화번호를 잘 보이는 곳에 표시해야 한다.
Ⓩ 동물판매업자 중 경매방식을 통한 거래를 알선·중개하는 동물판매업자는 다음 사항을 준수해야 한다.
- 경매수수료를 경매참여자에게 미리 알려야 한다.
- 경매일정을 시장·군수·구청장에게 경매일 10일 전까지 통보해야 하고, 통보한 일정을 변경하려는 경우에는 시장·군수·구청장에게 경매일 3일 전까지 통보해야 한다.

- 수의사로 하여금 경매되는 동물에 대해 검진하도록 해야 한다.
- 준비실에서는 경매되는 동물이 식별이 가능하도록 구분해야 한다.
- 경매되는 동물의 출하자로부터 별지 제36호서식의 동물생산·판매·수입업 개체관리카드를 제출받아 기재내용을 확인해야 하며, 제출받은 개체관리카드에 기본정보, 판매일, 건강상태·진료사항, 구입기록 및 판매기록이 기재된 경우에만 경매를 개시해야 한다.
- 경매방식을 통한 거래는 경매일에 경매 현장에서 이루어져야 한다.
- 경매에 참여하는 자에게 경매되는 동물의 출하자와 동물의 건강상태에 관한 정보를 제공해야 한다.
- 경매 상황을 녹화하여 30일간 보관해야 한다.

ⓐ 별지 제38호 서식의 영업자 실적 보고서를 다음 연도 1월 31일까지 시장·군수·구청장에게 제출해야 한다.

④ 동물장묘업자
  ㉠ 동물의 소유자와 사전에 합의한 방식대로 동물의 사체를 처리해야 한다.
  ㉡ 동물의 사체를 처리한 경우에는 동물의 소유자등에게 다음의 서식에 따라 작성된 장례확인서를 발급해 주어야 한다. 다만, 동물장묘업자는 필요하면 서식에 기재사항을 추가하거나 기재사항의 순서를 변경하는 등의 방법으로 서식을 수정해서 사용할 수 있다.

영업등록번호:

장례(화장, 건조장, 수분해장) 확인서(예시)

업체명	

■ 동물보호법 시행규칙 [별표 12]

성 명		동물등록번호	
주 소		동물병원 상호	
전화번호		전자우편 주소	

■ 반려동물 정보

동물 소유자 (관리자) 성 명		전화번호	
주 소		전자우편 주소	
이름(나이)	(살)	등록번호	
태어난 날		무게	kg
죽은 날		동물의 종류	예시) 개, 고양이, 햄스터 등 동물의 종류 기재
잔재의 처리방법			

위 동물은 ○○○○. ○○. ○○. 동물 장례식장 "○○○○"에서
장례(화장, 건조장, 수분해장)를 진행하였음을 확인합니다.

○○○○년 ○○월 ○○일

동물 장례식장 ○○○   대표자 성 명   (서명 또는 인)

  ㉢ 등록대상동물의 사체를 처리한 경우에는 처리 후 30일 이내에 다음과 같은 사항을 해당 동물장묘시설을 관할하는 특별자치시장·특별자치도지사·시장·군수·구청장에게 통보해야 한다.
  - 동물장묘업 허가번호, 업소명 및 전화번호
  - 처리일자
  - 동물등록번호
  - 처리방법(화장, 건조장, 수분해장)
  - 동물장묘업 허가번호, 업소명 및 전화번호, 처리일자, 동물등록번호, 처리방법(화장, 건조장, 수분해장)에 따른 등록대상동물 사체 처리내역서의 예시는 다음과 같고, 동물장묘업자는 필요하면 기재사항을 추가하거나 기재사항의 순서를 변경하는 등 수정해서 사용할 수 있다.

등록대상동물 사체 처리내역서(예시)

1. 업체정보					
업체명		허가번호		연락처	

2. 처리내역					
순번	처리일자	동물등록번호	처리 방법			기타
			화장	건조장	수분해장	

  ⓔ 동물화장시설, 동물건조장시설 또는 동물수분해장시설을 운영하는 경우 「대기환경보전법」 등 관련 법령에 따른 기준에 적합하도록 운영해야 한다.
  ⓜ 「환경분야 시험·검사 등에 관한 법률」에 따른 측정대행업자에게 동물화장시설에서 나오는 배기가스 등 오염물질을 6개월마다 1회 이상 측정을 받고, 그 결과를 지체 없이 특별자치시장·특별자치도지사·시장·군수·구청장에게 제출해야 한다.
  ⓗ 동물화장시설, 동물건조장시설 또는 동물수분해장시설이 별표 10(허가영업의 시설 및 인력 기준)에 따른 기준에 적합하게 유지·관리되는지 여부를 확인하기 위해 농림축산식품부장관이 정하여 고시하는 정기검사를 동물화장시설 및 동물수분해장시설은 3년마다 1회 이상, 동물건조장시설은 6개월마다 1회 이상 실시하고, 그 결과를 지체 없이 특별자치시장·특별자치도지사·시장·군수·구청장에게 제출해야 한다.
  ⓢ 동물의 사체를 처리한 경우에는 등록대상동물의 소유자에게 등록사항의 변경신고 절차를 알려주어야 한다.
  ⓞ 동물장묘업자는 신문, 방송, 인터넷 등을 통해 영업을 홍보하려는 경우에는 영업등록증을 함께 게시해야 한다.
  ⓩ 별지 서식의 영업자 실적 보고서를 다음 연도 1월 31일까지 특별자치시장·특별자치도지사·시장·군수·구청장에게 제출해야 한다.
⑤ 동물전시업자
  ㉠ 전시하는 개 또는 고양이는 월령이 6개월 이상이어야 하며, 등록대상 동물인 경우에는 동물등록을 해야 한다.
  ㉡ 전시된 동물에 대해서는 정기적인 예방접종과 구충을 실시하고, 매년 1회 검진을 해야 하며, 건강에 이상이 있는 것으로 의심되는 경우에는 격리한 후 수의사의 진료 및 적절한 치료를 해야 한다.
  ㉢ 전시하는 개 또는 고양이는 안전을 위해 체중 및 성향에 따라 구분·관리해야 한다.
  ㉣ 영업시간 중에도 동물이 자유롭게 휴식을 취할 수 있도록 해야 한다.
  ㉤ 전시하는 동물은 하루 10시간 이내로 전시해야 하며, 10시간이 넘게 전시하는 경우에는 별도로 휴식시간을 제공해야 한다.
  ㉥ 동물의 휴식 시에는 몸을 숨기거나 운동이 가능한 휴식공간을 제공해야 한다.
  ㉦ 깨끗한 물과 사료를 충분히 제공해야 하며, 사료나 간식 등을 과도하게 섭취하지 않도록 적절히 관리해야 한다.
  ㉧ 전시하는 동물의 배설물은 영업장과 동물의 위생 관리, 청결 유지를 위해서 즉시 처리해야 한다.
  ㉨ 전시하는 동물을 생산이나 판매의 목적으로 이용해서는 안 된다.
⑥ 동물위탁관리업자
  ㉠ 위탁관리하는 동물에게 정기적으로 운동할 기회를 제공해야 한다.
  ㉡ 깨끗한 물과 사료를 충분히 제공해야 하며, 사료나 간식 등을 과도하게 섭취하지 않도록 적절히 관리해야 한다.
  ㉢ 동물에게 건강상 위해요인이 발생하지 않도록 영업 관련 시설 및 설비를 위생적이고 안전하게 관리해야 한다.
  ㉣ 위탁관리하는 동물에게 건강 문제가 발생하거나 이상 행동을 하는 경우 즉시 소유주에게 알려야 하며 병원 진료 등 적절한 조치를 해야 한다.
  ㉤ 위탁관리하는 동물은 안전을 위해 체중 및 성향에 따라 구분·관리해야 한다.
  ㉥ 영업자는 위탁관리하는 동물에 대한 다음의 내용이 담긴 계약서를 제공해야 한다.
    • 등록번호, 업소명 및 주소, 전화번호
    • 위탁관리하는 동물의 종류, 품종, 나이, 색상 및 그 외 특이사항

              • 제공하는 서비스의 종류, 기간 및 비용
              • 위탁관리하는 동물에게 건강 문제가 발생했을 때 처리방법
              • 위탁관리하는 동물을 위탁관리 기간이 종료된 이후에도 일정 기간 찾아가지 않는 경우의 처리 방법 및 절차
            ⓐ 동물을 위탁관리하는 동안에는 관리자가 상주하거나 관리자가 해당 동물의 상태를 수시로 확인할 수 있어야 한다.
        ⑦ 동물미용업자
          ㉠ 동물에게 건강 문제가 발생하지 않도록 시설 및 설비를 위생적이고 안전하게 관리해야 한다.
          ㉡ 소독한 미용기구와 소독하지 않은 미용기구를 구분하여 보관해야 한다.
          ㉢ 미용기구의 소독방법은 「공중위생관리법 시행규칙」 별표 3에 따른 이용기구 및 미용기구의 소독기준 및 방법에 따른다.
          ㉣ 미용을 위하여 마취용 약품을 사용하는 경우 「수의사법」 등 관련 법령의 기준에 따른다.
        ⑧ 동물운송업자
          ㉠ 법 제11조(동물의 운송)에 따른 동물운송에 관한 기준을 준수해야 한다.
          ㉡ 동물의 질병 예방 등을 위해 동물을 운송하기 전과 후에 동물을 운송하는 차량에 대한 소독을 실시해야 한다.
          ㉢ 동물의 종류, 품종, 성별, 마릿수, 운송일 및 소독일자를 기록하여 갖춰 두어야 한다.
          ㉣ 2시간 이상 이동 시 동물에게 적절한 휴식시간을 제공해야 한다.
          ㉤ 2마리 이상을 운송하는 경우에는 개체별로 분리해야 한다.
          ㉥ 동물의 운송 운임은 동물의 종류, 크기 및 이동 거리 등을 고려하여 산정해야 하고, 소유주 등 사람의 동승 여부에 따라 운임이 달라져서는 안 된다.

⑫ **등록대상동물의 판매에 따른 등록신청(제79조)** ㉠ 동물생산업자, 동물수입업자 및 동물판매업자는 등록대상동물을 판매하는 경우에 구매자(영업자를 제외한다)에게 동물등록의 방법을 설명하고 구매자의 명의로 특별자치시장·특별자치도지사·시장·군수·구청장에게 동물등록을 신청한 후 판매하여야 한다.

㉡ 등록대상동물의 등록신청에 대해서는 등록대상동물의 등록 등을 준용한다.

> **등록대상동물의 등록 등(법 제15조)**
> ㉠ 등록대상동물의 소유자는 동물의 보호와 유실·유기 방지 및 공중위생상의 위해 방지 등을 위하여 특별자치시장·특별자치도지사·시장·군수·구청장에게 등록대상동물을 등록하여야 한다. 다만, 등록대상동물이 맹견이 아닌 경우로서 농림축산식품부령으로 정하는 바에 따라 시·도의 조례로 정하는 지역에서는 그러하지 아니하다.
> ㉡ 등록된 등록대상동물(등록동물)의 소유자는 다음의 어느 하나에 해당하는 경우에는 구분에 따른 기간에 특별자치시장·특별자치도지사·시장·군수·구청장에게 신고하여야 한다.
>   • 등록동물을 잃어버린 경우: 등록동물을 잃어버린 날부터 10일 이내
>   • 등록동물에 대하여 대통령령으로 정하는 사항이 변경된 경우: 변경사유 발생일부터 30일 이내
> ㉢ 등록동물의 소유권을 이전받은 자 중 등록을 실시하는 지역에 거주하는 자는 그 사실을 소유권을 이전받은 날부터 30일 이내에 자신의 주소지를 관할하는 특별자치시장·특별자치도지사·시장·군수·구청장에게 신고하여야 한다.
> ㉣ 특별자치시장·특별자치도지사·시장·군수·구청장은 대통령령으로 정하는 자(동물등록대행자)로 하여금 규정에 따른 업무를 대행하게 할 수 있으며 이에 필요한 비용을 지급할 수 있다.
> ㉤ 특별자치시장·특별자치도지사·시장·군수·구청장은 다음의 어느 하나에 해당하는 경우 등록을 말소할 수 있다.
>   • 거짓이나 그 밖의 부정한 방법으로 등록대상동물을 등록하거나 변경신고한 경우
>   • 등록동물 소유자의 주민등록이나 외국인등록사항이 말소된 경우
>   • 등록동물의 소유자인 법인이 해산한 경우
> ㉥ 국가와 지방자치단체는 등록에 필요한 비용의 일부 또는 전부를 지원할 수 있다.
> ㉦ 등록대상동물의 등록 사항 및 방법·절차, 변경신고 절차, 등록 말소 절차, 동물등록대행자 준수사항 등에 관한 사항은 대통령령으로 정하며, 그 밖에 등록에 필요한 사항은 시·도의 조례로 정한다.

⑬ **거래내역의 신고(제80조)** ㉠ 동물생산업자, 동물수입업자 및 동물판매업자가 등록대상동물을 취급하는 경우에는 그 거래내역을 농림축산식품부령으로 정하는 바에 따라 특별자치시장·특별자치도지사·시장·군수·구청장에게 신고하여야 한다.

㉡ 농림축산식품부장관은 등록대상동물의 거래내역을 국가동물보호정보시스템으로 신고하게 할 수 있다.

⑭ **표준계약서의 제정·보급(제81조)** ㉠ 농림축산식품부장관은 동물보호 및 동물영업의 건전한 거래질서 확립을 위하여 공정거래위원회와 협의하여 표준계약서를 제정 또는 개정하고 영업자에게 이를 사용하도록 권고할 수 있다.

㉡ 농림축산식품부장관은 표준계약서에 관한 업무를 대통령령으로 정하는 기관에 위탁할 수 있다.

㉢ 표준계약서의 구체적인 사항은 농림축산식품부령으로 정한다.

⑮ **교육(제82조)** ㉠ 허가를 받거나 등록을 하려는 자는 허가를 받거나 등록을 하기 전에 동물의 보호 및 공중위생상의 위해 방지 등에 관한 교육을 받아야 한다.

㉡ 영업자는 정기적으로 교육을 받아야 한다.

㉢ 영업정지처분을 받은 영업자는 정기 교육 외에 동물의 보호 및 영업자 준수사항 등에 관한 추가교육을 받아야 한다.

㉣ 규정에 따라 교육을 받아야 하는 영업자로서 교육을 받지 아니한 자는 그 영업을 하여서는 아니 된다.

㉤ ㉠ 또는 ㉡에 따라 교육을 받아야 하는 영업자가 영업에 직접 종사하지 아니하거나 두 곳 이상의 장소에서 영업을 하는 경우에는 종사자 중에서 책임자를 지정하여 영업자 대신 교육을 받게 할 수 있다.

㉥ 규정에 따른 교육의 종류, 내용, 시기, 이수방법 등에 관하여는 농림축산식품부령으로 정한다.

⑯ **허가 또는 등록의 취소 등(제83조)** ㉠ 특별자치시장·특별자치도지사·시장·군수·구청장은 영업자가 다음의 어느 하나에 해당하는 경우에는 농림축산식품부령으로 정하는 바에 따라 그 허가 또는 등록을 취소하거나 6개월 이내의 기간을 정하여 그 영업의 전부 또는 일부의 정지를 명할 수 있다. 다만, *표시에 해당하는 경우에는 허가 또는 등록을 취소하여야 한다.

- 거짓이나 그 밖의 부정한 방법으로 허가를 받거나 등록을 한 것이 판명된 경우*
- 제10조(동물학대 등의 금지) ㉠부터 ㉣까지의 규정을 위반한 경우
- 허가를 받은 날 또는 등록을 한 날부터 1년이 지나도록 영업을 개시하지 아니한 경우
- 허가 또는 등록 사항과 다른 방식으로 영업을 한 경우
- 변경허가를 받거나 변경등록을 하지 아니한 경우
- 시설 및 인력 기준에 미달하게 된 경우
- 설치가 금지된 곳에 동물장묘시설을 설치한 경우*
- 허가 또는 등록의 결격사유의 어느 하나에 해당하게 된 경우*
- 준수사항을 지키지 아니한 경우

동물학대 등의 금지(제10조)

㉠ 누구든지 동물을 죽이거나 죽음에 이르게 하는 다음의 행위를 하여서는 아니 된다.

- 목을 매다는 등의 잔인한 방법으로 죽음에 이르게 하는 행위
- 노상 등 공개된 장소에서 죽이거나 같은 종류의 다른 동물이 보는 앞에서 죽음에 이르게 하는 행위
- 동물의 습성 및 생태환경 등 부득이한 사유가 없음에도 불구하고 해당 동물을 다른 동물의 먹이로 사용하는 행위
- 그 밖에 사람의 생명·신체에 대한 직접적인 위협이나 재산상의 피해 방지 등 농림축산식품부령으로 정하는 정당한 사유 없이 동물을 죽음에 이르게 하는 행위

㉡ 누구든지 동물에 대하여 다음의 행위를 하여서는 아니 된다.

- 도구·약물 등 물리적·화학적 방법을 사용하여 상해를 입히는 행위. 다만, 해당 동물의 질병 예방이나 치료 등 농림축산식품부령으로 정하는 경우는 제외한다.
- 살아있는 상태에서 동물의 몸을 손상하거나 체액을 채취하거나 체액을 채취하기 위한 장치를 설치하는 행위. 다만, 해당 동물의 질병 예방 및 동물실험 등 농림축산식품부령으로 정하는 경우는 제외한다.
- 도박·광고·오락·유흥 등의 목적으로 동물에게 상해를 입히는 행위. 다만, 민속경기 등 농림축산식품부령으로 정하는 경우는 제외한다.
- 동물의 몸에 고통을 주거나 상해를 입히는 다음에 해당하는 행위
  - 사람의 생명·신체에 대한 직접적 위협이나 재산상의 피해를 방지하기 위하여 다른 방법이 있음에도 불구하고 동물에게 고통을 주거나 상해를 입히는 행위
  - 동물의 습성 또는 사육환경 등의 부득이한 사유가 없음에도 불구하고 동물을 혹서·혹한 등의 환경에 방치하여 고통을 주거나 상해를 입히는 행위
  - 갈증이나 굶주림의 해소 또는 질병의 예방이나 치료 등의 목적 없이 동물에게 물이나 음식을 강제로 먹여 고통을 주거나 상해를 입히는 행위
  - 동물의 사육·훈련 등을 위하여 필요한 방식이 아님에도 불구하고 다른 동물과 싸우게 하거나 도구를 사용하는 등 잔인한 방식으로 고통을 주거나 상해를 입히는 행위

㉢ 누구든지 소유자등이 없이 배회하거나 내버려진 동물 또는 피학대동물 중 소유자등을 알 수 없는 동물에 대하여 다음의 어느 하나에 해당하는 행위를 하여서는 아니 된다.

- 포획하여 판매하는 행위
- 포획하여 죽이는 행위
- 판매하거나 죽일 목적으로 포획하는 행위
- 소유자등이 없이 배회하거나 내버려진 동물 또는 피학대동물 중 소유자등을 알 수 없는 동물임을 알면서 알선·구매하는 행위

ⓔ 소유자등은 다음의 행위를 하여서는 아니 된다.

> - 동물을 유기하는 행위
> - 반려동물에게 최소한의 사육공간 및 먹이 제공, 적정한 길이의 목줄, 위생·건강 관리를 위한 사항 등 농림축산식품부령으로 정하는 사육·관리 또는 보호의무를 위반하여 상해를 입히거나 질병을 유발하는 행위
> - 농림축산식품부령으로 정하는 사육·관리 또는 보호의무를 위반하여 상해를 입히거나 질병을 유발하는 행위로 인하여 반려동물을 죽음에 이르게 하는 행위

　ⓛ 특별자치시장·특별자치도지사·시장·군수·구청장은 영업의 허가 또는 등록을 취소하거나 영업의 전부 또는 일부를 정지하는 경우에는 해당 영업자에게 보유하고 있는 동물을 양도하게 하는 등 적절한 사육·관리 또는 보호를 위하여 필요한 조치를 명하여야 한다.

　ⓒ 처분의 효과는 그 처분기간이 만료된 날부터 1년간 양수인등에게 승계되며, 처분의 절차가 진행 중일 때에는 양수인등에 대하여 처분의 절차를 행할 수 있다. 다만, 양수인등이 양수·상속 또는 합병 시에 그 처분 또는 위반사실을 알지 못하였음을 증명하는 경우에는 그러하지 아니하다.

⑰ **과징금의 부과(제84조)** ⓐ 특별자치시장·특별자치도지사·시장·군수·구청장은 영업자가 허가 또는 등록 사항과 다른 방식으로 영업을 한 경우, 변경허가를 받거나 변경등록을 하지 아니한 경우, 시설 및 인력 기준에 미달하게 된 경우 또는 준수사항을 지키지 아니한 경우에 해당하여 영업정지처분을 하여야 하는 경우로서 그 영업정지처분이 해당 영업의 동물 또는 이용자에게 곤란을 주거나 공익에 현저한 지장을 줄 우려가 있다고 인정되는 경우에는 영업정지처분에 갈음하여 1억원 이하의 과징금을 부과할 수 있다.

　ⓛ 특별자치시장·특별자치도지사·시장·군수·구청장은 과징금을 부과받은 자가 납부기한까지 과징금을 내지 아니하면 「지방행정제재·부과금의 징수 등에 관한 법률」에 따라 징수한다.

　ⓒ 특별자치시장·특별자치도지사·시장·군수·구청장은 과징금을 부과하기 위하여 필요한 경우에는 다음의 사항을 적은 문서로 관할 세무서장에게 과세 정보의 제공을 요청할 수 있다.

> - 납세자의 인적 사항
> - 과징금 부과기준이 되는 매출금액
> - 과세 정보의 사용 목적

　ⓔ 과징금을 부과하는 위반행위의 종류, 영업의 규모, 위반횟수 등에 따른 과징금의 금액, 그 밖에 필요한 사항은 대통령령으로 정한다.

⑱ **영업장의 폐쇄(제85조)** ⓐ 특별자치시장·특별자치도지사·시장·군수·구청장은 영업이 다음의 어느 하나에 해당하는 때에는 관계 공무원으로 하여금 농림축산식품부령으로 정하는 바에 따라 해당 영업장을 폐쇄하게 할 수 있다.

> - 허가를 받지 아니하거나 등록을 하지 아니한 때
> - 허가 또는 등록이 취소되거나 영업정지명령을 받았음에도 불구하고 계속하여 영업을 한 때

　ⓛ 특별자치시장·특별자치도지사·시장·군수·구청장은 영업장을 폐쇄하기 위하여 관계 공무원에게 다음의 조치를 하게 할 수 있다.

> - 해당 영업장의 간판이나 그 밖의 영업표지물의 제거 또는 삭제
> - 해당 영업장이 적법한 영업장이 아니라는 것을 알리는 게시문 등의 부착
> - 영업을 위하여 꼭 필요한 시설물 또는 기구 등을 사용할 수 없게 하는 봉인(封印)

　ⓒ 특별자치시장·특별자치도지사·시장·군수·구청장은 폐쇄조치를 하려는 때에는 폐쇄조치의 일시·장소 및 관계 공무원의 성명 등을 미리 해당 영업을 하는 영업자 또는 그 대리인에게 서면으로 알려주어야 한다.

　ⓔ 특별자치시장·특별자치도지사·시장·군수·구청장은 해당 영업장을 폐쇄하는 경우 해당 영업자에게 보유하고 있는 동물을 양도하게 하는 등 적절한 사육·관리 또는 보호를 위하여 필요한 조치를 명하여야 한다.

　ⓜ 영업장 폐쇄의 세부적인 기준과 절차는 그 위반행위의 유형과 위반 정도 등을 고려하여 농림축산식품부령으로 정한다.

7. 보칙

① **출입·검사 등(제86조)** ㉠ 농림축산식품부장관, 시·도지사 또는 시장·군수·구청장은 동물의 보호 및 공중위생상의 위해 방지 등을 위하여 필요하면 동물의 소유자등에 대하여 다음의 조치를 할 수 있다.

- 동물 현황 및 관리실태 등 필요한 자료제출의 요구
- 동물이 있는 장소에 대한 출입·검사
- 동물에 대한 위해 방지 조치의 이행 등 농림축산식품부령으로 정하는 시정명령

㉡ 농림축산식품부장관, 시·도지사 또는 시장·군수·구청장은 동물보호 등과 관련하여 필요하면 다음의 어느 하나에 해당하는 자에게 필요한 보고를 하도록 명하거나 자료를 제출하게 할 수 있으며, 관계 공무원으로 하여금 해당 시설 등에 출입하여 운영실태를 조사하게 하거나 관계 서류를 검사하게 할 수 있다.

- 동물보호센터의 장
- 보호시설운영자
- 윤리위원회를 설치한 동물실험시행기관의 장
- 동물복지축산농장의 인증을 받은 자
- 지정된 인증기관의 장
- 동물복지축산물의 표시를 한 자
- 반려동물 영업의 허가를 받은 자 또는 영업의 등록을 한 자

㉢ 특별자치시장·특별자치도지사·시장·군수·구청장은 소속 공무원으로 하여금 보호시설운영자에 대하여 시설기준·운영기준 등의 사항 및 동물보호를 위한 시설정비 등의 사후관리와 관련한 사항을 1년에 1회 이상 정기적으로 점검하도록 하고, 필요한 경우 수시로 점검하게 할 수 있다.

㉣ 시·도지사와 시장·군수·구청장은 소속 공무원으로 하여금 영업자에 대하여 다음의 구분에 따라 1년에 1회 이상 정기적으로 점검하도록 하고, 필요한 경우 수시로 점검하게 할 수 있다.

- 시·도지사: 맹견 취급을 위한 동물생산업, 동물수입업 또는 동물판매업의 시설 및 인력 기준의 준수 여부
- 특별자치시장·특별자치도지사·시장·군수·구청장: 영업의 허가 및 영업의 등록에 따른 시설 및 인력 기준의 준수 여부와 영업자 등의 준수사항에 따른 준수사항의 이행 여부

㉤ 시·도지사는 점검 결과(관할 시·군·구의 점검 결과를 포함한다)를 다음 연도 1월 31일까지 농림축산식품부장관에게 보고하여야 한다.

㉥ 농림축산식품부장관, 시·도지사 또는 시장·군수·구청장이 출입·검사 또는 점검(출입·검사등)을 할 때에는 출입·검사등의 시작 7일 전까지 대상자에게 다음의 사항이 포함된 출입·검사등 계획을 통지하여야 한다. 다만, 출입·검사등 계획을 미리 통지할 경우 그 목적을 달성할 수 없다고 인정하는 경우에는 출입·검사등을 착수할 때에 통지할 수 있다.

- 출입·검사등의 목적
- 출입·검사등의 기간 및 장소
- 관계 공무원의 성명과 직위
- 출입·검사등의 범위 및 내용
- 제출할 자료

㉦ 농림축산식품부장관, 시·도지사 또는 시장·군수·구청장은 출입·검사등의 결과에 따라 필요한 시정을 명하는 등의 조치를 할 수 있다.

② **고정형 영상정보처리기기의 설치 등(제87조)** ㉠ 다음의 어느 하나에 해당하는 자는 동물학대 방지 등을 위하여 「개인정보 보호법」에 따른 고정형 영상정보처리기기를 설치하여야 한다. 〈개정 2023. 3. 14.〉

- 동물보호센터의 장
- 보호시설운영자
- 도축장 운영자
- 영업의 허가를 받은 자 또는 영업의 등록을 한 자

㉡ 고정형 영상정보처리기기의 설치 대상, 장소 및 기준 등에 필요한 사항은 대통령령으로 정한다. 〈개정 2023. 3. 14.〉

㉢ 고정형 영상정보처리기기를 설치·관리하는 자는 동물보호센터·보호시설·영업장의 종사자, 이용자 등 정보주체의 인권이 침해되지 아니하도록 다음의 사항을 준수하여야 한다. 〈개정 2023. 3. 14.〉

- 설치 목적과 다른 목적으로 고정형 영상정보처리기기를 임의로 조작하거나 다른 곳을 비추지 아니할 것
- 녹음기능을 사용하지 아니할 것

㉣ 고정형 영상정보처리기기를 설치·관리하는 자는 다음의 어느 하나에 해당하는 경우 외에는 고정형 영상정보처리기기로 촬영한 영상기록을 다른 사람에게 제공하여서는 아니 된다. 〈개정 2023. 3. 14.〉

> - 소유자등이 자기 동물의 안전을 확인하기 위하여 요청하는 경우
> - 「개인정보 보호법」에 따른 공공기관이 법령에서 정하는 동물보호 업무 수행을 위하여 요청하는 경우
> - 범죄의 수사와 공소의 제기 및 유지, 법원의 재판업무 수행을 위하여 필요한 경우

㉤ 동물보호법에서 정하는 사항 외에 고정형 영상정보처리기기의 설치, 운영 및 관리 등에 관한 사항은 「개인정보 보호법」에 따른다. 〈개정 2023. 3. 14.〉

③ **동물보호관(제88조)** ㉠ 농림축산식품부장관(대통령령으로 정하는 소속 기관의 장을 포함한다), 시·도지사 및 시장·군수·구청장은 동물의 학대 방지 등 동물보호에 관한 사무를 처리하기 위하여 소속 공무원 중에서 동물보호관을 지정하여야 한다.

㉡ 동물보호관의 자격, 임명, 직무 범위 등에 관한 사항은 대통령령으로 정한다.

㉢ 동물보호관이 직무를 수행할 때에는 농림축산식품부령으로 정하는 증표를 지니고 이를 관계인에게 보여주어야 한다.

㉣ 누구든지 동물의 특성에 따른 출산, 질병 치료 등 부득이한 사유가 있는 경우를 제외하고는 동물보호관의 직무 수행을 거부·방해 또는 기피하여서는 아니 된다.

> **동물보호관의 자격(동물보호법 시행령 제27조 제2항)**
> - 「수의사법」에 따른 수의사 면허가 있는 사람
> - 「국가기술자격법」에 따른 축산기술사, 축산기사, 축산산업기사 또는 축산기능사 자격이 있는 사람
> - 「고등교육법」에 따른 학교에서 수의학·축산학·동물관리학·애완동물학·반려동물학 등 동물의 관리 및 이용 관련 분야, 동물보호 분야 또는 동물복지 분야를 전공하고 졸업한 사람
> - 그 밖에 동물보호·동물복지·실험동물 분야와 관련된 사무에 종사하고 있거나 종사한 경험이 있는 사람
>
> **동물보호관의 직무(동물보호법 시행령 제27조 제3항)**
> - 동물의 적정한 사육·관리에 대한 교육 및 지도
> - 금지되는 동물학대 행위의 예방, 중단 또는 재발방지를 위하여 필요한 조치
> - 동물의 적정한 운송과 반려동물 전달 방법에 대한 지도·감독
> - 동물의 도살방법에 대한 지도
> - 등록대상동물의 등록 및 등록대상동물의 관리에 대한 감독
> - 맹견의 관리에 관한 감독
> - 맹견의 출입금지에 대한 감독
> - 동물보호센터 또는 보호시설의 보호동물 관리에 관한 감독
> - 윤리위원회의 구성·운영 등에 관한 지도·감독 및 개선명령의 이행 여부에 대한 확인 및 지도
> - 동물복지축산농장으로 인증받은 농장의 인증기준 준수여부 등에 대한 감독
> - 영업의 허가를 받거나 영업의 등록을 한 자(영업자)의 시설·인력 등 허가 또는 등록사항, 준수사항, 교육 이수 여부에 관한 감독
> - 공설동물장묘시설의 설치·운영에 관한 감독
> - 동물의 보호 및 공중위생상의 위해 방지를 위한 조치, 보고 및 자료제출 명령의 이행 여부에 관한 확인·지도
> - 명예동물보호관에 대한 지도
> - 그 밖에 동물의 보호 및 복지 증진에 관한 업무

④ **학대행위자에 대한 상담·교육 등의 권고(제89조)** 동물보호관은 학대행위자에 대하여 상담·교육 또는 심리치료 등 필요한 지원을 받을 것을 권고할 수 있다.

⑤ **명예동물보호관(제90조)** ㉠ 농림축산식품부장관, 시·도지사 및 시장·군수·구청장은 동물의 학대 방지 등 동물보호를 위한 지도·계몽 등을 위하여 명예동물보호관을 위촉할 수 있다.

㉡ 동물학대 등의 금지를 위반하여 벌칙에 따라 형을 선고받고 그 형이 확정된 사람은 명예동물보호관이 될 수 없다.

㉢ 명예동물보호관의 자격, 위촉, 해촉, 직무, 활동 범위와 수당의 지급 등에 관한 사항은 대통령령으로 정한다.

㉣ 명예동물보호관은 직무를 수행할 때에는 부정한 행위를 하거나 권한을 남용하여서는 아니 된다.

ⓜ 명예동물보호관이 그 직무를 수행하는 경우에는 신분을 표시하는 증표를 지니고 이를 관계인에게 보여주어야 한다.

> **명예동물보호관의 자격(동물보호법 시행령 제28조 제1항)**
> - 동물보호 민간단체 법인 또는 단체의 장이 추천한 사람
> - 동물보호관의 자격 중 어느 하나에 해당하는 사람
> - 동물보호에 관한 학식과 경험이 풍부한 사람으로서 명예동물보호관의 직무를 성실히 수행할 수 있는 사람

⑥ **수수료(제91조)** 다음의 어느 하나에 해당하는 자는 농림축산식품부령으로 정하는 바에 따라 수수료를 내야 한다. 다만, *표시에 해당하는 자에 대하여는 시·도의 조례로 정하는 바에 따라 수수료를 감면할 수 있다.

- 등록대상동물을 등록하려는 자*
- 반려동물행동지도사 자격시험에 응시하려는 자 또는 자격증의 재발급 등을 받으려는 자
- 동물복지축산농장 인증을 받거나 갱신 및 재심사를 받으려는 자
- 영업의 허가 또는 변경허가를 받거나, 영업의 등록 또는 변경등록을 하거나, 변경신고를 하려는 자

⑦ **청문(제92조)** 농림축산식품부장관, 시·도지사 또는 시장·군수·구청장은 다음의 어느 하나에 해당하는 처분을 하려면 청문을 하여야 한다.

- 맹견사육허가의 철회
- 반려동물행동지도사의 자격취소
- 동물보호센터의 지정취소
- 보호시설의 시설폐쇄
- 인증기관의 지정취소
- 동물복지축산농장의 인증취소
- 영업허가 또는 영업등록의 취소

⑧ **권한의 위임·위탁(제93조)** ㉠ 농림축산식품부장관은 대통령령으로 정하는 바에 따라 동물보호법에 따른 권한의 일부를 소속기관의 장 또는 시·도지사에게 위임할 수 있다.

　㉡ 농림축산식품부장관은 대통령령으로 정하는 바에 따라 동물보호법에 따른 업무 및 동물복지 진흥에 관한 업무의 일부를 농림축산 또는 동물보호 관련 업무를 수행하는 기관·법인·단체의 장에게 위탁할 수 있다.

　㉢ 농림축산식품부장관은 위임한 업무 및 위탁한 업무에 관하여 필요하다고 인정하면 업무처리지침을 정하여 통보하거나 그 업무처리를 지도·감독할 수 있다.

　㉣ 위탁받은 동물보호법에 따른 업무를 수행하는 기관·법인·단체의 임원 및 직원은 「형법」제129조부터 제132조까지(수뢰, 사전수뢰, 제삼자뇌물제공, 수뢰후부정처사, 사후수뢰, 알선수뢰)의 규정을 적용할 때에는 공무원으로 본다.

　㉤ 농림축산식품부장관은 업무를 위탁한 기관에 필요한 비용의 전부 또는 일부를 예산의 범위에서 출연 또는 보조할 수 있다.

⑨ **실태조사 및 정보의 공개(제94조)** ㉠ 농림축산식품부장관은 다음의 정보와 자료를 수집·조사·분석하고 그 결과를 해마다 정기적으로 공표하여야 한다. 다만, *표시에 해당하는 사항에 관하여는 해당 동물을 관리하는 중앙행정기관의 장 및 관련 기관의 장과 협의하여 결과공표 여부를 정할 수 있다. 〈개정 2024. 1. 2.〉

- 동물복지종합계획 수립을 위한 동물의 보호·복지 실태에 관한 사항
- 봉사동물 중 국가소유 봉사동물의 마릿수 및 해당 봉사동물의 관리 등에 관한 사항*
- 등록대상동물의 등록에 관한 사항
- 동물보호센터와 유실·유기동물 등의 치료·보호 등에 관한 사항
- 보호시설의 운영실태에 관한 사항
- 동물의 기증 및 분양 현황 등 실험동물의 사후관리 실태에 관한 사항
- 윤리위원회의 운영 및 동물실험 실태, 지도·감독 등에 관한 사항
- 동물복지축산농장 인증현황 등에 관한 사항
- 영업의 허가 및 등록과 운영실태에 관한 사항
- 영업자에 대한 정기점검에 관한 사항
- 그 밖에 동물의 보호·복지 실태와 관련된 사항

　㉡ 농림축산식품부장관은 업무를 효율적으로 추진하기 위하여 실태조사를 실시할 수 있으며, 실태조사를 위하여 필요한 경우 관계 중앙행정기관의 장, 지방자치단체의 장, 공공기관(「공공기관의 운영에 관한 법률」에 따른 공공기관을 말한다)의 장, 관련 기관 및 단체, 동물의 소유자등에게 필요한 자료 및 정보의 제공을 요청할 수 있다. 이 경우 자료 및 정보의 제공을 요청받은 자는 정당한 사유가 없는 한 자료 및 정보를 제공하여야 한다.

ⓒ 실태조사(현장조사를 포함한다)의 범위, 방법, 그 밖에 필요한 사항은 대통령령으로 정한다.

ⓔ 시·도지사, 시장·군수·구청장, 동물실험시행기관의 장 또는 인증기관은 실적을 다음 연도 1월 31일까지 농림축산식품부장관(대통령령으로 정하는 그 소속기관의 장을 포함한다)에게 보고하여야 한다.

⑩ **동물보호정보의 수집 및 활용(제95조)** ㉠ 농림축산식품부장관은 동물의 생명보호, 안전 보장 및 복지 증진과 건전하고 책임 있는 사육문화를 조성하기 위하여 다음의 정보(동물보호정보)를 수집하여 체계적으로 관리하여야 한다.

> - 맹견수입신고를 한 자 및 신고한 자가 소유한 맹견에 대한 정보
> - 맹견사육허가·허가철회를 받은 사람 및 허가받은 사람이 소유한 맹견에 대한 정보
> - 기질평가를 받은 동물과 그 소유자에 대한 정보
> - 영업의 허가 및 영업의 등록에 관한 사항(영업의 허가 및 등록 번호, 업체명, 전화번호, 소재지 등을 포함한다)
> - ⑨의 ㉠에 해당하는 정보
>   - 동물복지종합계획 수립을 위한 동물의 보호·복지 실태에 관한 사항
>   - 봉사동물 중 국가소유 봉사동물의 마릿수 및 해당 봉사동물의 관리 등에 관한 사항
>   - 등록대상동물의 등록에 관한 사항
>   - 동물보호센터와 유실·유기동물 등의 치료·보호 등에 관한 사항
>   - 보호시설의 운영실태에 관한 사항
>   - 동물의 기증 및 분양 현황 등 실험동물의 사후관리 실태에 관한 사항
>   - 윤리위원회의 운영 및 동물실험 실태, 지도·감독 등에 관한 사항
>   - 동물복지축산농장 인증현황 등에 관한 사항
>   - 영업의 허가 및 등록과 운영실태에 관한 사항
>   - 영업자에 대한 정기점검에 관한 사항
>   - 그 밖에 동물의 보호·복지 실태와 관련된 사항
> - 그 밖에 동물보호에 관한 정보로서 농림축산식품부장관이 수집·관리할 필요가 있다고 인정하는 정보

ⓛ 농림축산식품부장관은 동물보호정보를 체계적으로 관리하고 통합적으로 분석하기 위하여 국가동물보호정보시스템을 구축·운영하여야 한다.

ⓒ 농림축산식품부장관은 동물보호정보의 수집을 위하여 관계 중앙행정기관의 장, 시·도지사 또는 시장·군수·구청장, 경찰관서의 장 등에게 필요한 자료를 요청할 수 있다. 이 경우 관계 중앙행정기관의 장, 시·도지사 또는 시장·군수·구청장, 경찰관서의 장 등은 정당한 사유가 없으면 요청에 응하여야 한다.

ⓔ 시·도지사 및 시장·군수·구청장은 동물의 보호 또는 동물학대 발생 방지를 위하여 필요한 경우 국가동물보호정보시스템에 등록된 관련 정보를 농림축산식품부장관에게 요청할 수 있다. 이 경우 정보활용의 목적과 필요한 정보의 범위를 구체적으로 기재하여 요청하여야 한다.

ⓜ ⓔ에 따른 정보를 취득한 사람은 요청 목적 외로 해당 정보를 사용하거나 다른 사람에게 정보를 제공 또는 누설하여서는 아니 된다.

ⓗ 농림축산식품부장관은 대통령령으로 정하는 바에 따라 영업의 허가 및 등록 번호, 업체명, 전화번호, 소재지 등을 공개하여야 한다.

ⓢ 규정한 사항 외에 동물보호정보 등의 수집·관리·공개 및 정보의 요청 방법, 국가동물보호정보시스템의 구축·활용 등에 필요한 사항은 대통령령으로 정한다.

⑪ **위반사실의 공표(제96조)** ㉠ 시·도지사 또는 시장·군수·구청장은 동물보호센터의 지정 취소 또는 보호시설의 시정명령 및 시설폐쇄 등에 따라 행정처분이 확정된 동물보호센터 또는 보호시설에 대하여 위반행위, 해당 기관·단체 또는 시설의 명칭, 대표자 성명 등 대통령령으로 정하는 사항을 공표할 수 있다.

ⓛ 특별자치시장·특별자치도지사·시장·군수·구청장은 허가 또는 등록의 취소 등, 과징금의 부과, 영업장의 폐쇄 규정에 따라 행정처분이 확정된 영업자에 대하여 위반행위, 해당 영업장의 명칭, 대표자 성명 등 대통령령으로 정하는 사항을 공표할 수 있다.

ⓒ 공표 여부를 결정할 때에는 위반행위의 동기, 정도, 횟수 및 결과 등을 고려하여야 한다.

ⓔ 시·도지사 또는 시장·군수·구청장은 공표를 실시하기 전에 공표대상자에게 그 사실을 통지하여 소명자료를 제출하거나 출석하여 의견진술을 할 수 있는 기회를 부여하여야 한다.

ⓜ 공표의 절차·방법, 그 밖에 필요한 사항은 대통령령으로 정한다.

8. 벌칙

① 벌칙(제97조) ㉠ 다음의 어느 하나에 해당하는 자는 3년 이하의 징역 또는 3천만 원 이하의 벌금에 처한다.

- 잔인한 방법으로 죽음에 이르게 하는 행위, 공개된 장소에서 죽이거나 같은 종류의 다른 동물이 보는 앞에서 죽음에 이르게 하는 행위, 부득이한 사유가 없음에도 불구하고 해당 동물을 다른 동물의 먹이로 사용하는 행위, 그 밖에 농림축산식품부령으로 정하는 정당한 사유 없이 동물을 죽음에 이르게 하는 행위를 한 자
- 소유자등이 없이 배회하거나 내버려진 동물 또는 피학대동물 중 소유자등을 알 수 없는 동물에 대하여 포획하여 죽이는 행위를 하거나 소유한 반려동물을 죽음에 이르게 하는 행위를 한 자
- 등록대상동물의 관리 등을 위반하여 사람을 사망에 이르게 한 자
- 맹견의 관리를 위반하여 사람을 사망에 이르게 한 자

㉡ 다음의 어느 하나에 해당하는 자는 2년 이하의 징역 또는 2천만 원 이하의 벌금에 처한다.

- 물리적·화학적 방법을 사용하여 상해를 입히는 행위, 살아있는 상태에서 동물의 몸을 손상하거나 체액을 채취하거나 체액을 채취하기 위한 장치를 설치하는 행위, 도박·광고·오락·유흥 등의 목적으로 동물에게 상해를 입히는 행위, 동물의 몸에 고통을 주거나 상해를 입히는 행위 또는 소유자등이 없이 배회하거나 내버려진 동물 또는 피학대동물 중 소유자등을 알 수 없는 동물에 대하여 포획하여 판매하는 행위, 판매하거나 죽일 목적으로 포획하는 행위, 소유자등을 알 수 없는 동물임을 알면서 알선·구매하는 행위를 한 자*
- 맹견을 유기한 소유자등*
- 농림축산식품부령으로 정하는 사육·관리 또는 보호의무를 위반하여 상해를 입히거나 질병을 유발하는 행위를 한 소유자등*
- 소유자등이 없이 등록대상동물을 기르는 곳에서 벗어나게 하였거나 또는 동반하고 외출할 때에 사람 또는 동물에 대한 위해를 예방하기 위한 안전조치를 위반하여 사람의 신체를 상해에 이르게 한 자*
- 맹견의 관리 준수사항을 위반하여 사람의 신체를 상해에 이르게 한 자*
- 거짓이나 그 밖의 부정한 방법으로 인증농장 인증을 받은 자
- 인증을 받지 아니한 축산농장을 인증농장으로 표시한 자
- 거짓이나 그 밖의 부정한 방법으로 인증심사·재심사 및 인증갱신을 하거나 받을 수 있도록 도와주는 행위를 한 자
- 허가 또는 변경허가를 받지 아니하고 영업을 한 자
- 거짓이나 그 밖의 부정한 방법으로 허가 또는 변경허가를 받은 자
- 맹견취급허가 또는 변경허가를 받지 아니하고 맹견을 취급하는 영업을 한 자
- 거짓이나 그 밖의 부정한 방법으로 맹견취급허가 또는 변경허가를 받은 자
- 설치가 금지된 곳에 동물장묘시설을 설치한 자
- 영업장 폐쇄조치를 위반하여 영업을 계속한 자

㉢ 다음의 어느 하나에 해당하는 자는 1년 이하의 징역 또는 1천만 원 이하의 벌금에 처한다. 〈개정 2023. 3. 14., 2023. 6. 20.〉

- 맹견사육허가를 받지 아니한 자
- 자격시험에 합격하지 않고 반려동물행동지도사의 명칭을 사용한 자
- 다른 사람에게 반려동물행동지도사의 명의를 사용하게 하거나 그 자격증을 대여한 자 또는 반려동물행동지도사의 명의를 사용하거나 그 자격증을 대여받은 자
- 반려동물행동지도사 명의대여 행위를 알선한 자
- 등록 또는 변경등록을 하지 아니하고 영업을 한 자
- 거짓이나 그 밖의 부정한 방법으로 영업의 등록 또는 변경등록을 한 자
- 다른 사람의 영업명의를 도용하거나 대여받은 자 또는 다른 사람에게 자기의 영업명의나 상호를 사용하게 한 영업자
- 자신의 영업장에 있는 동물장묘시설을 다른 자에게 대여한 영업자
- 영업정지 기간에 영업을 한 자
- 설치 목적과 다른 목적으로 고정형 영상정보처리기기를 임의로 조작하거나 다른 곳을 비춘 자 또는 녹음기능을 사용한 자
- 영상기록을 목적 외의 용도로 다른 사람에게 제공한 자

ㄹ 다음의 어느 하나에 해당하는 자는 500만 원 이하의 벌금에 처한다.

- 업무상 알게 된 비밀을 누설한 기질평가위원회의 위원 또는 위원이었던 자
- 신고를 하지 아니하고 보호시설을 운영한 자
- 보호시설의 폐쇄명령에 따르지 아니한 자
- 비밀을 누설하거나 도용한 윤리위원회의 위원 또는 위원이었던 자
- 월령이 12개월 미만인 개·고양이를 교배 또는 출산시킨 동물생산업자
- 약품등을 사용하여 인위적으로 동물의 발정을 유도한 동물생산업자
- 살아있는 동물을 처리한 동물장묘업자
- 요청 목적 외로 정보를 사용하거나 다른 사람에게 정보를 제공 또는 누설한 자

ㅁ 다음의 어느 하나에 해당하는 자는 300만 원 이하의 벌금에 처한다.

- 동물을 유기한 소유자등(맹견을 유기한 경우는 제외한다)
- 동물학대 등의 금지 규정에 해당하는 행위를 촬영한 사진 또는 영상물을 판매·전시·전달·상영하거나 인터넷에 게재한 자
- 도박을 목적으로 동물을 이용한 자 또는 동물을 이용하는 도박을 행할 목적으로 광고·선전한 자
- 도박·시합·복권·오락·유흥·광고 등의 상이나 경품으로 동물을 제공한 자
- 영리를 목적으로 동물을 대여한 자
- 맹견사육허가 거부에 대한 기질평가위원회의 심의에 따른 인도적인 방법에 의한 처리 명령에 따르지 아니한 맹견의 소유자
- 맹견사육허가 철회에 대한 기질평가위원회의 심의에 따른 인도적인 방법에 의한 처리 명령에 따르지 아니한 맹견의 소유자
- 사람 또는 동물에게 위해를 가한 경우 명해지는 기질평가 명령에 따르지 아니한 맹견 아닌 개의 소유자
- 보호조치 중인 동물에게 농림축산식품부령으로 정하는 사유가 있는 경우 수의사에 의하지 아니하고 동물의 인도적인 처리를 한 동물보호센터의 장
- 유실·유기동물(보호조치 중인 동물을 포함한다) 또는 봉사동물을 대상으로 하는 동물실험을 한 자
- 월령이 2개월 미만인 개·고양이를 판매(알선 또는 중개를 포함한다)한 동물판매업자
- 영업장의 폐쇄에 대한 게시문 등 또는 봉인을 제거하거나 손상시킨 자

ㅂ 상습적으로 ㉠부터 ㉤까지의 죄를 지은 자는 그 죄에 정한 형의 2분의 1까지 가중한다.

② **벌칙(제98조)** 이수명령을 부과받은 사람이 보호관찰소의 장 또는 교정시설의 장의 이수명령 이행에 관한 지시에 따르지 아니하여 「보호관찰 등에 관한 법률」 또는 「형의 집행 및 수용자의 처우에 관한 법률」에 따른 경고를 받은 후 재차 정당한 사유 없이 이수명령 이행에 관한 지시를 따르지 아니한 경우에는 다음에 따른다.

- 벌금형과 병과된 경우에는 500만 원 이하의 벌금에 처한다.
- 징역형 이상의 실형과 병과된 경우에는 1년 이하의 징역 또는 1천만 원 이하의 벌금에 처한다.

③ **양벌규정(제99조)** 법인의 대표자나 법인 또는 개인의 대리인, 사용인, 그 밖의 종업원이 그 법인 또는 개인의 업무에 관하여 ①에 따른 위반행위를 하면 그 행위자를 벌하는 외에 그 법인 또는 개인에게도 ①의 벌금형을 과한다. 다만, 법인 또는 개인이 그 위반행위를 방지하기 위하여 해당 업무에 관하여 상당한 주의와 감독을 게을리하지 아니한 경우에는 그러하지 아니하다.

④ **형별과 수강명령 등의 병과(제100조)** ㉠ 법원은 ①의 ㉠ 및 ㉡의 *표시에 해당하는 경우의 죄를 지은 자(동물학대행위자등)에게 유죄판결(선고유예는 제외한다)을 선고하면서 200시간의 범위에서 재범예방에 필요한 수강명령(「보호관찰 등에 관한 법률」에 따른 수강명령을 말한다) 또는 치료프로그램의 이수명령을 병과할 수 있다. 〈개정 2023. 6. 20.〉

㉡ 동물학대행위자등에게 부과하는 수강명령은 형의 집행을 유예할 경우에는 그 집행유예기간 내에서 병과하고, 이수명령은 벌금형 또는 징역형의 실형을 선고할 경우에 병과한다. 〈개정 2023. 6. 20.〉

㉢ 법원이 동물학대행위자등에 대하여 형의 집행을 유예하는 경우에는 수강명령 외에 그 집행유예기간 내에서 보호관찰 또는 사회봉사 중 하나 이상의 처분을 병과할 수 있다. 〈개정 2023. 6. 20.〉

㉣ 수강명령 또는 이수명령은 형의 집행을 유예할 경우에는 그 집행유예기간 내에, 벌금형을 선고할 경우에는 형 확정일부터 6개월 이내에, 징역형의 실형을 선고할 경우에는 형기 내에 각각 집행한다.

㉤ 수강명령 또는 이수명령이 벌금형 또는 형의 집행유예와 병과된 경우에는 보호관찰소의 장이 집행하고, 징역형의 실형과 병과된 경우에는 교정시설의 장이 집행한다. 다만, 징역형의 실형과 병과된 이수명령을 모두 이행하기 전에 석방 또는 가석방되거나 미결구금일수 산입 등의 사유로 형을 집행할 수 없게 된 경우에는 보호관찰소의 장이 남은 이수명령을 집행한다.

㉥ 수강명령 또는 이수명령의 내용은 다음의 구분에 따른다. 〈개정 2023. 6. 20.〉

> - 잔인한 방법으로 죽음에 이르게 하는 행위, 공개된 장소에서 죽이거나 같은 종류의 다른 동물이 보는 앞에서 죽음에 이르게 하는 행위, 부득이한 사유가 없음에도 불구하고 해당 동물을 다른 동물의 먹이로 사용하는 행위, 그 밖에 농림축산식품부령으로 정하는 정당한 사유 없이 동물을 죽음에 이르게 하는 행위를 한 자, 소유자등이 없이 배회하거나 내버려진 동물 또는 피학대동물 중 소유자등을 알 수 없는 동물에 대하여 포획하여 죽이는 행위를 하거나 소유한 반려동물을 죽음에 이르게 하는 행위를 한 자 및 물리적·화학적 방법을 사용하여 상해를 입히는 행위, 살아있는 상태에서 동물의 몸을 손상하거나 체액을 채취하거나 체액을 채취하기 위한 장치를 설치하는 행위, 도박·광고·오락·유흥 등의 목적으로 동물에게 상해를 입히는 행위, 동물의 몸에 고통을 주거나 상해를 입히는 행위 또는 소유자등이 없이 배회하거나 내버려진 동물 또는 피학대동물 중 소유자등을 알 수 없는 동물에 대하여 포획하여 판매하는 행위, 판매하거나 죽일 목적으로 포획하는 행위, 소유자등을 알 수 없는 동물임을 알면서 알선·구매하는 행위를 한 자, 맹견을 유기한 소유자등, 농림축산식품부령으로 정하는 사육·관리 또는 보호의무를 위반하여 상해를 입히거나 질병을 유발하는 행위를 한 소유자등
>   - 동물학대 행동의 진단·상담
>   - 소유자등으로서의 기본 소양을 갖추게 하기 위한 교육
>   - 그 밖에 동물학대행위자의 재범 예방을 위하여 필요한 사항
> - 등록대상동물의 관리 등을 위반하여 사람을 사망에 이르게 한 자, 맹견의 관리를 위반하여 사람을 사망에 이르게 한 자 및 소유자등이 없이 등록대상동물을 기르는 곳에서 벗어나게 하였거나 또는 동반하고 외출할 때에 사람 또는 동물에 대한 위해를 예방하기 위한 안전조치를 위반하여 사람의 신체를 상해에 이르게 한 자, 맹견의 관리 준수사항을 위반하여 사람의 신체를 상해에 이르게 한 자
>   - 등록대상동물, 맹견 등의 안전한 사육 및 관리에 관한 사항
>   - 그 밖에 개물림 관련 재범 예방을 위하여 필요한 사항

㉦ 형별과 병과하는 수강명령 및 이수명령에 관하여 동물보호법에서 규정한 사항 외에는 「보호관찰 등에 관한 법률」을 준용한다.

⑤ **과태료(제101조)** ㉠ 다음의 어느 하나에 해당하는 자에게는 500만 원 이하의 과태료를 부과한다.

> - 윤리위원회를 설치·운영하지 아니한 동물실험시행기관의 장
> - 윤리위원회의 심의를 거치지 아니하고 동물실험을 한 동물실험시행기관의 장
> - 윤리위원회의 변경심의를 거치지 아니하고 동물실험을 한 동물실험시행기관의 장
> - 심의 후 감독을 요청하지 아니한 경우 해당 동물실험시행기관의 장
> - 정당한 사유 없이 실험 중지 요구를 따르지 아니하고 동물실험을 한 동물실험시행기관의 장
> - 윤리위원회의 심의 또는 변경심의를 받지 아니하고 동물실험을 재개한 동물실험시행기관의 장
> - 윤리위원회의 구성·운영 등에 대한 개선명령을 이행하지 아니한 동물실험시행기관의 장
> - 인증농장에서 생산되지 아니한 축산물에 동물복지축산물 표시를 하는 행위를 위반하여 동물복지축산물 표시를 한 자
> - 영업별 시설 및 인력 기준을 준수하지 아니한 영업자

ⓒ 다음의 어느 하나에 해당하는 자에게는 300만 원 이하의 과태료를 부과한다.

- 맹견수입신고를 하지 아니한 자
- 맹견의 관리에 대한 준수사항을 위반한 맹견의 소유자등
- 맹견의 안전한 사육 및 관리에 관한 교육을 받지 아니한 자
- 맹견의 출입금지 장소에 맹견을 출입하게 한 소유자등
- 맹견에 의하여 발생한 피해를 보상하기 위한 보험에 가입하지 아니한 소유자
- 맹견 지정을 하지 아니하는 경우에 명해진 교육이수명령 또는 개의 훈련 명령에 따르지 아니한 소유자
- 민간동물보호시설의 시설 및 운영 기준 등을 준수하지 아니하거나 시설정비 등의 사후관리를 하지 아니한 자
- 민간동물보호시설운영자가 신고를 하지 아니하고 보호시설의 운영을 중단하거나 보호시설을 폐쇄한 자
- 보호시설의 중지명령이나 시정명령을 3회 이상 반복하여 이행하지 아니한 자
- 전임수의사를 두지 아니한 동물실험시행기관의 장
- 농림축산식품부령으로 정하는 운송차량을 이용하여 농장동물을 운송하지 아니하거나 농림축산식품부령으로 정하는 도축장에서 농장동물을 도축하지 아니하고 동물복지축산물 표시를 한 자 또는 농림축산식품부령으로 정하는 동물복지축산물 표시 기준 및 방법을 위반하여 동물복지축산물 표시를 한 자
- 맹견 취급의 사실을 신고하지 아니한 영업자
- 휴업·폐업 또는 재개업의 신고를 하지 아니한 영업자
- 휴업 또는 폐업 전에 동물처리계획서를 제출하지 아니하거나 처리결과를 보고하지 아니한 영업자
- 노화나 질병이 있는 동물을 유기하거나 폐기할 목적으로 거래한 영업자
- 동물의 번식, 반입·반출 등의 기록, 관리 및 보관을 하지 아니한 영업자
- 영업허가번호 또는 영업등록번호를 명시하지 아니하고 거래금액을 표시한 영업자
- 수입신고를 하지 아니하거나 거짓이나 그 밖의 부정한 방법으로 수입신고를 한 영업자

ⓒ 다음의 어느 하나에 해당하는 자에게는 100만 원 이하의 과태료를 부과한다.

- 운송 중 동물 또는 동물이 들어있는 운송용 우리를 던지거나 떨어뜨려서 동물을 다치게 하거나 전기(電氣)몰이도구를 사용하여 동물을 운송한 자
- 동물 운송 규정을 위반하여 동물생산업, 동물수입업, 동물판매업, 동물장묘업에 대한 동물을 운송한 자
- 직접 전달하거나 동물운송업의 등록을 한 자를 통하지 않고 반려동물을 전달한 자
- 등록대상동물을 등록하지 아니한 소유자
- 정당한 사유 없이 출석, 자료제출요구 또는 기질평가와 관련한 조사를 거부한 자
- 정기적으로 동물의 보호 및 공중위생상의 위해 방지 등에 관한 교육을 받지 아니한 동물보호센터의 장 및 그 종사자
- 보호시설의 변경신고를 하지 아니하거나 운영재개신고를 하지 아니한 자
- 미성년자에게 동물 해부실습을 하게 한 자
- 동물의 보호·복지에 관한 사항과 동물실험의 심의에 관한 교육을 이수하지 아니한 윤리위원회의 위원
- 정당한 사유 없이 인증농장이 인증기준에 맞는지 여부에 대한 조사를 거부·방해하거나 기피한 자
- 인증농장의 인증을 받은 자의 지위를 승계하고 그 사실을 신고하지 아니한 자
- 동물생산업, 동물수입업, 동물판매업, 동물장묘업 또는 동물전시업, 동물위탁관리업, 동물미용업, 동물운송업의 경미한 사항의 변경을 신고하지 아니한 영업자
- 동물생산업, 동물수입업, 동물판매업, 동물장묘업 또는 동물전시업, 동물위탁관리업, 동물미용업, 동물운송업의 영업자의 지위를 승계하고 그 사실을 신고하지 아니한 자
- 종사자에게 교육을 실시하지 아니한 영업자
- 영업실적을 보고하지 아니한 영업자
- 등록대상동물의 등록 및 변경신고의무를 고지하지 아니한 영업자
- 수입의 목적으로 신고한 사항과 다른 용도로 동물을 사용한 영업자
- 등록대상동물의 사체를 처리한 후 신고하지 아니한 영업자
- 동물의 보호와 공중위생상의 위해 방지를 위하여 농림축산식품부령으로 정하는 준수사항을 지키지 아니한 영업자
- 등록대상동물의 등록을 신청하지 아니하고 판매한 영업자
- 동물의 보호 및 공중위생상의 위해 방지 등에 관한 정기적인 교육을 받지 아니하고 영업을 하거나 영업정지처분을 받았음에도 동물의 보호 및 영업자 준수사항 등에 관한 추가교육을 받지 아니하고 영업을 한 영업자
- 동물 현황 및 관리실태 등 필요한 자료제출 요구에 응하지 아니하거나 거짓 자료를 제출한 동물의 소유자등
- 동물이 있는 장소에 대한 출입·검사를 거부·방해 또는 기피한 동물의 소유자등
- 동물의 보호 및 공중위생상의 위해 방지 등을 위해 필요한 보고·자료제출을 하지 아니하거나 거짓으로 보고·자료제출을 한 자 또는 출입·조사·검사를 거부·방해·기피한 자
- 동물에 대한 위해 방지 조치의 이행 등의 시정명령 또는 규정에 따른 출입·검사등의 결과에 따른 시정명령 등의 조치에 따르지 아니한 자
- 동물보호관의 직무 수행을 거부·방해 또는 기피한 자

② 다음의 어느 하나에 해당하는 자에게는 50만 원 이하의 과태료를 부과한다.

- 등록동물을 잃어버렸거나 등록동물에 대하여 대통령령으로 정하는 사항이 변경된 경우 정해진 기간 내에 신고를 하지 아니한 소유자
- 등록동물의 소유권을 이전받은 날부터 30일 이내에 신고를 하지 아니한 자
- 소유자등 없이 등록대상동물을 기르는 곳에서 벗어나게 한 소유자등
- 등록동물에 대하여 기준에 맞는 목줄 착용 등 사람 또는 동물에 대한 위해를 예방하기 위한 안전조치를 하지 아니한 소유자등
- 등록동물에 대하여 인식표를 부착하지 아니한 소유자등
- 등록동물에 대하여 배설물을 수거하지 아니한 소유자등
- 실태조사에 대하여 정당한 사유 없이 자료 및 정보의 제공을 하지 아니한 자

⑩ ㉠부터 ㉣까지의 과태료는 대통령령으로 정하는 바에 따라 농림축산식품부장관, 시·도지사 또는 시장·군수·구청장이 부과·징수한다.

9. 부칙

시행일(제1조)	이 법은 공포 후 1년이 경과한 날부터 시행한다. 다만, 제17조부터 제21조까지, 제24조부터 제33조까지, 제52조, 제59조부터 제68조까지 및 제70조의 개정규정은 공포 후 2년이 경과한 날부터 시행한다.
맹견수입신고에 관한 적용례(제2조)	제17조의 개정규정은 부칙 제1조 단서에 따른 시행일 이후 수입하는 맹견부터 적용한다.
사육계획서의 제출에 관한 적용례(제3조)	동물을 적정하게 보호·관리하기 위한 사육계획서의 제출에 관한 제41조 제1항 제2호 및 같은 조 제2항의 개정규정은 이 법 시행 이후 동물의 반환을 요구하는 사례부터 적용한다.
윤리위원회 변경심의, 심의 후 감독 및 전문위원 검토에 관한 적용례(제4조)	제51조 제4항, 제55조 및 제56조의 개정규정은 이 법 시행 당시 진행 중인 동물실험에 대해서도 적용한다.
결격사유의 적용례(제5조)	① 제74조 제3호의 개정규정은 이 법 시행 이후 파산선고를 받은 경우부터 적용한다. ② 이 법 시행 전의 행위로 종전의 규정에 따라 허가 또는 등록이 취소되거나 벌금 이상의 형의 집행유예를 선고받은 경우에 대해서도 제74조 제5호부터 제7호까지의 개정규정을 적용한다. 부칙 제18조에 따라 종전의 규정에 따른 등록업이 개정규정에 따른 허가업으로 간주된 경우에도 같다.
동물처리계획서에 관한 적용례(제6조)	제76조 제2항부터 제4항까지의 개정규정은 이 법 시행 이후 휴업 또는 폐업의 신고를 하는 경우부터 적용한다.
동물생산업자, 동물수입업자의 동물등록에 관한 적용례(제7조)	제79조의 개정규정은 이 법 시행 이후 동물생산업자, 동물수입업자가 등록대상동물을 판매하는 경우부터 적용한다.
거래내역의 신고에 관한 적용례(제8조)	제80조의 개정규정은 이 법 시행 이후 동물생산업자, 동물수입업자, 동물판매업자가 취급하는 등록대상동물에 관한 거래내역부터 적용한다.
동물복지종합계획 및 동물복지계획에 관한 경과조치(제9조)	이 법 시행 당시 종전의 제4조에 따라 수립한 동물복지종합계획 및 동물복지계획은 제6조의 개정규정에 따라 수립한 동물복지종합계획 및 동물복지계획으로 본다.
동물복지위원회에 대한 경과조치(제10조)	이 법 시행 당시 종전의 제5조에 따라 설치된 동물복지위원회(위원장 및 위원을 포함한다)는 이 법 시행일 이후 제7조의 개정규정에 따라 동물복지위원회가 새로 구성될 때까지 존속한다.
맹견사육허가에 관한 경과조치(제11조)	이 법 시행 당시 맹견을 사육하고 있는 자는 부칙 제1조 단서에 따른 시행일 이후 6개월 이내에 맹견사육허가를 받아야 한다.
맹견의 관리에 관한 경과조치(제12조)	맹견의 관리에 관하여는 부칙 제1조 단서에 따라 제21조의 개정규정이 시행되기 전까지는 종전의 제13조의2를 적용한다.
동물보호센터 등에 관한 경과조치(제13조)	① 이 법 시행 당시 종전의 제15조에 따라 설치되거나 지정된 동물보호센터와 운영위원회는 제35조 및 제36조의 개정규정에 따라 설치되거나 지정된 동물보호센터와 운영위원회로 본다. ② 이 법 시행 전의 행위에 대하여 동물보호센터 지정취소나 지정의 결격기간을 적용할 때에는 종전의 규정을 따른다.
보호비용의 부담에 관한 경과조치(제14조)	이 법 시행 당시 종전의 제19조에 따라 발생한 동물의 보호비용은 제42조의 개정규정에 따라 처리할 수 있다.
동물의 소유권 취득에 관한 경과조치(제15조)	이 법 시행 당시 종전의 제20조에 따라 시·도와 시·군·구가 취득한 동물의 소유권은 제43조의 개정규정에 따라 취득한 것으로 본다.

윤리위원회에 관한 경과조치(제16조)	① 이 법 시행 당시 종전의 제25조 제1항에 따라 설치·운영하는 윤리위원회는 제51조 제1항의 개정규정에 따라 설치된 윤리위원회로 본다. ② 종전의 제25조 제2항에 따라 동물실험시행기관이 다른 동물실험시행기관과 공동으로 설치·운영하는 윤리위원회는 부칙 제1조 단서에 따른 시행일 이후 제52조 제1항의 개정규정에 따라 공용윤리위원회가 지정 또는 설치될 때까지 존속한다. ③ 이 법 시행 당시 종전의 제27조에 따라 호선 또는 위촉된 윤리위원회의 위원장 및 위원은 제53조의 개정규정에 따라 호선 또는 위촉된 것으로 본다. 이 경우 위원장 및 위원의 임기는 원래의 임기 개시일부터 기산한다.

동물복지축산농장의 인증에 관한 경과조치(제17조)	① 동물복지축산농장의 인증에 관하여는 제59조부터 제68조까지의 개정규정이 시행되기 전까지는 종전의 제29조부터 제31조까지의 규정을 적용한다. 이 경우 제64조 제1항의 개정규정이 시행되기 전까지는 제29조 제3항은 다음과 같이 규정된 것으로 본다. 〈개정 2023. 6. 20.〉
	③ 농림축산식품부장관은 동물복지축산농장으로 인증된 축산농장에 대하여 다음 각 호의 지원을 할 수 있다.
	  1. 동물의 보호 및 복지 증진을 위하여 축사시설 개선에 필요한 비용
	  2. 동물복지축산농장의 환경개선 및 경영에 관한 지도·상담 및 교육
	  3. 동물복지축산농장에서 생산한 축산물의 판로개척을 위한 상담·자문 및 판촉
	  4. 동물복지축산농장에서 생산한 축산물의 해외시장의 진출·확대를 위한 정보제공, 홍보활동 및 투자유치
	  5. 그 밖에 동물복지축산농장의 경영안정을 위하여 필요한 사항
	② 이 법 시행 당시 종전의 제29조 제2항에 따라 농림축산식품부장관(종전의 제44조에 따라 인증업무를 위임받은 소속기관의 장을 포함한다)에게 인증을 신청하였으나 부칙 제1조 단서의 시행일 전날까지 인증을 받지 못한 경우에는 제59조의 개정규정에 따라 인증기관에 인증 신청을 다시 하여야 한다. 이 경우 농림축산식품부장관은 신청인의 요청에 따라 심사 중인 자료를 인증기관에 이관할 수 있고, 이 관한 경우에는 그 사실을 신청인에게 알려주어야 한다.
	③ 부칙 제1조 단서에 따른 시행일 당시 종전의 제29조에 따라 받은 동물복지축산농장의 인증은 제59조의 개정규정에 따른 동물복지축산농장 인증으로 본다. 이 경우 인증의 유효기간은 제59조 제4항의 개정규정에도 불구하고 다음 각 호에서 정하는 날까지로 한다.
	  1. 부칙 제1조 단서에 따른 시행일 당시 인증일로부터 2년 미만의 기간이 경과한 축산농장: 부칙 제1조 단서에 따른 시행일로부터 4년
	  2. 부칙 제1조 단서에 따른 시행일 당시 인증일로부터 2년 이상 5년 미만의 기간이 경과한 축산농장: 부칙 제1조 단서에 따른 시행일로부터 3년
	  3. 부칙 제1조 단서에 따른 시행일 당시 인증일로부터 5년 이상의 기간이 경과한 축산농장: 부칙 제1조 단서에 따른 시행일로부터 2년
	④ 이 법 시행 전의 행위에 대하여 동물복지축산농장의 인증취소, 인증 결격기간을 적용할 때에는 종전의 규정에 따른다.

영업의 허가 또는 등록에 관한 경과조치(제18조)	① 이 법 시행 당시 종전의 제34조에 따라 동물생산업의 허가를 받은 자는 제69조의 개정규정에 따른 동물생산업의 허가를 받은 것으로 본다. ② 이 법 시행 당시 종전의 제33조에 따라 동물장묘업, 동물판매업, 동물수입업의 등록을 한 자는 제69조 제1항의 개정규정에 따른 동물장묘업, 동물판매업, 동물수입업의 허가를 받은 것으로 본다. 이 경우 이 법 시행일부터 1년 이내에 제69조 제3항의 개정규정에 따른 동물장묘업, 동물판매업, 동물수입업의 시설 및 인력 기준을 갖추어야 하며, 기간 내에 갖추지 못한 경우에는 특별자치시장·특별자치도지사·시장·군수·구청장은 허가를 취소할 수 있다. ③ 이 법 시행 당시 종전의 제33조에 따라 동물전시업, 동물위탁관리업, 동물미용업, 동물운송업의 등록을 한 자는 제73조 제1항의 개정규정에 따른 동물전시업, 동물위탁관리업, 동물미용업, 동물운송업의 등록을 한 것으로 본다. ④ 이 법 시행 전에 반려동물영업에 관하여 종전의 규정에 따라 허가사항 또는 등록사항의 변경에 관한 신고를 한 경우에는 제69조 제4항의 개정규정에 따른 변경허가 또는 변경신고나 제73조 제4항의 개정규정에 따른 변경등록 또는 변경신고를 한 것으로 본다.
교육이수에 관한 규정의 경과조치(제19조)	부칙 제18조 제2항에 따라 동물장묘업의 허가를 받은 것으로 보는 자는 이 법 시행일 이후 1년 이내에 제82조 제1항의 개정규정에 따른 교육을 받아야 한다.
허가 또는 등록의 취소 등에 관한 경과조치(제20조)	이 법 시행 전의 행위에 대한 허가 또는 등록의 취소, 영업정지와 처분의 효과 승계에 대하여는 제83조의 개정규정에도 불구하고 종전의 제35조 및 제38조를 적용한다.

동물보호관 등에 관한 경과조치(제21조)	이 법 시행 전에 종전의 제40조에 따라 지정된 동물보호감시원은 제88조의 개정규정에 따라 지정된 동물보호관으로, 종전의 제41조에 따라 위촉된 동물보호명예감시원은 제90조의 개정규정에 따라 위촉된 명예동물보호관으로 본다.
벌칙 및 과태료에 관한 경과조치(제22조)	이 법 시행 전의 행위에 대하여 벌칙이나 과태료의 규정을 적용할 때에는 종전의 규정을 따른다.
종전 부칙의 적용범위에 관한 경과조치(제23조)	종전의 「동물보호법」의 개정에 따라 규정하였던 종전의 부칙은 이 법 시행 전에 이미 효력이 상실된 경우를 제외하고는 이 법의 규정에 위배되지 아니하는 범위에서 이 법 시행 이후에도 계속하여 적용한다.
동물학대로 벌금형 이상의 형을 선고받은 자에 관한 적용례(제24조)	제74조 제6호의 개정규정은 2019년 3월 25일 이후 종전의 제8조를 위반하여 벌금형 이상의 형을 선고받고, 그 형이 확정된 경우부터 적용한다.
조례의 효력에 관한 경과조치(제25조)	이 법 시행 당시 종전의 제12조 제1항 단서 및 같은 조 제5항, 제13조 제3항, 제13조의3 제4호, 제15조 제10항, 제19조 제3항, 제21조 제1항·제3항, 제33조의3 전단, 제42조 각 호 외의 부분 단서에 따른 조례는 제15조 제1항 단서 및 같은 조 제7항, 제16조 제3항, 제22조 제8호, 제35조 제7항(제36조 제6항에서 준용하는 경우를 포함한다), 제42조 제3항, 제45조 제1항·제4항, 제71조 제3항, 제91조 각 호 외의 부분 단서의 개정규정에 따른 조례로 본다.
다른 법률의 개정(제26조)	① 가축 및 축산물 이력관리에 관한 법률 일부를 다음과 같이 개정한다. 　제11조의2 제2항 제2호 중 "동물보호법」 제29조"를 "동물보호법」 제59조"로 한다. ② 사법경찰관리의 직무를 수행할 자와 그 직무범위에 관한 법률 일부를 다음과 같이 개정한다. 　제5조 제42호의2를 다음과 같이 한다. 　42의2. 「동물보호법」 제88조 제1항에 따른 동물보호관 ③ 실험동물에 관한 법률 일부를 다음과 같이 개정한다. 　제7조 제1항 단서 중 "동물보호법」 제25조에 따른 동물실험윤리위원회가 설치되어 있고"를 "동물보호법」 제51조 제1항에 따른 동물실험윤리위원회가 설치되어 있고(동물보호법 제51조 제2항에 따라 동물실험윤리위원회를 설치한 것으로 보는 경우를 포함한다)"로 한다. ④ 전통 소싸움경기에 관한 법률 일부를 다음과 같이 개정한다. 　제4조 제1항 중 "동물보호법」 제8조 제2항 및 제46조 제1항(동물보호법 8조 제2항을 위반한 사람만 해당한다)"을 "동물보호법」 제10조 제2항 및 제97조 제2항 제1호(동물보호법 제10조 제2항을 위반한 사람만 해당한다)"로 한다. ⑤ 첨단재생의료 및 첨단바이오의약품 안전 및 지원에 관한 법률 일부를 다음과 같이 개정한다. 　제16조 제6항 중 "동물보호법」 제2조 제5호"를 "동물보호법」 제2조 제13호"로 한다. ⑥ 폐기물관리법 일부를 다음과 같이 개정한다. 　제3조 제1항 제9호 중 "동물보호법」 제32조 제1항에 따른 동물장묘업의 등록을 한 자"를 "동물보호법」 제69조 제1항에 따른 동물장묘업의 허가를 받은 자"로 한다.
다른 법령과의 관계(제27조)	이 법 시행 당시 다른 법령(조례를 포함한다)에서 종전의 「동물보호법」 또는 그 규정을 인용하고 있는 경우에 이 법 가운데 그에 해당하는 규정이 있으면 종전의 규정을 갈음하여 이 법 또는 이 법의 해당 규정을 인용한 것으로 본다.

에듀윌이
너를
지지할게

ENERGY

위대한 일들을 이루기 전에
스스로에게 위대한 일들을 기대해야 한다.

– 마이클 조던(Michael Jordan)

CHAPTER 01 동물보호법

출제 예상문제

간단한 쪽지 시험으로 문제를 푸는 힘을 키우세요.

OX 문제

01 동물보호법에서 동물이란 고통을 느낄 수 있는 무척추동물을 뜻한다. (　　)

02 농림축산식품부장관은 3년마다 동물복지종합계획을 수립·시행해야 한다. (　　)

03 시·도지사는 맹견의 사육으로 인하여 공공의 안전에 위험이 발생할 우려가 크다고 판단하는 경우에는 맹견사육 허가를 거부하여야 한다. (　　)

04 반려동물행동지도사는 맹견의 기질평가위원이 될 수 있다. (　　)

05 반려동물행동지도사가 되려는 사람은 보건부장관이 시행하는 자격시험에 합격하여야 한다. (　　)

빈칸 문제

06 (　　)은/는 위험성이 있어 지정된 특정 개를 뜻한다.

07 (　　)은/는 동물을 대상으로 정당한 사유 없이 불필요한 고통·스트레스 유발 및 방치하는 행위를 뜻한다.

08 시험의 무효 또는 합격 결정의 취소를 받은 사람은 그 처분이 있은 날부터 (　　)년간 반려동물행동지도사 자격시험에 응시하지 못한다.

09 누구든지 유실·유기동물을 발견한 때에는 관할 지방자치단체 또는 (　　)에 신고할 수 있다.

10 동물실험시행기관의 장은 실험동물의 보호와 윤리적인 취급을 위하여 제53조에 따라 (　　)을/를 설치·운영하여야 한다.

---

01 × 동물보호법에서의 동물은 척추동물을 가리킨다. 02 × 5년이다.
03 ○ 04 ○ 05 × 농림축산식품부장관이다. 06 맹견 07 동물학대
08 3 09 동물보호센터 10 (동물실험)윤리위원회

1 동물보호법

01

동물보호의 기본원칙으로 옳지 않은 것은?

① 갈증·굶주림·비만 유도
② 고통·상해·질병으로부터 보호
③ 동물의 본래 습성과 몸의 원형 유지
④ 정상적인 행동 표현 보장 및 불편함 방지

참고 비만이 아닌 영양 결핍 방지가 동물보호의 기본원칙에 해당한다.

02

등록대상동물의 소유자가 반드시 신고해야 하는 사항으로 옳지 않은 것은?

① 등록된 동물을 잃어버린 경우, 10일 이내 신고해야 한다.
② 맹견이 아닌 경우에는 반드시 동물등록을 진행하지 않아도 된다.
③ 등록된 동물의 주요 사항이 변경된 경우, 30일 이내 신고해야 한다.
④ 등록대상동물의 보호와 유기를 방지하기 위해 등록이 의무화되어 있다.

참고 등록대상동물은 원칙적으로 등록해야 하지만, 맹견이 아닌 경우에는 농림축산식품부령에 따라 시·도의 조례로 정하는 지역에서 예외가 적용될 수 있다. 그러나 반드시 등록을 하지 않아도 되는 것은 아니다.

03

다음의 설명과 관련 있는 평가를 할 수 있는 사람으로 옳지 않은 것은?

> - 맹견의 기질평가위원회는 위원장 1명을 포함하여 3명 이상의 위원으로 구성한다.
> - 위원은 다음 각 호의 어느 하나에 해당하는 사람 중에서 시·도지사가 위촉하며, 위원장은 위원 중에서 호선한다.

① 동물보호단체위원
② 반려동물행동지도사
③ 수의사로서 동물의 행동과 발달 과정에 대한 학식과 경험이 풍부한 사람
④ 동물복지정책에 대한 학식과 경험이 풍부하다고 시·도지사가 인정하는 사람

참고 동물보호단체위원은 기질평가에 대한 권한이 없다.

04

반려동물행동지도사의 업무에 해당하지 않는 것은?

① 반려동물 훈련
② 반려동물 치료 및 수술
③ 반려동물 행동분석 및 평가
④ 반려동물 소유자에 대한 교육

참고 치료 및 수술과 같은 의료 행위는 수의사의 영역이며 해당 업무에 포함되지 않는다.

05

다음에서 반려동물행동지도사가 될 수 없는 사람은?

① 피성년후견인
② 정신건강증진 및 정신질환자 복지서비스 지원에 관한 법률에 따른 정신질환자
③ 동물보호법을 위반하여 벌금 이상의 형의 집행유예를 선고받고 그 유예기간을 벗어난 경우
④ 벌금 이상의 실형을 선고받고 그 집행이 종료(집행이 종료된 것으로 보는 경우를 포함한다)되거나 집행이 면제된 날부터 3년이 지난 사람

참고 ② 정신건강의학과 전문의가 인정하는 사람은 그러하지 아니하다.
③ 기간 중에 있는 경우
④ 3년이 지나지 아니한 경우

06

동물보호센터의 운영에 대한 설명으로 옳은 것은?

① 동물보호센터는 동물 보호조치를 다른 기관에 위탁할 수 있다.
② 동물보호센터는 유실·유기동물을 보호하는 대가로 보호비용을 전액 지원받는다.
③ 동물보호센터 운영의 공정성과 투명성을 위해 일정 규모 이상일 경우 운영위원회를 구성해야 한다.
④ 동물보호센터는 유실·유기동물을 보호하는 역할만 수행하며, 동물학대 근절 홍보 활동은 하지 않는다.

참고 동물보호센터 운영의 공정성과 투명성을 위해 일정 규모 이상일 경우 운영위원회를 구성해야 한다.
① 동물보호센터로 지정받은 기관이나 단체 등은 동물의 보호조치를 제3자에게 위탁하여서는 아니 된다.
② 동물보호센터는 유실·유기동물 보호의 대가로 보호비용을 일부 지원받는다.
④ 동물보호센터는 유실·유기동물 보호 및 동물학대 근절 홍보 활동을 해야 한다.

|정답| 01 ① 02 ② 03 ① 04 ② 05 ① 06 ③

07
동물실험이 금지되는 경우에 해당하지 <u>않는</u> 것은?

① 봉사동물을 대상으로 하는 실험
② 유실·유기동물을 대상으로 하는 실험
③ 전임수의사의 감독하에 진행되는 백신 연구 실험
④ 공용동물실험윤리위원회의 승인 없이 인수공통전염병 연구를 위한 실험

> 참고 백신 연구 실험은 전임수의사의 감독하에 적법하게 수행될 수 있다.

08
동물복지축산농장 인증의 유효기간으로 옳은 것은?

① 1년
② 2년
③ 3년
④ 5년

> 참고 동물복지축산농장의 인증 유효기간은 인증을 받은 날부터 3년이며, 유효기간이 끝나기 2개월 전까지 갱신 신청이 필요하다.

09
반려동물 영업허가가 필요한 업종으로 옳지 <u>않은</u> 것은?

① 동물생산업
② 동물수입업
③ 동물훈련업
④ 동물장묘업

> 참고 반려동물 관련 영업허가는 동물생산업, 동물수입업, 동물판매업, 동물장묘업이 포함되며, 동물훈련업은 포함되지 않는다.

10
영업장의 폐쇄 대상에 해당하지 <u>않는</u> 것은?

① 과징금을 납부하지 않은 경우
② 동물판매업 허가 없이 운영한 경우
③ 영업정지명령을 받았지만 계속 영업한 경우
④ 동물생산전시업 등록을 하지 않고 운영한 경우

> 참고 영업장의 폐쇄는 무허가·미등록 영업을 하거나, 영업정지 또는 등록 허가 및 등록이 취소된 상태에서 계속 영업을 한 경우에 해당한다.

11
영업장 폐쇄조치를 위반하고 계속 영업할 경우 처벌 기준으로 옳은 것은?

① 1년 이하의 징역 또는 1천만 원 이하의 벌금
② 2년 이하의 징역 또는 2천만 원 이하의 벌금
③ 3년 이하의 징역 또는 3천만 원 이하의 벌금
④ 5년 이하의 징역 또는 5천만 원 이하의 벌금

참고 제85조 제1항에 따른 영업장 폐쇄 명령을 위반하고 영업을 계속한 경우에는 2년 이하의 징역 또는 2천만 원 이하의 벌금이 부과된다.

12
과태료 부과 기준으로 300만 원 이하의 과태료에 해당하는 행위로 옳은 것은?

① 영업 시설·인력 기준을 준수하지 않은 경우
② 동물실험 전임수의사를 배치하지 않은 경우
③ 미성년자를 대상으로 동물 해부실습을 강행한 경우
④ 인증농장에서 생산되지 아니한 축산물에 동물복지축산물 표시를 한 경우

참고 동물실험 전임수의사를 배치하지 않은 경우 300만 원 이하의 과태료에 해당한다.
①④ 500만 원 이하의 과태료에 해당한다.
③ 100만 원 이하의 과태료에 해당한다.

CHAPTER 02 소비자기본법

합격 TIP 반려동물에 대한 주요 분쟁해결법, 관련 법률을 이해한다.

1 소비자기본법

[시행 2025.1.1.] [법률 제20301호, 2024.2.13., 일부개정]

1. 총칙

① 목적(제1조) 이 법은 소비자의 권익을 증진하기 위하여 소비자의 권리와 책무, 국가·지방자치단체 및 사업자의 책무, 소비자단체의 역할 및 자유시장경제에서 소비자와 사업자 사이의 관계를 규정함과 아울러 소비자정책의 종합적 추진을 위한 기본적인 사항을 규정함으로써 소비생활의 향상과 국민경제의 발전에 이바지함을 목적으로 한다.

② 정의(제2조) 이 법에서 사용하는 용어의 정의는 다음과 같다.

- "소비자"라 함은 사업자가 제공하는 물품 또는 용역(시설물을 포함한다)을 소비생활을 위하여 사용(이용을 포함한다)하는 자 또는 생산활동을 위하여 사용하는 자로서 대통령령이 정하는 자를 말한다.
- "사업자"라 함은 물품을 제조(가공 또는 포장을 포함한다)·수입·판매하거나 용역을 제공하는 자를 말한다.
- "소비자단체"라 함은 소비자의 권익을 증진하기 위하여 소비자가 조직한 단체를 말한다.
- "사업자단체"라 함은 2 이상의 사업자가 공동의 이익을 증진할 목적으로 조직한 단체를 말한다.

③ 다른 법률과의 관계(제3조) 소비자의 권익에 관하여 다른 법률에서 특별한 규정을 두고 있는 경우를 제외하고는 이 법을 적용한다.

2. 소비자의 권리와 책무

① 소비자의 기본적 권리(제4조) 소비자는 다음의 기본적 권리를 가진다.

- 물품 또는 용역(물품등)으로 인한 생명·신체 또는 재산에 대한 위해로부터 보호받을 권리
- 물품등을 선택함에 있어서 필요한 지식 및 정보를 제공받을 권리
- 물품등을 사용함에 있어서 거래상대방·구입장소·가격 및 거래조건 등을 자유로이 선택할 권리
- 소비생활에 영향을 주는 국가 및 지방자치단체의 정책과 사업자의 사업활동 등에 대하여 의견을 반영시킬 권리
- 물품등의 사용으로 인하여 입은 피해에 대하여 신속·공정한 절차에 따라 적절한 보상을 받을 권리
- 합리적인 소비생활을 위하여 필요한 교육을 받을 권리
- 소비자 스스로의 권익을 증진하기 위하여 단체를 조직하고 이를 통하여 활동할 수 있는 권리
- 안전하고 쾌적한 소비생활 환경에서 소비할 권리

② 소비자의 책무(제5조) ⊙ 소비자는 사업자 등과 더불어 자유시장경제를 구성하는 주체임을 인식하여 물품등을 올바르게 선택하고, ①의 규정에 따른 소비자의 기본적 권리를 정당하게 행사하여야 한다.

⊙ 소비자는 스스로의 권익을 증진하기 위하여 필요한 지식과 정보를 습득하도록 노력하여야 한다.

© 소비자는 자주적이고 합리적인 행동과 자원절약적이고 환경친화적인 소비생활을 함으로써 소비생활의 향상과 국민경제의 발전에 적극적인 역할을 다하여야 한다.

3. 국가·지방자치단체 및 사업자의 책무

(1) 국가 및 지방자치단체의 책무 등

① **국가 및 지방자치단체의 책무(제6조)** 국가 및 지방자치단체는 소비자의 기본적 권리(법 제4조)에 따른 소비자의 기본적 권리가 실현되도록 하기 위하여 다음의 책무를 진다.

- 관계 법령 및 조례의 제정 및 개정·폐지
- 필요한 행정조직의 정비 및 운영 개선
- 필요한 시책의 수립 및 실시
- 소비자의 건전하고 자주적인 조직활동의 지원·육성

② **지방행정조직에 대한 지원(제7조)** 국가는 지방자치단체의 소비자권익과 관련된 행정조직의 설치·운영 등에 관하여 대통령령이 정하는 바에 따라 필요한 지원을 할 수 있다.

③ **위해의 방지(제8조)** ⊙ 국가는 사업자가 소비자에게 제공하는 물품등으로 인한 소비자의 생명·신체 또는 재산에 대한 위해를 방지하기 위하여 다음의 사항에 관하여 사업자가 지켜야 할 기준을 정하여야 한다.

- 물품등의 성분·함량·구조 등 안전에 관한 중요한 사항
- 물품등을 사용할 때의 지시사항이나 경고 등 표시할 내용과 방법
- 그 밖에 위해방지를 위하여 필요하다고 인정되는 사항

ⓒ 중앙행정기관의 장은 ⊙의 규정에 따라 국가가 정한 기준을 사업자가 준수하는지 여부를 정기적으로 시험·검사 또는 조사하여야 한다.

④ **계량 및 규격의 적정화(제9조)** ⊙ 국가 및 지방자치단체는 소비자가 사업자와의 거래에 있어서 계량으로 인하여 손해를 입지 아니하도록 물품등의 계량에 관하여 필요한 시책을 강구하여야 한다.

ⓒ 국가 및 지방자치단체는 물품등의 품질개선 및 소비생활의 향상을 위하여 물품등의 규격을 정하고 이를 보급하기 위한 시책을 강구하여야 한다.

⑤ **표시의 기준(제10조)** ⊙ 국가는 소비자가 사업자와의 거래에 있어서 표시나 포장 등으로 인하여 물품등을 잘못 선택하거나 사용하지 아니하도록 물품등에 대하여 다음의 사항에 관한 표시기준을 정하여야 한다. 〈개정 2011. 5. 19., 2023. 6. 20.〉

- 상품명·용도·성분·재질·성능·규격·가격·용량·허가번호 및 용역의 내용
- 물품등을 제조·수입 또는 판매하거나 제공한 사업자의 명칭(주소 및 전화번호를 포함한다) 및 물품의 원산지
- 사용방법, 사용·보관할 때의 주의사항 및 경고사항
- 제조연월일, 부품보유기간, 품질보증기간 또는 식품이나 의약품 등 유통과정에서 변질되기 쉬운 물품은 그 유효기간
- 표시의 크기·위치 및 방법
- 물품등에 따른 불만이나 소비자피해가 있는 경우의 처리기구(주소 및 전화번호를 포함한다) 및 처리방법
- 「장애인차별금지 및 권리구제 등에 관한 법률」에 따른 시각장애인을 위한 표시방법

ⓒ 국가는 소비자가 사업자와의 거래에 있어서 표시나 포장 등으로 인하여 물품등을 잘못 선택하거나 사용하지 아니하도록 사업자가 ⊙의 각 사항을 변경하는 경우 그 변경 전후 사항을 표시하도록 기준을 정할 수 있다. 〈신설 2011. 5. 19.〉

⑥ **광고의 기준(제11조)** 국가는 물품등의 잘못된 소비 또는 과다한 소비로 인하여 발생할 수 있는 소비자의 생명·신체 또는 재산에 대한 위해를 방지하기 위하여 다음의 어느 하나에 해당하는 경우에는 광고의 내용 및 방법에 관한 기준을 정하여야 한다.

- 용도·성분·성능·규격 또는 원산지 등을 광고하는 때에 허가 또는 공인된 내용만으로 광고를 제한할 필요가 있거나 특정내용을 소비자에게 반드시 알릴 필요가 있는 경우
- 소비자가 오해할 우려가 있는 특정용어 또는 특정표현의 사용을 제한할 필요가 있는 경우
- 광고의 매체 또는 시간대에 대하여 제한이 필요한 경우

⑦ **거래의 적정화(제12조)** ⊙ 국가는 사업자의 불공정한 거래조건이나 거래방법으로 인하여 소비자가 부당한 피해를 입지 아니하도록 필요한 시책을 수립·실시하여야 한다.

ⓒ 국가는 소비자의 합리적인 선택을 방해하고 소비자에게 손해를 끼칠 우려가 있다고 인정되는 사업자의 부당한 행위를 지정·고시할 수 있다.

ⓒ 국가 및 지방자치단체는 약관에 따른 거래 및 방문판매·다단계판매·할부판매·통신판매·전자거래 등 특수한 형태의 거래에 대하여는 소비자의 권익을 위하여 필요한 시책을 강구하여야 한다.

⑧ **소비자에의 정보제공(제13조)** ㉠ 국가 및 지방자치단체는 소비자의 기본적인 권리가 실현될 수 있도록 소비자의 권익과 관련된 주요시책 및 주요결정사항을 소비자에게 알려야 한다.

㉡ 국가 및 지방자치단체는 소비자가 물품등을 합리적으로 선택할 수 있도록 하기 위하여 물품등의 거래조건·거래방법·품질·안전성 및 환경성 등에 관련되는 사업자의 정보가 소비자에게 제공될 수 있도록 필요한 시책을 강구하여야 한다.

⑨ **소비자의 능력 향상(제14조)** ㉠ 국가 및 지방자치단체는 소비자의 올바른 권리행사를 이끌고, 물품등과 관련된 판단능력을 높이며, 소비자가 자신의 선택에 책임을 지는 소비생활을 할 수 있도록 필요한 교육을 하여야 한다.

㉡ 국가 및 지방자치단체는 경제 및 사회의 발전에 따라 소비자의 능력 향상을 위한 프로그램을 개발하여야 한다.

㉢ 국가 및 지방자치단체는 소비자교육과 학교교육·평생교육을 연계하여 교육적 효과를 높이기 위한 시책을 수립·시행하여야 한다.

㉣ 국가 및 지방자치단체는 소비자의 능력을 효과적으로 향상시키기 위한 방법으로 「방송법」에 따른 방송사업을 할 수 있다.

㉤ 소비자교육의 방법 등에 관하여 필요한 사항은 대통령령으로 정한다.

⑩ **개인정보의 보호(제15조)** ㉠ 국가 및 지방자치단체는 소비자가 사업자와의 거래에서 개인정보의 분실·도난·누출·변조 또는 훼손으로 인하여 부당한 피해를 입지 아니하도록 필요한 시책을 강구하여야 한다.

㉡ 국가는 소비자의 개인정보를 보호하기 위한 기준을 정하여야 한다.

⑪ **소비자분쟁의 해결(제16조)** ㉠ 국가 및 지방자치단체는 소비자의 불만이나 피해가 신속·공정하게 처리될 수 있도록 관련기구의 설치 등 필요한 조치를 강구하여야 한다.

㉡ 국가는 소비자와 사업자 사이에 발생하는 분쟁을 원활하게 해결하기 위하여 대통령령이 정하는 바에 따라 소비자분쟁해결기준을 제정할 수 있다.

㉢ 소비자분쟁해결기준은 분쟁당사자 사이에 분쟁해결방법에 관한 별도의 의사표시가 없는 경우에 한하여 분쟁해결을 위한 합의 또는 권고의 기준이 된다.

⑫ **소비자종합지원시스템의 구축·운영(제16조의2)** ㉠ 공정거래위원회는 소비자에게 물품등의 선택, 피해의 예방 또는 구제에 필요한 정보의 제공 및 소비자기본법 또는 다른 법률에 따른 소비자 피해구제(분쟁조정을 포함한다)를 신청하는 창구의 통합 제공 등을 위하여 소비자종합지원시스템(종합지원시스템)을 구축·운영한다.

㉡ 공정거래위원회는 종합지원시스템을 통하여 소비자에게 다음의 사항을 제공하여야 한다. 이 경우 공정거래위원회는 해당 사항을 관장하는 중앙행정기관의 장, 지방자치단체의 장 및 관련 기관·단체의 장(중앙행정기관의 장등)과 협의하여야 한다.

- 물품등의 유통이력, 결함, 피해사례, 품질인증 등 소비자의 선택, 피해의 예방 또는 구제와 관련된 정보 제공
- 소비자 피해구제기관 및 절차 안내, 피해구제를 신청하는 창구의 통합 제공, 피해구제신청에 대한 처리결과 안내 등 소비자 피해구제 지원
- 그 밖에 소비자의 물품등의 선택, 피해의 예방 또는 구제를 위하여 필요한 업무로서 대통령령으로 정하는 업무

㉢ 공정거래위원회는 종합지원시스템의 구축·운영을 위하여 필요한 경우 중앙행정기관의 장등에게 다음의 자료 또는 정보를 제공하여 줄 것을 요청하고 제공받은 목적의 범위에서 그 자료·정보를 보유·이용할 수 있다.

- 「국세기본법」에 따른 과세정보로서 소비자 피해가 발생한 물품을 제조·수입·판매하거나 용역을 제공한 사업자의 개업일·휴업일 및 폐업일
- 그 밖에 종합지원시스템의 구축·운영을 위하여 필요한 정보로서 대통령령으로 정하는 자료 또는 정보

㉣ 자료 또는 정보의 제공을 요청받은 중앙행정기관의 장등은 특별한 사유가 없으면 이에 협조하여야 한다.

㉤ 중앙행정기관의 장등은 공정거래위원회와 협의하여 종합지원시스템을 이용할 수 있다.

㉥ 공정거래위원회는 사업자 또는 사업자단체가 물품등에 관한 정보를 종합지원시스템에 등록한 경우 그 등록 사실을 나타내는 표지(등록표지)를 부여할 수 있다.

㉦ 공정거래위원회는 필요한 경우 종합지원시스템 운영의 전부 또는 일부를 대통령령으로 정하는 기준에 적합한 법인으로서 공정거래위원회가 지정하는 기관 또는 단체에 위탁할 수 있다.

㉧ ㉠부터 ㉦까지에서 규정한 사항 외에 종합지원시스템의 구축·운영, 등록표지의 부여 등에 필요한 사항은 공정거래위원회가 정하여 고시한다.

[본조신설 2018. 3. 13.]

⑬ **시험·검사시설의 설치 등(제17조)** ㉠ 국가 및 지방자치단체는 물품등의 규격·품질 및 안전성 등에 관하여 시험·검사 또는 조사를 실시할 수 있는 기구와 시설을 갖추어야 한다.

ⓛ 국가·지방자치단체 또는 소비자나 소비자단체는 필요하다고 인정되는 때 또는 소비자의 요청이 있는 때에는 ㉠에 따라 설치된 시험·검사기관이나 한국소비자원에 시험·검사 또는 조사를 의뢰하여 시험 등을 실시할 수 있다.

ⓒ 국가 및 지방자치단체는 시험 등을 실시한 경우에는 그 결과를 공표하고 소비자의 권익을 위하여 필요한 조치를 취하여야 한다.

ⓔ 국가 및 지방자치단체는 소비자단체가 물품등의 규격·품질 또는 안전성 등에 관하여 시험·검사를 실시할 수 있는 시설을 갖출 수 있도록 지원할 수 있다.

ⓜ 국가 및 지방자치단체는 ③·⑤ 내지 ⑧ 또는 ⑩의 규정에 따라 기준을 정하거나 소비자의 권익과 관련된 시책을 수립하기 위하여 필요한 경우에는 한국소비자원, 국립 또는 공립의 시험·검사기관 등 대통령령이 정하는 기관에 조사·연구를 의뢰할 수 있다.

(2) 사업자의 책무 등

① 소비자권익 증진시책에 대한 협력 등(제18조) ㉠ 사업자는 국가 및 지방자치단체의 소비자권익 증진시책에 적극 협력하여야 한다.

ⓛ 사업자는 소비자단체 및 한국소비자원의 소비자 권익증진과 관련된 업무의 추진에 필요한 자료 및 정보제공 요청에 적극 협력하여야 한다.

ⓒ 사업자는 안전하고 쾌적한 소비생활 환경을 조성하기 위하여 물품등을 제공함에 있어서 환경친화적인 기술의 개발과 자원의 재활용을 위하여 노력하여야 한다.

ⓔ 사업자는 소비자의 생명·신체 또는 재산 보호를 위한 국가·지방자치단체 및 한국소비자원의 조사 및 위해방지 조치에 적극 협력하여야 한다. 〈신설 2018. 12. 31.〉

② 사업자의 책무(제19조) ㉠ 사업자는 물품등으로 인하여 소비자에게 생명·신체 또는 재산에 대한 위해가 발생하지 아니하도록 필요한 조치를 강구하여야 한다.

ⓛ 사업자는 물품등을 공급함에 있어서 소비자의 합리적인 선택이나 이익을 침해할 우려가 있는 거래조건이나 거래방법을 사용하여서는 아니 된다.

ⓒ 사업자는 소비자에게 물품등에 대한 정보를 성실하고 정확하게 제공하여야 한다.

ⓔ 사업자는 소비자의 개인정보가 분실·도난·누출·변조 또는 훼손되지 아니하도록 그 개인정보를 성실하게 취급하여야 한다.

ⓜ 사업자는 물품등의 하자로 인한 소비자의 불만이나 피해를 해결하거나 보상하여야 하며, 채무불이행 등으로 인한 소비자의 손해를 배상하여야 한다.

③ 소비자의 권익증진 관련기준의 준수(제20조) ㉠ 사업자는 사업자가 소비자에게 제공하는 물품등으로 인한 소비자의 생명·신체 또는 재산에 대한 위해를 방지하기 위하여 국가가 정한 기준에 위반되는 물품등을 제조·수입·판매하거나 제공하여서는 아니 된다.

ⓛ 사업자는 국가가 정한 표시기준을 위반하여서는 아니 된다.

ⓒ 사업자는 국가가 정한 광고기준을 위반하여서는 아니 된다.

ⓔ 사업자는 소비자의 합리적인 선택을 방해하고 소비자에게 손해를 끼칠 우려가 있다고 인정되는 사업자의 부당한 행위로 국가가 지정·고시한 행위를 하여서는 아니 된다.

ⓜ 사업자는 국가가 정한 개인정보의 보호기준을 위반하여서는 아니 된다.

④ 소비자중심경영의 인증(제20조의2) ㉠ 공정거래위원회는 물품의 제조·수입·판매 또는 용역의 제공의 모든 과정이 소비자 중심으로 이루어지는 경영(소비자중심경영)을 하는 사업자에 대하여 소비자중심경영에 대한 인증(소비자중심경영인증)을 할 수 있다.

ⓛ 소비자중심경영인증을 받으려는 사업자는 대통령령으로 정하는 바에 따라 공정거래위원회에 신청하여야 한다.

ⓒ 소비자중심경영인증을 받은 사업자는 대통령령으로 정하는 바에 따라 그 인증의 표시를 할 수 있다.

ⓔ 소비자중심경영인증의 유효기간은 그 인증을 받은 날부터 3년으로 한다. 〈개정 2024. 2. 13.〉

ⓜ 공정거래위원회는 소비자중심경영을 활성화하기 위하여 대통령령으로 정하는 바에 따라 소비자중심경영인증을 받은 기업에 대하여 포상 또는 지원 등을 할 수 있다.

ⓗ 공정거래위원회는 소비자중심경영인증을 신청하는 사업자에 대하여 대통령령으로 정하는 바에 따라 그 인증의 심사에 소요되는 비용을 부담하게 할 수 있다.

ⓢ ㉠부터 ⓗ까지의 규정 외에 소비자중심경영인증의 기준 및 절차 등에 필요한 사항은 대통령령으로 정한다.

[본조신설 2017. 10. 31.]

⑤ **소비자중심경영인증기관의 지정 등(제20조의3)** ㉠ 공정거래위원회는 소비자중심경영에 관하여 전문성이 있는 기관 또는 단체를 대통령령으로 정하는 바에 따라 소비자중심경영인증기관(인증기관)으로 지정하여 소비자중심경영인증에 관한 업무(인증업무)를 수행하게 할 수 있다.

㉡ 인증업무를 수행하는 인증기관의 임직원은 「형법」 제129조부터 제132조까지(수뢰, 사전수뢰, 제삼자뇌물제공, 수뢰후부정처사, 사후수뢰, 알선수뢰)의 규정을 적용할 때에는 공무원으로 본다.

㉢ 공정거래위원회는 인증기관이 다음의 어느 하나에 해당하는 경우에는 인증기관의 지정을 취소하거나 1년 이내의 기간을 정하여 업무의 정지를 명할 수 있다. 다만, *표시에 해당하면 그 지정을 취소하여야 한다.

- 거짓이나 부정한 방법으로 지정을 받은 경우*
- 업무정지명령을 위반하여 그 정지기간 중 인증업무를 행한 경우
- 고의 또는 중대한 과실로 대통령령으로 정하는 소비자중심경영인증의 기준 및 절차를 위반한 경우
- 정당한 사유 없이 인증업무를 거부한 경우
- 파산 또는 폐업한 경우*
- 그 밖에 휴업 또는 부도 등으로 인하여 인증업무를 수행하기 어려운 경우

[본조신설 2017. 10. 31.]

⑥ **소비자중심경영인증의 취소(제20조의4)** ㉠ 공정거래위원회는 소비자중심경영인증을 받은 사업자가 다음의 어느 하나에 해당하면 그 인증을 취소할 수 있다. 다만, *표시에 해당하면 그 인증을 취소하여야 한다.

- 거짓이나 부정한 방법으로 소비자중심경영인증을 받은 경우*
- 대통령령으로 정하는 소비자중심경영인증의 기준에 적합하지 아니하게 된 경우
- 소비자중심경영인증을 받은 후에 소비자의 생명·신체 또는 재산의 보호 등에 관한 법률로서 대통령령으로 정하는 법률을 위반하여 관계 중앙행정기관으로부터 시정명령 등 대통령령으로 정하는 조치를 받은 경우

㉡ 공정거래위원회는 소비자중심경영인증이 취소된 사업자에 대하여 그 인증이 취소된 날부터 3년 이내의 범위에서 대통령령으로 정하는 기간 동안에는 소비자중심경영인증을 하여서는 아니 된다.

[본조신설 2017. 10. 31.]

4. 소비자정책의 추진체계

(1) 소비자정책의 수립

① **기본계획의 수립 등(제21조)** ㉠ 공정거래위원회는 소비자정책위원회의 심의·의결을 거쳐 소비자정책에 관한 기본계획(기본계획)을 3년마다 수립하여야 한다. 〈개정 2008. 2. 29.〉

㉡ 기본계획에는 다음의 사항이 포함되어야 한다.

- 소비자정책과 관련된 경제·사회 환경의 변화
- 소비자정책의 기본방향
- 다음의 사항이 포함된 소비자정책의 목표
  - 소비자안전의 강화
  - 소비자와 사업자 사이의 거래의 공정화 및 적정화
  - 소비자교육 및 정보제공의 촉진
  - 소비자피해의 원활한 구제
  - 국제소비자문제에 대한 대응
  - 그 밖에 소비자의 권익과 관련된 주요한 사항
- 소비자정책의 추진과 관련된 재원의 조달방법
- 어린이 위해방지를 위한 연령별 안전기준의 작성
- 그 밖에 소비자정책의 수립과 추진에 필요한 사항

㉢ 공정거래위원회는 소비자정책위원회의 심의·의결을 거쳐 기본계획을 변경할 수 있다. 〈개정 2008. 2. 29.〉

㉣ 기본계획의 수립·변경 절차 등에 관하여 필요한 사항은 대통령령으로 정한다.

② **시행계획의 수립 등(제22조)** ㉠ 관계 중앙행정기관의 장은 기본계획에 따라 매년 10월 31일까지 소관 업무에 관하여 다음 연도의 소비자정책에 관한 시행계획(중앙행정기관별시행계획)을 수립하여야 한다.

㉡ 특별시장·광역시장·특별자치시장·도지사 또는 특별자치도지사(시·도지사)는 기본계획과 중앙행정기관별시행계획에 따라 매년 11월 30일까지 소비자정책에 관한 다음 연도의 시·도별시행계획(시·도별시행계획)을 수립하여야 한다. 〈개정 2010. 3. 22., 2016. 3. 29.〉

㉢ 공정거래위원회는 매년 12월 31일까지 중앙행정기관별시행계획 및 시·도별시행계획을 취합·조정하여 소비자정책위원회의 심의·의결을 거쳐 종합적인 시행계획(종합시행계획)을 수립하여야 한다. 〈개정 2008. 2. 29.〉

㉣ 관계 중앙행정기관의 장 및 시·도지사는 종합시행계획이 실효성 있게 추진될 수 있도록 매년 소요비용에 대한 예산편성 등 필요한 재정조치를 강구하여야 한다.

㉤ 종합시행계획의 수립 및 그 집행실적의 평가 등에 관하여 필요한 사항은 대통령령으로 정한다.

(2) 소비자정책위원회

① **소비자정책위원회의 설치(제23조)** 소비자의 권익증진 및 소비생활의 향상에 관한 기본적인 정책을 종합·조정하고 심의·의결하기 위하여 국무총리 소속으로 소비자정책위원회(정책위원회)를 둔다. 〈개정 2008. 2. 29., 2017. 10. 31.〉

② **정책위원회의 구성 등(제24조)** ㉠ 정책위원회는 위원장 2명을 포함한 25명 이내의 위원으로 구성한다. 〈개정 2017. 10. 31.〉

㉡ 위원장은 국무총리와 소비자문제에 관하여 학식과 경험이 풍부한 자 중에서 대통령이 위촉하는 자가 된다. 〈개정 2008. 2. 29., 2017. 10. 31.〉

㉢ 위원은 관계 중앙행정기관의 장 및 한국소비자원의 원장(원장)과 다음의 어느 하나에 해당하는 자 중에서 국무총리가 위촉하는 자가 된다. 〈개정 2008. 2. 29., 2017. 10. 31.〉

- 소비자문제에 관한 학식과 경험이 풍부한 자
- 대통령령이 정하는 바에 따라 등록한 소비자단체(등록소비자단체) 및 대통령령이 정하는 경제단체에서 추천하는 소비자대표 및 경제계대표

㉣ 위촉위원장 및 위촉위원의 임기는 3년으로 한다.

㉤ 정책위원회의 효율적 운영 및 지원을 위하여 정책위원회에 간사위원 1명을 두며, 간사위원은 공정거래위원회위원장이 된다. 〈개정 2017. 10. 31.〉

㉥ 국무총리는 위촉위원이 다음의 어느 하나에 해당하는 경우에는 해당 위원을 해촉(解囑)할 수 있다. 〈신설 2017. 10. 31.〉

- 심신장애로 인하여 직무를 수행할 수 없게 된 경우
- 직무와 관련된 비위사실이 있는 경우
- 직무태만, 품위손상, 그 밖의 사유로 인하여 위원으로 적합하지 아니하다고 인정되는 경우
- 위원 스스로 직무를 수행하는 것이 곤란하다고 의사를 밝히는 경우

㉦ 정책위원회의 사무를 처리하기 위하여 공정거래위원회에 사무국을 두고, 그 조직·구성 및 운영 등에 필요한 사항은 대통령령으로 정한다. 〈신설 2017. 10. 31.〉

[제목개정 2017. 10. 31.]

③ **정책위원회의 기능 등(제25조)** ㉠ 정책위원회는 다음의 사항을 종합·조정하고 심의·의결한다. 〈개정 2016. 3. 29., 2017. 10. 31.〉

- 기본계획 및 종합시행계획의 수립·평가와 그 결과의 공표
- 소비자정책의 종합적 추진 및 조정에 관한 사항
- 소비자보호 및 안전 확보를 위하여 필요한 조치에 관한 사항
- 소비자정책의 평가 및 제도개선·권고 등에 관한 사항
- 그 밖에 위원장이 소비자의 권익증진 및 소비생활의 향상을 위하여 토의에 부치는 사항

㉡ 정책위원회는 소비자의 기본적인 권리를 제한하거나 제한할 우려가 있다고 평가한 법령·고시·예규·조례 등에 대하여 중앙행정기관의 장 및 지방자치단체의 장에게 법령의 개선 등 필요한 조치를 권고할 수 있다. 〈신설 2016. 3. 29.〉

㉢ 정책위원회는 법령의 개선 등 필요한 조치를 권고하기 전에 중앙행정기관의 장 및 지방자치단체의 장에게 미리 의견을 제출할 기회를 주어야 한다. 〈신설 2016. 3. 29.〉

ⓒ 중앙행정기관의 장 및 지방자치단체의 장은 권고를 받은 날부터 3개월 내에 필요한 조치의 이행계획을 수립하여 정책위원회에 통보하여야 한다. 〈신설 2016. 3. 29.〉
ⓜ 정책위원회는 통보받은 이행계획을 검토하여 그 결과를 공표할 수 있다. 〈신설 2016. 3. 29.〉
ⓗ 정책위원회는 업무를 효율적으로 수행하기 위하여 정책위원회에 실무위원회와 분야별 전문위원회를 둘 수 있다. 〈개정 2016. 3. 29.〉
ⓢ 소비자기본법에 규정한 것 외에 정책위원회·실무위원회 및 전문위원회의 조직과 운영에 관하여 필요한 사항은 대통령령으로 정한다. 〈개정 2016. 3. 29.〉

④ 긴급대응 등(제25조의2) ㉠ 위원장은 다음에 해당한다고 인정하는 경우에는 긴급회의를 소집할 수 있다.

> • 사업자가 제공하는 물품등으로 인하여 소비자의 생명 또는 신체에 대통령령으로 정하는 위해가 발생하였거나 발생할 우려가 있는 경우
> • 위해의 발생 또는 확산을 방지하기 위하여 복수의 중앙행정기관에 의한 종합적인 대책 마련이 필요한 경우

ⓛ 긴급회의는 위원장, 간사위원 및 위원장이 종합적인 대책의 수립과 관계된다고 인정하는 중앙행정기관의 장으로 구성한다.
ⓒ 긴급회의는 위해의 발생 및 확산을 방지하기 위한 종합대책을 마련할 수 있다.
ⓔ 중앙행정기관의 장은 마련된 종합대책에 필요한 세부계획을 즉시 수립하고, 해당 세부계획의 이행 상황 및 결과를 정책위원회에 보고하여야 한다.
ⓜ 중앙행정기관의 장 및 지방자치단체의 장은 ㉠의 요건에 해당한다고 인정되는 위해가 신고 또는 보고되거나 이러한 위해를 인지한 경우에는 즉시 정책위원회에 해당 내용을 통보하여야 한다.
ⓗ 정책위원회는 종합대책을 마련하기 위하여 필요한 경우에는 중앙행정기관 및 그 소속기관, 「공공기관의 운영에 관한 법률」에 따른 공공기관에 자료를 요청하거나 피해의 발생원인·범위 등의 조사·분석·검사를 요청할 수 있다.
ⓢ ㉠부터 ⓗ까지 규정한 사항 외에 긴급회의의 운영, 종합대책 수립에 따른 중앙행정기관의 이행에 대한 점검 및 결과 공표 등 필요한 사항은 대통령령으로 정한다.
[본조신설 2017. 10. 31.]

⑤ 의견청취 등(제26조) ㉠ 정책위원회는 ③의 ㉠의 각 사항을 심의하기 위하여 필요한 경우에는 소비자문제에 관하여 전문지식이 있는 자, 소비자 또는 관계사업자의 의견을 들을 수 있다.
ⓛ 공정거래위원회는 소비자권익증진, 정책위원회의 운영 등을 위하여 필요한 경우 중앙행정기관의 장 및 지방자치단체의 장 등 관계 행정기관에 의견제시 및 자료제출을 요청할 수 있다. 〈개정 2008. 2. 29.〉

(3) 국제협력

① 국제협력(제27조) ㉠ 국가는 소비자문제의 국제화에 대응하기 위하여 국가 사이의 상호협력방안을 마련하는 등 필요한 대책을 강구하여야 한다.
ⓛ 공정거래위원회는 관계 중앙행정기관의 장과 협의하여 국제적인 소비자문제에 대응하기 위한 정보의 공유, 국제협력창구 또는 협의체의 구성·운영 등 관련 시책을 수립·시행하여야 한다. 〈개정 2008. 2. 29.〉
ⓒ 관련 시책의 수립 등에 관하여 필요한 사항은 대통령령으로 정한다.

5. 소비자단체

① 소비자단체의 업무 등(제28조) ㉠ 소비자단체는 다음의 업무를 행한다.

> • 국가 및 지방자치단체의 소비자의 권익과 관련된 시책에 대한 건의
> • 물품등의 규격·품질·안전성·환경성에 관한 시험·검사 및 가격 등을 포함한 거래조건이나 거래방법에 관한 조사·분석*
> • 소비자문제에 관한 조사·연구
> • 소비자의 교육
> • 소비자의 불만 및 피해를 처리하기 위한 상담·정보제공 및 당사자 사이의 합의의 권고

ⓛ 소비자단체는 ㉠의 *표시에 해당하는 규정에 따른 조사·분석 등의 결과를 공표할 수 있다. 다만, 공표되는 사항 중 물품등의 품질·성능 및 성분 등에 관한 시험·검사로서 전문적인 인력과 설비를 필요로 하는 시험·검사인 경우에는 대통령령이 정하는 시험·검사기관의 시험·검사를 거친 후 공표하여야 한다.

ⓒ 소비자단체는 자료 및 정보의 제공을 요청하였음에도 사업자 또는 사업자단체가 정당한 사유 없이 이를 거부·방해·기피하거나 거짓으로 제출한 경우에는 그 사업자 또는 사업자단체의 이름(상호 그 밖의 명칭을 포함한다), 거부 등의 사실과 사유를 「신문 등의 진흥에 관한 법률」에 따른 일반일간신문에 게재할 수 있다. 〈개정 2009. 7. 31.〉

ⓔ 소비자단체는 업무상 알게 된 정보를 소비자의 권익을 증진하기 위한 목적이 아닌 용도에 사용하여서는 아니 된다.

ⓕ 소비자단체는 사업자 또는 사업자단체로부터 제공받은 자료 및 정보를 소비자의 권익을 증진하기 위한 목적이 아닌 용도로 사용함으로써 사업자 또는 사업자단체에 손해를 끼친 때에는 그 손해에 대하여 배상할 책임을 진다.

② **소비자단체의 등록(제29조)** ㉠ 다음의 요건을 모두 갖춘 소비자단체는 대통령령이 정하는 바에 따라 공정거래위원회 또는 지방자치단체에 등록할 수 있다.

- 물품등의 규격·품질·안전성·환경성에 관한 시험·검사 및 가격 등을 포함한 거래조건이나 거래방법에 관한 조사·분석 및 소비자의 불만 및 피해를 처리하기 위한 상담·정보제공 및 당사자 사이의 합의의 권고의 업무를 수행할 것
- 물품 및 용역에 대하여 전반적인 소비자문제를 취급할 것
- 대통령령이 정하는 설비와 인력을 갖출 것
- 「비영리민간단체 지원법」에 따른 비영리민간단체의 요건을 모두 갖출 것

㉡ 공정거래위원회 또는 지방자치단체의 장은 등록을 신청한 소비자단체가 각 요건을 갖추었는지 여부를 심사하여 등록 여부를 결정하여야 한다.

③ **등록의 취소(제30조)** ㉠ 공정거래위원회 또는 지방자치단체의 장은 소비자단체가 거짓 그 밖의 부정한 방법으로 ②의 규정에 따른 등록을 한 경우에는 등록을 취소하여야 한다.

㉡ 공정거래위원회 또는 지방자치단체의 장은 등록소비자단체가 ②의 ㉠의 각 요건을 갖추지 못하게 된 경우에는 3월 이내에 보완을 하도록 명할 수 있고, 그 기간이 경과하여도 요건을 갖추지 못하는 경우에는 등록을 취소할 수 있다.

④ **자율적 분쟁조정(제31조)** ㉠ ②의 규정에 따라 공정거래위원회에 등록한 소비자단체의 협의체는 소비자의 불만 및 피해를 처리하기 위하여 자율적 분쟁조정(紛爭調停)을 할 수 있다. 다만, 다른 법률의 규정에 따라 설치된 전문성이 요구되는 분야의 분쟁조정기구(紛爭調停機構)로서 대통령령이 정하는 기구에서 관장하는 사항에 대하여는 그러하지 아니하다.

㉡ ㉠에 따른 자율적 분쟁조정은 당사자가 이를 수락한 경우에는 당사자 사이에 자율적 분쟁조정의 내용과 동일한 합의가 성립된 것으로 본다.

ⓒ ㉠에 따른 소비자단체의 협의체 구성 및 분쟁조정의 절차 등에 관하여 필요한 사항은 대통령령으로 정한다.

⑤ **보조금의 지급(제32조)** 국가 또는 지방자치단체는 등록소비자단체의 건전한 육성·발전을 위하여 필요하다고 인정될 때에는 보조금을 지급할 수 있다.

6. 한국소비자원

(1) 설립 등

① **설립(제33조)** ㉠ 소비자권익 증진시책의 효과적인 추진을 위하여 한국소비자원을 설립한다.

㉡ 한국소비자원은 법인으로 한다.

ⓒ 한국소비자원은 공정거래위원회의 승인을 얻어 필요한 곳에 그 지부를 설치할 수 있다.

ⓔ 한국소비자원은 그 주된 사무소의 소재지에서 설립등기를 함으로써 성립한다.

② **정관(제34조)** 한국소비자원의 정관에는 다음의 사항을 기재하여야 한다.

• 목적	• 소비자분쟁조정위원회에 관한 사항
• 명칭	• 업무에 관한 사항
• 주된 사무소 및 지부에 관한 사항	• 재산 및 회계에 관한 사항
• 임원 및 직원에 관한 사항	• 공고에 관한 사항
• 이사회의 운영에 관한 사항	• 정관의 변경에 관한 사항
• 소비자안전센터에 관한 사항	• 내부규정의 제정 및 개정·폐지에 관한 사항

③ 업무(제35조) ㉠ 한국소비자원의 업무는 다음과 같다. 〈개정 2020. 5. 19., 2020. 12. 29.〉

- 소비자의 권익과 관련된 제도와 정책의 연구 및 건의
- 소비자의 권익증진을 위하여 필요한 경우 물품등의 규격·품질·안전성·환경성에 관한 시험·검사 및 가격 등을 포함한 거래조건이나 거래방법에 대한 조사·분석*
- 소비자의 권익증진·안전 및 소비생활의 향상을 위한 정보의 수집·제공 및 국제협력
- 소비자의 권익증진·안전 및 능력개발과 관련된 교육·홍보 및 방송사업
- 소비자의 불만처리 및 피해구제*
- 소비자의 권익증진 및 소비생활의 합리화를 위한 종합적인 조사·연구
- 국가 또는 지방자치단체가 소비자의 권익증진과 관련하여 의뢰한 조사 등의 업무
- 「독점규제 및 공정거래에 관한 법률」에 따라 공정거래위원회로부터 위탁받은 동의의결의 이행관리
- 그 밖에 소비자의 권익증진 및 안전에 관한 업무

㉡ 한국소비자원이 소비자의 불만처리 및 피해구제 업무를 수행함에 있어서 다음의 사항은 그 처리대상에서 제외한다.

- 국가 또는 지방자치단체가 제공한 물품등으로 인하여 발생한 피해구제. 다만, 대통령령으로 정하는 물품등에 관하여는 그러하지 아니하다.
- 그 밖에 다른 법률의 규정에 따라 설치된 전문성이 요구되는 분야의 분쟁조정기구에 신청된 피해구제 등으로서 대통령령이 정하는 피해구제

㉢ 한국소비자원은 업무수행 과정에서 취득한 사실 중 소비자의 권익증진, 소비자피해의 확산 방지, 물품등의 품질향상 그 밖에 소비생활의 향상을 위하여 필요하다고 인정되는 사실은 이를 공표하여야 한다. 다만, 사업자 또는 사업자단체의 영업비밀을 보호할 필요가 있다고 인정되거나 공익상 필요하다고 인정되는 때에는 그러하지 아니하다.

㉣ 원장은 ㉠의 *표시에 해당하는 업무를 수행함에 있어서 다수의 피해가 우려되는 등 긴급하다고 인정되는 때에는 사업자로부터 필요한 최소한의 시료를 수거할 수 있다. 이 경우 그 사업자는 정당한 사유가 없는 한 이에 따라야 한다. 〈신설 2018. 12. 31.〉

㉤ 원장은 ㉣의 전단에 따라 시료를 수거한 경우 특별한 사정이 없으면 시료 수거일로부터 30일 이내에 공정거래위원회 및 관계 중앙행정기관의 장에게 그 시료수거 사실과 결과를 보고하여야 한다. 〈신설 2018. 12. 31.〉

④ 시험·검사의 의뢰(제36조) ㉠ 원장은 ③의 ㉠의 *표시에 해당하는 업무를 수행함에 있어서 필요하다고 인정되는 때에는 국립 또는 공립의 시험·검사기관에 물품등에 대한 시험·검사를 의뢰할 수 있다.

㉡ 의뢰를 받은 기관은 특별한 사유가 없는 한 우선하여 이에 응하여야 한다.

⑤ 유사명칭의 사용금지(제37조) 소비자기본법에 따른 한국소비자원이 아닌 자는 한국소비자원 또는 이와 유사한 한국소비자보호원 등의 명칭을 사용하여서는 아니 된다.

(2) 임원 및 이사회

① 임원 및 임기(제38조) ㉠ 한국소비자원에 원장·부원장 및 소비자안전센터의 소장(소장) 각 1인을 포함한 10인 이내의 이사와 감사 1인을 둔다.

㉡ 원장·부원장·소장 및 대통령령이 정하는 이사는 상임으로 하고 그 밖의 임원은 비상임으로 한다.

㉢ 원장은 「공공기관의 운영에 관한 법률」에 따른 임원추천위원회가 복수로 추천한 사람 중에서 공정거래위원회 위원장의 제청으로 대통령이 임명한다. 〈개정 2016. 3. 29.〉

㉣ 부원장, 소장 및 상임이사는 원장이 임명한다. 〈개정 2016. 3. 29.〉

㉤ 비상임이사는 임원추천위원회가 복수로 추천한 사람 중에서 공정거래위원회 위원장이 임명한다. 〈개정 2016. 3. 29.〉

㉥ 감사는 임원추천위원회가 복수로 추천하여 「공공기관의 운영에 관한 법률」에 따른 공공기관운영위원회의 심의·의결을 거친 사람 중에서 기획재정부장관의 제청으로 대통령이 임명한다. 〈개정 2016. 3. 29.〉

㉦ 원장의 임기는 3년으로 하고, 부원장, 소장, 이사 및 감사의 임기는 2년으로 한다. 〈신설 2016. 3. 29.〉

② 임원의 직무(제39조) ㉠ 원장은 한국소비자원을 대표하고 한국소비자원의 업무를 총괄한다.

㉡ 부원장은 원장을 보좌하며, 원장이 부득이한 사유로 직무를 수행할 수 없는 경우에 그 직무를 대행한다.

㉢ 소장은 원장의 지휘를 받아 규정에 따라 설치되는 소비자안전센터의 업무를 총괄하며, 원장·부원장 및 소장이 아닌 이사는 정관이 정하는 바에 따라 한국소비자원의 업무를 분장한다.

㉣ 원장·부원장이 모두 부득이한 사유로 직무를 수행할 수 없는 때에는 상임이사·비상임이사의 순으로 정관이 정하는 순서에 따라 그 직무를 대행한다.

ⓜ 감사는 한국소비자원의 업무 및 회계를 감사한다.
③ 이사회(제40조) ㉠ 한국소비자원의 업무와 운영에 관한 중요사항을 심의·의결하기 위하여 한국소비자원에 이사회를 둔다.
㉡ 이사회는 원장·부원장·소장 그 밖의 이사로 구성한다.
㉢ 원장은 이사회를 소집하고 이사회의 의장이 된다.
㉣ 감사는 이사회에 출석하여 의견을 진술할 수 있다.

2 소비자분쟁해결기준

[시행 2024. 12. 27.] [공정거래위원회고시 제2024-32호, 2024. 12. 27., 일부개정]

[별표 2] 품목별 해결기준(소비자분쟁해결기준), 일부발췌

3. 동물사료

분쟁유형	해결기준	비고
1) 중량부족	제품교환 또는 구입가 환급	*수의사의 진단에 의해 사료와의 인과관계가 확인되는 경우에 적용함
2) 부패, 변질	제품교환 또는 구입가 환급	
3) 성분이상	제품교환 또는 구입가 환급	
4) 유효기간 경과	제품교환 또는 구입가 환급	
5) 부작용	사료의 구입가 및 동물의 치료 경비 배상	
6) 동물폐사	사료의 구입가 및 동물의 가격 배상	

12. 개인 및 기타 서비스업 관련 ⑮ 반려동물동물판매업(1개 업종)

반려동물판매업(개, 고양이 등 동물보호법에서 규정한 반려동물에 한함)		
분쟁유형	해결기준	비고
1) 구입 후 15일 이내 폐사 시	동종의 애완동물로 교환 또는 구입가 환급(단, 소비자의 중대한 과실로 인하여 피해가 발생한 경우에는 배상을 요구할 수 없음)	
2) 구입 후 15일 이내 질병 발생	판매업소(사업자)가 제반 비용을 부담하여 회복시켜 소비자에게 인도. 다만, 업소 책임하의 회복기간이 30일을 경과하거나, 판매업소 관리 중 폐사 시에는 동종의 애완동물로 교환 또는 구입가 환급	
3) 계약서 미교부 시	계약해제(단, 구입 후 7일 이내)	

※ 판매업자는 애완동물을 판매할 때 다음의 사항이 기재된 계약서를 소비자에게 제공하여야 함
① 분양업자의 성명과 주소
② 애완동물의 출생일과 판매업자가 입수한 날
③ 혈통, 성, 색상과 판매당시의 특징사항
④ 면역 및 기생충 접종기록
⑤ 수의사의 치료기록 및 약물투여기록 등
⑥ 판매당시의 건강상태
⑦ 구입 시 구입금액과 구입날짜

참고 반려동물매매업 관련 법령
▶ 근거 법령: 「동물보호법」 제36조, 시행규칙 제43조 [농림축산식품부]

CHAPTER 03

기타 생활법률

합격 TIP 가축전염병예방법, 수의사법 등 주요법률을 숙지한다.

1 반려동물 관리 및 공중위생 관련 법률

1. 가축전염병 예방법

(1) 목적(제1조)
가축의 전염성 질병이 발생하거나 퍼지는 것을 막음으로써 축산업의 발전, 가축의 건강 유지 및 공중위생의 향상에 이바지함을 목적으로 한다.

(2) 가축전염병의 분류(제2조)

구분	특징	질병명
제1종 전염병	치명적이며, 국가 차원의 방역이 필요한 전염병	구제역, 고병원성 조류인플루엔자(AI), 아프리카돼지열병(ASF), 돼지열병, 우역 등
제2종 전염병	지역 내 확산 방지가 필요한 질병	소결핵병, 브루셀라병, 광견병, 소해면상뇌증(광우병) 등
제3종 전염병	확산 방지를 위한 관리가 중요한 질병	저병원성 조류인플루엔자(AI), 소유행열, 소아카바네병 등

(3) 가축전염병의 신고

가축전염병 발생 시 신고 (제11조)	아래의 경우 즉시 신고해야 함 • 가축이 병명이 분명하지 않은 질병으로 죽었을 때 • 가축이 전염성 질병에 걸렸거나 걸렸다고 믿을 만한 역학조사나 검사 또는 임상증상이 있을 때
신고 대상	소유자, 축산계열화사업자, 수의사, 연구책임자 등
신고 의무 위반 시 처벌	미신고 시 5년 이하 징역 또는 5천만 원 이하 벌금

(4) 가축의 예방접종 및 방역과 출입 통제

예방접종	필수 예방접종 대상 질병: 구제역(소, 돼지), 광견병(개)
방역	• 축산 농가: 출입 통제 및 방역 조치 의무 　- 축사에 출입하는 사람 및 차량의 소독 필수 　- 방역시설(소독장치, 격리 공간) 설치 의무 　- 방역 조치 미이행 시 과태료 부과(최대 1천만 원 이하) • 가축전염병 발생 시 방역조치: 살처분 및 이동 제한(제19조, 제20조)

(5) 정부의 역할

방역 관련	• 감염된 가축 및 주변 가축 살처분
	• 농장 간 가축 이동 제한
	• 축산물 유통 금지
	• 긴급 방역지역 설정
	• 국가 가축방역 시스템 운영
	  - 농림축산식품부 및 각 지방자치단체가 방역을 총괄
	  - 가축방역관 및 검역본부 운영
	• 국제 협력 및 수입 가축 검역 강화
	  - 가축 및 축산물 수입 시 철저한 검역 필수
	  - 외국 전염병 발생 국가에서 가축 수입 금지 가능

보상 관련	살처분된 가축에 대해 정부가 보상금 지급 (단, 방역 의무 위반 농가는 보상금 감액 또는 미지급 가능)

(6) 벌칙 및 과태료

위반사항	처벌
전염병 미신고(제56조)	3년 이하 징역 또는 3천만 원 이하의 벌금
방역 의무 미이행(제17조)	1천만 원 이하의 과태료
이동 제한 조치 위반(제19조)	1년 이하 징역 또는 1천만 원 이하의 벌금

2. 수의사법(수의사)

(1) 목적(제1조)

수의사(獸醫師)의 기능과 수의(獸醫)업무에 관하여 필요한 사항을 규정함으로써 동물의 건강 및 복지 증진, 축산업의 발전과 공중위생의 향상에 기여함을 목적으로 한다.

(2) 수의사의 자격 및 면허

① 수의사의 자격요건

대한민국	• 수의과대학 또는 수의학과 졸업(6년제) • 국가시험(수의사 국가고시) 합격 • 농림축산식품부장관으로부터 면허 발급
외국	외국에서 수의과대학 또는 수의학과에 해당하는 학교(농림축산식품부장관이 정하여 고시하는 인정기준에 해당하는 학교를 말한다)를 졸업하고 그 국가의 수의사 면허를 받은 사람

② 면허 취소 및 면허효력 정지

면허 취소	• 다음의 어느 하나에 해당하게 되었을 때 　- 「정신건강증진 및 정신질환자 복지서비스 지원에 관한 법률」에 따른 정신질환자. 다만, 정신건강의학과전문의가 수의사로서 직무를 수행할 수 있다고 인정하는 사람은 그러하지 아니하다. 　- 피성년후견인 또는 피한정후견인 　- 마약, 대마(大麻), 그 밖의 향정신성의약품 중독자. 다만, 정신건강의학과전문의가 수의사로서 직무를 수행할 수 있다고 인정하는 사람은 그러하지 아니하다. 　- 「수의사법」, 「가축전염병예방법」, 「축산물위생관리법」, 「동물보호법」, 「의료법」, 「약사법」, 「식품위생법」 또는 「마약류관리에 관한 법률」을 위반하여 금고 이상의 실형을 선고받고 그 집행이 끝나지(집행이 끝난 것으로 보는 경우를 포함한다) 아니하거나 면제되지 아니한 사람 • 면허효력 정지기간에 수의업무를 하거나 농림축산식품부령으로 정하는 기간에 3회 이상 면허효력 정지처분을 받았을 때 • 면허증을 다른 사람에게 대여하였을 때
면허효력 정지 (1년 이내)	• 거짓이나 그 밖의 부정한 방법으로 진단서, 검안서, 증명서 또는 처방전을 발급하였을 때 • 관련 서류를 위조하거나 변조하는 등 부정한 방법으로 진료비를 청구하였을 때 • 정당한 사유 없이 수의사 또는 동물병원에 대하여 필요한 농림축산식품부장관, 시·도지사 또는 시장·군수의 지도와 명령을 위반하였을 때 • 임상수의학적으로 인정되지 아니하는 진료행위를 하였을 때 • 학위 수여 사실을 거짓으로 공표하였을 때 • 과잉진료행위나 그 밖에 동물병원 운영과 관련된 행위로서 대통령령으로 정하는 행위를 하였을 때 • 수의사로서의 품위를 손상시키는 행위로서 대통령령으로 정하는 행위를 하였을 때

(3) 동물진료 및 병원 운영 관련 규정

① 수의사의 진료 대상 및 범위(제10조)

진료 가능 대상	• 반려동물(개, 고양이 등), 가축(소, 돼지 등), 특수동물(앵무새, 파충류 등) • 공중위생과 관련된 진료(예 광견병 예방접종)
진료 범위	• 질병 진단, 치료, 수술　　　　　• 처방전 발급, 약물 조제 • 예방접종 및 건강검진　　　　• 인공수정, 방역 업무
처벌	비수의사의 불법 진료 금지(제39조): 면허 없이 동물진료 행위를 할 경우 2년 이하의 징역 또는 2천만 원 이하의 벌금

② 동물병원 개설 및 운영 규정(제17조)

개설 요건	• 수의사, 국가 또는 지방자치단체, 동물진료업을 목적으로 설립된 법인(동물진료법인), 수의학을 전공하는 대학(수의학과가 설치된 대학 포함), 「민법」이나 특별법에 따라 설립된 비영리법인만 개설 가능 • 특별자치도지사·특별자치시장·시장·군수 또는 자치구의 구청장(시장·군수)에게 신고 필수
운영 기준	• 병원 내부에 필수 시설(진료실, 처치실, 조제실 등) 구비 • 진료기록부 작성 및 1년간 보관 의무
처벌	무자격자의 동물병원 운영 시 처벌: 2년 이하 징역 또는 2천만 원 이하 벌금

③ 수의사의 진료 및 처방 관련 규정(제19조 외)

진료비용 공개의 의무 (제19조)	• 진료비용 사전 고지제 시행(2022년) • 진료 전에 반려동물 보호자에게 예상 진료비용을 안내함 • 치료 후 영수증 발급 의무 • 병원마다 진료비 차이가 클 수 있으므로 보호자의 알 권리 보장

동물용 의약품 및 처방전 (제12조의2 외)	• 의약품 사용 기록 의무
	  - 동물병원은 투약 기록을 1년간 보관해야 함(시행규칙 제13조)
	  - 부적절한 약물 사용 시 수의사 면허 정지 또는 취소 가능(제32조 제2항 제4호)
	• 처방전 발급 의무
	  - 항생제, 호르몬제, 마취제 등은 수의사 처방전 없이 판매 금지 (제12조의2)
	  - 반려동물 보호자는 처방전 없이 임의로 구매할 수 없음

(4) 반려동물 예방접종 관련 규정

무면허 진료행위의 금지	예방접종을 포함한 백신 접종은 수의사 업무에 해당하며, 수의사가 아니면 접종할 수 없다(제10조).

(5) 수의사의 책임 및 징계

수의사 윤리 강령	• 동물 보호와 공중위생을 고려한 진료 • 보호자에게 정확한 정보 제공 • 허위·과장 광고 금지
처벌	• 경고, 자격 정지 가능 • 2년 이하 징역 또는 2천만 원 이하 벌금 부과 가능

(6) 벌칙 및 과태료 규정

무면허 동물진료(제10조)	2년 이하의 징역 또는 2천만 원 이하의 벌금
불법 동물병원 운영(제10조)	2년 이하의 징역 또는 2천만 원 이하의 벌금
진료기록 미보관(제13조)	100만 원 이하 과태료

3. 수의사법(동물보건사)

(1) 정의(제2조 제3호의2)

동물병원 내에서 수의사의 지도 아래 동물의 간호 또는 진료 보조 업무에 종사하는 사람으로서 농림축산식품부장관의 자격인정을 받은 사람

(2) 자격 및 업무 범위

자격시험	필기시험으로 진행되며, 시험 과목은 다음과 같음 - 기초 동물보건학 - 임상 동물보건학 - 예방 동물보건학 - 동물 보건·윤리 및 복지 관련 법규
자격 인정	• 자격시험 합격: 「수의사법」 제16조의3에 따라 동물보건사 자격시험에 합격 • 자격인정 신청: 시험에 합격한 후, 농림축산식품부장관에게 관련 서류를 제출하여 자격인정을 신청 • 농림축산식품부장관은 제출된 서류를 검토하여 자격 인정 여부를 결정하며, 자격 인정 시 동물보건사 자격증을 발급
업무 범위	• 동물의 간호 • 동물의 진료 보조

2 반려동물 소유자 책임 및 안전 관련 법률

1. 동물등록제

근거 법률	「동물보호법」 제15조(동물등록) 및 「동물보호법」 시행령 제4조(등록대상동물의 범위), 제10조(등록대상동물의 등록사항 및 방법 등)
목적	반려동물(개)의 유실·유기를 방지하고, 동물과 보호자의 정보를 체계적으로 관리하기 위한 제도
대상동물	2개월령 이상의 개 참고 고양이는 현재 의무 등록 대상이 아니지만, 일부 지자체에서 시범사업 운영 중
효과	• 유기 동물이 감소됨 • 유실 동물을 빨리 찾을 수 있음 • 보호자의 책임 의식을 높임 • 반려동물 정책 개선에 활용함

> ❗ 제4조(등록대상동물의 범위) 법 제2조 제8호에서 "대통령령으로 정하는 동물"이란 다음 각 호의 어느 하나에 해당하는 월령(月齡) 2개월 이상인 개를 말한다.
> 1. 「주택법」 제2조 제1호에 따른 주택 및 같은 조 제4호에 따른 준주택에서 기르는 개
> 2. 제1호에 따른 주택 및 준주택 외의 장소에서 반려(伴侶) 목적으로 기르는 개

(1) 등록 방법 및 방식

① 등록 방법(동물보호법 시행령 제10조 등록대상동물의 등록사항 및 방법 등)

등록 시기	동물의 소유권을 취득한 날 또는 등록대상 월령이 된 날부터 30일 이내
제출 서류	법인 등기사항증명서, 주민등록표 초본, 외국인등록사실증명 중 택1
제출처	동물등록 신청서를 특별자치시장·특별자치도지사·시장·군수·구청장에게 제출함

② 등록 방식(동물보호법 시행령 제12조 등록업무의 대행)

내장형 무선식별장치 (RFID 마이크로칩 삽입)	• 쌀알 크기의 칩을 반려견의 피하(목덜미 부근)에 삽입함 • 수명이 길고 분실 위험 없음 • 가장 권장되는 방식
외장형 무선식별장치 (RFID 칩이 내장된 인식표 착용)	• 칩이 내장된 인식표를 반려견의 목걸이에 부착하는 형태 • 분실 가능성이 있음
등록번호가 기재된 인식표 부착	• 보호자의 연락처 및 등록번호가 기재된 인식표를 착용함 • 분실 가능성이 높아 비권장됨

> ➕ 「동물보호법 시행령」 제12조 제2항
> 동물등록대행 과정에서 등록대상동물의 체내에 무선식별장치를 삽입하는 등 외과적 시술이 필요한 행위는 수의사에 의하여 시행되어야 한다.

(2) 등록변경신고(동물보호법 제15조 제2항, 동물보호법 시행령 제11조)

변경 대상의 범위	• 소유자가 변경된 경우 • 소유자의 성명이 변경된 경우 • 소유자의 주민등록번호(외국인의 경우에는 외국인등록번호를 말하고, 법인인 경우에는 법인등록번호를 말한다)가 변경된 경우 • 소유자의 주소가 변경된 경우 • 소유자의 전화번호가 변경된 경우 • 등록된 등록대상동물(등록동물)의 분실신고를 한 후 그 동물을 다시 찾은 경우 • 등록동물을 더 이상 국내에서 기르지 않게 된 경우 • 등록동물이 죽은 경우 • 무선식별장치를 잃어버리거나 헐어 못 쓰게 된 경우
변경 신고 방법	동물등록 변경신고서에 동물등록증을 첨부하여 30일 이내에 특별자치시장·특별자치도지사·시장·군수·구청장에게 제출함

(3) 등록업무 대행(동물보호법 시행령 제12조)

대행자	· 「수의사법」에 따라 동물병원을 개설한 자 · 「비영리민간단체 지원법」에 따라 등록된 비영리민간단체 중 동물보호를 목적으로 하는 단체 · 「민법」에 따라 설립된 법인 중 동물보호를 목적으로 하는 법인 · 동물보호센터로 지정받은 자 · 민간동물보호시설(보호시설)을 운영하는 자 · 허가를 받은 동물판매업자

(4) 벌칙 및 과태료

동물 미등록	최대 60만 원의 과태료
변경 신고 미이행	최대 50만 원의 과태료
외장형 장치·인식표 미착용	최대 20만 원의 과태료

(5) 향후 방향

고양이 및 기타 동물의 등록 의무화	· 고양이도 개와 동일하게 등록 의무화될 가능성이 큼 · 현재 일부 지자체(서울, 부산 등)에서 고양이 동물등록 시범사업을 운영하고 있음
등록 비용 지원 확대	· 일부 지자체에서는 동물등록 비용 지원 사업을 진행하고 있음 · 저렴한 가격에 내장형 칩 등록이 가능하도록 정책을 추진하고 있음
동물등록 정보 및 보호자 신원 연계 강화	유기·학대 동물 발생 시 보호자 추적 강화 방안을 논의하고 있음

2. 민법

내용	· 물건의 정의(민법 제98조): 본법에서 물건이라 함은 유체물 및 전기 기타 관리할 수 있는 자연력을 말한다. · 불법행위의 내용(민법 제750조): 고의 또는 과실로 인한 위법행위로 타인에게 손해를 가한 자는 그 손해를 배상할 책임이 있다.

3. 경범죄처벌법

목적	반려동물 관련 경범죄 규정
내용	경범죄의 종류(경범죄처벌법 제3조), 일부 발췌 · 위험한 동물의 관리 소홀: 사람이나 가축에 해를 끼치는 버릇이 있는 개나 그 밖의 동물을 함부로 풀어놓거나 제대로 살피지 아니하여 나다니게 한 사람 · 노상방뇨 등: 길, 공원, 그 밖에 여러 사람이 모이거나 다니는 곳에서 함부로 침을 뱉거나 대소변을 보거나 또는 그렇게 하도록 시키거나 개 등 짐승을 끌고 와서 대변을 보게 하고 이를 치우지 아니한 사람
처벌	· 공공장소에서 개 목줄이나 하네스 미착용 시 과태료❓ · 공공장소에서 배설물 미처리 시 과태료

4. 소방기본법

목적	반려동물 보호를 위한 긴급출동 규정
내용	화재·사고 발생 시 소방관이 반려동물 구조가 가능함

> ❗ **목줄·하네스 미착용 시 처벌**
> 개 목줄 미착용 시 경범죄처벌법보다 동물보호법이 우선 적용되며, 부과되는 과태료는 다음과 같다.
>
> | 1차 위반 | 20만 원 |
> |---|---|
> | 2차 위반 | 30만 원 |
> | 3차 위반 | 50만 원 |

5. 화학 물질 관리법

목적	반려동물 관련 유해물질 관리
내용	• 반려동물 사료, 장난감 등에 사용되는 화학 물질을 규제함 • 유해 성분 포함 시 리콜 및 제조업체 처벌이 가능함

③ 반려동물 산업 및 소비자 보호 관련 법률

관련법	소비자기본법 및 전자상거래법
목적	반려동물 용품 및 서비스 소비자 보호
내용	• 반려동물 보험, 용품, 미용 서비스의 환불·교환 기준 규정 • 인터넷을 통한 반려동물 거래 시 소비자 보호 강화

④ 장애인 보조견⁺ 관련 법률

> ➕ **장애인 보조견**
> • 의미: 장애인의 일상생활을 돕는 특수 훈련된 개
> • 종류: 시각장애인 안내견, 청각장애인 보조견, 지체장애인 보조견 등

1. 장애인복지법 및 시행령

장애인 보조견의 훈련·보급 지원 등 (제40조)	• 국가와 지방자치단체는 장애인 보조견의 훈련 및 보급을 촉진해야 함 • 장애인 보조견 훈련기관의 설치·운영 지원이 가능함 • 보조견을 동반한 장애인이 공공장소를 자유롭게 이용할 수 있도록 보장해야 함
장애인 보조견의 동반 보장 (제40조의2)	• 장애인 보조견을 동반한 장애인은 식당, 병원, 공공시설, 대중교통 등에서 차별받지 않고 출입이 가능함 • 보조견 출입을 거부할 경우 최대 300만 원 이하의 과태료가 부과됨 참고 단, 보조견의 건강이나 청결 상태가 부적절할 경우 출입이 제한될 수 있음
보조견 표시 및 관리 (시행령 제40조)	• 장애인 보조견은 인식표(보조견 조끼, 인증서 등)를 부착해야 하며, 주기적인 건강검진을 받아야 함 • 보조견을 방치하거나 학대하는 행위는 금지됨

2. 동물보호법

동물학대 금지 (제10조)	• 장애인 보조견은 법적으로 보호받음 • 보조견을 학대하거나 유기하는 행위는 처벌됨 • 보조견을 부당하게 방해하거나 훈련을 방해하는 경우 법적 조치가 가능함

3. 장애인 보조견의 보호 및 지원제도

보조견 훈련 및 보급 지원	• 정부 및 공인 기관이 보조견을 훈련하여 장애인에게 보급하도록 지원 • 대표적인 보조견 훈련 기관: 삼성화재 안내견학교 등이 있음
공공시설 및 교통수단 이용 보장	• 버스, 지하철, 택시, 비행기 등 대중교통 이용 시 보조견 동반 가능 • 병원, 식당, 호텔, 백화점, 관공서 등도 보조견 출입을 보장해야 함
처벌	• 보조견 출입을 부당하게 거부한 사업자에게는 최대 300만 원 이하의 과태료 부과 • 보조견을 학대하거나 유기할 경우 동물보호법에 따라 형사처벌 가능

4. 문제점 및 개선 방향

보조견 출입 거부	• 여전히 일부 식당, 카페, 병원 등에서 보조견 출입을 거부하는 경우가 발생함 • 일반 시민들의 장애인 보조견에 대한 인식 부족이 주요 원인이 됨
보조견 부족	• 국내에서 장애인 보조견을 훈련하는 기관이 많지 않아 보급률이 낮음 • 장애인 1,000명당 보조견 한 마리 수준으로 공급이 부족한 상황
개선방향	• 장애인 보조견의 법적 보호를 강화하고, 대중 인식을 높이기 위한 홍보가 필요함 • 보조견 훈련 기관에 대한 정부 지원 확대 및 보조견 보급률의 향상이 필요함 • 보조견 동반 거부 시 신고 절차 간소화 및 강력한 단속의 시행이 필요함

CHAPTER 04
반려동물행동지도사의 직업윤리

합격 TIP 동물학대를 금지하고 윤리적 훈련법에 대해 숙지한다.

1 반려동물행동지도사의 직업윤리

1. 동물학대 금지

+ 동물학대는 동물의 신체적·정신적 고통을 유발하는 모든 행위를 포함한다.
+ 동물학대의 예방과 근절을 위해 법적 규제와 윤리적 실천이 필요하다.

(1) 유형

신체적 학대 금지	• 동물을 때리거나 불필요한 고통을 가하는 행위 금지 • 동물의 신체 일부를 절단하거나 변형하는 비윤리적 시술 금지 　예 불법 단이·단미, 성대 수술 등 • 동물 간 싸움을 붙이거나 고의적으로 부상을 입히는 행위 금지 • 동물을 이용한 실험에서 불필요한 고통을 가하는 행위 금지
방임 및 유기 금지	• 음식, 물, 적절한 쉼터를 제공하지 않는 행위 금지 • 병들거나 부상당한 동물을 치료하지 않고 방치하는 행위 금지 • 동물을 길거리나 야생에 유기하는 행위 금지
정신적 학대 금지	• 극심한 공포, 불안, 스트레스를 유발하는 행위 금지 • 지속적으로 위협하거나 격리하는 행위 금지
비윤리적 번식 및 거래 금지	• 강제 교배 및 과도한 출산 유도 금지 • 질병이 있는 개체를 유전적으로 고려하지 않고 번식하는 행위 금지 • 불법 번식장(개 공장, 고양이 공장) 운영 금지
동물 전시·공연·노역에서의 학대 금지	• 동물을 이용한 공연(예 서커스 등) 시 과도한 훈련이나 강압적인 조치 금지 • 동물을 상업적 목적(예 유튜브, SNS 등)으로 고통스럽게 다루는 행위 금지 • 운송 과정에서 부적절한 환경 제공(예 밀집 사육, 환기 부족 등) 금지

(2) 대책
① 동물학대에 대한 법적 처벌을 강화하고, 반복 학대자의 반려동물 소유 제한
② 학대 행위를 목격한 경우 신고할 수 있는 제도 운영
③ 동물학대 예방을 위한 지속적인 법 개정 및 보완

2. 반려동물의 기본적 욕구 존중

+ 반려동물의 기본적 욕구 존중은 먹이를 주고, 잠자리를 제공하는 것뿐만 아니라 반려견이 본능적으로 필요로 하는 요소를 충족시켜 주는 것을 의미한다.
+ 반려견의 신체적 건강과 정신적, 사회적 욕구까지 포함하는 개념이다.

배고픔과 갈증으로부터의 자유 (Freedom from Hunger and Thirst)	• 적절한 영양 공급 　– 반려견의 나이, 체중, 건강 상태, 활동량에 맞는 균형 잡힌 식단을 제공해야 함 　– 고품질 단백질과 필수 영양소를 포함한 사료를 선택하고, 간식을 과도하게 주지 않도록 주의함 　– 자연식(생식, 화식)을 급여할 경우, 필수 영양소가 결핍되지 않도록 전문가의 조언을 받아야 함

	• 깨끗한 물 제공 – 신선하고 깨끗한 물을 항상 충분히 공급함 – 여름철에는 물이 쉽게 더러워지거나 증발할 수 있으므로 자주 교체함 – 반려견이 더 많이 물을 마시도록 유도하려면 흐르는 물을 제공하는 자동 급수기 사용을 권장함
불편함으로부터의 자유 (Freedom from Discomfort)	• 적절한 환경 제공 – 반려견이 편히 쉴 수 있는 안락한 공간(예 쿠션, 담요, 집 등)을 마련해야 함 – 온도와 습도가 적절한 환경을 유지해야 하며, 계절에 따라 적절한 조치를 취함 　참고　• 겨울: 따뜻한 담요, 난방 　　　　• 여름: 시원한 바닥, 통풍이 잘 되는 공간 – 반려견은 본능적으로 자신만의 공간(덴, 코너)을 좋아하므로, 안전하고 편안하게 쉴 수 있는 장소를 제공함 • 신체적 관리 – 털 관리: 장모종은 털이 엉키지 않도록 주기적으로 빗질해야 하며, 단모종도 적절한 빈도로 빗질하여 건강한 피부 상태를 유지함 – 발톱 관리: 발톱이 너무 길어지면 보행에 불편을 줄 수 있으므로 정기적으로 깎아야 함 – 귀 관리: 귀가 늘어진 견종(예 코커 스패니얼, 바셋 하운드)은 귀가 습해지지 않도록 관리해야 함
통증, 부상, 질병으로부터의 자유 (Freedom from Pain, Injury, or Disease)	• 정기적인 건강관리 – 예방접종 및 정기 건강검진(연 1~2회)을 통해 질병을 예방해야 함 – 기생충 예방(내부·외부 기생충 약)을 철저히 해야 함 – 치아 관리를 위해 정기적인 양치질 또는 덴탈 간식을 제공함 • 응급상황 대비 – 반려견이 위험한 물건(예 독성이 있는 식물, 초콜릿, 포도, 양파 등)을 섭취하지 않도록 주의함 – 응급상황(예 중독, 골절, 이물 삼킴 등)에 대비해 가까운 동물병원의 위치를 알고 있어야 함
자연스러운 행동을 표현할 자유 (Freedom to Express Normal Behavior)	• 운동과 탐색 욕구 충족 – 반려견은 매일 충분한 산책과 운동이 필요함 – 견종과 연령에 따라 운동량이 다르지만, 일반적으로 하루 30분~2시간의 활동이 필요함 – 대형견이나 활동량이 많은 견종(예 보더 콜리, 시베리안 허스키 등)은 보다 많은 운동이 필요함 – 신체 활동 외에도 탐색 활동(예 후각 놀이, 터널, 퍼즐 장난감 등)을 제공함 • 놀이와 정신적 자극 제공 – 반려견은 본능적으로 문제 해결을 좋아하기 때문에, 단순한 산책 외에도 퍼즐 피더, 장난감, 노즈워크(후각 놀이) 등을 통해 정신적 자극을 제공함 – 다양한 형태의 놀이(예 터그 놀이, 공 던지기, 숨바꼭질 등)를 통해 반려견이 지루하지 않도록 해야 함 • 독립적인 공간 및 휴식 시간 보장 – 반려견은 인간과 상호작용을 좋아하지만, 동시에 혼자만의 시간도 필요함 – 반려견이 휴식을 취할 때는 억지로 방해하지 않고, 조용한 환경을 유지해 주는 것이 중요함

• 덴(Den): 늑대 등 야생동물이 굴이나 작은 동굴을 보금자리로 삼는 습성에서 유래한 개념이다.
　예 반려견의 켄넬, 하우스 등
• 코너(Corner): 집 안에서 반려견이 일반적으로 좋아하는 한적하고 구석진 공간을 의미한다.
　예 방의 구석, 침대 옆, 가구 아래 등

| 두려움과 스트레스로부터의 자유 (Freedom from Fear and Distress) | <ul><li>사회화 교육과 긍정적인 경험 제공<ul><li>반려견이 어릴 때(생후 3~16주)에 다양한 환경, 소리, 사람, 동물과 긍정적인 경험을 하도록 도와야 함</li><li>새로운 장소나 낯선 사람과의 만남을 강압적으로 시도하면 오히려 두려움을 유발할 수 있으므로, 천천히 적응할 수 있도록 해야 함</li></ul></li><li>강압적 훈련 지양<ul><li>체벌이나 강압적인 훈련 방식(예 목을 조이는 체인 목줄, 큰 소리로 꾸짖기 등)은 반려견에게 스트레스를 주고 신뢰를 저하시킴</li><li>긍정적인 강화훈련(보상 기반 훈련)을 통해 바람직한 행동을 유도함</li></ul></li><li>소음 및 환경 스트레스 최소화<ul><li>큰 소음(예 폭죽, 천둥, 청소기 소리 등)은 반려견에게 스트레스를 줄 수 있으므로, 보호자가 이를 인지하고 불안을 줄이는 환경을 조성해줌</li><li>불안한 반려견에게는 안정감을 주는 아이템(예 안정화용 조끼, 익숙한 담요, 조용한 음악 등)을 활용할 수 있음</li></ul></li></ul> |

3. 반려동물 훈련 방식의 윤리성 확보

(1) 윤리적 반려견 훈련의 의미와 방향

의미	<ul><li>반려견의 복지를 존중하면서 효과적으로 학습을 유도하는 방법</li><li>반려견이 보호자와 신뢰를 쌓고 사회에서 안정적으로 생활할 수 있도록 돕는 과정</li></ul>
방향	<ul><li>강압적이거나 처벌 중심의 훈련을 배제함</li><li>긍정적인 강화 기반의 접근법을 활용함</li><li>반려견의 감정과 본능을 이해하는 것이 필수적임</li></ul>

(2) 윤리적 반려견 훈련의 기본원칙

긍정적 강화 (Positive Reinforcement) 중심의 훈련	<ul><li>반려견이 바람직한 행동을 했을 때 보상(예 간식, 칭찬, 장난감 등)을 제공하여 행동을 강화하는 방법</li><li>처벌이 아닌 보상 기반의 훈련을 통해 반려견이 학습 과정에서 스트레스를 받지 않도록 해야 함</li><li>보호자의 명령을 수행했을 때 놀이 시간을 늘려줌</li></ul>
강압적 도구 및 처벌 사용 금지	<ul><li>체벌이나 불쾌한 자극을 주는 도구(예 전기 충격기, 초크 체인, 스파이크 목줄 등)를 사용하면 반려견이 불안감을 느끼고 보호자를 신뢰하지 않게 됨</li><li>반려견은 신체적 고통을 느끼기보다는 보호자와 긍정적인 상호작용을 통해 학습하는 것이 효과적임</li><li>강압적인 훈련 방법(예 반려견을 밀거나 소리를 지르며 혼내는 것)은 두려움과 공격성을 유발할 수 있음</li></ul>
반려견의 감정과 신호를 존중하는 훈련	<ul><li>반려견은 언어 대신 신체 언어(예 꼬리 움직임, 귀의 위치, 입 모양 등)로 감정을 표현하므로, 보호자는 반려견의 감정을 이해하고 존중해야 함</li><li>반려견이 스트레스를 받거나 불안을 느낄 때는 무리하게 훈련을 강행하지 않고 휴식을 제공해야 함</li><li>예 보호자를 주의 깊게 바라보고 집중함 → 학습할 준비가 된 상태</li></ul>
개체의 차이를 고려한 맞춤형 훈련	<ul><li>모든 반려견이 같은 방식으로 학습하는 것이 아니므로, 반려견의 성격, 연령, 견종에 맞는 훈련 방법을 적용해야 함</li><li>활발한 성격의 반려견(예 보더 콜리, 잭 러셀 테리어)은 에너지를 소모할 수 있는 놀이형 훈련이 효과적임</li><li>소극적이거나 예민한 반려견(예 시츄, 말티즈)은 훈련 시 보호자의 부드러운 태도가 더욱 중요함</li></ul>

(3) 윤리적 훈련 방법의 종류

① 긍정적 강화(Positive Reinforcement)⁺ 훈련

방법	• 행동 후 즉시 보상: 반려견이 올바른 행동(예 앉기, 기다리기 등)을 하면 바로 보상을 줘야 학습 효과가 높아짐 • 보상 종류 다양화: 간식, 칭찬, 장난감, 놀이 등 반려견이 좋아하는 것을 보상으로 사용함 • 점진적 보상 감소: 처음에는 행동마다 보상을 주지만, 학습이 되면 점점 보상을 줄여 자연스럽게 행동을 지속하도록 유도함 • 부정적인 행동 무시: 잘못된 행동을 했을 때 처벌하는 대신 무시하고, 올바른 행동을 했을 때 보상하는 방식으로 유도함
효과	• 반려견과 보호자의 신뢰 관계 강화 • 지속적이고 안정적인 행동 형성 • 스트레스 없이 즐겁게 학습 가능 • 공격성, 불안감 감소 효과

훈련 예시	• 앉아(Sit) 훈련
	  – 반려견이 자연스럽게 앉을 때 간식을 줌
	  – "앉아"라는 명령어를 추가하면서 행동과 연결시킴
	  – 행동이 반복되면 간식 없이도 명령어만으로 수행하도록 유도함
	• 배변 훈련
	  – 올바른 장소에 배변했을 때 즉시 간식과 칭찬을 제공함
	  – 실수했을 경우 처벌하지 않고 조용히 정리함
	  – 올바른 장소에서 반복적으로 성공하면 점점 보상을 줄임

② 클리커 트레이닝(Clicker Training)⁺

방법	클릭 소리를 이용해 반려견이 원하는 행동을 했을 때 즉각적인 피드백을 제공함
효과	"클릭" 소리가 나면 보상이 따른다는 것을 학습함
훈련 예시	• 반려견이 앉는 행동을 하면 클리커를 클릭하고 간식을 제공하여 행동을 강화함 • 일정 시간이 지나면 간식 없이 클릭 소리만으로도 훈련이 가능해짐

⊕ 긍정적 강화(Positive Reinforcement)
• 반려견이 원하는 행동을 했을 때 즉각적으로 보상을 제공하여 해당 행동을 강화하는 훈련 방법이다.
• 반려견이 자연스럽게 올바른 행동을 반복하도록 유도하며, 강압적이거나 처벌을 사용하는 방식보다 효과적이고 윤리적이다.

▲ 클리커 트레이닝 중인 반려견

4. 보호자와의 신뢰 및 책임감

정직성과 투명성 유지	• 보호자에게 반려동물의 상태와 훈련 과정에 대해 솔직하게 설명해야 함 • 훈련의 한계점과 기대할 수 있는 결과를 과장하거나 허위 정보를 제공해서는 안 됨
전문성 유지 및 지속적 학습	• 최신 행동학 연구와 윤리적 훈련 기법을 학습하여, 과학적으로 검증된 방법을 적용함 • 지속적인 교육 및 연구 활동을 통해 자신의 지식을 갱신함
고객 정보 보호 및 사생활 존중	• 보호자의 개인정보 및 반려동물 관련 정보를 타인과 공유를 금지함 • 보호자의 훈련 방식이나 반려동물의 문제행동을 비판하거나 공개적으로 비난을 금지함

5. 반려동물행동지도사로서의 사회적 책임

전문가로서의 모범적 태도 유지	• 반려동물행동지도사로서 사회적 책임을 인식하고, 반려동물 문화 발전을 위해 노력해야 함 • 일반인에게 올바른 반려동물 교육 정보와 행동 지침을 안내해야 함
불법 행위 및 비윤리적 행동 금지	• 반려동물의 건강에 해가 되는 약물 사용이나 비윤리적 방법의 적용을 금지함 • 허위 광고, 자격증 위조, 비전문적인 조언 제공 등의 행위를 금지함
동료 전문가와의 협력 및 존중	• 다른 반려동물 전문가(예 수의사, 행동학자, 트레이너 등)와 협력하여 반려동물의 건강과 복지를 증진해야 함 • 타 전문가의 의견을 존중하며, 반려동물의 최선의 이익을 고려한 협업이 필요함

> ➕ **동물윤리(Animal Ethics)**
> - 인간과 동물 사이의 관계, 특히 동물에 대한 도덕적 대우와 권리, 복지 문제를 다루는 윤리학의 한 분야이다.
> - 인간 중심의 사고에서 벗어나 동물도 고통을 느끼고 행복을 추구하는 존재로서 도덕적 고려의 대상이 되어야 한다는 관점이다.

2 동물윤리

1. 개념과 역사

(1) 의미와 관점

범위	인간과 동물 사이의 관계, 특히 동물에 대한 도덕적 대우와 권리, 복지 문제를 다루는 윤리학의 한 분야
관점	• 인간 중심의 사고에서 벗어나 동물도 고통을 느끼고 행복을 추구하는 존재로서 도덕적 관심과 보호의 대상이 되어야 함 • 동물은 단순한 자원이나 수단이 아니라, 그 자체로 고유한 가치와 권리를 지닌 존재임
방향성	• 단순히 동물에 대한 인간의 도덕적 책임을 넘어, 전체 생태계와 사회의 지속 가능한 발전을 위한 중요한 논의 • 인간과 동물이 상호 의존적인 관계에 있다는 인식을 바탕으로 함 • 동물의 고통을 최소화하고, 동물의 고유한 가치를 존중하는 방향으로 사회, 법, 정책, 소비자 행동 등이 변화할 필요가 있음 → 궁극적으로 더 공정하고 지속 가능한 사회 조성에 기여함

(2) 역사

초기 철학적 논의	• 고대부터 일부 철학자들은 인간과 동물의 관계에 대해 고민함 • 현대적인 의미에서 동물윤리는 20세기 중반에 들어서며 본격적으로 논의되기 시작함
현대적 의미로의 전환	감각을 가진 존재라면 고통을 느낄 수 있다는 점을 들어 동물도 도덕적 고려의 대상이어야 한다고 주장함 **참고** 대표 저서: 피터 싱어(Peter Singer), 『동물해방(Animal Liberation)』

2. 철학적 분류

(1) 공리주의적 접근

핵심 주장	피터 싱어 등은 감각 능력이 있는 모든 존재는 고통과 쾌락을 경험할 수 있으므로, 이들의 고통을 최소화하고 행복을 극대화하는 것이 도덕적 의무라고 주장함
실천적 함의	동물실험, 축산업 등에서 동물의 고통을 최소화하고, 윤리적 대안을 모색해야 한다는 관점

(2) 권리론적 접근

핵심 주장	톰 레건(Tom Regan) 등은 동물이 본질적 가치(Inherent Value)를 지니고 있어, 인간과 동등한 도덕적 권리를 갖는다고 주장함
실천적 함의	동물을 단순한 수단이나 자원으로 취급하는 것은 도덕적으로 잘못되며, 동물의 기본적 권리를 보장하는 법과 제도가 필요하다는 입장

(3) 생태 중심 윤리

핵심 주장	동물뿐만 아니라 전체 생태계의 건강과 균형을 고려해야 한다는 관점으로, 동물은 그들이 속한 생태계의 일부로서 보호받아야 함
실천적 함의	서식지 파괴, 멸종 위기 종 보호 등 생태계 전반의 보존과 연결된 문제들을 다룸

(4) 돌봄 윤리

핵심 주장	인간과 동물 사이의 관계에서 나타나는 공감, 애정, 돌봄의 가치를 강조함
실천적 함의	반려동물의 복지나 동물 보호 운동 등에서 나타나는 감정적, 관계적 측면을 중시하며, 인간의 책임감을 강화하는 역할

3. 동물윤리 관련 쟁점

(1) 동물실험

문제점	과학 및 의학 연구에서 동물을 사용하는 것은 연구 성과를 높일 수 있지만, 동물에게 불필요한 고통과 스트레스를 초래함
윤리적 논쟁	연구의 이익과 동물의 고통 사이에서 균형을 찾는 문제, 대체 실험 방법 개발 등이 논의됨

(2) 식품 산업과 축산업

문제점	공장식 축산 등에서 동물 복지 문제, 환경 오염, 그리고 인체 건강 문제가 동시에 제기됨
윤리적 논쟁	동물의 도살 과정, 사육 환경, 그리고 소비자의 선택과 관련하여, 채식주의나 동물 복지 인증 제품에 대한 관심이 증가함

(3) 반려동물 산업

문제점	반려동물의 학대, 과잉 번식, 유기 문제 등 다양한 윤리적 쟁점이 존재함
윤리적 논쟁	동물을 단순한 소유물이 아닌 가족 구성원으로 인식하고, 책임감 있는 양육과 보호가 요구됨

(4) 야생동물 보호

문제점	서식지 파괴, 밀렵, 기후 변화 등으로 인한 야생동물의 멸종 위기 문제가 심각함
윤리적 논쟁	국제 사회에서 동물 보호를 위한 법적, 제도적 장치 마련과 동시에 지역 사회의 이해와 협력이 중요함

4. 동물윤리의 실천 및 과제

법과 정책	• 동물의 권리와 복지를 보호하기 위한 법률, 규제, 국제 협약 등이 필요함 • 일부 국가는 동물 복지를 법적으로 보장하는 제도를 시행함 • 국제적 기준 마련을 위한 노력이 필요함
소비자 행동	소비자들이 식품 선택, 패션, 연구 지원 등에서 윤리적 소비를 실천하는 것이 동물윤리 실천에 중요한 역할을 함 예 동물 복지 인증 제품을 구매하거나, 채식이나 비건 식단을 선택
연구와 교육	• 동물윤리에 대한 학문적 연구와 사회 교육을 통해, 동물에 대한 도덕적 고려와 책임감을 널리 확산시키는 것이 필요함 • 미래 세대의 동물과의 공존을 위한 윤리적 기준 내면화에 도움을 줌
글로벌 협력	• 동물윤리 문제는 국경을 넘어서는 문제이므로, 국제적인 협력과 논의가 필수적임 • 문화와 전통에 따라 동물에 대한 인식이 다를 수 있지만 보편적 도덕 원칙을 바탕으로 한 협력이 요구됨

CHAPTER 02 소비자기본법 ~ 04 반려동물행동지도사의 직업윤리

출제 예상문제

간단한 쪽지 시험으로 문제를 푸는 힘을 키우세요.

OX 문제

01 소비자기본법에서 사업자란 물품·용역을 제조·판매·제공하는 자이다. ( )

02 소비자중심경영인증의 유효기간은 5년이다. ( )

03 구제역은 제1종 가축전염병이다. ( )

04 고양이는 현재 동물등록제 의무 등록 대상이다. ( )

05 윤리적인 훈련 방식이란 반려견의 복지를 존중하면서도 효과적으로 학습을 유도하는 방법을 의미한다. ( )

빈칸 문제

06 소비자기본법에서의 ( )은/는 사업자가 제공하는 물품·용역을 사용하는 자이다.

07 소비자권익 증진을 위해 ( )이/가 설립되었다.

08 수의사법에 따르면, ( )은/는 동물병원 내에서 수의사의 지도 아래 동물의 간호 또는 진료 보조 업무에 종사하는 사람이다.

09 대상동물 미등록 시 최대 ( )만 원의 과태료가 부과된다.

10 반려동물( )은/는 반려동물의 행동을 분석하고 교정하는 전문가로서, 윤리적 책임을 다해야 한다.

---

01 ○ 02 × 3년이다. 03 ○ 04 × 고양이는 동물등록제 의무 등록 대상이 아니다. 05 ○ 06 소비자 07 한국소비자원 08 동물보건사 09 60 10 행동지도사

2 소비자기본법

01

소비자기본법 제4조에 명시된 소비자의 기본적 권리 항목으로 옳지 <u>않은</u> 것은?

① 생명·신체 또는 재산에 대한 위해로부터 보호받을 권리
② 물품등을 선택함에 있어서 필요한 지식 및 정보를 제공받을 권리
③ 거래상대방·구입장소·가격 및 거래조건 등을 자유로이 선택할 권리
④ 자주적이고 합리적인 행동과 자원절약적이고 환경친화적인 소비생활을 실천할 권리

참고 소비자는 자주적이고 합리적인 행동과, 자원절약적이고 환경친화적인 소비생활을 함으로써 소비생활의 향상과 국민경제의 발전에 적극적인 역할을 다하여야 한다는 내용은 소비자기본법 제5조(소비자의 책무)에 해당하는 내용으로, 소비자의 권리에 포함되지 않는다.

02

다음의 설명과 관련 있는 소비자기본법의 조항으로 옳은 것은?

- 올바른 소비 선택 및 정당한 기본 권리 행사
- 소비자 스스로의 권익 증진을 위한 지식 및 정보 습득의 노력
- 합리적 행동 및 자원절약적이고 환경친화적인 소비생활

① 소비자의 책무
② 소비자의 기본적 권리
③ 국가 및 지자체의 책무
④ 품질개선 및 소비생활 향상

참고 물품등의 올바른 선택, 정당한 기본적 권리 행사, 소비자 스스로의 권익 증진을 위한 지식 및 정보 습득의 노력, 합리적 행동 및 자원절약적이고 환경친화적인 소비생활 등은 소비자의 책무에 해당한다(소비자기본법 제5조).
② 피해 보상 권리 등 소비자 권리와 관련 있다.
③ 소비자 권리 실현을 위한 법령 제정·개정 등과 관련 있다.
④ 물품·용역의 규격을 정하고 이를 보급하기 위한 시책 마련과 관련 있다.

03
사업자에게 부과된 의무에 해당하는 내용으로 옳은 것은?

① 중앙행정기관에 자료 제공 요청
② 소비자 피해구제 창구의 통합 제공
③ 종합지원시스템 운영을 민간기관에 위탁
④ 소비자 권익증진을 위해 국가·지자체 정책에 협력

> **참고** 사업자는 소비자 권익증진을 위해 국가·지자체 정책에 협력할 의무가 있다.
> ①②③ 종합지원시스템의 구축·운영과 관련된 내용이다.

04
소비자중심경영인증 취소(제20조의4)에 관한 설명으로 옳은 것은?

① 인증 취소 시, 사업자는 즉시 재신청하여 인증을 재취득할 수 있다.
② 인증 취소는 단순 행정 절차상의 오류가 발생한 경우에만 이루어진다.
③ 인증 받은 사업자가 자발적으로 인증 취소를 신청하면 1년간 재신청이 불가하다.
④ 거짓·부정한 방법으로 인증 받은 경우 반드시 취소되며, 취소된 사업자는 3년간 재신청할 수 없다.

> **참고** 거짓이나 부정한 방법으로 소비자중심경영인증을 받은 경우 그 인증을 취소하여야 한다(소비자기본법 제20조의4).
> ① 즉시 재신청이 불가하다.
> ② 거짓·부정한 방법으로 인증 받은 경우 등이 취소 사유에 해당한다.
> ③ 3년간 재신청이 불가하다.

3 기타 생활법률

05
다음의 설명에 해당하는 전염병의 분류로 옳은 것은?

| 소결핵병, 브루셀라병, 광견병 |

① 제1종 전염병
② 제2종 전염병
③ 제3종 전염병
④ 제4종 전염병

> **참고** 제2종 전염병에는 소결핵병, 브루셀라병, 광견병 등이 있다.
> ① 제1종 전염병: 구제역, 고병원성 조류인플루엔자(AI), 아프리카돼지열병(ASF), 우역 등
> ③ 제3종 전염병: 저병원성 조류인플루엔자(AI), 소유행열, 소아카바네병 등
> ④ 제4종 전염병은 존재하지 않는 분류이다.

06
필수 예방접종 대상 질병으로 옳지 않은 것은?

① 광우병
② 광견병
③ 구제역(소)
④ 구제역(돼지)

> **참고** 광우병은 백신이 개발되어 있지 않다.

| 정답 | 01 ④ 02 ① 03 ④ 04 ④ 05 ② 06 ①

07
가축전염병 예방법에 따른 제1종 가축전염병에 해당하지 <u>않는</u> 것은?

① 구제역
② 광견병
③ 아프리카돼지열병(ASF)
④ 고병원성 조류인플루엔자(AI)

참고 광견병은 제2종 가축전염병에 해당한다.

08
소방기본법에 따른 반려동물 보호 관련 주요 내용으로 옳은 것은?

① 화재·사고 발생 시 소방관이 반려동물을 구조할 수 있다.
② 소유자가 나타나면 구조된 반려동물은 즉시 원상복구 조치된다.
③ 소방관은 반려동물 구조 후 소유자가 나타나지 않으면 반려동물을 현장에서 방치할 수 있다.
④ 화재·사고 발생 시 반려동물은 우선 보호시설로 인계되고, 소방관은 구조에 관여하지 않는다.

참고 화재·사고 발생 시 소방관은 반려동물을 구조할 수 있다.
② 원상복구 조치와 소방기본법은 관련이 없다.
③ 구조 후 방치하지 않고 소유자가 나타나지 않으면 보호시설로 인계한다.
④ 소방관이 먼저 구조한 후, 소유자가 나타나지 않으면 보호시설로 인계한다.

4 반려동물행동지도사의 직업윤리

09
다음의 설명과 관련 있는 개념으로 옳은 것은?

> 동물의 신체적, 정신적 고통을 유발하는 모든 행위를 포함하며, 이에 대한 예방과 근절을 위해 법적 규제와 윤리적 실천이 필요하다.

① 동물복지
② 동물보호
③ 동물학대
④ 동물훈련

참고 동물학대의 정의이다.

10
반려견 훈련 방식의 윤리성 확보와 관련하여 권장하는 훈련 방법으로 옳은 것은?

① 체벌이나 강압적인 훈련 방식 사용
② 과도한 소리로 꾸짖어 두려움을 유발
③ 반려견의 감정을 무시한 채 명령 위주로 훈련
④ 강압적 훈련을 배제하고 긍정적 강화 기반의 훈련 활용

참고 반려견 훈련 방식의 윤리성 확보를 위해 강압적 훈련을 배제하고 긍정적 강화 기반의 훈련을 활용할 것을 권장한다.
①②③ 강압적이고 처벌 중심의 훈련 방법으로, 반려견에게 스트레스와 두려움을 유발하여 윤리적인 훈련 방식에 어긋난다.

11

반려동물행동지도사로서 사회적 책임을 다하기 위한 올바른 행동으로 옳은 것은?

① 개인 이익을 위해 자격증 위조나 비전문적인 조언을 제공한다.
② 사회적 책임은 개인의 영역이므로 다른 전문가와의 협력을 피한다.
③ 불법 행위 및 비윤리적 행동(건강에 해로운 약물 사용, 허위 광고 등)을 적극적으로 수행한다.
④ 동료 전문가(수의사, 행동학자, 트레이너 등)와 협력하며, 반려동물의 최선의 이익을 위해 상호 존중하고 협업한다.

참고 반려동물행동지도사는 동료 전문가(수의사, 행동학자, 트레이너 등)와 협력하며 반려동물의 최선의 이익을 위해 상호 존중하고 협업할 것을 권장한다.
① 자격증 위조나 비전문적인 조언 제공 등 부정한 행위를 하는 것은 사회적 책임에 위배된다고 할 수 있다.
② 협력을 피하는 태도로, 전문가 간 협력이 반려동물 복지 증진에 필수적이라는 내용과 상반된다고 볼 수 있다.
③ 불법 행위 및 비윤리적 행동을 수행하는 것은 사회적 책임에 위배된다고 할 수 있다.

12

공리주의적 동물윤리가 실천적으로 요구하는 사항으로 옳은 것은?

① 인간의 이익을 위해 동물의 권리를 완전히 무시해도 된다.
② 동물은 오직 인간의 편의를 위해 존재하며, 윤리적 고려 대상이 아니다.
③ 동물은 인간보다 도덕적으로 열등한 존재이므로 도덕적 고려가 불필요하다.
④ 동물실험과 축산업에서 동물의 고통을 최소화하며 윤리적 대안을 모색해야 한다.

참고 동물실험과 축산업에서 동물의 고통을 최소화하며 윤리적 대안을 모색하는 것은 공리주의적 동물윤리에서 실천적으로 요구하는 사항이다.
① 동물의 권리를 완전히 무시하는 것으로, 공리주의적 윤리관에 어긋난다.
② 동물이 인간의 편의를 위해서만 존재한다고 보는 관점으로, 공리주의 윤리와 정반대되는 주장이다.
③ 동물이 도덕적으로 열등하다고 보는 입장으로, 공리주의적 접근과 상반된다.

PART
05

보호자 교육 및 상담

출제 키워드

과목	챕터	출제 키워드
5과목 보호자 교육 및 상담	01 반려동물 보호자의 개념과 역할	보호자의 정의와 책임
	02 반려동물 보호자 교육 계획수립	방문 행동 교정, 위탁 행동 교정
	03 반려동물 보호자 교육방법	행동 교정 강화 도구, 행동 교정 약화 도구
	04 반려동물문제행동 예방교육	순화 교육, 풍부화 교육
	05 고객상담	서비스의 특성 및 주요 요소, 화법
	06 반려견 위탁서비스	위탁서비스의 기획 및 상담
	07 사후관리	사후관리의 목적 및 수행방법

CHAPTER 01

반려동물 보호자의 개념과 역할

합격 TIP 보호자의 정의와 책임에 대해 이해한다.

1 반려견 보호자의 개념과 유형

1. 정의

개념적 정의	• 단순히 반려견을 소유한 사람이 아니라, 반려견의 복지와 삶의 질을 책임지고 보호하는 역할을 수행하는 존재를 의미함 • 보호자는 반려견의 신체적·정신적·정서적 건강을 고려하여 돌봄 • 반려견과의 관계를 윤리적이고 책임감 있게 유지해야 함
법적 정의	일부 국가에서는 반려견 보호자를 '소유자(Owner)' 대신 '책임자(Guardian)' 또는 '보호자(Caregiver)'로 표현함 → 법적으로 반려견의 권리와 복지를 보호해야 하는 보호자의 의무를 강조함
사회적 정의	반려견을 가족 구성원처럼 대하며, 올바른 훈련과 교육을 통해 반려견이 사회에서 적응할 수 있도록 돕는 사람을 의미함

2. 반려견 보호자의 유형⊕

(1) 전통적 반려견 보호자 가구 유형

형태	주로 가족 단위(다인 가구)로 반려견을 돌보는 형태
특징	• 부모, 자녀 등 여러 가족 구성원이 함께 반려견을 돌봄 • 반려견을 키우는 목적이 '가족의 일원' 또는 '보호 목적(경비견)'에 가까움 • 주택 거주 비율이 높아 마당 등 실외에서 반려견을 키우는 경우도 많았음

(2) 현대 사회의 반려견 보호자 가구 유형

① 1인 가구

특징	• 1인 가구 증가로 혼자 사는 사람들이 반려견을 가족처럼 키우는 경우가 많아짐 • 결혼 기피, 비혼주의 확산, 독립생활 증가 등으로 1인 가구가 증가함에 따라 반려동물과 함께하는 라이프스타일이 확산됨
문제점	• 보호자가 장시간 집을 비우는 경우가 많아 반려견의 외로움, 분리불안 문제가 발생할 가능성이 높음 • 반려견을 혼자 돌보아야 하기 때문에 경제적 부담이 큼 **예** 사료, 의료비, 펫 시터 이용 등
해결 방안	펫 시터, 반려동물 전용 카페 및 돌봄 서비스, 반려동물 동반 근무제도 등을 도입함

⊕ **반려견 보호자의 가구 유형**
• 사회·경제적 변화, 가족 구조의 변화, 인구학적인 요인 등의 영향으로 변화한다.
• 특히 1인 가구의 증가, 고령 사회 진입, 가치관 변화 등으로 인한 보호자 가구의 유형도 변화한다.

▲ 펫 시터

▲ 반려동물 전용 카페

② 맞벌이 가구 또는 아이가 없는 가구(딩크족, 딩펫족)

특징	• 출산율 감소, 경제적 부담 등으로 자녀 대신 반려동물을 키우는 경향이 증가함 • 맞벌이 부부, 자녀를 낳지 않는 딩크(DINK, Double Income No Kids) 가구에서 반려견을 가족처럼 양육하는 경우가 증가함 • 반려견을 자녀처럼 키우는 만큼 펫 보험, 고급 펫푸드, 반려동물 관련 소비가 증가함
문제점	가족 구성원 모두 직장 생활로 반려견이 오랜 시간 혼자 있어야 하는 경우가 발생함
해결 방안	펫 캠(Pet Cam), 자동 급식기, 반려동물 전용 호텔 및 유치원 등의 서비스를 확대함

▲ 펫 캠(Pet Cam)

▲ 자동 급식기

▲ 반려동물 호텔

▲ 반려동물 유치원

③ 고령층(실버 보호자) 가구

특징	• 고령 사회 진입과 독거노인 증가로 인해 반려견을 반려자로 삼는 경우가 증가함 • 고령층에게 반려견이 정신적 안정과 외로움 해소 등의 정서적 동반자 역할을 수행함
문제점	• 고령 보호자가 건강 문제로 인해 반려견을 충분히 돌보지 못할 가능성이 있음 • 반려견이 보호자보다 수명이 길어 보호자 사망 후 돌봄 문제가 발생할 수 있음
해결 방안	• 반려동물 양육 지원 서비스(예 펫 시터, 산책 대행 서비스 등)를 확대함 • 반려동물 상속 및 돌봄 프로그램(예 반려동물의 보호자 지정 등의 내용을 포함한 유언장, 보호소 연계 돌봄 등)을 도입함

④ 다세대 가구 또는 공동체 보호 가구

특징	• 부모, 자녀, 조부모 등 여러 세대가 함께 반려견을 돌보거나, 공동체 생활을 하면서 반려견을 함께 양육하는 형태 • 가족 구성원이 많아 서로 번갈아 가며 반려견을 돌볼 수 있어 책임이 분산됨
문제점	• 가족 구성원마다 훈련 방식이나 양육 방식이 다를 경우 반려견이 혼란을 겪을 가능성이 있음 • 반려견이 여러 구성원에게 의존하게 되어 특정 보호자와의 애착 형성이 어려울 수 있음
해결 방안	가족 구성원 간의 반려견 돌봄에 대한 일관된 규칙과 훈련 방식을 설정함

⑤ 쉐어하우스 또는 공동 거주(펫팸족 공유 주거 형태)

특징	• 반려견을 키우는 사람들끼리 함께 사는 공동 주거 형태 • 1인 가구 증가로 인한 반려견 돌봄 부담을 줄이는 대안이 될 수 있음
문제점	• 반려견 간의 사회성이 부족한 경우 갈등이 발생할 가능성이 있음 • 보호자 간의 생활 습관이 다를 경우 조율이 어려울 수 있음
해결 방안	• 반려견을 함께 키우는 공동체 구성원 간의 명확한 규칙을 설정함 • 공동 주거 공간 내 반려견을 위한 전용 공간을 확보함

(3) 보호자 가구 유형 변화가 반려견 문화에 미치는 영향

반려견 복지 및 서비스 산업 발전	• 반려견 관련 산업(예 펫 보험, 펫 시터, 호텔, 장례 서비스 등)이 활성화됨 • 1인 가구 보호자를 위한 스마트 펫 기술(예 펫 캠, 자동 급식기 등)이 증가함
반려견에 대한 인식 변화	• 반려견을 단순한 '소유물'이 아닌 가족의 일원으로 여기는 경향이 확대됨 • 반려동물의 복지와 권리를 보장하려는 사회적 움직임이 증가함
반려견 친화적인 정책 및 제도 요구 증가	• 반려동물 등록제 및 보호자 교육 의무화 필요성이 증가함 • 반려견을 위한 공공시설(예 반려견 공원, 전용 카페 등)이 증가함 • 아파트·임대주택에서 반려동물 동반 거주 가능 여부에 대한 논의가 확대됨

3. 주(Main) 보호자

(1) 의미와 역할

의미	반려견의 전반적인 돌봄과 책임을 주도적으로 담당하는 사람
역할	함께 거주하는 가족 구성원이나 공동 보호자가 있는 경우에도 반려견의 주요한 보호자(Main Caregiver)가 훈련, 건강 관리, 식사 제공, 정서적 교감 등의 핵심적인 역할을 수행함

(2) 선정 기준 ➕

책임감과 헌신	• 반려견을 단순한 애완동물이 아닌 가족 구성원으로 여기는 책임감이 있어야 함 • 반려견의 건강, 훈련, 복지를 위해 지속적으로 노력과 헌신해야 함
경제적 능력	• 사료, 예방접종, 건강검진, 장난감, 훈련비 등의 지출에 대한 지불 능력이 있어야 함 • 수술, 만성 질환 치료, 긴급 치료비 등의 지출에 대한 지불 능력이 있어야 함
시간적 여유	• 반려견과의 산책, 놀이, 훈련 등을 수행할 수 있는 충분한 시간을 확보해야 함 • 반려견이 오랜 시간 혼자 방치되지 않도록 보호자의 일정을 조정해야 함
환경적 조건	• 반려견을 키우기에 적절한 거주 환경 예 아파트, 주택, 마당 유무 등 • 함께 사는 가족 혹은 구성원의 반려견 양육에 대한 동의가 있어야 함
훈련 및 양육 지식 보유 여부	• 반려견의 기본적인 습성과 행동의 이해도가 수반되어야 함 • 문제행동이 발생했을 때의 적절한 훈련과 교정 수행 능력을 발휘할 수 있어야 함

(3) 주(Main) 보호자 부재 시의 문제점

책임 전가 및 혼란	• 가족 구성원이나 룸메이트 사이에서 '누가 돌볼 것인가?'에 대한 명확한 책임 분배가 없을 경우 반려견이 제대로 관리되지 않을 수 있음 • 훈련 방식이 일관되지 않아 반려견이 혼란을 겪을 가능성이 큼
돌봄 부족	• 다른 보호자들이 번갈아 가며 돌본다고 해도 주 보호자가 없을 경우 산책, 건강 관리, 훈련 등이 소홀해질 수 있음 • 보호자가 1인 가구일 경우 장기간 집을 비움으로써 돌봄 공백이 생길 수 있음
정서적 불안정 및 문제행동 증가	• 보호자가 자주 바뀌면 반려견이 혼란을 느끼고 애착 형성에 어려움을 겪을 수 있음 • 분리불안, 짖음, 공격성 등의 문제행동이 심화될 가능성이 있음

➕
- 반려견은 장기간(10~20년) 함께해야 하는 존재이므로, 가족 구성원 중에서 누가 주 보호자가 될 것인지를 신중히 결정해야 한다.
- 가족 구성원이 여러 명일 경우, 모든 구성원이 보호자로서의 책임을 질 수 없기 때문에 한 명의 주 보호자를 정하는 것이 중요하다.

2 반려견 보호자의 역할

1. 동물보호법의 보호자 책임과 의무

동물등록제 준수	• 반려견 소유자는 해당 지자체에 반려견을 등록해야 함 • 등록된 반려견 정보에 변경이 있을 경우, 시·군·구청을 방문하거나 동물보호관리시스템을 통해 변경 신고를 해야 함
안전 관리 의무	반려견과 외출 시에는 반드시 목줄이나 가슴줄을 착용시키고 줄의 길이는 2m 이내로 유지해야 함
맹견 관리	• 맹견과 외출 시에는 목줄과 입마개를 반드시 착용시켜야 하며, 가슴줄 사용은 금지됨 • 맹견 보호자는 매년 3시간씩 안전한 사육에 관한 신규교육 및 보수교육을 받아야 함

2. 관리 소홀에 따른 법적 책임

과실치상	반려견 관리 소홀로 인해 다른 사람이 상해를 입은 경우 2년 이하의 징역 또는 2천만 원 이하의 벌금
과실치사	반려견의 과실로 인해 사람이 사망에 이른 경우 3년 이하의 징역 또는 3천만 원 이하의 벌금
동물학대 금지	동물에게 불필요한 신체적 고통이나 정신적 학대를 가할 경우 3년 이하의 징역 또는 3천만 원 이하의 벌금

3. 보호자 역할의 분류

(1) 반려견 주 보호자의 역할

① 생활환경 관리

식사 관리	적절한 사료와 간식을 제공하고, 영양 균형을 고려한 식단을 유지함
청결 유지	정기적인 목욕, 빗질, 발톱 손질, 귀 청소 등으로 위생을 관리함
운동 관리	반려견의 에너지 수준과 건강 상태를 고려하여 산책, 놀이, 훈련을 주도적으로 수행함
배변 관리	실내 또는 실외 배변 습관을 지도하고, 배변 장소를 깨끗이 유지함

② 건강 및 질병 관리

정기 건강검진	예방접종, 구충 여부 확인, 건강 검진 등을 위해 동물병원을 방문함
응급상황 대처	반려견이 아프거나 다쳤을 때 즉시 조치하고 병원 치료 여부를 판단함
영양 및 체중 관리	비만, 영양 불균형 등의 문제를 예방하고 건강한 체중을 유지할 수 있도록 관리함

③ 정서적 안정과 사회성 교육

애착 형성	반려견과 신뢰를 쌓고 정서적인 교감을 통해 안정감을 제공함
분리불안 관리	반려견이 혼자 있을 때 불안을 느끼지 않도록 훈련함
사회성 훈련	사람과 다른 동물, 새로운 환경에 적응할 수 있도록 다양한 경험을 제공함
스트레스 관리	반려견이 불안해 하거나 공격적인 행동을 보이지 않도록 적절한 환경을 조성함

④ 훈련 및 행동 교정

기본 복종 훈련	"앉아", "기다려", "이리 와" 등 기본적인 명령어를 훈련함
좋은 습관 형성	긍정적 강화(Positive Reinforcement)를 통해 바람직한 행동을 유도함
문제행동 교정	과도한 짖음, 물기, 배변 실수 등의 문제행동을 수정하는 교육을 진행함

⑤ 법적·사회적 책임 수행

반려견 등록 및 인식표 착용	법적 보호자로서 반려견 등록을 완료하고, 반려견에게 외출 시 인식표를 착용시킴
공공장소 예절 교육	산책 시 목줄 착용, 배변 처리, 타인과 동물에 대한 예절을 교육함
이웃과의 관계 고려	짖음 문제, 공공장소 배변 문제 등으로 인한 갈등을 예방하고 해결함

(2) 가족 구성원 내 반려견 주 보호자 역할 분담➕

역할	담당자	주요 책임
주 보호자	부모 또는 반려견을 주도적으로 돌볼 수 있는 가족 구성원	건강 관리, 식사 제공, 훈련, 반려견과 관련된 주요 문제 결정 예 병원 방문, 문제행동 교정 등
산책 담당	시간적으로 여유가 있는 가족 구성원 예 학생, 재택근무자	하루에 2~3회 산책 및 놀이 담당
위생 관리	생활환경 및 위생에 신경 쓰는 가족 구성원	목욕, 빗질, 발톱 손질, 귀 청소 등 위생 관리
응급 대응	경제적 능력이 있는 가족 구성원	질병 발생 시 병원 방문, 긴급 의료비 부담

➕ 가족 구성원이 반려견을 함께 돌보는 경우, 주 보호자를 지정하되 다른 구성원들과 역할을 분담하여 반려견을 관리하는 것이 효과적이다.

CHAPTER 02
반려동물 보호자 교육 계획수립

합격 TIP 보호자 교육의 필요성과 종류를 이해한다.

1 반려견 보호자 교육의 개념

1. 보호자 교육의 필요성

(1) 의미
① 반려견 보호자 교육은 반려견과 보호자가 함께 건강하고 행복한 생활을 영위하기 위해 필수적이다.
② 반려견을 키우는 가구가 증가하면서, 단순히 반려견을 돌보는 것뿐만 아니라 보호자의 책임과 올바른 역할이 강조되고 있다.

(2) 목적

반려견의 복지 증진	• 보호자가 반려견의 행동, 건강, 정서적 요구를 올바르게 이해하면 더 나은 돌봄이 가능함 • 보호자와 반려견 간의 신뢰를 형성함
문제행동 예방 및 개선	• 교육을 통한 반려견의 사회화 및 기초 예절을 훈련함 • 보호자의 잘못된 훈련 방식으로 인한 문제행동(예 과도한 짖음, 분리불안, 공격성 등)을 방지함
사회적 갈등 예방	반려견이 공공장소에서 다른 사람이나 동물에게 피해를 주지 않도록 보호자가 올바른 관리법을 숙지함으로써 성숙한 반려동물 문화를 형성함
법적 책임 숙지	• 동물보호법에 따라 보호자는 반려견의 안전을 책임져야 함 • 반려견 관련 사고 발생 시 법적 처벌 발생하므로 보호자의 법적 의무에 대한 교육이 필요함

2. 보호자 교육의 효과

➕ 보호자 교육의 효과
• 반려견의 복지를 향상시킨다.
• 보호자와 반려견 간의 신뢰를 강화한다.
• 반려견 문화와 관련된 사회적 갈등을 감소시켜 성숙한 반려동물 문화를 형성할 수 있다.

➕ 가정 내 혹은 주거 지역 등의 환경에서 반려견과 보호자가 조화롭게 생활하기 위하여 올바른 공간 활용 및 예절 교육이 필요하다.

(1) 활동 환경 안정화

하우스 (집 공간 정하기)	반려견의 독립 공간(예 하우스, 방석 등)을 정해주어 편안한 휴식을 제공함 → 안정감을 느끼고 문제행동(예 과도한 짖음, 보호자에게 집착 등)이 감소함
화장실 (배변 장소 정하기)	배변 훈련을 통해 지정된 장소에서 배변하도록 교육함 → 실내 위생 유지 및 보호자와 반려견 모두에게 쾌적한 환경을 제공함
공공장소	• 산책 중 반려견이 다른 사람이나 동물에게 위협적인 행동을 하지 않도록 교육함 → 공공장소에서의 안전사고를 예방함 • 목끈 및 배변봉투 사용 등 공공장소에서의 에티켓 준수 → 보호자와 반려견 모두가 사회적으로 존중받을 수 있음
기초 예절 교육	• "앉아", "기다려", "이리 와" 등의 기본 명령어를 교육함 → 반려견이 보호자의 지시를 따를 수 있도록 훈련하여 반려견의 행동을 안정화하고 안전을 유지함 • 과도한 짖음, 물기, 점프 등의 문제행동을 방지함 → 반려견이 보호자와 함께 생활할 때 예절을 지키도록 유도함

(2) 사회적 책임 강화 ➕

반려동물에 대한 인식 전환	• 교육받은 보호자가 많아질수록 사회 전체적으로 반려동물 문화가 성숙해짐 • 유기견, 동물학대 문제 등이 점차 감소할 수 있음
법적 분쟁 방지	보호자가 관련 법규(예 목줄 및 목끈 착용, 맹견 관리법, 동물등록제 등)를 숙지하고 준수함

➕ 반려견의 기본 훈련 및 공격성 방지 훈련으로 타인에게 피해를 주지 않도록 관리한다.

2 보호자 교육의 절차

1. 반려견 문제행동 진단 ➕

반려견 행동 파악	문제행동의 빈도, 강도, 지속 시간, 발생 상황 등을 종합적으로 분석함
반려견 행동 구분	보호자와 주변 환경에 미치는 영향을 고려하여 단순한 습관인지 교정이 필요한 문제행동인지 구분함

2. 반려견 문제행동 원인 파악 ➕

유전적 요인	• 주로 특정 견종의 유전적 특성에서 비롯됨 예 테리어종의 과도한 사냥 본능, 시베리안 허스키의 탈출 성향 등 • 완전한 교정은 어렵지만 적절한 활동과 대체 행동 제공 등으로 조절이 가능함
목적 달성 관련	• 반려견이 원하는 것을 얻기 위해 특정 행동을 반복함 예 관심을 끌기 위해 짖거나 보호자가 반응할 때까지 장난감을 물고 늘어지는 행동 등 • 보호자의 일관된 반응과 올바른 보상 시스템을 통해 행동을 조절해야 함
후천적 학습	• 반려견이 과거의 경험을 통해 특정 행동을 학습했을 때 발생함 • 부적절한 행동에 대한 보상 중단 및 긍정적인 대체 행동을 유도함 참고 보호자가 무의식적으로 반려견의 문제행동을 했을 때 보상하면 해당 문제행동이 강화될 수 있으므로 주의
기본적 욕구 불만	• 신체적·정신적 자극 부족으로 유발됨 예 충분한 운동 및 놀이 부족으로 과도한 짖음, 가구 물어뜯기, 공격성 등이 증가 • 신체 활동량을 늘리고, 지능형 장난감 등을 활용하여 정신적 자극을 제공함
감정적 의존	• 분리불안이나 보호자에 대한 과도한 의존으로 발생함 예 보호자가 외출할 때 심하게 짖거나 파괴적인 행동을 보이는 경우 • 짧은 시간 동안 혼자 있는 연습을 반복적으로 진행하는 등 독립적인 행동을 장려하는 훈련을 수행함
건강 이상	• 통증, 호르몬 이상, 노화로 인한 인지 기능 저하 등의 건강 문제로 발생함 예 관절염으로 인해 만지기를 거부하는 경우 갑상선 기능 저하로 인해 무기력한 행동을 보이는 경우 • 수의학적 검진을 통해 근본적인 건강 문제를 우선적으로 해결함

➕ 반려견 문제행동에는 다양한 원인이 있으며, 원인에 맞는 교육 방법을 실행해야 한다.

➕ 훈련사는 문제행동의 원인 파악을 위해 보호자에게 영상파일 등의 자료를 요청할 수 있다.

3. 보호자 교육 방법 설정

(1) 교육 방법의 제안과 적용

교육 방법 제안	• 반려견의 문제행동을 효과적으로 교정하기 위해서 문제행동의 원인에 대한 정확한 진단이 선행되어야 함 • 문제행동의 다양한 요인에 맞는 교육 방법을 적용해야 함
교육 방법 적용	• 반려견의 문제행동을 효과적으로 교정하기 위해서는 개별 행동 특성과 보호자의 환경을 고려한 맞춤형 교육 방법이 필요함 • 반려견 교육 방법은 크게 방문 행동 교정, 위탁 행동 교정, 보호자 교육으로 구분되며, 각 방법에 대한 실행 계획을 체계적으로 수립하는 것이 중요함

(2) 행동 교정 형태별 교육 구분과 비용

교육 형태	특징	장점	단점
방문 행동 교정	• 전문가가 보호자의 집으로 방문하여 1:1 맞춤 교육을 진행함 • 1회 2~3시간 • 총 200,000~300,000원(출장비 별도)	• 실생활 환경에서 교정이 가능함 • 보호자가 직접 교육법 습득이 가능함	• 반복 방문이 필요할 수 있음 • 보호자의 지속적인 훈련이 필수적임
위탁 행동 교정	• 일정 기간 동안 반려견을 전문 시설에 맡겨 행동 교정을 진행함 • 1개월 기준 • 총 600,000~800,000원	• 집중적인 교정이 가능함 • 빠른 행동 변화를 기대할 수 있음	• 보호자와의 유대감이 약화될 수 있음 • 교정 후에도 지속적인 관리가 필요함
보호자 참여 교육	• 보호자가 직접 교육에 참여하여 반려견 훈련법을 습득하는 방식임 • 평균 4회 • 1회당 30,000~150,000원	• 보호자가 직접 훈련 적용이 가능함 • 반려견과의 유대감을 강화함	• 보호자의 적극적인 참여가 필수적임 • 효과는 반려견의 문제행동에 따라 차이가 있을 수 있음

(3) 견적서 구성

항목	내용
견명 및 보호자명	반려견의 이름과 보호자의 이름
주요 문제행동	분석 후 우선 교정할 문제행동 예 분리불안, 공격성 등
행동 교정 방법	문제행동을 해결하기 위한 구체적인 실행 방안
교육 형태	방문 교육, 위탁 교육, 보호자 참여 교육 등
소요 기간 및 횟수	적절한 교정 결과를 위한 예상 기간 및 횟수
시설 및 도구	훈련장, 장난감, 보상 간식 등 활용할 시설 및 도구 등
행동 교정 항목별 비용	각 문제행동별 교정 비용
기타 비용	출장비, 건강관리 비용 등의 추가 비용
총액	행동 교정 항목별 비용과 기타 비용을 합산한 금액

(4) 보호자 교육 실행계획서 구성

항목	내용
교육 기본 정보	반려견 및 보호자 기본정보, 위탁 행동 교정의 계획 기간(보통 1개월 단위) 등의 일정 관련 정보 예 반려견명, 보호자, 행동 교정사, 입소일, 계획 기간, 퇴소 예정일
주요 문제행동	교정해야 할 반려견의 문제행동 예 분리불안, 공격성, 짖음 등
시설 및 도구	위탁 시설 내에서 사용할 기존 시설물 및 도구
행동 교정 교육 원리	반려견의 문제행동을 개선하기 위한 행동 교정 원리 등 예 긍정적 강화, 조건 형성 등
중간 예상 결과	계획 기간을 고려하여 행동 교정의 중간 목표를 설정하고 예상 결과
월말 예상 결과	교육 기간 동안 달성해야 할 최종 목표를 설정하고 월말 예상 결과
행동 교정 시 실천사항	행동 교정사(훈련사)가 수행해야 할 구체적인 실천사항
사양 관리 실천사항	위탁 기간 동안 반려견의 건강과 생활 관리를 위한 사양 관리 사항
위탁 행동 교정 비용	특정 행동 교정 항목에 따른 개별적 비용 산정(기본적으로 월 단위로 비용 청구)
기타 비용	특수한 관련 물품, 추가 관리 용품 등 행동 교정 외에 발생하는 추가 비용
총액	위탁 행동 교정 비용 및 기타 비용을 합산한 총액

4. 훈련 도구의 활용

(1) 복장

보호자	훈련 조끼, 훈련 재킷, 퀼트, 먹이 주머니 등
반려견	• 리드줄(목끈): 반려견을 안전하게 통제할 수 있도록 도움 　예 일반 리드줄, 체인 리드줄, 훈련용 리드줄 등 • 하네스(가슴줄): 목에 가해지는 압력을 줄이고, 보다 편안한 산책과 훈련이 가능함 • 롱 라인(긴 줄): 훈련 공간이 넓을 때 자유로운 움직임을 허용하면서도 통제가 가능한 도구 • 헤드 홀터: 반려견의 당기는 습관 교정을 도움

● 훈련 도구 사용 시 주의사항
• 모든 도구는 반려견의 신체적·정신적 건강을 고려하여 사용해야 한다.
• 훈련 도구는 긍정적 강화(보상 기반 훈련)와 함께 사용해야 하며, 강압적인 방식은 지양한다.
• 반려견의 성향과 신체 조건에 따라 적절한 도구를 선택해야 한다.
• 훈련 중 반려견이 불편해하거나 스트레스를 받는다면 즉시 사용을 중단하고 대체 방법을 고려해야 한다.

(2) 놀이용 훈련 도구

터그(Tug) 장난감	보호자와 반려견이 함께 놀면서 충동을 조절하고 집중력을 기를 수 있음
공(볼) 및 프리스비	리콜 훈련(불렀을 때 오는 훈련)이나 에너지 소모를 위한 놀이에 활용함
노즈워크 장난감	후각을 활용한 훈련으로 반려견의 두뇌 활동을 촉진함
먹이 퍼즐 장난감	음식 보상을 통해 문제 해결 능력 및 집중력을 기를 수 있음

(3) 훈련 기기

클리커	• 특정 행동을 강화하기 위해 사용하는 신호음 발생 장치 • 클릭 소리와 보상을 연계하여 긍정적 학습을 유도함
타겟 스틱	반려견이 특정 방향으로 이동 또는 특정 행동을 수행하도록 유도할 때 사용함
진동·음향 훈련기	• 소리나 진동을 통해 반려견에게 신호를 주는 기기 • 긍정적 강화훈련과 함께 사용할 때 효과적임
울타리 및 이동장	• 반려견이 안전한 공간에서 학습할 수 있도록 도와줌 • 환경적 제어를 통해 행동 교정을 유도함

● 훈련 기기는 훈련 시에 보다 직접적인 보조역할을 하는 도구로서, 각 훈련 기기의 사용법에는 주의가 필요하다.

CHAPTER 03

반려동물 보호자 교육방법

합격 TIP 반려견의 문제행동 종류별 보호자 교육방법을 숙지한다.

1 반려견 교육 방법의 설정

1. 교육의 형태와 대상

(1) 교육 형태
① 반려견의 행동 교정 교육은 위탁 훈련과 방문 훈련으로 구분한다.
② 각 방법은 보호자의 성향과 반려견의 문제행동 특성에 따라 선택된다.
③ 비용 및 교육 기간은 지역, 견종 크기, 훈련 난이도에 따라 달라진다.

(2) 교육 대상 ⊕

① 반려견 행동 교정

특징	학습된 습관이나 조건반사로 인해 발생하는 문제행동 예 지나친 짖음, 실내에서의 배변 실수, 특정 물건 물어뜯기 등
해결 방법	반복적인 행동 교정 훈련을 통해 수정함

② 보호자 교육

특징	보호자의 생활 습관이 반려견 문제행동을 유발하는 경우에 발생함 예 반려견을 과보호하거나 일관되지 않은 훈련으로 인한 반려견의 문제행동 유발
해결 방법	보호자에게 올바른 훈련법, 보상 체계, 환경 개선 방법 등을 교육함

2. 반려견 행동 교정 도구 ⊕

(1) 행동 교정 강화 도구

특징	행동을 증가시키는 데 초점을 둠
예시 도구	간식 퍼즐, 장난감, 클리커, 후각을 자극하는 보상 도구
적용 방법	반려견이 원하는 행동을 할 때 보상을 통해 행동을 강화함

(2) 행동 교정 약화 도구

특징	행동을 약화시키는 데 초점을 둠
예시 도구	싫어하는 냄새 스프레이, 초음파 훈련기, 특정 환경 차단 도구
적용 방법	문제행동 발생 시 적용하여 행동 빈도를 낮춤

⊕ 반려동물행동지도사는 문제행동의 원인을 분석하여 반려견 행동 교정 또는 보호자 교육 등의 적합한 교육 방법을 결정해야 한다.

⊕ 행동 교정 강화 도구와 약화 도구의 활용으로 반려견 행동 교정의 효과를 높일 수 있다.

2 보호자 교육 과정의 절차

1. 교육 과정 지도의 의미와 목표

(1) **의미**: 목적에 적합한 교육 내용을 계획하고 체계적으로 전달하는 과정이다.

(2) **목표**
  ① 반려견의 행동, 건강 관리, 훈련 방법 등을 교육해야 한다.
  ② 보호자가 반려견과의 긍정적인 관계를 형성할 수 있도록 지도해야 한다.
  ③ 보호자의 반려견 양육 방식과 학습 성향을 고려하여 개별 맞춤형 지도 방법을 적용해야 한다.

2. 교육 지도의 원리

개별화의 원리	보호자의 경험, 지식 수준, 반려견의 특성을 고려하여 맞춤형 지도를 제공함 예 초보 보호자에게는 기본적인 반려견 훈련법을, 경험이 있는 보호자에게는 심화 행동 교정 방법을 제공
목적의 원리	보호자가 학습의 목표를 명확히 이해하면 교육 참여도가 높아짐 예 '분리불안을 개선하기 위한 교육' 등의 명확한 목표를 설정
자발성의 원리	보호자가 반려견 교육의 필요성을 깨닫고 적극적으로 참여하도록 유도함 예 문제행동 해결 사례를 제시하여 보호자가 학습 동기를 갖도록 유도
직접 경험의 원리	이론보다 실제 체험을 통해 학습 효과를 극대화할 수 있음 예 보호자가 직접 반려견과 함께 훈련을 실습해 보는 방식 → 보호자가 스트레스를 받지 않도록 부담 없는 방식으로 교육 진행
사회화의 원리	반려견의 행동 교육은 보호자의 일상생활과 연결될 때 효과적임 예 반려견이 산책 시 마주치는 사람이나 다른 동물과의 사회성을 기르는 법 지도
자연성의 원리	강압적인 교육보다 자유로운 분위기에서 학습이 이루어져야 함

3 보호자 교육의 활용

1. 개인 중심 교육의 필요성➕

학습자 욕구와 특성의 다양성	보호자의 사전 지식 수준에 따라 개별적 특성을 반영한 교육을 진행함
사회의 다양화	보호자의 생활 방식(예 맞벌이, 1인 가구 등)에 따라 교육 방향을 설정함
정보의 재구성	보호자가 불필요한 정보를 걸러내고, 실용적인 내용을 학습할 수 있도록 지도함 예 반려견 트레이너가 보호자에게 직접 행동 교정 방법을 시연

➕ 보호자의 경험과 요구, 반려견의 특성 등을 반영한 개별 맞춤 교육이 필요하다.

2. 개인 중심 교육 방법의 종류

도제 제도	경험이 풍부한 전문가가 보호자에게 직접 기술을 가르치는 방식
인턴십	단순히 기술을 습득하는 것이 아닌, 전문적 역할을 배우는 교육 예 보호자가 보호소에서 실습하며 반려견의 행동을 관찰하고 관리하는 법을 배우는 과정
직접 개별 학습	보호자가 개별적으로 학습하며 맞춤형 지도를 받는 방식 예 행동 교정사가 보호자와 1:1로 교육을 진행하여 반려견 문제행동 해결법을 설명
상담	보호자의 특정 문제에 대해 자문을 제공하는 교육 방법 예 반려견의 분리불안 문제로 인해 보호자가 전문가 상담을 받는 경우
개인 지도	1:1로 학습을 진행하는 방식 예 보호자가 전문가에게 직접 훈련법을 배우고, 이를 반려견에게 적용하는 방식

4 보호자 교육 과정

1. 교육 과정의 분류

교육 과정	지도 방법	적용 예시
문제행동 개선	개별 지도, 상담	반려견이 공격적인 행동을 보일 때 1:1 상담 및 훈련을 지도함
기본 훈련	직접 개별 학습, 도제 제도	반려견의 "앉아", "기다려" 같은 기본 명령어를 학습함
사회화 교육	직접 경험 학습	다른 반려견과의 교류를 통해 사회성을 길러주는 방법임
보호자 심화 교육	인턴십, 상담	보호소 봉사나 전문가 상담을 통해 보호자가 깊이 있는 지식을 습득함

2. 사례별 교육 적용

(1) 촉감 관련 체계적 둔감화 교육

① 교육 정보

목적	• 특정 촉감(예 미끄러운 바닥, 해먹 등)에 대한 두려움을 줄이고 익숙해지도록 지도함 • 보호자에게 반려견이 무서워하는 촉감 문의 및 반려견의 촉감 기피요인을 확인함 예 미끄러운 타일 바닥, 해먹 등	• 점진적 둔감화 진행 • 보호자 협력 필수
훈련 준비물	• 먹이(사료나 간식): 반려견이 좋아하는 보상을 활용하여 긍정적인 연관을 형성함 • 촉감 재료: 박스, 봉지, 페트병, 종이, 막대기 등 다양한 촉감을 제공함 • 장비: 훈련 조끼, 먹이 주머니, 목줄, 목끈, 매트	• 긍정적 강화 활용 • 안전한 환경 조성
안전 및 유의사항	• 무리한 강요 금지: 반려견이 무서워하면 교육을 강제로 진행하지 않음 • 스트레스 반응 확인: 하품, 혀 날름, 몸 떨기 등 불안 신호 시 중단함 • 보호자의 긍정적 태도: 반려견에게 지속적인 칭찬과 격려를 유지함	반려견의 반응을 세심하게 관찰

② 촉감 둔감화 훈련의 예시

구분	과정	주의사항

❶ 미끄러운 타일 바닥 둔감화 훈련	• 장소: 타일이 깔린 거실, 화장실 등
	• 진정 과정
	  − 교육자가 타일 위에 미끄럽지 않은 매트 2장 놓기
	  − 보호자가 반려견을 매트 위에 올려놓고 칭찬과 간식을 주며 안정감을 형성함
		익숙한 환경에서 진행함

❷ 반려견이 타일을 점진적으로 접촉하도록 유도	• 초기 단계: 매트 간격을 3cm 정도 벌리고 반려견이 틈을 건너도록 유도함 • 보상 제공: 성공할 때마다 칭찬과 간식을 제공함	점진적으로 환경에 노출시킴
❸ 매트 간격을 넓혀 반려견이 타일을 밟도록 유도	점진적 접근 − 보호자가 간식을 주는 동안 교육자가 매트 간격을 넓힘 − 보호자가 반대편에서 반려견을 부르며 자연스럽게 타일을 밟게 유도함	반려견이 부담 없이 도전할 수 있도록 환경을 조정함
❹ 타일을 밟은 순간 긍정적 강화 제공	즉각적인 보상 − 반려견이 타일을 터치하면 즉시 칭찬 및 간식 3개를 제공함 − 반려견이 자연스럽게 타일을 밟고 이동하도록 반복 교육함	반려견에게 긍정적인 경험을 형성함

(2) 공공예절 관련 행동 개선 교육

① '집으로' 교육

구분	내용	주의사항
훈련 준비물	• 보호자: 먹이(부드러운 간식), 방석, 켄넬, 울타리, 배변판, 패드, 탈취제, 배변봉투, 휴지 • 반려견: 훈련 조끼, 먹이 주머니, 클리커, 목줄, 목끈	간식은 즉시 삼킬 수 있는 부드러운 것으로 준비함
안전 및 유의사항	• 반려견이 스트레스 반응을 보이면 즉시 중단함 • 대형견 교육 시 힘이 약한 보호자는 보조자와 함께 진행 • 긍정적인 지지를 바탕으로 지도함	훈련이 즐겁고 긍정적인 경험이 되도록 유도함
'집으로' 교육 지도	• 보호자가 선호하는 하우스 선택 • 반려견 성향에 맞는 하우스(예 켄넬, 울타리 등) 선택: 지붕이 있는 공간 추천➕	개방형(방석)과 폐쇄형(켄넬) 차이를 경험하도록 지도함
방석을 이용한 '여기' 훈련	❶ 방석을 바라보면 클리커를 클릭하면서 간식으로 보상함 ❷ 방석 위에 한 발 → 네 발 모두 올리면 보상을 늘림 ❸ 앉으면 보상 → 엎드리면 보상을 늘림 ❹ '여기' 음성 신호를 추가함	• 방석 크기와 위치를 반려견이 편안하게 느낄 수 있도록 조정함 • 간식 보상 위치를 최적화함
켄넬을 이용한 '집으로' 훈련	❶ 켄넬 문과 지붕을 분리한 상태에서 방석 훈련과 동일하게 진행함 ❷ 지붕을 '1/3 → 2/3 → 전체' 순으로 덮으며 점진적으로 닫음 ❸ 켄넬 문을 닫고 열어주는 연습을 반복함('집으로' 음성 신호 추가) ❹ 켄넬에서 머무르는 시간을 점진적으로 늘림 ❺ 보호자가 문을 열어도 바로 나오지 않도록 지도함	• 문을 갑자기 닫지 않고 점진적으로 닫아가는 연습을 추가함 • 문을 열어도 바로 나오지 않고 머무르도록 보상을 제공함

▲ 지붕이 있는 형태의 반려견 하우스

➕ 화장실 교육하기

- 보호자가 반려견이 배변할 공간을 지정하고 교육하는 방식이다.
- 반려견은 촉감으로 화장실을 구분한다.
- 새로운 장소에서 약 1주일 내 배변교육이 가능하다.
- 초기 교육이 습관 형성에 중요하다.

▲ 울타리로 반려견의 배변 공간 만들기

➕ '기다려' 교육하기

- 보호자가 지정한 곳에서 반려견이 앉거나 엎드려서 기다리도록 지도하는 교육이다.
- 점진적으로 거리를 늘리며 교육한다.

▲ 뒤로 이동하며 기다리기 훈련

② 화장실 교육 ➕

단계	내용	주의사항
화장실 선택	보호자가 반려견 화장실의 종류별 용도와 장단점을 이해하고 선택하도록 지도함	환경에 맞는 화장실을 선택함
울타리를 활용한 공간 구성 ➕	• 하우스 → 화장실 → 밥그릇 순으로 배치함 • 반려견이 자연스럽게 화장실을 밟을 수 있도록 유도함	
배변 시 즉시 보상	보호자는 울타리 주변에 간식을 미리 준비하여 배변 즉시 보상이 가능하도록 지도함	즉각적 강화 원칙을 적용함
배변 시 칭찬 방법	• 보호자는 간식과 함께 부드러운 말투나 가벼운 쓰다듬기로 칭찬함 • 반려견이 놀라지 않도록 조용하고 긍정적인 태도를 유지함	칭찬 방식에 주의함
음성 신호 추가	• 배변 시: 보호자가 "화장실" 등의 음성 신호를 함께 사용함 • 배변 후: 5~10분간 울타리 밖에서 놀이 제공 후 다시 울타리 안으로 유도함	어린 강아지는 배변 간격이 짧으므로 유의함
배변 실수 시 대처 방법	• 보호자는 반려견에게 특별한 반응 없이 탈취제를 사용하여 깨끗이 치우도록 지도함 • 보호자에게 반려견을 혼내면 안 되는 이유를 설명함	처벌 대신 긍정적인 방식으로 교육함

③ '기다려' 교육 ➕

단계	내용	주의사항
'여기' 교육 연습	• 보호자가 방석 앞에서 '여기' 교육을 하여 반려견이 방석에 엎드리도록 지도함 • 보호자가 앉아서 훈련을 진행하다가 일어서서 진행할 경우 반려견도 따라서 일어날 수 있음을 설명함	점진적으로 환경을 변화시킴
뒤로 이동하며 기다리기 훈련 ➕	보호자가 반 발자국 → 한 발자국 뒤로 이동하는 과정을 설명하고 시범을 보임	
오른발 이동 연습	• 보호자가 방석 위에 있는 반려견 앞에서 오른발을 뒤로 이동했다가 원위치함 • 교육자가 클리커를 누르고 보호자가 간식을 제공함	반려견이 움직이지 않도록 지도함
양발 이동 연습	• 보호자가 오른발, 왼발까지 뒤로 갔다가 원위치하면 교육자가 클리커를 사용함 • 보호자가 간식으로 보상하면서 칭찬함	기다리는 시간을 늘림
거리의 점진적 증가	반 걸음 → 한 걸음 → 한 걸음 반 → 두 걸음 등 점차 거리를 늘리며 '기다려'를 교육함	거리를 늘리는 방식으로 교육함
기다리는 도중 이동 시 대처	반려견이 움직이면 말없이 방석으로 돌아가도록 지도함	강압 없이 유도함
보상 제공 위치	보상은 항상 반려견 앞에서 제공하도록 지도함	보상 위치를 일관되도록 설정함
장난감 보상 방법	보호자가 직접 장난감을 주거나, 교육자가 반려견 쪽으로 던져줌	다양한 보상을 활용함

④ 산책 교육

단계	내용	비고
리드줄 잡는 연습	리드줄이 너무 길어 밟히거나 반려견의 다리에 걸리지 않도록 적절한 길이로 조정함	리드줄의 종류별 특징을 설명함
리드줄의 종류	• 가죽: 보호자의 손 보호에 유리 • 천: 다양한 무늬가 있지만 힘이 센 대형견에게는 부적절 • 자동줄: 줄 정리가 편리하지만 반려견의 목에 지속적인 이물감 제공 가능 • 긴 줄(5m 이상): 전문가용, 추적 훈련용	보호자의 반려견 크기 및 성향에 따라 선택적으로 지도함
대형견의 리드줄 잡는 방법	• 1.5~2m의 줄 길이를 유지하도록 지도함 • 처음부터 줄을 너무 길게 잡지 않도록 주의함	
소형견의 리드줄 잡는 방법	3m 이하의 줄 길이를 유지하도록 지도함	
반려견과 산책 활동	반려견이 보호자의 왼쪽 또는 오른쪽에서 걷도록 지도함	일관된 방향을 유지함
올바른 산책 자세 교육	교육자가 바른 자세를 설명하고 시범을 보여줌	보호자가 직접 연습함
반려견을 보호자 옆에 위치시키기	보호자가 줄을 잡고 반려견을 옆에 앉힌 후 간식으로 보상함	보호자와 반려견의 유대감을 형성함
'가자' 신호 훈련	보호자가 '가자'라고 말하고 왼발을 먼저 움직이며 걷도록 지도함	산책 시작 신호를 설정함
보행 중 보상 훈련	• 반려견이 보호자를 잘 따라 걸으면 클리커 사용 후 간식으로 보상함 • 반려견이 간식을 받을 때 보호자를 쳐다보도록 지도함	
멈추기 훈련	• 보호자가 멈추면 반려견이 옆에 앉도록 지도 • 반려견이 앉았을 때 클리커 사용 후 간식으로 보상함	
방향 전환 훈련	• 보호자가 '가자' 신호 후 반려견과 함께 오른쪽, 왼쪽 돌기를 연습함 • 돌 때 반려견과 거리가 멀어지지 않도록 주의함	회전 시 반려견과 균형을 유지함
반복 연습	반복하여 보호자가 자연스럽게 보상하는 방법을 익히도록 지도함	보호자의 숙련도를 향상시킴

산책 교육하기
- 보호자가 힘들이지 않고 반려견과 산책할 수 있도록 지도한다.
- 반려견이 보호자 옆에서 리드줄을 'U'자로 만들며 나란히 걷도록 교육한다.

▲ 산책교육

▲ 대형견의 리드줄 잡는 방법

▲ 소형견의 리드줄 잡는 방법

▲ 보행 중 보상 훈련

▲ 멈추기 훈련

CHAPTER 01 반려동물 보호자의 개념과 역할~ 03 반려동물 보호자 교육방법

출제 예상문제

간단한 쪽지 시험으로 문제를 푸는 힘을 키우세요.

OX 문제

01 반려견 보호자는 반려견을 가족 구성원처럼 대하며, 올바른 훈련과 교육을 통해 반려견이 사회에서 적응할 수 있도록 돕는 사람이다. (   )

02 가족 구성원이 여러 명일 경우, 모든 사람이 보호자로서의 책임을 질 수 없기 때문에 한 명의 주 보호자를 설정하는 것이 중요하다. (   )

03 반려견이 공공장소에서 다른 사람이나 동물에게 피해를 주지 않도록 하는 것은 보호자의 역할이 아니다. (   )

04 하네스(가슴줄)는 목에 가해지는 압력을 줄이고, 보다 편안한 산책과 훈련을 가능하게 한다. (   )

05 다른 반려견과의 교류를 통해 사회성을 길러주는 방법은 보호자 심화 교육이다. (   )

빈칸 문제

06 일부 국가에서는 반려견 보유자를 소유자 대신 책임자 또는 (   )로 표현한다.

07 반려견 보호자는 과도한 짖음, 물기, 배변 실수 등의 문제행동을 수정하는 교육 같은 문제행동 (   )이/가 필요하다.

08 (   )행동 교정은 전문가가 보호자의 집으로 방문하여 1:1 맞춤 교육을 진행한다.

09 행동 교정 (   ) 도구는 행동을 증가시키는 데 초점을 맞추는 교정도구이다.

10 소형견의 리드줄은 (   )m 이하의 줄 길이를 유지하도록 한다.

---

01 ○ 02 ○ 03 × 사회적 갈등 예방은 보호자의 중요한 역할이다.
04 ○ 05 × 사회화 교육 과정에 대한 설명이다. 06 보호자 07 교정
08 방문 09 강화 10 3

1 반려동물 보호자의 개념과 역할

01
반려견 보호자의 개념에 대한 설명으로 옳은 것은?

① 반려견 보호자는 법적 책임이 없으며, 단순히 개를 기르는 사람을 의미한다.
② 반려견 보호자는 훈련과 교육보다 반려견의 자유로운 행동을 보장하는 것이 중요하다.
③ 반려견 보호자는 단순히 개를 소유한 사람이 아니라, 개의 복지와 삶의 질을 책임지는 존재이다.
④ 반려견 보호자는 개의 신체적 건강만을 고려하며, 정신적, 정서적 건강을 고려하는 것은 보호자의 역할이 아니다.

> 참고 반려견 보호자는 단순히 개를 소유한 사람일 뿐만 아니라 개의 복지와 삶의 질을 책임지는 존재이다.
> ① 보호자는 반려견이 사회에서 적응할 수 있도록 올바른 훈련과 교육을 진행해야 한다.
> ② 보호자는 반려견과의 관계에서 윤리적이고 책임감 있는 태도를 유지해야 한다.
> ④ 보호자는 개의 신체적 건강뿐만 아니라 정신적·정서적 건강까지 고려해야 한다.

02
1인 가구 보호자에 대한 특징으로 옳지 않은 것은?

① 반려견을 돌보는 경제적 부담이 적어지는 경향이 있다.
② 펫 시터 서비스, 반려동물 전용 카페, 돌봄 서비스의 필요성이 커진다.
③ 결혼 기피와 비혼주의 확산으로 반려동물과 함께하는 라이프 스타일이 확산된다.
④ 보호자가 장시간 집을 비우는 경우 반려견의 외로움, 분리불안 문제의 발생 가능성이 높다.

> 참고 1인 가구에서는 반려견의 사료, 의료비, 펫 시터 이용 등으로 경제적 부담이 커질 수 있다.

03

다음의 설명에 해당하는 사람으로 옳은 것은?

> 반려견의 전반적인 돌봄과 책임을 주도적으로 담당하는 사람을 의미한다.

① 보호자
② 담당자
③ 공동 보호자
④ 주(Main) 보호자

> 참고 주(Main) 보호자에 대한 설명이다.

04

반려견 주(Main) 보호자의 기본적인 역할로 옳지 않은 것은?

① 정기적인 목욕, 빗질, 발톱 손질 등을 통해 위생을 관리한다.
② 반려견의 배변 관리에서 배변 장소를 신경 쓰지 않아도 된다.
③ 반려견의 운동 및 활동은 보호자가 주도적으로 수행하며, 이를 통해 건강을 유지한다.
④ 반려견의 식사 관리는 적절한 사료와 간식을 제공하며, 영양 균형을 고려한 식단을 유지한다.

> 참고 반려견의 배변 장소는 반드시 관리해야 하며, 실내 또는 실외 배변 습관을 지도하고 배변 장소를 깨끗하게 유지해야 한다.

2 반려동물 보호자 교육 계획수립

05

반려견 보호자 교육의 필요성에 대한 설명으로 옳지 않은 것은?

① 반려견 보호자 교육을 통해 사회적 갈등을 예방할 수 있다.
② 반려견 보호자는 반려견의 행동, 건강, 정서적 요구를 이해하지 않고도 돌볼 수 있다.
③ 반려견 보호자는 반려견과 함께 건강하고 행복한 생활을 하기 위해 교육이 필수적이다.
④ 반려견 보호자는 보호자의 역할이 강조되며, 먹이를 주는 것 이상의 책임감 있는 태도가 필요하다.

> 참고 보호자는 반려견의 복지와 건강을 위해서 행동, 건강, 정서적 요구를 이해해야 한다.

06

방문 행동 교정의 특징으로 옳지 않은 것은?

① 실생활 환경에서 교정이 가능하다.
② 교육 시간이 1회당 2~3시간으로 짧다.
③ 보호자의 지속적인 훈련이 필요하지 않다.
④ 전문가가 보호자의 집으로 방문하여 맞춤형 교육을 진행한다.

> 참고 방문 행동 교정은 실생활 환경에서 교정할 수 있지만, 보호자의 지속적인 훈련이 필요하다.

| 정답 | 01 ③ 02 ① 03 ④ 04 ② 05 ② 06 ③

07
위탁 행동 교정의 단점에 해당하는 것은?

① 집중적인 교정이 가능하다.
② 빠른 행동 변화를 기대할 수 있다.
③ 반려견의 문제행동이 즉시 해결된다.
④ 반려견과 보호자와의 유대감이 약화될 수 있다.

> 참고 위탁 행동 교정은 보호자와 반려견이 분리되어 생활하기 때문에 유대감이 약화될 수 있다.
> ①② 위탁 행동 교정의 장점에 해당한다.
> ③ 문제행동의 교정에는 일정 시간이 소요된다.

08
반려견의 보호자가 사용할 수 있는 훈련 도구에 대한 설명으로 옳은 것은?

① 훈련 도구는 보호자의 훈련 진행에 필요하지 않다.
② 훈련 도구는 반려견에게 먹이를 제공하는 용도로만 사용된다.
③ 훈련 도구는 반려견의 스트레스를 증가시키기 위해 사용하는 도구이다.
④ 보호자는 훈련을 위해 훈련 조끼, 훈련 재킷, 퀼트, 먹이 주머니 등의 도구를 사용할 수 있다.

> 참고 보호자가 반려견과 훈련을 진행할 때는 훈련 조끼, 훈련 재킷, 퀼트, 먹이 주머니 등의 도구를 사용한다.
> ① 훈련 도구는 훈련 진행에 큰 도움이 된다.
> ② 훈련 도구는 훈련의 용도로 사용된다.
> ③ 훈련 도구는 반려견의 스트레스 감소에 도움이 된다.

3 반려동물 보호자 교육방법

09
개인 중심 교육에서 강조하는 맞춤형 교육 방식에 대한 설명으로 옳지 않은 것은?

① 모든 보호자에게 동일한 교육을 제공한다.
② 사회적 배경과 생활 방식을 고려한 교육이 필요하다.
③ 보호자의 경험과 요구에 맞춘 개별 교육이 필요하다.
④ 보호자가 실용적인 내용을 학습할 수 있도록 재구성된 정보 제공이 필요하다.

> 참고 개인 중심 교육에서는 보호자의 경험, 요구, 생활 방식을 고려한 맞춤형 교육이 필요하다.

10
촉감 관련 체계적 둔감화 교육의 목적으로 옳은 것은?

① 반려견의 사회성을 기르는 것이다.
② 반려견의 기본 명령어를 학습하는 것이다.
③ 반려동물의 공격적 행동을 교정하는 것이다.
④ 반려견의 두려움을 줄이고 특정 촉감에 익숙해지도록 하는 훈련이다.

> 참고 촉감 관련 체계적 둔감화 교육은 반려견의 두려움을 줄이고 특정 촉감에 익숙해지도록 하는 훈련이다.
> ①③ 사회성 향상과 공격행동과는 거리가 먼 교육이다.
> ② 기본 명령어 학습과 관련이 없다.

11

다음의 사진과 관련 있는 반려동물 공공예절 교육으로 옳은 것은?

① 산책 교육
② 화장실 교육
③ '기다려' 교육
④ '집으로' 교육

참고 '기다려' 교육 중 뒤로 이동하며 기다리기 훈련을 하는 모습이다.

12

다음의 사진과 관련 있는 반려동물 공공예절 교육 방법에 대한 설명으로 옳지 않은 것은?

① 리드줄 길이는 4m 이상이 적당하며, 처음부터 줄을 길게 잡아 훈련한다.
② 반려견이 보호자 옆에서 줄을 'U'자로 만들며 나란히 걷도록 교육한다.
③ 반려견이 보호자를 따라서 잘 걸으면 클리커 사용 후 간식으로 보상한다.
④ 리드줄이 너무 길어서 밟히거나 반려견의 다리에 걸리지 않도록 적절한 길이로 조절한다.

참고 리드줄 길이는 대형견은 1.5~2m, 소형견은 3m 이하가 적절하며, 처음부터 줄을 너무 길게 잡지 않도록 지도한다.

CHAPTER 04
반려동물 문제행동 예방교육

합격 TIP 예방교육의 원리를 이해하고 문제행동 해결에 적용한다.

1 문제행동 예방교육의 원리와 목표

1. 예방교육의 원리

(1) 순화(길들임 교육)

홍수법 (Flooding)	반려견을 두려운 자극에 갑작스럽게 노출하여 두려움을 극복하도록 유도하는 방법 예) 반려견이 사람을 두려워할 때 사람을 지속적으로 가까이 두어 두려움을 줄임
계통적 탈감작법 (Systematic Desensitization)	점진적으로 자극에 노출하여 두려움을 극복하도록 돕는 방법 예) 반려견이 특정 소리나 환경에 두려워할 때, 낮은 강도의 소리부터 점차적으로 강도를 높여 소리에 노출시킴

> ❗ **순화(길들임 교육)**
> 특정 자극에 대한 두려움을 점진적으로 줄이는 교육법이다.

(2) 고전적 조건화

무조건 반응 (Unconditioned Response)	자연스럽게 발생하는 반응 예) 음식을 보고 반려견이 침을 흘리는 반응을 보임
조건 자극 (Conditioned Stimulus)	무조건 반응을 일으키지 않지만 다른 자극과 결합하여 반응을 유도하는 자극 예) 종소리가 음식과 결합되어 반려견이 침을 흘리게 됨
조건 반응 (Conditioned Response)	조건 자극에 의해 일어나는 반응 예) 종소리를 듣고 침을 흘리는 반응을 보임
소거 (Extinction)	조건 자극과 무조건 자극이 결합되지 않으면 반응이 소멸되는 과정 예) 종소리와 음식을 결합하지 않으면 반려견은 종소리로 침을 흘리지 않음
자극 일반화 (Stimulus Generalization)	조건 자극과 유사한 자극에 대해 동일한 반응을 보이는 현상 예) 반려견이 종소리로 침을 흘리기 시작하면 전화벨이나 시계알람에도 침을 흘릴 수 있음

> ❗ **고전적 조건화**
> 특정 자극에 반응을 유도하는 학습법이다.

(3) 조작적 조건화

강화 (Reinforcement)	반려견이 원하는 행동을 했을 때 보상을 주어 그 행동이 반복되도록 유도하는 방법 예) 앉기 명령에 대해 간식을 주어 앉는 행동을 강화
플러스 강화 (=긍정적 강화, Positive Reinforcement)	반려견이 특정 행동을 하면 보상 인자가 주어져 그 행동이 반복될 가능성이 증가하는 조건화 예) 반려견이 앉으면 간식을 주는 방식
마이너스 강화 (=부정적 강화, Negative Reinforcement)	반려견이 원치 않는 상황에서 벗어나면 혐오적인 자극을 제거하는 방법 예) 반려견이 앉으면 목줄에서 압박을 풀어주는 방식

> ❗ **조작적 조건화**
> 특정 행동에 보상을 주어 행동이 반복되도록 학습시키는 방법이다.

소거 (Extinction)	특정 행동에 대해 보상이 주어지지 않으면 그 행동이 점차 사라짐 예 반려견이 짖을 때마다 무시하면 짖는 행동이 줄어듦
반응형성 (Shaping)	복잡한 행동을 점진적으로 강화하여 원하는 반응을 학습시키는 방법 예 반려견이 장애물을 통과할 때, 점진적으로 단계를 높아가며 훈련

2. 예방교육 목표의 구분

(1) 사회성 풍부화 목표

낯선 환경에서 "앉아", "엎드려"	• 낯선 환경에서 앉거나 엎드리기 행동을 통해 편안함 및 안정감을 느끼도록 유도함 • 반려견이 낯선 환경에서 "앉아"나 "엎드려" 명령을 잘 수행하며 안정된 상태를 유지하도록 교육함
낯선 환경에서 인지 활동	• 반려견이 낯선 환경에서 냄새를 맡고 정보를 얻거나 교류 활동을 통해 적응하도록 유도함 • 낯선 환경에서 반려견이 냄새를 맡고 주변을 탐색하며 교류하는 활동을 목표로 교육함
낯선 환경에서 배설 활동	• 낯선 환경에서 배설 활동을 통해 안정감을 느끼고 감정 표현을 할 수 있도록 교육함 • 낯선 환경에서 반려견이 배설 활동을 하도록 유도하여 반려견이 환경에 안정감을 느끼는지 확인함
반려견 하우스 교육	• 반려견이 하우스를 편안하고 안전한 장소로 인식하고 그곳에서 휴식할 수 있도록 교육함 • 반려견이 하우스에서 편안히 휴식하고 안전함을 느낄 수 있도록 교육함
낯선 반려견과의 인사를 통한 유대관계	• 낯선 반려견과의 인사를 통해 사회적 상호작용과 유대관계를 형성하도록 유도함 • 반려견이 다른 반려견과 엉덩이 냄새를 맡으며 교류를 하도록 유도하여 사회성을 높이도록 교육함

❗ **사회성 풍부화 목표**
반려견이 다양한 환경과 상황에서 적응하고 사회성을 키울 수 있도록 하는 목표이다.

(2) 사회화 풍부화 목표

산책 시 지나치게 앞서는 행동 예방	• 사회화 시기에 자율적인 인지 활동이 습관이 되어 보호자보다 지나치게 앞서는 행동을 예방하고, 적절한 속도를 유지하도록 유도함 • 산책 시 반려견이 지나치게 앞서지 않도록 속도와 방향을 조절하며 교육함
지나치게 냄새를 맡는 행동 예방	• 지나친 냄새 맡기를 방지하고 산책 시 적절한 행동을 하도록 교육함 • 산책 시 반려견이 지나치게 냄새를 맡지 않고 규칙적인 행동을 학습하도록 유도함
반려견 이동장 내 안정감	• 이동장에 대한 불안감을 줄이고 안정감을 느끼도록 교육하며, 이동장에 들어가도 불안하지 않도록 유도함 • 이동장 문을 잠가도 반려견이 안정감을 느끼도록 훈련하며, 이동장에서의 안정적인 환경을 조성함
집안에서 편안하게 생각하는 장소 파악	• 반려견이 가족과 생활하는 공간에서 자신이 가장 편안하고 안전하다고 느끼는 장소를 파악하여 적절한 공간을 마련하도록 유도함 • 침대, 소파 등 다양한 장소에서 반려견이 편안히 휴식할 수 있도록 하고, 보호자가 해당 공간을 적절하게 관리하도록 유도함
움직이는 물체에 대한 반응 자제	• 반려견이 움직이는 물체에 대해 과도하게 수렵하는 행동을 자제하고, 안정감을 유지하도록 교육함 • 자동차, 자전거, 사람 등 움직이는 물체에 대해 반려견이 과도하게 반응하지 않도록 유도하며 안정된 행동을 유지하도록 교육함

❗ **사회화 풍부화 목표**
반려견이 본능적인 행동을 적절히 억제하며 사람과 환경에 적합한 사회적 행동을 할 수 있도록 교육하는 목표이다.

2 문제행동 예방교육의 수립

1. 주차별 계획 수립

1주차	반려견의 행동학적 풍부화 요소에 대한 관찰과 분석, 먹이를 통한 풍부화를 제공함
2주차	• 환경적 풍부화 요소를 제공함 • 반려견의 생활 환경에 다양한 자극을 제공하여 현재 부족한 부분을 보충하고 환경에 적응할 수 있도록 지원함
3주차	• 감각적 풍부화 요소를 제공함 • 반려견의 감각을 자극할 수 있는 다양한 물건과 환경을 제공하여 감각을 풍부화함
4~5주차	• 사회적 풍부화 요소를 제공함 • 다양한 사람, 반려견, 물건과의 만남을 제공하여 사회적 상호작용을 강화함
6~8주차	• 인지적 풍부화 요소를 제공함 • 반려견의 특성에 맞는 놀이와 훈련 프로그램을 제공하여 인지적 자극을 제공함

2. 예방교육의 분류

(1) 사회성 풍부화 교육

급식	낯선 환경에서 급식을 통해 편안함을 느끼는지 확인함
휴식	낯선 환경에서의 휴식을 통해 안정감을 확인함
배설	배설 활동을 통해 환경에 대한 안정감을 점검함
걷기 및 활동	보행 속도와 활동 수준을 관찰하여 자발적인 활동 여부를 확인함
다른 반려견과의 상호작용	엉덩이 냄새 맡기와 같은 사회적 상호작용을 확인함
배를 보이는 행동	경계하지 않고 배를 보이는 행동을 통해 편안함을 확인함
집에 대한 중요성	집을 안전한 공간으로 인식하고 있는지 확인함

> **사회성 풍부화 교육**
> 반려견의 낯선 환경에서 얼마나 자율적으로 활동하고 사회적으로 적응할 수 있는지 확인한다.

(2) 사회화 풍부화 교육

① 야외 산책 시 반려견의 행동: 반려견이 지나치게 앞서거나 흥분하지 않도록 주의 깊게 관찰한다.

산책 시 지나치게 앞서거나 배뇨 행동	반려견이 지나치게 앞서거나 배뇨를 하는지 확인함
지나치게 냄새를 맡는 행동	산책 중 반려견이 지나치게 냄새를 맡는지 관찰함
착용줄 확인	가슴줄과 목끈 착용 여부를 기록하고, 그에 따른 행동을 관찰함
지나치게 흥분하거나 돌발 행동	산책 중 흥분하거나 돌발 행동을 보이는지 확인함
다른 동물에 대한 반응	다른 동물에 대한 반려견의 반응을 관찰함

② 주거환경에서의 반려견의 행동: 반려견이 집안에서 편안하게 휴식하는지 확인하여 영역 확장 및 집에 대한 안정감을 점검한다.

누워있는 행동의 의미	반려견이 어디에서 누워있는지, 그 의미를 이해함
집이라는 장소의 중요성	반려견에게 집이란 어떤 장소인지 파악하며 그 중요성을 이해함
영역의 범위 정하기	반려견이 집과 주변을 자신의 영역으로 인식하는 이유를 파악함
집에서의 편안함	실내에서 반려견이 편안하게 휴식할 수 있는 공간의 필요성을 이해함

③ 외부인 방문 시 반려견의 행동: 외부인 방문 시 반려견이 지나치게 흥분하는지 점검하여 반려견의 반응을 관찰한다.

외부 소리에 대한 반응	엘리베이터 소리, 번호키 소리, 벨소리 등에 대한 반려견의 반응을 관찰함
외부인 방문 시 최초 반응	외부인이 방문했을 때 반려견의 첫 행동을 확인함
외부인 방문 전후 반려견과 가족의 행동	외부인 방문 전후로 반려견과 가족들의 행동을 관찰하여 과도한 흥분을 예방함

④ 여러 반려견 간의 경쟁 행동: 여러 반려견이 서로를 경쟁자로 인식하는지 확인하며 경쟁을 유발하는 상황을 점검한다.

휴식, 수면, 급식 장소 확인	반려견이 누워서 휴식하거나 급식을 하는 장소를 확인하고, 경쟁적인 상황을 파악함
집으로 인식하는 장소 확인	반려견이 어떤 장소를 집으로 인식하고 있는지 관찰함
가족과 반려견의 상호 관계	가족들과 반려견 간의 상호작용에서 경쟁적 행동을 유발할 수 있는 요소를 확인함

⑤ 움직이는 물체에 대한 반응: 반려견이 움직이는 물체에 대해 예민하게 반응하는지 관찰하여 수렵 본능이나 과도한 반응을 예방한다.

자동차, 자전거, 사람 반응	달리는 자동차, 자전거, 사람에 대한 반려견의 반응을 확인함
장난감과 소유욕	공이나 장난감에 대한 반려견의 소유욕을 관찰함
수렵 행동 전후의 반응	수렵 행동 직전과 직후 반려견의 행동을 관찰하여, 과도한 반응을 확인함
움직이는 물체와 간식 비교	반려견이 좋아하는 간식보다 움직이는 물체에 대한 반응이 더 큰지 확인함

3 문제행동 예방교육의 실행

1. 사회화 훈련의 원리와 준비

(1) 학습 원리

부각시킴 (Salience)	• 신호의 인지능력을 의미함 • 수신호, 음성신호, 보디랭귀지 중 무엇이 중요한지 고려함
자극 (Prompting)	원하는 행동을 유도하기 위해 먹이, 장난감, 신체적 자극(예 부드러운 힘 가하기 등), 환경적 요소(예 점프대, 울타리 등) 등을 활용하는 방법
구체화 (Shaping)	• 작은 단계를 통해 원하는 행동을 점진적으로 형성하는 과정 • 행동 성공 시 칭찬과 보상을 제공하고, 기준을 점차 높여감
포착 (Capturing)	반려견이 자연스럽게 보이는 행동을 즉시 강화하여 빠른 결과를 얻는 방법
연쇄 (Chaining)	연속적인 행동을 단계적으로 학습시키는 방법
일반화 (Generalisation)	반려견이 특정 환경뿐만 아니라 다양한 환경에서도 학습한 행동을 수행할 수 있도록 만드는 과정

➕ **스키너의 강화 이론**
스키너는 유기체가 어떤 행동을 한 결과가 스스로에게 유리할 경우 그 행동을 더 자주 하게 된다고 주장하였다.

(2) 강화물(Reinforcer)➕ : 행동의 결과로 주어지는 것으로 행동의 빈도를 높이는 자극을 의미

일차적 강화물	반려견의 행동을 직접적으로 증가시키는 강화물 예 음식(사료, 간식 등)
이차적 강화물	행동을 바로 증가시키지는 않지만, 일차적 강화물과 결합하여 효과를 가지는 강화물 예 클리커 소리, 호루라기, 보호자의 언어 등

2. 사회화 훈련의 상황별 구분

(1) 교감 활동

반려견이 새로운 사람을 만났을 때	• 소심한 반려견에게 시간을 주고 기다려줌 • 반려견이 다가오면 간식을 제공함 • 냄새를 맡으면 조용히 간식을 제공함 • 반복을 통해 경계를 해제하고 안정감을 형성함 • 놀이를 통한 기초교육을 진행함 • 신뢰감을 쌓아 교감 활동을 강화함
반려견이 새로운 환경을 만났을 때	• 적응을 강요하지 않고 충분한 시간을 제공함 • 나이가 어릴수록 더 많은 인내가 필요함 • 환경 경험이 적은 반려견일수록 배려가 필요함 • 소심한 반려견은 환경 적응이 어려울 수 있음 • 공격성, 과잉행동 시 침착하게 대응함
반려견이 새로운 사람을 만났을 때 (간식/공 활용)	• 간식과 공을 준비하여 관심을 유도함 • 관심을 보이면 간식을 제공하여 긍정적 인식을 형성함 • 생활 속 적절한 순간을 찾아 간식을 제공함 • 공놀이를 통해 함께하는 시간이 증가함
반려이 새로운 환경을 만났을 때 (간식/공 활용)	• 배설 행동 시 보상을 제공함 • 편안한 모습을 보이면 간식을 제공함 • 반려견이 좋아하는 물건과 함께할 수 있도록 지원함

(2) 사회성 풍부화 교육의 사례

가족과의 친화활동	• 손으로 간식을 줌 • 반려견이 가족 주변에서 휴식하면 칭찬과 보상을 진행함 • 그루밍을 통한 교감을 진행함
산책용 리드줄 적응	• 짧은 리드줄(50~60cm) 착용 후 실내·실외에서 익숙해지도록 함 • 120cm 리드줄로 실내 이동 훈련 및 보상을 제공함
낯선 장소에서 급식 훈련	• 7개월 미만: 하루 3회, 8개월 이상: 하루 2회 급식 • 장소(거실 → 작은방 → 현관문 앞 등) 변경하며 적응을 유도함
낯선 장소에서 휴식 교육	• 반려견이 스스로 엎드리도록 기다림 • 익숙한 방석을 사용해 점진적으로 적응시킴 • 바닥에서 보상을 제공하여 장소와 행동을 연관 짓도록 교육함
배변 훈련	• 식사 후 산책하며 배변을 유도함 • 배변 전 흥분시키지 않고 기다림 • 안정적인 장소에서 배변하도록 교육함
사람과 동물 인지 활동 훈련	• 가슴줄(하네스) 착용 후 자연스럽게 탐색을 유도함 • 냄새를 통한 정보 습득을 우선하도록 교육함 • 점프나 시각적 판단보다 후각 활용을 교육함

반려견 간의 사회적 인사 훈련	• 다른 반려견의 항문 냄새를 맡도록 유도함 • 정서적 불안감을 해소하기 위해 야외에서 다양한 활동(예 휴식, 급식, 배 보이기 등) 함께 시행함
반려견의 집에 대한 긍정적 연관 형성	• 반려견이 자주 쉬는 장소를 분석한 후, 이동량이 적은 곳에 집(하우스)을 배치함 • 자발적으로 집에 들어가도록 유도 후 보상
배 보이기 행동 학습	• 스스로 앉기 → 엎드리기 → 배 보이기 순으로 자연스럽게 유도함 • 행동이 나오면 즉시 보상하며 강화

3. 공간 사회화 훈련

(1) 야외 산책 훈련

지나치게 앞서는 행동 예방	• 50cm 길이의 리드줄 착용 후 1주일 이상 적응하는 연습을 함 • 실내에서의 산책 연습으로 보호자와 유대를 강화함

보호자와 나란히 걷기 훈련	• 반려견을 보호자의 좌측에 두고 산책
	• 오른발부터 출발하여 보호자가 주도권 유지
	• 명령어 사용
	  – 성부(말 명령): "따라"와 "가자"
	  – 시부(행동 명령): 왼손으로 골반 부위 터치
	• 훈련 단계
	  ❶ 한 걸음마다 보상 제공
	  ❷ 10m 이동하며 5회 이상 보상
	  ❸ 보상 위치는 보호자의 왼쪽 다리 근처
	  ❹ 원형 걷기 → 큰 원 걷기 → 8자 걷기 연습
	  ❺ 연속 강화와 간헐 강화 병행

(2) 이동장 활용 훈련

이동장에 대한 두려움 감소	• 이동장을 생활 공간에 두고 자연스럽게 익숙해지도록 함 • 이동장 주변 → 입구 → 안쪽으로 점진적 급식을 진행함 • 10~15일 동안 반복하여 이동장을 일상적인 물건으로 인식하도록 훈련함

(3) 휴식 공간 설정 훈련

이동장 안에서 쉬는 훈련	• 이동장 근처에서 긍정적인 경험(간식 보상)을 제공함 • 머리 → 앞발 → 뒷발 → 몸 전체가 들어가는 과정을 강화함 • 이동장 안에서 '기다려' 훈련 진행 후 보상함 • '집으로', '하우스' 등의 명령어를 통해 스스로 들어가도록 유도함 • 문을 닫는 시간을 점진적으로 늘려 최소 한 시간 이상까지 적응할 수 있도록 유도함
이동장을 활용한 이동 훈련	• 외출 준비 시 이동장에 자발적으로 들어가도록 유도함 • 가까운 공원·운동장으로 차량 이동 후 긍정적인 경험을 제공함 • 차량 탑승 후 놀이, 산책 등 즐거운 활동을 통해 이동장과 차에 대한 긍정적 연관을 형성함

> **공간 사회화 훈련**
> • 다양한 대상(사람, 물건, 나무, 돌, 시설물)의 냄새 맡기를 허용한다.
> • 환경 변화에 조심스럽게 적응하도록 유도한다.
> • 갑작스러운 접촉이나 환경 변화에 주의한다.
> • 보호자가 산책 방향을 주도하여 반려견의 의지대로 산책이 진행되지 않도록 한다.
> • 다양한 상황에서 칭찬과 보상을 제공하여 긍정적인 경험을 형성한다.

4. 대상 사회화 훈련

(1) 자전거에 대한 둔감화 및 사회화 훈련

자전거 주변에서 긍정적인 경험 형성	• 자전거 근처에서 보호자가 이름을 부르고 놀아줌 • 이름을 부르고 간식을 주며 좋은 경험을 제공함
자전거 탐색 기회 제공	• 반려견이 자전거 냄새를 맡고 탐색하도록 유도함 • 탐색 후 보상을 제공함
자전거에 앉아 있는 보호자에게 접근 유도	보호자가 자전거에 앉아 이름을 부르고 오면 보상함
자전거가 살짝 움직이는 상황에서 보상	자전거를 조금 움직인 후 이름을 부르고 오면 보상함
자전거가 지나가는 환경에 점진적 노출	• 보호자와 함께 있는 반려견 앞으로 자전거가 지나가게 함 • 반려견이 편안함을 유지하면 보상함
반복을 통한 둔감화	지속적인 반복 훈련을 통해 자전거에 대한 두려움을 해소함

(2) 우산을 쓴 사람에 대한 사회화 훈련

우산을 생활 공간에 배치	우산을 펼쳐두고 반려견이 다양한 각도에서 탐색할 기회를 제공함
우산 주변에서 긍정적 경험 제공	우산이 있는 상태에서 이름 부르기 및 간식으로 보상함
우산을 쓰고 움직이는 사람 관찰 훈련	• 거리를 두고 우산을 쓴 사람이 지나가게 함 • 반려견이 편안하면 보상함
점진적으로 거리 좁히기	반려견이 우산을 쓴 사람과 가까워질수록 보상을 제공함
우산을 쓴 사람에게 접근 및 긍정적 경험	우산을 쓴 사람이 직접 간식을 주도록 하여 긍정적 인식을 형성함

(3) 오토바이 및 킥보드에 대한 사회화 훈련

오토바이·킥보드 주변 노출	반려견이 근처에서 탐색하도록 유도하고 간식으로 보상함
냄새 맡기 및 탐색 시간 제공	새로운 물건에 대한 호기심을 유도하고 냄새를 맡으면 보상함
자전거 둔감화와 동일한 방식으로 단계적 훈련	조금씩 가까이 접근하면서 자전거 둔감화 훈련과 같은 방식을 적용함

4 문제행동 예방교육의 평가

1. 풍부화 요소 평가

환경적 요소 (Environmental Enrichment)	공간과 구조물 제공 여부 확인 예 충분한 활동 공간(실내/실외)이 있는가? 영구적인 구조물(나무, 정원, 울타리, 테라스, 잔디밭 등)이 있는가? 다양한 가구(침대, 이동장 등)를 활용할 수 있는가? 땅을 팔 수 있는 공간이나 흙, 모래가 있는가? 물놀이가 가능한 장소(물웅덩이, 풀장, 분수대 등)가 제공되는가?
사회적 요소 (Social Enrichment)	사회적 교류와 관계 형성 여부 확인 예 보호자와 충분한 상호작용 시간을 갖는가? 보호자가 반려견과 긍정적인 신체 접촉(쓰다듬기, 마사지 등)을 하는가? 다른 반려견과의 사회적 교류 기회(놀이, 산책, 훈련 등)가 있는가? 다른 동물(고양이, 새 등)과의 노출 경험이 있는가? 다양한 사람(어린이, 어른, 노인 등)과 교류할 수 있는가?
감각적 요소 (Sensory Enrichment)	다양한 감각을 자극하는 경험 제공 여부 확인 예 촉각: 다양한 질감의 장난감(부드러운 천, 거친 로프, 고무, 나무 등) 제공 미각: 다양한 맛을 경험할 수 있도록 간식 및 사료 변화 제공 후각: 노즈워크 장난감, 향기 탐색 게임, 다양한 냄새의 환경 경험 제공 시각: 다양한 색깔, 빛, 움직이는 대상(창밖 경치, TV 등) 제공 청각: 자연의 소리(새소리, 빗소리 등), 다양한 음악(클래식, 백색소음 등) 노출
먹이적 요소 (Food Enrichment)	다양한 방식으로 먹이 제공 여부 확인 예 정해진 시간에만 급식하는 것이 아니라, 먹이를 활용한 활동을 제공하는가? 퍼즐 피더, 노즈워크 매트, 숨겨진 간식 찾기 등의 활동이 있는가? 음식의 질이 반려견의 영양 요구를 충족하는가? 다양한 질감(건식, 습식, 생식, 간식 등)의 음식을 제공하는가?
인지적 요소 (Cognitive Enrichment)	두뇌 활동을 자극하는 프로그램 제공 여부 확인 예 반려견의 견종 특성을 고려한 학습 프로그램이 있는가? 문제 해결 능력을 키울 수 있는 퍼즐 장난감을 제공하거나 트릭 훈련을 하는가? 새로운 명령어나 기술('앉아', '기다려', '돌아' 등)을 지속적으로 학습하는가? 후각 훈련, 노즈워크, 숨은 간식 찾기 등의 활동을 제공하는가?

반려견 풍부화 평가 질문지 (보호자 작성용)		○○○○년 ○○월 ○○일	
반려견 이름: 나이: 성별:		견종: 보호자:	
풍부화 요소	풍부화 내용	제공여부 및 방법	
환경적 요소	반려견의 생활 공간의 크기	이동장 크기: 운동장의 크기:	
	구조물(울타리, 나무, 정원, 테라스, 잔디밭 등)		
	가구(침대, 이동장, 의자 등)		
	기타 특징(땅파기 장소, 물놀이터)		
사회적 요소	견종, 성별, 동거 반려견		
	활동 수준		
	보호자와 상호작용의 시간과 질	하루 평균 시간: 상호작용 종류:	
감각적 요소	촉감		
	질감		
	맛		
	시각, 청각		
먹이 요소	먹이주기(방법, 종류)	사료 수준: 급식 방법:	
인지적 요소	인지능력의 정도(퍼즐 장난감 활용)	퍼즐 장난감의 종류:	
	훈련 내용	참여 프로그램:	

▲ 반려견 풍부화 평가 질문지

2. 사회성 요소 평가

낯선 장소에서의 급식	• 목표: 반려견이 낯선 환경에서도 편안하게 급식을 할 수 있는지 평가함 • 반려견이 낯선 장소에서 급식할 때 긴장하거나 불안하지 않고 편안하게 음식을 섭취하는지 확인함 • 반려견이 환경에 대한 불안을 극복하고 있다는 신호로, 안정감과 사회화가 이루어졌음을 나타냄
낯선 장소에서의 휴식	• 목표: 반려견이 낯선 장소에서 편안하게 누워서 휴식하는지 평가함 • 낯선 환경에서 엎드려서 휴식하는 행동을 확인함 • 반려견이 그 환경을 안전하다고 인식하고 있으며, 스트레스를 최소화하고 있음을 보여줌
낯선 장소에서의 배변 활동	• 목표: 반려견이 낯선 장소에서 편안하게 배변 활동을 하는지 평가함 • 반려견이 낯선 장소에서도 방어적인 자세를 취하지 않고 배변할 수 있는지 살펴봄 • 배변은 반려견의 안정감과 사회적 적응 정도를 나타내는 중요한 지표가 됨
사람과 동물에 대한 인지 활동	• 목표: 반려견이 낯선 사람이나 동물을 인지하고 편안하게 반응하는지 평가함 • 보호자 외의 사람이나 동물에게 어떻게 반응하는지 살펴봄 • 친숙하지 않은 사람이나 동물에 대한 반응이 공격적이지 않고 호기심을 보이는 정도로 사회성 발달 여부를 판단함

낯선 장소에서의 걷기 및 활동	• 목표: 반려견이 낯선 장소에서 자발적으로 걷거나 활동하는지 평가함 • 낯선 장소에서도 반려견이 자유롭게 걷거나 활동을 하는지 확인함 • 반려견이 그 환경에서 두려움 없이 자발적인 행동을 할 수 있음을 나타냄
다른 반려견에 대한 반응	• 목표: 반려견이 다른 개와의 만남에서 어떻게 반응하는지 평가함 • 반려견이 다른 개가 뒤태(엉덩이) 부위를 맡도록 허락하는지, 또는 반려견이 공격적이지 않고 사회적 상호작용을 할 수 있는지 살펴봄 • 반려견이 사회적 신호를 이해하고 적절히 반응하는지 평가하는 지표가 됨
집이라는 장소에 대한 편안함	• 목표: 반려견이 집을 가장 편안한 장소로 인식하는지 평가함 • 집에서 반려견이 안정감을 느끼고, 정서적으로 편안함을 유지하는지 확인함 • 집은 안전하고 신뢰할 수 있는 공간이어야 하며, 반려견의 성격 발달과 사회화 과정에서 중요한 요소가 됨

반려견 사회성 교육 평가 질문지 (보호자 작성용)				○○○○년 ○○월 ○○일
반려견 이름: 나이: 성별: 견종: 보호자:				
교육 내용	평가 내용			반려견의 특이사항
	상	중	하	
낯선 장소에서의 급식				
낯선 장소에서의 휴식				
낯선 장소에서의 배변				
낯선 장소에서의 활동 정도				
낯선 장소에서의 반응 정도				
다른 반려견이 항문 주변의 냄새를 맡을 수 있도록 하는지 여부				
반려견의 집에서 편하게 있는지 여부				
전체적인 평가				

▲ 반려견 사회성 교육 평가

CHAPTER 05 고객상담

합격 TIP 최상의 상담 서비스를 제공하기 위한 서비스 개념과 화법을 이해한다.

1 반려동물 산업과 서비스

1. 상담 서비스의 개념과 분야

(1) 개념
① 반려동물행동지도사는 보호자와의 상담을 통해 반려견 또는 반려묘의 행동 문제를 해결한다.
② 인간과 반려동물의 건강한 관계를 형성하도록 돕는 전문가이다.
③ 상담 과정에서 보호자의 요구를 파악하고 맞춤형 솔루션을 제공한다.
④ 보호자가 반려동물의 행동을 이해하고 적절한 교육을 할 수 있도록 지도한다.
⑤ 반려동물 산업과 서비스의 개념을 이해하고 서비스의 특성을 고려한 상담 기법을 활용하는 것이 중요하다.

(2) 분야

반려동물 용품 및 사료 산업	사료, 간식, 장난감, 위생용품 등
반려동물 의료 및 건강 관리	동물병원, 예방접종, 건강검진 등
반려동물 교육 및 행동 교정	반려동물행동지도사, 훈련사, 사회화 교육 등
반려동물 미용 및 케어	미용실, 스파, 마사지 등
반려동물 복지 및 여가	반려견 카페, 호텔, 놀이 공간, 여행 서비스 등

2. 상담 서비스의 특성

무형성 (Intangibility)	• 반려동물 상담 서비스는 물리적인 형태가 없음 • 보호자가 직접 경험해야 그 효과를 확인할 수 있음 • 상담의 신뢰도를 높이기 위해 사례 분석, 영상 자료 제공, 보호자 피드백 등을 활용함
비분리성·동시성 (Inseparability & Simultaneity)	• 상담 서비스는 반려동물, 보호자, 행동지도사가 함께 참여하는 과정에서 제공함 • 서비스 제공과 소비가 동시에 이루어짐 • 보호자의 협력이 필수적이기 때문에 상담 중 적극적인 참여를 유도함
이질성 (Heterogeneity)	• 반려동물의 성격, 보호자의 양육 방식, 가정 환경 등에 따라 상담 방식을 설정함 • 맞춤형 상담을 제공하기 위해 개별 사례 분석과 유연한 접근이 필요함
소멸성 (Perishability)	• 상담 서비스는 실시간으로 진행되며, 한 번 제공되면 저장할 수 없음 • 보호자가 지속적으로 교육 내용을 실천할 수 있도록 상담 후 피드백을 제공함 • 반복적인 교육을 진행하는 것이 중요함

3. 상담 서비스의 품질

(1) 의미와 특징
① 의미: 반려동물행동지도사의 보호자 상담은 단순한 정보 제공이 아니라, 보호자가 반려동물과의 관계를 개선하고 행동 문제를 해결하도록 돕는 맞춤형 서비스이다.
② 특징: 서비스 품질은 보호자가 상담 경험을 어떻게 인식하는지에 따라 결정되기 때문에 이를 고려하여 전문적인 상담을 제공해야 한다.

(2) 구성 요소

신뢰성 (Reliability)	• 보호자가 기대하는 수준의 정확한 정보와 해결책을 제공함 • 반려동물의 문제행동을 과학적 근거에 기반하여 분석하여 효과적인 해결 방법을 제시함 • 일관된 상담 방식과 체계적인 교육 프로그램을 제공하여 신뢰를 구축함
응답성 (Responsiveness)	• 보호자의 질문과 요청에 빠르게 응답하고 적절한 해결책을 제시함 • 상담 후에도 보호자가 궁금한 점을 해결할 수 있도록 피드백을 제공함 • 보호자의 상황을 고려하여 유연하게 대응함 • 추가적인 상담이 필요할 경우에 대한 안내를 진행함
공감성 (Empathy)	• 보호자의 입장에서 문제를 이해하고 공감하는 태도로 응대함 • 반려동물과 보호자의 관계를 존중하고 현실적인 해결책을 제안함 • 단순한 문제 해결이 아닌, 보호자가 반려동물과 더 좋은 관계를 맺을 수 있도록 돕는 역할을 함
확신성 (Assurance)	• 반려동물 행동학에 대한 전문적인 지식을 바탕으로 상담 내용을 구성함 • 보호자가 신뢰할 수 있도록 논리적이고 체계적인 상담을 진행함 • 보호자가 반려동물 교육 방법을 실천할 수 있도록 정확한 가이드를 제시함
유형성 (Tangibles)	• 상담 공간, 교육 자료, 시각적 자료(예 영상, 프레젠테이션 등) 등 물리적인 요소가 서비스 품질에 영향을 줄 수 있음 • 깨끗하고 정돈된 상담 환경을 조성하여 신뢰감을 줄 수 있도록 함 • 반려동물 교육 시 필요한 도구(예 목줄, 목끈, 클리커, 간식 등)를 효과적으로 활용함

(3) 전략➕

전문성 강화	• 최신 반려동물 행동학, 심리학, 훈련 방법 등을 지속적으로 학습함 • 반려동물 행동 교정 사례를 연구하고, 실무 경험을 축적함
맞춤형 상담 제공	• 보호자의 생활 패턴과 반려동물의 성향을 고려하여 개별화된 상담을 제공함 • 보호자가 쉽게 실천할 수 있는 행동 수정 방법을 제안함
효과적인 의사소통	• 보호자의 고민과 질문을 경청하며, 친절하고 명확하게 설명함 • 보호자가 반려동물의 행동 문제를 올바르게 이해하도록 도움을 줌
사후 관리 시스템 구축	• 상담 이후에도 보호자가 궁금한 점을 해결할 수 있도록 추가 피드백을 제공함 • 필요할 경우 추가 교육 세션을 제안하고, 보호자의 실천 여부를 확인함

➕ **보호자가 기대하는 서비스 핵심 요소**
• 반려동물 문제 해결을 위한 과학적이고 실용적인 방법을 제시한다.
• 보호자가 쉽게 이해하고 따라할 수 있는 실천 가능한 가이드를 제시한다.
• 반려동물뿐만 아니라 보호자의 감정과 고민까지 공감하는 상담 태도로 응대한다.
• 지속적인 사후 관리와 추가 상담 가능 여부를 판단한다.

> ➕ 보호자의 기대를 이해하고 충족하는 서비스 제공
> - 반려동물 행동 상담의 전문성과 신뢰성을 확보한다.
> - 고객과의 지속적인 관계를 형성하고 사후 관리를 진행한다.
> - 고객 피드백을 반영하여 서비스를 개선한다.

4. 고객 만족 서비스 경영 ➕

(1) 의미와 특징
① 의미: 반려동물행동지도사는 단순히 반려동물의 행동을 교정하는 역할뿐만 아니라 보호자의 만족도를 높이고 신뢰를 구축하는 서비스 제공자로서의 역할도 수행해야 한다.
② 특징: 고객의 기대 충족, 지속적인 관계 유지, 서비스 품질 향상 등의 전략이 필요하다.

(2) 전략

① 보호자 맞춤형 서비스 제공

특징	• 반려동물의 문제행동과 보호자가 기대하는 해결 방법이 다르므로 맞춤형 상담을 제공함 • 반려동물의 성격, 환경, 보호자의 생활 패턴 등을 분석하여 적절한 해결책을 제시함 • 상담 전에 사전 설문이나 인터뷰를 통해 보호자의 고민을 충분히 파악하고 준비함
실천 방안	• 상담 전에 보호자의 반려동물 행동 문제 및 요구사항을 파악하는 사전 설문조사를 실시함 • 보호자의 생활 패턴과 반려동물의 특성에 맞춘 개별 맞춤형 솔루션을 제공함 • 보호자가 지속적으로 쉽게 실천할 수 있는 훈련법을 제안함

② 서비스 품질 향상을 위한 지속적인 전문성 강화

특징	반려동물행동지도사는 반려동물 행동학, 심리학, 훈련 방법 등에 대한 최신 개념을 지속적으로 학습해야 함
실천 방안	• 최신 연구 자료, 논문, 트렌드를 반영하여 상담을 진행함 • 반려동물 행동 전문가와의 네트워킹을 통해 전문성을 강화함 • 지속적으로 학습하고 자격증을 취득함

③ 신뢰 구축을 위한 상담 태도와 커뮤니케이션 기술 향상

특징	• 보호자의 감정에 공감하고 친절한 태도로 상담을 진행함 • 논리적이고 체계적인 설명으로 보호자가 반려동물 행동을 이해할 수 있도록 도움 • 상담 후에도 보호자가 지속적으로 훈련을 실천할 수 있도록 피드백을 제공함
실천 방안	• 보호자의 고민을 충분히 경청하고 공감하는 상담 태도를 유지함 • 복잡한 이론적인 설명보다 보호자가 이해하기 쉬운 실용적인 설명으로 안내함 • 보호자가 반려동물 훈련을 지속할 수 있도록 상담 후 체크리스트를 제공함

④ 고객 피드백 반영 및 서비스 개선

특징	• 보호자의 만족도 평가 및 피드백을 통해 서비스 품질을 개선함 • 만족도가 높은 서비스 요소 강화 및 부족한 부분 개선으로 고객 만족도를 극대화함
실천 방안	• 상담 후 보호자의 피드백을 수집하여 서비스 개선에 반영함 • 온라인 리뷰 및 후기 관리로 신뢰를 구축함 • 반복 방문 고객을 위한 맞춤형 관리 시스템을 도입함

⑤ 고객과의 지속적인 관계 유지(사후 관리 시스템 구축)

특징	• 상담 후에도 보호자가 반려동물의 문제행동을 지속적으로 개선할 수 있도록 사후 관리를 제공함 • 정기적인 체크업 상담을 통해 보호자가 반려동물 관리에 어려움을 겪지 않도록 도움
실천 방안	• 상담 후 일정 기간 동안 보호자와 연락을 유지하며 피드백을 제공함 • 반려동물 행동 관련 교육 자료 및 가이드를 제공함 • SNS, 커뮤니티, 뉴스레터 등을 활용하여 지속적인 정보를 제공함

(3) 효과
① 보호자의 신뢰 확보 → 지속적인 상담 요청 및 신규 고객 추천 증가
② 반려동물 행동 개선 성공률 증가 → 보호자의 만족도 향상
③ 긍정적인 입소문 효과 → 신규 고객 유입 증가
④ 반복 이용 고객 증가 → 장기적인 상담 프로그램 운영 가능
⑤ 반려동물 문제행동 및 보호자의 고충 해결 → 보호자와의 긍정적인 관계 형성

2 서비스 고객 관리

1. 고객 니즈(Needs)

(1) 의미와 특징
① 의미: 고객이 특정 욕구를 충족시키기 위해 필요로 하는 것을 의미한다.
② 특징
- 반려동물행동지도사를 찾는 보호자는 반려동물의 문제행동 해결뿐만 아니라 반려동물과의 행복한 관계 형성, 심리적 안정감, 교육적 지원, 맞춤형 솔루션, 신뢰할 수 있는 전문가의 조언, 지속적인 관리 서비스 등을 기대한다.
- 보호자의 니즈를 정확히 이해하고 서비스를 제공하는 것이 고객 관리의 핵심이다.
- 고객 니즈를 제대로 파악하고 충족시키면 서비스 만족도 상승, 재방문율 증가, 긍정적인 입소문, 고객 충성도 향상 등의 효과를 얻을 수 있다.

(2) 종류
① 행동 교정 및 문제 해결 니즈

주요 니즈	• 반려견의 공격성, 분리불안, 짖음, 실내 배변 문제 등의 행동 교정을 기대함 • 보호자가 스스로 해결하기 어려운 문제행동에 대해 전문가의 도움을 받고 싶음 • 효과적인 훈련법을 배우고 싶음
서비스 제공 전략	• 문제행동의 원인을 정확히 분석하고, 개별 맞춤형 교정 프로그램을 제공함 • 보호자가 실천할 수 있도록 쉬운 훈련법을 설명하고, 지속적인 피드백을 제공함 • 실내 훈련, 사회화 훈련 등 행동 문제에 따라 차별화된 서비스를 운영함

② 보호자의 심리적 안정감과 신뢰 형성 니즈

주요 니즈	• 반려동물 행동 문제로 인한 스트레스로 전문가의 조언을 통해 심리적 안정을 찾고 싶음 • 반려동물의 행동이 나아지고 있다는 확신을 가지고 싶음 • 전문가가 신뢰할 만한 사람인지 알고 싶음
서비스 제공 전략	• 보호자의 고민에 공감하고 친절한 태도로 상담을 진행함 • 보호자가 실천 가능한 행동 교정 방법을 제시하여 변화 과정을 경험하도록 유도함 • 명확한 설명과 성공 사례 공유를 통해 신뢰도를 높임

③ 맞춤형 교육 및 관리 지원 니즈

주요 니즈	• 반려견의 성격, 견종 특성, 환경에 맞춘 맞춤형 훈련 솔루션을 기대함 • 일회성이 아닌 지속적인 관리와 조언을 원함 • 보호자가 실천할 수 있는 교육 방법이 필요함
서비스 제공 전략	• 보호자의 생활 패턴과 반려견의 성향을 고려한 개별 맞춤 상담을 진행함 • 보호자가 지속적으로 훈련할 수 있도록 교육 자료 및 체크리스트를 제공함 • 정기적인 상담 및 피드백 시스템을 운영함

④ 반려동물과의 관계 개선 및 사회화 니즈

주요 니즈	• 반려동물과의 더 깊은 유대감을 형성하고자 함 • 다른 반려동물이나 사람과 원활하게 교류할 수 있도록 돕고 싶음 • 사회화 훈련을 통해 반려동물이 스트레스 없이 생활하기를 기대함
서비스 제공 전략	• 보호자가 반려동물과 더 나은 관계를 형성할 수 있도록 소통 방법을 교육함 • 사회화 훈련으로 적응력을 높임 예 다른 반려견과의 놀이, 새로운 환경 적응 등 • 보호자와 반려동물이 함께하는 훈련 프로그램을 운영함

⑤ 지속적인 관리 및 사후 지원 니즈

주요 니즈	• 한 번의 상담이 아닌, 지속적인 관리와 조언을 받기를 원함 • 반려동물이 성장하면서 발생하는 새로운 행동 변화에 대해 상담하고 싶음 • 실시간으로 궁금한 점을 물어볼 수 있는 서비스가 필요함
서비스 제공 전략	• 상담 후 일정 기간 동안 지속적인 피드백 및 질문 응답 서비스를 지원함 • 온라인 커뮤니티, SNS, 뉴스레터 등을 활용하여 정보를 제공함 • 추가 방문 상담 및 행동 평가를 통한 지속적인 관리를 제공함

(3) 전략

고객 데이터베이스 구축	• 보호자의 반려동물 정보(예 이름, 나이, 견종, 문제행동 등)를 체계적으로 정리함 • 상담 진행 과정 및 개선 사항을 기록하여 추후 관리에 활용함
정기적인 피드백 제공	• 상담 후 일정 기간 동안 보호자에게 피드백을 요청함 • 반려동물 행동 변화 및 추가 상담 필요 여부를 확인함
맞춤형 서비스 패키지 운영	• 단기 상담뿐만 아니라 장기적인 관리가 가능한 프로그램을 운영함 • 보호자의 관심사에 맞춘 교육 프로그램(예 사회화 훈련, 놀이 훈련 등)을 제공함
커뮤니케이션 채널 활성화	• SNS, 이메일, 문자 등을 활용하여 보호자와 지속적으로 소통함 • 보호자가 궁금한 점을 쉽게 질문할 수 있도록 온라인 상담 창구를 운영함
고객 만족도 조사 및 서비스 개선	• 상담 후 보호자의 만족도를 평가하여 서비스 개선에 반영함 • 만족도가 높은 서비스는 강화하고, 부족한 부분은 보완함

2. 고객 만족(Customer Satisfaction)

(1) 의미와 특징

① 의미: 보호자가 반려동물행동지도사의 서비스에 대해 기대한 수준과 실제 경험한 서비스의 차이에 따라 느끼는 감정적 반응⊕이다.

② 특징: 보호자가 기대하는 수준을 뛰어넘는 서비스를 제공할 때, 높은 고객 만족을 얻을 수 있다.

⊕
• 서비스 경험 > 기대치 → 만족
• 서비스 경험 < 기대치 → 불만족

(2) 구성 요소

서비스 품질	• 문제행동 교정의 효과가 나타나는가? • 보호자가 이해하기 쉬운 훈련 방법을 제공하는가? • 훈련 종료 후에도 지속적인 피드백과 사후 관리가 이루어지는가?
전문가 신뢰도	• 반려동물행동지도사의 전문성이 높은가? • 보호자의 고민에 공감하고 적극적으로 상담해주는가? • 반려동물의 행동을 정확하게 분석하고 해결책을 제시하는가?
고객 경험	• 상담 및 훈련 과정이 보호자에게 스트레스를 주지 않는가? • 반려동물의 상태를 고려하여 맞춤형 솔루션을 제공하는가? • 보호자가 반려동물과 더 깊은 유대감을 형성할 수 있도록 돕는가?

(3) 전략

맞춤형 서비스 제공	• 반려동물의 성향과 보호자의 생활 패턴을 고려한 개인 맞춤 상담을 진행함 • 다양한 훈련 방법을 제시하여 보호자가 적절한 방법을 선택할 수 있도록 함
효과적인 커뮤니케이션	• 보호자가 이해하기 쉬운 방식으로 설명함 • 상담 전후 피드백을 제공하여 보호자의 궁금증을 해결함
지속적인 사후 관리	• 1회성 서비스가 아닌 지속적인 관리를 제공함 • 정기적인 상담 및 문제행동 개선 여부를 확인함
보호자 교육 강화	• 보호자가 반려동물의 행동을 올바르게 이해할 수 있도록 교육함 • 보호자가 직접 훈련할 수 있도록 실용적인 팁을 제공함

3. 서비스 회복(Service Recovery)

(1) 의미와 특징

① 의미: 보호자가 서비스에 불만족을 느끼거나 서비스가 보호자의 기대에 미치지 못했을 때, 이를 해결하고 신뢰를 회복하는 과정이다.

② 특징: 서비스 불만족이 발생한 상황에서 적절한 서비스 회복이 이루어지면 오히려 고객 충성도가 높아질 수 있다.

➕ 서비스 회복이 필요한 경우의 예
- 반려동물의 행동이 기대만큼 개선되지 않았을 때
- 보호자가 제공받은 서비스가 기대한 것과 다를 때
- 상담 중 보호자가 불쾌감을 느꼈을 때
- 서비스 과정에서 실수가 발생했을 때

(2) 전략

빠른 대응	• 보호자의 불만이 접수되었을 때 즉시 대응함 • 해결이 신속하게 이루어질수록 고객 만족도가 높아짐
공감과 경청	• 보호자의 불만을 끝까지 경청하고 공감하는 태도를 보임 • "이해합니다. 충분히 그럴 수 있습니다."와 같은 말로 보호자의 감정을 인정함
문제 해결 및 보상 제공	• 서비스 개선을 통해 보호자가 만족할 수 있는 대안을 제공함 • 필요할 경우 추가 상담, 무료 피드백 세션을 제공함
사후 관리 강화	• 서비스 회복 이후에도 보호자의 만족도를 지속적으로 확인함 • 같은 문제가 반복되지 않도록 개선함

참고 고객 응대 시 유용한 화법

신뢰 화법	고객과의 신뢰를 쌓기 위해 솔직하고 일관된 태도를 유지하며 전문적으로 설명함 예 "반려견의 문제행동을 해결하기 위해 과학적으로 검증된 방법을 사용하겠습니다."
의뢰형 화법	명령 대신 요청하는 형태로 표현함 예 "반려견이 짖을 때 큰 소리로 혼내기보다는, 짖지 않으면 칭찬해 보세요."
Yes/But 화법	고객의 의견을 수용하면서 개선 방향을 제시함 예 "반려견이 자연스럽게 문제행동을 고칠 수 있지만, 훈련을 통해 더 효과적으로 개선할 수 있습니다."
쿠션 화법	부정적인 내용은 완충하며 부드럽게 전달함 예 "말씀해주신 방식도 의미가 있지만, 조금 더 효과적인 방법이 있을 수 있습니다."
맞장구 화법	고객의 말을 경청하고 공감을 표현함 예 "그럴 때 정말 속상하시겠어요. 원인을 함께 찾아볼까요?"
나 전달법	비난 대신 자신의 감정을 표현함 예 "체벌보다는 긍정적인 방법이 더 효과적일 수 있어요."

아론슨 화법	직접적인 지적 대신 고객이 스스로 문제를 깨달을 수 있도록 유도함 예 "반려견이 짖을 때마다 혼을 내셨는데, 효과가 있었나요?"
칭찬 화법	긍정적인 변화를 칭찬하여 동기를 부여함 예 "반려견이 많이 차분해졌어요! 고객님 덕분이에요."

＋ 서비스 회복의 효과
- 높은 고객 만족 → 재방문율 증가, 긍정적인 입소문, 장기 고객 확보
- 효과적인 서비스 회복 → 불만족 고객이 충성 고객으로 변할 가능성 증가

(3) 효과＋
① 반려동물행동지도사는 반려동물의 문제행동을 교정할 뿐만 아니라, 보호자의 기대를 충족하고 신뢰를 형성하는 것도 중요하다.
② 고객 만족도를 높이고, 서비스 회복을 효과적으로 수행하는 것이 장기적인 성공의 핵심 요소이다.

3 보호자 상담

1. 보호자 상담의 의미와 역할
① 의미: 보호자 상담은 반려동물의 문제행동을 해결하기 위한 초기, 중간, 사후 상담의 단계를 포함하는 과정이다.
② 역할: 반려동물의 문제를 파악하고, 보호자가 적절한 양육 방법을 익히며, 문제행동 해결을 위한 적합한 전략을 제시한다.

2. 보호자 상담의 목적

(1) 초기 상담의 목적

보호자의 요구사항 파악	보호자가 해결하고자 하는 구체적인 문제와 기대하는 서비스 등을 파악하여 상담의 방향성을 설정함
현실적 문제 인지	보호자가 겪고 있는 현실적인 문제를 정확히 인지하여 해결해야 할 주요 포인트를 파악함
반려동물의 상태 분석 및 보호자의 성향 파악	반려동물의 행동 패턴을 분석하고, 보호자의 양육 태도나 성향을 파악하여 적합한 훈련 방법을 설정함
체계적인 목표 설정을 위한 정보 수집	보호자의 요구사항을 바탕으로, 구체적이고 실현 가능한 목표를 설정하기 위해 필요한 정보를 수집함
문제 해결을 위한 과정 및 방법 제시	초기 상담을 통해 보호자의 문제를 해결할 수 있는 방법을 제시하고, 구체적인 과정을 설명함

(2) 중간 상담의 목적

보호자의 만족도 파악	훈련의 진행 상황에 대해 보호자가 어떻게 느끼고 있는지, 보호자의 만족도를 파악함
현실적 문제 해결에 대한 상태 분석	반려동물의 행동 변화 여부와 현실적인 문제 해결 상태를 분석함
보호자의 양육 방법 교정을 위한 상담	보호자가 기존의 양육 방법을 개선할 수 있도록 조언을 제공함
목표 설정에 따른 진행 과정 확인	• 설정된 목표가 잘 진행되고 있는지, 보호자가 목표를 향해 나아가고 있는지 확인함 • 필요 시 목표를 수정 및 보완함

(3) 사후 상담의 목적

보호자의 만족도 파악	반려견 행동 교정 프로그램이 끝난 후, 최종적으로 보호자의 만족도와 피드백을 수집함
반려견의 변화 상태 파악	반려견의 행동 변화가 실제로 이루어졌는지 평가하고 변화를 기록함
문제 해결에 대한 평가	문제 해결이 얼마나 효과적으로 이루어졌는지 평가하여, 프로그램의 효과와 개선점 등을 분석함
연계 프로그램 및 과정 안내	보호자에게 향후 필요한 추가 훈련이나 연계 프로그램을 알리고 지속적인 지원을 제공함

3. 보호자 상담 기술

(1) 의미와 역할
① 의미: 보호자 상담 기술은 보호자와의 신뢰를 구축하고, 효과적인 문제 해결을 위해 필요한 기술이다.
② 역할: 보호자와 원만한 관계를 형성하고, 문제를 정확히 파악하여 적합한 해결책을 제시한다.

(2) 유형
① 라포(Rapport) 형성: 상담의 시작에서 매우 중요한 단계로, 보호자와 상담자 간의 신뢰와 유대감을 형성하는 과정이다.

수용적 태도	• 보호자의 말에 편안하고 개방적인 태도로 반응함 • 비판 없이 수용하는 자세가 요구됨
전문성	반려동물의 문제행동에 대한 전문적인 지식과 해결책을 제시함으로써 신뢰감을 형성함
보호자의 요구 이해	보호자가 무엇을 필요로 하는지 정확히 파악하고, 그에 맞는 서비스를 제공함

② 명료화: 보호자가 말하는 내용을 보다 명확하게 이해하고, 잘못된 해석을 방지하기 위해 사용하는 기술이다.

보호자의 문제 파악	• 보호자가 겪고 있는 문제를 정확히 파악함 • 문제를 해결하기 위한 구체적인 방법을 제시함

③ 질문 기술: 보호자의 생각을 이끌어내고, 문제를 명확하게 분석하는 기술이다.

개방형 질문	보호자가 자신의 생각이나 경험을 자유롭게 표현할 수 있도록 유도하는 질문 예 "반려견이 거실에 소변을 본 경우에는 어떻게 대처하셨나요?"
폐쇄형 질문	'예/아니오'로 간단하게 답할 수 있는 질문으로, 명확한 정보나 사실을 얻을 때 유용함 예 "반려견을 언제 데려오셨어요?"
명료화 질문	보호자가 했던 말을 보다 구체적으로 이해하기 위한 질문 예 "그것이 어렵다고 말씀하셨는데, 구체적으로 어떤 점이 어려우신가요?"

> **질문을 통한 목표 수립**
> - 질문을 통해 보호자가 원하는 변화와 목표를 명확히 하고 구체적인 계획을 수립할 수 있다.
> - 목표를 구체적으로 설정하기 위해 보호자에게 다음과 같은 질문으로 도움을 줄 수 있다.
>   예 "어떤 점이 변화되었으면 좋겠나요?"
>   "바라는 변화는 어느 정도인가요?"
>   "효과적인 교육을 위해 어떤 변화가 필요할까요?"

4. 보호자 상담의 준비와 실행

(1) 보호자 상담 목표 수립

보호자와 협의	보호자가 목표 설정에 적극적으로 참여하고 목표를 명확히 설정하도록 도움
지속적인 조율	설정한 목표는 변화하는 훈련 상황에 맞춰 지속적으로 조율 및 조정함
창의적 사고 기반	보호자가 선택할 수 있는 다양하고 창의적인 방법을 제안함
보호자의 능력 고려	보호자의 트레이닝 수용 수준과 실제적인 훈련 능력을 고려하여 목표를 설정함
구체적 목표 설정	목표는 구체적이고 현실적으로 달성 가능한 범위 내에서 설정함
보호자의 문제 수용	목표 설정 시 보호자가 겪는 문제들을 전체적으로 고려하여 해결책을 제시함

(2) 상담카드 작성

① 반려견 기초 자료수집 항목 및 예시

반려견명 및 보호자 기본 정보	
보호자 및 반려견명	홍길순(보호자), 마크(반려견)
추가 참고사항	견종: 샤페이 나이: 14개월 성별: 수컷 기타: 생후 5개월에 중성화 완료, 훈련에 적합하다는 수의사 소견 확인, BCS 3등급
반려견 문제행동 개요	
문제행동	• 실내에서 초인종, 엘리베이터 소리에 과도한 짖음 • 산책 시 통제가 어려움
발생 시기 및 빈도	생후 8개월, 하루 2~3회에서 증가 추세
발생 장소	• 실내: 통제가 어려우며 공격성 발현 가능 • 외부 산책 시: 간혹 통제 가능하나 대부분 어려움이 따름
반려견 문제행동 분석	
문제행동 발생 시 주변 환경 변화	• 짖는 문제: 외부 자극(특히 영역 침입과 연관) 시 반응 • 산책 시 통제 어려움: 영역에 대한 소유욕 증가와 연관
문제행동 발생 전 특이사항	• 짖기 전 외부 청각 자극에 대한 긴장감 표현 • 산책 시 후각 자극에 대한 긴장감 표현 증가
보호자의 대처	• 보호자는 48세 전업주부이며, 우울증 치료 목적으로 마크를 입양함 • 반려견을 매우 감정적으로 대하는 경향이 있음
문제행동이 발생하지 않는 상황	• 외부 자극이 없을 때는 짖지 않음 • 남편이 있을 때는 짖어도 제지하면 멈춤 • 산책 시 남편의 통제에는 잘 따름
대상 반려견 문제행동 교정 시행	
문제행동 원인	반려견이 보호자(전업주부)에게 의지하며, 보호자의 상대적 약함을 인지하여 소유욕 및 서열 정리 욕구가 증가한 것으로 보임
행동 교정 방법	• 정적 약화: 보호자가 반려견의 우두머리 역할을 수행할 수 있도록 유도 • 부적 강화: 놀이 주도권을 보호자가 가지도록 조정 • 급식 조정: 자율 급식 → 제한급식으로 변경 • 목줄 교체: 현재보다 긴장감을 줄 수 있는 목줄 사용 권장

② 반려견 보호자 상담카드 예시

반려견 보호자 상담카드			
		작성자:	
견명		작성일	

1. 본인(반려견 보호자)은 자신이 반려견의 주인이라고 생각하는가, 아니면 리더라고 생각하는가?

2. 반려견 보호자는 반려견과 감성적 교감을 통한 소통을 한다고 생각하는가?
    ① 반려견은 인간과 같이 이성적으로 사고하는 존재이다.
    ② 반려견의 동물적 본능을 보호자가 감정적으로 해석한다.
    ③ 반려견은 동물의 본능적인 단순한 감성과 이성이 있다.

3. 반려견 보호자는 반려견이 성장단계별로 심리적 변화를 겪는다고 생각하는가?
    ① 반려견은 연령과 상관없이 일정한 성격을 유지한다.
    ② 반려견은 연령에 따라 성격의 변화는 있으나 경미한 수준이어서 느낀 적이 없다.
    ③ 반려견은 연령에 따라 성격의 변화는 있으며 이에 따른 행동의 변화를 느낄 수 있다.

4. 반려견 보호자는 반려견의 카밍 시그널에 대해 이해하고 있는가?
    ① 카밍 시그널을 모른다.
    ② 카밍 시그널에 대해 이해하고는 있으나 반려견과의 소통에 적용하지는 않고 있다.
    ③ 카밍 시그널에 대해 이해하고 있으며 반려견과의 소통에 적용하고 있다.

5. 반려견의 문제행동에 대한 행동 교정 시도 경험이 있는가?
    ① 반려견의 문제행동에 대해 행동 교정을 시도한 적이 없다.
    ② 반려견의 문제행동 교정을 시도하였으나 반려견의 문제행동이 개선된 경험은 없다.
    ③ 반려견의 문제행동 교정을 시도하였으며 일부 반려견의 문제행동이 개선된 경험이 있다.

6. 반려견의 문제행동 교정을 실시한 경우 정보를 얻은 경로는?
    ① 대중매체   ② 인터넷 정보   ③ 서적   ④ SNS   ⑤ 본인의 생각

7. 반려견의 문제행동 교정 방법에 대한 견해는?
    ① 행동 교정시 체벌은 절대 허용하지 않으며 오직 칭찬을 통한 긍정적 강화 방법으로만 이루어져야 한다.
    ② 행동 교정은 경우에 따라 칭찬과 체벌이 적절히 조합되어야 한다.
    ③ 행동 교정은 주로 체벌로 이루어지고 칭찬은 제한적으로 사용한다.

8. 본인이 생각하는 본인의 반려견에 적합한 칭찬 방법이나 보상물품을 두 가지 제시하시오.

9. 본인이 생각하는 본인의 반려견에 적합한 체벌 방법을 두 가지 나열하시오.

출제 예상문제

CHAPTER 04 반려동물문제행동 예방교육~ 05 고객상담

간단한 쪽지 시험으로 문제를 푸는 힘을 키우세요.

OX 문제

01 홍수법은 반려견을 두려운 자극에 갑작스럽게 노출시켜 두려움을 극복하게 유도하는 방법이다. (　　)

02 반응형성은 특정 행동에 대해 보상이 주어지지 않으면 그 행동이 점차 사라지게 하는 방법이다. (　　)

03 일차적 강화물은 반려견의 행동을 직접적으로 증가시키는 강화물로, 음식(사료, 간식 등)이 해당된다. (　　)

04 상담 서비스는 한 번 제공되면 저장할 수 없으며, 실시간으로 진행되는 소멸성이 있다. (　　)

05 '나 전달법'은 긍정적인 변화를 칭찬하여 동기를 부여하는 화법이다. (　　)

빈칸 문제

06 계통적 (　　　)은/는 점진적으로 자극에 노출하여 두려움을 극복하도록 돕는 방법이다.

07 (　　　)은/는 반려견이 자연스럽게 보이는 행동을 즉시 강화하여 빠른 결과를 얻는 학습 방법을 의미한다.

08 반려동물행동지도사는 보호자와의 (　　　)을/를 통해 반려견 및 반려묘의 행동 문제를 해결하고, 보다 건강한 인간과 반려동물의 관계를 형성하도록 돕는 전문가이다.

09 보호자와 상담 시 보호자가 기대하는 수준의 정확한 정보와 해결책을 제공하는 (　　　)이/가 있어야 한다.

10 (　　　)은/는 부정적인 내용은 완충하며 부드럽게 전달하는 화법이다.

---

01 ○　02 × 소거법에 대한 설명이다.　03 ○　04 ○　05 × 칭찬 화법에 대한 설명이다.　06 탈감작법　07 포착　08 상담　09 신뢰성　10 쿠션화법

4 반려동물문제행동 예방교육

01

다음의 설명과 관련 있는 고전적 조건화 방법으로 옳은 것은?

> 종소리와 음식을 결합하지 않으면 반려견은 종소리로 침을 흘리지 않는다.

① 소거
② 조건 자극
③ 조건 반응
④ 무조건 반응

참고　조건 자극과 무조건 자극이 결합되지 않으면 반응이 소멸되는 과정인 소거법의 예시이다.
② 조건 자극의 예시: 종소리가 음식과 결합되어 반려견이 침을 흘리게 되는 것
③ 조건 반응의 예시: 종소리를 듣고 침을 흘리는 반응
④ 무조건 반응의 예시: 음식을 보고 반려견이 침을 흘리는 반응

02

다음의 설명과 관련 있는 조작적 조건화 방법으로 옳은 것은?

> 반려견이 앉으면 목줄에서 압박을 풀어주는 방식

① 강화
② 반응 형성
③ 플러스 강화
④ 마이너스 강화

참고　반려견이 원치 않는 상황에서 벗어나면 혐오적인 자극을 제거하는 방법인 마이너스 강화의 예시이다.
① 강화의 예시: 앉기 명령에 대해 간식을 주어 앉는 행동을 강화한다.
② 반응 형성의 예시: 반려견이 장애물을 통과할 때, 점진적으로 단계를 높여가며 훈련한다.
③ 플러스 강화의 예시: 반려견이 앉으면 간식을 주는 방식이다.

03

반려견의 사회성 풍부화 행동을 평가하는 항목으로 옳지 않은 것은?

① 배설 활동을 통해 환경에 대한 안정감을 점검한다.
② 급식을 통해 낯선 환경에서 편안함을 느끼는지 확인한다.
③ 보호자가 반려견을 정해진 공간에서만 배설하도록 훈련하는지 확인한다.
④ 보행 속도와 활동 수준을 관찰하여 자발적인 활동 여부를 확인한다.

> 참고 사회성 풍부화에서는 환경 적응을 평가하는 것이 핵심이며, 특정 공간에서 배설하도록 강제하는 것은 해당 항목에 포함되지 않는다.

04

반려견이 움직이는 물체에 대한 반응을 평가하는 항목으로 옳지 않은 것은?

① 반려견이 공이나 장난감에 대해 소유욕을 가지는지 관찰한다.
② 자동차, 자전거, 사람이 지나갈 때 반려견의 반응을 확인한다.
③ 반려견이 수렵 행동을 보이는지 평가하고, 그 전후 행동을 분석한다.
④ 반려견이 보호자의 간식 제시 여부에 관계없이 움직이는 물체를 쫓도록 훈련한다.

> 참고 보호자는 반려견이 움직이는 물체에 과도하게 반응하지 않도록 지도해야 하며, 간식과 같은 보상을 통해 주의 전환을 유도하는 것이 바람직하다.

05

다음의 설명과 관련 있는 개념으로 옳은 것은?

> 행동을 바로 증가시키지는 않지만, 일차적 강화물과 연합하여 효과를 가지는 강화물(클리커 소리, 호루라기, 보호자의 언어 등)을 의미한다.

① 자극
② 부각시킴
③ 일차적 강화물
④ 이차적 강화물

> 참고 이차적 강화물은 일차적 강화물과 결합하여 효과를 가지는 강화물로, 클리커 소리, 호루라기, 보호자의 언어 등이 있다.
> ① 자극은 원하는 행동을 유도하기 위해 먹이, 장난감, 신체적 자극(부드러운 힘 가하기), 환경적 요소(점프대, 울타리) 등을 활용하는 방법이다.
> ② 부각시킴은 신호의 인지능력을 의미하며, 수신호, 음성신호, 보디랭귀지 중 무엇이 중요한지 고려한다.
> ③ 일차적 강화물은 반려견의 행동을 직접적으로 증가시키는 강화물로, 음식(사료, 간식 등)이 해당된다.

06

자전거 둔감화 훈련을 효과적으로 진행하기 위한 방법으로 옳지 않은 것은?

① 자전거가 지나가는 환경에 점진적으로 노출시킨다.
② 자전거 주변에서 보호자가 반려견의 이름을 부르며 놀아준다.
③ 반려견이 자전거를 두려워하더라도 더 가까이 다가가도록 강제한다.
④ 자전거가 살짝 움직이는 상황에서 반려견이 차분하게 반응하면 보상을 제공한다.

> 참고 둔감화 훈련을 강제적으로 진행할 경우 반려견에게 더 큰 불안감을 줄 수 있으므로 점진적 노출과 긍정적 경험 형성을 통해 훈련하는 것이 적절하다.

| 정답 | 01 ① 02 ④ 03 ③ 04 ④ 05 ④ 06 ③

5 고객상담

07
반려동물행동지도사의 상담 서비스에 대한 설명으로 옳은 것은?

① 반려동물 의료 서비스의 매출을 증가시킨다.
② 반려동물과 보호자가 더 나은 관계를 맺도록 돕는다.
③ 반려동물 용품 시장 확대를 위해 보호자의 소비를 유도한다.
④ 보호자가 반려동물을 직접 훈련하지 않고 전문가에게 위탁한다.

> 참고 반려동물행동지도사는 상담 서비스를 통하여 반려동물과 보호자가 더 나은 관계를 맺도록 돕는 역할을 한다.
> ①③④ 단순한 상업적 목적이 아닌, 교육과 상담을 중심으로 보호자와 반려동물이 원활한 관계를 맺을 수 있게 도와준다.

08
아래 지문과 관련된 반려동물 상담 서비스의 특성으로 옳은 것은?

- 반려동물의 성격, 보호자의 양육 방식, 가정 환경 등에 따라 상담 방식이 달라질 수 있다.
- 맞춤형 상담을 제공하기 위해 개별 사례 분석과 유연한 접근이 필요하다.

① 무형성
② 동시성
③ 이질성
④ 소멸성

> 참고 개별 사례에 따라 상담 방식이 달라지는 것은 상담 서비스의 특성 중 이질성에 관한 설명이다.
> ① 반려동물 상담 서비스는 물리적인 형태가 없으며, 보호자가 직접 경험해야 그 효과를 확인할 수 있다.
> ② 상담 서비스는 반려동물, 보호자, 행동지도사가 함께 참여하는 과정에서 제공되며, 서비스 제공과 소비가 동시에 이루어진다.
> ④ 상담 서비스는 실시간으로 이루어지므로, 한 번 제공되면 저장할 수 없다.

09
아래 지문과 관련된 반려동물행동지도사가 서비스 품질을 높이는 방법으로 옳은 것은?

- 최신 반려동물 행동학, 심리학, 훈련 방법 등을 지속적으로 학습해야 한다.
- 반려동물 행동 교정 사례를 연구하고, 실무 경험을 쌓아야 한다.

① 전문성 강화
② 맞춤형 상담 제공
③ 효과적인 의사소통
④ 사후 관리 시스템 구축

> 참고 최신 정보를 지속적으로 학습하고, 실무 경험을 축적하는 것은 반려동물행동지도사의 전문성 강화에 해당한다.
> ② 보호자의 생활 패턴과 반려동물의 성향을 고려하여 개별화된 상담을 제공해야 한다.
> ③ 보호자의 고민과 질문을 경청하고, 친절하고 명확하게 설명해야 한다.
> ④ 상담 이후에도 보호자가 궁금한 점을 해결할 수 있도록 추가 피드백을 제공한다.

10
반려동물행동지도사의 상담 태도로 옳지 <u>않은</u> 것은?

① 보호자가 지속적으로 실천할 수 있도록 피드백을 제공한다.
② 보호자의 감정을 공감하며 친절한 태도로 상담을 진행한다.
③ 복잡한 이론보다 보호자가 이해하기 쉬운 실용적인 설명을 제공한다.
④ 상담이 끝난 후에는 보호자가 스스로 문제를 해결할 수 있도록 추가적인 지원은 하지 않는다.

> 참고 상담이 끝난 후에도 보호자가 반려동물의 행동 교정을 지속적으로 실천할 수 있도록 피드백과 체크리스트를 제공하는 것이 바람직하다.

11

다음의 설명과 관련 있는 화법에 대한 설명으로 옳지 않은 것은?

> "반려견의 문제행동을 해결하기 위해 과학적으로 검증된 방법을 사용하겠습니다."

① 신뢰 화법에 해당한다.
② 고객의 의견을 수용하면서 개선 방향을 제시한다.
③ 최대한 전문적으로 설명할 수 있게 노력해야 한다.
④ 고객과의 신뢰를 쌓기 위해 솔직하고 일관된 태도를 유지해야 한다.

참고 제시된 설명은 신뢰화법으로, 고객의 의견을 수용하면서 개선 방향을 제시하는 것은 Yes/But 화법이다.

12

다음의 설명과 관련 있는 상담 기술의 특징에 해당하지 않는 것은?

> 상담의 시작에서 매우 중요한 단계로, 보호자와 상담자 간의 신뢰와 유대감을 형성하는 과정이다.

① 비판 없이 수용하는 자세가 요구된다.
② 문제를 해결하기 위한 구체적인 방법을 제시한다.
③ 보호자의 말에 편안하고 개방적인 태도로 반응한다.
④ 전문적인 지식과 해결책을 제시하여 신뢰감을 형성한다.

참고 제시된 설명은 라포(Rapport) 형성에 해당하며, 문제를 해결하기 위한 구체적인 방법을 제시하는 것은 명료화의 특징이다.

CHAPTER 06
반려견 위탁서비스

합격 TIP 반려견 위탁서비스의 종류와 특성을 이해한다.

1 반려견 위탁서비스의 시설과 환경

1. 반려견에 따른 시설과 환경

(1) 견종에 따른 시설과 환경

신체적 특성 고려	체고, 체중, 피모(털)의 길이 및 밀도를 고려한 실내·외 환경을 조성 예 단모종(도베르만 등)은 보온이 중요하며, 장모종(시베리안 허스키 등)은 더운 환경을 피해야 함
청결 유지 용품 준비	피모 유형에 맞는 빗(예 슬리커 브러시, 핀 브러시 등), 샴푸(예 저자극, 보습 등)를 선택하여 피부 건강을 유지함
알레르기 및 민감성 반응 사전 확인	특정 견종(예 프렌치 불독, 시츄 등)은 피부 알레르기나 호흡기 질환에 취약하므로 저자극 환경과 공기질 관리에 신경 써야 함
적절한 산책용품 선택	견종별 체형과 성향에 맞는 목줄(예 하네스형, 일반 목줄)과 리드줄을 선택하여 안전한 산책 환경을 조성함

(2) 성향에 따른 환경 조성

활동량이 높은 견종	• 넓은 운동 공간을 제공함 • 두뇌 활동을 자극하는 퍼즐 장난감을 제공함 　예 보더 콜리, 저먼 셰퍼드 등
소심하거나 불안감을 느끼는 견종	• 조용한 공간을 확보함 • 안정감을 주는 하우스를 배치함 　예 치와와, 말티즈 등
사회성이 필요한 견종	반려견 간 교류가 가능한 놀이 시설을 조성함 예 골든 리트리버, 래브라도 리트리버 등

2. 기타 시설과 환경 조성 조건

주거시설	실내·외 공간 설계 시 반려견의 체고와 활동량을 고려하여 배치함
운동량	견종별 에너지 수준에 따라 적절한 산책 및 운동 계획을 수립함
교육 방식	보호자의 생활 방식과 반려견의 성향에 맞춘 맞춤형 교육을 진행함
놀이기구 활용	• 씹는 욕구가 강한 견종(예 불독, 로트와일러)에게는 튼튼한 장난감을 제공함 • 후각 훈련이 필요한 견종(예 비글 등)과는 냄새 찾기 게임을 활용함

2 반려견 위탁서비스의 구분

1. 반려견 유치원

제공 서비스	반려견이 보호자의 부재 시에도 건강한 사회성을 유지할 수 있도록 교육하는 시설
역할 및 이용 대상	• 제공 교육: 교정 교육, 예절 교육, 복종 교육, 사회화 교육 • 이용 대상: 분리불안을 겪는 반려견, 사회성이 부족한 반려견, 보호자가 바쁜 반려견

2. 반려견 호텔

제공 서비스	보호자가 출장이나 여행을 가는 동안 반려견을 전문적으로 돌봐주는 시설
역할	• 맞춤형 관리: 견종·연령·건강 상태에 따른 급식 조절, 산책 및 운동 제공 • 스트레스 최소화: 보호자와의 분리불안을 줄이기 위한 안정적인 환경 조성

3. 반려견 훈련소

제공 서비스	기본 복종 훈련 및 문제행동 교정을 통해 반려견의 사회성을 향상시키는 기관
역할	• 타인 및 타 반려견과의 친화력 훈련 • 보호자와의 올바른 커뮤니케이션 훈련 • 문제행동 예방 및 해결 교육(예 짖음, 공격성, 분리불안 등)

4. 반려견 청결 관리 서비스

제공 서비스	위생 관리 및 건강 유지에 필수적인 청결을 관리하는 시설
역할	• 털 엉킴 방지를 위한 정기적인 빗질 • 관절 건강을 고려한 발톱 및 발바닥 털 정리 • 눈을 자극하는 털 정리 및 귀 청소

5. 반려견 위탁서비스의 동향

스파 및 테라피 서비스	반려견의 피부 건강과 심리적 안정을 위한 아로마 테라피, 마사지 제공
스마트 환경 도입	반려견의 건강 및 행동 패턴을 모니터링하는 AI 기반 케어 시스템 도입 예 스마트 급식기, 자동 산책 로봇

▲ 반려견 유치원

▲ 반려견 호텔

▲ 반려견 훈련소

3 위탁서비스의 서비스 관리

1. 보호자 상담

(1) 개념
① 의미: 보호자와 반려견의 복지를 최우선으로 하여 보호자의 요구사항을 정확히 파악하고 적합한 서비스를 제공하는 과정이다.
② 역할: 상담의 전문적인 접근은 보호자와 반려견 모두에게 긍정적인 경험을 제공할 수 있도록 도움을 준다.

(2) 상담 환경 조성

소음 차단	외부의 소음이나 방해를 최소화함
청결 유지	• 반려견의 털이 날리지 않도록 자주 청소함 • 불쾌한 냄새를 방지하는 방향제나 공기 청정기를 사용함
일관된 디자인	벽지, 바닥재, 실내 소품은 통일감을 주어 편안한 분위기를 조성함
관련 자료 제공	반려동물 관련 정보가 담긴 잡지나 자료를 비치하여 고객이 기다리는 동안 유용한 정보를 얻을 수 있도록 함
음악	상담 공간에 편안한 분위기를 조성할 수 있는 잔잔한 음악을 재생함
다과 제공	고객의 편안함을 위해 다과 등을 준비함

(3) 상담 원칙

여유롭고 진실된 태도	• 강한 어조나 지나친 표현을 지양함 • 항상 차분하고 정중한 태도를 유지함
경청	고객의 말을 끝까지 경청하고, 고객의 의견을 반영하려는 노력이 중요함
기다림의 배려	대기 공간에 반려동물 관련 서적 비치, 음료 제공 등 편안한 대기 환경을 조성함
정중한 인사	상담이 끝난 후에는 정중하고 밝은 표정으로 배웅함

2. 반려견 위탁서비스 시설 관리

(1) 시설 운영 기준

동물 위탁 관리실 및 응대실	• 고객 응대 공간과 반려견 관리 공간을 분리함 • 위탁 관리 공간은 반려견이 안전하게 지낼 수 있도록 설계함
휴식실 분리	반려견이 편안하게 쉴 수 있는 분리된 개별 휴식 공간을 마련함
출입구 관리	이중문 및 잠금장치로 동물의 이탈을 방지함
직원 배치	20마리의 반려견 당 1명 이상의 관리 인력을 배치함
시설 청결	위탁 관리실과 미용 작업실의 철저한 청소 및 소독을 실시함

(2) 반려견의 건강 및 환경관리

식사 관리	반려견의 크기와 건강 상태에 맞춰 하루 1~3회 사료 급여
운동 시간	반려견의 크기와 에너지 수준에 맞는 최소 1~3시간의 활동 또는 운동을 제공함
위생 관리	• 자유로운 배변을 위한 공간을 마련함 • 부상에 대비하여 구급상자를 구비함
청결 유지	• 반려견의 미용과 청결을 위해 털, 발톱 상태를 정기적으로 확인함 • 필요한 경우 전문 미용사를 통해 관리함

(3) 반려견 이동 관리

이동장 사용	실내에서 실외로 이동할 때는 반드시 이동장을 사용하여 반려견을 안전하게 이동함
반려견 상태 확인	보호자와의 인수인계 시 반려견의 상태 및 이동장 잠금장치 등을 점검함

(4) 반려견 교육 및 훈련

사회성 교육	반려견이 다른 동물이나 사람과의 상호작용에서 거부감을 덜 느끼도록 훈련함
문제행동 교정	• 보호자 교육을 통해 반려견의 문제행동을 개선함 • 체계적인 교육을 통해 반려견의 적응 능력을 키움

CHAPTER 07 사후관리

합격 TIP 사후관리의 필요성과 적절한 관리법을 숙지한다.

1 사후관리 서비스의 개념

1. 교육 종료 시의 사후관리

의미와 목적	• 반려견의 교육 효과 및 행동 변화를 지속적으로 점검하고 개선할 수 있는 단계를 의미함 • 보호자와의 지속적인 소통과 유대감을 유지함 • 반려견의 교육 및 훈련 성과가 보호자와의 일상에서도 잘 이루어지고 있는지 점검함 • 보호자에게 서비스에 대한 만족감 제공 및 기관과의 신뢰감을 강화함
실행 방법	• 전화, 이메일, 문자 등을 통해 보호자와 소통하여 반려견의 교정된 행동이 잘 유지되고 있는지 확인함 • 문제행동의 원인 및 해결 방안을 제시함 • 추가적인 개선이 필요한 경우 충분한 선행 학습 및 재입소를 권장함

2. 계약 종료 시의 사후관리

의미와 목적	• 보호자와의 연락을 유지하여 반려견의 상태를 점검함 • 문제가 발생하기 전에 해결할 수 있도록 관리함
실행 방법	• 보호자가 불만을 제기하기 전에 해피콜을 통해 민원 사항 파악 및 신뢰도를 유지함 • 기관의 일정, 교육 정보(추가 교육 포함), 관련 행사 등 맞춤형 정보를 제공함

2 사후관리의 절차

1. 문제 파악 및 원인 분석

(1) 문제 파악

① 위탁서비스 교육에서 이수한 내용을 반려견 보호자가 반복적으로 실행하고 있는지 확인한다.
② 반려견의 문제행동과 관련된 원인을 분석하고, 보호자와의 상담으로 해결 방법을 모색한다.

(2) 원인 분석

애정 및 애착 관리	반려견과 보호자 사이에 충분한 애정과 애착을 위한 관리 시간이 있었는지 점검함
신체 이상 유무	반려견의 신체적 문제나 이상이 있는지 보호자에게 확인함
훈련 및 교육 미흡 여부	문제행동이 훈련이나 교육의 미흡으로 발생했다고 판단될 경우, 해결 방법을 상의하여 적용함

반려견 사후관리 리스트		
년 월 일		
견명	견종	중성화 유 / 무
나이	성별	특이사항
	사전	사후
반려견 스트레스	많이 짖는다.	보호자의 잘못된 방식으로 문제행동을 인지하여 기관에서는 경계선, 규칙, 사회화 교육을 통해 짖음이 개선됨
운동량 부족	현재 비만으로 식사량 조절이 필요하다.	기관에서는 꾸준한 운동과 식사량 조절로 체중조절 관리에 효과를 봄
예절 교육	다른 개에게 마운팅을 한다.	기관에서는 놀이와 운동을 통해 마운팅 횟수가 줄어들고 개선됨
복종훈련	'앉아', '손' 등의 기본훈련이 필요하다.	기관에서는 문제행동을 일으키지 않도록 '앉아', '손' 등의 기본 훈련을 하여 긍정적인 행동에 대해 인지를 시킴
문제행동	보호자에게 과한 집착을 한다.	기관에서는 보호자로부터 반려견과의 신뢰 관계를 쌓게 하여 보호자와의 집착을 개선함
요구사항	입마개 적응 훈련을 요청한다.	기관에서는 입마개를 하고 산책이 가능하도록 함

▲ 반려견 사후관리 리스트

2. 해결 방안 제시

(1) 원인별 해결 방안

원인	해결 방안
시간 부족	보호자가 반려견을 충분히 관리할 시간이 부족한 경우 유치원 입소를 권유함
신체 이상	반려견의 신체에 이상이 있을 경우 동물병원 방문을 권장함
행동 개선의 어려움	환경, 성향, 성격 등의 문제로 개선이 어려울 경우 훈련소 재입소를 권장함

(2) 반려견 서비스 실무 리스트 활용

문제 상황 예시	• 산책 중 낯선 사람을 보고 도망가며 짖는 경우 외출 횟수를 늘려서 반려견이 낯선 사람을 만나는 환경에 익숙해지도록 교육함 • 낯선 사람과 스킨십하거나 낯선사람이 반려견에게 간식을 주는 방법을 제시함
훈련 방법 실행 및 제안	• 훈련사는 훈련을 통해 반려견의 문제행동을 개선함 • 보호자에게 피드백을 제공하여 실생활에서의 훈련 실행을 제안함

3. 보호자 대처 방안

(1) 불만 제기 시 대처 방법: 주인 의식을 가지고 대처한다.

> 예 "○○ 보호자님, 교육 과정에서 만족스럽지 않으셨다면 어떤 점이 개선되면 좋을지 알려주세요."
> "○○ 교육을 통해 반려견이 기대한 대로 행동하지 않았다면, 어떤 상황에서 문제가 발생했는지 함께 점검해보겠습니다."

(2) 문제점 제기 시 대처 방법: 역지사지의 태도로 응대한다.

> 예 "○○ 보호자님, 걱정되는 점을 충분히 이해합니다. 말씀하신 문제를 해결할 수 있도록 단계별로 조치를 취해보겠습니다."
> "○○ 보호자님, 제시하신 문제를 해결하기 위해 저희 기관에서도 추가적인 지원을 제공할 준비가 되어 있습니다."

(3) 보호자 우선 배려 및 응대: 반려견 보호자를 우선적으로 배려하여 부드럽고 정확한 발음으로 응대한다.

> 예 "○○ 보호자님, 불편하시거나 추가로 궁금한 점이 있으시면 언제든지 편하게 연락주세요."
> "○○ 보호자님, 교육 후 예상되는 변화에 대해 계속 피드백을 주시기 바랍니다. 언제든지 도와드리겠습니다."

(4) 정보 전달 및 팔로업

① 커뮤니케이션 채널을 활용하여 문제를 효율적으로 해결한다.
② 훈련 후의 문제 해결 상황이나 교육에 대한 소식을 이메일, 소식지, 전용 앱 또는 유선으로 주기적으로 안내한다.
③ 보호자가 불만을 제기한 후, 일정 기간 후 해피콜이나 추가 상담을 통해 문제가 해결되었는지 확인한다.

(5) 솔루션 제시

① 솔루션을 제시하여 문제 해결을 돕고 교육의 발전을 지원한다.
② 불만 사항을 해결할 수 있는 개선책이나 추가적인 교육을 제공한다.
③ 보호자가 교육의 발전을 실시간으로 확인할 수 있도록 지원한다.

4. 관련 정보 제공 및 참여 유도

(1) 계절에 맞는 행사 및 정보 제공
① 계절에 맞추어 보호자에게 관련 각종 행사나 세미나 정보를 제공한다.
② 계절 행사나 정보 등을 제공하여 보호자가 시기별로 정보를 얻을 수 있도록 안내한다.

(2) 반려동물 관련 각종 행사 일정 제공
① 해피콜이나 알림 서비스 등으로 전람회 및 박람회, 스포츠 행사 등의 일정을 안내한다.
② 분기별로 이루어지는 지역 행사나 보호자 참여 프로그램 등을 안내하여 보호자 참여를 유도한다.

(3) 지역 교육 및 세미나 프로그램 안내
① 반려견 보호자가 접해있는 시·군에서 열리는 반려견 보호자 교육 세미나 행사 프로그램 등을 안내한다.
② 기관이나 반려견 단체에서 개최하는 교육 참여 프로그램을 제공하여 보호자가 참여할 수 있도록 안내한다.

(4) 보호자 맞춤형 정보 제공
① 해피콜이나 알림 서비스 등으로 반려견 보호자가 필요로 하는 정보를 안내한다.
② 반려견의 견종 및 특성에 따른 프로그램을 반려견 보호자에게 제공하여 맞춤형 정보를 제공한다.

CHAPTER 06 반려견 위탁서비스~ 07 사후관리
출제 예상문제

간단한 쪽지 시험으로 문제를 푸는 힘을 키우세요.

OX 문제

01 보더 콜리, 저먼 셰퍼드 등은 반려견 위탁서비스를 할 때 넓은 운동 공간을 제공해야 한다. (   )

02 반려견 위탁서비스 상담은 보호자와 반려견의 복지를 최우선으로 하여, 보호자의 요구사항을 정확히 파악하고 적합한 서비스를 제공하는 과정이다. (   )

03 반려견의 교육이 종료된 후, 퇴행 현상을 방지하고 지속적인 행동 변화를 확인하기 위해 사후관리를 진행해야 한다. (   )

04 교육 종료 후에는 보호자에게 반려견의 변화와 상태를 확인할 필요는 없다. (   )

빈칸 문제

05 (   )은/는 보호자가 출장이나 여행을 가는 동안 반려견을 전문적으로 돌봐주는 시설이다.

06 반려견 위탁서비스 시설에는 20마리의 개마다 (   ) 명 이상의 관리 인력을 배치해야 한다.

07 반려견 교육 종료 후 환경, 성향, 성격 등의 문제로 개선이 어렵다고 판단될 경우에는, (   )을/를 권장한다.

08 반려견 보호자가 불만을 제기할 경우 훈련사는 (   ) 을/를 가지고 대처해야 한다.

---

01 ○ 02 ○ 03 ○ 04 × 교육 종료 후 보호자에게 반려견의 변화와 상태를 확인하고, 발생한 문제를 점검해야 한다. 05 반려견 호텔 06 1 07 재입소 08 주인 의식

6 반려견 위탁서비스

01
다음의 견종과 관련 있는 위탁서비스 환경에 대한 설명으로 옳지 <u>않은</u> 것은?

| 치와와, 말티즈 등 |

① 넓은 운동 공간이 필요하다.
② 조용한 공간을 확보해야 한다.
③ 안정감을 주는 하우스를 배치해야 한다.
④ 위 견종들은 다른 견종에 비해 소심한 성격을 가지고 있다.

참고 치와와, 말티즈 등은 소형견으로 넓은 운동 공간이 필요하지 않다.

02
다음의 사진과 같은 반려견 유치원에 대한 설명으로 옳은 것은?

① 사회화 교육은 진행하지 않는다.
② 문제행동 예방 및 해결 교육을 제공한다.
③ 사회성이 부족한 반려견은 입소를 추천하지 않는다.
④ 반려견이 보호자의 부재 시에도 건강한 사회성을 유지할 수 있도록 교육하는 시설이다.

참고 반려견 유치원은 보호자의 부재 시에도 건강한 사회성을 유지할 수 있도록 교육하는 시설이다.
①③ 반려견의 사회화 교육을 진행하여 사회성을 길러줄 수 있다.
② 문제행동 예방 및 교육은 훈련소의 역할이다.

03

위탁서비스 상담 환경 조성에 대한 설명으로 옳지 <u>않은</u> 것은?

① 소음을 차단하여 외부의 소음이나 방해를 최소화한다.
② 벽지, 바닥재, 실내 소품은 다양성을 주어 호기심을 자극하는 분위기를 조성한다.
③ 반려견의 털이 날리지 않도록 자주 청소하고, 불쾌한 냄새를 방지하는 방향제나 공기 청정기를 사용한다.
④ 반려동물 관련 정보가 담긴 잡지나 자료를 비치하여 고객이 기다리는 동안 유용한 정보를 얻을 수 있도록 한다.

`참고` 벽지, 바닥재, 실내 소품은 통일감을 주어 편안한 분위기를 형성한다.

04

반려견 위탁서비스의 운영 기준 중 옳지 <u>않은</u> 것은?

① 반려견이 탈출하지 않도록 이중문과 잠금장치를 설치한다.
② 반려견들은 통합된 휴식 공간에서 함께 쉴 수 있어야 한다.
③ 위탁 관리실과 미용 작업실은 철저히 청소하고 소독해야 한다.
④ 고객 응대와 반려견 관리 공간은 분리해야 하며, 위탁 관리 공간은 동물들이 안전하게 지낼 수 있도록 설계해야 한다.

`참고` 반려견은 독립된 개별 휴식 공간에서 편안하게 휴식을 취할 수 있어야 한다.

7 사후관리

05

계약 종료 후 사후관리에 대한 설명으로 옳지 <u>않은</u> 것은?

① 계약 종료 후, 보호자가 불만을 제기하기 전에 해피콜을 통해 신뢰감을 유지한다.
② 기관의 일정 및 교육 정보를 제공하고, 추가 교육에 대한 안내를 하는 방식으로 보호자와 지속적으로 소통한다.
③ 반려견과 관련된 행사 일정 및 소식을 제공하며 지속적인 연락을 하는 것은 보호자에게 부담을 줄 수 있으므로 자제해야 한다.
④ 계약이 종료된 후에도 지속적으로 보호자와의 연락을 유지하여 반려견의 상태를 점검하고, 문제가 발생하기 전에 해결할 수 있도록 한다.

`참고` 반려견 보호자에게 필요한 지식과 관련된 행사 일정 및 소식을 제공하여 보호자와 기관 간의 유대감을 강화한다.

06

반려견 문제 상황의 해결 방안 수행 방법에 대한 설명으로 옳은 것은?

① 반려견의 신체에 이상이 있을 경우, 훈련소 방문을 권장한다.
② 환경, 성향, 성격 등의 문제로 행동의 개선이 어렵다고 판단될 경우 유치원 입소를 권장한다.
③ 반려견 문제 상황에 대해 원인을 분석하고, 보호자와 기관의 상담을 통해 해결 방안을 찾는다.
④ 보호자가 반려견의 사회성 등을 충분히 관리할 시간이 부족하다고 판단될 경우 반려견 호텔 입소를 권유한다.

`참고` 반려견 문제 상황이 발생할 경우 원인을 분석하고 보호자와 기관의 상담을 통해 해결 방안을 찾는다.
① 반려견에게 신체 이상이 있을 경우 동물병원 방문을 권유한다.
② 반려견의 행동 개선 등을 위하여 훈련소 재입소를 권유할 수 있다.
④ 보호자가 반려견의 사회성 등을 충분히 관리할 시간이 부족할 경우 유치원 입소를 권유할 수 있다.

07

반려견 보호자가 불만을 제기할 경우 훈련사의 대처 방법으로 옳은 것은?

① 문제 해결과는 관계없이 추가 비용을 요구한다.
② 즉시 반박하고 자신의 의견을 강하게 주장한다.
③ 보호자의 의견을 경청하고 개선 방안을 논의한다.
④ 보호자가 제기한 문제는 보호자의 책임으로 돌린다.

`참고` 보호자가 불만을 제기할 경우 보호자의 의견을 경청하고 개선 방안을 논의한다.
① 불만 해결보다 금전적 요구를 우선할 경우 신뢰가 손상될 수 있다.
② 보호자의 불만에 즉각 반박하면 상황이 악화될 수 있다.
④ 보호자에게 책임을 돌리는 것은 공감을 저해하고 문제 해결에 방해가 될 수 있다.

08

솔루션 제시에 대한 설명으로 옳지 <u>않은</u> 것은?

① 문제 해결을 위해 솔루션을 제시하지 않고 방관한다.
② 교육의 발전을 위해 필요한 솔루션을 능동적으로 제시한다.
③ 보호자가 교육의 발전을 실시간으로 확인할 수 있게 지원한다.
④ 불만 사항을 해결할 수 있는 개선책이나 추가적인 교육을 제공한다.

`참고` 문제 해결을 위해 적극적으로 솔루션을 제시해야 한다.

| 정답 | 01 ② | 02 ④ | 03 ② | 04 ② | 05 ③ | 06 ③ | 07 ③ | 08 ① |

에듀윌이
너를
지지할게
ENERGY

하고 싶은 일에는
방법이 보이고

하기 싫은 일에는
핑계가 보인다.

– 필리핀 격언

반려동물행동지도사
실전문제

PART 01 반려동물 행동학 ········· 306

PART 02 반려동물 관리학 ········· 316

PART 03 반려동물 훈련학 ········· 328

PART 04 직업윤리 및 법률 ········· 336

PART 05 보호자 교육 및 상담 ········· 346

PART 01 반려동물 행동학

정답 및 해설 P. 2

> **주제별 CHECK! 포인트**
> - 대뇌 변연계는 감정, 기억, 동기, 학습 및 자율신경계 반응을 조절하는 뇌의 구조로, 본능적 행동과 생존에 중요한 역할을 하는 신경계의 중심 영역이다.
> - 개체유지 행동은 생명을 유지하고 건강을 보존하기 위해 수행하는 본능적인 행동으로, 먹기, 자기 몸 단장, 배설, 휴식 등이 포함한다.

CHAPTER 01 | 반려동물 행동의 개념

01
다음 표의 ㉠, ㉡에 들어갈 개의 특성이 순서대로 바르게 연결된 것은?

특성	㉠	㉡
기원	유전적(본능적)	환경적(경험/학습)
변화 가능성	고정적	유동적
발달시기	태어날 때부터 발달	생후 학습과정에서 발달
적응성	진화 과정에서 형성된 적응	환경 변화에 적응 가능
예시	반사행동, 본능적 행동	행동 또는 언어 학습, 도구 사용

① ㉠: 생득적 행동, ㉡: 감정적 행동
② ㉠: 생득적 행동, ㉡: 습득된 행동
③ ㉠: 습득된 행동, ㉡: 생득적 행동
④ ㉠: 감정적 행동, ㉡: 생득적 행동

02
개의 반대반응(Opposition Reflex)에 대한 설명으로 옳지 않은 것은?

① 척수 반사와 같은 기본적인 신경 메커니즘에 의해 발생한다.
② 목줄을 잡아당길 때 개가 반대 방향으로 몸을 당기는 행동이다.
③ 반대반응은 대뇌의 고차원적 판단에 의해 주로 이루어진다.
④ 개의 균형을 유지하거나 신체를 보호하기 위한 본능적 반응이다.

03
다음의 설명과 관련 있는 개의 뇌 구조에 해당하는 것은?

> 감정, 기억, 동기부여, 본능적 행동과 밀접하게 관련된 뇌 구조

① 변연계
② 엔그램
③ 전두엽
④ 망상활성계

04
다음의 설명을 참고하여 개의 생애 번식 성공도를 구한 값으로 옳은 것은?

> 한 마리 개가 생애 동안 3번의 번식 기회를 가지며 각각 2마리, 3마리, 4마리의 자손을 남겼다.

① 2
② 3
③ 6
④ 9

05
다음의 설명에 해당하는 개념으로 옳은 것은?

> 형제(유전적 관련성 $r=0.5$)가 생존 가능성을 크게 높일 수 있다면, 자신의 생존을 희생하는 행동이 진화적으로 유리할 수 있다.

① 개체발생
② 계통발생
③ 포괄적응도
④ 생애 번식 성공도

06
이타행동(Altruistic Behavior)과 포괄적응도(Inclusive Fitness)의 관계에 대한 설명으로 옳은 것은?

① 이타행동은 개체의 직접 적응도와만 관련이 있다.
② 이타행동은 개체의 포괄적응도를 낮추는 요인이다.
③ 포괄적응도는 개체군 내에서 모든 개체에게 동일하다.
④ 포괄적응도는 이타행동을 진화적으로 설명하는 데 중요한 개념이다.

07
계통발생(Phylogenic) 행동과 개체발생(Ontogenic) 행동에 대한 설명으로 옳지 않은 것은?

① 사냥 본능은 계통발생 행동의 예시로 볼 수 있다.
② 개체발생 행동은 학습과 환경적 요인을 통해 형성된 행동이다.
③ 계통발생 행동은 종의 진화적 역사에서 형성된 본능적인 행동이다.
④ 계통발생 행동은 개체의 성장 과정에서 경험에 의해 주로 변화한다.

08
다음의 설명과 관련 있는 행동패턴으로 옳은 것은?

> 짖기는 개가 자신을 방어하거나 경고를 하는 방식으로 진화했다.

① 고정행동패턴
② 변동행동패턴
③ 유사행동패턴
④ 진화행동패턴

CHAPTER 02 | 반려동물의 행동발달

01
개의 긍정적 강화 학습 과정에 대한 설명으로 옳지 않은 것은?

① 새로운 기술을 습득한다.
② 특정 행동을 강화하거나 억제한다.
③ 환경에 적응하여 조건반사를 형성한다.
④ 특정 자극에 자동적으로 반응하는 본능적 행동을 학습한다.

02
다음의 설명과 관련 있는 개의 신체 기관으로 옳은 것은?

> 행동을 통제하고 조정하는 핵심 기관이며 뇌의 특정 부위가 감정, 학습, 기억과 같은 행동적 반응을 조절한다.

① 뉴런
② 척수
③ 말초신경계
④ 중추신경계

03
다음 설명과 관련 있는 개의 행동 발현 기전에 해당하는 것은?

> 셰퍼드는 경비 능력이, 래브라도 리트리버는 회수 행동이 강화되어 있다.

① 학습적 요인
② 환경적 요인
③ 유전적 요인
④ 감각적 요인

04
개의 행동 발현 기전에 대한 설명으로 옳지 않은 것은?

① 중추신경계는 행동의 통제와 조정을 담당한다.
② 내분비계는 환경적 요인보다 행동 발현에 더 큰 영향을 미친다.
③ 후각은 개의 행동 발현에 있어 초기 자극을 감지하는 데 중요한 역할을 한다.
④ 낯선 사람을 보고 짖는 행동은 유전적 요소와 환경적 경험의 영향을 동시에 받는다.

05
개의 가축화 과정에서 나타난 변화로 옳지 않은 것은?
① 사냥 능력이 떨어진 개체의 선택적 번식이 발생하였다.
② 인간에 대한 두려움이 감소하고 온순한 성격이 발달하였다.
③ 털색, 크기, 꼬리 모양, 귀의 형태 등 외모가 다양화되었다.
④ 특정 호르몬의 증가로 인간과의 정서적 유대감이 강화되었다.

06
개의 신생아기(0~2주)의 행동 특성에 대한 설명으로 옳은 것은?
① 시각과 청각이 발달하여 외부 자극에 반응한다.
② 탐구심이 증가하며 환경을 적극적으로 탐색한다.
③ 신체적 접촉을 통해 안정감을 얻고 어미에게 의존한다.
④ 놀이를 통해 복종과 싸우기 같은 사회적 기술을 학습한다.

07
다음 설명과 관련 있는 개의 발달 시기로 옳은 것은?

- 사람과의 교류가 중요한 시기이다.
- 이 시기에 다양한 사람, 환경, 소리 등을 접하면 사회화에 긍정적 영향을 미친다.
- 이 시기에 사회화가 부족하면 두려움, 공격성 같은 문제행동이 나타날 가능성이 높다.

① 0~2주
② 9~12주
③ 3~6개월
④ 6~18개월

08
개의 노견기(7세 이상)의 관리 방법으로 옳지 않은 것은?
① 신체적 불편을 최소화하는 환경을 제공한다.
② 스트레스를 줄이고 정서적 안정을 제공한다.
③ 새로운 명령어 학습과 체력 강화를 강조한다.
④ 감각 기관 약화에 맞춘 조용한 환경을 조성한다.

09
개와 사람과의 사회화 과정에서 어린이와의 상호작용 시 주의 사항으로 옳지 않은 것은?
① 개와 어린이 모두에게 안전한 환경을 제공한다.
② 긍정적이고 안전한 환경에서 상호작용을 진행한다.
③ 처음부터 강한 신체적 접촉을 통해 친밀감을 형성한다.
④ 어린이의 예측 불가능한 행동에 대비하여 점진적으로 접근한다.

10
개의 환경 적응에 대한 설명으로 옳은 것은?
① 새로운 환경에 대한 적응은 사회화와는 무관하다.
② 환경 적응은 생후 3~12주 이후에는 멈추게 된다.
③ 환경 적응은 특정 장소나 물건에만 한정되어야 한다.
④ 다양한 환경 경험은 두려움을 줄이고 자신감을 키우는 데 기여한다.

11
다음 설명에 가장 적합한 견종으로 옳은 것은?

강한 후각과 냄새 추적 본능을 가졌다.

① 시각 사냥견(그레이하운드)
② 후각 사냥견(비글)
③ 가정 동반견(프렌치 불독)
④ 학습 능력 우수견(보더 콜리)

12
훈련과 상호작용이 개의 성격에 미치는 영향으로 옳지 않은 것은?
① 긍정적 강화훈련은 자신감과 신뢰를 형성한다.
② 훈련의 방식은 개의 성격 형성과 큰 관계가 없다.
③ 부정적 강화와 처벌은 불안감과 공격성을 유발할 수 있다.
④ 보호자가 일관된 태도를 보이면 개의 성격도 안정적일 가능성이 크다.

CHAPTER 03 | 반려동물의 정상행동

01
다음 설명과 관련 있는 개의 정상행동으로 옳은 것은?

- 개의 생존을 위해 필수적이며, 다른 모든 행동 패턴의 근간이 된다.
- 태어날 때부터 특정 음식에 대한 선호가 정해져 있지만, 이유 후 섭취한 음식의 종류와 경험에 따라 개별적인 기호가 형성된다.

① 섭식행동
② 배변행동
③ 몸단장행동
④ 사회적 행동

02
개의 음식 선택 행동에 영향을 미치는 요소로 옳지 않은 것은?

① 음식 섭취 후 부작용을 경험한 음식은 회피한다.
② 특정 영양소가 결핍되었을 때 이를 보충하려는 행동을 보인다.
③ 음식 선택은 유전적 요인에 의해 고정되어 학습되지 않는다.
④ 특정 음식에 대한 선호가 이유 후 경험에 의해 변화할 수 있다.

03
다음 설명과 관련 있는 개의 정상행동으로 옳은 것은?

- 다른 개에게 자신의 존재를 알린다.
- 나무나 전신주와 같은 수직의 물체를 향해 다리를 들고 소변을 배출하며 가능한 높은 곳에 냄새를 남기려 한다.

① 배변행동
② 마킹 행동
③ 배변 촉진 행동
④ 배변 후 행동

04
개의 섭식행동과 배변행동에 대한 설명으로 옳지 않은 것은?

① 개의 섭식행동은 보호자에 의해 음식이 제공됨에 따라 야생 개보다 더 활동적인 형태를 보인다.
② 개의 배변행동은 생리적 배출의 기능 외에도 다른 동물에게 정보를 전달하는 의사소통의 역할을 한다.
③ 섭식행동은 무리 생활을 통해 형성된 협력적 사냥 행동과 관련이 있으며, 이는 개체 간 유대감을 강화한다.
④ 새끼 개는 어미 개의 도움을 받아 배변을 하며, 어미 개는 이를 통해 보금자리를 청결히 유지하고 새끼를 포식자로부터 보호한다.

05
다음 사진과 관련 있는 개의 행동에 대한 설명으로 옳지 않은 것은?

① 스트레스와 불안감을 유발한다.
② 공기 순환을 원활하게 하여 더위나 추위를 완화한다.
③ 자신의 신체를 손질하여 청결을 유지하고 건강을 보호하는 본능적이며 사회적인 행동이다.
④ 단순히 위생을 위한 행동이 아니라, 사회적 상호작용과 스트레스 해소에도 중요한 역할을 한다.

06
개의 배변행동과 몸단장행동에 대한 설명으로 옳지 <u>않은</u> 것은?
① 몸단장행동은 단순히 신체를 청결히 유지하는 기능만을 가지고 있다.
② 배변 문제는 스트레스, 건강 이상 또는 잘못된 습관으로 인해 발생할 수 있다.
③ 마킹 행동은 주로 성호르몬의 영향을 받으며, 수컷에게서 더 빈번하게 나타난다.
④ 사회화 기간 동안 적절한 배변 장소를 가르치고 보상을 통해 강화하는 것이 훈련에 효과적이다.

07
개의 몸단장행동과 관련된 문제행동으로 옳지 <u>않은</u> 것은?
① 몸단장 부족
② 과도한 몸단장
③ 사회적 유대 강화
④ 지나친 핥기로 인한 피부 염증

08
개의 몸단장행동 관리 방법으로 옳은 것은?
① 기생충 예방은 정기적인 운동만으로 충분하다.
② 그루밍은 필요하지 않으며 반려견이 스스로 몸을 돌보게 한다.
③ 과도한 몸단장을 방지하기 위해 부정적 강화 방법을 사용한다.
④ 긍정적 강화를 통해 스트레스를 줄이고 적절한 장난감을 제공한다.

09
다음 설명과 관련 있는 개념으로 옳은 것은?

- 무리 내에서 각 개체의 지위를 규정하는 구조이다.
- 신체적 힘, 나이, 경험, 사회적 기술 등에 따라 형성된다.

① 서열 체계
② 지배적 개체
③ 협력과 유대
④ 사회적 의사소통

10
개의 무리 생활의 중요성에 대한 설명으로 옳지 <u>않은</u> 것은?
① 개는 본래 늑대의 사회적 유전자를 이어받아 무리를 이루며 살아간다.
② 무리 생활은 개체 간의 갈등을 증가시키고 자원 분배를 어렵게 한다.
③ 무리 생활은 협력과 의사소통을 통해 생존 가능성을 높이는 데 기여한다.
④ 무리 내 각 개체는 자신의 역할과 위치를 이해함으로써 효율적인 자원 분배를 가능하게 한다.

11
다음의 ㉠~㉣에 해당하는 암컷 발정 주기의 연결이 바르지 <u>않은</u> 것은?

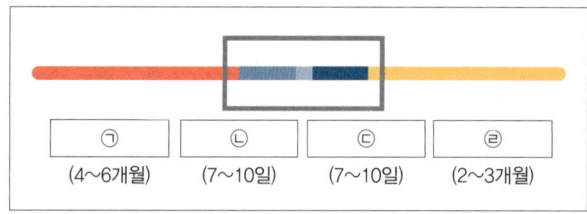

| ㉠ | ㉡ | ㉢ | ㉣ |
| (4~6개월) | (7~10일) | (7~10일) | (2~3개월) |

① ㉠: 비발정기
② ㉡: 발정 전기
③ ㉢: 발정기
④ ㉣: 배란기

12
개의 생식 주기에 대한 설명으로 옳지 <u>않은</u> 것은?
① 암컷은 생후 6~12개월 사이에 첫 발정을 경험한다.
② 수컷은 발정 주기가 있으며, 특정 시기에만 번식이 가능하다.
③ 암컷의 발정 주기는 비발정기, 발정 전기, 발정기, 발정 후기로 나뉜다.
④ 수컷은 별도의 발정 주기가 없으며, 언제든지 번식 가능한 상태를 유지한다.

13
다음 설명에 해당하는 호르몬으로 옳은 것은?

- 난소에서 분비되며, 발정 전기에 수치가 높아진다.
- 발정기의 행동(수컷에 대한 개방적 태도)을 유도한다.

① 에스트로겐
② 테스토스테론
③ 프로게스테론
④ 황체형성호르몬

14
다음 설명에 해당하는 개의 행동 원인으로 옳은 것은?

- 암컷의 발정 후기에 프로게스테론이 증가했다가 급격히 감소하면서 나타날 수 있다.
- 젖 분비, 둥지 만들기, 장난감을 새끼로 여기는 행동을 한다.

① 거짓 임신
② 발정 이상
③ 지속 발정
④ 중성화 수술 후유증

15
다음 설명에 해당하는 개의 공격행동의 주요 원인으로 옳은 것은?

- 자원(먹이, 장난감, 짝)을 차지하거나 보호하려는 행동이다.
- 서열 다툼이나 영역 방어 시 발생한다.

① 포식성 공격
② 공포성 공격
③ 경합적 공격
④ 학습적 공격

16
개의 친화행동에 해당하지 않는 것은?

① 그루밍
② 놀이 행동
③ 몸의 밀착
④ 꼬리 내리기

CHAPTER 04 | 반려동물의 의사소통

01
개의 의사소통에서 중요한 역할을 하는 신체 부위에 해당하지 않는 것은?

① 귀
② 발
③ 꼬리
④ 눈(시선)

02
다음 설명과 관련 있는 개의 꼬리 상태로 옳은 것은?

- 강한 두려움이나 복종의 표현이다.
- 위협을 받거나 더 이상 싸울 의향이 없다는 것을 나타낸다.

① 꼬리를 흔들 때
② 꼬리가 높게 들려 있을 때
③ 꼬리가 수평으로 펴있을 때
④ 꼬리가 다리 사이로 움츠러들 때

03
개가 눈을 피할 때의 감정 상태로 옳은 것은?

① 개가 눈을 피할 때는 불안감을 전혀 느끼지 않는 상태이다.
② 개가 눈을 피할 때는 공격적인 의도를 나타내는 것이다.
③ 개는 회피, 불편함 또는 복종의 감정을 느낄 때 눈을 피한다.
④ 개가 눈을 피하는 것은 자신의 지배적 위치를 표현하는 신호이다.

04
개의 몸과 의사소통에 대한 설명으로 옳지 않은 것은?

① 몸의 자세를 통해 개는 자신의 감정을 표현한다.
② 몸의 자세는 개의 감정과 의도 사이의 중요한 신호가 된다.
③ 개는 몸의 움직임이나 자세로 자신의 감정 상태를 나타낸다.
④ 몸을 낮추거나 뒷다리를 접는 자세는 주로 공격적인 의도를 나타내는 것이다.

05
다음의 개의 자세에 대한 설명으로 옳지 <u>않은</u> 것은?

① 복종의 표현이다.
② 편안함을 느끼고 있다.
③ 애정과 신뢰의 표현이다.
④ 두려움이나 불안을 느끼고 있다.

06
개의 소리 내지 않기(침묵) 행동에 대한 설명으로 옳은 것은?

① 개가 경계할 때는 소리를 내지 않는다.
② 개는 소리 없이 몸짓으로만 의사소통하지 않는다.
③ 소리 내지 않기는 개가 불안하거나 두려워할 때의 행동이다.
④ 개가 공격적인 의도를 가질 때 소리 내지 않기 행동이 나타난다.

07
다음 설명과 관련 있는 개의 짖기 행동에 해당하는 것은?

• 흥분이나 불안
• 특히 개가 불안하거나 보호자의 주의를 끌고자 할 때

① 짖지 않음
② 빠른 짖음
③ 계속된 짖음
④ 높은 톤의 짖음

08
개의 그르렁거림에 대한 설명으로 옳은 것은?

① 편안한 상태에서 그르렁거림은 강한 위협을 표현하는 소리이다.
② 깊고 지속적인 그르렁거림은 개가 편안하고 애정을 표현할 때 나타난다.
③ 부드럽고 짧은 그르렁거림은 개가 불편함이나 불만을 표현할 때 발생한다.
④ 부드럽고 짧은 그르렁거림은 개가 위협을 느끼거나 공격성을 보일 때 발생한다.

09
개의 낑낑거림과 감정 사이의 관계로 옳지 <u>않은</u> 것은?

① 고통을 느낄 때
② 편안함을 느낄 때
③ 보호자의 주의를 끌고 싶을 때
④ 불안하거나 스트레스를 받을 때

10
개의 의사소통 방식에서 후각을 통한 의사소통의 특징으로 옳지 <u>않은</u> 것은?

① 후각을 통해 개는 자신과 다른 개의 정보를 교환한다.
② 후각은 개가 사람과 의사소통을 할 때 주요한 방법이다.
③ 개는 냄새를 통해 다른 개의 건강 상태나 감정 상태를 파악할 수 있다.
④ 후각을 통한 의사소통은 다른 개와의 사회적 관계에서 중요한 역할을 한다.

11
다음 설명과 관련 있는 개의 화학 신호에 해당하는 것은?

• 자신의 영역을 표시한다.
• 스트레스를 받으면 이 화학 물질을 분비하여 다른 개들에게 경고한다.
• 암컷의 경우 발정기 동안 분비되어 수컷에게 자신의 생식 가능성을 알린다.

① 호르몬
② 페로몬
③ 코르티솔
④ 아드레날린

CHAPTER 05 | 반려동물의 문제행동

01
다음 설명에 해당하는 문제행동의 요인으로 옳은 것은?

> 적절한 사회화 부족, 불안정한 생활 환경, 자극 과잉 또는 부족 등이 문제행동을 유발한다.

① 유전적 요인
② 환경적 요인
③ 건강적 요인
④ 견종적 요인

02
개의 문제행동과 주요 특징에 대한 설명으로 옳은 것은?

① 문제행동은 항상 유전적 요인에 의해서만 발생한다.
② 문제행동은 상황과 보호자에 따라 다르게 해석될 수 있다.
③ 문제행동은 행동의 원인이 명확히 하나로만 정의될 수 있다.
④ 환경적 요인은 문제행동을 일으킬 수 없으며, 유전적 요인만 문제가 된다.

03
다음 설명과 관련 있는 개의 갈등행동으로 옳은 것은?

> 바닥 핥기, 공중에서 씹기, 꼬리 쫓기

① 전위행동
② 전가행동
③ 진공행동
④ 양가행동

04
개의 이상행동에 해당하지 않는 것은?

① 상동행동
② 변칙행동
③ 양가행동
④ 이상반응

05
개의 부적절한 배변 문제행동과 그 요인에 대한 내용 중 다음의 ㉠~㉣의 연결이 바르지 않은 것은?

㉠	자견이거나 배변 훈련이 제대로 이루어지지 않은 경우
㉡	보호자가 없을 때 스트레스의 일환으로 부적절한 배변
㉢	특정 장소에 소변을 봄으로써 자신의 영역을 알림(주로 수컷)
㉣	새로운 환경, 소음, 낯선 사람이나 동물로 인해 발생

① ㉠: 신경학적 이상
② ㉡: 분리불안
③ ㉢: 영역 표시
④ ㉣: 스트레스 또는 두려움

06
개의 분리불안으로 인한 배변 문제행동의 해결 방법으로 옳은 것은?

① 처벌
② 중성화 수술
③ 규칙적인 산책 시간 설정
④ 페로몬 스프레이 등의 진정 보조제 사용

07
다음 설명과 관련 있는 배변 문제 해결 방법으로 옳은 것은?

> 부적절한 배변활동을 방해하는 소리 또는 신호를 활용하여 문제행동을 수정한다.

① 행동 교정
② 환경관리
③ 배변 훈련 강화
④ 의학적 원인 배제

08
개의 고령성 인지장애 관리 방법으로 옳은 것은?

① 치료가 불가능하므로 치료를 시도하지 않는다.
② 즉각적인 치료를 통해 모든 증상을 완전히 개선한다.
③ 시간이 지나면 자연스럽게 개선될 것이라고 기대한다.
④ 증상을 관리하고 증진을 방지하기 위한 장기적인 접근이 필요하다.

09
개의 분리불안 교정 방법 중 점진적 훈련 방법으로 가장 옳은 것은?

① 보호자가 떠날 때마다 무조건 칭찬과 보상을 한다.
② 짧은 시간부터 혼자 두는 시간을 서서히 늘려간다.
③ 개를 갑작스럽게 긴 시간 동안 혼자 두어 훈련한다.
④ 보호자가 개를 매일 떠나지 않고 항상 옆에 있게 한다.

10
다음 설명과 관련 있는 분리불안 교정 방법에 해당하는 것은?

- 보호자가 다른 방에 머무르는 연습을 통해 독립성을 키운다.
- 집에 함께 있을 때도 개가 보호자를 따라다니지 않도록 지도하면서 보호자와의 독립성을 훈련한다.

① 점진적 훈련
② 에너지 발산
③ 보호자 행동 수정
④ 심리적 자립 훈련

11
다음 설명과 관련 있는 개의 문제행동에 해당하는 것은?

- 식탐 증가
- 과도한 핥기
- 지속적인 짖음
- 앞발로 밀치기 또는 점프
- 지속적으로 물건을 물어오는 행동

① 분리불안
② 고령성 인지장애
③ 과도한 관심 요구
④ 부적절한 배변 문제

12
개가 과도하게 관심을 요구하는 행동에 해당하지 않는 것은?

① 보호자가 앉아 있을 때 차분하게 기다린다.
② 보호자의 다리를 반복적으로 밀치거나 점프한다.
③ 보호자에게 먹이를 요구하며 식탁 옆에서 짖는다.
④ 보호자가 떠날 때 과도하게 짖거나 불안한 행동을 보인다.

13
다음 설명과 관련 있는 과도한 관심 요구의 교정 방법으로 옳은 것은?

- 짖거나 앞발로 밀칠 때 반응하지 않고, 개가 차분해질 때만 칭찬하거나 보상한다.
- 소리치거나 밀치는 행동 등의 부정적인 관심도 개에게는 일종의 관심으로 작용할 수 있으므로 피하도록 한다.

① 적절한 무시
② 독립성 훈련
③ 대체 행동 제공
④ 긍정적 행동 강화

14
개의 과잉행동 문제에 대한 설명으로 옳은 것은?

① 개가 불필요한 소리를 내지 않는 상태이다.
② 개가 일정 시간 동안 충분히 휴식하는 상태이다.
③ 개가 지나치게 조용하고 활동을 하지 않는 상태이다.
④ 개가 주어진 상황에서 예상되는 행동이 아닌 과도한 활동을 보이는 상태이다.

15
다음 설명에 해당하는 개의 과잉행동의 개선 방법으로 옳은 것은?

- 공놀이, 프리스비 등 적극적인 활동을 진행한다.
- 에너지를 효과적으로 소비할 수 있는 활동을 제공한다.
- 매일 규칙적(30분 이상, 견종에 따라 더 필요할 수 있음)으로 산책한다.

① 긍정적 훈련
② 환경 조정
③ 운동량 증가
④ 정신적 자극 제공

16
개의 과잉행동 문제 해결 방법 중 환경 조정에 해당하지 <u>않는</u> 것은?

① 과잉행동이 발생할 때마다 즉시 징계나 처벌을 진행한다.
② 자극적인 환경을 피하고 안정감을 느낄 수 있는 공간을 제공한다.
③ 과잉행동이 발생한 환경을 신속하게 정리하고 안정감을 느끼게 한다.
④ 보호자 외출 시 장난감이나 퍼즐 피더 등을 제공하여 지루함을 방지한다.

17
다음의 사진과 관련 있는 개의 과잉행동 개선 방법으로 옳은 것은?

① 환경 조정
② 운동량 증가
③ 긍정적 훈련
④ 정신적 자극 제공

18
다음 설명과 관련 있는 과도한 짖음의 행동 교정 방법으로 옳은 것은?

- 짖음이 멈췄을 때 칭찬이나 간식 제공 등으로 즉시 보상한다.
- 주의 끌기가 목적인 짖음일 경우, 개가 짖음을 통해 원하는 것을 얻지 못하도록 한다.

① 무시하기
② 긍정 강화훈련
③ 체계적 둔감화 훈련
④ 대체 행동 가르치기

19
개의 과도한 공격행동의 주요 원인으로 옳지 <u>않은</u> 것은?

① 영역 방어
② 공포 또는 불안
③ 통증 또는 질병
④ 견고한 사회적 지위

20
경계심이 강한 견종에서 나타날 수 있는 특성으로 옳은 것은?

① 불안과 과잉행동을 보일 가능성
② 보호자의 지시를 잘 따르는 성향
③ 다른 개와 놀기를 좋아하는 성향
④ 지나치게 짖거나 공격적인 행동을 보일 가능성

PART 02 반려동물 관리학

> **주제별 CHECK! 포인트**
> - 동물복지란 동물이 신체적·정신적으로 건강하고 고통 없이 행복하게 살아갈 수 있도록 보장하는 개념이다.
> - 성장곡선이란 반려동물이 자라면서 체중과 신체가 발달하는 변화를 시간에 따라 시각적으로 나타낸 그래프를 말한다.

CHAPTER 01 | 반려동물의 복지

01
동물 복지의 5대 자유에 대한 설명으로 옳지 않은 것은?

① 동물이 불편함을 느끼지 않도록 적절한 쉼터와 휴식 공간을 제공해야 한다.
② 동물이 자연스러운 행동을 할 수 있도록 적절한 공간과 환경을 제공해야 한다.
③ 동물이 굶주리거나 목마르지 않도록 적절한 음식과 깨끗한 물을 제공해야 한다.
④ 동물이 정상적인 상태를 유지하려면 불필요하더라도 스트레스를 유지하는 것이 좋다.

02
동물 복지의 5대 자유 중 '질병과 상해로부터의 자유'에 해당하는 것은?

① 동물이 아프거나 다쳤을 때 적절한 치료를 받을 수 있도록 한다.
② 동물이 두려움을 느끼지 않도록 적절한 환경을 조성한다.
③ 동물이 자연스러운 행동을 할 수 있도록 충분한 공간을 제공한다.
④ 동물이 다른 동물과의 교류를 통해 사회적 욕구를 충족할 수 있도록 한다.

03
다음과 관련 있는 동물 복지에 대한 설명으로 옳지 않은 것은?

> - 신체 활동, 적절한 영양, 정기적인 건강관리, 안전한 생활 환경 등이 충족될 때 보장된다.
> - 건강하고 안전한 환경에서 반려견의 신체적 요구를 충족시켜, 건강과 삶의 질을 보장하는 것을 의미한다.

① 신체적 복지에 대한 설명이다.
② 동물의 감정과 정신적 상태를 고려한 복지이다.
③ 반려견의 전반적 행복에 중요한 영향을 미치는 복지이다.
④ 복지의 구성 요소로 영양 관리, 정기적인 건강관리 등이 있다.

04
노령견의 신체적 복지를 위한 방법으로 가장 옳은 것은?

① 일반 성견과 동일한 식단을 유지한다.
② 부드럽고 쉽게 소화되는 음식을 제공한다.
③ 높은 강도의 운동으로 근육을 유지하도록 한다.
④ 신체 활동을 줄이고 최대한 움직이지 않도록 한다.

05
반려견의 안전한 생활 환경을 유지하기 위한 방법으로 옳지 않은 것은?

① 적정 온도 유지
② 안전하고 청결한 공간 제공
③ 유독 물질 및 위험 물건 제거
④ 자유로운 활동을 위한 케이지 제거

06
다음에서 설명하는 동물 복지로 옳은 것은?

> 동물의 스트레스, 공포, 불안, 좌절과 같은 부정적 정서를 최소화하고, 행복, 흥미, 만족감과 같은 긍정적 정서를 최대화하여 심리적 안정감을 느끼는 상태를 의미한다.

① 생리적 복지
② 신체적 복지
③ 심리적 복지
④ 행동적 복지

07
다음의 설명과 관련 있는 동물 복지의 구성 요소로 옳은 것은?

> - 놀이, 탐색, 사회적 상호작용은 긍정적 정서를 촉진한다.
> - 동물이 행복과 만족감을 느낄 수 있는 환경과 상호작용을 제공한다.

① 스트레스 관리
② 자율성과 통제감
③ 긍정적 감정 경험
④ 두려움과 불안으로부터의 해방

08
반려동물에게 정신적 자극을 제공하는 방법으로 옳지 <u>않은</u> 것은?

① 간식을 숨겨두고 찾게 하는 놀이
② 새로운 냄새를 탐색할 기회 제공
③ 퍼즐 장난감을 활용한 문제 해결 활동
④ 보호자가 강한 권위로 통제하여 진행하는 훈련

09
정신적 자극이 부족할 경우 반려동물에게 나타날 수 있는 문제로 옳은 것은?

① 식욕이 증가하고 체중이 증가한다.
② 신체 활동이 증가하고 활력이 넘친다.
③ 심리적으로 좌절하거나 무기력해질 수 있다.
④ 사회성이 향상되어 다른 동물과의 교류가 활발해진다.

10
반려견의 스트레스 요인을 최소화하는 방법으로 옳은 것은?

① 반려견이 낯선 사람과 자주 접촉하도록 강요한다.
② 산책 시간과 식사 시간을 매일 다르게 조정한다.
③ 소음이 심한 환경에서도 적응하도록 자연스럽게 둔다.
④ 보호자의 일관된 태도로 긍정적인 상호작용 유지가 시행되어야 한다.

11
반려견의 환경적 풍부화가 필요한 이유로 가장 옳은 것은?

① 반려견은 단조로운 환경에서 더욱 안정감을 느끼기 때문이다.
② 실내 환경이 단조로울수록 반려견은 더욱 활발해지기 때문이다.
③ 반려견은 익숙한 공간에서만 생활해야 하기 때문이다.
④ 풍부한 환경은 반려견의 행동적 욕구를 충족하고 이상 행동을 예방할 수 있기 때문이다.

12
다음의 사진과 관련된 반려동물의 행동적 복지에 대한 설명으로 옳지 <u>않은</u> 것은?

① 반려견의 사회적 기술을 발달시키고 스트레스를 해소할 수 있다.
② 간식을 얻기 위한 간단한 문제 해결은 반려견에게 정신적 자극을 제공한다.
③ 퍼즐 등 다양한 장난감 혹은 씹을 수 있는 물체를 제공하는 것은 반려견의 환경적 풍부화에 도움이 된다.
④ 단조로운 환경은 반려견의 행동적 욕구를 제한하여 무기력증이나 이상 행동을 유발하므로 다양한 환경을 제공하는 것이 바람직하다.

CHAPTER 02 | 영양관리

01
6kg의 자견에게 하루에 사료를 3회 급여할 때의 적정 1회 급여량으로 옳은 것은?

① 종이컵 0.5컵
② 종이컵 1컵
③ 종이컵 1.5컵
④ 종이컵 2컵

02
반려견의 에너지 요구량 계산에서 DER(일일 에너지 요구량)을 결정하는 요인으로 적절하지 않은 것은?

① 반려견의 견종
② 반려견의 나이
③ 반려견의 성격
④ 반려견의 활동량

03
다음 그림과 같은 BCS(Body Condition Score) 단계에 대한 설명 중 옳지 않은 것은?

① BCS 5단계에 해당한다.
② 허리와 배가 깊이 들어가 있고, 근육이 소모된 상태이다.
③ 운동 능력과 활동성이 크게 제한되고, 건강 문제가 발생할 위험이 큰 상태이다.
④ 체지방이 많이 축적되어 있으며, 갈비뼈를 만지기 어려운 정도이다.

04
다음 중 반려동물에게 필요한 영양소와 기능에 대한 설명으로 옳지 않은 것은?

① 반려동물이 5% 이상 수분을 잃게 되면 매우 위급한 상황이며 폐사 위험성이 있다.
② 수분은 물질대사, 체액생성 등 생명유지에 가장 중요한 영양소로 반려동물 체중의 60~70%를 차지한다.
③ 오메가-6와 오메가-3 지방산은 염증치료에 중요한 지방산으로 부족 시 만성 염증을 유발할 가능성이 있다.
④ 아미노산은 단백질의 구성단위로 20가지가 있으며 체내에서 합성 가능한지에 따라 필수 아미노산과 비필수 아미노산으로 분류된다.

05
필수 아미노산에 대한 설명으로 옳지 않은 것은?

① 류신, 발린, 메티오닌 등이 포함된다.
② 성장과 면역 기능 유지에 중요한 역할을 한다.
③ 체내에서 충분히 합성될 수 있다.
④ 반드시 사료에 포함하여 섭취시켜야 한다.

06
반려견에게 가장 이상적인 단백질 공급원으로 옳은 것은?

① 콩류
② 야채와 곡류
③ 동물성 단백질
④ 정제 탄수화물

07
단백질이 부족할 경우 발생할 수 있는 문제로 옳지 않은 것은?

① 탈수 증상
② 면역력 저하
③ 탈모와 피부염
④ 근육 약화

08
다음의 설명과 관련 있는 증상에 해당하는 것은?

- 혈중 단백질(알부민, Albumin) 수치가 낮아지면 혈장 압력이 떨어져 부종을 유발한다.
- 특히 다리와 배에 심한 부종이 나타난다.

① 저혈당
② 저단백혈증
③ 고단백혈증
④ 고콜레스테롤혈증

09
다음 중 반려동물의 필수 지방산에 해당하는 것은?

① 비오틴(Biotin)
② 콜레스테롤(Cholesterol)
③ 리놀레산(Linoleic Acid)
④ 판토텐산(Pantothenic Acid)

10
지방이 부족할 경우 나타날 수 있는 증상으로 옳지 않은 것은?

① 성장 부진 및 만성 염증
② 체중 증가 및 에너지 과잉
③ 지용성 비타민(A, D, E, K) 흡수 저하
④ 호르몬 불균형으로 인한 불규칙한 발정 주기

11
지방이 부족할 경우 신경계에 미치는 영향으로 가장 옳은 것은?

① 반응 속도 증가
② 기억력과 학습 능력 저하
③ 신경계 관련 질환의 예방 효과 증대
④ 집중력 증대

12
탄수화물이 부족할 경우 나타날 수 있는 증상으로 옳지 않은 것은?

① 소화 불량
② 변비
③ 저혈당증
④ 당뇨병 위험 증가

13
지용성 비타민에 해당하지 않는 것은?

① 비타민 A
② 비타민 C
③ 비타민 D
④ 비타민 E

14
비타민 A가 부족할 경우 발생할 수 있는 질병으로 옳은 것은?

① 악성빈혈
② 야맹증
③ 구루병
④ 혈액응고 지연

15
비타민 D의 주요 기능으로 가장 옳은 것은?

① 항산화 작용
② 혈액응고 촉진
③ 뼈의 석회화 촉진
④ 탄수화물 대사 조절

16
다음의 설명과 관련 있는 비타민에 해당하는 것은?

번식능력과 관련이 있으며 결핍 시 번식장애, 뇌연화증, 근육위축증이 나타난다.

① 비타민 A
② 비타민 C
③ 비타민 E
④ 비타민 K

17

다음의 설명과 관련된 비타민으로 옳은 것은?

> 부족 시 적혈구를 구성하는 헤모글로빈 생성이 부족하여 적혈구가 정상적으로 생산되지 못하는 빈혈이 생긴다.

① 비타민 B1
② 비타민 B2
③ 비타민 B7
④ 비타민 B12

18

반려동물의 유해 음식에 대한 설명 중 옳지 <u>않은</u> 것은?

① 감은 변비를 유발할 수 있다.
② 자일리톨 껌은 저혈당증을 유발할 수 있다.
③ 기름기가 많은 부위는 췌장염 및 대장염의 원인으로 구토, 혈변을 유발할 수 있다.
④ 생포도는 신부전을 유발하여 위험하지만 건포도는 독성 성분이 휘발된 상태라서 섭취해도 무방하다.

19

양파와 마늘이 반려견에게 위험한 이유로 옳은 것은?

① 저혈당증을 유발하기 때문이다.
② 간 기능을 저하시키기 때문이다.
③ 솔라닌 중독을 유발하기 때문이다.
④ 적혈구를 손상시켜 빈혈을 유발하기 때문이다.

20

노령견에 대한 영양관리에 대한 설명 중 옳지 <u>않은</u> 것은?

① 건식 사료 급여는 노령견의 소화에 도움이 된다.
② 고칼로리 사료 섭취는 비만을 유발할 수 있으므로 칼로리가 낮은 사료를 제공한다.
③ 고섬유소 사료나 쌀과 같은 부드럽고 소화가 잘 되는 성분을 포함한 사료를 선택한다.
④ 항산화물질인 비타민 E, 비타민 C, 베타카로틴 등이 포함된 사료는 세포 노화를 방지하고 면역력을 강화시킨다.

CHAPTER 03 | 건강관리

01

다음의 그래프에 대한 설명으로 옳지 <u>않은</u> 것은?

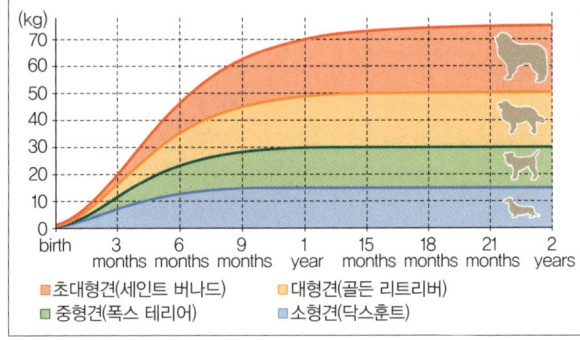

① 반려견의 성장 곡선을 나타내는 그래프이다.
② 자견이 성견으로 자라는 동안의 신체적 발달과 체중 증가의 패턴을 나타낸다.
③ 대형견은 소형견에 비해 성장 기간이 더 길어서 생후 18~24개월에 성장 곡선이 완성된다.
④ 성장 곡선은 견종, 반려견의 크기, 유전적 요인에 따라 다르지만 환경적 요인과는 관련이 없다.

02

반려견의 나이를 인간 나이로 변환하였을 때의 연결이 바르지 <u>않은</u> 것은?

	반려견 실제 나이	소형견 인간 나이	대형견 인간 나이
①	1세	약 15세	약 12~15세
②	2세	약 24세	약 22세
③	3세	약 28세	약 31세
④	10세	약 70세	약 80세

03

개의 연령별 행동발달 과정 중 청소년기에 해당하는 설명으로 옳은 것은?

① 신체적 접촉을 통해 안정감을 얻는다.
② 성격이 확립되며 독립심과 자율성이 증가한다.
③ 노화 관련 질환이 나타날 가능성이 증가하는 시기이다.
④ 신체적·정신적으로 성숙하며 안정적인 행동패턴을 보인다.

04
반려견의 성견기에 대한 설명으로 옳은 것은?

① 신체 발달이 계속 진행되는 단계이다.
② 에너지 소모가 불규칙하게 변하는 시기이다.
③ 행동적으로 성숙해지며 훈련된 습관을 유지한다.
④ 신체 활동성이 감소하며 대사율이 급격히 떨어진다.

05
다음에 설명과 관련 있는 반려견의 나이로 가장 옳은 것은?

- 관절 문제가 시작될 가능성이 있다.
- 골밀도가 감소하고 관절염이 나타날 수 있다.

① 생후 6~18개월
② 생후 18개월~7세
③ 7~10세
④ 10세 이상

06
노령견에게 적절한 관리 방법으로 가장 옳은 것은?

① 단백질과 지방 함량이 높은 사료를 급여한다.
② 활동량이 적어지므로 운동을 완전히 중단한다.
③ 신체 활동이 감소하므로 사료 급여량을 증가시킨다.
④ 관절 건강을 위하여 영양 보충제 및 균형 잡힌 식단을 제공한다.

07
노령견 후기(10세 이상) 단계에서 추천되는 관리 방법으로 옳지 않은 것은?

① 부드러운 음식을 제공한다.
② 정기적인 건강검진을 시행한다.
③ 치아 스케일링은 필요 시 진행한다.
④ 강도 높은 운동으로 근육량을 유지한다.

08
다음 그림으로 추정되는 반려견의 나이로 가장 옳은 것은?

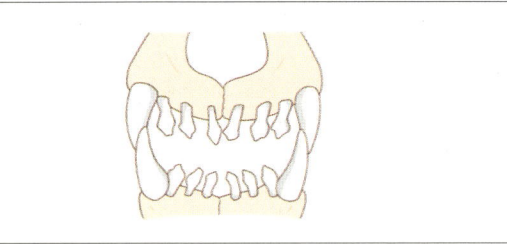

① 2.5개월
② 7개월
③ 5세
④ 10세

09
반려견의 신체에 나타날 수 있는 비정상적인 상태로 옳은 것은?

① 귀지가 적다.
② 코가 촉촉하고 차갑다.
③ 투명한 콧물이 약간 존재한다.
④ 녹색 혹은 노란색 눈곱을 보인다.

10
다음 증상이 있는 반려견에 대한 관리 방법으로 옳지 않은 것은?

- 혈액 배출
- 코 건조, 갈라짐
- 부종 또는 코 모양 변형
- 탁하거나 녹색, 노란색 분비물

① 실내 습도를 유지한다.
② 주기적인 관찰이 필요하다.
③ 주기적으로 비강청소를 해준다.
④ 비정상적인 분비물이 있으면 수의사와 상담한다.

11
올바른 반려견 신체 관리 방법에 해당하지 않는 것은?

① 반려견의 운동 후 관절을 확인한다.
② 벼룩·진드기 예방약을 정기적으로 투여한다.
③ 생식기 종양이나 감염 예방을 위해 중성화를 고려한다.
④ 절뚝거림이 지속되면 별도의 조치 없이 우선 경과를 지켜본다.

12
반려견의 활력징후(바이털사인) 측정 방법에 대해 옳지 않은 것은?

① 반려견을 편안하게 눕히거나 서게 한다.
② 반려견의 꼬리를 들어 직장 입구를 노출시킨다.
③ 체온계가 반려견의 직장을 손상시키지 않도록 부드럽게 삽입한다.
④ 정확한 측정을 위해 체온계를 최대한 직장 안쪽까지 조심스럽게 삽입한다.

13
다음 증상이 있는 반려견에 대한 관리 방법으로 옳지 않은 것은?

> - 패드의 염증이나 부종
> - 패드의 균열, 상처, 이물질
> - 걷는 것을 꺼리거나 패드를 핥는 행동

① 패드 손상 시 소독이 필요하다.
② 산책 후 패드를 확인 및 세척한다.
③ 패드에 보습제를 사용하여 건조를 방지한다.
④ 패드는 가정에서 충분히 관리가 가능하므로 별도의 수의사 상담은 필요하지 않다.

14
반려견의 체중 측정이 중요한 이유로 옳지 않은 것은?

① 건강 상태를 확인할 수 있기 때문이다.
② 비만이나 저체중을 예방할 수 있기 때문이다.
③ 반려견의 신체검사를 대체할 수 있기 때문이다.
④ 정확한 약물 용량 계산을 위해 필수적이기 때문이다.

15
다음과 같은 반려견의 호흡수 측정에 대한 설명으로 옳지 않은 것은?

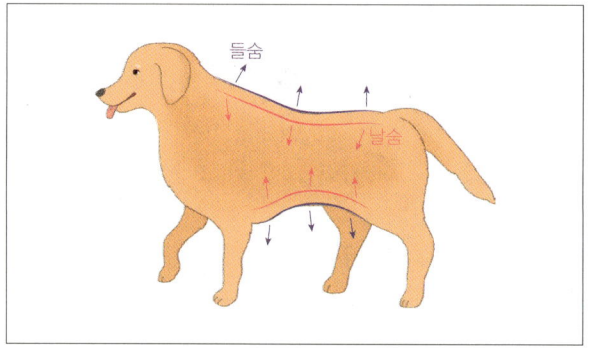

① 운동 직후나 흥분 상태에서 측정해도 상관 없다.
② 가슴이나 배의 움직임(들숨과 날숨)을 관찰한다.
③ 15초 동안 호흡 횟수를 센 후, 4를 곱해 1분당 호흡수를 계산한다.
④ 호흡이 너무 빠르거나 느리거나 소리가 난다면, 호흡기 문제일 가능성이 있다.

16
다음에서 설명하는 검사로 옳은 것은?

> 검사를 통해 특정 질병에 대한 반려동물의 면역 상태를 알 수 있으며, 추가 접종이 필요한지 여부를 판단하는 데 도움을 준다.

① 면역 검사
② 접종 검사
③ 항원가 검사
④ 항체가 검사

CHAPTER 04 | 환경관리

01

단일모(Single Coat) 견종으로 옳은 것은?

① 푸들
② 셰퍼드
③ 골든 리트리버
④ 시베리안 허스키

02

다음의 그림과 같은 반려견의 귀에 대한 설명으로 옳지 않은 것은?

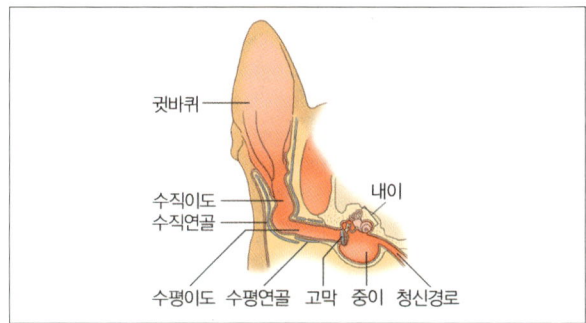

① 귀 청소 시 전용 세정제를 사용한다.
② 반려견의 외이 구조는 'ㄴ'자 형태로 굽어 있다.
③ 외이염 예방을 위해 매일 귀 청소를 해 준다.
④ 반려견의 귀는 구조상 염증 발생 가능성이 높다.

03

반려견의 안전 사고를 예방하기 위한 CCTV 활용의 장점으로 옳지 않은 것은?

① 사고 발생 시 원인 파악에 도움이 된다.
② 위험 행동이 포착되면 즉시 대처할 수 있다.
③ 반려견의 건강검진을 자동으로 수행할 수 있다.
④ 외출 시 반려견 상태를 실시간으로 확인할 수 있다.

04

반려견의 화상 대처 방법으로 옳지 않은 것은?

① 화상 연고는 처방 받은 후 사용한다.
② 화상 부위를 차가운 물로 10~15분간 식힌다.
③ 즉시 병원으로 이동하여 소독 및 치료를 진행한다.
④ 화상 부위를 천 등으로 보호하면 통풍이 어려우므로 최대한 자연스럽게 둔다.

05

다음 설명에 해당하는 심폐소생술 과정으로 옳은 것은?

- 반려견을 옆으로 눕히고 심장 부위의 위치(가슴의 왼쪽, 앞다리 바로 뒤)를 확인한다.
- 손바닥이나 손가락을 사용하여 가슴을 압박한다.

① 기도 확보
② 인공호흡
③ 숨 불어넣기
④ 심장마사지

06

심폐소생술(CPR) 시행 중 주의해야 할 사항으로 옳지 않은 것은?

① CPR을 진행하는 동시에 즉시 동물병원으로 이동해야 한다.
② 심장마사지시 과도한 압박은 부상을 유발할 수 있다.
③ 반려견의 심장 박동이나 호흡이 멈춘 경우에만 시행한다.
④ 심장마사지는 소형견과 대형견 모두 같은 강도로 시행한다.

07

다음과 같은 증상을 보이는 반려견에 대한 대처 방법으로 옳지 않은 것은?

- 구토 및 설사
- 음식 섭취, 스트레스, 감염 등이 원인

① 물은 소량 제공한다.
② 병원 방문 후 적절한 약물 치료를 받는다.
③ 영양 보충을 위해 사료를 충분히 급여한다.
④ 증상이 심하거나 혈변, 탈수 징후 시 즉시 병원을 방문한다.

08

반려견이 독성 물질(초콜릿, 포도 등)을 섭취했을 때 대처 방법으로 옳은 것은?

① 가정에서 구토를 유도한다.
② 물을 많이 마시게 하여 해독을 유도한다.
③ 반려견이 괜찮아 보이면 상태를 지켜본다.
④ 즉시 동물병원에 전화하여 상황을 설명한다.

CHAPTER 05 | 운동 및 행동관리

01
반려견의 연령별·견종별 운동량 비교로 옳은 것은?

① 성견은 자견보다 더 많은 운동과 놀이가 필요하다.
② 대형견은 장시간의 운동으로 에너지 발산이 중요하다.
③ 노령견은 건강 악화 방지를 위해 주기적으로 강도 높은 운동을 해야 한다.
④ 소형견 역시 대형견만큼 에너지 발산이 중요하므로 장시간의 운동을 진행한다.

02
다음 사진과 관련 있는 반려견 스포츠에 대한 설명으로 옳지 않은 것은?

① 핸들러의 역량보다 반려견의 역량이 중요하다.
② 최소 1년 이상 훈련 후 대회 출전을 권장한다.
③ 반려견과 핸들러가 장애물을 빠르고 정확하게 통과하는 스포츠이다.
④ '기본 복종훈련, 장애물 적응, 핸들링 기술 훈련' 순서로 훈련시킨다.

03
다음의 사진과 관련 있는 반려견 스포츠로 옳은 것은?

① 독댄스
② 디스크독
③ 어질리티
④ 플라이볼

04
어질리티와 플라이볼에서 공통적으로 중요한 반려견의 역량으로 옳은 것은?

① 체고
② 사회성
③ 공 집는 능력
④ 디스크를 쫓는 능력

05
플라이볼 경기 실점 규정으로 옳지 않은 것은?

① 허들을 통과하지 않음
② 핸들러가 원반을 부정확하게 던짐
③ 플라이볼 박스에서 공을 물지 않음
④ 교대 구역에서의 부정확한 교대

06
Volhard의 반려견 행동 프로필에서 측정하는 요소로 옳지 않은 것은?

① 반려견의 성향 분석
② 반려견의 신체 능력
③ 반려견의 훈련 반응성
④ 반려견의 주요 욕구(행동 동기)

07
다음 설명과 관련 있는 반려견의 행동 욕구로 옳은 것은?

> 자신의 영역을 지키거나 경쟁하는 성향

① 음식 욕구
② 무리 욕구
③ 방어(공격) 욕구
④ 방어(도주) 욕구

08
Volhard의 반려견 행동 프로필에서 음식 욕구 60점 이하인 반려견의 훈련 방법으로 옳은 것은?

① 흥분 시 과도한 음식 보상은 자제한다.
② 음식 보상을 활용하여 동기를 부여한다.
③ 간식 대신 칭찬, 터치, 놀이를 활용한다.
④ 간식, 장난감을 이용한 보상 기반 훈련을 한다.

09
반려동물의 감각적 풍부화(Sensory Enrichment) 방법으로 옳지 않은 것은?

① 숨겨진 간식 찾기 놀이
② 보호자와의 산책 시간 연장
③ 창밖을 볼 수 있는 공간 마련
④ 차분한 음악이나 자연 소리를 제공

10
다음 설명과 관련 있는 수술로 가장 옳은 것은?

> 수컷의 고환 제거(거세, Neutering) 또는 암컷의 난소 및 자궁 제거(불임 수술, Spaying)를 의미한다.

① 고환 제거술
② 중성화 수술
③ 성대 제거 수술
④ 난소 자궁 적출술

11
중성화 수술의 건강적 이점으로 옳지 않은 것은?

① 근육량 증가
② 수컷의 고환암 예방
③ 암컷의 자궁축농증 예방
④ 수컷의 전립선 질환 예방

12
중성화 수술 후 반려견에게 나타날 수 있는 부정적인 변화로 옳지 않은 것은?

① 공격성이 감소한다.
② 체중 증가 가능성이 있다.
③ 활동성이 저하될 수 있다.
④ 일부 개체에서 불안이 증가할 수 있다.

CHAPTER 06 | 반려견개론 및 견종 표준

01
다음 설명에 해당하는 반려견의 신체 부위 명칭으로 옳은 것은?

| 목과 등이 만나는 부분 |

① 등(Back)
② 허리(Loin)
③ 두부(Head)
④ 기갑(Withers)

02
흉골(Sternum)에 대한 설명으로 옳은 것은?

① 갈비뼈로 형성된 구조로, 내부 장기를 보호한다.
② 심장과 폐를 보호하는 부위로, 견종에 따라 깊이나 넓이가 다르다.
③ 가슴 아래쪽 중앙에 위치한 뼈로, 늑골과 연결되어 가슴 구조를 지탱한다.
④ 가슴과 허리 사이의 부위로, 내장 기관이 위치하며 복부의 탄력성이 건강 상태를 반영할 수 있다.

03
전완(Forearm)의 역할로 옳은 것은?

① 가슴 보호 역할
② 장기 보호 역할
③ 꼬리의 균형 역할
④ 보행시 중요 역할

04
다음의 설명과 관련 있는 장기로 옳은 것은?

| 영양소 대사, 해독 작용, 담즙 생성 등을 담당하는 주요 기관이다. |

① 간
② 폐
③ 신장
④ 심장

05
다음의 그림에서 빈칸에 해당하는 뼈의 명칭으로 옳은 것은?

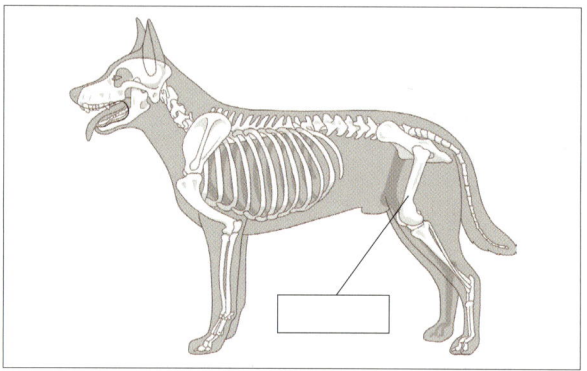

① 위팔뼈
② 어깨뼈
③ 종아리뼈
④ 넙다리뼈

06
다음의 설명에 해당하는 반려견 신체 부위의 뼈 개수로 옳은 것은?

- 머리와 몸통을 연결한다.
- 목을 구부리거나 회전하는 움직임을 지원한다.

① 3개
② 6개
③ 7개
④ 13개

07
다음의 설명에 해당하는 뼈로 옳은 것은?

- 13개의 척추가 흉부를 형성한다.
- 13쌍의 늑골이 붙어 있다.
- 심장과 폐를 보호한다.

① 요추(허리뼈)
② 천추(엉치뼈)
③ 흉추(가슴뼈)
④ 골반(엉덩이뼈)

08
다음의 설명에 해당하는 견종으로 옳지 않은 것은?

- 실내에서 키우기 적합하다.
- 작은 체구로 다치기 쉽다.
- 활발하고 애교가 많다.
- 일부 견종은 짖음이 많을 수 있다.

① 말티즈
② 치와와
③ 포메라니안
④ 세인트 버나드

09
리트리버(골든, 래브라도) 견종의 특징으로 옳은 것은?

① 활동량이 매우 낮고, 평균 수명이 짧다.
② 활발하고 경계심이 강하며, 훈련이 어렵다.
③ 온순하고 애정이 많으며, 작은 체구를 가진다.
④ 수영과 회수 놀이를 좋아하고, 친절하며 충성스럽고 가족 친화적이다.

10
다음의 사진에 해당하는 견종의 특징으로 옳지 않은 것은?

① 영리하고 활발하다.
② 털이 잘 빠지지 않는다.
③ 소형부터 대형까지 크기가 다양하다.
④ 등 길이가 길어서 허리 관리가 필요하다.

11
다음의 사진에 해당하는 견종으로 옳은 것은?

① 시츄
② 닥스훈트
③ 포메라니안
④ 시베리안 허스키

12
불독(잉글리시, 프렌치) 견종의 특징으로 옳은 것은?

① 추운 기후에 잘 적응한다.
② 단두종으로 호흡기 관리가 필요하다.
③ 활동량이 매우 높고, 평균 수명이 길다.
④ 작은 체구로 경계심이 강하고, 사람을 좋아한다.

PART 03 반려동물 훈련학

정답 및 해설 P. 13

> **주제별 CHECK! 포인트**
> - 반려견의 자발적인 참여와 긍정적 강화를 통해 효과적인 수행을 수행할 수 있다.
> - 긍정 강화훈련에서는 적절한 보상의 선택과 타이밍이 중요하다.

CHAPTER 01 | 반려견 훈련개념 및 훈련의 영향요인

01
반려견 훈련 전 확인사항으로 옳지 않은 것은?

① 훈련장 환경
② 훈련자의 소속
③ 훈련 복장 및 용품
④ 훈련자의 훈련 전문지식

02
반려견 훈련에 대한 설명으로 옳지 않은 것은?

① 물고, 뛰고, 잡는 놀이는 반려견에게 자신감과 학습 능력을 높여 훈련 단계 발전에 도움이 된다.
② 훈련 시간은 짧게 여러 번 반복해주는 것이 좋다.
③ 활동에 쓰이는 장난감은 항상 반려견 곁에 놔둔다.
④ 보호자와의 놀이는 반려견의 정서 및 신체 발달에 도움이 된다.

03
반려견 학습에 대한 설명으로 옳은 것은?

① 처벌을 통해 훈련을 하여 훈련의 성과를 높인다.
② 칭찬을 하는 훈련이 보상보다 훈련 효과가 더 좋다.
③ 효과적인 훈련을 위해 30분 이상씩 훈련 세션을 계획한다.
④ 반려견이 자율적으로 훈련에 참여하는 것이 가장 효과적이다.

04
목줄 안쪽에 뾰족한 돌기가 있는 금속 체인으로 반려견에게 심각한 부상을 가할 수 있는 훈련 장비로 옳은 것은?

① 하네스
② 초크 체인
③ 플랫 칼라
④ 핀치 칼라

05
원거리 대기 훈련 및 트레킹 훈련에 사용되는 리드줄의 길이로 옳은 것은?

① 120cm
② 2m
③ 5m
④ 10m

06
다음 사진에 해당하는 반려견 훈련 도구의 명칭으로 옳은 것은?

① 아티클
② 입마개
③ 헤드 홀터
④ 플랫 칼라

07

반려견을 위한 행동 풍부화의 5요소에 해당하지 <u>않는</u> 것은?

① 사회적 요소
② 정신적 요소
③ 감각적 요소
④ 인지적 요소

08

반려견 스포츠 중 플라스틱 원반 장난감을 서로 멀리 던져서 받는 경기로 옳은 것은?

① 독트릭
② 프리스비
③ 어질리티
④ 플라이볼

09

반려견 훈련의 영향요인에 대한 설명으로 옳지 <u>않은</u> 것은?

① 부모 형질의 유전력과는 관련이 없다.
② 개체별 특성에 따라 행동 양식이 다르다.
③ 훈련을 위한 세밀하고 신중한 계획이 필요하다.
④ 반려견과 훈련자의 관계가 좋으면 반려견의 적극적인 훈련 참여가 가능하다.

10

반려견 훈련 시 반려견이 자발적으로 참여하도록 하는 것으로 활동 자체에서 즐거움을 얻는 동기로 옳은 것은?

① 외적 동기
② 정서 동기
③ 내적 동기
④ 사회 동기

CHAPTER 02 | 반려견의 학습이론

01

다음의 설명에 해당하는 반려견 학습이론으로 옳은 것은?

> 관찰 가능한 행동의 변화에 초점을 맞춘 것으로, 동물체의 학습을 생존을 위한 적응 방법의 일부로 여기는 이론이다.

① 행동주의 학습이론
② 생존주의 학습이론
③ 본능주의 학습이론
④ 생체주의 학습이론

02

다음의 설명과 관련 있는 반려견의 기본 훈련 요건으로 옳은 것은?

> 반려견 스스로가 내적 변화를 이루어 능력을 발휘하는 것으로 훈련 성과에 큰 영향을 끼치는 요인이다.

① 친화성
② 자발성
③ 개별화
④ 직접 경험

03

학습한 행동을 기억하고 장기적으로 유지하는 반려견의 학습 단계로 옳은 것은?

① 유창 단계(Fluency)
② 습득 단계(Acquisition)
③ 유지 단계(Maintenance)
④ 일반화 단계(Generalization)

04

훈련 과제 전체를 한 번에 연습하는 방법으로 단순하거나 단위 과제들이 유사할 때 활용되는 반려견 훈련 방법으로 옳은 것은?

① 분습법
② 지속법
③ 분할법
④ 전습법

05
소거되었던 행동이 자동으로 다시 나타나는 현상으로, 습득했던 기억이 완전히 없어지지 않고 일부 남아 일시적으로 이전 수준보다 낮은 수준의 행동이 나타나는 현상을 일컫는 말로 옳은 것은?

① 중다반응
② 자동회복
③ 전이 현상
④ 요소의 우월성

06
이전에 했던 행동이 좋은 결과를 받았다는 기억으로 인하여 동일한 행동을 다시 보이는 현상을 일컫는 말로 옳은 것은?

① 장소학습
② 보상 기대
③ 유사성의 법칙
④ 요소의 우월성

07
반려견의 훈련 절차에 대한 설명으로 옳지 않은 것은?

① 훈련 평가는 상대평가로 진행한다.
② 훈련의 계획은 논리적 구성으로 작성되어야 한다.
③ 진단평가를 통해 반려견의 자질에 대해 파악한다.
④ 종합평가는 훈련 종료 후 목표 달성도를 평가하는 것이다.

08
훈련 진행에 따른 개체의 습득 수준을 파악하는 훈련 평가 단계에 해당하는 것은?

① 형성평가
② 진단평가
③ 종합평가
④ 유지평가

09
고전적 조건화 방법 중 조건 자극을 제시하고 잠시 후 무조건 자극을 제시하는 방법을 통해 가장 효과적으로 조건화가 가능한 방법에 해당하는 것은?

① 역향 조건화
② 흔적 조건화
③ 동시 조건화
④ 지연 조건화

10
고전적 조건화의 영향요인에 해당하지 않는 것은?

① 수반성
② 자발성
③ 사전 경험
④ 개체별 특성

11
조건 자극에 무조건 자극이 수반되지 않은 상태에서 경험한 결과가 조건화를 방해하는 고전적 조건화 현상을 일컫는 말로 옳은 것은?

① 역조건화
② 차폐 현상
③ 잠재적 억제
④ 사전 조건화

12
특정 행동이 일어난 직후 반려견이 좋아하는 것을 주어 그 행동의 발생 확률을 높이는 훈련법으로 옳은 것은?

① 긍정 처벌
② 부정 처벌
③ 긍정 강화
④ 부정 강화

13
다음의 설명과 관련 있는 조작적 조건화 작동 이론에 해당하는 것은?

> 행동은 특정 행동의 정상적인 수준보다 감소하면 그만큼 강화력이 발생한다.

① 회피론
② 추동감소론
③ 반응 박탈론
④ 상대적 가치론

14
조작적 조건화 중 강화물의 강화력이 강해지는 요건에 해당하지 않는 것은?

① 강화물을 적절한 양과 빈도로 제공하여 강화력을 유지한다.
② 강화력은 결핍 수준이 높을수록 더 커진다.
③ 강화력은 강화물의 종류와 질에 상관없이 효과가 동일하다.
④ 보상 횟수 증가에 따라 강화력의 효과가 줄어들 수 있다.

15
여러 행동을 강화할 때 강화 비율이 높은 쪽을 선택하는 현상을 일컫는 말로 옳은 것은?

① 비율 긴장
② 선택과 대응
③ 수반성의 함정
④ 간헐 강화 효과

CHAPTER 03 | 훈련원리의 활용

01
반려견 교육 방법에 대한 설명으로 옳지 않은 것은?

① 반려견에 대한 처벌은 보상보다 훈련의 효과가 좋다.
② 음식 보상은 반려견의 집중력을 높이는 데 효과적이다.
③ 반려견에게 보상할 때는 먹이나 좋아하는 장난감 등으로 행동의 즐거움을 준다.
④ 반려견을 쓰다듬어 주거나 부드러운 목소리로 칭찬하며 훈련의 지속성을 늘릴 수 있다.

02
다음의 설명에 해당하는 처벌로 옳은 것은?

> 반려견이 심한 과잉행동을 하는 경우 바람직하지 않은 행동을 보인 직후 어둡고 좁은 곳에 가두어 반려견이 짖는 동안에는 풀어주지 않는다.

① 원격 처벌
② 직접 처벌
③ 물리적 처벌
④ 사회적 처벌

03
음식 또는 간식과 같은 강화물을 활용한 보상의 장점에 해당하지 않는 것은?

① 동기부여
② 학습 의욕 자극
③ 훈련자의 신체적 성장
④ 교육에 대한 즐거움 제공

04
평균 시행 횟수를 기준으로 무작위로 강화물을 제공하는 강화 계획으로 옳은 것은?

① 변동간격 강화 계획
② 고정간격 강화 계획
③ 변동비율 강화 계획
④ 고정비율 강화 계획

05
반려견의 훈련 원리 중 특정 자극에 대해 조건화된 반응이 유사한 자극에도 나타나는 현상을 일컫는 말로 옳은 것은?

① 처벌
② 자극 일반화
③ 길항 조건부여
④ 점진적 조건부여

06
반려견 훈련 원리 중 조형의 종류에 해당하지 않는 것은?

① 유도
② 암시
③ 포착
④ 단계적 형성

07
반려견의 기본예절 훈련에 대한 내용으로 옳지 않은 것은?

① '기다리기' 훈련 시 반려견이 움직이면 다시 전 단계로 돌아간다.
② 반려견 이름을 부른 후에 반려견을 혼내거나 놀라게 하지 않는다.
③ '앉아' 훈련 시 손에 간식을 들고 있으면서 반려견이 손에 집중할 수 있도록 한다.
④ '따라 걷기' 훈련 시 교육 초기부터 사람이 많은 곳에서 실시하여 단계적으로 적응하도록 한다.

08
엎드리기 훈련 방법에 대한 설명으로 옳지 않은 것은?

① 반려견이 앉아 있는 상태에서 시작한다.
② 반려견의 앞발을 세게 잡고 당기며 "엎드려"라고 말한다.
③ 소형견은 훈련자가 자세를 낮춰서 실시한다.
④ 훈련 중 특정 과정에서 실패하면 전 단계로 돌아간다.

09
다음의 설명과 관련 있는 공격행동으로 옳은 것은?

> 반려견이 자신의 세력권으로 인식하는 장소에 접근하는 개체에 대해 보이는 공격행동

① 우위성 공격행동
② 공포성 공격행동
③ 특발성 공격행동
④ 영역성 공격행동

10
다음의 설명에 해당하는 도구로 옳은 것은?

> 반려견 산책 시 사용되는 도구로, 목끈을 당기면 반려견의 후두와 머즐에 압력이 가해진다.

① 하네스
② 입마개
③ 헤드 홀터
④ 초크 체인

11
반려견의 문제행동 중 식분증에 대한 행동 교정 방법으로 옳지 않은 것은?

① 건강검진을 통해 질환 여부를 확인한다.
② 제한급식이 아닌 자유급식을 실시한다.
③ 반려견이 배변 실수를 하는 경우 관심을 주지 않는다.
④ 반려견이 약속된 행동에 잘 따르도록 예절 교육을 한다.

12
반려견이 땅을 파는 행동의 원인으로 옳지 않은 것은?

① 피부질환
② 땅을 이용한 체온 조절
③ 특정 대상으로부터의 도망
④ 행동 반복을 통한 스트레스 해소

13
다음 중 반려견의 불안장애 행동 교정 방법에 대해 옳지 않은 것은?

① 자유급식을 통해 반려견의 불안감을 덜어줄 수 있도록 한다.
② 식사시간 급식을 하기 전 앉아, 엎드려, 기다려 등의 훈련을 한다.
③ 보호자는 반려견이 짖음으로 의사표현을 할 때 관심을 주지 않는다.
④ 점점 나가 있는 시간을 늘리고, 지속 시간을 불규칙적으로 바꾸며 반복한다.

14
반려견의 문제행동 예방을 위해 행동학적 풍부화 요소를 중심으로 주차별 프로그램을 제공하기에 적절한 시기로 옳은 것은?

① 생후 2~3주차
② 생후 7~8주차
③ 생후 6~8개월
④ 생후 12개월 이후

15
반려견의 행동 변화에 대한 설명으로 옳은 것은?

① 문제행동은 질책할 때 가장 효과적으로 교정된다.
② 특정 훈련 교실의 참여로만 반려견의 행동을 변화시킬 수 있다.
③ 반려견은 보호자에게 보상과 칭찬을 받기 위해 올바른 행동을 한다.
④ 반려견이 인지할 수 있는 기억은 길기 때문에 한 번만 훈련해도 효과가 있다.

16
반려견 훈련 시 강화물의 선택 요건에 해당하지 않는 것은?

① 강화물의 적절성
② 훈련 중 강화물의 지속력
③ 훈련 개체의 특성
④ 강화물의 자율성

CHAPTER 04 | 반려견 훈련능력 평가와 활용

01
반려동물행동지도사 자격시험의 실기시험 규정으로 옳지 않은 것은?

① 2급 응시견은 6개월령 이상 모든 견종으로 한다.
② 실기시험 응시 중에 먹이, 간식 등을 넣을 수 있다.
③ 소형견의 기준은 체고 40cm 이하 및 체중 12kg이다.
④ 응시견의 견주는 응시자 본인 또는 응시자의 직계가족이어야 한다.

02
반려동물행동지도사 자격시험의 실기시험장 규격으로 옳은 것은?

① 13m × 13m
② 14m × 14m
③ 15m × 15m
④ 16m × 16m

03
반려동물행동지도사 자격시험의 실기시험 평가항목에서 '동행 중 엎드리기' 수행 시 감점항목에 해당하지 않는 것은?

① 자의적으로 자세 변경
② 불완전한 엎드려 자세
③ 완만한 태도로 엎드리기
④ 응시견의 오른발, 왼발의 부정확한 수행

04
다음의 설명에 해당하는 대회로 옳은 것은?

- 어질리티 국제대회로 연 1회 유럽대륙에서 열린다.
- AWC에 비해 출전이 자유로우며 세계 각지에서 참여가 가능하다.

① EO
② USDDN 월드파이널
③ WAO
④ 크러프트 어질리티

05
FCI 어질리티 대회 규정에 따라 반려견의 체급을 측정하는 단위로 옳은 것은?

① 체간
② 체장
③ 체고
④ 체중

06
FCI 어질리티 규정에 따른 중형견의 체고에 해당하는 것은?

① 15cm 미만
② 35cm 미만
③ 43cm 이상
④ 35cm 초과 43cm 미만

07
어질리티 대회의 실격 사유에 해당하지 않는 것은?

① 심판의 출발신호 전 출발한 경우
② 핸들러가 장애물을 뛰어넘은 경우
③ 핸들러가 손에 무엇을 들고 뛰었을 경우
④ 코스 실패에 따른 감점 10점 이상의 경우

08
다음의 그림에 해당하는 장애물의 명칭으로 옳은 것은?

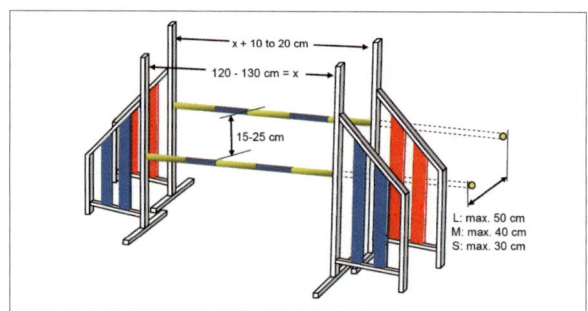

① 롱 점프
② A-프레임
③ 싱글 허들
④ 스프레드 허들

09
다음의 설명에 해당하는 디스크독 대회 종목으로 옳은 것은?

여러 장의 디스크를 가지고 음악에 맞춰 90초 안에 자유롭게 안무를 구성하여 기술을 보여 주는 경기

① 디스턴스
② 프리스타일
③ 파워 디스크
④ 페어스 디스턴트 어큐러시

10
디스크독의 경기장 최소 규격으로 옳은 것은?

① 9×18m
② 18×22m
③ 27×45m
④ 36×45m

11
플라이볼 허들의 높이 기준이 되는 참가견의 신체 측정 위치로 옳은 것은?

① 체고
② 자뼈 길이
③ 비골 길이
④ 체장

12
플라이볼 참가 기준에 대한 설명으로 옳지 않은 것은?

① 견종에 따라 참가가 제한된다.
② 선수견은 15개월령이 넘어야 한다.
③ 생리 중인 선수견은 경기에 참석할 수 없다.
④ 모든 선수견과 핸들러는 기본 훈련이 되어 있어야 한다.

13
특수 분야의 보조견에 대한 설명으로 옳지 않은 것은?

① 위험으로부터 인간을 지켜 주기도 한다.
② 특별한 자격시험을 치르지 않아도 될 수 있다.
③ 임무 수행 중 집중을 위해 함부로 접촉하지 않는다.
④ 목적별 훈련 프로그램에 따라 구조견, 탐지견 등으로 나뉜다.

14
치료 도우미견의 특징에 대한 설명으로 옳지 않은 것은?

① 수의학적 관리가 용이하다.
② 폭발물이나 마약을 탐지하는 데 활용한다.
③ 인간과의 유대가 강해 상호작용이 뛰어나다.
④ 핸들러와 전문가의 지시에 따라 내담자와 상호작용을 수행한다.

15
치료 도우미견의 선발 연령 시기로 가장 옳은 것은?

① 생후 6개월 이하
② 6~8개월령
③ 8~10개월령
④ 12개월령 이상

16
다음의 설명에 해당하는 견종으로 옳지 않은 것은?

- 산사태, 지진, 건물 붕괴 등의 재난 상황에서 실종자의 위치를 신속하고 정확하게 탐색하여 인명을 구조하는 데 도움을 준다.
- 뛰어난 후각, 청각 및 수색능력을 갖추어야 한다.
- 민첩성, 대담성, 복종심 등이 요구된다.

① 보더 콜리
② 저먼 셰퍼드
③ 세인트 버나드
④ 푸들

PART 04 직업윤리 및 법률

정답 및 해설 P. 17

> **주제별 CHECK! 포인트**
> - 동물 등록제는 반려동물을 등록하여 보호자 정보를 관리함으로써 유기 동물 방지와 보호자 책임 강화를 목적으로 시행되는 제도이다.
> - 소비자분쟁해결기준은 소비자와 사업자 간에 발생한 분쟁을 공정하고 신속하게 해결하기 위해 마련된 표준화된 기준이다.

CHAPTER 01 | 동물보호법

01
다음의 용어와 정의가 바르게 연결되지 <u>않은</u> 것은?

> ㉠: 동물을 소유·사육·관리·보호하는 사람
> ㉡: 소유자 없이 공공장소에서 배회하거나 버려진 동물
> ㉢: 학대를 받은 동물
> ㉣: 위험성이 있어 지정된 특정 개

① ㉠: 소유자
② ㉡: 유실·유기동물
③ ㉢: 피학대동물
④ ㉣: 반려견

02
다음의 설명과 관련 있는 동물보호법조항으로 옳은 것은?

> 누구든지 동물을 사육·관리 또는 보호할 때에는 다음 각 호의 원칙을 준수하여야 한다.
> - 동물의 본래 습성과 몸의 원형 유지
> - 갈증·굶주림·영양 결핍 방지
> - 정상적인 행동 표현 보장 및 불편함 방지
> - 고통·상해·질병으로부터 보호
> - 공포·스트레스 방지

① 동물보호의 날
② 동물 복지위원회
③ 금지되는 학대 행위
④ 동물보호의 기본원칙

03
등록대상동물을 잃어버렸을 경우, 소유자가 신고해야 하는 기간으로 옳은 것은?

① 잃어버린 날부터 3일 이내
② 잃어버린 날부터 7일 이내
③ 잃어버린 날부터 10일 이내
④ 잃어버린 날부터 30일 이내

04
시·도지사가 등록대상동물의 유실·유기 방지를 위해 취할 수 있는 조치로 옳지 <u>않은</u> 것은?

① 예방접종을 하도록 할 수 있다.
② 특정 장소에서의 출입을 제한할 수 있다.
③ 특정 지역에서의 사육을 제한할 수 있다.
④ 등록대상동물의 외출을 전면 금지할 수 있다.

05
맹견을 사육하려는 사람이 반드시 갖추어야 할 요건으로 옳지 <u>않은</u> 것은?

① 제15조에 따른 등록을 해야 한다.
② 제23조에 따른 보험에 가입해야 한다.
③ 중성화 수술을 반드시 하지 않아도 된다.
④ 시·도지사에게 맹견사육허가를 받아야 한다.

06
맹견의 출입이 금지된 장소에 해당하지 <u>않는</u> 것은?

① 초등학교
② 동물병원
③ 어린이공원
④ 노인복지시설

07
개의 기질평가에 소요되는 비용을 부담하는 사람으로 옳은 것은?

① 동물병원이 부담한다.
② 국가가 전액 부담한다.
③ 개의 소유자가 부담한다.
④ 지방자치단체가 지원한다.

08
다음의 설명에 해당하는 업무를 수행하는 사람으로 옳은 것은?

- 반려동물에 대한 훈련
- 반려동물 소유자등에 대한 교육
- 반려동물에 대한 행동분석 및 평가

① 수의사
② 동물보건사
③ 동물보호단체 회원
④ 반려동물행동지도사

09
반려동물행동지도사가 될 수 없는 사람은?

① 피성년후견인
② 정신건강의학과 전문의로부터 업무 수행이 가능하다고 인정받은 사람
③ 과거에 동물보호법 위반으로 벌금 이상의 실형을 선고받고 그 집행이 종료된 경우
④ 과거에 동물보호법 위반으로 벌금 이상의 실형을 선고받고 집행이 면제된 날부터 3년이 지난 경우

10
시·도지사와 시장·군수·구청장이 구조하여 보호조치를 해야 하는 동물로 옳지 않은 것은?

① 유실·유기동물
② 소유자가 명확한 피학대동물
③ 소유자를 알 수 없는 피학대동물
④ 소유자의 학대로 인해 적정한 치료·보호를 받을 수 없는 동물

11
다음의 설명에 해당하는 업무를 수행하는 기관으로 옳은 것은?

- 제34조에 따른 동물의 구조·보호조치
- 제41조에 따른 동물의 반환 등
- 제44조에 따른 사육포기 동물의 인수 등
- 제45조에 따른 동물의 기증·분양
- 제46조에 따른 동물의 인도적인 처리 등
- 반려동물사육에 대한 교육

① 동물병원
② 동물보호센터
③ 동물구조센터
④ 동물교육센터

12
특별자치시장·특별자치도지사·시장·군수·구청장이 보호시설 폐쇄를 반드시 명해야 하는 경우로 옳은 것은?

① 보호시설 운영자가 보호시설 운영을 중단하는 경우
② 보호시설 운영자가 주민등록상 주소지를 이전한 경우
③ 보호시설 운영자가 시설의 환경 개선을 소홀히 한 경우
④ 거짓이나 부정한 방법으로 보호시설의 신고 또는 변경신고를 한 경우

13
피학대동물 또는 유실·유기동물 발견 시 신고 의무가 있는 자로 옳지 않은 것은?

① 수의사
② 동물보호관
③ 맹견 소유자
④ 보호시설운영자

14
동물실험의 금지에 해당하는 사항으로 옳은 것은?

① 봉사동물의 선발·훈련방식에 관한 연구를 하는 경우
② 제52조에 따른 공용동물실험윤리위원회의 승인을 받은 실험
③ 인수공통전염병의 확산을 우려하여 동물실험을 진행하는 경우
④ 유실·유기동물(보호조치 중인 동물을 포함한다)을 대상으로 하는 실험

15
동물실험윤리위원회의 구성에 대한 설명으로 옳은 것은?

① 윤리위원회 위원의 임기는 5년으로 설정된다.
② 윤리위원회의 위원은 농림축산식품부장관이 직접 임명한다.
③ 윤리위원회에는 동물실험시행기관의 임원이 반드시 포함되어야 한다.
④ 윤리위원회의 위원 3분의 1 이상은 해당 동물실험시행기관과 이해관계가 없는 사람이어야 한다.

16
동물 복지축산농장이 인증기관에 인증갱신 신청을 해야 하는 기간으로 옳은 것은?

① 인증 유효기간이 끝나기 1개월 전
② 인증 유효기간이 끝나기 2개월 전
③ 인증 유효기간이 끝나기 3개월 전
④ 인증 유효기간이 끝나기 6개월 전

17
맹견취급허가를 받은 자가 농림축산식품부령으로 정하는 바에 따라 시·도지사에게 신고하여야 하는 경우로 옳지 않은 것은?

① 맹견이 다친 경우
② 맹견을 번식시킨 경우
③ 맹견을 양도하거나 양수한 경우
④ 보유하고 있는 맹견이 죽은 경우

18
반려동물 영업자가 휴업 또는 폐업을 신고하려는 경우에 제출해야 하는 서류로 옳은 것은?

① 영업등록증
② 동물사육보고서
③ 동물처리계획서
④ 영업종료보고서

19
동물보호법에서 아래에 해당하는 사람들이 동물학대 방지 등을 위하여 설치해야 하는 것으로 옳은 것은?

- 제35조 제1항 또는 제36조 제1항에 따른 동물보호센터의 장
- 제37조에 따른 보호시설운영자
- 제63조 제1항 제1호 다목에 따른 도축장 운영자
- 제69조 제1항에 따른 영업의 허가를 받은 자 또는 제73조 제1항에 따라 영업의 등록을 한 자

① 영상교육기기
② 영상진단기기
③ 영상편집기기
④ 고정형 영상정보처리기기(CCTV)

20
아래 지문과 관련 있는 사람으로 옳은 것은?

농림축산식품부장관(대통령령으로 정하는 소속 기관의 장을 포함한다), 시·도지사 및 시장·군수·구청장은 동물의 학대 방지 등 동물보호에 관한 사무를 처리하기 위하여 소속 공무원 중에서 지정하여야 한다.

① 동물보건사
② 동물보호관
③ 동물보호사
④ 반려동물행동지도사

21
농림축산식품부장관, 시·도지사, 시장·군수·구청장이 처분을 하기 전에 청문을 실시해야 하는 상황으로 옳지 <u>않은</u> 것은?

① 동물병원 영업정지
② 맹견사육허가 철회
③ 동물보호센터 지정취소
④ 반려동물행동지도사 자격취소

22
2년 이하의 징역 또는 2천만 원 이하의 벌금에 처하는 행위로 옳지 <u>않은</u> 것은?

① 맹견을 유기한 소유자
② 허가 또는 변경허가를 받지 아니하고 반려동물 관련 영업을 한 자
③ 거짓이나 그 밖의 부정한 방법으로 인증농장 인증을 받은 자
④ 다른 사람에게 반려동물행동지도사의 명의를 사용하게 하거나 그 자격증을 대여한 자

23
아래 행위에 해당하는 자가 받을 수 있는 벌금으로 옳은 것은?

- 신고를 하지 아니하고 보호시설을 운영한 자
- 비밀을 누설하거나 도용한 윤리위원회의 위원 또는 위원이었던 자
- 업무상 알게 된 비밀을 누설한 기질평가위원회의 위원 또는 위원이었던 자

① 300만 원 이하
② 500만 원 이하
③ 1,000만 원 이하
④ 3,000만 원 이하

24
300만 원 이하의 과태료에 해당하는 행위로 옳지 <u>않은</u> 것은?

① 맹견 보험 미가입
② 맹견 출입금지 장소 출입
③ 영업별 시설 및 인력 기준 미준수
④ 보호시설 운영 중단·폐쇄 신고 미이행

CHAPTER 02 | 소비자기본법

01
소비자기본법의 용어와 정의가 바르게 연결되지 <u>않은</u> 것은?

- ㉠: 사업자가 제공하는 물품·용역을 사용하는 자
- ㉡: 물품·용역을 제조·판매·제공하는 자
- ㉢: 소비자 권익 증진을 위해 조직된 단체
- ㉣: 사업자의 공동 이익을 위해 조직된 단체

① ㉠: 소비자
② ㉡: 사업자
③ ㉢: 권익단체
④ ㉣: 사업자단체

02
소비자의 기본적 권리로 옳지 <u>않은</u> 것은?

① 자유로운 선택권
② 정보를 제공받을 권리
③ 환경친화적 소비 실천
④ 정책·사업 활동에 의견을 반영시킬 권리

03
소비자기본법 제10조에 따른 표시기준에 대한 설명으로 옳은 것은?

① 표시 변경 시 변경 전후 사항은 명확하게 표시할 필요가 없다.
② 표시 기준에 대한 변경은 소비자가 혼란을 느낄 수 있어 변경을 금지할 수 있다.
③ 상품에 대한 정보는 소비자가 잘못된 선택을 하지 않도록 정확히 표시해야 한다.
④ 소비자는 상품명, 성분, 가격, 원산지, 사용법, 유효기간 등과 같은 정보의 표시가 없어도 구매할 수 있다.

04
소비자기본법에서 정한 광고기준으로 옳지 <u>않은</u> 것은?

① 광고 매체·시간대는 제한이 불가능하다.
② 오해할 만할 용어 사용의 제한이 가능하다.
③ 허가된 내용만 광고하도록 제한이 가능하다.
④ 소비자가 오해할 특정표현의 제한이 가능하다.

05
소비자기본법 제19조에 따른 사업자의 책무에 대한 설명으로 옳은 것은?

① 소비자 피해 방지를 위한 조치는 선택 사항이다.
② 개인정보 보호 의무는 사업자에게 부여되지 않는다.
③ 부당한 거래조건이나 방법을 사용하는 것이 허용된다.
④ 사업자는 소비자에게 물품등에 대한 정보를 성실하고 정확하게 제공하여야 한다.

06
소비자중심경영인증에 대한 설명으로 옳은 것은?

① 인증 유효기간은 1년이다.
② 인증 심사비용은 공정거래위원회가 부담한다.
③ 인증을 받은 사업자는 포상 및 지원을 받을 수 있다.
④ 소비자중심경영인증을 받은 사업자는 인증 표시를 할 수 없다.

07
다음의 설명에 해당하는 역할을 하는 단체로 옳은 것은?

- 소비자문제 연구 및 교육
- 소비자 권익 관련 시책 건의
- 소비자 불만·피해 상담 및 당사자 간 합의 권고
- 물품·서비스의 규격, 품질, 가격 등 조사·분석 및 결과 공표 가능

① 사업자단체
② 소비자단체
③ 권익위원회단체
④ 소비자문제연구단체

08
한국소비자원 설립에 대한 설명 중 옳지 않은 것은?

① 한국소비자원은 설립등기를 해야 성립할 수 있다.
② 한국소비자원은 주된 사무소 없이 설립될 수 없다.
③ 한국소비자원은 소비자권익 증진을 위해 설립된 민간 기관이다.
④ 한국소비자원은 법인격을 가지며, 공정거래위원회의 승인을 받아 지부를 설치할 수 있다.

CHAPTER 03 | 기타 생활법률

01
다음 설명과 관련 있는 질병에 대한 설명으로 옳은 것은?

- 소: 구제역
- 돼지: 구제역
- 개: 광견병

① 제1종 가축전염병이다.
② 제2종 가축전염병이다.
③ 제3종 가축전염병이다.
④ 필수 예방접종 대상 질병이다.

02
전염병 발생 시 정부가 취할 수 있는 조치로 옳지 않은 것은?

① 축산물 유통 촉진
② 긴급 방역지역 설정
③ 농장 간 가축 이동 제한
④ 감염된 가축 및 주변 가축 살처분

03
가축전염병 발생 시 방역 조치에 대한 설명 중 옳지 않은 것은?

① 농장 간 가축 이동이 제한될 수 있다.
② 방역 조치가 시행되면 별도의 예방접종은 실시할 필요가 없다.
③ 축산물 유통이 즉시 중단되며, 일정 기간 후 재개할 수 있다.
④ 전염병이 발생하면 감염된 가축뿐만 아니라 주변 가축도 살처분될 수 있다.

04
가축전염병 예방법에 따라 신고 의무 위반 시 전염병 미신고에 대한 처벌로 옳은 것은?

① 3개월 이하의 징역 또는 500만 원 이하의 벌금
② 1년 이하의 징역 또는 1천만 원 이하의 벌금
③ 3년 이하의 징역 또는 3천만 원 이하의 벌금
④ 5년 이하의 징역 또는 5천만 원 이하의 벌금

05
수의사법에 따라 우리나라에서 수의사 면허를 취득하기 위한 요건으로 옳은 것은?

① 수의학과 졸업
② 수의과대학 졸업
③ 국가시험(수의사 국가고시) 합격
④ 학과 상관없이 외국에서 대학을 졸업한 경우

06
수의사 면허 취소 및 정지에 대한 설명으로 옳지 않은 것은?

① 면허증을 다른 사람에게 대여하면 1년 동안 면허효력이 정지된다.
② 농림축산식품부장관은 일정한 사유가 있으면 수의사 면허를 취소할 수 있다.
③ 수의사가 법률 위반 등의 사유에 해당하면 면허가 정지되거나 취소될 수 있다.
④ 정신질환이 있더라도 정신건강의학과 전문의가 직무 수행이 가능하다고 인정하면 면허 취소 대상이 아니다.

07
수의사의 면허효력 정지 사유로 옳지 않은 것은?

① 동물병원을 운영하지 않는 경우
② 거짓이나 부정한 방법으로 처방전을 발급한 경우
③ 임상수의학적으로 인정되지 않는 진료행위를 한 경우
④ 관련 서류를 위조하여 부정한 방법으로 진료비를 청구한 경우

08
무자격자의 동물병원 운영 시 처벌 기준으로 옳은 것은?

① 1년 이하의 징역 또는 1천만 원 이하의 벌금
② 2년 이하의 징역 또는 2천만 원 이하의 벌금
③ 3년 이하의 징역 또는 3천만 원 이하의 벌금
④ 5년 이하의 징역 또는 5천만 원 이하의 벌금

09
동물진료 및 병원 운영 관련 규정에 대한 설명으로 옳지 않은 것은?

① 비수의사도 일정 교육을 받으면 진료할 수 있다.
② 수의사는 치료 후 보호자에게 영수증을 발급해야 한다.
③ 수의사는 진료기록부를 작성하고 1년간 보관해야 하는 의무가 있다.
④ 동물병원에는 반드시 진료실, 처치실, 조제실 등의 필수 시설이 있어야 한다.

10
동물의 인도적 안락사에 대한 규정으로 옳은 것은?

① 안락사 전에 보호자의 동의를 받아야 한다.
② 불필요한 고통을 주는 방식의 안락사도 허용된다.
③ 안락사 방법에 대한 법적 규정은 존재하지 않는다.
④ 보호자의 동의 없이도 수의사의 판단만으로 안락사를 결정할 수 있다.

11
동물보건사가 되기 위한 절차로 옳은 것은?

① 수의사 면허를 취득해야 한다.
② 동물보건사 자격시험에 합격해야 한다.
③ 동물병원에서 1년 이상 근무하면 자격이 부여된다.
④ 동물보건사 교육을 받으면 자동으로 자격이 인정된다.

12
동물보건사의 업무 범위로 옳은 것은?

① 동물보건사는 동물병원 운영을 할 수 있다.
② 동물보건사는 단독으로 수술을 진행할 수 있다.
③ 동물보건사는 독립적으로 동물의 병을 진단할 수 있다.
④ 동물의 간호 및 동물 진료 보조 업무를 수행할 수 있다.

13
동물보호법에 따른 동물등록 변경신고 사유에 해당하지 않는 것은?

① 등록동물이 죽은 경우
② 등록동물이 새끼를 낳은 경우
③ 등록동물의 무선식별장치를 잃어버린 경우
④ 등록동물을 더 이상 국내에서 기르지 않게 된 경우

14
다음 설명과 관련 있는 제도의 의무 대상 동물로 옳은 것은?

> 반려동물(개)의 유실·유기를 방지하고, 동물과 보호자의 정보를 체계적으로 관리하기 위한 제도

① 2개월령 이상의 개
② 6개월령 이상의 개
③ 8개월령 이상의 개
④ 12개월령 이상의 개

15
다음의 설명에 해당하는 동물등록 방법으로 옳은 것은?

> • 가장 권장되는 방식
> • 수명이 길고 분실 위험 없음
> • 쌀알 크기의 칩을 반려견의 피하(목덜미 부근)에 삽입

① 외장형 무선식별장치
② 내장형 무선식별장치
③ 등록번호가 기재된 인식표 부착
④ 보호자가 주민센터에 가서 수기 등록

16
보호자의 반려동물 관련 정보가 변경될 경우 변경신고를 해야 하는 기간으로 옳은 것은?

① 10일 이내
② 30일 이내
③ 60일 이내
④ 90일 이내

17
동물보호법상 공공장소에서 개 목줄이나 하네스 미착용 시 받게 되는 최대 과태료로 옳은 것은?(단, 1차 위반을 기준으로 한다)

① 5만 원
② 10만 원
③ 20만 원
④ 30만 원

18

반려동물 관련 법률에 대한 설명으로 옳지 <u>않은</u> 것은?

① 축산법에 따라 번식·판매업자는 동물 복지 기준 준수 의무가 있다.
② 소비자기본법에 따라 인터넷을 통한 반려동물 거래 시 소비자 보호를 받을 수 없다.
③ 경범죄처벌법에 따라 공공장소에서 배설물 미처리 시 과태료가 부과된다.
④ 화학물질관리법에 따라 반려동물 사료, 장난감 등에 사용되는 화학 물질을 규제할 수 있다.

19

장애인 보조견의 출입에 대한 설명으로 옳지 <u>않은</u> 것은?

① 장애인 보조견 출입을 부당하게 거부한 사업자는 처벌받을 수 있다.
② 장애인 보조견 출입을 거부할 경우 최대 500만 원 이하의 과태료가 부과될 수 있다.
③ 장애인 보조견이 건강이나 청결 상태가 부적절할 경우, 출입이 제한될 수 있다.
④ 장애인 보조견을 동반한 장애인은 식당, 병원, 공공시설, 대중교통 등에서 차별받지 않고 출입할 수 있다.

20

장애인 보조견 관련 법적 보호 조치에 대한 설명으로 옳지 <u>않은</u> 것은?

① 장애인 보조견을 학대하거나 유기할 경우 형사처벌을 받을 수 있다.
② 장애인 보조견도 동물보호법에 따라 학대 및 유기 행위로부터 보호받는다.
③ 장애인 보조견을 부당하게 방해하거나 훈련을 방해하는 행위는 법적 조치가 가능하다.
④ 장애인 보조견은 일반 반려견과 동일한 보호를 받으며, 특별한 법적 보호는 없다.

CHAPTER 04 | 반려동물행동지도사의 직업윤리

01

아래 지문에서 금지하는 학대행위로 옳은 것은?

> • 지속적으로 위협하거나 격리하는 행위 금지
> • 극심한 공포, 불안, 스트레스를 유발하는 행위 금지

① 신체적 학대 금지
② 정신적 학대 금지
③ 방임 및 유기 금지
④ 비윤리적 번식 및 거래 금지

02

반려견의 기본적 욕구 존중 대한 설명으로 옳지 <u>않은</u> 것은?

① 반려견의 나이, 체중, 건강 상태, 활동량에 맞는 균형 잡힌 식단을 제공해야 한다.
② 반려견의 욕구는 오직 신체적 건강에만 집중하여 충족시켜야 한다.
③ 반려견이 어릴 때에 다양한 환경, 소리, 사람, 동물과 긍정적인 경험을 하도록 도와야 한다.
④ 퍼즐 피더, 장난감, 노즈워크(후각 놀이) 등을 통해 정신적 자극을 제공해야 한다.

03

반려견의 위생관리에 대한 설명으로 옳지 <u>않은</u> 것은?

① 귀가 늘어진 견종은 귀가 습하지 않도록 관리해야 한다.
② 단모종 반려견은 털 관리가 필요 없으므로 빗질할 필요가 없다.
③ 장모종 반려견은 털이 엉키지 않도록 주기적으로 빗질해야 한다.
④ 발톱은 정기적으로 깎아야 하며, 길어지면 보행에 불편을 줄 수 있다.

04
반려견의 5대 자유 중에 다음 설명과 가장 관련된 것으로 옳은 것은?

> • 정기적인 건강관리
> – 기생충 예방(내부·외부 기생충 약)을 철저히 해야 함
> – 치아 관리를 위해 정기적인 양치질 또는 덴탈 간식을 제공함
> – 예방접종 및 정기 건강검진(연 1~2회)을 통해 질병을 예방해야 함

① 불편함으로부터의 자유
② 배고픔과 갈증으로부터의 자유
③ 자연스러운 행동을 표현할 자유
④ 통증, 부상, 질병으로부터의 자유

05
사회화 교육과 긍정적인 경험 제공에 대한 설명으로 옳지 않은 것은?

① 강압적인 훈련 방식은 두려움을 유발할 수 있다.
② 새로운 장소나 낯선 사람과의 만남은 강압적으로 시도해야 한다.
③ 생후 3~16주 사이에 사회화 교육을 통해 긍정적인 경험을 제공해야 한다.
④ 반려견이 어릴 때 다양한 환경에서 긍정적인 경험을 하도록 돕는 것이 중요하다.

06
다음의 설명과 관련 있는 훈련법으로 옳은 것은?

> 올바른 행동(앉기, 기다리기, 배변 등)을 했을 때 간식을 주거나 칭찬을 하는 훈련법

① 강압적 훈련
② 처벌 사용 훈련
③ 긍정적 강화 중심의 훈련
④ 부정적 강화 중심의 훈련

07
윤리적인 반려견 훈련 방법에 해당하는 것은?

① 행동 교정훈련
② 행동 제거훈련
③ 긍정적 강화훈련
④ 부정적 강화훈련

08
긍정적 강화훈련에서 보상의 역할에 대한 설명으로 옳지 않은 것은?

① 반려견이 올바른 행동을 했을 때 즉시 보상을 주어야 학습 효과가 높아진다.
② 보상은 항상 동일한 강도로 유지해야 하며, 줄이면 반려견이 혼란스러워한다.
③ 처음에는 행동마다 보상을 주지만, 학습이 되면 점점 보상을 줄여야 한다.
④ 보상의 종류는 간식뿐만 아니라 칭찬, 장난감, 놀이 등 다양하게 활용할 수 있다.

09
긍정적 강화훈련의 방법으로 옳은 것은?

① 처음부터 보상 없이 명령어만으로 훈련해야 효과가 있다.
② 반려견이 올바른 장소에서 반복적으로 배변에 성공하면 점점 보상을 늘린다.
③ 배변 실수를 했을 경우, 반려견이 알아듣도록 즉시 혼내야 한다.
④ 반려견이 자연스럽게 앉았을 때 간식을 주고, "앉아"라는 명령어와 행동을 연결시킨다.

10
다음의 사진과 관련 있는 훈련에 대한 설명으로 옳지 않은 것은?

① 클리커 트레이닝이다.
② '클릭' 소리에 반응하지 않으면 처벌을 한다.
③ '클릭' 소리가 나면 보상이 따른다는 것을 학습하는 훈련이다.
④ 클릭 소리를 이용해 반려견이 원하는 행동을 했을 때 즉각적인 피드백을 제공한다.

11

반려동물행동지도사의 사회적 책임과 관련하여 적절한 행동으로 옳은 것은?

① 허위 광고나 자격증 위조를 통해 신뢰도를 높일 수 있다.
② 반려동물의 복지를 위해 수의사, 행동학자 등과 협력할 필요가 있다.
③ 반려동물 보호자의 훈련 방식을 비판하고 공개적으로 비난할 수 있다.
④ 반려동물의 건강에 해가 되더라도 훈련 효과가 있다면 약물을 사용할 수 있다.

12

반려동물행동지도사의 모범적 태도로 옳지 않은 것은?

① 반려동물 문화 발전을 위해 노력해야 한다.
② 일반인에게 올바른 반려동물 교육 정보를 제공해야 한다.
③ 사회적 책임을 인식하고 윤리적인 방식으로 훈련해야 한다.
④ 고객의 반려동물 문제행동을 SNS에 공유하여 사례로 활용한다.

13

반려동물행동지도사가 동료 전문가와 협력할 때 적절한 태도로 옳은 것은?

① 자신의 방식이 옳다고 생각하면 다른 전문가와 협력할 필요가 없다.
② 수의사, 행동학자 등의 의견을 무시하고 독자적인 방식으로 훈련한다.
③ 다른 전문가의 의견을 존중하며 반려동물의 최선의 이익을 고려해야 한다.
④ 협력하는 과정에서 자신의 전문성을 부각하기 위해 다른 전문가를 깎아내린다.

14

동물윤리의 개념에 대한 설명으로 옳은 것은?

① 동물윤리는 인간 중심적 사고를 강화하는 개념이다.
② 동물의 고통은 도덕적 고려의 대상이 될 수 없다는 입장을 취한다.
③ 동물은 단순한 자원이며, 인간이 원하는 대로 활용할 수 있는 존재로 본다.
④ 인간과 동물의 관계에서 동물의 도덕적 대우와 권리를 고려하는 윤리학의 한 분야이다.

15

동물윤리의 역사에 대한 설명으로 옳지 않은 것은?

① 고대 일부 철학자들은 인간과 동물의 관계에 대해 고민하였다.
② 현대적인 의미에서 동물윤리는 18세기 산업혁명과 함께 처음 등장하였다.
③ 피터 싱어의 "동물해방"은 동물윤리 논의에서 중요한 역할을 했다.
④ 현대 사회로 오면서 점차 동물도 도덕적 고려의 대상이어야 한다는 주장이 등장하였다.

16

동물실험과 관련된 윤리적 논쟁에 대한 설명으로 옳은 것은?

① 동물실험은 반드시 금지되어야 하며, 대체 방법을 찾을 필요는 없다.
② 연구의 이익과 동물의 고통 사이에서 균형을 찾는 것이 중요한 논점이다.
③ 과학적 연구에서 동물을 이용하는 것은 윤리적으로 전혀 문제가 되지 않는다.
④ 동물실험은 과학 발전을 위해 필수적이며, 동물의 복지는 고려할 필요가 없다.

PART 05 보호자 교육 및 상담

정답 및 해설 P. 22

> **주제별 CHECK! 포인트**
> - 방문행동교정은 보호자의 가정을 직접 방문하여 반려동물의 문제행동을 관찰하고, 실제 생활환경에 맞춘 맞춤형 교정 훈련을 진행하는 방식이다.
> - 사후관리는 교육이나 위탁서비스 종료 후에도 반려견의 행동 변화와 건강 상태를 지속적으로 점검하고 보호자와의 소통을 통해 문제를 예방하거나 개선하는 관리 활동이다.

CHAPTER 01 | 반려동물 보호자의 개념과 역할

01
반려견 보호자의 개념적 정의에 대한 설명으로 옳은 것은?

① 반려견을 소유한 사람만을 보호자로 정의한다.
② 반려견의 복지와 삶의 질보다는 소유권이 더 중요하다고 생각한다.
③ 반려견과의 관계에서 윤리적 책임은 고려하지 않는다.
④ 반려견의 신체적·정신적·정서적 건강을 고려하며 반려견을 돌보는 사람이다.

02
다음의 설명과 관련 있는 반려견 보호자 가구 유형으로 옳은 것은?

> - 부부 모두 직장에 다녀 반려견이 집에서 오랜 시간 혼자 있어야 하는 경우가 발생한다.
> - 반려견을 자녀처럼 키우는 만큼 펫 보험, 고급 펫푸드, 반려동물 관련 소비가 증가한다.

① 다세대 가구
② 입양 가구
③ 고령층(실버) 보호자 가구
④ 맞벌이 가구 또는 아이가 없는 가구

03
다음 설명과 같은 해결 방안이 필요한 보호자 가구 유형으로 옳은 것은?

> 반려동물 상속 및 돌봄 프로그램(반려동물 유언장, 보호소 연계 돌봄 등)의 도입이 필요하다.

① 맞벌이 가구
② 고령층 가구
③ 1인 가구
④ 다세대 가구

04
반려견 보호자로서 다세대 가구 또는 공동체 보호 가구의 문제점으로 옳지 않은 것은?

① 구성원 간 훈련 방식의 차이로 일관성 없는 돌봄이 이루어질 수 있다.
② 가족 구성원마다 양육 방식이 다를 경우 반려견이 혼란을 겪을 수 있다.
③ 가족 구성원이 많으면 책임이 분산되므로 문제가 발생하지 않는다.
④ 반려견이 여러 사람에게 의존하여 특정 보호자와의 애착 형성이 어려울 수 있다.

05
반려견 주(Main) 보호자를 선정할 때 고려해야 할 요소로 옳지 않은 것은?

① 경제적 능력
② 반려견 돌봄에 대한 책임감과 헌신
③ 반려견을 애완동물로만 여기려는 의지
④ 반려견의 건강, 훈련, 복지를 위해 지속적으로 노력할 의지

06

주(Main) 보호자가 없을 때 발생할 수 있는 문제점으로 옳지 않은 것은?

① 반려견 돌봄이 부족해질 수 있다.
② 반려견이 더욱 독립적으로 성장할 수 있다.
③ 돌봄에 대한 책임 전가 및 혼란이 발생할 수 있다.
④ 반려견의 정서적 불안정 및 문제행동의 증가를 초래할 수 있다.

07

다음의 설명과 관련 있는 반려견 보호자의 책임으로 옳은 것은?

- 반려견 소유자는 해당 지자체에 반려견을 등록해야 한다.
- 등록된 정보에 변경이 있을 경우, 시·군·구청을 방문하거나 동물보호관리시스템을 통해 변경 신고를 해야 한다.

① 안전 관리 의무
② 동물등록제 준수
③ 건강 및 질병 관리
④ 맹견의 안전한 관리

08

동물보호법에 따라 반려견 보호자가 반드시 준수해야 할 사항으로 옳은 것은?

① 줄의 길이는 3m 이상이어야 한다.
② 반려견을 소유한 즉시 지자체에 등록해야 한다.
③ 반려견 등록 정보가 변경되면 신고할 필요가 없다.
④ 반려견과 외출 시 목줄이나 가슴줄을 착용하지 않아도 된다.

09

보호자의 반려견 관리 소홀로 인해 발생할 수 있는 법적 책임으로 옳지 않은 것은?

① 동물에게 불필요한 신체적 고통을 가할 경우 3년 이하의 징역 또는 3천만 원 이하의 벌금에 처할 수 있다.
② 반려견의 관리 소홀로 인해 다른 사람이 상해를 입었을 경우 2년 이하의 징역 또는 2천만 원 이하의 벌금에 처할 수 있다.
③ 반려견의 과실로 인해 사람이 사망에 이른 경우 3년 이하의 징역 또는 3천만 원 이하의 벌금에 처할 수 있다.
④ 동물에게 불필요한 정신적 학대를 가할 경우 1년 이하의 징역 또는 1천만 원 이하의 벌금에 처할 수 있다.

10

반려견 주(Main) 보호자의 역할 중 반려견의 정서적 안정과 사회성 교육 역할에 해당하는 것은?

① 예방접종과 구충 관리를 위해 정기적으로 동물병원을 방문한다.
② 배변 장소를 깨끗이 유지하고 실내 배변 습관을 지도한다.
③ 반려견의 영양 균형을 고려한 식단을 유지한다.
④ 반려견과의 신뢰를 쌓고 정서적인 교감을 통해 안정감을 제공한다.

11

다음의 설명과 관련 있는 보호자의 담당 업무로 옳은 것은?

목욕, 빗질, 발톱 손질, 귀 청소 등 관리

① 주 보호자
② 산책 담당
③ 위생 관리
④ 응급 대응

12

가족 내 반려견 돌봄 역할 중 응급 대응 담당자의 주요 책임으로 옳은 것은?

① 하루 2~3회 산책 및 놀이 담당
② 반려견의 청결 유지 및 위생 관리
③ 반려견의 사회성 훈련 및 문제행동 교정
④ 질병 발생 시 병원 방문 및 긴급 의료비 부담

CHAPTER 02 | 반려동물 보호자 교육 계획수립

01

반려견 보호자 교육의 주요 목적으로 옳지 않은 것은?

① 반려견의 복지 증진
② 문제행동의 예방 및 개선
③ 반려견의 자유로운 행동 유지
④ 공공장소에서의 사회적 갈등 예방

02

반려견 보호자 교육의 필요성에 대한 설명으로 옳지 않은 것은?

① 반려견 사고 시 법적 책임을 숙지하고 대비할 수 있다.
② 반려견이 공공장소에서 피해를 주는 것을 방치해도 된다.
③ 반려견의 행동, 건강, 정서적 요구를 이해하여 반려견의 복지를 증진할 수 있다.
④ 보호자의 잘못된 훈련 방식으로 인한 반려견의 문제행동을 예방하고 개선할 수 있다.

03

반려견 보호자 교육을 통해 기대할 수 있는 사회적 변화로 옳은 것은?

① 보호자의 책임감이 줄어들고, 반려견 양육이 더 쉬워진다.
② 유기견 문제와 동물학대 문제가 점차 감소할 수 있다.
③ 법적 책임이 완화되어 반려견 사고 시 책임을 피할 수 있다.
④ 반려견 문화가 성숙해짐에 따라 반려견에 대한 관심이 줄어든다.

04

반려견 보호자 교육의 효과로 옳지 않은 것은?

① 보호자가 반려견의 공간을 무시하고 자유롭게 활동하도록 한다.
② 반려견에게 독립 공간을 정해주어 반려견이 안정감을 느끼면서 문제행동이 줄어들 수 있다.
③ 배변 장소를 지정하여 집안 위생을 유지하고 쾌적한 환경을 제공할 수 있다.
④ 반려견에게 올바른 공간 활용과 예절 교육을 통해 조화로운 생활을 할 수 있다.

05

반려견 보호자 교육의 방법으로 옳지 않은 것은?

① 반려견 교육 방법은 크게 방문 행동 교정, 위탁 행동 교정, 보호자 교육으로 구분된다.
② 반려견의 문제행동에 대한 효과적 교정을 위해 문제행동의 원인을 정확히 진단해야 한다.
③ 문제행동을 교정하는 것이 최우선이므로 모든 반려견에 대해 일괄적인 교육 방법을 적용한다.
④ 반려견의 문제행동을 효과적으로 교정하기 위하여 보호자의 환경을 고려한 맞춤형 교육 방법이 필요하다.

06

주거 환경에서 반려견의 공간 활용에 대한 설명으로 옳은 것은?

① 배변 장소 없이 집안 곳곳에서 배변하도록 한다.
② 배변 장소를 매일 바꿔 반려견이 자유롭게 배변하도록 한다.
③ 하우스를 정해주지 않고 집안 어디에서나 쉴 수 있도록 한다.
④ 하우스를 정해주어 안정감을 느끼게 하고 과도한 짖음을 줄인다.

07

기초 예절 및 공공장소 교육의 효과에 해당하지 않는 것은?

① 과도한 짖음, 물기 등 문제행동 방지
② 공공장소에서 배변봉투 사용 등 에티켓 준수
③ '앉아', '기다려', '이리 와' 등의 기본 명령어 교육
④ 반려견의 공격성을 높여 보호자를 보호하도록 교육

08

반려견 문제행동의 원인 중 유전적 요인으로 인한 문제행동에 대한 설명으로 옳은 것은?

① 과거의 경험을 통해 학습된 행동을 의미한다.
② 반려견이 원하는 것을 얻기 위해 특정 행동을 반복하는 경우에 해당한다.
③ 보호자의 외출 시 심하게 짖거나 파괴적인 행동을 보이는 경우에 해당한다.
④ 특정 견종의 유전적 특성에서 비롯된 행동으로 완전한 교정은 어렵지만 조절이 가능하다.

09

다음의 설명과 관련 있는 문제행동의 원인으로 옳은 것은?

- 가구를 물어뜯는 등 공격성이 증가하는 경우
- 충분한 운동 및 놀이 부족으로 과도하게 짖는 경우

① 유전적 요인으로 인한 문제행동
② 목적을 달성하기 위한 문제행동
③ 후천적 학습으로 인한 문제행동
④ 기본적 욕구에 대한 불만으로 나타나는 문제행동

10

다음의 설명과 관련 있는 문제행동의 원인으로 옳은 것은?

관심을 끌기 위해 짖거나 보호자가 반응할 때까지 장난감을 물고 늘어지는 행동

① 유전적 요인으로 인한 문제행동
② 후천적 학습으로 인한 문제행동
③ 목적을 달성하기 위한 문제행동
④ 기본적 욕구에 대한 만족감 부족으로 인해 나타나는 문제행동

11

방문 행동 교정의 장점으로 옳은 것은?

① 위탁 행동 교정보다 비용이 비싸다.
② 반려견의 직접적인 교정이 가능하다.
③ 반려견의 빠른 행동 변화를 기대할 수 있다.
④ 실생활 환경에서 교정 가능하며, 보호자가 직접 교육법을 습득할 수 있다.

12

보호자 참여 교육에 대한 설명으로 옳은 것은?

① 비용이 가장 비싸고 시간도 오래 걸린다.
② 보호자와 반려견의 유대감이 약해질 수 있다.
③ 일정 기간 동안 반려견을 전문 시설에 맡겨 행동 교정을 진행하는 것이다.
④ 보호자가 직접 훈련법을 익히고 반려견과의 유대감을 강화할 수 있다.

13

행동 교정 방법 작성에 대한 설명으로 옳은 것은?

① 문제행동의 원인만 나열한다.
② 비용 산정에만 집중하여 작성한다.
③ 교정 방법 대신 교육 형태만 기재한다.
④ 문제행동 교정을 위한 구체적인 실행 방안을 작성한다.

14

반려견 보호자 교육 실행계획서의 작성 항목에 해당하지 않는 것은?

① 총액
② 시설 및 도구
③ 주요 문제행동
④ 행동 교정 항목별 비용

15

반려견에게 목에 가해지는 압력을 줄이면서 편안한 산책과 훈련을 가능하게 하는 도구로 옳은 것은?

① 클리커
② 타켓 스틱
③ 헤드 홀터
④ 하네스(가슴줄)

16

놀이용 훈련 도구에 대한 설명으로 옳은 것은?

① 터크 장난감: 반려견이 당기는 습관을 교정한다.
② 프리스비: 반려견이 특정 방향으로 이동하도록 유도한다.
③ 먹이 퍼즐 장난감: 특정 행동을 강화하기 위해 신호음을 발생시킨다.
④ 노즈워크 장난감: 후각을 활용한 훈련으로 반려견의 두뇌 활동을 촉진한다.

CHAPTER 03 | 반려동물 보호자 교육방법

01

반려견 행동 교정 교육 방법에 대한 설명으로 옳지 않은 것은?

① 위탁 훈련과 방문 훈련으로 구분된다.
② 모든 반려견에게 동일한 방법을 적용해도 효과적이다.
③ 반려견의 문제행동 특성과 보호자의 성향에 따라 선택할 수 있다.
④ 비용과 기간은 지역, 견종, 크기, 훈련 난이도에 따라 달라질 수 있다.

02

반려견 행동 교정 강화 도구에 해당하지 않는 것은?

① 장난감
② 클리커
③ 간식 퍼즐
④ 초음파 훈련기

03

행동 교정 강화 도구에 해당하는 것은?

① 간식 퍼즐
② 초음파 훈련기
③ 특정 환경 차단 도구
④ 싫어하는 냄새 스프레이

04

보호자 교육 과정 지도의 목표에 대한 설명으로 옳은 것은?

① 반려동물의 건강 관리보다는 행동 교정에만 집중한다.
② 보호자가 반려동물과 긍정적인 관계를 형성하도록 돕는 것을 목표로 한다.
③ 보호자에게 일괄적인 교육 방식을 적용하여 효율성을 높이는 것을 목표로 한다.
④ 반려동물의 문제행동을 즉각적으로 억제하기 위한 강압적인 교육을 목표로 한다.

05

교육 지도의 원리 중 개별화의 원리에 대한 설명으로 옳은 것은?

① 보호자의 성향과 무관하게 일관된 커리큘럼을 적용한다.
② 초보 보호자와 경험 있는 보호자에게 동일한 훈련법을 제공한다.
③ 보호자의 경험과 지식 수준을 고려하지 않고 동일한 교육 방식을 적용한다.
④ 보호자의 경험, 지식 수준, 반려동물의 특성을 고려하여 맞춤형 지도를 제공한다.

06

다음의 설명과 관련 있는 보호자 교육 지도 원리로 옳은 것은?

> 문제행동 해결 사례를 제시하여 보호자가 학습 동기를 갖도록 유도한다.

① 목적의 원리
② 개별화의 원리
③ 자발성의 원리
④ 직접 경험의 원리

07

도제 제도에 대한 설명으로 옳은 것은?

① 이론 교육만 진행하고 실습은 생략하는 방식이다.
② 보호자가 온라인 동영상을 통해 독학하는 방식이다.
③ 경험이 풍부한 전문가가 보호자에게 직접 기술을 가르치는 방식이다.
④ 보호자가 반려동물 문제행동 해결 방법을 책을 통해 배우는 방식이다.

08

다음의 설명과 관련 있는 개인 중심 교육 방법으로 옳은 것은?

> 행동 교정사가 보호자와 1:1로 교육을 진행하여 반려동물이 가진 문제행동의 해결 방법을 설명한다.

① 상담
② 인턴십
③ 도제 제도
④ 직접 개별 학습

09

다음의 설명과 관련 있는 보호자 교육 과정으로 옳은 것은?

> 보호소 봉사나 전문가 상담을 통해 보호자가 깊이 있는 지식을 습득하는 과정

① 기본 훈련
② 사회화 교육
③ 문제행동 개선
④ 보호자 심화 교육

10

촉감 둔감화 교육 중 긍정적 강화의 예시에 해당하는 것은?

① 반려견이 촉감을 피할 때 처벌을 한다.
② 반려견이 두려워하는 촉감에 강제로 노출시킨다.
③ 반려견에게 촉감을 강제로 반복 노출하여 두려움을 극복하도록 한다.
④ 반려견이 촉감을 경험한 후에는 간식이나 칭찬을 통해 긍정적 경험을 강화한다.

11

미끄러운 타일 바닥 둔감화 훈련에서 초기 단계 방법으로 옳은 것은?

① 반려견을 타일 위에서 산책시키며 적응시키기
② 반려견이 타일을 피할 때마다 강제로 끌고 가기
③ 반려견을 바로 미끄러운 타일 위에 올려두고 기다리기
④ 미끄럽지 않은 매트를 타일 위에 깔고, 반려견을 매트 위에 올려 안정감 주기

12

다음의 사진과 관련 있는 교육 방법에 대한 설명으로 옳지 않은 것은?

① 하우스 → 화장실 → 밥그릇 순으로 배치한다.
② 보호자가 반려견이 배변할 공간을 지정하고 교육한다.
③ 반려견이 배변 실수를 할 경우 처벌하고 즉시 탈취제를 사용하여 깨끗이 치운다.
④ 반려견은 촉감으로 화장실을 구분하며, 새로운 장소에서 약 1주일 내 배변교육이 가능하다.

13

다음의 사진과 관련 있는 훈련으로 옳은 것은?

① 산책 교육 훈련
② 화장실 교육 훈련
③ '기다려' 교육 훈련
④ '집으로' 교육 훈련

14

반려견 산책 교육의 목표에 대한 설명으로 옳은 것은?

① 반려견에게 다양한 명령어를 가르치는 것이 목표이다.
② 반려견이 독립적으로 산책하도록 훈련한다.
③ 보호자가 산책 중에 반려견을 통제하지 않고 자유롭게 둔다.
④ 보호자가 힘을 들이지 않고 반려견과 나란히 걷도록 훈련한다.

15

대형견과 소형견에게 적합한 리드줄 길이를 각각 바르게 연결한 것은?

① 대형견 0.5~1m, 소형견 2m 이하
② 대형견 1.5~2m, 소형견 3m 이하
③ 대형견 3~4m, 소형견 2m 이하
④ 대형견 1.5~2m, 소형견 5m 이상

16

다음의 사진과 관련 있는 훈련에 대한 설명으로 옳지 <u>않은</u> 것은?

① 멈추기 훈련이다.
② 앉았다 일어선 후, 클리커를 사용한다.
③ 보호자가 멈추면 반려견이 옆에 앉도록 지도한다.
④ 반려견이 앉았을 때 클리커 사용 후 간식으로 보상한다.

CHAPTER 04 | 반려동물문제행동 예방교육

01

다음의 설명과 관련 있는 문제행동 예방교육으로 옳은 것은?

> 반려견이 사람을 두려워할 때, 사람을 지속적으로 가까이 두어 두려움을 줄인다.

① 홍수법
② 조건 자극
③ 무조건 반응
④ 계통적 탈감작법

02

계통적 탈감작법(Systematic Desensitization)의 예시로 옳은 것은?

① 반려견이 특정 소리와 특정 반응을 연관 짓도록 유도한다.
② 반려견이 특정 행동을 할 때마다 간식을 주어 행동을 강화한다.
③ 반려견이 낯선 사람을 무서워할 때, 보호자가 갑자기 낯선 사람을 가까이 오게 한다.
④ 반려견이 천둥 소리에 두려움을 느낄 때, 처음에는 녹음된 작은 소리를 들려주다가 점차 소리를 키운다.

03

다음의 설명과 관련 있는 문제행동 예방교육에 대한 설명으로 옳지 <u>않은</u> 것은?

> 반려견이 앉으면 목줄에서 압박을 풀어주는 방식

① 조작적 조건화에 해당한다.
② 플러스 강화 교육 방법이다.
③ 마이너스 강화 교육 방법이다.
④ 반려견이 원치 않는 상황에서 벗어나면 혐오적인 자극을 제거하는 방법이다.

04

다음의 설명과 관련 있는 사회성 풍부화 목표교육에 대한 설명으로 옳지 않은 것은?

> 낯선 환경에서 반려견이 냄새를 맡고 주변을 탐색하며 교류하는 활동을 목표로 한 교육이다.

① 낯선 환경에서의 인지 활동을 목표로 한다.
② 낯선 환경에서 앉거나 엎드리기 행동을 통해 편안함 및 안정감을 느끼도록 유도한다.
③ 반려견이 낯선 환경에서 냄새를 맡고 정보를 얻거나 교류 활동을 통해 적응하도록 유도한다.
④ 반려견이 다양한 환경과 상황에서 적응하고 사회성을 키울 수 있도록 훈련하는 것이 목표이다.

05

지나치게 냄새를 맡는 행동을 예방하기 위한 교육 방법에 대한 설명으로 옳은 것은?

① 산책 시 규칙적인 행동을 학습하도록 유도한다.
② 냄새를 맡을 때마다 간식을 주어 행동을 강화한다.
③ 냄새를 맡지 못하도록 산책 내내 목줄을 짧게 잡는다.
④ 반려견이 냄새를 맡는 동안 기다리며 충분히 탐색하도록 한다.

06

반려견의 이동장에서의 안정감을 위한 교육 방법에 대한 설명으로 옳은 것은?

① 이동장 문을 바로 잠가 반려견이 불안감을 극복하도록 한다.
② 이동장에 반려견을 강제로 밀어 넣어 공간에 익숙해지도록 한다.
③ 반려견이 이동장에 들어가면 바로 문을 닫아 갇힌 느낌을 주지 않는다.
④ 반려견이 이동장에 들어갔을 때 간식을 주어 긍정적인 연관을 형성한다.

07

움직이는 물체에 대한 반응 자제를 목표로 하는 교육 방법으로 옳은 것은?

① 반려견이 자전거를 보면 바로 목줄을 강하게 당겨 주의를 준다.
② 반려견이 움직이는 물체를 볼 때마다 간식을 주어 주의를 분산시킨다.
③ 움직이는 물체를 두려워할 경우 강제로 가까이 가게 하여 두려움을 극복하도록 한다.
④ 자동차나 자전거에 대해 과도하게 반응하지 않도록 훈련하며 안정된 행동을 유지하도록 한다.

08

다음의 설명과 관련 있는 문제행동 예방을 위한 행동학적 풍부화 프로그램 주제로 옳은 것은?

> 반려견의 생활 환경에 다양한 자극을 제공하여 현재 부족한 부분을 보충하고 환경에 적응할 수 있도록 지원한다.

① 감각적 풍부화 요소 제공
② 인지적 풍부화 요소 제공
③ 환경적 풍부화 요소 제공
④ 행동학적 풍부화 요소 관찰과 먹이 풍부화

09

사회성 풍부화를 통해 반려견이 낯선 환경에서 자율적으로 활동하고 사회적으로 적응할 수 있는지 확인하기 위한 방법으로 옳은 것은?

① 다른 반려견과의 상호작용을 피하도록 교육한다.
② 반려견이 흥분할 때마다 목줄을 강하게 잡아당긴다.
③ 낯선 환경에서 급식을 통해 편안함을 느끼는지 확인한다.
④ 낯선 환경에서는 배설을 금지하여 긴장감을 유지하도록 한다.

10

반려견의 사회화 풍부화 행동을 확인하기 위한 야외 산책 시 관찰해야 할 사항으로 옳지 않은 것은?

① 지나치게 냄새를 맡는 행동을 관찰한다.
② 산책 시 가슴줄과 리드줄 착용 여부를 기록한다.
③ 흥분하거나 돌발 행동 시 즉시 산책을 종료한다.
④ 반려견이 지나치게 앞서거나 배뇨를 하는지 확인한다.

11

반려견의 외부 소리 및 반응에 대한 관찰 목적으로 옳은 것은?

① 외부 소리에 민감하게 반응하도록 훈련할 수 있다.
② 외부 소리를 들을 때마다 짖는 반응을 강화할 수 있다.
③ 외부 소리에 대해 무조건 무반응하도록 억제할 수 있다.
④ 엘리베이터, 번호키, 벨소리 등에 반려견이 과도하게 흥분하지 않도록 반응을 관찰할 수 있다.

12

다음의 설명과 관련 있는 사회화 훈련의 학습 원리로 옳은 것은?

- 작은 단계를 통해 원하는 행동을 점진적으로 형성하는 과정이다.
- 행동 성공 시 칭찬과 보상을 제공하고, 기준을 점차 높여간다.

① 자극
② 포착
③ 구체화
④ 부각시킴

13

반려견이 새로운 사람을 만났을 때의 교감 활동으로 옳지 않은 것은?

① 반려견이 다가오면 간식을 제공한다.
② 소심한 반려견에게 시간을 주고 기다려준다.
③ 반복을 통해 반려견의 경계를 해제하고 안정감을 형성한다.
④ 냄새를 맡으면 과도한 칭찬과 함께 간식을 제공한다.

14

반려견이 새로운 환경을 만났을 때의 교감 활동으로 옳지 않은 것은?

① 나이가 어릴수록 더 많은 인내가 필요하다.
② 소심한 반려견은 환경 적응이 어려울 수 있다.
③ 빠른 적응을 위해 최대한 적은 시간을 제공한다.
④ 환경 경험이 적은 반려견일수록 배려가 필요하다.

15

산책용 리드줄 적응 교육에 대한 설명으로 옳은 것은?

① 리드줄 착용에 거부감을 보일 때마다 즉시 중단한다.
② 리드줄 착용 후 움직임을 제한하여 훈련에 집중하도록 한다.
③ 짧은 리드줄(50~60cm)부터 시작하여 점진적으로 길이에 적응시킨다.
④ 처음부터 긴 리드줄(120cm)을 사용하여 자유로운 산책을 유도한다.

16

사람과 동물 인지 활동 훈련에 대한 설명으로 옳은 것은?

① 점프하여 사람과의 교감을 증진시킨다.
② 시각적 자극을 통해 반려견의 호기심을 유도한다.
③ 후각을 우선적으로 사용하도록 교육하여 탐색 능력을 키운다.
④ 가슴줄(하네스)을 착용하지 않고 자유롭게 뛰어다니도록 한다.

17

배 보이기 행동 학습 훈련 방법으로 옳은 것은?

① 배 보이기 동작을 강제로 유도하여 복종심을 키운다.
② 배 보이기 행동이 나오지 않으면 반복적으로 명령어를 사용한다.
③ 배를 보이는 행동이 나올 때까지 강하게 눌러 자세를 유지하게 한다.
④ 앉기 → 엎드리기 → 배 보이기 순으로 자연스럽게 유도하고 즉시 보상한다.

18
다음에 해당하는 훈련의 목표로 옳은 것은?

- 반려견을 보호자의 좌측에 두고 산책한다.
- 오른발부터 출발하여 보호자가 주도권을 유지한다.
- 명령어 사용:
  - 성부(말 명령): "따라와", "가자"
  - 시부(행동 명령): 왼손으로 골반 부위 터치

① 낯선 장소에서 급식 훈련
② 사람·동물 인지 활동 훈련
③ 반려견 간 사회적 인사 훈련
④ 보호자와 나란히 걷기 훈련

19
이동장을 활용한 훈련에서 가장 효과적인 방법으로 옳은 것은?

① 2~3일 동안 집중적으로 훈련하여 빠르게 적응시킨다.
② 이동장에 들어가기를 거부할 때마다 강제로 밀어 넣는다.
③ 이동장 입구에서만 급식을 주고 문을 닫는 상황을 피한다.
④ 이동장을 생활 공간에 배치하여 점진적으로 적응시키며 보상을 제공한다.

20
낯선 장소에서의 휴식 여부 평가에 대한 설명으로 옳지 않은 것은?

① 낯선 환경에서 엎드려서 휴식하는 행동을 확인한다.
② 보호자 외의 사람이나 동물에게 어떻게 반응하는지 살펴본다.
③ 반려견이 낯선 장소에서도 편안하게 누워서 휴식하는지 평가하는 것이 목표이다.
④ 휴식 행동은 반려견이 그 환경을 안전하다고 인식하고 있으며, 스트레스를 최소화하고 있음을 보여준다.

CHAPTER 05 | 고객상담

01
반려동물 상담과 서비스 분야가 아닌 것은?

① 반려동물 미용 및 케어
② 반려동물 용품 및 사료 산업
③ 반려동물 의료 및 건강 관리
④ 반려동물을 이용한 종합예술 공연 기획

02
다음의 설명과 관련 있는 서비스의 특성으로 옳은 것은?

반려동물 상담 서비스는 물리적인 형태가 없으며, 보호자가 직접 경험해야 그 효과를 확인할 수 있다.

① 무형성
② 소멸성
③ 이질성
④ 비분리성(동시성)

03
반려동물 상담 서비스의 특성 중 비분리성(동시성)의 특징으로 옳은 것은?

① 상담 서비스는 미리 녹음하여 보호자에게 전달할 수 있다.
② 상담 서비스는 보호자의 참여 없이도 효과를 발휘할 수 있다.
③ 상담 서비스는 일정 기간 동안 저장해두었다가 다시 사용할 수 있다.
④ 상담 서비스는 반려동물, 보호자, 행동지도사가 함께 참여하며, 서비스 제공과 소비가 동시에 이루어진다.

04
반려동물 상담 서비스의 특성 중 이질성에 대한 설명으로 옳은 것은?

① 상담 서비스는 항상 동일한 품질로 제공된다.
② 상담 내용은 미리 정해진 대본에 따라 고정적으로 진행된다.
③ 상담 서비스는 모든 반려동물에게 동일한 방식으로 적용된다.
④ 반려동물의 성격과 보호자의 양육 방식에 따라 상담 방식이 달라질 수 있다.

05

다음의 설명과 관련 있는 서비스 품질의 주요 요소에 대한 설명으로 옳지 않은 것은?

> - 보호자가 기대하는 수준에 맞는 정확한 정보와 해결책을 제공해야 한다.
> - 반려동물의 행동 문제를 과학적 근거에 기반하여 분석하고, 효과적인 해결 방법을 제시해야 한다.

① 신뢰성에 대한 설명이다.
② 일관된 상담 방식을 이용해야 한다.
③ 체계적인 교육 프로그램을 제공하여 신뢰를 구축해야 한다.
④ 보호자의 질문과 요청에 빠르게 응답하고, 적절한 해결책을 제시해야 한다.

06

반려동물행동지도사의 상담 서비스 품질을 높이기 위해 필요한 요소로 옳지 않은 것은?

① 보호자가 기대하는 수준의 정확한 정보 제공
② 과학적 근거에 기반한 문제 분석 및 해결책 제시
③ 일관된 상담 방식과 체계적인 교육 프로그램 제공
④ 상담 내용을 간략히 설명하고 보호자의 이해에 맡기기

07

효과적인 의사소통을 위해 반려동물행동지도사가 해야 할 행동으로 옳은 것은?

① 보호자의 질문을 무시하고, 상담 내용을 일방적으로 전달한다.
② 보호자의 고민과 질문을 경청하고, 친절하고 명확하게 설명한다.
③ 복잡한 전문 용어를 사용하여 보호자가 이해하지 못하도록 한다.
④ 반려동물의 행동 문제만 설명하고, 보호자의 감정은 고려하지 않는다.

08

반려동물행동지도사의 고객 만족을 위한 핵심 전략으로 옳지 않은 것은?

① 고객 피드백을 반영하여 서비스를 개선한다.
② 상담 내용이 어려울수록 전문성을 높게 평가받는다.
③ 반려동물 행동 상담의 전문성과 신뢰성을 확보한다.
④ 사후관리 차원에서 고객과의 지속적인 관계를 형성한다.

09

보호자의 기대를 파악하고 맞춤형 서비스를 제공하기 위해 반려동물행동지도사가 해야 할 일로 옳은 것은?

① 모든 보호자에게 동일한 훈련 방법을 적용한다.
② 보호자의 요구사항을 파악하지 않고 즉흥적으로 상담을 진행한다.
③ 반려동물의 성격이나 환경을 고려하지 않고 일반적인 해결책만 제시한다.
④ 사전 설문조사 또는 인터뷰를 통해 보호자의 고민과 요구사항을 파악한다.

10

다음의 설명과 관련 있는 반려동물행동지도사의 고객 만족을 위한 핵심 전략에 대한 설명으로 옳지 않은 것은?

> - 최신 연구 자료, 논문, 트렌드 등을 반영하여 상담을 진행한다.
> - 반려동물 행동 전문가와의 네트워킹을 통해 전문성을 강화한다.

① 지속적인 교육 및 자격증 취득을 위해 노력한다.
② 서비스 품질 향상을 위한 지속적인 전문성 강화와 관련있다.
③ 보호자의 감정에 공감하고 친절한 태도로 상담을 진행해야 한다.
④ 반려동물행동지도사는 최신 반려동물 행동학, 심리학, 훈련 방법을 지속적으로 학습해야 한다.

11

반려동물행동지도사의 고객 피드백 반영 및 서비스 개선을 위한 올바른 실천 방안으로 옳은 것은?

① 온라인 리뷰 및 후기를 관리하지 않고 방치한다.
② 반복 방문 고객을 위한 맞춤형 관리 시스템을 도입한다.
③ 상담 후 보호자의 피드백을 무시하고 기존 방식만 고수한다.
④ 만족도가 낮은 부분을 강화하고 높은 부분은 별도로 개선하지 않는다.

12

반려동물행동지도사의 고객 만족도를 극대화하기 위한 핵심 전략으로 옳지 않은 것은?

① 보호자의 기대를 뛰어넘는 서비스 제공
② 보호자의 피드백을 바탕으로 서비스 개선
③ 고객 불만을 무시하고 부정적인 피드백을 삭제
④ 고객과의 관계 유지를 위한 사후 관리 시스템 구축

13

다음의 설명과 관련 있는 개념으로 옳은 것은?

> 고객이 특정한 욕구를 충족시키기 위해 필요로 하는 것을 의미한다.

① 신뢰
② 니즈
③ 피드백
④ 서비스

14

전문가 신뢰도에 해당하는 항목으로 옳지 않은 것은?

① 반려동물행동지도사의 전문성이 높은가?
② 보호자의 고민을 공감하고 적극적으로 상담해주는가?
③ 반려동물의 상태를 고려하여 맞춤형 솔루션을 제공하는가?
④ 반려동물의 행동을 정확하게 분석하고 해결책을 제시하는가?

15

반려동물행동지도사의 서비스 회복을 위한 전략 중 빠른 대응에 대한 설명으로 옳지 않은 것은?

① 보호자의 불만이 접수되었을 때 즉시 대응한다.
② 신속한 해결이 이루어질수록 고객 만족도가 높아진다.
③ 고객의 불만 사항에 대해 지체 없이 피드백을 제공한다.
④ 보호자의 불만을 끝까지 경청하고 공감하는 태도를 보인다.

16

다음의 설명과 관련 있는 화법으로 옳은 것은?

> "자견이 짖을 때마다 혼을 내셨는데, 효과가 있었나요?"

① 쿠션 화법
② 나 전달법
③ 맞장구 화법
④ 아론슨 화법

CHAPTER 06 | 반려견 위탁서비스

01

견종별 특성을 고려한 환경 조성에 대한 설명으로 옳은 것은?

① 장모종은 더운 환경에서 생활하기에 적합하다.
② 단모종은 보온이 중요한 요소이다.
③ 모든 견종에게 동일한 실내·외 환경을 제공해야 한다.
④ 산책용품은 견종과 상관없이 일반 목줄만 사용하면 된다.

02

다음에 제시된 견종과 관련된 위탁서비스를 제공할 때의 주의 사항으로 옳지 않은 것은?

> 골든 리트리버, 래브라도 리트리버 등

① 사회성이 필요한 견종이다.
② 반려견의 기질과 성격은 개별적으로 다를 수 있다.
③ 반려견 간 교류가 가능한 놀이 시설을 조성해야 한다.
④ 소심하거나 불안한 성격을 가진 견종이므로 좁고 아늑한 공간을 제공한다.

03

다음에 제시된 반려견 호텔 사진과 관련 있는 위탁시설에 대한 설명으로 옳지 않은 것은?

① 보호자와의 분리불안을 줄일 수 있는 안정적인 환경을 조성해야 한다.
② 견종·연령·건강 상태에 따른 급식 조절, 산책 및 운동을 제공한다.
③ 보호자가 출장이나 여행을 가는 동안 반려견을 전문적으로 돌봐주는 시설이다.
④ 기본 복종 훈련 및 문제행동 교정을 통해 반려견의 사회성을 향상시키는 기관이다.

04
다음의 사진에 제시된 활동과 관련있는 반려견 위탁시설에 대한 설명으로 옳은 것은?

① 털 엉킴 방지를 위해 정기적인 빗질로 관리한다.
② 타인 및 타 반려견과의 친화력 훈련을 수행한다.
③ 위생 관리 및 건강 유지에 필수적인 청결 관리를 제공한다.
④ 반려견의 피부 건강과 심리적 안정을 위한 아로마 테라피, 마사지 등을 제공한다.

05
반려견 위탁서비스 보호자 상담의 의미에 대한 설명으로 옳은 것은?

① 고객 만족도를 높이기 위한 이벤트 기획
② 반려견의 문제행동을 해결하기 위한 전문 상담
③ 반려견의 사회성을 기르기 위한 놀이 프로그램 설계
④ 보호자의 요구사항을 정확히 파악하고 적합한 서비스를 제공

06
반려견과 보호자와의 상담을 위한 환경 조성에 대한 설명으로 옳은 것은?

① 상담실은 소음이 있더라도 활기찬 분위기를 유지해야 한다.
② 고객이 기다리는 동안 지루하지 않도록 TV 프로그램을 틀어준다.
③ 불쾌한 냄새 방지를 위해 방향제나 공기 청정기를 사용하는 것이 좋다.
④ 벽지나 바닥재는 다채로운 색상을 사용하여 시각적인 자극을 주어야 한다.

07
반려견 위탁서비스 운영 기준에 대한 설명으로 옳은 것은?

① 출입구는 잠금장치 없이 이중문만 설치한다.
② 20마리의 개마다 1명 이상의 관리 인력을 배치한다.
③ 개별 휴식 공간 없이 공동 공간에서 자유롭게 휴식하도록 한다.
④ 고객 응대실과 위탁 관리실은 하나의 공간으로 운영하여 편리함을 추구한다.

08
반려견 이동 관리에 관한 설명으로 옳지 않은 것은?

① 실내에서 실외로 이동할 때 반드시 이동장을 사용한다.
② 보호자와 인수인계 시 반려견의 상태를 꼼꼼히 확인한다.
③ 이동 중에도 이동장의 잠금 장치를 수시로 확인해야 한다.
④ 반려견이 두려워할 수 있으므로 이동장 없이 안고 이동한다.

CHAPTER 07 | 사후관리

01
교육 종료 후 사후관리의 목적에 대한 설명으로 옳지 않은 것은?

① 퇴행 현상을 방지하고 지속적인 행동 변화를 확인한다.
② 보호자와의 소통을 최소화하여 불필요한 질문을 방지한다.
③ 보호자에게 만족감을 제공하고 기관과의 신뢰감을 강화한다.
④ 반려견의 교육 성과가 일상에서도 잘 유지되고 있는지 점검한다.

02
반려견 유치원, 반려견 호텔, 반려견 훈련소의 사후관리에 관한 설명으로 옳지 않은 것은?

① 필요한 경우 재입소를 제안하며 문제 해결을 돕는다.
② 문제행동이 발견되면 바로 책임을 보호자에게 돌린다.
③ 교육 종료 후 반려견의 상태와 변화를 보호자에게 확인한다.
④ 가정에서의 교육 지속 방법과 보호자의 역할에 대해 설명한다.

03
반려견 문제행동에 대한 사후관리에 대한 설명으로 옳은 것은?

① 문제행동을 방치하고 다음 교육 일정에만 집중한다.
② 문제행동의 원인을 분석하고 필요한 조치를 안내한다.
③ 보호자가 문제행동을 인식하지 못하도록 상담 내용을 간소화한다.
④ 문제행동이 발생하면 보호자의 대응 방식에 상관없이 교육을 종료한다.

04
사후관리 방법 중 문제 상황 분석 및 해결에 대한 설명으로 옳은 것은?

① 문제 상황 분석 없이 즉각적인 행동 교정을 실시한다.
② 보호자의 대응 방식에 따라 반려견의 행동이 변화할 수 있다.
③ 반려견에게 문제행동이 발생하면 즉시 재입소를 결정하고 보호자에게 통보한다.
④ 반려견에게 문제행동이 나타날 경우 보호자에게 책임을 돌리고 교육을 종료한다.

05
반려견 문제 상황의 원인 분석 수행에 대한 설명으로 옳지 않은 것은?

① 반려견에게 문제행동이 발생하면 보호자의 잘못으로 판단하고 교육을 중단한다.
② 반려견 문제행동의 원인을 파악하고 해결책을 찾기 위해 보호자와 소통한다.
③ 반려견의 문제행동과 관련된 원인을 분석하고, 보호자와 함께 해결 방법을 모색한다.
④ 위탁서비스 교육에서 이수한 내용을 보호자가 반복적으로 실행하고 있는지 확인한다.

06
반려견 문제 상황의 해결 방안 수행에 대한 설명으로 옳지 않은 것은?

① 신체 이상이 있는 경우 동물병원 방문을 권장한다.
② 문제 해결을 위해 보호자가 직접 해결할 것을 강요한다.
③ 보호자가 반려견을 관리할 시간이 부족할 경우 반려동물 유치원 입소를 권유한다.
④ 문제 상황의 원인을 분석한 후 보호자와 상담을 진행하여 해결 방안을 모색한다.

07
다음의 예시와 관련 있는 대처 방법으로 옳은 것은?

> "○○ 보호자님, 불편하시거나 추가로 궁금한 점이 있으시면 언제든지 편하게 연락주세요."

① 정보 전달 및 팔로업
② 불만 제기 시 대처 방법
③ 보호자 우선 배려 및 응대
④ 문제점 제시 시 대처 방법

08
지역 교육 및 세미나 프로그램 안내에 대한 설명으로 옳지 않은 것은?

① 기관이나 반려견 단체에서 개최하는 교육 참여 프로그램 정보를 제공한다.
② 보호자가 교육이나 세미나에 참여할 수 있도록 관련 정보를 제공한다.
③ 보호자가 정보 안내가 필요하지 않다고 할 경우에는 안내하지 않는다.
④ 반려견 보호자가 거주하는 시·군에서 열리는 교육 및 세미나 정보를 안내한다.

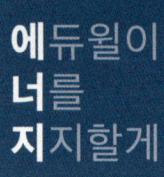

에듀윌이
너를
지지할게

ENERGY

내가 꿈을 이루면
난 다시 누군가의 꿈이 된다.

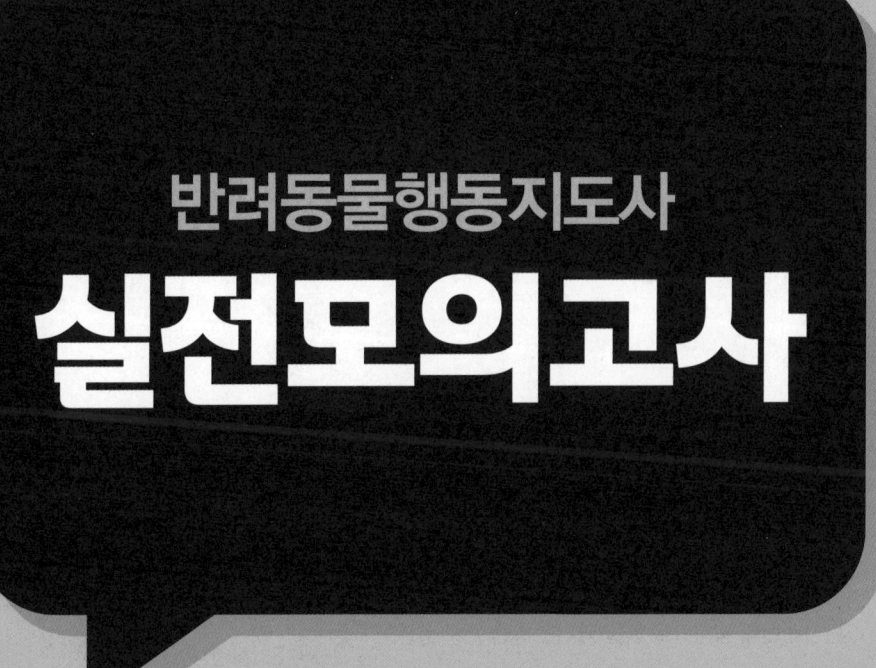

반려동물행동지도사
실전모의고사

실전모의고사 1회 ·· 362

실전모의고사 2회 ·· 376

1회 실전모의고사

1과목 | 반려동물 행동학

01
생득적 행동에 대한 설명으로 옳은 것은?

① 외부 자극에 따라 유동적으로 발달한다.
② 태어날 때부터 유전적으로 결정되며 고정적이다.
③ 도구 사용이나 언어 학습과 같은 행동이 포함된다.
④ 환경 경험에 따라 변화하며 학습을 통해 획득된다.

02
반려견이 목줄을 잡아당길 때 반대 방향으로 몸을 당기는 행동의 원인으로 옳은 것은?

① 긍정적 강화에 의한 조건반사
② 반대반응에 의한 본능적 저항
③ 사회적 학습에 의해 습득된 행동
④ 대뇌의 고차원적 판단에 따른 의도적 행동

03
다음의 설명과 관련 있는 반려동물 행동의 개념으로 옳은 것은?

> 학습이나 경험을 통해 형성된 기억의 물리적 흔적(또는 신경 회로)을 의미한다.

① 해마
② 편도체
③ 엔그램
④ 망상활성계

04
다음의 설명과 관련 있는 반려동물 행동의 원인으로 옳은 것은?

> 반려견이 보호자를 따르거나 명령에 복종하는 행동

① 영역 방어 본능에 의한 행동
② 사회적 행동에 따른 서열 인식
③ 본능적 행동에 따른 자동 반응
④ 조건반사에 의한 무의식적 반응

05
반려견의 이행기 특징으로 옳지 않은 것은?

① 눈을 뜬다.
② 걷기 시작한다.
③ 사회화를 시작한다.
④ 젖을 떼기 시작한다.

06
반려견의 사회화기에 해당하는 기간으로 옳은 것은?

① 생후 1~3주
② 생후 3~12주
③ 생후 4~6개월
④ 생후 6개월~1년

07
반려견의 치아가 유치에서 영구치로 발달하는 시기로 옳은 것은?

① 0~2개월
② 5~8개월
③ 10~12개월
④ 1년 이상

08
다음의 모성 행동에서 분만 징후를 나타내는 것을 모두 고른 것은?

> ㉠ 소리 지름
> ㉡ 사료 과다 섭취
> ㉢ 유두 및 생식기 핥기
> ㉣ 복근 및 근육의 긴장
> ㉤ 체온 증가로 인한 헐떡거림

① ㉠, ㉡
② ㉡, ㉢
③ ㉢, ㉣
④ ㉣, ㉤

09
반려견의 기본 예절 교육을 진행하는 시기로 옳은 것은?

① 생후 3~4개월
② 12개월
③ 18개월
④ 2년 이상

10
다음의 설명에 해당하는 반려견의 행동으로 옳은 것은?

> 반려견이 특정 음식에 대한 불쾌한 경험을 하면 절대 그 음식을 다시 섭취하지 않으려고 하는 행동이다.

① 식탐
② 식이 변화
③ 미각 혐오
④ 탐식 행동

11
다음의 사진과 관련 있는 반려견 행동의 목적으로 옳은 것은?

① 주변 환경의 냄새 제거
② 단순한 배뇨 욕구 해소
③ 소변을 통한 체온 조절
④ 존재와 영역 알림 및 정보 전달

12
반려견의 서열화가 되지 않은 상태에서 갈등을 유발하는 행동으로 옳은 것은?

① 올라타기
② 응시하기
③ 주둥이 핥기
④ 엉덩이 냄새 맡기

13
개의 성적 행동과 관련 있는 기관으로 옳지 않은 것은?

① 비장
② 난소
③ 시상하부
④ 뇌하수체

14

다음의 사진과 관련 있는 반려견의 시그널로 옳은 것은?

① 무서움
② 만족함
③ 편안함
④ 화가 남

15

불안 또는 복종 시그널로 옳지 않은 것은?

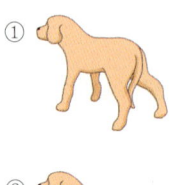 

16

낯선 환경이나 물건을 접할 때 냄새를 맡는 행동을 나타내는 말로 옳은 것은?

① 놀이
② 경계
③ 공격성
④ 탐색 활동

17

반려견이 빙빙 돌며 꼬리를 무는 행동에 대한 의미로 옳은 것은?

① 졸림
② 놀이
③ 공격성
④ 스트레스

18

반려견의 배변 문제의 원인으로 옳지 않은 것은?

① 체온 조절
② 잘못된 습관
③ 사회적 상호작용
④ 스트레스나 질환

19

스트레스 또는 불안으로 인해 반려견이 보호자에게 의지하려는 행동으로 나타날 수 있는 문제행동으로 옳은 것은?

① 음식을 거부하기
② 독립적으로 놀이하기
③ 앞발로 밀치기 또는 점프
④ 낯선 사람에게 친근하게 다가가기

20

반려견의 관심 요구 행동을 교정하기 위한 방법으로 옳은 것은?

① 가족 구성원마다 반려견의 행동에 다르게 반응한다.
② 즉시 처벌하여 잘못된 행동을 멈추도록 한다.
③ 반려견이 차분할 때만 보상하고 일관되게 반응한다.
④ 갑작스러운 행동 변화는 무시하고 원래대로 돌아올 때까지 기다린다.

2과목 | 반려동물 관리학

21

반려견의 비만도(BCS, Body Condition Score)와 체중의 구분이 바르게 연결되지 않은 것은?

① 비만도 1: 심각한 저체중
② 비만도 2: 정상
③ 비만도 4: 과체중
④ 비만도 5: 비만

22

소화기관과 소화효소가 바르게 연결되지 않은 것은?

① 위장 – 펩신
② 췌장 – 말타아제
③ 소장 – 락테이스
④ 침샘 – 아밀라아제

23

다음의 자료는 성견 사료의 이상적인 영양 성분 비율을 나타낸 것이다. ㉠~㉣에 들어갈 영양소가 순서대로 바르게 연결된 것은?

㉠	㉡	㉢	㉣
35~45%	20~30%	10~20%	5~10%

	㉠	㉡	㉢	㉣
①	조단백질	조지방	조섬유	탄수화물
②	조단백질	조지방	탄수화물	조섬유
③	조지방	조단백질	탄수화물	조섬유
④	조섬유	조단백질	조지방	탄수화물

24

혈액 응고의 역할을 하는 지용성 비타민으로 옳은 것은?

① 비타민 A
② 비타민 D
③ 비타민 E
④ 비타민 K

25

다음 ㉠, ㉡에 들어갈 음식이 순서대로 바르게 연결된 것은?

- 개가 (㉠)을/를 섭취할 경우 급성 신부전이 발생할 수 있다.
- 개가 (㉡)을/를 섭취할 경우 적혈구가 파괴되어 용혈성 빈혈을 유발할 수 있다.

① 포도 – 초콜릿
② 포도 – 양파
③ 양파 – 초콜릿
④ 양파 – 포도

26

반려견의 나이에 따른 관리 방법으로 옳지 않은 것은?

① 성견 중기(18개월~7세)에는 운동성과 활동성이 높으며 치석 예방을 위해 칫솔질과 치아 간식을 제공하는 것이 좋다.
② 성견 초기(6~18개월)에는 영구치가 노랗게 변하기 시작하며 치석이 쌓이기 시작하므로 정기적으로 스케일링을 해야 한다.
③ 노령견 후기(10세 이상)에는 치아 상실이 발생할 수 있으며 부드러운 음식을 제공하고 필요 시 치아 스케일링을 진행하는 것이 좋다.
④ 노령견 초기(7~10세)에는 골밀도가 감소하고 관절염이 나타날 가능성이 있어 무리한 운동을 피하고 관절 건강 보충제를 활용할 수 있다.

27

노령견 관리의 체크리스트로 옳지 않은 것은?

① 수면 패턴 변화를 주의한다.
② 시각 인지능력 저하에 주의한다.
③ 배변 상태 및 빈도 변화에 주의한다.
④ 급격한 체중 변화는 자연스러운 현상이므로 무시해도 된다.

28

반려동물의 신체검사 시 정상적인 상태로 옳지 않은 것은?

① 눈이 맑고 투명하며 윤기가 있다.
② 코가 건조하고 갈라져 있으며 혈액이 배출된다.
③ 귀 안쪽이 연한 분홍색이고 깨끗하며 냄새가 없다.
④ 잇몸이 분홍색이고 촉촉하며 치아가 깨끗하고 하얗다.

29
반려견의 맥박을 측정할 때의 위치로 옳은 것은?
① 목 부위
② 등 중앙
③ 꼬리 끝부분
④ 허벅지 안쪽의 대퇴동맥

30
반려견의 호흡수를 측정할 때 가장 주의해야 할 사항으로 옳은 것은?
① 반려견이 흥분 상태일 때 측정해도 무관하다.
② 반려견이 자고 있을 때 측정해야 한다.
③ 반려견이 안정된 상태에서 측정해야 한다.
④ 반려견을 뛰게 한 후 바로 측정해야 한다.

31
개의 질병과 설명이 바르게 연결된 것을 모두 고른 것은?

> ㉠ 코로나 – 개 코로나바이러스 감염증(Canine Coronavirus, CCV)은 주로 설사와 구토를 유발하는 소화기 질환이며, 전염성이 강함
> ㉡ 심장사상충 – 모기에 의해 전파되며, 기생충이 심장과 폐동맥에 기생하여 심부전과 호흡곤란을 유발함
> ㉢ 광견병 – 바이러스 감염으로 인해 신경계 이상과 공격성 증가를 보이며, 감염 시 치명적임
> ㉣ 파보바이러스 – 주로 자견에게 치명적인 출혈성 장염과 구토를 유발하는 전염병임
> ㉤ 켄넬코프 – 전염성 기관지염으로 심한 기침과 호흡기 증상을 일으킴

① ㉠, ㉡
② ㉠, ㉡, ㉢
③ ㉠, ㉡, ㉢, ㉣
④ ㉠, ㉡, ㉢, ㉣, ㉤

32
다음의 설명과 관련 있는 질병으로 옳은 것은?

> • 너구리를 통하여 전파된다.
> • 침 흘림, 사나워짐 등의 증상이 나타난다.

① 광견병
② 코로나
③ 켄넬코프
④ 파보바이러스

33
예방 접종 후 항체가 검사가 일반적으로 활용되지 않는 것은?
① 홍역(Distemper)
② 파보바이러스(Parvovirus)
③ 곰팡이 M(Microsporum)
④ 전염성 간염(Infectious Hepatitis)

34
반려견 위생관리 방법에 대한 설명으로 옳지 않은 것은?
① 반려견의 털 유형에 맞는 브러시를 사용하여 털을 관리한다.
② 목욕은 약 4~6주 간격으로 실시하며, 사람용 샴푸를 사용해도 무방하다.
③ 귀청소는 1~2주 간격으로 진행하며, 전용 세정제를 사용하는 것이 좋다.
④ 발톱이 너무 길어지면 걷는 데 불편할 수 있으므로 약 3~4주마다 손질한다.

35
반려견의 응급 처치 방법으로 옳지 않은 것은?
① 화상을 입었을 경우 연고를 발라 빠르게 치료한다.
② 교통사고를 당한 경우 출혈 여부를 확인하고 즉시 병원으로 이동한다.
③ 골절이 의심될 경우 부목으로 고정하고 너무 꽉 조이지 않도록 주의한다.
④ 피부 상처가 난 경우 깨끗한 물로 세척한 후 소독제를 발라 감염을 예방한다.

36
반려견의 응급 처치 방법으로 옳지 않은 것은?
① 출혈이 심한 경우 깨끗한 천으로 지혈을 시도한다.
② 열사병의 경우 즉시 얼음물에 담가 체온을 낮춘다.
③ 골절이 의심될 경우 부목을 대어 고정한 후 병원으로 이송한다.
④ 경련이 발생하면 주변 위험 요소를 제거하고, 진정될 때까지 보호한다.

37
소독제와 사용법이 바르게 연결되지 않은 것은?

① 알코올(70%) – 피부 및 기구 소독에 사용한다.
② 클로르헥시딘 – 피부 및 점막 소독에 사용할 수 있다.
③ 포비돈 요오드(베타딘) – 상처 및 점막 소독에 사용한다.
④ 차아염소산나트륨(락스, 0.5%) – 금속 기구 소독에 적합하다.

38
시설관리에 대한 설명으로 옳은 것을 모두 고른 것은?

> ㉠ 시설 전체를 소독한다.
> ㉡ 발매트는 소독제를 이용해 정기적으로 교체 및 관리한다.
> ㉢ 출입인 관리를 하되, 직원은 상시 출입하므로 방문자만 관리한다.
> ㉣ 시설 보안은 전문 보안업체에 의뢰한다.
> ㉤ 시설 내 위생을 위해 환기를 정기적으로 실시한다.

① ㉠, ㉡, ㉤
② ㉡, ㉣, ㉤
③ ㉠, ㉡, ㉢, ㉣
④ ㉠, ㉡, ㉣, ㉤

39
반려견의 간(Liver)이 담당하는 주요 기능으로 옳지 않은 것은?

① 영양소 대사
② 담즙 생성
③ 체온 조절
④ 해독 작용

40
대한민국의 천연기념물로서 꼬리가 없고 경주에서 유래한 견종으로 옳은 것은?

① 진도개
② 제주개
③ 동경이
④ 삽살개

3과목 | 반려동물 훈련학

41
반려견 훈련의 기본 원칙으로 옳지 않은 것은?

① 일관적인 훈련 방법 유지
② 훈련자의 적절한 인내심
③ 반려견의 행동에 대한 적절한 보상
④ 30분 이상의 충분한 훈련 시간

42
다음의 설명과 관련 있는 훈련 도구로 옳은 것은?

> 반려견에게 자기만의 안정적인 공간을 제공하며 차량 이동 시 활용한다.

① 덤벨
② 트릿
③ 크레이트
④ 바이트 패드

43
다음의 사진에 해당하는 훈련 도구로 옳은 것은?

① 에프론
② 하네스
③ 클리커
④ 방어소매

44
반려견 산책 시 사용되는 도구로, 리드줄을 당기면 반려견의 후두와 머즐에 압력이 가해지는 장비로 옳은 것은?

① 입마개
② 하네스
③ 초크 체인
④ 헤드 홀터

45
반려견 풍부화의 요소와 예시가 바르게 연결되지 않은 것은?

① 인지적 요소 – 보호자와 함께하는 어질리티
② 환경적 요소 – 다양한 스포츠 및 훈련에 참여
③ 감각적 요소 – 다양한 맛과 질감의 음식 제공
④ 사회적 요소 – 산책 시 다른 반려견 및 사람과의 상호작용

46
다음의 설명과 관련 있는 활동으로 옳은 것은?

> 반려견에게 해주는 30개 이상의 마사지 방법으로 반려견의 행동 및 건강에 긍정적인 효과를 줄 수 있다.

① 쉐이핑
② 텔링턴 티터치
③ 아로마 테라피
④ 긍정 강화훈련

47
반려견 훈련의 영향요인에 대한 설명으로 옳지 않은 것은?

① 정서를 고려하여 안정된 상태에서 훈련해야 한다.
② 훈련의 신중하고 체계적인 계획 수립이 필요하다.
③ 개체별 훈련의 동기는 진행과 성취도에 영향을 준다.
④ 문제 상황에 대응하는 반려견의 지능의 수준은 중요하지 않다.

48
반려견 훈련 동기에 대한 설명으로 옳지 않은 것은?

① 자발적으로 참여하는 내적 동기가 있다.
② 동기는 훈련에 필수적인 요소로 작용한다.
③ 내적 동기를 위해 간식 및 장난감을 제공한다.
④ 동기는 행동을 유발하는 욕구 및 호기심 등과 관련이 있다.

49
다음의 설명과 관련 있는 반려견의 기본 훈련 요건으로 옳은 것은?

> 반려견이 어떤 것에 관심을 가지고 재미를 느끼는 것으로, 강할수록 자발적으로 훈련에 참여하고 집중하는 태도를 보인다.

① 경험
② 흥미
③ 자발성
④ 친화성

50
반려견 훈련의 특성 중 연습에 대한 설명으로 옳지 않은 것은?

① 연습은 새로운 행동을 습득하여 기억 및 유지에 도움을 준다.
② 전습법을 통해 훈련 과제를 한번에 연습할 수 있는 방법이 있다.
③ 연습을 통해 학습한 내용이 다른 훈련에 영향을 주는 확산 현상을 기대할 수 있다.
④ 연습 결과의 측정 방법 중 연습 결과의 정오비율에 따른 정확도를 확인할 수 있다.

51

다음의 설명과 관련 있는 반려견 훈련의 특성으로 옳은 것은?

> 이전 경험과 새로운 훈련 간의 유사성이 새로운 훈련에 이롭게 작용한 것으로 새로운 훈련을 발전시키는 것에 도움을 준다.

① 보상기대
② 중다반응
③ 유사성의 법칙
④ 요소의 우월성

52

다음의 그림과 관련 있는 개념으로 옳은 것은?

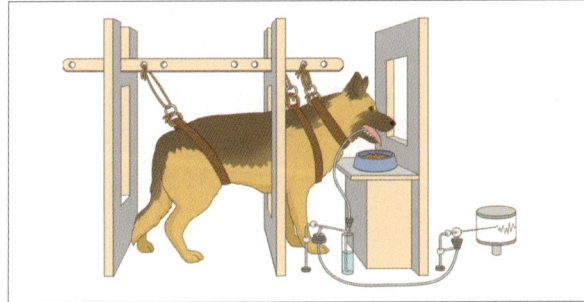

① 로렌츠의 각인 이론
② 파블로프의 조건반사
③ 스키너의 조작적 조건화
④ 니코틴버겐의 초정상 자극

53

다음의 설명과 관련 있는 훈련 방법으로 옳은 것은?

> • 훈련자가 목표하는 행동을 간단한 동작에서 복잡한 동작까지 새로운 행동을 교육할 때 쓰이는 방법이다.
> • 활동성이 좋은 반려견에게 효과적인 훈련 방법이다.

① 용암
② 연쇄
③ 전습
④ 조형

54

다음의 설명과 관련 있는 연쇄의 종류로 옳은 것은?

> 시작 행동부터 마지막 행동으로 순차적으로 진행되며 중간 행동을 빠뜨리지 않도록 적절히 보상해야 한다.

① 중간연쇄
② 정적연쇄
③ 역향연쇄
④ 순향연쇄

55

반려견 문제행동의 종류와 설명이 바르게 연결되지 않은 것은?

① 분리불안 – 보호자 부재 시 불필요한 짖음
② 공격행동 – 아픔을 느낄 때 일어나는 행동
③ 공포증 – 갑작스러운 소리에 반응하는 공포행동
④ 상동행동 – 분변, 작은 돌 등 먹이 이외의 것을 섭식

56

반려견 사회화 훈련 시 적절한 장소 및 환경에 대한 설명으로 옳지 않은 것은?

① 청결하고 안전한 공간
② 다른 반려견을 제어할 수 있는 곳
③ 사람이 많이 지나다니며 처음 접하는 장소
④ 돌발상황에 안전하게 대처할 수 있는 장소

57
반려동물행동지도사 실기시험의 실격 사유에 해당하지 <u>않는</u> 것은?

① 응시견에게 학대 행위
② 강압적인 명령어 사용
③ 반려견이 파행 동작을 보인 경우
④ 시험장에 마킹 및 배설을 한 경우

58
디스크독 경기장의 최소 규격으로 옳은 것은?

① 27×45m
② 28×45m
③ 29×45m
④ 30×45m

59
다음의 설명과 관련 있는 반려견 스포츠로 옳은 것은?

> 반려견이 스타트 지점을 지나 4개의 허들을 통과한 후 박스의 공을 물고 다시 4개의 허들을 넘어 피니시 라인으로 돌아오는 릴레이 경기

① 디스크독
② 프리스비
③ 어질리티
④ 플라이볼

60
치료 도우미견 선발 시 기준에 대한 설명으로 옳지 <u>않은</u> 것은?

① 공격성이 없는 반려견
② 생후 6개월 이상의 반려견
③ 인수 공통 감염병이 없는 반려견
④ 기초 복종 훈련이 가능한 반려견

4과목 | 직업윤리 및 법률

61
동물보호법의 목적에 대한 설명으로 옳지 <u>않은</u> 것은?

① 동물의 생명을 보호하고 안전을 보장한다.
② 동물의 복지를 증진하고 책임 있는 사육문화를 조성한다.
③ 사람과 동물의 조화로운 공존을 도모하는 것을 목표로 한다.
④ 동물보호법은 반려동물만을 대상으로 하며, 농장동물은 포함되지 않는다.

62
동물보호법상 동물학대 행위에 해당하지 <u>않는</u> 것은?

① 극심한 공포와 불안을 유발하는 행위
② 동물을 때리거나 신체적 고통을 가하는 행위
③ 질병이 있는 개체를 고려하지 않고 번식하는 행위
④ 적절한 음식과 물을 제공하고 주기적인 건강검진을 실시하는 행위

63
반려동물등록 변경사항에 대한 설명으로 옳은 것은?

① 반려동물등록 변경사항이 있으면 30일 내에 신고한다.
② 반려동물이 실종되었을 경우 즉시 신고하지 않아도 된다.
③ 반려동물의 보호자가 변경되었을 경우 신고하지 않아도 된다.
④ 반려동물이 사망했을 경우 별도의 신고 절차가 필요하지 않다.

64
맹견으로 지정될 가능성이 높은 개의 특성을 평가하기 위해 실시하는 것으로 옳은 것은?

① 동물등록
② 동물실험
③ 기질평가
④ 반려동물행동지도

65
반려견 위탁시설을 운영하는 사업자가 해야 하는 것으로 옳은 것은?

① 영업 신고
② 영업 허가
③ 영업 등록
④ 영업 승인

66
다음의 사례에 해당하는 신고 횟수로 옳은 것은?

> 반려동물 관련 영업자는 동물보호법에 따라 정기적으로 영업 신고를 해야 하며, 동물등록 대행기관도 해당 기관의 운영 여부를 일정 주기로 보고해야 한다.

① 1년에 1회
② 1년에 2회
③ 2년에 1회
④ 4년에 1회

67
영업장의 폐쇄조치가 내려질 수 있는 경우로 옳지 않은 것은?

① 허가 없이 영업한 경우
② 영업정지명령을 받았음에도 계속 운영한 경우
③ 허가나 등록이 취소된 경우에도 계속 영업한 경우
④ 등록된 영업장이 위생 점검에서 경미한 지적을 받은 경우

68
고정형 영상처리기기(CCTV)의 설치가 의무인 장소에 해당하지 않는 것은?

① 도축장
② 동물보호시설
③ 동물보호센터
④ 일반 반려인(보호자)

69
1년 이하의 징역 또는 1천만 원 이하의 벌금에 처해질 수 있는 경우로 옳지 않은 것은?

① 동물장묘시설을 금지된 곳에 설치한 경우
② 영업정지 기간 중에 영업을 지속한 경우
③ 맹견 사육허가를 받지 않고 맹견을 기른 경우
④ 반려동물행동지도사의 명칭을 무단 사용한 경우

70
맹견 유기에 해당하는 벌칙으로 옳은 것은?

① 500만 원 벌금
② 1년 이하의 징역 또는 1천만 원 이하의 벌금
③ 2년 이하의 징역 또는 2천만 원 이하의 벌금
④ 3년 이하의 징역 또는 3천만 원 이하의 벌금

71
소비자기본법상 소비자의 책무(제5조)로 옳은 것은?

① 소비자 단체의 활동 지원
② 소비자 보호를 위한 법률 제·개정
③ 소비자 권리 실현을 위한 정책 수립
④ 합리적 소비 및 환경 친화적 소비 실천

72
다음의 사례를 참고하였을 때 동물보호센터장이 위반한 법으로 옳은 것은?

> A시 동물보호센터장은 보호센터 동물이 사망한 후 사체를 센터 근처의 뒤뜰에 매장하였다.

① 수의사법
② 자연공원법
③ 폐기물관리법
④ 가축전염병예방법

73

사료와 관련된 문제와 업체의 처리 방법이 바르게 연결되지 않은 것은?

① 사료 부작용 – 교환 또는 환불
② 사료 성분 이상 – 교환 또는 환불
③ 사료 부작용으로 사망 – 교환 또는 환불
④ 사료 중량 부족 – 부족한 중량 추가 증정, 교환 또는 환불

74

가축전염병 예방법에 대한 설명으로 옳지 않은 것은?

① 가축전염병 발생 시 신속한 신고는 선택 사항이다.
② 가축 및 축산물 수입 시 철저한 검역이 필수적이다.
③ 외국 전염병 발생 국가에서 가축 수입이 금지될 수 있다.
④ 국가 차원의 방역 조치는 법적으로 엄격하게 규정되어 있다.

75

수의사 면허가 취소될 수 있는 사유로 옳은 것은?

① 동물병원에서 근무하지 않은 경우
② 수의과대학 졸업 후 10년 이상 경과한 경우
③ 농림축산식품부 장관에게 면허 갱신 신청을 하지 않은 경우
④ 정신건강증진 및 정신질환자 복지서비스 지원에 관한 법률에 따른 정신질환자

76

다음의 사례를 처벌할 수 있는 법으로 옳은 것은?

반려견과 함께 산책하던 중에 반려견이 지나가는 어린이를 물었을 때

① 채무불이행 및 손해배상
② 상해죄에 따른 형법 처벌
③ 과실치상에 따른 형법 처벌
④ 동물보호법에 따른 관리 소홀 처벌

77

다음의 사례를 처벌할 수 있는 법으로 옳은 것은?

반려견과 함께 산책하던 중에 반려견이 다른 반려견을 물었을 때

① 상해
② 과실치상
③ 재물손괴
④ 채무불이행 및 손해배상

78

반려견의 공원 출입이 가능한 경우로 옳은 것은?

① 자연공원 동반 출입
② 국립공원 동반 출입
③ 국립 수목원 동반 출입
④ 맹인인 ○○씨가 안내견을 동반하여 도시공원에 출입

79

보호자로서 반려동물을 보호하는 동물보호의 기본 원칙으로 옳지 않은 것은?

① 반려동물의 건강과 위생을 관리해야 한다.
② 반려동물의 적절한 먹이와 물을 제공해야 한다.
③ 반려동물을 기르는 것이 부담될 경우 유기할 수 있다.
④ 반려동물이 위험한 상황에 처하지 않도록 보호해야 한다.

80

반려견 훈련 시 보호자가 고려해야 할 사항으로 옳지 않은 것은?

① 반려견이 스트레스를 받으면 훈련을 멈추고 휴식을 제공해야 한다.
② 반려견의 성격, 연령, 견종에 따라 맞춤형 훈련 방법을 적용해야 한다.
③ 활발한 견종은 에너지를 소모할 수 있는 놀이형 훈련이 효과적이다.
④ 모든 반려견은 동일한 방식으로 학습하므로, 일관적인 훈련 방법을 적용해야 한다.

5과목 | 보호자 교육 및 상담

81
고령 보호자가 반려견을 충분히 돌보지 못할 가능성이 있는 이유로 옳은 것은?

① 반려견의 성격이 변하기 때문이다.
② 반려견의 양육 비용이 높아지기 때문이다.
③ 보호자의 건강 문제가 있을 수 있기 때문이다.
④ 보호자가 반려견을 키울 의지가 없기 때문이다.

82
맹견 보호자가 반드시 준수해야 하는 사항으로 옳지 않은 것은?

① 맹견과 외출 시 가슴줄을 사용하는 것이 권장된다.
② 맹견과 외출 시 목줄과 입마개를 반드시 착용해야 한다.
③ 맹견 보호자는 공공장소에서 반려견의 안전을 책임져야 한다.
④ 맹견 보호자는 매년 3시간씩 안전한 사육에 관한 정기교육을 받아야 한다.

83
동물보호법상 다음의 사례에 해당하는 벌금 및 처벌로 옳은 것은?

> A 씨는 반려견을 학대하여 상해를 입혔으며, 경찰 조사 결과 반복적인 폭행이 있었던 것으로 확인되었다.

① 500만 원
② 1년 이하의 징역 또는 1천만 원 이하의 벌금
③ 3년 이하의 징역 또는 3천만 원 이하의 벌금
④ 5년 이하의 징역 또는 5천만 원 이하의 벌금

84
반려견의 기초 예절 교육에 대한 설명으로 옳지 않은 것은?

① 반려견의 과도한 짖음, 물기, 점프를 방지하기 위해 적절한 교육이 필요하다.
② 반려견이 공공장소에서 자유롭게 행동하도록 놔두는 것이 사회성 발달에 도움이 된다.
③ "앉아", "기다려", "이리 와" 등의 기본 명령어 교육은 반려견의 안전을 지키는 데 도움이 된다.
④ 기초 예절교육을 통해 반려견이 보호자의 지시를 따를 수 있도록 훈련하면 일상생활이 편리해진다.

85
다음의 설명과 관련 있는 반려동물의 증상으로 옳은 것은?

> • 보호자와 떨어지면 심박수가 증가하고 우울감을 느낀다.
> • 집에 혼자 남겨지면 짖거나 하울링을 하며, 가구나 물건을 물어뜯는다.
> • 보호자가 외출 준비를 하면 불안한 모습을 보이며 과도한 흥분 상태가 된다.

① 분리불안
② 강박행동
③ 사회성 부족
④ 환경 스트레스

86
다음의 사례를 참고하여 반려동물행동지도사가 보호자에게 요청할 수 있는 자료로 옳은 것은?

> 바둑이가 짖음 문제로 훈련을 받고 2주 후에 보호자로부터 다시 짖음이 심해졌다는 연락을 받았다.

① 짖을 때의 사진
② 짖을 때의 영상파일
③ 먹이 등 환경 자료
④ 짖음 소리 녹음파일

87
반려견의 행동 교정 교육 방법에 대한 설명으로 옳지 않은 것은?

① 행동 교정 교육은 위탁 훈련과 방문 훈련으로 나뉜다.
② 모든 반려견의 행동 교정 교육은 동일한 방식으로 진행되어야 한다.
③ 지역, 견종 크기, 훈련 난이도에 따라 교육 비용과 기간이 달라질 수 있다.
④ 보호자의 성향과 반려견의 문제행동 특성에 따라 교육 방법을 선택할 수 있다.

88
훈련 견적서의 필수 항목에 해당하지 않는 것은?

① 관찰일지
② 훈련 기간 및 횟수
③ 훈련 목표 및 방법
④ 훈련 비용 및 결제 방법

89
반려견의 순화(길들임) 교육 방법 중 점진적으로 자극에 노출하여 두려움을 극복하도록 돕는 방법으로 옳은 것은?

① 소거(Extinction)
② 홍수법(Flooding)
③ 자극 일반화(Stimulus Generalization)
④ 계통적 탈감작법(Systematic Desensitization)

90
반려견의 사회화 풍부화 교육 목표 중 산책 시 지나치게 앞서는 행동 예방을 위한 방법으로 옳은 것은?

① 반려견이 산책 중 앞서가면 강하게 목줄을 당겨 제압한다.
② 산책 시 반려견이 원하는 방향으로 자유롭게 이동하게 둔다.
③ 사회화 시기에 자율적인 인지 활동이 습관이 되어 적절한 속도를 유지하도록 유도한다.
④ 산책 시 반려견이 냄새를 맡을 때마다 즉시 멈춰서 교육을 중단한다.

91
반려동물 상담 서비스의 특성 중 아래 특징을 설명하는 용어로 옳은 것은?

> 서비스 제공과 소비가 동시에 이루어진다.

① 신뢰성(Reliability)
② 소멸성(Perishability)
③ 이질성(Heterogeneity)
④ 비분리성·동시성(Inseparability & Simultaneity)

92
반려견 보호자가 문제점을 제시할 때 반려동물행동지도사가 가져야 할 태도로 옳은 것은?

① 문제를 보호자의 탓으로 돌리고, 책임을 회피한다.
② 보호자의 문제 제기를 무시하고, 기관의 정책만을 강조한다.
③ 보호자의 입장에서 문제를 이해하고, 해결책을 단계적으로 제시한다.
④ 반려견의 문제행동이 자연스럽게 개선될 것이므로 특별한 조치를 하지 않는다.

93
상담 시 사용할 수 있는 화법으로 옳지 않은 것은?

① 회유 화법
② 쿠션 화법
③ 나 전달 화법
④ 아론슨 화법

94
반려견 위탁서비스 환경 조성 시 견종별 신체적 특성을 고려할 때에 대한 설명으로 옳은 것은?

① 도베르만은 보온이 중요한 환경을 조성해야 한다.
② 시베리안 허스키는 보온이 중요한 환경을 조성해야 한다.
③ 프렌치 불독은 추운 환경을 선호하므로 온도를 낮춰야 한다.
④ 장모종은 더운 환경을 선호하므로 실내 온도를 높여야 한다.

95
반려동물의 위탁기관에 해당하지 <u>않는</u> 것은?

① 호텔
② 유치원
③ 훈련소
④ 미용숍

96
반려견 위탁서비스 상담 시 보호자를 응대할 때의 태도로 옳지 <u>않은</u> 것은?

① 상담이 끝난 후 밝은 표정으로 정중하게 배웅한다.
② 강한 어조를 사용하여 보호자에게 확신을 주려 한다.
③ 고객의 말을 끝까지 경청하며 의견을 반영하려고 노력한다.
④ 보호자가 기다리는 동안 관련 서적이나 차를 제공하여 편안한 환경을 조성한다.

97
반려견 교육 종료 후 사후관리의 목적으로 옳지 <u>않은</u> 것은?

① 보호자에게 만족감을 제공하고 기관과의 신뢰감을 강화한다.
② 교육이 끝났으므로 반려견의 행동 변화에 대해 더 이상 확인하지 않는다.
③ 반려견의 교육 및 훈련 성과가 보호자와의 일상에서도 유지되는지 점검한다.
④ 전화, 이메일, 문자 등을 통해 보호자와 소통하여 반려견의 변화된 행동을 확인한다.

98
훈련 종료 후 사후관리 방법으로 옳지 <u>않은</u> 것은?

① 훈련 종료 일주일 후 유선으로 상태를 모니터링한다.
② 보호자의 요청이 있을 경우 방문 상담이나 추가 지도를 제공한다.
③ 보호자가 훈련 방법을 지속적으로 실천할 수 있도록 교육 자료를 제공한다.
④ 훈련 종료 후 추가적인 문제행동 발생 시 보호자가 직접 해결하도록 맡겨둔다.

99
분양받은 반려견이 사망했을 경우의 상황과 대처가 바르게 연결되지 <u>않은</u> 것은?

① 반려견이 보호자의 과실로 인해 사망 – 분양처에서 분양가 환불
② 반려견이 분양 후 15일 이내 사망 – 분양처에서 전액 환불 또는 교환 처리
③ 반려견이 분양 후 일정 기간 내 유전 질병으로 사망 – 분양처에서 진료비 및 분양가 환불
④ 반려견이 분양 후 일정 기간 내 질병이 있어 치료를 받다가 악화하여 사망 – 분양처에서 일부 치료비 보상 및 부분 환불

100
반려견 분양 시 계약서에 법적으로 포함되어야 하는 사항으로 옳지 <u>않은</u> 것은?

① 접종 내역
② 분양 비용 및 환불 규정
③ 판매 담당자의 주소와 연락처
④ 태어난 날짜와 분양처로 데려온 날짜

2회 실전모의고사

정답 및 해설 P. 37

1과목 | 반려동물 행동학

01
다음의 예시와 관련 있는 행동에 대한 설명으로 옳은 것은?

- 거미가 거미줄을 짜는 행동
- 아기의 빨기 반사(Sucking Reflex)

① 습득된 행동이다.
② 생득적 행동이다.
③ 환경적 경험에서 기원한다.
④ 생후 학습과정을 거쳐야 나타나는 행동이다.

02
다음의 그림에서 변연계에 해당하지 않는 것은?

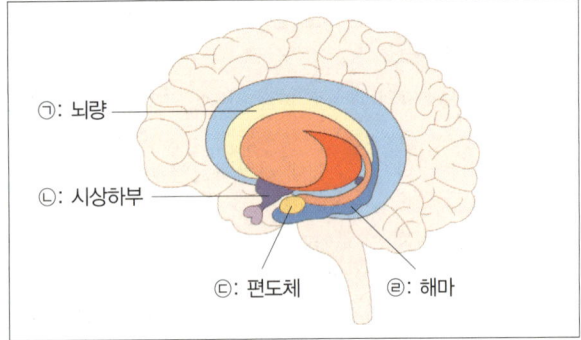

① ㉠
② ㉡
③ ㉢
④ ㉣

03
다음의 설명과 관련 있는 개념으로 옳은 것은?

매일 정해진 시간에 밥을 주면, 개가 시간에 맞춰 밥을 기대하는 행동이다.

① 변연계
② 엔그램
③ 반대반응
④ 생득적 행동

04
다음의 설명과 관련 있는 개념으로 옳은 것은?

반려견이 특정한 자극(예 낯선 사람 등)을 위협적인 것으로 인식하고 공포 반응을 보이는 것이다.

① 라벨링
② 계통발생
③ 본능회귀
④ 고정행동패턴

05
개의 본능적 행동으로 옳지 않은 것은?

① 냄새 탐지
② 사냥 행동
③ 짖기를 통한 경계 표현
④ 특정한 소리를 들으면 행동을 변화시키는 조건반사

06
다음의 설명과 관련 있는 호르몬으로 옳은 것은?

스트레스 상황에서 분비되며 불안이나 회피 행동을 유발한다.

① 도파민
② 옥시토신
③ 코르티솔
④ 테스토스테론

07
개의 가축화 과정에서 인간과의 정서적 유대감 형성에 중요한 역할을 하는 호르몬으로 옳은 것은?

① 도파민
② 코르티솔
③ 옥시토신
④ 테스토스테론

08
강아지기의 주요 행동 특성으로 옳은 것은?

① 활동량이 감소하고 감각 기관이 약화된다.
② 성장하면서 성격이 확립되고 독립심이 증가한다.
③ 독립성이 생기고 보호자의 명령을 시험하는 행동이 나타난다.
④ 신체적, 정신적으로 성숙하며 안정적인 행동 패턴을 보인다.

09
반려견과 어린이의 상호작용 시 주의해야 할 사항으로 옳지 않은 것은?

① 반려견이 어린이를 무서워할 경우 강제로 교류를 시도해야 한다.
② 어린이와 반려견이 긍정적인 경험을 하도록 보호자의 관리가 필요하다.
③ 어린이와의 접촉은 반려견의 사회화를 돕지만, 점진적으로 진행해야 한다.
④ 어린이는 예측할 수 없는 행동을 할 수 있으므로 안전한 환경을 조성해야 한다.

10
반려견의 행동이 유전적으로 결정되는 방식에 대한 설명으로 옳지 않은 것은?

① 모든 반려견의 행동 특성은 후천적 환경 요인만으로 결정된다.
② 보더 콜리와 푸들은 학습 능력이 유전적으로 우수한 견종이다.
③ 단일 유전자보다는 여러 유전자의 상호작용으로 행동이 결정된다.
④ 각 견종은 특정 작업이나 목적으로 교배되어 행동 패턴이 다르다.

11
반려견의 배변행동에 대한 설명으로 옳지 않은 것은?

① 반려견은 보금자리와 가까운 곳에서 배변하는 것을 선호한다.
② 배변은 신체의 노폐물을 배출하는 필수적인 생리적 과정이다.
③ 배변은 다른 개체에게 정보를 전달하는 사회적 의미도 포함한다.
④ 수컷은 소변 마킹을 통해 상대 개체의 성별이나 생리적 상태를 파악할 수 있다.

12
다음의 사진과 관련 있는 문제행동의 예방 방법으로 옳은 것은?

① 반려견이 털을 핥지 못하도록 항상 입마개를 착용시킨다.
② 몸단장행동은 훈련으로 조절할 수 없으므로, 자연스럽게 놔둔다.
③ 반려견이 과도하게 몸을 핥거나 긁으면 즉시 꾸짖어 행동을 멈추게 한다.
④ 반려견의 스트레스를 줄이고, 적절한 장난감과 놀이를 제공해 주의를 분산시킨다.

13
반려견이 서열 관계가 명확하지 않을 때 보일 수 있는 행동으로 옳은 것은?

① 공격적이거나 불안한 행동이 나타날 수 있다.
② 보호자를 더욱 신뢰하고 따르는 행동을 보인다.
③ 무리 생활을 더욱 강화하여 스스로 서열을 정리한다.
④ 다른 반려견과의 사회성이 향상되어 더 온순한 성격이 된다.

14
다음의 설명과 관련 있는 시기에 대한 설명으로 옳은 것은?

수컷을 받아들이며, 교미를 허용한다.

① 외음부의 부기가 증가한다.
② 프로게스테론 수치가 급격히 증가한다.
③ 발정기의 지속 기간은 약 14일 이상이다.
④ 황체형성호르몬(LH)이 분비되어 배란이 유도된다.

15

다음의 설명과 관련 있는 호르몬에 대한 설명으로 옳은 것은?

> 발정기의 행동(수컷에 대한 개방적 태도)을 유도한다.

① 배란을 유도하는 역할을 한다.
② 황체에서 분비되어 임신을 준비한다.
③ 난소에서 분비되며, 발정 전기에 수치가 높아진다.
④ 발정 후기(Metestrus)에서 증가하여 거짓 임신을 유발한다.

16

다음의 그림과 관련 있는 반려견의 감정으로 옳은 것은?

① 흥분과 기쁨
② 중립적인 감정
③ 공격적인 태도
④ 강한 두려움이나 복종

17

다음의 그림과 관련 있는 반려견의 감정 상태로 옳은 것은?

① 신뢰함
② 긴장됨
③ 겁이 남
④ 화가 남

18

반려견의 환경적 요인으로 인해 발생할 수 있는 문제행동의 원인으로 옳은 것은?

① 반려견이 심한 통증을 느껴 예민해진 경우
② 테리어 견종이 유전적으로 사냥 본능이 강한 경우
③ 뇌 신경계 이상으로 인해 공격성이 증가한 경우
④ 적절한 사회화 부족, 불안정한 생활 환경, 자극 과잉 또는 부족 등의 경우

19

상동행동(Stereotypic Behavior)이 나타나는 원인으로 옳지 않은 것은?

① 신경학적 이상
② 스트레스와 지루함
③ 충분한 사회화와 안정적인 환경
④ 자극 부족으로 인해 본능적 욕구가 충족되지 않음

20

다음의 설명에 제시된 원인과 관련 있는 행동에 대한 설명으로 옳지 않은 것은?

> • 주의 끌기
> • 부족한 운동량
> • 부족한 정신적 자극

① 에너지가 과잉 축적되어 행동으로 표출된다.
② 보호자의 관심을 얻기 위해 과잉행동을 보이는 경우가 있다.
③ 환경이 단조로워 지루함과 스트레스를 과잉행동으로 표현한다.
④ 다른 반려견이나 사람과 상호작용하는 방법에 대한 학습 부족으로 에너지를 적절히 조절하지 못해서 나타난다.

2과목 | 반려동물 관리학

21

반려동물의 신체적 복지를 위한 급식 관리 방법으로 옳지 않은 것은?

① 과식을 방지하여 비만을 예방한다.
② 사료 급여 시간을 규칙적으로 유지한다.
③ 반려견이 원하는 만큼 자유롭게 먹도록 둔다.
④ 반려견의 건강 상태에 따라 특수 식단을 제공한다.

22

다음의 예시에 해당하는 행동을 줄이기 위해 보호자가 제공해야 할 환경 조건으로 옳은 것은?

> 반려견은 가족과 떨어질 때 분리불안을 겪을 수 있다.

① 불규칙한 보호자의 행동
② 예측 불가능한 상황 조성
③ 과도한 사회적 자극 제공
④ 조용하고 안전한 공간 제공

23

다음에 제시된 사료 성분을 기준으로 계산한 사료의 칼로리로 옳은 것은?

> • 단백질 20g
> • 탄수화물 15g
> • 지방 10g

① 45kcal
② 180kcal
③ 230kcal
④ 250kcal

24

비만 경향이 있는 반려견의 DER(일일 에너지 요구량) 결정 시 적용해야 할 수식으로 옳은 것은?

① RER × 1.0
② RER × 1.4
③ RER × 2.0
④ RER × 3.0

25

다음의 그림에 해당하는 반려견의 특징으로 옳은 것은?

① 갈비뼈를 만지기 어려울 정도로 체지방이 많다.
② 체력과 활동 수준이 적절하며, 건강 상태가 좋은 편이다.
③ 허리가 자연스럽게 들어가 있고, 복부가 정상적으로 보인다.
④ 갈비뼈는 손끝으로 만졌을 때 쉽게 느껴지지만, 두꺼운 지방층은 덮여 있지 않다.

26

다음의 설명에 제시된 반려견에게 급여할 수 있는 최대 간식 권장량으로 옳은 것은?

> 하루 500kcal가 필요한 반려견

① 25kcal
② 50kcal
③ 75kcal
④ 100kcal

27
동물성 단백질과 식물성 단백질에 대한 설명으로 옳은 것은?

① 단백질은 10가지 아미노산으로 구성되어 있다.
② 식물성 단백질이 동물성 단백질보다 아미노산 조성이 더 뛰어나다.
③ 아미노산은 단백질의 구성 단위가 아니며, 체내에서 스스로 생성된다.
④ 동물성 단백질은 반려견에게 가장 이상적인 아미노산 조성을 갖고 있다.

28
다음의 설명과 관련 있는 비타민의 주요기능으로 옳은 것은?

> 결핍 시 야맹증이 나타난다.

① 혈액 응고 촉진
② 탄수화물 대사 조절
③ 항악성 빈혈인자로 작용
④ 성장 촉진 및 상피 보호

29
지용성 비타민으로 바르게 연결된 것은?

① 비타민 B12, 엽산, 판토텐산
② 비타민 C, 비타민 B7, 비오틴
③ 비타민 B1, 비타민 B2, 비타민 B6
④ 비타민 A, 비타민 D, 비타민 E, 비타민 K

30
반려견이 날달걀을 섭취했을 때 발생할 수 있는 건강 문제로 옳지 않은 것은?

① 식중독 위험
② 장폐색 유발
③ 비타민 B 흡수 방해
④ 피부 및 피모 문제 유발

31
반려동물의 치아 및 구강 건강을 점검할 때의 이상 증상으로 옳지 않은 것은?

① 심한 구취가 난다.
② 치석이 많이 쌓여 있다.
③ 치아가 깨끗하고 하얗다.
④ 잇몸이 창백하거나 붉다.

32
다음의 설명에 해당하는 관리 포인트를 가진 반려견의 신체 부위로 옳은 것은?

> • 발톱을 정기적으로 관리
> • 운동 후 관절 확인
> • 절뚝거림이 지속되면 관절염이나 인대 손상 검사

① 몸통
② 생식기
③ 발바닥 패드
④ 다리 및 관절

33
다음의 사진과 관련 있는 반려견의 신체검사로 옳은 것은?

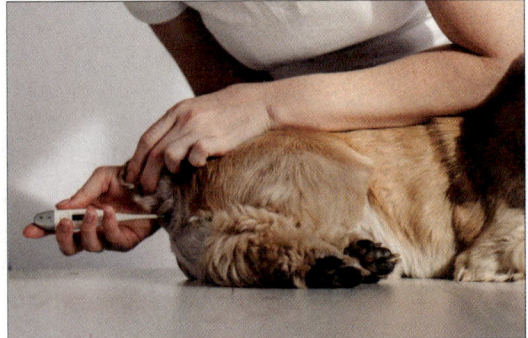

① 맥박 측정
② 체온 측정
③ 심박수 측정
④ 호흡수 측정

34
다음의 사진과 관련 있는 반려견의 신체검사로 옳은 것은?

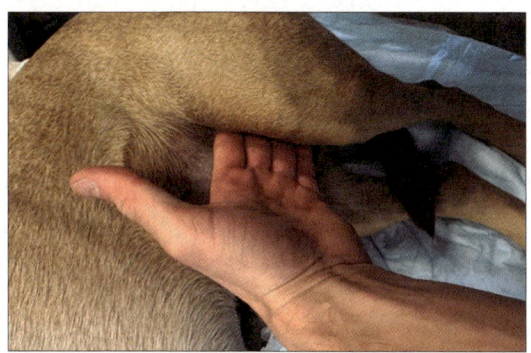

① 맥박 측정
② 체온 측정
③ 심박수 측정
④ 호흡수 측정

35
반려견의 바이털사인(Vital Signs) 중 정상 범위에서 벗어난 경우 수의사 상담이 필요한 경우로 옳지 않은 것은?

① 체온이 40°C로 상승한 경우
② 맥박이 불규칙적으로 뛰는 경우
③ 호흡 시 거친 소리가 나는 경우
④ 호흡수가 15회/분으로 측정된 경우

36
반려견이 기생충성 질병에 감염될 위험을 줄이기 위한 방법으로 옳지 않은 것은?

① 정기적으로 구충제를 복용한다.
② 감염된 반려견과의 접촉을 피한다.
③ 배설물을 적절히 처리하고, 환경을 청결하게 유지한다.
④ 진드기가 많은 지역을 산책할 때 보호제를 사용하지 않는다.

37
다음의 사진과 관련 있는 반려견 부상의 대처방법으로 옳지 않은 것은?

① 즉시 병원으로 이동한다.
② 부목으로 골절 부위를 고정한다.
③ 부목은 지나치게 꽉 조이지 않도록 주의한다.
④ 스트레스를 받으므로 반려견의 움직임을 제한하지 않는다.

38
다음의 사진과 관련 있는 반려견 스포츠의 필수 역량으로 옳지 않은 것은?

① 민첩성
② 지구력
③ 협응력
④ 후각 능력

39
다음의 사진에서 빈칸에 해당하는 뼈의 명칭으로 옳은 것은?

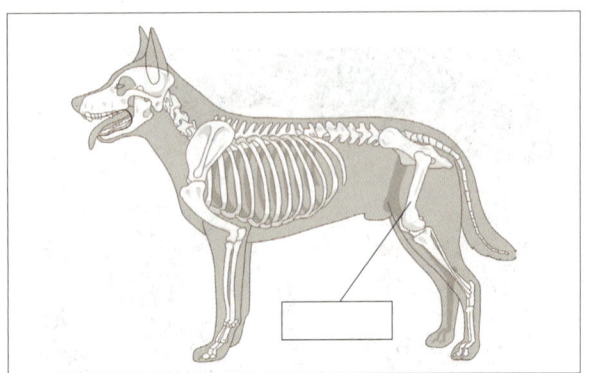

① 노뼈
② 자뼈
③ 정강이뼈
④ 넙다리뼈

40
다음의 설명과 관련있는 견종으로 옳은 것은?

- 호기심이 많고 용감하다.
- 등길이가 길어 허리 관리가 필요하다.

①
②
③
④

3과목 | 반려동물 훈련학

41
성장기 반려견의 놀이와 훈련에 대한 설명으로 옳지 않은 것은?

① 기본적인 훈육과 사회화 과정의 시작이다.
② 물고 당기는 놀이는 집중력 및 자신감 증진에 효과적이다.
③ 공놀이 종료 후에도 적응을 위해 반려견에게 항상 공을 제공한다.
④ 다양한 장난감을 통해 호기심을 유발하고 활동성을 높일 수 있다.

42
다음의 설명에 해당하는 반려견 훈련 장비로 옳은 것은?

목줄의 한 종류이며 목이 아닌 가슴과 등을 감싸는 형태로 목에 압박을 최소화한다.

① 리드줄
② 하네스
③ 핀치 칼라
④ 플랫 칼라

43
부모로부터 물려받은 것으로 반려견 행동에 지속적인 영향을 미치는 요인으로 옳은 것은?

① 동기 수준
② 유전적 요인
③ 생리적 요인
④ 환경적 요인

44
다음의 설명에 해당하는 학습 이론으로 옳은 것은?

- 관찰 가능한 행동의 변화에 초점을 맞춘 반려견 학습이론이다.
- 동물의 학습은 생존을 위한 적응 방법의 일부로 여기는 학습 이론이다.

① 생존주의 학습이론
② 본능주의 학습이론
③ 생체주의 학습이론
④ 행동주의 학습이론

45
효과가 가장 높은 조건화에 해당하는 것은?

① 동시 조건화
② 흔적 조건화
③ 역향 조건화
④ 지연 조건화

46
고전적 조건화의 특징으로 옳은 것은?

① 수의적 행동
② 자율신경계 관여
③ 특정 행동에 보상
④ 행동에 강화물 수반

47
다음의 설명과 관련 있는 이론으로 옳은 것은?

결핍에 의한 불만족을 해소하기 위해 행동이 발생하며 특정 행동을 강화하는 강화물이 부족할 때 해당 행동이 발생한다.

① 회피론
② 추동감소론
③ 반응 박탈론
④ 상대적 가치론

48
다음의 설명과 관련 있는 조작적 조건화의 파생효과로 옳은 것은?

강화물은 훈련 수준이 높아짐에 따라 제공하는 비율도 증가해야 효과를 유지할 수 있다.

① 비율 긴장
② 선택과 대응
③ 수반성의 함정
④ 간헐 강화 효과

49
다음의 빈칸에 들어갈 용어가 바르게 연결된 것은?

구분	ⓒ	ⓔ
ⓐ	긍정적 강화	부정적 강화
ⓑ	긍정적 처벌	부정적 처벌

① ⓐ: 행동 증가
② ⓑ: 보상물 증가
③ ⓒ: 보상물 제거
④ ⓔ: 행동 제거

50
조작적 조건화의 영향요인 중 강화물의 강화력에 대한 설명으로 옳지 않은 것은?

① 강화물을 적절한 양과 빈도로 제공한다.
② 결핍 수준이 낮을수록 강화력은 증가한다.
③ 보상 횟수가 증가함에 따라 강화력의 효과가 감소한다.
④ 개체 특성 및 제공 방법에 따라 강화력의 차이가 발생한다.

51
혐오성 자극에 대한 설명으로 옳지 않은 것은?

① 혐오성 자극은 올바른 행동을 알려주기 어렵다.
② 혐오성 자극은 문제행동을 영구적으로 억제한다.
③ 혐오성 자극은 반려견에게 공격성을 나타나게 할 수 있다.
④ 혐오성 자극은 반려견에게 훈련에 부정적인 인상을 남긴다.

52
조형에 대한 설명으로 옳지 않은 것은?

① 새로운 행동을 가르치는 과정이다.
② 반려견의 행동을 점진적으로 변화시킨다.
③ 특정 행동을 발생시키는 자극의 크기를 조금씩 줄이면서 훈련한다.
④ 능동적인 행동을 대상으로 하여 활동성이 높은 반려견에게 효과적이다.

53
다음의 설명에 해당하는 문제행동 교정 방법으로 옳은 것은?

| 반려견에게 다양한 환경 자극을 제시하여 비정상적인 행동의 빈도를 낮추고 문제행동을 교정할 수 있다. |

① 약화
② 둔감화
③ 역조건화
④ 환경 풍부화

54
씹는 행동을 하는 반려견의 행동 교정 방법으로 적절하지 않은 것은?

① 시원한 그늘 및 음수 제공
② 씹으면 안 되는 물건 치우기
③ 충분한 산책 및 활동량 높이기
④ 예절 교육을 통한 '기다려' 강화

55
반려동물행동지도사 실기시험 종목에 해당하지 않는 것은?

① 짖기
② 악수하기
③ 가져오기
④ 제자리 돌기

56
다음의 설명과 관련 있는 반려견 스포츠로 옳은 것은?

| 반려견과 핸들러가 한 팀이 되어 다양한 장애물을 신속하고 정확하게 통과하는 경기이다. |

① 프리스비
② 어질리티
③ 디스크독
④ 플라이볼

57
FCI 어질리티 규정에 따라 대형 체급에 속하는 반려견의 체고로 옳은 것은?

① 38cm
② 40cm
③ 42cm
④ 44cm

58
다음의 도구와 관련 있는 반려견 스포츠로 옳은 것은?

① 위브 폴
② 롱 점프
③ 도그 워크
④ 스프레드 허들

59
다음의 도구와 관련 있는 반려견 스포츠로 옳은 것은?

① 디스크독
② 프리스비
③ 어질리티
④ 플라이볼

60
치료 도우미견의 선발 연령으로 옳은 것은?

① 6개월 이하
② 6~8개월
③ 8~11개월
④ 12개월령 이상

4과목 | 직업윤리 및 법률

61
동물보호법에서 정의하는 유실·유기동물에 대한 설명으로 옳은 것은?

① 반려동물로 기르는 개나 고양이
② 공공장소에서 배회하거나 버려진 동물
③ 맹견처럼 위험성이 있어 국가에서 지정한 동물
④ 소유자의 허락 없이 자유롭게 돌아다니는 모든 동물

62
농림축산식품부장관이 5년마다 수립·시행해야 하는 동물복지종합계획에 포함되는 사항으로 옳지 않은 것은?

① 동물의 보호·복지 및 관리에 관한 사항
② 반려동물 관련 영업에 관한 사항
③ 동물보호법 위반자에 대한 처벌 수위 결정
④ 동물의 보호·복지 관련 대국민 교육 및 홍보에 관한 사항

63
동물보호법상 금지하는 학대 행위에 해당하지 않는 것은?

① 혹서·혹한 등의 환경에 동물을 방치하여 고통을 주는 행위
② 동물의 질병 예방을 위한 목적 없이 음식을 강제로 먹이는 행위
③ 훈련을 목적으로 다른 동물과 싸우게 하는 행위
④ 반려동물의 건강을 위해 적정한 운동을 시키는 행위

64
동물보호법상 맹견 사육자의 의무로 옳은 것은?

① 맹견이 공격성을 보일 경우 즉시 안락사해야 한다.
② 맹견의 사육 허가를 받은 후에는 추가적인 교육 의무가 없다.
③ 맹견이 사람을 다치게 한 경우라도 사유가 정당하면 사육을 지속할 수 있다.
④ 시·도지사의 명령에 따라 맹견 훈련 및 교육을 이수해야 한다.

65
반려동물행동지도사의 업무로 옳지 않은 것은?

① 반려동물의 훈련
② 반려동물 의료 행위
③ 반려동물 소유자 교육
④ 반려동물에 대한 행동분석 및 평가

66

반려동물행동지도사의 결격사유에 대한 설명으로 옳지 않은 것은?

① 피성년후견인은 반려동물행동지도사가 될 수 없다.
② 마약류 중독자는 반려동물행동지도사가 될 수 없다.
③ 정신질환이 있는 사람은 무조건 반려동물행동지도사가 될 수 없다.
④ 법을 위반하여 벌금 이상의 실형을 선고받고 3년이 지나지 않은 사람은 반려동물행동지도사가 될 수 없다.

67

동물수입업자가 준수해야 할 사항으로 옳은 것은?

① 동물 수입 시 농림축산식품부장관에게 신고해야 한다.
② 판매할 계획이 없는 경우 수입 신고를 하지 않아도 된다.
③ 수입 목적으로 신고한 사항과 다르게 동물을 사용할 수 있다.
④ 수입한 동물은 반드시 동물판매업자를 통해서만 판매해야 한다.

68

명예동물보호관에 대한 설명으로 옳은 것은?

① 명예동물보호관은 직무 수행 시 권한을 남용해도 된다.
② 명예동물보호관은 동물학대 방지를 위해 위촉될 수 있다.
③ 명예동물보호관은 모든 국민이 자유롭게 신청하여 임명될 수 있다.
④ 명예동물보호관은 신분을 증명할 필요 없이 직무를 수행할 수 있다.

69

동물보호법상 1년 이하의 징역 또는 1천만 원 이하의 벌금에 처해질 수 있는 경우로 옳은 것은?

① 영업정지 기간 중 영업을 한 자
② 거짓으로 동물장묘업을 등록한 자
③ 맹견취급허가 없이 맹견을 취급한 영업자
④ 제16조를 위반하여 사람을 사망에 이르게 한 자

70

동물보호법상 500만 원 이하의 벌금에 처해질 수 있는 경우로 옳은 것은?

① 맹견을 유기한 소유자
② 동물을 도박의 목적으로 이용한 자
③ 보호시설 폐쇄명령을 따르지 않은 자
④ 영업정지 기간에 영업을 한 영업자

71

소비자 정보 제공(제13조)에 대한 설명으로 옳지 않은 것은?

① 소비자 권익과 관련된 주요 시책을 소비자에게 알릴 수 있다.
② 소비자에게 중요한 결정을 내릴 수 있도록 정보를 제공할 수 있다.
③ 소비자 정보 제공은 선택 사항이며, 반드시 해야 하는 것은 아니다.
④ 물품·용역의 거래조건, 품질, 안전성 등의 정보를 제공할 수 있도록 시책을 마련한다.

72

소비자중심경영인증(제20조의2)에 대한 설명으로 옳지 않은 것은?

① 인증기업에 대한 포상 및 지원이 가능하다.
② 소비자중심경영인증의 유효기간은 5년이다.
③ 인증 심사 비용을 사업자가 부담할 수 있다.
④ 소비자중심경영인증을 받은 사업자는 대통령령에 따라 인증표시를 할 수 있다.

73

자율적 분쟁조정(제31조)에 대한 설명으로 옳지 않은 것은?

① 협의체 구성 및 절차는 대통령령으로 정한다.
② 당사자가 수락하면 합의가 성립된 것으로 간주된다.
③ 등록 소비자단체의 협의체는 소비자 불만·피해 해결을 위한 분쟁조정을 할 수 있다.
④ 특정 전문성이 요구되는 분쟁조정기구에서 관장하는 사항도 협의체에서 조정할 수 있다.

74
가축전염병 예방법의 목적에 대한 설명으로 옳지 않은 것은?

① 공중보건을 유지하는 것을 목적으로 한다.
② 가축의 전염병을 예방·관리하여 축산업을 보호한다.
③ 반려동물의 입양 절차를 규정하여 안전한 분양을 보장한다.
④ 인수공통감염병의 확산을 방지하는 것이 목적 중 하나이다.

75
동물등록제에 대한 설명으로 옳은 것은?

① 현재 법적으로 고양이도 반드시 등록해야 한다.
② 반려동물 등록은 모든 동물에게 의무 사항이다.
③ 반려동물 등록은 단순한 선택 사항이며, 보호자의 의무가 아니다.
④ 동물등록제는 반려동물(개)의 유실·유기를 방지하기 위한 제도이다.

76
반려동물의 정책 개선 방향으로 옳은 것은?

① 동물등록제는 반려동물의 유실·유기 방지와는 관계가 없다.
② 고양이 동물등록제는 앞으로도 의무화되지 않을 가능성이 크다.
③ 일부 지자체에서는 동물등록 비용을 지원하는 사업을 진행하고 있다.
④ 동물등록을 하면 보호자가 동물의 위치를 실시간으로 추적할 수 있다.

77
장애인복지법(제40조의2)에 따른 보조견 출입 보장에 대한 설명으로 옳은 것은?

① 보조견 출입은 장애인복지법이 아닌 동물보호법에 의해 규정된다.
② 보조견 출입을 거부한 사업자는 최대 100만 원 이하의 과태료가 부과된다.
③ 장애인 보조견은 대중교통, 공공시설, 식당 등에서 차별 없이 출입할 수 있다.
④ 장애인 보조견을 동반한 장애인은 식당이나 병원에는 출입할 수 없지만, 공공시설은 이용할 수 있다.

78
다음의 설명에 해당하는 동물학대 유형별 금지조치로 옳은 것은?

> · 음식, 물, 적절한 쉼터를 제공하지 않는 행위 금지
> · 병들거나 부상당한 동물을 치료하지 않고 방치하는 행위 금지

① 정신적 학대 금지
② 신체적 학대 금지
③ 방임 및 유기 금지
④ 비윤리적 번식 및 거래 금지

79
반려견의 기본적 욕구를 충족하기 위한 방법으로 옳은 것은?

① 반려견이 원하는 만큼 간식을 제한 없이 준다.
② 반려견에게 균형 잡힌 식단과 깨끗한 물을 제공한다.
③ 반려견이 조용한 공간에서 혼자 있도록 항상 방치한다.
④ 반려견의 신체적 건강만 신경 쓰고, 정신적 욕구는 고려하지 않는다.

80
다음의 설명과 관련 있는 개념에 대한 설명으로 옳지 않은 것은?

> 인간뿐만 아니라 동물에게도 도덕적 관심과 보호가 필요하다는 전제에서 출발한다.

① 동물 윤리에 관한 개념이다.
② 인간 중심의 사고에서 동물을 대한다.
③ 동물이 단순한 자원이나 수단이 아니라, 그 자체로 고유한 가치와 권리를 지닌 존재라는 인식에 기반한다.
④ 인간과 동물 사이의 관계, 특히 동물에 대한 도덕적 대우와 권리, 복지 문제를 다루는 윤리학의 한 분야이다.

5과목 | 보호자 교육 및 상담

81
반려견 보호자의 역할로 옳은 것은?

① 반려견이 사회에서 적응할 수 있도록 훈련과 교육을 제공한다.
② 반려견이 알아서 성장하므로 별다른 관심을 가질 필요가 없다.
③ 반려견의 건강을 위해 신체적 활동만 신경 쓰고, 정서적 교류는 필요 없다.
④ 반려견을 집 밖에 방치하고 자유롭게 돌아다니게 해도 괜찮다.

82
반려견 보호자가 법적 책임을 숙지해야 하는 이유로 옳지 않은 것은?

① 동물보호법에 따라 반려견의 안전을 책임지는 것은 보호자의 의무이다.
② 보호자는 반려견의 행동을 통제하지 않아도 법적으로 책임을 지지 않는다.
③ 보호자는 반려견이 다른 사람이나 동물에게 피해를 주지 않도록 관리할 책임이 있다.
④ 반려견으로 인해 발생한 사고는 보호자가 법적 처벌을 받을 수 있으므로 예방이 중요하다.

83
다음의 지문과 관련 있는 보호자의 반려견 관리 소홀에 따른 법적 책임으로 옳은 것은?

> 3년 이하의 금고 또는 3천만 원 이하의 벌금에 처해질 수 있다.

① 소유한 동물을 유기한 경우
② 반려견의 과실로 인해 사람이 사망에 이를 경우
③ 맹견의 관리 준수사항을 위반하여 다른 사람이 상해를 입은 경우
④ 반려견과 함께 외출할 때 안전조치를 위반하여 다른 사람이 상해를 입은 경우

84
다음의 설명과 관련 있는 문제행동으로 옳은 것은?

> 관심을 끌기 위해 짖거나 보호자가 반응할 때까지 장난감을 물고 늘어지는 행동이다.

① 유전으로 인한 문제행동
② 후천적 학습으로 인한 문제행동
③ 목적을 달성하기 위한 문제행동
④ 기본적 욕구에 대한 만족감 부족으로 인한 문제행동

85
방문 행동 교정과 위탁 행동 교정의 공통점으로 옳은 것은?

① 비용이 저렴하며 부담이 크지 않다.
② 보호자가 직접 훈련 방법을 익혀야 한다.
③ 일정 기간 동안 반려견을 전문가에게 맡긴다.
④ 전문가가 반려견의 행동을 교정하는 역할을 수정한다.

86
다음의 설명에 제시된 행동 교정 도구 유형에 대한 설명으로 옳은 것은?

> - 초음파 훈련기
> - 특정 환경 차단 도구
> - 싫어하는 냄새 스프레이

① 행동 교정 강화 도구이다.
② 행동 교정 긍정화 도구이다.
③ 행동을 증가시키는 데 초점을 둔다.
④ 문제행동을 줄이는 데 초점을 둔다.

87
다음의 설명에 해당하는 보호자 교육 과정으로 옳은 것은?

> 반려견의 '앉아', '기다려' 같은 기본 명령어 학습

① 기본 훈련
② 사회화 교육
③ 문제행동 개선
④ 보호자 심화 교육

88
다음의 사진과 관련 있는 설명으로 옳지 <u>않은</u> 것은?

① 보행 중 반려견이 보호자를 잘 따라 걸으면 클리커 사용 후 간식 보상을 한다.
② 자동줄은 줄 정리가 편리하지만, 반려견의 목에 지속적인 이물감을 줄 수 있다.
③ 대형견의 리드줄 길이는 3m 이상이 적당하며, 너무 짧게 잡지 않도록 지도해야 한다.
④ 반려견이 보호자의 왼쪽 또는 오른쪽에서 걷도록 지도하며, 일관된 방향을 유지해야 한다.

89
문제행동 예방프로그램을 위한 반려견의 다양한 교육 방법으로 옳지 <u>않은</u> 것은?

① 소거는 조건 자극과 무조건 자극을 계속 결합할 때 반응이 점점 강화되는 과정이다.
② 홍수법은 반려견을 두려운 자극에 갑작스럽게 노출시켜 두려움을 극복하게 유도하는 방법이다.
③ 자극 일반화는 조건 자극과 유사한 자극에 대해서도 동일한 반응을 보이는 현상이다.
④ 계통적 탈감작법은 점진적으로 자극에 노출하여 반려견이 두려움을 극복하도록 돕는 방법이다.

90
낯선 환경에서 반려견의 안정감을 확인하는 방법으로 옳지 <u>않은</u> 것은?

① 보행 속도와 활동 수준을 관찰한다.
② 낯선 환경에서 휴식 여부를 관찰한다.
③ 집에만 머무르게 하여 외부 환경을 차단한다.
④ 배설 활동을 통해 환경에 대한 안정감을 점검한다.

91
스키너(Skinner)의 강화물 개념에 대한 설명으로 옳은 것은?

① 강화물은 반려견의 행동 빈도를 감소시키는 자극이다.
② 이차적 강화물은 음식과 같은 직접적인 보상을 의미한다.
③ 강화물은 행동과는 무관한 자극으로, 학습에 영향을 주지 않는다.
④ 반려견이 강화물을 통해 특정 행동을 반복할 가능성이 높아진다.

92
반려견이 낯선 장소에서 배변할 수 있는지 평가하는 이유로 옳은 것은?

① 반려견이 특정 장소에서만 배변하는지 확인하기 위해서이다.
② 반려견이 훈련된 배변 습관을 유지하는지를 확인하기 위해서이다.
③ 반려견의 안정감과 사회적 적응 정도를 평가할 수 있기 때문이다.
④ 반려견이 보호자 없이도 독립적으로 행동할 수 있는지를 보기 위해서이다.

93
상담 환경과 교육 도구 등 유형성(Tangibles)을 높이기 위한 방법으로 옳은 것은?

① 상담 공간을 깨끗하고 정돈된 상태로 유지한다.
② 상담 시 보호자의 감정보다 논리적인 해결책만을 제시한다.
③ 반려견 교육 도구를 최대한 활용하지 않고 보호자의 이해력에 의존한다.
④ 상담 중 시각적 자료(영상, 프레젠테이션 등)는 불필요하므로 제공하지 않는다.

94
다음의 예시와 관련 있는 화법에 대한 설명으로 옳은 것은?

"반려견의 문제행동을 해결하기 위해 과학적으로 검증된 방법을 사용하겠습니다."

① 고객의 의견과 상관없이 전문가의 판단만을 강조한다.
② 반려견 훈련 방법을 설명할 때 일관성을 유지하고, 과학적으로 검증된 방법을 제시한다.
③ 반려견의 문제행동을 감정적으로 설명하여 공감을 유도한다.
④ 다양한 방법을 설명하기보다는 단 하나의 해결책만을 강조한다.

95
위탁서비스 환경 조성 시 견종별 고려해야 할 요소로 옳은 것은?

① 산책 시 모든 견종에게 같은 목줄을 사용해야 한다.
② 모든 반려견에게 동일한 환경을 제공하는 것이 가장 이상적이다.
③ 반려견의 털 길이와 밀도를 고려하여 온도 및 습도를 조절해야 한다.
④ 피부 알레르기가 있는 반려견에게 일반적인 환경을 제공해도 무방하다.

96
다음의 사진과 같은 반려견 유치원의 주요 목적으로 옳은 것은?

① 반려견의 문제행동을 교정하는 전문 훈련소이다.
② 반려견의 미용과 건강 관리를 전문으로 하는 시설이다.
③ 보호자가 여행을 떠나는 동안 반려견을 맡기는 시설이다.
④ 반려견이 보호자의 부재 시에도 건강한 사회성을 유지하도록 교육하는 시설이다.

97
반려견 위탁서비스 운영 기준으로 옳지 않은 것은?

① 출입구 관리를 위해 이중문과 잠금장치를 설치한다.
② 고객 응대실과 반려견 관리실을 구분하여 운영한다.
③ 모든 반려견을 한 공간에서 자유롭게 활동하도록 한다.
④ 개별 휴식실을 마련하여 반려견이 편안하게 쉴 수 있도록 한다.

98
반려견 교육이 종료된 후 보호자와의 소통 방법으로 옳지 않은 것은?

① 훈련 성과를 점검하고 필요한 경우 추가 지원을 제공한다.
② 전화, 이메일, 문자 등을 활용하여 반려견의 상태를 확인한다.
③ 보호자가 직접 방문하여 추가 상담을 받을 수 있도록 안내한다.
④ 반려견이 교육 내용을 잊어버려도 자연스럽게 놔두고 추가적인 연락은 하지 않는다.

99
반려견 위탁서비스에서 보호자와 지속적인 신뢰를 유지하는 방법으로 가장 효과적인 것은?

① 계약이 종료된 후 보호자와의 모든 연락을 중단한다.
② 반려견의 문제행동이 발생하면 보호자에게 모든 책임을 돌린다.
③ 보호자가 문제를 제기하기 전까지 기관에서 먼저 연락하지 않는다.
④ 교육 종료 후 보호자에게 반려견의 상태를 점검하고 필요한 경우 추가 지원을 제공한다.

100
반려견 보호자가 불만을 제기할 때의 적절한 응대 방법으로 옳은 것은?

① "이 문제는 보호자님이 해결해야 할 문제입니다."
② "이미 교육이 끝났으니 추가 지원은 어렵습니다."
③ "○○ 보호자님, 어떤 점이 개선되면 좋을지 알려주세요."
④ "저희 기관에서는 해결할 수 없으니 다른 곳을 알아보세요."

ENERGY

삶의 순간순간이
아름다운 마무리이며
새로운 시작이어야 한다.

– 법정 스님

여러분의 작은 소리
에듀윌은 크게 듣겠습니다.

본 교재에 대한 여러분의 목소리를 들려주세요.
공부하시면서 어려웠던 점, 궁금한 점,
칭찬하고 싶은 점, 개선할 점, 어떤 것이라도 좋습니다.

에듀윌은 여러분께서 나누어 주신 의견을
통해 끊임없이 발전하고 있습니다.

에듀윌 도서몰 book.eduwill.net
- 부가학습자료 및 정오표: 에듀윌 도서몰 → 도서자료실
- 교재 문의: 에듀윌 도서몰 → 문의하기 → 교재(내용, 출간) / 주문 및 배송

2026 에듀윌 반려동물행동지도사
한권끝장 + 무료특강

발 행 일	2025년 5월 30일 초판
저　　자	이하늬, 이광호
펴 낸 이	양형남
개　　발	정상욱, 남궁현, 허유진
펴 낸 곳	(주)에듀윌
등록번호	제25100-2002-000052호
주　　소	08378 서울특별시 구로구 디지털로34길 55 코오롱싸이언스밸리 2차 3층
I S B N	979-11-360-3760-2(13490)

* 이 책의 무단 인용 · 전재 · 복제를 금합니다.

www.eduwill.net
대표전화 1600-6700

2026 최신판

에듀윌 반려동물행동지도사 한권끝장
+무료특강

정답과 해설

2026 최신판

에듀윌 반려동물행동지도사
한권끝장
+무료특강

2026 최신판

에듀윌 반려동물행동지도사
한권끝장
+무료특강

정답과 해설

실전문제 정답과 해설

PART 01 | 반려동물 행동학

01 반려동물 행동의 개념   P. 306

| 01 ② | 02 ③ | 03 ① | 04 ④ | 05 ③ |
| 06 ④ | 07 ② | 08 ① | | |

01 ②
학습이나 경험 없이도 수행할 수 있는 행동으로, 유전적으로 결정되는 행동은 생득적 행동(㉠)이고 경험이나 학습을 통해 환경과의 상호작용 속에서 획득되는 행동은 습득된 행동(㉡)이다.

02 ③
반대반응은 척수 반사와 같은 기본적인 신경 메커니즘에 의해 빠르게 발생하며, 대뇌의 고차원적 판단과는 무관하다.

03 ①
변연계는 감정, 기억, 동기부여, 본능적 행동과 밀접하게 관련된 뇌 구조이다.

오답 피하기 ② 엔그램은 학습이나 경험을 통해 형성된 기억의 물리적 흔적(신경 회로)를 의미한다.
③ 전두엽은 대뇌피질의 일부 구조에 속한다.
④ 망상활성계는 대뇌피질로 가는 감각 자극을 조절하며, 각성과 주의 상태를 유지하는 기관이다.

04 ④
생애 번식 성공도는 한 개체가 일생 동안 남긴 자손의 총수이므로 2+3+4=9이다.

05 ③
포괄적응도는 개체가 직접 남긴 자손(직접 적응도)뿐만 아니라, 친족의 생존과 번식에 기여함으로써 간접적으로 남긴 유전자(간접 적응도)를 포함한 전체 적응도를 의미하므로 형제의 생존 가능성과 관련 있는 개념이다.

06 ④
이타행동의 진화로 포괄적응도의 개념을 설명할 수 있으므로 밀접한 관련이 있다.

오답 피하기 ① 이타행동은 친족의 생존과 번식에 기여하여 간접 적응도를 높인다.
② 이타행동은 개체의 포괄적응도를 높이는 요인이다.
③ 포괄적응도는 자신과 친족의 생존과 번식의 기여도에 따라 달라진다.

07 ②
계통발생 행동은 종의 진화적 역사에서 형성된 본능적이고 유전적으로 내재된 행동으로, 개체의 경험에 의해 변화하지 않는다.

08 ①
고정행동패턴은 일반적으로 개체가 본능적으로 수행하는 행동으로, 외부 자극이 있을 때 무의식적으로 발생하는 짖기 같은 행동이 해당한다.

02 반려동물의 행동발달   P. 307

01 ④	02 ④	03 ③	04 ②	05 ①
06 ③	07 ②	08 ③	09 ③	10 ④
11 ②	12 ②			

01 ④
특정 자극에 자동적으로 반응하는 본능적 행동은 학습의 결과가 아니라 유전적으로 내재된 것이다.

02 ④
중추신경계는 행동을 통제하고 조정하는 핵심 기관으로, 뇌의 특정 부위가 감정, 학습, 기억과 같은 행동적 반응을 조절하는 개의 신체 기관이다.

오답 피하기 ① 뉴런은 신경계를 구성하는 최소단위이다.
②③ 척수와 말초신경계는 단순 반사반응에 관여한다.

03 ③
특정 견종은 고유한 행동 특성을 유전적으로 가지며, 이는 목적 번식(Selective Breeding)의 결과이다.

04 ②
내분비계는 행동 발현에 중요한 영향을 미치지만, 개의 행동은 내적 기전(신경계, 호르몬, 유전적 요인)과 외적 요인(환경, 학습 경험)의 상호작용으로 나타난다.

05 ①
초기 가축화 과정에서 인간에게 친화적인 개체가 선택적으로 번식되었으며, 인간의 사냥 활동을 돕는 역할을 하였다.

06 ③
개의 신생아기(0~2주)에는 어미와의 신체적 접촉을 통해 안정감을 얻으며, 어미에게 의존하는 특성이 있다.
[오답 피하기] ①② 신생아기에는 눈과 귀가 닫혀있으며 시각과 청각이 발달되지 않은 상태이므로 환경을 적극적으로 탐색할 수 없다.
④ 6~8주의 발달 단계에 대한 설명이다.

07 ②
사람과 교류가 중요하며 사회화가 필요한 시기는 9~12주이다.

08 ③
노견기에는 기억력과 학습 능력이 저하되므로 새로운 명령어 학습보다는 스트레스를 줄이고 정서적 안정과 편안한 환경을 제공하는 것이 중요하다.

09 ③
어린이와의 상호작용은 안전과 신뢰를 기반으로 점진적으로 이루어져야 한다. 처음부터 강한 신체적 접촉은 개에게 불안감을 줄 수 있으므로 적합하지 않다.

10 ④
개는 다양한 환경 경험을 함으로써 두려움을 줄이고 자신감을 키울 수 있다.
[오답 피하기] ①③ 환경 적응은 다양한 환경, 소리, 물건, 장소 등을 경험하면서 두려움을 줄이고 자신감을 키우는 과정이다.
② 환경 적응은 생후 3~12주에 가장 중요하지만, 평생 동안 지속적으로 이루어질 수 있다.

11 ②
비글은 대표적인 후각 사냥견으로, 강한 후각과 냄새 추적 본능을 가지고 있다.
[오답 피하기] ① 그레이하운드는 대표적인 시각 사냥견으로, 빠른 속도와 시각 추적 능력을 가졌다.
③ 프렌치 불독은 대표적인 가정 동반견으로, 사람과의 교감 능력이 뛰어나며 독립적이다.
④ 보더 콜리는 유전적으로 학습 능력이 우수한 견종이다.

12 ②
훈련 방식은 개의 성격 형성에 중요한 영향을 미친다. 긍정적 강화훈련은 자신감과 신뢰를 형성하는 반면, 부정적 강화 방법이나 처벌은 불안과 두려움을 유발할 수 있다.

03 반려동물의 정상행동 P. 309

01 ①	02 ③	03 ②	04 ①	05 ①
06 ①	07 ③	08 ④	09 ①	10 ②
11 ④	12 ②	13 ①	14 ①	15 ③
16 ④				

01 ①
음식 섭취와 관련된 행동은 섭식행동이다.

02 ③
음식 선택은 유전적 요인뿐만 아니라 학습과 경험에도 영향을 받는다.

03 ②
개의 배변행동 중 영역 표시와 관련이 있는 것은 마킹 행동이다.

04 ①
반려견은 보호자에 의해 음식이 제공되므로 야생 개보다 덜 활동적인 섭식 형태를 보인다.

05 ①
사진은 몸단장(그루밍)행동이며, 이는 개의 스트레스를 줄이고 불안감을 완화하여 안정감을 찾게 도와준다.

06 ①
몸단장행동은 단순히 청결을 유지하는 기능 외에도 체온 조절, 심리적 안정, 스트레스 해소 등의 다양한 목적을 가지고 있다.

07 ③
사회적 유대 강화는 몸단장행동으로 인한 이점에 해당한다.

08 ④
개의 몸단장행동이 문제행동으로 발현할 경우 긍정적 강화를 통해 스트레스를 줄이고 적절한 장난감 등을 제공하는 것은 도움이 된다.

오답 피하기 ① 기생충은 정기적인 그루밍 및 구충제 적용으로 예방할 수 있다.
② 정기적인 그루밍은 몸단장행동을 보완하며 기생충 예방에 필수적이다.
③ 몸단장행동 관리를 위해 긍정적 강화와 스트레스 해소를 위한 놀이 및 장난감 제공이 효과적이다.

09 ①
개체의 지위와 관련되어 있고 신체적 힘, 나이, 경험, 사회적 기술 등에 따라 형성되는 것은 서열 체계에 대한 설명이다.

10 ②
무리 생활은 개체 간 갈등을 줄이고 협력과 의사소통을 통해 자원을 효율적으로 분배하는 데 기여한다.

11 ④
ⓔ은 암컷의 발정 후기로 약 2~3개월 정도 지속된다.

12 ②
수컷은 별도의 발정 주기가 없으며, 암컷과 달리 언제든지 번식 가능한 암컷을 만나면 교미 행동을 한다.

13 ①
난소에서 분비되며 발정기의 행동을 유도하는 호르몬은 에스트로겐이다.

14 ①
프로게스테론의 영향으로, 비임신인데도 젖 분비 및 둥지 만들기 등을 하는 행동은 거짓 임신 상황이다.

15 ③
자원 차지, 서열 다툼 등과 관련 있는 공격 원인은 경합적 공격이다.

16 ④
개가 꼬리를 내리는 것은 불안, 두려움 등을 느낄 때이며 친화행동을 할 때는 꼬리를 흔든다.

04 반려동물의 의사소통 P. 311

01 ② 02 ④ 03 ③ 04 ④ 05 ④
06 ① 07 ④ 08 ③ 09 ② 10 ②
11 ②

01 ②
개의 의사소통에서 중요한 역할을 하는 신체 부위는 꼬리, 귀, 눈(시선) 등이며, 발은 주로 이동과 관련된 기능을 담당한다.

02 ④
① 기쁨이나 흥분, 사회적 상호작용을 원할 때이다.
② 자신감이나 경계일 때의 꼬리 자세이다.
③ 중립적인 감정을 나타내며, 경계도 흥분도 없는 상태이다.

03 ③
개는 회피, 불편함, 복종의 감정 상태일 때 눈을 피한다.
오답 피하기 ① 개는 불안하거나 불편할 때 눈을 피한다.
②④ 개는 지배적 위치를 표현하거나 공격적인 의도를 지닐 때 눈을 직시한다.

04 ④
몸을 낮추거나 뒷다리를 접는 자세는 대개 두려움, 불안이나 회피의 신호로 공격적인 의도와는 관련이 없다.

05 ④
개는 두려움과 불안에 떨 때 몸을 낮추며 굽히는 행동을 한다.

06 ①
개는 경계할 때 소리를 내지 않는다.
오답 피하기 ② 개는 몸짓 없이 소리 내지 않기(침묵)로도 의사소통한다.
③④ 소리 내지 않기(침묵)는 개가 경계할 때 하는 행동이다.

07 ④
개가 흥분하거나 불안한 상태일 때나, 보호자의 주의를 끌고자 할 때 높은 톤의 짖음 행동을 보인다.
오답 피하기 ① 개는 흥분이나 불안할 때 주로 짖는 행동을 한다.
②③ 빠르고 계속된 짖음은 보통 기쁨이나 관심을 표현할 때이다.

08 ③
부드럽고 짧은 그르렁거림은 개의 불편함이나 불만 등의 감정 상태를 나타낸다.

오답 피하기 ① 강한 위협이 아니라 애정 표현, 친밀감을 나타낼 때이다.
② 위협적인 감정이나 공격성을 나타낸다.
④ 불편함이나 불만을 표현할 때이다.

09 ②
낑낑거림은 주로 개가 불안, 스트레스, 요구사항을 표현할 때 내는 소리이다.

10 ②
후각은 주로 개들 간의 의사소통에서 중요한 역할을 하며, 사람과의 의사소통에서는 주로 시각과 청각을 사용한다.

11 ②
페로몬은 발정기 동안 분비되는 화학 물질로, 암컷이 수컷에게 자신의 생식 가능성을 알리거나 자신의 영역을 표시하는 역할을 한다. 또한 스트레스를 받을 때 페로몬을 분비하여 다른 개들에게 경고의 의사를 나타내기도 한다.

오답 피하기 ① 호르몬은 체외로 분비되지 않는다.
③ 코르티솔은 스트레스 호르몬의 일종이다.
④ 아드레날린은 신경전달물질로, 체외로 분비되지 않는다.

05 반려동물의 문제행동 P. 313

01 ②	02 ②	03 ③	04 ③	05 ①
06 ④	07 ①	08 ④	09 ②	10 ④
11 ③	12 ①	13 ①	14 ④	15 ③
16 ①	17 ③	18 ①	19 ④	20 ④

01 ②
환경적 요인은 적절한 사회화 부족, 불안정한 생활 환경, 자극 과잉 또는 부족 등으로 인한 문제행동의 요인이다.

오답 피하기 ①④ 특정 견종 관련 문제행동은 유전적 요인과 관련이 있다.
③ 통증, 질병 또는 신경학적 문제로 인한 행동 변화는 건강적 요인과 관련이 있다.

02 ②
개의 문제행동은 상황과 받아들이는 보호자에 따라 다르게 해석될 수 있다.

오답 피하기 ①③④ 문제행동은 유전적·환경적·건강적 요인 등이 복합적으로 영향을 미친다.

03 ③
진공행동은 자극 없이 본능적 행동을 수행하며 주요 원인은 자극 부족, 본능적 욕구 미충족이다. 지속적인 바닥 핥기 등과 같은 문제행동을 보인다.

04 ③
양가행동은 이상행동이 아닌 갈등행동에 속한다.

05 ①
⊙은 배변 훈련 부족으로 행동적 요인과 관련이 있다.

06 ④
분리불안으로 인한 배변 문제행동이 발생했을 때는 페로몬 스프레이 등의 진정 보조제 사용 등의 해결 방법이 도움이 될 수 있다.

오답 피하기 ① 처벌은 분리불안 증상을 더욱 악화시킨다.
② 중성화 수술은 영역 표시 행동 교정과 더 관련이 있다.
③ 분리불안은 보호자가 없을 때 불안감이 커져서 배변을 유발하는 것이므로 규칙적인 산책 시간과는 거리가 멀다.

07 ①
문제행동 수정은 행동 교정과 가장 관련이 높은 방법이다.

08 ④
개의 고령성 인지장애를 관리할 때는 발생된 증상을 관리하고, 악화를 방지하기 위한 장기적인 접근이 필요하다.

오답 피하기 ① 증상의 악화를 방지하기 위한 장기적이고 꾸준한 접근이 필요하다.
②③ 고령성 인지장애는 완전한 치료가 어려운 경우가 많다.

09 ②
개의 분리불안을 교정할 때는 짧은 시간부터 혼자 두는 시간을 서서히 늘려가면서 훈련하는 것이 적절하다.

오답 피하기 ①④ 개의 분리불안을 더욱 악화시킬 수 있다.
③ 점진적 훈련은 개를 처음에는 짧은 시간 동안 혼자 두고, 서서히 시간을 늘려가며 혼자 있는 상황을 부정적인 사건이 아니도록 알려주는 방법이다.

10 ④

심리적 자립 훈련은 보호자가 다른 방에 머무르는 연습을 통해 독립성을 키우거나, 집에 함께 있을 때도 개가 보호자를 따라다니지 않도록 지도하면서 보호자와의 독립성을 훈련하는 분리불안 교정 방법이다.

오답 피하기 ① 점진적 훈련은 개를 짧은 시간부터 혼자 두고, 서서히 시간을 늘려가는 방법이다.
② 에너지 발산은 운동과 놀이, 지능형 장난감을 이용한 방법이다.
③ 보호자 행동 수정은 보호자가 집을 떠나거나 돌아오는 것을 특별한 일처럼 행동하지 않는 방법이다.

11 ③

식탐 증가, 과도한 핥기, 지속적인 짖음, 앞발로 밀치기 또는 점프, 지속적으로 물건을 물어오는 행동 등은 모두 과도한 관심 요구와 관련이 높은 문제행동이다.

오답 피하기 ① 분리불안의 경우 과도한 관심 요구와 유사한 문제행동을 보이나, 대체로 식욕이 감소한다는 차이점이 있다.

12 ①

차분하게 기다리는 행동은 과도한 관심 요구와는 반대로, 개가 적절하게 대기하는 행동이다.

13 ①

적절한 무시는 개가 짖거나 앞발로 밀칠 때 반응하지 않고, 개가 차분해질 때만 칭찬이나 보상을 하는 방법이다. 또한 소리치거나 밀치는 행동도 일종의 관심으로 받아들여질 수 있으니 유의해야 한다.

오답 피하기 ② 보호자에게 지나치게 의존하지 않도록 독립적인 시간을 갖도록 하는 방법이다.
③ 장난감, 퍼즐 피더, 씹을 수 있는 뼈 등을 제공하여 개가 스스로 시간을 보낼 수 있도록 하는 방법이다.
④ 개가 차분하게 앉아 있거나, 조용히 있을 때 보상을 제공하는 방법이다.

14 ④

과잉행동은 개가 주어진 상황에서 예상되는 행동을 보이지 않거나 과도하게 활동적이며, 불필요한 행동을 반복하는 상태이다.

15 ③

개의 과잉행동을 개선하는 방법 중에서 에너지를 효과적으로 소비할 수 있는 활동 제공, 매일 규칙적인 산책, 공놀이나 프리스비 등 적극적인 활동 진행은 운동량 증가의 개선 방법에 해당한다.

오답 피하기 ① 과잉행동이 나타날 때 무시하거나 올바른 행동을 했을 때만 보상을 제공하는 방법이다.
② 자극적인 환경을 피하고 개가 안정감을 느낄 수 있는 공간을 제공하는 방법이다.
④ 개의 두뇌 활동을 촉진하는 장난감 등을 활용하는 방법이다.

16 ①

징계나 처벌은 긍정적인 행동을 강화하는 방법이 아니므로 적합하지 않다.

17 ③

클리커 훈련을 하고 있는 사진으로, 이 훈련을 통해 집중력을 높이고 행동 수정을 하는 것은 긍정적 훈련 방법이다.

18 ①

과도한 짖음에 대한 행동 교정 방법 중 무시하기는 주의 끌기가 목적인 짖음일 경우 개가 짖음을 통하여 원하는 것을 얻지 못하도록 하고, 짖음이 멈췄을 때 칭찬이나 간식 제공 등으로 즉시 보상하는 훈련 방법이다.

오답 피하기 ② 올바른 행동에 대해 긍정적 보상을 제공하는 방법이다.
③ 특정 자극(방문자, 소음 등)에 대해 점진적으로 익숙해지도록 하는 방법이다.
④ 짖음 대신 '앉기', '기다리기' 같은 대체 행동을 수행하도록 훈련하는 방법이다.

19 ④

개는 사회적 지위에 대한 갈등을 빚을 때 과도한 공격행동을 보인다.

20 ④

경계심이 강한 개는 낯선 사람이나 다른 개에게 공격적인 반응을 보일 수 있다.

PART 2 | 반려동물 관리학

01 반려동물의 복지   P. 316

01 ④	02 ①	03 ②	04 ②	05 ④
06 ③	07 ③	08 ④	09 ③	10 ④
11 ④	12 ①			

01 ④

동물 복지의 5대 자유에는 공포와 스트레스로부터의 자유가 포함되며, 이는 동물이 불필요한 스트레스나 두려움을 경험하지 않도록 보호해야 함을 의미한다.

02 ①

동물 복지의 5대 자유 중 동물이 아프거나 다쳤을 때 적절한 치료를 받도록 하는 것은 질병과 상해로부터의 자유에 해당한다.

오답 피하기 ② 공포와 스트레스로부터의 자유에 해당한다.
③ 정상적인 행동을 표현할 자유에 해당한다.
④ 정상적인 행동을 표현할 자유에 해당한다.

03 ②

동물의 감정과 정신적 상태를 고려한 복지는 심리적 복지로, 동물의 부정적 정서를 최소화하고, 긍정적 정서를 최대화하여 심리적 안정감을 느끼는 상태를 의미한다.

04 ②

노령견은 성견보다 소화 능력이 떨어지므로 부드럽고 쉽게 소화되는 음식을 제공하는 것이 바람직하다.

오답 피하기 ① 일반 성견과 같은 식단은 소화에 부담을 줄 수 있다.
③ 높은 강도의 운동은 관절에 무리를 줄 수 있으므로 낮은 강도의 운동이 필요하다.
④ 움직임을 완전히 제한하는 것은 적절하지 않다.

05 ④

활동 영역에 적절한 케이지를 제공해주어야 한다.

06 ③

심리적 복지는 동물의 스트레스, 공포, 불안, 좌절과 같은 부정적 정서를 최소화하고, 행복, 흥미, 만족감 같은 긍정적 정서를 최대화하여 심리적 안정감을 느끼는 상태를 의미한다.

오답 피하기 ② 신체적 복지는 건강하고 안전한 환경에서 반려견의 신체적 요구를 충족시켜, 건강과 삶의 질을 보장하는 것을 의미한다.
④ 행동적 복지는 반려견의 본능과 욕구에 맞는 행동 발현, 스트레스와 좌절감 최소화, 심리적 안정감 유지 등을 돕는 것을 의미한다.

07 ③

동물 복지의 구성 요소 중 긍정적 감정 경험은 동물이 행복과 만족감을 느낄 수 있는 환경과 상호작용 제공과 관련 있다. 놀이, 탐색, 사회적 상호작용은 긍정적 정서 촉진에 도움이 된다.

오답 피하기 ① 스트레스를 유발하는 요소(환경적 변화, 과도한 자극, 고립 등)를 최소화한다는 의미이다.
② 동물이 자신의 환경에서 일정한 자율성과 통제력을 가질 수 있는 상태를 의미한다.
④ 동물이 공포나 불안감을 느끼지 않게 하는 것을 말한다.

08 ④

강한 권위로 통제하는 훈련 방식은 오히려 반려동물의 스트레스를 유발하고 심리적 불안을 초래할 수 있다.

09 ③

반려견은 정신적 자극이 부족할 경우 심리적인 좌절이나 무기력을 겪을 수 있다.

오답 피하기 ① 무기력 증상으로 식욕 및 체중이 감소할 수 있다.
② 신체 활동 및 활력이 감소한다.
④ 사회성이 감소한다.

10 ④

보호자의 일관된 태도와 긍정적인 상호작용 유지는 반려견에게 심리적 안정을 주어 스트레스 요인을 최소화할 수 있다.

오답 피하기 ①②③ 낯선 사람과의 강제적인 접촉, 변화가 잦은 생활 패턴, 소음이 심한 환경은 반려견의 스트레스를 증가시킨다.

11 ④

반려견의 행동적 욕구 충족과 이상 행동 예방을 위하여 환경적 풍부화가 필요하다.

오답 피하기 ①②③ 반려견에게 다양한 자극이 제공되지 않으면 무기력증이나 이상 행동(과도한 짖음, 파괴행동 등)을 보일 수 있다.

12 ①

제시된 사진은 환경적 풍부화에 관련된 사진으로, 반려견의 사회적 기술은 보호자와 함께하는 산책, 놀이 혹은 다른 반려견과의 놀이를 통해 발달되는 사회적 상호작용에 해당한다.

02 영양관리   P. 318

01 ②	02 ③	03 ②	04 ①	05 ③
06 ③	07 ①	08 ②	09 ③	10 ②
11 ②	12 ④	13 ②	14 ②	15 ③
16 ③	17 ④	18 ④	19 ④	20 ①

01 ②
정상적인 반려견의 사료량은 체중 1kg당 종이컵으로 0.5(반)컵을 하루에 3~4회(자견) 또는 2회(성견)로 나누어서 급여한다. 6kg의 자견의 경우 하루에 종이컵으로 3컵을 급여하며, 하루 3회 급여 시 1회 급여 사료량은 종이컵 1컵이 적절하다.

02 ③
DER(일일 에너지 요구량)은 반려견의 나이, 활동량, 견종, 건강 상태 등에 따라 달라지며, 성격 자체는 직접적인 영향을 주지 않는다.

03 ②
설명은 BCS 1단계이며, 이는 심각한 저체중으로 갈비뼈와 척추가 뚜렷하게 보이며, 뼈가 쉽게 만져진다. 또한, 허리와 배가 깊이 들어가 있고 근육이 소모된 상태이다.

04 ①
동물이 5% 이상 수분을 잃으면 단순 탈수 상태이며 15% 이상의 수분을 잃을 경우 폐사 위험성이 있다.

05 ③
필수 아미노산은 체내에서 충분히 합성될 수 없기 때문에 반드시 사료를 통해 공급해야 한다.

06 ③
동물성 단백질은 반려견에게 가장 이상적인 아미노산 조성을 가진다.
오답 피하기 ①② 콩류, 야채, 곡류에도 단백질이 포함되어 있지만 아미노산 조성이 다소 떨어진다.
④ 정제 탄수화물에는 단백질이 거의 포함되어 있지 않다.

07 ①
탈수 증상은 수분 부족시 나타난다.

08 ②
단백질 부족으로 혈중 단백질 수치가 떨어지는 것은 저단백혈증의 증상이다.

09 ③
리놀레산(Linoleic Acid)는 반려동물의 필수 지방산에 해당한다.
오답 피하기 ①④ 비오틴(Biotin)과 판토텐산(Pantothenic Acid)은 비타민의 일종이다.
② 콜레스테롤(Cholesterol)은 세포막 유동성에 관여하는 지질이며, 필수 지방산은 아니다.

10 ②
지방이 부족하면 체중이 감소하고 피로감이 증가하여 활동량이 줄어드는 등 에너지 부족 상태가 된다.

11 ②
지방의 구성요소 중 오메가-3 지방산은 뇌 기능과 신경 전달에 필수적인 역할을 하므로, 부족할 시 집중력 부족과 학습 능력 저하, 행동 변화 등의 문제가 발생할 수 있다.
오답 피하기 ① 반응 속도가 감소된다.
③ 신경계와 관련된 질환이 발생할 가능성이 높아진다.
④ 집중력이 저하된다.

12 ④
탄수화물이 부족하면 혈당 수치가 낮아져 저혈당증이 발생할 수 있지만, 부족한 경우 당뇨병 위험이 증가하는 것은 아니다.

13 ②
비타민 C는 수용성 비타민이다.

14 ②
비타민 A는 눈 건강과 성장 촉진에 중요한 역할을 하며, 부족하면 야맹증(어두운 곳에서 잘 보이지 않는 증상)이 나타날 수 있다.
오답 피하기 ① 비타민 B12, 엽산 부족 시 나타날 수 있는 질병이다.
③ 비타민 D 부족 시 나타날 수 있는 질병이다.
④ 비타민 K 부족 시 나타날 수 있는 질병이다.

15 ③
비타민 D는 뼈의 석회화를 촉진하며 결핍될 경우 구루병이 유발될 수 있다.
오답 피하기 ① 비타민 C와 관련 있는 기능이다.
② 비타민 K와 관련 있는 기능이다.
④ 비타민 B1과 관련 있는 기능이다.

16 ③
비타민 E는 번식능력과 관련이 있으며, 결핍될 경우 번식장애, 뇌연화증, 근육위축증 등을 유발할 수 있다.

오답 피하기 ① 비타민 A는 성장 촉진, 상피보호, 항감염 역할을 한다.
② 비타민 C는 세포간질 생성, 지혈작용, 항산화 역할을 한다.
④ 비타민 K는 혈액응고와 관련이 있다.

17 ④

비타민 B12는 적혈구 생성에 필요하며, 부족 시 성장불량, 악성빈혈을 유발한다.

오답 피하기 ① 탄수화물 대사 역할을 한다.
② 산화환원효소의 조효소 역할을 한다.
③ 생체성분의 산화 환원 역할을 한다.

18 ④

건포도는 건조되어 수분이 날아간 상태로, 독성 성분이 농축되어 생포도보다 더 치명적이며 신장 손상을 유발할 수 있다.

19 ④

양파와 마늘은 적혈구를 손상시켜 용혈성 빈혈을 일으킬 수 있으며, 익힌 것, 날 것, 분말 형태 모두 위험하다.

20 ①

노령견에게는 건식 사료가 아닌 부드러운 습식 사료가 소화에 도움이 된다.

03 건강관리 P. 320

01 ④	02 ④	03 ②	04 ③	05 ③
06 ④	07 ④	08 ①	09 ④	10 ③
11 ④	12 ④	13 ④	14 ③	15 ①
16 ④				

01 ④

반려견의 성장 곡선은 견종, 반려견의 크기, 유전적 요인, 환경적 요인 등에 따라 다르게 나타난다.

02 ④

10세가 된 소형견은 인간의 나이로 약 56~60세, 대형견은 인간의 나이로 약 66세에 해당한다.

03 ②

청소년기에는 성격이 확립되기 시작하고 독립심과 자율성이 증가하며 반항적인 행동을 보이기도 한다.

에너지가 많은 경우 파괴적인 행동을 보일 수도 있으므로 꾸준한 훈련과 사회적 활동 등이 필요하다.

오답 피하기 ① 신생아기에 대한 설명이다.
③ 노견기에 대한 설명이다.
④ 성견기에 대한 설명이다.

04 ③

성견기에는 반려견의 신체 발달이 완료되고, 에너지 소모가 안정화된다. 또한 행동적으로 성숙해지며 훈련된 습관을 유지해야 하는 시기이다.

오답 피하기 ① 성견기에는 신체 발달이 완료된다.
② 에너지 소모가 안정화된다.
④ 신체 활동성과 대사율이 유지된다.

05 ③

노령견 초기(7~10세)의 특징이다.

오답 피하기 ① 생후 6~18개월에는 골격 발달이 진행되고 안정화 단계에 돌입한다.
② 생후 18개월~7세에는 골격 상태가 안정화되며 운동성과 활동성이 높다.
④ 10세 이상이 되면 관절과 골격이 약해지며, 대형견은 고관절 문제가 심화될 수 있다.

06 ④

노령견은 노화로 관절염 등의 증상이 발생할 수 있으므로 관절 건강을 위하여 관절 영양 보충제 및 균형 잡힌 식단 제공 등이 권장된다.

오답 피하기 ①③ 노령견은 과도한 영양 섭취를 피하는 것이 좋다.
② 노령견에게도 적절한 운동이 필요하다.

07 ④

노령견 후기는 관절과 골격이 약해지는 시기로, 무리한 운동보다는 가벼운 산책이나 부드러운 운동을 권장한다.

08 ①

유치만 있는 상태의 그림으로 2.5개월(두 달 반)에 해당한다.

오답 피하기 ② 7개월에는 영구치가 모두 생긴다.
③ 5세에는 모든 이가 닳고 누렇게 된다.
④ 10세에는 치아 및 치근이 닳는다.

09 ④

오답 피하기 ① 반려견의 정상적인 귀 상태이다.
②③ 반려견의 정상적인 코 상태이다.

10 ③
비강청소는 반려견에게 큰 스트레스를 유발할 수 있으므로 비강 이물 등 문제 상황이 생길 경우 동물병원에서 검진을 받아야 한다.

11 ④
절뚝거림이 지속되면 관절염이나 인대 손상 등의 가능성이 있으므로 동물병원에서 검진을 하는 것이 바람직하다.

12 ④
체온계는 직장 입구에 부드럽게 삽입(약 2~3cm 깊이)한다.

13 ④
발바닥 패드 손상 시 상처가 쉽게 아물지 않고 심한 감염 등이 유발될 수 있으므로 필요 시 수의사 상담이 요구된다.

14 ③
체중 측정은 반려견의 건강 상태, 비만 및 저체중 예방, 약물 용량 계산 등을 돕지만, 신체검사를 대신할 수는 없다. 신체검사는 눈, 귀, 코 등 다양한 부위를 확인하는 과정이다.

15 ①
운동 직후나 흥분 상태에서는 호흡수가 증가할 수 있으므로 안정된 상태에서 측정한다.

16 ④
항체가 검사에 대한 설명이다.

04 환경관리 P. 323

| 01 ① | 02 ③ | 03 ③ | 04 ④ | 05 ④ |
| 06 ④ | 07 ③ | 08 ④ | | |

01 ①
푸들은 속털이 없이 겉털만 있는 단일모 견종이다.

오답 피하기 ②③④ 셰퍼드와 골든 리트리버, 시베리안 허스키는 이중모를 가진 견종이다.

02 ③
귀 청소를 매일 하면 오히려 외이도에 자극을 줄 수 있기 때문에 1~2주 간격으로 하는 것이 좋다.

03 ③
CCTV는 반려견의 행동 모니터링에 유용하지만, 자동으로 건강검진을 수행하는 기능은 없다.

04 ④
반려견이 화상을 입었을 경우 해당 부위를 깨끗한 천으로 감싸 감염을 방지해야 한다.

05 ④
반려견을 옆으로 눕혀 심장 부위를 확인하고 손바닥이나 손가락으로 가슴을 압박하는 것은 심폐소생술 과정 중 심장마사지 단계이다.

오답 피하기 ① 반려견을 옆으로 눕혀 입 안에 이물질(토사물, 침 등)이 있는지 확인하고 제거하여 혀를 부드럽게 잡아 기도를 열어준다.
② 인공호흡 시 반려견의 입을 막고 코를 감싸 사람의 입에 밀착하고 강하게 숨을 불어넣어 가슴이 부푸는지 확인한다.
③ 숨 불어넣기는 인공호흡 과정에 포함된다.

06 ④
소형견은 손가락 두 개로 가볍게 압박하고, 중·대형견은 손바닥을 겹쳐 4~5cm 깊이로 압박해야 한다.

07 ③
구토 및 설사 등의 소화기 질환이 발생할 경우 위장을 편하게 하기 위해 12~24시간 금식을 권장한다.

08 ④
반려견이 독성 물질을 섭취했을 경우에는 응급상황이므로 즉시 동물병원에 전화하여 반려견의 상태 및 상황을 설명해야 한다.

오답 피하기 ① 가정에서 구토를 유도할 경우 오염성 폐렴을 유발할 수 있으므로 권장하지 않는다.
② 물을 많이 마셔도 해독은 되지 않는다.
③ 상태를 지켜보다 자칫 독성 물질을 꺼낼 수 있는 골든타임을 놓칠 수 있다.

05 운동 및 행동관리 P. 324

01 ②	02 ①	03 ①	04 ②	05 ②
06 ②	07 ③	08 ③	09 ②	10 ②
11 ①	12 ①			

01 ②

오답 피하기 ① 자견은 성견보다 더 많은 운동과 놀이가 필요하다.
③ 노령견은 무리가 가지 않도록 짧은 산책과 가벼운 운동이 적합하다.
④ 소형견은 대형견보다 운동량이 상대적으로 적은 편이므로 견종에 따라 적절한 운동량을 제공해야 한다.

02 ①

사진 속 스포츠는 어질리티(Agility)로, 반려견의 역량만큼 핸들러의 역량도 중요하며, 핸들링 기술, 빠른 판단력, 체력 등의 역량이 필요하다.

03 ①

음악에 맞춰 반려견과 핸들러가 함께 춤을 추는 독댄스(Dog Dance)이다.

04 ②

두 종목 모두 경기장에서 다른 반려견이나 사람과 함께 진행되므로 반려견의 역량으로는 사회성이 중요하다.

오답 피하기 ① 어질리티 종목에서 중요한 요소이다.
③ 플라이볼 종목에서 중요한 역량이다.
④ 디스크독 종목에서 중요한 역량이다.

05 ②

디스크독의 실점 규정에 대한 설명이다.

06 ②

Volhard의 행동 프로필은 반려견의 성향과 행동 동기를 평가하는 도구로, 신체 능력보다는 훈련 접근법과 행동 성향 분석에 초점을 맞춘다.

07 ③

방어(공격) 욕구는 자신의 영역을 지키거나 경쟁하는 성향과 관련 있다.

오답 피하기 ① 음식 욕구는 먹이를 찾거나 사냥하는 행동, 자극에 대한 반응성과 관련 있다.
② 무리 욕구는 사람 또는 다른 개와의 관계, 보호자와의 유대감과 관련 있다.
④ 방어(도주) 욕구는 낯선 환경에서의 반응, 회피 경향과 관련 있다.

08 ③

음식 욕구가 60점 이하인 경우 음식 보상 기반 훈련보다 칭찬, 터치, 놀이 등을 활용하는 훈련이 효과적이다.

오답 피하기 ①②④ 음식 욕구 60점 이하인 반려견은 음식에 관심이 적어 간식이나 음식 보상 기반 훈련이 어렵다.

09 ②

보호자와의 산책은 사회적 풍부화(Social Enrichment)에 해당한다.

10 ②

수컷과 암컷 생식기 제거를 모두 포함하는 수술은 중성화 수술이다.

11 ①

중성화 수술로 호르몬이 변화하면 대사율이 낮아져 체중이 늘거나 근육량이 감소할 가능성이 있다.

12 ①

공격성이 감소하는 것은 긍정적인 변화에 속한다.

06 반려견개론 및 견종 표준 P. 326

01 ④	02 ③	03 ④	04 ①	05 ④
06 ③	07 ③	08 ④	09 ④	10 ④
11 ④	12 ②			

01 ④

기갑(Withers)은 목과 등이 만나는 부위로, 체고(어깨 높이)를 측정하는 기준점이 된다.

오답 피하기 ① 등(Back)은 기갑에서 허리까지 이어지는 부위로, 체형의 균형을 유지하는 역할을 한다.
② 허리(Loin)는 등과 엉덩이 사이로, 유연성과 강한 지지력을 가지고 있는 중요한 부위이다.
③ 두부(Head)는 머리 전체를 의미하는 일반적인 용어이다.

02 ③

흉골(Sternum)은 가슴 아래쪽 중앙에 위치한 뼈로, 늑골과 연결되어 가슴 구조를 지탱한다.

오답 피하기 ① 늑곽(Rib Cage)에 대한 설명으로, 갈비뼈로 형성된 구조이며 내부 장기를 보호한다.
② 가슴(Chest)에 대한 설명으로, 심장과 폐를 보호하는 부위이며 견종에 따라 깊이나 넓이가 다르다.
④ 배(Abdomen)에 대한 설명으로, 가슴과 허리 사이의 부위이며 내장 기관이 위치하여 복부의 탄력성이 건강 상태를 반영할 수 있다.

03 ④

전완(Forearm)은 팔꿈치에서 앞발목까지 이어지는 부분으로, 보행시 중요한 역할을 한다.

오답 피하기 ① 늑골은 가슴을 보호하는 역할을 한다.
② 가슴과 늑골은 장기를 보호하는 역할을 한다.
③ 꼬리뼈는 꼬리의 균형을 유지하는 역할을 한다.

04 ①
간은 영양소 대사 및 해독 작용, 담즙 생성 등을 담당하는 주요 장기이다.

오답 피하기 ② 폐는 호흡을 통해 산소를 공급하고 이산화탄소를 배출하는 기관이다.
③ 신장은 노폐물을 걸러내고, 체액의 균형을 유지하는 중요한 기관이다.
④ 심장은 혈액을 순환시키는 주요 기관으로, 산소와 영양소를 각 조직으로 전달한다.

05 ④
넙다리뼈에 해당한다.

06 ③
경추(목뼈)에 해당하는 설명이며, 반려견을 포함한 모든 포유류의 목뼈는 7개이다.

07 ③
흉추(가슴뼈)는 13개의 척추가 흉부를 형성하고 있으며, 13쌍의 늑골이 붙어 있고 심장과 폐를 보호하는 역할을 한다.

오답 피하기 ① 요추(허리뼈)는 7개의 척추가 허리 부분을 형성하고, 무게를 지탱하는 역할을 한다.
② 천추(엉치뼈)는 3개의 뼈가 결합된 부분으로, 골반과 연결되어 있으며, 하체의 움직임을 지원한다.
④ 골반(엉덩이뼈)은 다리와 척추를 연결하는 부분으로, 엉덩이뼈(엉덩관절)를 형성하며, 하체를 지지한다.

08 ④
말티즈, 치와와, 포메라니안 등의 소형견 특징에 대한 설명이다. 세인트 버나드는 대형견에 속한다.

09 ④
리트리버는 수영과 회수 놀이를 좋아하고, 친절하며 충성스럽고 가족 친화적이라는 특징이 있다.

오답 피하기 ① 리트리버는 활동량이 높은 편이다.
② 리트리버는 훈련이 잘되는 견종에 속하기 때문에 훈련견으로 많이 활용한다.
③ 리트리버는 대형견에 속한다.

10 ④
등 길이가 길어서 허리 관리가 필요한 견종은 닥스훈트이다.

11 ④
사진의 견종은 시베리안 허스키로, 독립적이고 활동적이며 추운 기후에 적응을 잘하고, 지구력이 높다.

12 ②
오답 피하기 ① 불독은 단모종으로 추운 기후에 적응이 어렵다.
③ 불독은 활동량이 적은 편이다.
④ 불독은 중형견에 속한다.

PART 3 | 반려동물 훈련학

01 반려견 훈련개념 및 훈련의 영향요인 P.328

| 01 ② | 02 ③ | 03 ④ | 04 ④ | 05 ④ |
| 06 ③ | 07 ② | 08 ② | 09 ① | 10 ③ |

01 ②
반려견 훈련 전에 훈련장의 환경과 훈련자의 전문지식, 복장 및 용품 등의 점검이 필요하다.

02 ③
장난감은 놀이 후 반려견과 분리하여 추후 다시 가지고 놀 때 흥미를 잃지 않도록 한다.

03 ④
반려견 학습 시 반려견이 자율적으로 훈련에 참여하는 것이 가장 효과적이다.

오답 피하기 ① 처벌보다는 보상을 통해 훈련을 하여 성과를 높인다.
② 보상을 주는 훈련이 칭찬보다는 훈련 효과가 더 좋다.
③ 반려견의 훈련은 짧은 시간(5~10분)을 여러 차례 나누어 진행하는 것이 바람직하다.

04 ④
핀치 칼라는 금속 체인 내부에 날카로운 돌기가 있어 폭력 성향이 강한 반려견에게 사용되지만 피부를 조이거나 찔러서 고통과 상처를 줄 수 있는 훈련 장비이다.

오답 피하기 ① 목이 아닌 가슴과 등을 감싸는 형태로 목에 압박을 주지 않는 목줄의 종류 중 하나이다.
② 금속 체인으로 만들어진 목줄로 복종 훈련에 주로 사용된다.
③ 일반적인 형태의 목줄이다.

05 ④
원거리 대기 훈련 및 트레킹 훈련에는 10m 리드줄을 사용한다.

오답 피하기 ① 일반적인 훈련 및 산책 시 주로 사용한다.
② 불러들이기 훈련의 기초 과정에서 주로 사용한다.
③ 멀리 떨어진 곳에서 불러들이기 훈련 시 사용한다.

06 ③
헤드 홀터는 반려견의 후두와 머즐에 압력이 가해지는 리드줄로 핸들링 시 사용하는 훈련 도구이다.

오답 피하기 ① 추적 유류품으로 범인이 도주하고 지나간 자리에 남는 것이다.
② 공격성 및 짖음이 강한 반려견의 입에 착용하는 도구이다.
④ 일반적인 형태의 목줄이다.

07 ②
반려견의 행동 풍부화의 5요소는 인지적 요소, 감각적 요소, 사회적 요소, 먹이 요소, 환경적 요소이다.

08 ②
프리스비는 플라잉 디스크 또는 디스크로 불리는 원반을 사용하는 반려견 스포츠의 한 종류이다.

오답 피하기 ① 반려견이 하는 재주 또는 기술을 뜻한다.
③ 반려견과 핸들러가 한 팀이 되어 다양한 장애물을 신속하고 정확하게 통과하는 경기이다.
④ 반려견이 스타트 지점을 지나 4개의 허들을 통과한 후 박스의 공을 물고 다시 4개의 허들을 넘어 피니시 라인으로 돌아오는 릴레이 경기이다.

09 ①
반려견 훈련에 미치는 영향요인 중 개체별 특성은 부모 형질의 유전력에 따라 달라질 수 있다.

10 ③
내적 동기는 반려견 스스로가 목적 의식을 가지고 자발적인 참여를 통해 활동 자체에서 즐거움을 얻는 동기이다.

02 반려견의 학습이론 P.329

01 ①	02 ②	03 ③	04 ④	05 ②
06 ②	07 ①	08 ①	09 ②	10 ②
11 ③	12 ③	13 ③	14 ③	15 ②

01 ①
행동주의 학습이론은 반려견이 어떻게 새로운 행동을 습득하고 유지하는지를 설명하는 이론으로, 대표적인 행동주의 학습이론에는 파블로프의 고전적 조건화, 스키너의 조작적 조건화 등이 있다.

02 ②
훈련의 자발성은 반려견 스스로가 내적 변화를 이루어 능력을 발휘하는 힘으로, 반려견과 훈련자가 즐거운 훈련을 진행하고 목표를 달성하게 한다.

오답 피하기 ① 반려견과 훈련자의 관계를 형성할 수 있는 성격을 의미한다.
② 반려견의 성격, 정서, 동기 등 개체적 차이에 따라 최적화된 훈련을 진행하는 방법이다.
④ 반려견은 직접 경험을 통한 행동의 습득이 가능함을 의미한다.

03 ③
유지 단계(Maintenance)를 통해 반려견은 학습한 행동을 장기간 기억하며 주기적인 복습과 연습으로 학습된 행동을 강화한다.
오답 피하기 ① 습득한 행동이 숙달되는 과정이다.
② 새로운 행동을 배우는 단계이다.
④ 학습한 행동을 다양한 상황에서 적용하는 과정이다.

04 ④
전습법은 전체 훈련 과제 또는 유사한 단위 과제를 연습할 때 사용된다.

05 ②
자동회복(자발적 회복)은 조건 반응을 소거 후 조건 자극을 제시했을 때 다시 조건 반응을 보이는 것으로, 행동 강도는 전보다 낮게 나타날 수 있는 현상이다.
오답 피하기 ① 훈련 초기 단계에서 하나의 명령어나 자극에 대해 반려견이 여러 가지 행동을 보이는 현상이다.
③ 이전에 학습한 내용이 다른 훈련에 영향을 주는 확산 현상이다.
④ 여러 자극 중에서 특정 요소가 다른 자극보다 우월하게 선택되는 현상이다.

06 ②
보상 기대는 행동 강화 시 매우 중요한 요인으로 작용하여 반려견이 어떤 행동이 보상을 얻을 가능성이 높은지를 학습하게 된다.
오답 피하기 ① 일정한 체계가 아닌 상황에 적응하여 목표점을 찾는 현상이다.
③ 이전 경험과 새로운 훈련 간의 유사성이 새로운 훈련에 이롭게 작용하는 현상이다.
④ 여러 자극 중에서 특정 요소가 다른 자극보다 우월하게 선택되는 현상이다.

07 ①
훈련 평가는 평가 기준표를 근거로 하여 절대평가로 진행한다.

08 ①
형성평가를 통해 훈련을 진행함에 따른 반려견의 습득 수준을 평가할 수 있다.

오답 피하기 ② 훈련을 시작하기 전 반려견의 자질을 파악하는 단계이다.
③ 훈련 종료 후 목표 달성도를 평가하는 단계이다.
④ 훈련 프로그램의 종료 후 개체의 능력 변화를 평가하는 단계이다.

09 ②
흔적 조건화는 조건 자극을 제시한 후 잠시 후 무조건 자극을 제시하는 방법으로 가장 효과적인 조건화가 가능한 방법이다.

10 ②
자발성은 반려견의 기본 훈련 요건에 해당한다.

11 ③
잠재적 억제는 조건화 이전의 경험이 조건화를 방해하고 효과를 저해하는 현상이다.
오답 피하기 ① 조건화된 조건 자극을 다른 성질의 것으로 결합하여 새로운 반응을 형성하는 것을 뜻한다.
② 여러 가지가 복합적으로 이루어진 자극의 조건화는 다른 요소 자극의 반응으로 조건화가 일어나지 않을 수 있음을 뜻한다.
④ 중성 자극을 훈련 전에 경험하여 조건화된 현상이다.

12 ③
긍정적 강화훈련은 목표하는 행동 수행 후 반려견이 선호하는 보상(간식, 장난감 등)을 주어 행동의 강화를 이끌어내는 훈련법이다.

13 ③
반응 박탈론은 반려견이 특정 행동이 일정 수준 이하로 제한당하면 그것을 얻고자 하는 욕구가 발생한다는 이론이다.
오답 피하기 ① 특정 행동이 불쾌한 결과를 가져오면 그 결과를 회피하게 되며, 이 과정에서 다른 행동을 선택하거나 특정 행동을 표현하는 것이다.
② 결핍에 의한 불만족을 해소하기 위해 행동이 발생함을 뜻한다.
④ 행동은 강화물에 의해 발생되지만, 강화물을 얻기 위한 행동 자체도 강화물이 될 수 있음을 뜻한다.

14 ③
강화력은 강화물의 종류와 질에 따라 효과가 다르다.

15 ②
선택과 대응은 여러 행동을 강화할 때 강화 계획의 종류에 따라 특정 행동을 선택하는 현상을 의미하며, 이때 강화 비율이 높은 쪽을 선택하게 된다.

오답 피하기 ① 강화물은 훈련 수준이 높아짐에 따라 제공하는 비율도 증가해야 효과를 유지할 수 있으며 '비율 늘리기'라고 하는데, 비율 늘리기의 급격한 증가는 행동이 감소 또는 중단되는 현상인 '비율 긴장'이 발생할 수 있다.
③ 행동과 강화물 사이의 시간 지연이 발생하면 행동 결과에 강화물이 결합하지 못함을 뜻한다.
④ 간헐적으로 강화를 받은 반려견은 소거와 강화를 분별하기 어려움을 뜻한다.

03 훈련원리의 활용 P. 331

01 ①	02 ④	03 ③	04 ③	05 ②
06 ②	07 ④	08 ②	09 ④	10 ③
11 ②	12 ①	13 ①	14 ②	15 ③
16 ④				

01 ①
처벌은 반려견 훈련 시 행동 약화를 위해 해당 행동 직후 혐오자극을 주거나 보상을 제거하는 방법으로, 반려견 교육에 대한 부정적인 영향을 줄 수 있다.

02 ④
사회적 처벌은 사람과의 사회적 관계를 단절하는 처벌이다.
오답 피하기 ① 반려견이 처벌 주는 사람을 인식하지 못하도록 원격 조작에 의한 처벌이다.
② 반려견에게 직접 가하는 처벌이다.
③ 물리적인 방법으로 반려견에게 가하는 처벌이다.

03 ③
훈련자의 신체적 성장은 음식보상과는 관련이 없다.

04 ③
변동비율 강화 계획은 평균 시행 횟수를 기준으로 무작위로 강화물을 제공하며, 행동이 오랫동안 유지되는 효과가 있다.
오답 피하기 ① 특정 시간을 기준으로 무작위로 강화물을 제공하는 강화 계획이다.
② 일정 시간마다 강화물을 제공하는 강화 계획이다.
④ 특정 시행 횟수 후 강화물을 제공하는 강화 계획이다.

05 ②
자극 일반화에 해당하며, 예시로 현관 벨소리에 짖는 것을 학습한 반려견이 전화벨, 시계 알람 소리에도 짖는 행동이 있다.
오답 피하기 ① 반려동물의 행동 감소를 위해 혐오 자극을 제공하거나 보상 자극을 제거하는 것을 뜻한다.
③ 자극에 대해 바람직하지 않은 반응과 양립할 수 없는 반응을 하도록 조건화하는 방법을 뜻한다.
④ 원하는 반응 패턴에 접근할 수 있도록 적절한 타이밍에 강화물을 제공하여 복잡한 반응을 훈련시키는 방법을 뜻한다.

06 ②
암시는 반려동물의 행동 유도를 위해 시각·청각적 신호를 사용하는 방법이다.

07 ④
'따라 걷기' 훈련 초기에는 사람이 없는 조용한 곳에서부터 시작한다.

08 ②
반려견의 앞발을 세게 잡고 당기면 앞발을 뻗으려 하지 않고 오히려 거부한다.

09 ④
영역성 공격행동은 반려견이 자신의 세력권으로 인식하는 장소에 접근하는 개체에 대한 공격행동 및 반려견 자신이 보호해야 한다고 인식하는 대상에게 접근하는 개체에 대한 공격행동이다.
오답 피하기 ① 반려견이 자신의 사회적 순위가 위협받았다고 느끼거나 과시하기 위해 보이는 행동이다.
② 공포, 불안의 행동 및 생리적인 징후를 동반하는 공격행동이다.
③ 예측 불가능하고 원인을 알 수 없는 공격행동이다.

10 ③
설명에 해당하는 도구는 헤드 홀터로, 어미가 새끼를 물면 얌전해지는 부위와 잘못된 행동을 한 새끼를 어미가 타이를 때 무는 부위를 고정하는 원리를 가진 도구이다.
오답 피하기 ① 목이 아닌 가슴과 등을 감싸는 형태로 목에 압박을 주지 않는 목줄이다.
② 공격성 및 짖음이 강한 반려견의 입에 착용하는 도구이다.
④ 금속 체인으로 만들어진 목줄로 복종 훈련에 주로 사용된다.

11 ②
식분증 해결을 위해서는 자유급식이 아닌 제한급식을 실시하고, 규칙적인 생활이 필요하다.

12 ①

반려견이 땅을 파는 행동의 원인으로는 특정 대상으로부터 도망가거나, 어떤 것을 획득하려는 경우, 땅을 이용한 체온 조절, 어떤 것을 묻거나 파내기 위한 경우, 행동 반복을 통한 스트레스 해소 등이 있다.

13 ①

제한급식을 통해 반려견이 짧은 시간 동안 기다릴 수 있도록 훈련시켜야 한다.

14 ②

문제행동을 보이는 반려견은 생후 7~8주부터 행동학적 풍부화 요소를 중심으로 주차별 프로그램을 제공한다.

15 ③

훈련 시 반려견은 보호자의 보상과 칭찬을 받기 위해 올바른 행동을 수행한다.

오답 피하기 ① 문제행동은 칭찬과 보상을 내릴 때 가장 효과적으로 교정할 수 있다.
② 반려견은 언제 어디서든 학습할 수 있다.
④ 반려견이 기억할 수 있는 시간은 길지 않아 반복 훈련이 필요하다.

16 ④

강화물 선택 시 적절성, 개체의 특성 고려, 선호도, 훈련 중 지속성 등을 고려해야 한다.

04 반려견 훈련능력 평가와 활용 P. 333

01 ②	02 ③	03 ④	04 ①	05 ③
06 ④	07 ④	08 ④	09 ②	10 ③
11 ②	12 ①	13 ②	14 ②	15 ④
16 ④				

01 ②

평가의 공정성을 해치지 않기 위하여 실기시험 응시 중에는 반려견의 먹이, 간식 등을 넣을 수 없다.

02 ③

반려동물행동지도사 자격시험의 실기시험장 규격은 15m×15m이다.

03 ④

응시견의 오른발, 왼발의 부정확한 수행은 '악수하기'의 감점항목에 해당한다.

04 ①

EO(European Open)는 연 1회 유럽대륙에서 열리는 어질리티 국제대회이다.

오답 피하기 ② 연 1회 열리는 가장 큰 국제대회로 각 나라에서 예선전을 진행하여 클래스당 3팀만 참가할 수 있는 개인전과 4명이 참가하는 단체전이 있다.
③ 연 1회 네덜란드에서 열리는 대회로 각 나라에서 예선전을 통해 참가가 가능하다.
④ 영국의 '크러프트 도그쇼' 행사와 같이 진행하여 어질리티의 태동이 된 대회이다.

05 ③

체고는 바닥에서부터 반려견의 어깨뼈의 가장 높은 지점까지의 높이를 말한다.

오답 피하기 ①②④ 체간, 체장, 체중은 FCI 어질리티 대회 규정에 따른 반려견의 체급 측정 기준이 아니다.

06 ④

FCI 어질리티 규정에 따른 중형견의 체고는 35cm 초과 43cm 미만이다.

07 ④

코스 실패 시 5점이 감점되며, 실격 사유에는 해당하지 않는다.

08 ④

스프레드 허들은 두 개의 단일 허들을 함께 배치한 형태의 장애물이다.

09 ②

디스크독 대회 종목 중 프리스타일에 대한 설명이다.

오답 피하기 ① 일반적인 디스크 대회로 60초 동안 디스크를 던져 거리에 따라 점수를 획득하는 경기이다.
③ 디스크를 멀리 던져 선수견이 잡은 거리를 측정해 순위를 정하는 경기이다.
④ 두 사람이 한 팀이 되어 90초 동안 번갈아 가며 디스크를 던져 거리에 따라 점수를 획득하는 경기이다.

10 ③

디스크독의 경기장 최소 규격은 27×45m이다.

11 ②

플라이볼 허들의 높이 기준은 참가견의 자뼈의 길이로 한다.

오답 피하기 ①③④ 체고, 비골, 체장은 플라이볼 허들의 높이 기준이 되는 참가견의 신체 측정 위치가 아니다.

12 ①

플라이볼 참가 기준 중 견종에 따른 참가 제한은 없다.

13 ②

특수 분야의 보조견이 되기 위해서는 오랜 기간의 훈련과 자격시험을 거쳐야 한다.

14 ②

폭발물이나 마약을 탐지하는 데 활용되는 특수 목적 보조견은 탐지견이다.

15 ④

치료 도우미견은 생후 1년 이상으로 성 성숙기가 지난 반려견으로 선발한다.

16 ④

인명 구조견은 재난 상황에서 실종자의 위치를 신속하고 정확하게 탐색하여 인명 구조에 도움을 주는 역할을 한다. 뛰어난 후각, 청각 및 수색 능력, 민첩성, 대담성, 복종심 등을 갖추어야 한다. 대표적인 견종으로는 보더 콜리, 스패니얼, 저먼 셰퍼드, 세인트 버나드, 골든 리트리버 등이 있다.

PART 4 | 직업윤리 및 법률

01 동물보호법   P. 336

01 ④	02 ④	03 ③	04 ④	05 ③
06 ②	07 ③	08 ④	09 ①	10 ②
11 ②	12 ④	13 ③	14 ④	15 ④
16 ②	17 ①	18 ③	19 ④	20 ②
21 ①	22 ④	23 ②	24 ③	

01 ④

㉣은 맹견에 대한 설명이다.

02 ④

동물보호의 기본원칙에 대한 법조문이다(동물보호법 제3조).

03 ③

등록대상동물을 잃어버린 경우, 소유자는 잃어버린 날로부터 10일 이내에 신고해야 한다(동물보호법 제15조 제2항 제1호).

04 ④

시·도지사는 등록대상동물의 유실·유기 방지를 위해 예방접종을 하게 하거나 특정 지역에서의 사육 또는 출입을 제한할 수 있지만, 외출을 전면 금지할 수는 없다(동물보호법 제16조 제3항).

05 ③

맹견은 반드시 중성화 수술을 해야 하며, 8개월 미만으로 수술이 어려운 경우에는 정해진 기간 내에 완료해야 한다(동물보호법 제18조 제1항).

06 ②

동물병원은 맹견 출입이 금지된 장소에 포함되지 않는다. 반면, 초등학교, 어린이공원, 노인복지시설 등은 맹견 출입이 금지된 장소이다.

07 ③

기질평가에 소요되는 비용은 개의 소유자가 부담해야 한다(동물보호법 제25조 제1항).

08 ④

반려동물행동지도사의 업무에 해당한다(동물보호법 제30조 제1항).

09 ①
피성년후견인은 반려동물행동지도사가 될 수 없다. 반면, 정신질환자는 전문의의 인정이 있으면 예외적으로 가능하며, 벌금형을 받은 경우 집행이 종료되거나 집행이 면제된 날로부터 3년이 지나면 결격 사유에서 벗어난다(동물보호법 제32조 제1항).

10 ②
소유자가 명확한 피학대동물은 구조·보호조치 대상이 아니다. 다만, 학대로 인해 보호가 필요한 경우 격리조치될 수 있다(동물보호법 제34조 제4항).

11 ②
동물보호센터의 업무에 대한 설명이다(동물보호법 제35조 제3항).

12 ④
거짓이나 부정한 방법으로 보호시설의 신고 또는 변경신고를 한 경우, 반드시 보호시설의 폐쇄가 명령된다(동물보호법 제38조 제2항).
오답피하기 ①②③ 폐쇄를 반드시 명해야 하는 경우는 아니다.

13 ③
맹견 소유자는 학대를 받는 동물 또는 유실·유기동물 발견 시 신고 의무가 있는 자에 해당하지 않는다(동물보호법 제39조 제2항).

14 ④
유실·유기동물(보호조치 중인 동물을 포함)은 동물실험의 대상이 될 수 없다(동물보호법 제49조).

15 ④
윤리위원회를 구성하는 위원의 3분의 1 이상은 해당 동물실험시행기관과 이해관계가 없는 사람이어야 한다(동물보호법 제53조 제4항).
오답피하기 ① 윤리위원회 위원의 임기는 2년이다.
② 동물실험시행기관의 장이 임명한다.
③ 윤리위원회에는 동물실험시행기관의 임원이나 관계자가 반드시 포함될 필요는 없다.

16 ②
인증농장의 경영자는 인증을 유지하기 위해 인증 유효기간이 끝나기 2개월 전까지 갱신 신청을 해야 한다(동물보호법 제59조 제5항).

17 ①
맹견을 번식, 수입, 양도 및 양수하거나 맹견이 죽은 경우에 신고해야 한다(동물보호법 제70조 제3항).

18 ③
영업자는 휴업 또는 폐업 30일 전에 동물의 적절한 사육 및 처리를 위한 계획서(동물처리계획서)를 제출해야 한다(동물보호법 제76조 제2항).

19 ④
지문의 어느 하나에 해당하는 자는 동물학대 방지 등을 위하여 「개인정보보호법」 제2조 제7호에 따른 고정형 영상정보처리기기를 설치하여야 한다(동물보호법 제87조 제1항).

20 ②
동물보호관의 업무에 대한 설명이다(동물보호법 제88조 제1항).

21 ①
동물병원 영업정지는 청문 실시 대상에 해당하지 않는다.

22 ④
1년 이하의 징역 또는 1천만 원 이하의 벌금에 처하는 행위이다.

23 ②
500만 원 이하의 벌금에 처한다(동물보호법 제97조 제4항).

24 ③
500만 원 이하의 과태료에 해당한다(동물보호법 제101조 제1항).

---

02 소비자기본법 P. 339

| 01 ③ | 02 ③ | 03 ③ | 04 ① | 05 ④ |
| 06 ③ | 07 ② | 08 ③ | | |

01 ③
ⓒ은 소비자단체에 대한 설명이다.

02 ③
환경친화적 소비 실천은 소비자의 책무에 해당한다.

03 ③
국가는 소비자가 사업자와의 거래에 있어서 표시나 포장 등으로 인하여 물품등을 잘못 선택하거나 사용하지 아니하도록 물품등에 대하여 각 호의 사항에 관한 표시기준을 정하여야 한다(소비자기본법 제10조 제1항).

오답 피하기 ① 표시 변경 시 변경 전후 사항은 명확하게 표시하도록 규정하고 있다.
② 표시 기준 변경은 소비자가 혼란을 겪지 않도록 해야 하며, 그 변경 전후 사항을 명확히 해야 한다.
④ 소비자는 다양한 중요한 정보를 확인하고 구매할 수 있어야 한다.

04 ①
광고 매체·시간대의 제한이 가능하다(소비자기본법 제11조).

05 ④
사업자는 소비자에게 물품등에 대한 정보를 성실하고 정확하게 제공하여야 한다(소비자기본법 제19조 제3항).
오답 피하기 ① 소비자 피해 방지를 위한 조치는 사업자가 반드시 마련해야 할 의무이다.
② 개인정보 보호 의무는 사업자에게 부여된다.
③ 부당한 거래조건이나 방법을 사용하는 것은 금지되어 있다.

06 ③
공정거래위원회는 소비자중심경영을 활성화하기 위하여 대통령령으로 정하는 바에 따라 소비자중심경영인증을 받은 기업에 대하여 포상 또는 지원 등을 할 수 있다(소비자기본법 제20조의2 제5항).
오답 피하기 ① 인증 유효기간은 3년이다.
② 인증 심사비용은 사업자가 부담할 수 있다.
④ 소비자중심경영인증을 받은 사업자는 대통령령에 따라 인증 표시를 할 수 있다.

07 ②
소비자단체의 역할이다(소비자기본법 제28조).

08 ③
한국소비자원은 소비자권익 증진을 위해 설립된 공공기관이다.

03 기타 생활법률   P. 340

01 ④	02 ①	03 ②	04 ③	05 ③
06 ①	07 ①	08 ②	09 ①	10 ①
11 ②	12 ④	13 ②	14 ①	15 ②
16 ②	17 ③	18 ②	19 ②	20 ④

01 ④
구제역(소, 돼지), 광견병은 필수 예방접종 대상 질병이다.
오답 피하기 ① 제1종 가축전염병에는 구제역, 고병원성 조류인플루엔자(AI), 아프리카돼지열병(ASF), 돼지열병, 우역 등이 해당된다.
② 제2종 가축전염병에는 소결핵병, 브루셀라병, 광견병, 소해면상뇌증(광우병) 등이 해당된다.
③ 제3종 가축전염병에는 저병원성 조류인플루엔자(AI), 소유행열, 소아카바네병 등이 해당된다.

02 ①
정부는 축산물을 통한 전염병 확산 방지를 위해 축산물 유통을 금지할 수 있다.

03 ②
방역 조치가 시행되더라도 예방접종은 계속 필수적으로 진행되어야 하며, 예방접종은 질병 확산을 막는 중요한 수단이므로 제외될 수 없다.

04 ③
가축전염병 의심축 등을 신고하지 않은 가축의 소유자 등은 3년 이하의 징역 또는 3천만 원 이하의 벌금에 처해진다(가축전염병 예방법 제56조).

05 ③
수의사가 되려는 사람은 제8조에 따른 수의사 국가시험에 합격한 후 농림축산식품부령으로 정하는 바에 따라 농림축산식품부장관의 면허를 받아야 한다(수의사법 제4조).

06 ①
면허증을 다른 사람에게 대여하면 수의사 면허는 취소된다.

07 ①
동물병원을 운영하지 않는 것은 면허 정지 사유가 아니다.

08 ②
무자격자가 동물병원을 운영할 경우 2년 이하의 징역 또는 2천만 원 이하의 벌금에 처해진다(수의사법 제39조 제1항).

09 ①
비수의사는 진료를 할 수 없으며, 면허 없이 동물진료 행위를 할 경우 2년 이하의 징역 또는 2천만 원 이하의 벌금에 처해질 수 있다(수의사법 제39조 1항).

10 ①

안락사 전 보호자의 동의를 반드시 받아야 한다.

오답 피하기 ② 고통 없는 안락사만 허용된다.
③ 안락사에 대한 법 규정이 존재한다.
④ 수의사의 판단만으로 절대 안락사를 할 수 없으며, 보호자의 동의가 필수이다.

11 ②

동물보건사가 되려는 사람은 동물보건사 자격시험에 합격한 후 농림축산식품부령으로 정하는 바에 따라 농림축산식품부장관의 자격인정을 받아야 한다(수의사법 제16조의2 제1항).

오답 피하기 ① 수의사 면허는 동물보건사가 아닌 수의사가 되기 위해 필요한 면허이다.
③ 경력만으로 자격이 주어지지 않으며, 법적으로 인정된 자격시험을 통과해야 한다.
④ 교육을 받는 것만으로는 자격이 인정되지 않으며, 자격시험을 통과해야 한다.

12 ④

동물보건사는 제10조에도 불구하고 동물병원 내에서 수의사의 지도 아래 동물의 간호 또는 진료 보조 업무를 수행할 수 있다(수의사법 제16조의5 제1항).

오답 피하기 ①②③ 수의사 없이 동물보건사는 단독으로 동물병원 운영, 수술, 동물 질병 진단을 할 수 없다.

13 ②

등록동물이 새끼를 낳은 경우는 변경신고 사유에 포함되지 않는다. 단, 새끼가 2개월령 이상이 되면 새로운 등록 대상이 되므로 별도 등록이 필요하다.

14 ①

동물등록은 2개월령 이상의 개만 의무 대상이며, 고양이는 현재 의무 등록 대상은 아니지만 일부 지자체에서 시범 운영 중에 있다.

15 ②

내장형 무선식별장치(RFID 마이크로 칩 삽입)에 대한 설명이다.

오답 피하기 ① 외장형 무선식별장치(RFID 칩이 내장된 인식표)는 칩이 내장된 인식표를 반려견의 목걸이에 부착하는 형태로 분실 가능성이 있다.
③ 보호자의 연락처 및 등록번호가 기재된 인식표 착용은 분실 가능성이 높아 권장하지 않는다.

16 ②

보호자는 반려동물 관련 정보가 변경될 경우 동물등록 변경신고서에 동물등록증을 첨부하여 30일 이내에 특별자치시장·특별자치도지사·시장·군수·구청장에게 제출해야 한다. 변경 신고를 하지 않을 경우 50만 원의 과태료가 부과될 수 있다.

17 ③

동물보호법에 따른 개 목줄 미착용 시 부과되는 과태료는 다음과 같다.
- 1차 위반: 20만 원
- 2차 위반: 30만 원
- 3차 위반: 50만 원

18 ②

인터넷을 통한 반려동물 거래 시 소비자 보호법을 적용 받아 법적 보호가 가능하다.

19 ②

장애인 보조견 출입을 거부할 경우 최대 300만 원 이하의 과태료가 부과될 수 있다.

20 ④

장애인 보조견은 동물보호법뿐만 아니라 장애인복지법에 따라 별도로 보호받으며, 일반 반려견과는 법적 지위가 다르다. 또한 장애인 보조견은 버스, 지하철, 택시, 비행기 등 대중교통 이용 시 보호자와 함께 동반 가능하다.

04 반려동물행동지도사의 직업윤리 P. 343

01 ②	02 ②	03 ②	04 ④	05 ②
06 ③	07 ③	08 ②	09 ④	10 ②
11 ②	12 ④	13 ③	14 ④	15 ②
16 ②				

01 ②

반려동물의 정신적 학대 금지에 대한 설명이다.

오답 피하기 ① 동물을 때리거나 불필요한 고통을 가하는 행위 등과 관련 있다.
③ 동물을 길거리나 야생에 유기, 방치하는 행위 등과 관련 있다.
④ 강제 교배 및 과도한 출산 유도 금지 등과 관련 있다.

02 ②
반려견의 욕구는 신체적 건강뿐만 아니라 정신적·사회적 욕구도 함께 충족되어야 한다.

03 ②
단모종도 적절한 빈도로 빗질하여 건강한 피부 상태를 유지하는 것이 중요하다.

04 ④
정기적인 건강관리, 응급상황 대비는 통증, 부상, 질병으로부터의 자유와 가장 관련 있다.

오답 피하기 ① 불편함으로부터의 자유는 적절한 환경 제공, 신체적 관리와 관련이 있다.
② 배고픔과 갈증으로부터의 자유는 적절한 영양 공급, 깨끗한 물 제공과 관련이 있다.
③ 자연스러운 행동을 표현할 자유는 운동과 탐색 욕구 충족, 놀이와 정신적 자극 제공, 독립적인 공간 및 휴식 시간 보장과 관련이 있다.

05 ②
새로운 장소나 낯선 사람과의 만남은 강압적으로 시도하면 두려움을 유발할 수 있으므로, 천천히 적응할 수 있도록 해야 한다.

06 ③
반려견이 바람직한 행동을 했을 때 보상(간식, 칭찬, 장난감 등)을 제공하여 행동을 강화하는 방법의 예시이다.

오답 피하기 ① 강압적 훈련은 긍정적 강화와 관련이 없다.
②④ 부정적 강화훈련은 처벌을 사용하는 훈련이다.

07 ③
긍정적 강화훈련은 처벌이 아닌 보상 기반의 훈련을 통해 반려견이 학습 과정에서 스트레스를 덜 받게 하여 윤리적 훈련법으로 추천된다.

08 ②
보상을 점진적으로 줄이는 것이 훈련의 핵심이다. 처음에는 행동마다 보상을 주지만, 점차 줄여야 반려견이 보상 없이도 행동을 반복할 수 있다.

09 ④
긍정적 강화훈련은 반려견이 원하는 행동을 할 때 보상하는 것에 초점을 맞춘 훈련법이다. "앉아"훈련을 진행할 때는 반려견이 자연스럽게 앉을 때 간식을 주고, "앉아"라는 명령어를 추가하여 행동과 연결시킨다. 행동이 반복되면 간식 없이도 명령어만으로 행동을 수행하도록 유도한다.

오답 피하기 ① 보상을 통해 올바른 행동을 강화한 후, 점진적으로 보상을 줄이는 것이 효과적이다.
② 반려견이 올바른 장소에서 반복적으로 배변에 성공하면 점점 보상을 줄인다.
③ 실수를 했을 때 처벌하면 반려견이 보호자를 두려워하거나 스트레스를 받을 수 있다.

10 ②
클리커 트레이닝은 처벌을 동반하지 않는다.

11 ②
반려동물행동지도사는 반려동물의 복지를 위하여 수의사, 행동학자 등과 함께 협력하여 업무를 수행할 수 있다.

오답 피하기 ①③④ 비윤리적 행위(허위 광고, 공개적인 비난, 해로운 약물 사용 등)는 금지된다.

12 ④
보호자의 반려동물 문제행동을 공개적으로 공유하는 것은 개인정보 보호 및 사생활 존중 원칙에 위배된다.

13 ③
반려동물행동지도사는 다양한 전문가들과 협력하여 반려동물의 건강과 복지를 증진해야 하며, 타 전문가의 의견을 존중하는 태도를 가져야 한다.

14 ④
동물윤리는 인간과 동물 사이의 관계, 특히 동물에 대한 도덕적 대우와 권리, 복지 문제를 다루는 윤리학의 한 분야이다.

오답 피하기 ① 동물과 유대를 강화하는 개념이다.
② 동물의 고통을 최소화하는 것을 고려한다.
③ 동물을 단순한 자원이 아닌 고유한 가치를 가진 생명으로 본다.

15 ②
현대적 의미에서 동물윤리는 20세기 중반에 들어서며 본격적으로 논의되기 시작하였다.

16 ②
동물실험은 인류의 복지 증진과 동물 생명의 존엄성을 고려하여 실시되어야 한다(동물보호법 제47조 제1항).

오답 피하기 ① 일부 윤리적 문제를 고려해야 하지만, 현재 동물실험을 완전히 대체할 방법이 부족하므로 균형 잡힌 접근이 필요하다.
③ 동물실험은 연구 성과를 높이는 장점이 있지만, 동물의 고통과 윤리적 문제를 수반하기 때문에 논란이 있다.
④ 과학 발전이 중요하지만, 동물 복지를 완전히 무시하는 것은 비윤리적이며, 많은 연구기관이 동물 복지 가이드라인을 따르고 있다.

PART 5 | 보호자 교육 및 상담

01 반려동물 보호자의 개념과 역할 P. 346

01 ④	02 ④	03 ②	04 ③	05 ③
06 ②	07 ②	08 ②	09 ④	10 ④
11 ③	12 ④			

01 ④

반려견 보호자의 개념적 정의는 반려견의 신체적·정신적·정서적 건강을 고려하며 돌보는 사람이다. 즉, 단순한 반려견 소유자가 아닌 윤리적이고 책임감 있게 반려견과의 관계를 유지해야 하는 사람을 의미한다.

오답 피하기 ① 단순히 반려견의 소유자만을 보호자로 정의하지는 않는다.
② 반려견 보호자는 반려견의 복지와 삶의 질을 중요하게 생각한다.
③ 반려견과의 관계에서는 윤리적인 책임을 고려해야 한다.

02 ④

맞벌이 가구 또는 아이가 없는 가구(딩크족, 딩펫족)가 반려견을 기를 때의 특징이다.

03 ②

상속 및 돌봄 관련 프로그램은 고령층(실버) 가구와 관련 있다.

04 ③

다세대 가구에서는 가족 구성원이 많아 책임이 분산되지만, 가족 구성원마다 훈련 방식이나 양육 방식이 다를 경우 반려견이 혼란을 겪을 가능성이 있으며, 반려견이 여러 구성원에게 의존하게 되어 특정 보호자와의 애착 형성이 어려울 수 있다.

05 ③

반려견의 주 보호자는 반려견을 단순한 애완동물이 아닌 가족 구성원으로 여기고 끝까지 책임질 수 있는 사람이어야 한다. 반려견을 단순 애완동물로만 여기는 사람을 주 보호자로 정하는 것은 옳지 않다.

06 ②

주(Main) 보호자가 없을 경우 반려견은 독립적으로 성장하기보다는 정서적 불안정과 문제행동이 증가할 가능성이 높다.

07 ②

동물등록제에 대한 설명이다.

08 ②

동물보호법에 따라 반려견을 소유한 즉시 지자체에 등록해야 한다.

오답 피하기 ①④ 외출 시 목줄이나 가슴줄을 착용해야 하며, 줄의 길이는 소형견 기준으로 2m 이내로 유지해야 한다.
③ 동물보호법에 따라 반려견 소유자는 지자체에 반려견을 등록해야 하며, 등록 정보가 변경될 경우 신고해야 한다.

09 ④

동물에게 불필요한 신체적 고통이나 정신적 학대를 가할 경우 3년 이하의 징역 또는 3천만 원 이하의 벌금에 처할 수 있다.

10 ④

반려견 주(Main) 보호자는 정서적 안정과 사회성 교육을 위하여 반려견과의 신뢰를 쌓고 정서적인 교감을 통해 안정감을 제공해야 한다.

오답 피하기 ①③ 건강 및 질병 관리 역할에 해당한다.
② 생활환경 관리 역할에 해당한다.

11 ③

보호자의 담당 업무 중 위생 관리에 해당하는 요소는 목욕, 빗질, 발톱 손질, 귀 청소 등의 관리 등이 있다.

오답 피하기 ① 주(Main) 보호자는 건강 관리, 식사 제공, 훈련, 주요 결정(병원 방문, 문제행동 교정 등)의 역할을 수행한다.
② 산책 담당자는 하루 2~3회 산책 및 놀이를 담당한다.
④ 응급 대응 담당자는 질병 발생 시 병원 방문, 긴급 의료비를 부담하는 역할이다.

12 ④

응급 대응 담당자는 질병 발생 시 병원 방문 및 긴급 의료비를 부담하는 역할이다.

오답 피하기 ① 산책 담당자의 주요 책임에 대한 설명이다.
② 위생 관리 담당자의 주요 책임에 대한 설명이다.
③ 주 보호자의 주요 책임에 대한 설명이다.

02 반려동물 보호자 교육 계획수립 P. 348

01 ③	02 ②	03 ②	04 ①	05 ③
06 ④	07 ④	08 ④	09 ④	10 ③
11 ④	12 ④	13 ④	14 ④	15 ④
16 ④				

01 ③
보호자 교육은 반려견의 자유로운 행동을 유지하는 것이 아닌 반려견에 대한 책임감 있는 관리와 바람직한 행동을 유도하기 위해 필요하다.

02 ②
반려견 보호자는 공공장소에서 바람직한 행동을 교육하여 사회적 갈등을 예방해야 한다.

03 ②
반려견 보호자 교육을 통해 유기견 문제와 동물학대 문제 등이 감소할 수 있다.

오답 피하기 ① 보호자의 책임은 유지된다.
③ 보호자 교육과 반려견 사고의 법적 책임 완화와는 관련이 없다.
④ 반려견 문화가 성숙해짐에 따라 반려견에 대한 관심이 증가할 수 있다.

04 ①
반려견에게 규칙과 공간 개념을 알려주는 것은 보호자와 반려견 모두에게 필요하다.

05 ③
반려견의 문제행동을 교정하기 위해서는 문제행동의 다양한 요인에 맞는 교육 방법이 적용되어야 한다.

06 ④
반려견의 하우스를 정해주어 반려견이 안정감을 느끼게 하며 과도한 짖음을 줄이도록 한다.

오답 피하기 ① 배변 장소를 정해주어야 위생 유지와 반려견의 배변 습관 형성에 도움이 된다.
② 배변 장소를 일정하게 정해주어야 반려견이 혼란스럽지 않고 규칙을 배울 수 있다.
③ 하우스를 정해주지 않으면 반려견이 안정감을 느끼기 어려워질 수 있다.

07 ④
반려견 교육은 반려견이 예절을 지키고 안전하게 생활하도록 유도하는 것을 목표로 하며 반려견의 공격성 향상과는 관련이 없다.

08 ④
유전으로 인한 문제행동은 특정 견종의 유전적 특성에서 비롯된 행동으로 완전한 교정은 어렵지만 교육 및 훈련을 통해 조절할 수 있다.

오답 피하기 ① 후천적 학습으로 인한 문제행동에 해당한다.
② 목적을 달성하기 위한 문제행동에 해당한다.
③ 감정적 의존으로 나타나는 문제행동이다.

09 ④
신체적·정신적 자극이 부족하여 유발되는 것, 즉 기본적 욕구 불만으로 인한 문제행동으로 볼 수 있다.

오답 피하기 ① 테리어종의 과도한 사냥 본능, 시베리안 허스키의 탈출 성향 등이 있다.
② 관심을 끌기 위해 짖거나 보호자가 반응할 때까지 장난감을 물고 늘어지는 행동 등이 있다.
③ 반려견이 과거의 경험을 통해 특정 행동을 학습했을 때 발생하는 행동이다.

10 ③
반려견이 원하는 것을 얻기 위해 특정 행동을 반복하는 것으로, 목적을 달성하기 위한 문제행동이다.

오답 피하기 ① 테리어종의 과도한 사냥 본능, 허스키의 탈출 성향 등이 있다.
② 반려견이 과거의 경험을 통해 특정 행동을 학습했을 때 발생하는 행동이다.
④ 충분한 운동 및 놀이 부족으로 과도한 짖음, 가구 물어뜯기, 공격성 등이 증가하는 행동이다.

11 ④
방문 행동 교정은 실생활 환경에서 교정이 가능하며, 보호자가 직접 교육법을 습득할 수 있다는 장점이 있다.

오답 피하기 ① 방문 행동 교정비는 약 200,000~300,000원이고, 위탁 행동 교정비는 약 600,000~800,000원이므로 위탁 행동 교정비가 더 비싸다.
② 위탁 행동 교정의 장점이다.
③ 위탁 행동 교정의 장점이다.

12 ④
보호자 참여 교육을 통해 보호자가 직접 훈련법을 익히고 반려견과의 유대감을 강화할 수 있다.

오답 피하기 ① 보호자 참여 교육은 상대적으로 비용이 저렴하고 교육 시간도 비교적 짧다. 가장 비싸고 시간이 오래 걸리는 교육은 위탁 행동 교정이다.

② 보호자 참여 교육은 오히려 반려견과의 유대감을 강화하는 효과가 있다. 유대감이 약해질 수 있는 경우는 위탁 행동 교정에서 발생할 수 있다.
③ 위탁 행동 교정에 대한 설명이다.

13 ④
행동 교정 방법 작성 시에는 문제행동 교정을 위한 구체적인 실행 방안을 세워야 한다.

오답 피하기 ① 행동 교정 방법 작성 시에는 원인 나열만으로는 문제 해결이 어려우며, 구체적인 해결 방안을 포함해야 효과적이다.
② 행동 교정 방법 작성 시에는 비용 산정보다는 문제행동의 해결 방안에 중점을 두어야 한다.
③ 교육 형태는 방문 교육, 위탁 교육, 보호자 참여 교육 등을 선택하는 항목으로, 행동 교정 방법과는 별도의 항목이다.

14 ④
행동 교정 항목별 비용은 견적서의 작성 항목에 해당한다.

15 ④
하네스(가슴줄)는 반려견의 목에 가해지는 압력을 줄여주며, 보다 편안한 산책과 훈련이 가능하도록 돕는다.

16 ④
노즈워크 장난감을 이용하면 후각을 활용한 훈련으로 반려견의 두뇌 활동을 촉진할 수 있다.

오답 피하기 ① 헤드 홀터의 기능이다.
② 타겟 스틱의 역할이다.
③ 클리커에 대한 설명이다.

03 반려동물 보호자 교육방법 P. 350

01 ②	02 ④	03 ①	04 ②	05 ④
06 ③	07 ③	08 ④	09 ④	10 ④
11 ④	12 ③	13 ③	14 ④	15 ②
16 ②				

01 ②
반려견마다 성향과 문제행동이 다르므로 개별 맞춤형 교육이 필요하다.

02 ④
초음파 훈련기는 행동 교정 약화 도구이다.

03 ①
간식 퍼즐은 긍정적 보상으로 바람직한 행동을 강화하는 도구이다.

오답 피하기 ② 소리 자극으로 문제행동을 억제하는 행동 교정 약화 도구이다.
③ 행동 교정 약화 도구로, 문제행동을 예방하기 위해 환경을 제한한다.
④ 행동 교정 약화 도구로, 문제행동 발생 시 사용하여 행동 빈도를 낮춘다.

04 ②
보호자가 반려동물과 신뢰를 쌓고 올바른 양육 방식을 익히는 것을 목표로 한다.

오답 피하기 ① 행동 교육뿐만 아니라 건강 관리, 양육 방식 등 종합적인 교육이 필요하다.
③ 보호자의 성향과 반려동물 특성에 맞는 개별화 교육이 필요하다.
④ 강압적인 교육은 지양되며, 긍정적 관계 형성이 중요하다.

05 ④
보호자와 반려동물의 특성에 맞는 개별화된 교육이 효과적이다.

오답 피하기 ① 보호자의 학습 성향과 필요에 따라 유연하게 교육 방식을 조정해야 한다.
② 초보자에게는 기본 교육을, 경험자에게는 심화 교육을 제공해야 한다.
③ 개별화의 원리는 각 보호자의 상황에 맞는 맞춤형 교육을 제공하는 것이다.

06 ③
자발성의 원리는 보호자가 반려동물 교육의 필요성을 깨닫고 적극적으로 참여하도록 유도하는 것을 의미한다.

오답 피하기 ① 보호자가 학습의 목표를 명확히 이해하면 교육 참여도가 높아지는 원리이다.
② 보호자의 경험, 지식 수준, 반려동물의 특성을 고려하여 맞춤형 지도를 제공하는 원리이다.
④ 이론보다 실제 체험을 통해 학습 효과를 극대화할 수 있는 원리이다.

07 ③
도제 제도는 전문가의 경험과 노하우를 보호자가 직접 전수받는 방식이다.

오답 피하기 ① 도제 제도는 실습을 통해 보호자의 경험을 쌓는 것을 중시한다.
② 도제 제도는 전문가가 직접 교육하는 방식이다.
④ 책을 통한 학습은 직접 개별 학습에 더 가깝다.

08 ④
직접 개별 학습은 보호자가 개별적으로 학습하며 맞춤형 지도를 받는 방식이다.

오답 피하기 ① 보호자의 특정 문제에 대해 자문을 제공하는 교육 방법이다.
② 단순 기술 습득이 아닌, 전문적 역할을 배우는 교육이다.
③ 경험이 풍부한 전문가가 보호자에게 직접 기술을 가르치는 방식이다.

09 ④
보호자 심화 교육은 보호소 봉사나 전문가 상담을 통해 보호자가 깊이 있는 지식을 습득하는 과정을 의미한다.

오답 피하기 ① 기본 훈련은 반려견의 '앉아', '기다려' 같은 기본 명령어 학습을 의미한다.
② 사회화 교육은 다른 반려견과의 교류를 통해 사회성을 길러주는 방법이다.
③ 문제행동 개선은 반려견이 공격적인 행동을 보일 때 1:1 상담 및 훈련 지도 등을 진행하는 것을 의미한다.

10 ④
긍정적 강화는 보상을 통해 긍정적 경험을 강화하는 방법이다.

오답 피하기 ① 처벌은 부정적 영향을 미칠 수 있다.
② 강제 노출은 오히려 두려움을 증폭시킬 수 있다.
③ 강압적인 방식은 둔감화 교육 원칙에 어긋난다.

11 ④
미끄러운 타일 바닥 둔감화 훈련을 진행할 때는 미끄럽지 않은 매트를 타일 위에 깔고 반려견을 매트 위에 올려 안정감을 주도록 한다.

오답 피하기 ① 바로 산책하기보다는 매트를 활용한 점진적 접근이 필요하다.
② 강제적 행동은 반려견에게 부정적 경험을 줄 수 있다.
③ 초기에는 두려움을 줄이기 위해 미끄럽지 않은 매트를 사용해야 훈련한다.

12 ③
배변 실수를 했을 때는 처벌 대신 긍정적 강화 교육을 진행하는 것이 바람직하다.

13 ③
보호자가 반 발자국 → 한 발자국 뒤로 이동하는 과정을 설명 및 시범을 보이는 '기다려' 교육 훈련이다.

14 ④
산책 교육은 보호자가 힘을 들이지 않고 나란히 걷도록 훈련하는 것이 적절하다.

오답 피하기 ①② 산책 중 교육의 목표는 반려견이 보호자와 나란히 걷는 것이다.
③ 반려견의 일관된 방향 유지와 반려견을 보호자 옆에 위치시키는 것이 중요하다.

15 ②
대형견은 1.5~2m, 소형견은 3m 이하의 리드줄 길이가 적당하다.

16 ②
앉아서 멈추기 과정을 유도하는 것이므로 일어선 후 클리커 사용은 효과가 없다.

04 반려동물문제행동 예방교육 P. 352

01 ①	02 ④	03 ②	04 ②	05 ①
06 ④	07 ④	08 ③	09 ③	10 ③
11 ④	12 ③	13 ④	14 ③	15 ③
16 ③	17 ④	18 ④	19 ④	20 ②

01 ①
반려견을 두려운 자극에 갑작스럽게 노출시켜 두려움을 극복하도록 유도하는 홍수법에 대한 예시이다.

오답 피하기 ② 무조건 반응을 일으키지 않지만 다른 자극과 결합하여 반응을 유도하는 자극이다.
③ 자연스럽게 발생하는 반응이다.
④ 점진적으로 자극에 노출하여 두려움을 극복하도록 돕는 방법이다.

02 ④
계통적 탈감작법은 점진적으로 자극에 노출하여 두려움을 극복하도록 돕는 방법이다.

오답 피하기 ① 고전적 조건화에 대한 설명이다.
② 조작적 조건화에 대한 설명이다.
③ 홍수법에 대한 설명이다.

03 ②
플러스 강화 교육은 반려견이 특정 행동을 하면 보상 인자가 주어져 그 행동이 반복될 가능성이 증가하는 조건화 방법이다.

04 ②
낯선 환경에서 '앉아', '엎드려' 목표에 대한 설명이다.

05 ①
규칙적인 산책 습관을 통해 지나친 냄새 맡기를 예방할 수 있다.

오답 피하기 ② 지나치게 냄새 맡는 행동을 예방하기 위해서는 간식을 주지 않는 것이 좋다.
③ 목줄을 너무 짧게 잡으면 반려견에게 스트레스를 줄 수 있다.
④ 탐색 시간을 너무 길게 주면 지나친 냄새 맡기 습관이 강화될 수 있다.

06 ④
이동장에서의 안정감을 목표로 할 때는 반려견이 이동장에 들어갔을 때 간식을 주어 긍정적인 연관을 형성하는 방법으로 훈련을 진행한다.

오답 피하기 ① 강제로 문을 잠그는 것은 불안감을 악화시킬 수 있다.
② 강제적인 방법은 트라우마를 남길 수 있다.
③ 초기에는 문을 열어두어 불안감을 줄이는 것이 좋다.

07 ④
움직이는 물체에 대한 반응을 자제하는 교육을 진행할 때는 자동차나 자전거 등에 과도하게 반응하지 않도록 훈련하며 반려견이 안정된 행동을 유지하도록 한다.

오답 피하기 ① 목줄을 강하게 당기면 불안감이 증가하거나 공격성이 생길 수 있다.
② 과도한 보상은 반려견이 물체를 보는 행동과 보상과 연결시킬 수 있기 때문에 부적절하다.
③ 강제적인 노출은 오히려 두려움을 강화할 수 있다.

08 ③
반려견의 생활 환경에 다양한 자극을 제공하여 현재 부족한 부분을 보충하고 환경에 적응할 수 있도록 지원하는 것은 환경적 풍부화 요소 제공에 해당한다.

오답 피하기 ① 반려견이 다양한 감각에 자극할 수 있도록 다양한 물건과 환경을 제공하여 감각을 풍부화한다.
② 반려견의 특성에 맞는 놀이와 훈련 프로그램으로 인지적 자극을 제공한다.
④ 반려견의 행동학적 풍부화 요소에 대한 관찰과 분석, 먹이를 통한 풍부화를 제공한다.

09 ③
반려견이 낯선 환경에서 자율적으로 활동하고 사회적으로 적응할 수 있는지 확인하기 위해서는 낯선 환경에서 급식을 하여 편안함을 느끼는지 관찰하는 방법이 적절하다.

오답 피하기 ① 사회성 풍부화에서는 상호작용을 통해 사회적 적응력을 확인해야 한다.
② 목줄을 강하게 당기는 것은 반려견에게 스트레스를 줄 수 있다.
④ 배설을 통해 환경에 대한 안정감을 점검할 수 있으므로 금지하지 않는다.

10 ③
흥분하거나 돌발 행동 시 즉시 산책을 종료하면 반려견이 흥분 상태에서 행동을 고착화할 수 있으므로 적절하게 반려견을 진정시키는 방식이 필요하다.

11 ④
반려견이 엘리베이터, 번호키, 벨소리 등에 대해 과도하게 흥분하지 않도록 반응을 관찰함으로써 외부 소리 및 반응을 파악할 수 있다.

오답 피하기 ① 민감한 반응은 불안 및 문제행동으로 이어질 수 있다.
② 짖는 행동을 강화하면 문제행동으로 이어질 수 있다.
③ 무반응보다는 안정적인 반응을 학습하도록 돕는 것이 중요하다.

12 ③
구체화는 작은 단계를 통해 원하는 행동을 점진적으로 형성하는 과정으로, 행동 성공 시 칭찬과 보상을 제공하면서 기준을 점차 높여가는 방식으로 교육한다.

오답 피하기 ① 자극은 원하는 행동을 유도하기 위해 먹이, 장난감, 신체적 자극(부드러운 힘 가하기), 환경적 요소(점프대, 울타리) 등을 활용하는 방법이다.
② 포착은 반려견이 자연스럽게 보이는 행동을 즉시 강화하여 빠른 결과를 얻는 방법이다.
④ 부각시킴은 신호의 인지 능력을 의미하며, 수신호, 음성신호, 보디랭귀지 중 무엇이 중요한지 고려하는 것이다.

13 ④
냄새를 맡으면 조용히 간식을 제공하여 반려견이 놀라지 않도록 해야 한다.

14 ③
새로운 환경에서의 적응을 강요하지 않으며 충분한 시간을 제공해야 한다.

15 ③
산책용 리드줄 적응 교육을 진행할 때는 50~60cm 정도의 짧은 길이부터 시작하여 서서히 줄 길이를 늘리며 적응시키는 것이 적절하다.

오답 피하기 ① 거부감을 보일 때마다 중단하면 학습이 이루어지지 않는다.

② 과도한 제한은 거부감을 유발할 수 있다.
④ 긴 리드줄은 초반에 통제가 어려워 적응에 어려움을 줄 수 있다.

16 ③
사람과 동물 인지 활동 훈련을 진행할 때는 후각을 우선적으로 사용하는 교육을 통해 탐색 능력을 키우도록 한다.

오답 피하기 ① 점프는 흥분 행동을 유도할 수 있으므로 바람직하지 않다.
② 시각보다는 후각을 통한 탐색이 자연스러운 행동이다.
④ 가슴줄(하네스)을 착용해야 안전한 탐색 활동이 가능하다.

17 ④
배 보이기 행동은 '스스로 앉기 → 엎드리기 → 배 보이기' 순으로 자연스럽게 유도하고, 행동 즉시 보상하는 방법으로 훈련한다.

오답 피하기 ① 강제적인 방법은 두려움이나 스트레스를 유발할 수 있다.
② 과도한 명령어 사용은 혼란을 줄 수 있다.
③ 물리적인 강제는 불안감을 유발할 수 있다.

18 ④
야외 산책 훈련을 통한 사회화 훈련 중 보호자와 나란히 걷기 훈련 목표에 대한 설명이다.

19 ④
이동장 훈련을 진행할 때는 이동장을 반려견 생활 공간에 배치하여 점진적으로 적응시키면서 보상을 제공한다.

오답 피하기 ① 10~15일 동안 점진적으로 적응시키는 것이 효과적이다.
② 이동장에 들어가기를 거부할 때 강제로 밀어 넣으면 이동장에 대한 두려움이 생길 수 있다.
③ 이동장 주변 입구 → 안쪽으로 점진적으로 급식을 주며 문을 닫는 훈련도 함께 진행해야 한다.

20 ②
사람과 동물에 대한 인지 활동 여부에 대한 설명이다.

05	고객상담			P. 355
01 ④	02 ①	03 ④	04 ④	05 ④
06 ④	07 ②	08 ②	09 ④	10 ③
11 ②	12 ③	13 ④	14 ③	15 ④
16 ④				

01 ④
반려동물 상담 서비스 분야와 직접적인 관련이 없다.

02 ①
반려동물 상담의 특성 중 서비스 무형성에 대한 설명이다.

오답 피하기 ② 상담 서비스는 실시간으로 진행되며, 한 번 제공되면 저장할 수 없음을 의미하는 특성이다.
③ 반려동물의 성격, 보호자의 양육 방식, 가정 환경 등에 따라 상담 방식을 설정하는 것을 의미하는 특성이다.
④ 상담 서비스는 반려동물, 보호자, 행동지도사가 함께 참여하는 과정에서 제공하며, 서비스 제공과 소비가 동시에 이루어짐을 의미하는 특성이다.

03 ④
비분리성(동시성)은 상담 서비스를 제공함과 동시에 소비가 이루어지는 성격을 의미한다.

오답 피하기 ① 상담은 실시간으로 제공되며, 녹음된 정보는 상담과 동일한 효과를 주지 않는다.
② 보호자의 참여와 실천이 상담 효과를 결정한다.
③ 상담은 실시간으로 제공되며, 소멸성을 가진다.

04 ④
이질성은 반려동물의 성격 및 보호자의 양육 방식 등 개별적인 상황에 따라 상담 방식이 달라질 수 있는 성격을 의미한다.

오답 피하기 ① 상담은 개별 상황에 따라 서비스 품질이 달라질 수 있다.
② 맞춤형 상담을 위해 유연한 접근이 필요하다.
③ 반려동물마다 특성이 다르므로 상담 방식이 달라질 수 있다.

05 ④
서비스 품질의 요소 중 응답성에 대한 설명이다.

06 ④
서비스 품질을 떨어뜨리는 행동으로, 올바른 상담 방식이 아니다.

07 ②
보호자와의 효과적인 의사소통을 위해 보호자의 고민과 질문을 경청하고, 친절하고 명확하게 설명하도록 한다.

오답 피하기 ① 효과적인 의사소통은 경청과 공감에서 시작된다.
③ 쉽게 이해할 수 있는 설명이 필요하다.
④ 보호자의 감정과 고민까지 공감하는 태도가 필요하다.

08 ②

상담 내용은 보호자가 이해하기 쉽게 설명해야 한다.

09 ④

보호자의 기대를 파악하고 맞춤형 서비스를 제공하기 위해서 반려동물행동지도사는 보호자를 대상으로 사전 설문조사 또는 인터뷰를 진행하여 보호자의 고민과 요구사항을 파악하는 것이 적절하다.

오답 피하기 ① 맞춤형 상담을 위해 개별 특성을 고려해야 한다.
② 상담 준비는 문제 해결의 첫 단계이다.
③ 맞춤형 접근이 필요하다.

10 ③

신뢰 구축을 위한 상담 태도와 커뮤니케이션 기술 향상과 관련된 설명이다.

11 ②

고객 피드백 반영 및 서비스 개선을 위해 반복 방문 고객을 위한 맞춤형 관리 시스템 등을 도입하는 것이 바람직하다.

오답 피하기 ① 온라인 리뷰 관리로 신뢰를 구축할 수 있다.
③ 상담 후의 피드백을 반영하지 않으면 서비스 품질 개선이 어렵다.
④ 부족한 부분을 개선하고 강점은 더욱 강화해야 한다.

12 ③

고객의 불만이 발생했을 때는 불만을 해결하고 고객의 신뢰를 회복해야 한다.

13 ②

고객의 니즈(Needs)의 개념에 대한 설명이다.

14 ③

고객 경험(Customer Experience) 항목에 해당한다. 전문가 신뢰도는 전문가의 전문성과 상담 능력, 문제 해결 능력과 관련이 있다.

15 ④

공감과 경청에 해당한다.

16 ④

서비스 회복 전략 중 직접적인 지적 대신 고객이 스스로 문제를 깨달을 수 있도록 유도하는 아론슨 화법의 예시이다.

오답 피하기 ① 부정적인 내용은 완충하며 부드럽게 전달하는 화법이다.
② 비난 대신 자신의 감정을 표현하는 화법이다.
③ 고객의 말을 경청하고 공감을 표현하는 화법이다.

06 반려견 위탁서비스   P. 357

01 ②   02 ④   03 ④   04 ②   05 ④
06 ③   07 ②   08 ④

01 ②

단모종은 추위를 탈 수 있으므로 보온에 신경써야 한다.

오답 피하기 ① 장모종은 더운 환경을 피해야 한다.
③④ 견종별 체형과 성향에 맞춰 환경을 제공해야 한다.

02 ④

골든 리트리버, 래브라도 리트리버 등은 대형견종이므로 넓은 공간이 필요하다.

03 ④

제시된 사진은 위탁시설 중 반려견 호텔이며, 기본 복종 훈련 및 문제행동 교정을 통해 반려견의 사회성을 향상시키는 기관은 반려견 훈련소이다.

04 ②

반려견 훈련소에서 훈련을 진행하는 모습이다.

오답 피하기 ①③④ 반려견 청결 관리 서비스에 대한 설명이다.

05 ④

위탁서비스 보호자 상담을 통해 보호자의 요구사항을 정확히 파악하고 보호자에게 적합한 서비스를 제공할 수 있다.

오답 피하기 ① 이벤트 기획은 마케팅을 목적으로 하는 활동에 가깝다.
② 반려견 위탁서비스 시설 관리 중 반려견 교육 및 훈련에 해당한다..
③ 놀이 프로그램 설계는 위탁서비스 기획에 해당한다.

06 ③

공기 청정기 등을 사용하여 불쾌한 냄새를 방지하고 쾌적한 상담 공간을 조성하도록 한다.

오답 피하기 ① 소음은 상담 집중도를 떨어뜨리므로 차단해야 한다.
② TV는 소음이 될 수 있으므로 대신 반려동물 관련 자료나 잡지를 비치한다.
④ 상담실은 편안하고 안정감을 주는 통일감 있는 디자인이 좋다.

07 ②

반려견 위탁서비스 운영 기준에 따라 20마리의 개마다 1명 이상의 관리 인력을 배치하는 것이 적절하다.

오답 피하기 ① 탈출 방지를 위해 이중문과 잠금장치를 모두 설치해야 한다.
③ 개별 휴식실을 마련하여 반려견이 편안하고 안전하게 쉴 수 있어야 한다.
④ 고객 응대 공간과 반려견 관리 공간은 분리하여 위생과 안전을 유지해야 한다.

08 ④
이동장 없이 반려견을 이동할 경우 반려견의 안전이 보장되지 않으며, 불안감을 줄일 수 없다.

07 사후관리 P. 359

| 01 ② | 02 ② | 03 ② | 04 ② | 05 ① |
| 06 ② | 07 ③ | 08 ③ | | |

01 ②
보호자와의 소통은 사후관리의 중요한 요소이다.

02 ②
문제행동이 발생할 경우 책임을 보호자에게 돌리지 않으며, 문제의 원인을 분석하고 해결책을 제시해야 한다.

03 ②
문제행동의 사후관리 시 문제행동의 원인을 분석하고 보호자에게 필요한 조치를 안내한다.

오답 피하기 ① 문제행동을 방치하면 교육 효과가 저하되므로 즉각적으로 조치해야 한다.
③ 문제행동의 원인과 해결책을 명확히 설명해야 보호자가 올바르게 대응할 수 있다.
④ 문제행동이 발생한 경우 교육을 종료하는 것이 아니라 보호자의 대응 방식 파악과 함께 문제 행동 원인을 분석하고 해결책을 제시해야 한다.

04 ②
사후관리에서 문제 상황 분석 시 보호자의 대응 방식에 따라 반려견의 행동이 변화할 수 있음을 감안하여 접근한다.

오답 피하기 ① 객관적인 분석을 통해 반려견의 문제행동의 원인을 파악하고 해결해야 한다.
③ 재입소는 마지막 선택지이며, 반드시 문제 원인 분석과 보호자 상담 후 결정해야 한다.
④ 반려견의 문제행동에 대한 책임을 돌리는 것은 바람직하지 않으며, 문제 상황을 분석하고 해결책을 제시해야 한다.

05 ①
반려견에게 문제행동이 발생할 경우 원인을 분석하고 보호자와 소통하여 해결책을 모색해야 한다.

06 ②
보호자에게 문제 해결을 보호자에게 강요하지 않고, 해결책을 제시하며 협력해야 한다.

07 ③
반려견 보호자를 우선 배려하며, 부드럽고 정확한 발음으로 응대하는 보호자 우선 배려 및 응대 방법의 예시에 해당한다.

오답 피하기 ① 커뮤니케이션 채널을 활용하여 문제를 효율적으로 해결하는 방법이다.
② 주인 의식을 가지고 대처하는 방법이다.
④ 역지사지의 태도로 응대하는 방법이다.

08 ③
보호자가 정보의 필요성을 인지하지 못할 수도 있으므로 지속적으로 안내하고 관심을 유도해야 한다.

실전모의고사 정답과 해설

1회 실전모의고사

1과목 | 반려동물 행동학　　p. 362~364

01	②	02	②	03	③	04	②	05	③
06	②	07	②	08	③	09	①	10	③
11	④	12	①	13	①	14	①	15	④
16	④	17	④	18	①	19	③	20	③

01 ②
생득적 행동은 유전적으로 결정된 본능적인 행동으로, 태어날 때부터 고정적으로 나타난다.

오답 피하기 ①③④ 외부 자극에 따라 유동적으로 발달하며, 환경과의 상호작용을 통해 학습되고 변화할 수 있는 것은 습득된 행동이다. 도구 사용이나 언어 학습은 습득된 행동의 예이다.

02 ②
반대반응은 개의 신경계가 외부의 물리적 힘에 저항하여 균형을 유지하거나 신체를 보호하기 위해 자동으로 발생하는 본능적 반응이다. 이는 대뇌의 고차원적 판단이 아닌 척수 반사와 같은 기본적인 신경 메커니즘에 의해 빠르게 이루어진다.

03 ③
엔그램은 학습이나 경험을 통해 형성된 기억의 물리적 흔적(또는 신경 회로)을 의미한다.

오답 피하기 ① 학습과 공간 기억에 중요한 역할을 하는 기관이다.
② 공포, 분노, 즐거움과 같은 감정 반응을 조절하여 학습된 행동에 감정적 의미를 부여하고 특정 자극에 대한 반응을 형성하는 기관이다.
④ 외부 자극에 대한 반응성과 주의 집중에 관여하는 기관이다.

04 ②
개는 무리 생활을 하던 늑대의 후손으로, 사회적 상호작용을 중요시하며 서열에 따른 리더십 구조를 인지한다. 이러한 사회적 본능 때문에 보호자를 리더로 인식하고 명령에 복종하는 행동을 보인다.

05 ③
이행기(생후 2~3주)는 자견이 눈을 뜨고 소리를 듣기 시작하며, 서서히 걷기 시작하는 시기이다. 그러나 사회화는 그 이후인 사회화기(생후 3~12주)에 본격적으로 시작된다.

06 ②
반려견의 사회화기는 생후 3주부터 12주까지로, 이 시기에 다양한 경험을 통해 사회적 기술과 환경 적응 능력을 발달시킨다. 사람, 다른 동물, 새로운 환경과의 긍정적인 경험이 중요하며, 이 시기를 놓치면 사회성 부족이나 두려움, 공격성 등의 문제행동이 나타날 수 있다.

07 ②
반려견은 생후 5~8개월 사이에 유치가 빠지고 영구치가 나기 시작한다. 이 시기에 치아가 가려워 물건을 물어뜯는 행동이 증가할 수 있으며, 적절한 씹는 장난감을 제공해 주는 것이 좋다.

08 ③
분만이 가까워지면 개는 본능적으로 유두 및 생식기를 핥으며 몸을 청결히 하고, 복근 및 근육의 긴장을 느끼며 불안해하거나 자리를 파는 행동을 보인다.

오답 피하기 ㉠ 소리 지름은 일반적인 분만 징후는 아니다.
㉡ 사료 과다 섭취는 임신 중반기에 나타날 수 있지만, 분만 직전에는 식욕이 감소하는 경우가 많다.
㉢ 체온은 분만 직전 소폭 하락하며 헐떡거림은 체온 증가가 아닌 통증이나 불안으로 인한 경우가 많다.

09 ①
반려견의 기본 예절 교육은 생후 3~4개월부터 시작하는 것이 가장 효과적이다. 이 시기는 사회화기 후반으로, 집중력과 학습 능력이 발달해 기본적인 규칙과 명령어를 배우기에 적절하다. 특히 이 시기에 올바른 습관을 형성하면 문제행동을 예방할 수 있다.

10 ③
미각 혐오는 특정 음식을 섭취하거나 맛을 본 후 불쾌한 경험(예 구토, 소화불량 등)을 한 경우, 다시는 그 음식을 먹지 않으려는 본능적인 회피 행동이다. 이는 동물이 유해한 음식을 피하기 위해 진화적으로 발달한 생존 메커니즘이다.

11 ④
수컷은 소변 마킹을 통해 자신의 존재와 영역을 알리고, 다른 반려견에게 자신의 성별, 생리적 상태 등의 정보를 전달한다. 이는 사회적 의사소통 수단 중 하나이다.

오답 피하기 ①②③ 주변 환경의 냄새 제거, 배뇨 욕구 해소, 체온 조절과는 관련이 없다.

12 ①

올라타기는 지배적 행동을 나타내며, 서열을 정하지 않은 개들 사이에서는 서열 다툼이나 갈등을 유발할 수 있다.

오답 피하기 ② 상황에 따라 다르지만 주로 관심이나 경계의 의미를 가진다.
③④ 친근감 표시나 사회적 인사의 일환으로 이루어진다.

13 ①

비장은 면역 기능과 혈액 여과를 담당하는 기관으로 성적 행동과는 관련이 없다.

오답 피하기 ② 난소는 성호르몬 분비와 배란을 담당한다.
③④ 시상하부와 뇌하수체는 호르몬 분비를 조절하여 성적 행동에 영향을 미친다.

14 ①

그림은 꼬리가 다리 사이로 움츠러들 때이며 이는 무서움, 두려움, 복종 등을 나타내는 신호이다.

15 ④

꼬리를 들고 있는 상태는 자신감을 나타내는 것이다. 불안 또는 복종 시 그널은 꼬리를 낮추거나 배를 뒤집는 동작 등으로 나타낸다.

16 ④

개는 후각이 매우 발달한 동물로, 낯선 환경이나 물건을 접할 때 냄새를 맡으며 정보를 수집한다. 이를 통해 주변 상황을 파악하고 안전 여부를 확인하며, 새로운 환경에 적응하기 위한 탐색 활동을 한다.

17 ④

반려견이 빙빙 돌며 꼬리를 무는 행동은 스트레스, 불안, 지루함 등의 감정을 표현할 때 나타날 수 있다. 특히 반복적이고 집요한 꼬리 물기는 강박 행동의 일종으로, 환경적 자극 부족이나 심리적 불안 상태에서 비롯될 수 있다. 이런 행동이 자주 반복된다면 환경 개선이나 전문가 상담이 필요하다.

18 ①

반려견의 배변 문제는 스트레스, 특정 질환, 사회적 상호작용(영역 표시) 또는 잘못된 습관에서 기인할 수 있다. 체온 조절은 배변 행동과 관련이 없으며, 체온 조절은 주로 몸단장행동(예) 발바닥 패드 핥기)에서 나타난다.

19 ③

반려견이 스트레스나 불안 등을 느낄 경우 보호자의 관심을 끌기 위해 앞발로 밀치거나 점프하는 행동을 보일 수 있다. 이는 보호자에게 의지하고자 하는 심리에서 비롯된 행동이다.

오답 피하기 ①②④ 음식을 거부하기, 독립적으로 놀이하기, 낯선 사람에게 친근하게 다가가기는 불안 행동과 관련이 없다.

20 ③

관심 요구 행동을 교정하기 위해서는 반려견이 차분하고 조용할 때만 보상해야 한다.

오답 피하기 ① 가족 구성원 모두가 일관되게 반응해야 한다.
② 처벌은 보호자와의 관계를 악화시키고 문제행동을 더 심화시킬 수 있다.
④ 갑작스러운 행동 변화가 나타날 경우 건강 문제일 수 있으므로 수의사와 상담하는 것이 필요하다.

2과목 | 반려동물 관리학 p. 365~367

21	②	22	②	23	②	24	④	25	②
26	②	27	④	28	②	29	④	30	③
31	④	32	①	33	④	34	②	35	①
36	②	37	④	38	④	39	③	40	③

21 ②

비만도(BCS) 2는 저체중이며, 정상 체중에 해당하는 비만도는 BCS 3이다.

22 ②

말타아제는 소장에서 분비되는 효소로, 말토스를 포도당으로 분해하는 역할을 한다.

23 ②

성견의 사료는 일반사료 기준으로 조단백질 35~45%, 조지방 20~30%, 탄수화물 10~20%, 조섬유 5~10% 정도의 비율이 이상적이다.

24 ④

비타민 K는 혈액 응고의 역할을 하는 지용성 비타민이다.

오답 피하기 ① 비타민 A는 성장 촉진, 시각 기능 유지, 면역력 강화에 중요한 역할을 한다.
② 비타민 D는 칼슘과 인의 흡수를 돕고, 뼈 건강을 유지하는 데 필요하다.
③ 비타민 E는 번식능력과 관련 있으며 세포막 보호 및 면역 기능 강화에 도움을 준다.

25 ②

• 포도(㉠): 개가 포도를 섭취하면 급성 신부전(신장 기능 저하)이 발생할 수 있어 소량이라도 위험하다.

- 양파(ⓒ): 양파에는 유기황 화합물(설파이드, 티오설페이트)이 포함되어 있어, 개의 적혈구를 파괴하여 용혈성 빈혈을 유발할 수 있다.

26 ②
성견 초기(6~18개월)에는 영구치가 하얗고 깨끗한 상태이므로 치석이 쌓이기 시작하는 시기가 아니다.

27 ④
노령견의 급격한 체중 변화는 대사 변화, 치아 문제, 기저 질환(예: 신장병, 당뇨 등)과 관련이 있을 수 있으므로 수의사와 상담 후 정기적으로 관리해야 한다.

28 ②
코가 건조하고 갈라지며 혈액이 배출되는 것은 비정상적인 상태로, 감염, 탈수, 알레르기, 심각한 질환의 가능성이 있으므로 수의사의 검진이 필요하다.

29 ④
반려견의 맥박은 가슴 왼쪽(앞다리 뒤쪽, 심장 위치) 또는 허벅지 안쪽의 대퇴 동맥을 가볍게 압박하여 측정한다.

오답 피하기 ① 목 부위에서는 맥박이 명확하게 감지되지 않을 수 있다.
② 등의 중앙에는 주요 동맥이 없어 맥박을 측정하기 어렵다.
③ 꼬리 끝부분은 혈류가 약해 맥박 측정이 불가능하다.

30 ③
반려견의 호흡수는 반려견이 안정되고 긴장하지 않은 상태에서 측정하는 것이 바람직하다.

오답 피하기 ① 흥분 상태에서는 호흡수가 비정상적으로 증가할 수 있다.
② 자는 동안의 호흡수는 안정적인 상태이긴 하지만, 깨어 있을 때의 정상적인 호흡수를 측정하는 것이 일반적이다.
④ 운동 후에는 호흡이 빨라져 정확한 측정이 어렵다.

31 ④
모든 항목의 질병과 설명이 바르게 연결되어 있다.

32 ①
광견병은 감염된 동물의 타액이나 너구리를 통하여 전파된다. 불안, 발작, 공격성 등의 증상을 보이며 사망에 이를 수도 있다.

오답 피하기 ② 개 코로나바이러스(CCV)에 의해 발생하는 장 감염 질환이다.
③ 콧물, 식욕 감소, 가벼운 발열, 기침을 유발하는 질병이다.
④ 혈변, 구토, 탈수, 급격한 체중 감소를 유발하는 질병이다.

33 ③
곰팡이 M의 경우 항체가 검사가 일반적으로 활용되지 않는다.

34 ②
사람용 샴푸는 pH 수치가 반려견의 피부와 맞지 않아 피부를 건조하게 만들거나 자극을 줄 수 있으므로 반드시 반려견 전용 샴푸를 사용해야 한다.

35 ①
화상 부위에는 연고를 바르면 오히려 감염 위험이 높아질 수 있으므로 차가운 물로 식히고 깨끗한 천으로 감싼 후 병원에서 치료받아야 한다.

36 ②
열사병(Heat Stroke) 발생 시 급격한 체온 변화는 위험하며 얼음물에 담그면 혈관이 급격히 수축하여 쇼크를 유발할 수 있다.

37 ④
차아염소산나트륨(락스, 0.5%)은 강력한 살균 효과가 있지만 금속을 부식시킬 수 있어 금속 기구 소독에는 적합하지 않다. 오히려 플라스틱이나 바닥, 벽 등의 환경 소독에 적합하다.

38 ④
ⓒ 직원도 감염이나 오염을 유발할 수 있으므로 출입 시 위생 관리(손 소독, 방역 조치 등)가 필요하며, 방문자뿐만 아니라 직원 관리도 반드시 병행해야 한다.

39 ③
간은 영양소 대사, 담즙 생성, 해독 작용 등의 역할을 하지만, 체온 조절은 주요 기능이 아니다.

40 ③
동경이는 경상북도 경주에서 유래한 견종으로, 천연기념물 제540호이며 꼬리가 없거나 매우 짧은 특징을 가지고 있다.

오답 피하기 ① 진돗개(천연기념물 제53호): 충성심이 강하고 경비견으로 유명하며, 꼬리가 있다.
② 제주개: 제주도에서 유래한 견종으로, 늑대와 비슷한 외형을 가진다.
④ 삽살개(천연기념물 제368호): 긴 털이 특징이며, 액운을 쫓는 개로 알려져 있다.

3과목 | 반려동물 훈련학   p. 367~370

41	④	42	③	43	④	44	④	45	②
46	②	47	④	48	③	49	②	50	③
51	③	52	②	53	④	54	④	55	④
56	③	57	②	58	①	59	④	60	②

41 ④

훈련 시간은 짧게, 여러 차례 나누어 진행하는 것이 효과적이다.

42 ③

크레이트는 반려견의 휴식 공간, 이동, 다양한 훈련에 활용된다.

43 ④

반려견 훈련 시 사용되는 방어소매이다.

오답 피하기 ① 개의 공격 훈련 시 앞발 등에 의한 상처를 방어하고 훈련자를 보호하는 도구이다.
② 목이 아닌 가슴과 등을 감싸는 형태로 목에 압박을 주지 않는 목줄의 종류이다.
③ 한 손으로 휴대할 수 있는 작은 크기이며, 핀을 누르면 '딸깍' 소리가 나는 훈련 도구이다.

44 ④

헤드 홀터는 어미가 새끼를 물면 얌전해지는 부위와 잘못된 행동을 한 새끼를 어미가 타이를 때 무는 부위를 고정한다.

오답 피하기 ① 공격성 및 짖음이 강한 반려견의 입에 착용하는 도구이다.
② 목이 아닌 가슴과 등을 감싸는 형태로 목에 압박을 주지 않는 목줄의 종류이다.
③ 금속 체인으로 만들어진 목줄로 복종 훈련에 주로 사용된다.

45 ②

환경적 요소에는 다양한 장소 및 지형, 물건 등이 해당한다.

46 ②

린다 텔링턴 존슨이 개발한 방법으로 반려견에게 마사지를 제공하여 다양한 긍정적 효과를 기대할 수 있다.

47 ④

훈련을 수행하는 반려견의 지능 수준도 훈련에 중요한 역할을 한다.

48 ③

외적 동기를 위해 간식, 장난감, 칭찬 등의 보상을 줄 수 있다.

49 ②

반려견이 흥미를 가지지 않으면 자발적인 훈련이 어렵다.

오답 피하기 ① 반려견은 직접 경험을 통한 행동의 습득이 가능함을 뜻하는 훈련 요건이다.
③ 반려견 스스로가 내적 변화를 이루어 능력을 발휘하는 힘을 뜻하는 훈련 요건이다.
④ 반려견과 훈련자의 관계를 형성할 수 있는 성격을 뜻하는 훈련 요건이다.

50 ③

전이 현상에 대한 설명이다.

51 ③

유사성의 법칙을 통해 다양한 상황에서 학습한 행동을 일반화하는 데 도움을 준다.

오답 피하기 ① 이전에 했던 행동이 좋은 결과를 받았다는 기억으로 인해 그 행동을 다시 보이는 현상이다.
② 훈련 초기 단계에서 하나의 명령이나 자극에 대해 반려견이 여러 가지 행동을 보이는 현상이다.
④ 여러 자극 중에서 특정 요소가 다른 자극보다 우월하게 선택되는 현상이다.

52 ②

이반 파블로프의 개를 이용한 조건반사 실험에 대한 그림이다.

53 ④

조형에 대한 설명이다.

오답 피하기 ① 특정 행동을 유발하는 자극의 크기를 조금씩 줄여 목표에 도달하는 방법이다.
② 여러 행동을 연결하여 하나의 더 큰 행동으로 구성하는 훈련이다.
③ 훈련 과제 전체를 한 번에 연습하는 방법이다.

54 ④

순항연쇄는 마지막 행동을 목표로 행동을 연결하며 큰 단위의 행동을 구성하는 훈련 방법이다.

55 ④

상동행동에는 꼬리 쫓기, 과도한 핥기 등 지속적으로 반복되는 행동이 있다.

56 ③

처음 접하는 장소가 아닌 사전교육을 실시했던 장소에서 사회화 훈련을 진행하는 것이 좋다.

57 ②

강압적인 명령어 사용은 감점 사유에 해당한다.

58 ①

디스크독의 경기장 최소 규격은 27×45m이다.

59 ④

플라이볼에 대한 설명이다.

오답 피하기 ① 사람이 던지고 놀던 디스크를 반려견과 함께 던지는 경기이다.
② 플라스틱 원반 장난감을 서로 멀리 던져서 받는 놀이와 경기이다.
③ 반려견이 보호자와 함께 뛰며 각종 장애물을 빠르게 뛰어넘고 통과하는 놀이로 미국, 유럽의 가장 대중적인 반려견 스포츠이다.

60 ②

치료 도우미견 선발 시 생후 1년 이상의 반려견이 활용된다.

4과목 | 직업윤리 및 법률   p. 370~372

61	④	62	④	63	①	64	③	65	③
66	①	67	④	68	④	69	①	70	③
71	④	72	③	73	③	74	①	75	④
76	③	77	③	78	④	79	③	80	④

61 ④

동물보호법은 반려동물뿐만 아니라 농장동물, 실험동물 등 모든 동물을 포함하며, 동물의 학대 방지 및 복지 증진을 목표로 한다.

62 ④

동물 복지를 실천하는 올바른 행동이다.

63 ①

반려동물등록과 관련된 정보에 변경사항이 있을 경우 30일 이내에 신고해야 한다.

오답 피하기 ②③④ 반려동물이 실종되거나 사망한 경우에도 반드시 신고해야 하며, 보호자가 변경될 경우에도 변경 신고를 해야 한다.

64 ③

맹견으로 지정될 가능성이 높은 개의 특성을 평가하기 위해서 기질평가를 실시해야 한다.

오답 피하기 ① 맹견의 기질을 평가하는 것이 아니라, 단순히 소유자 정보를 관리하는 제도이다.
② 맹견의 기질과는 관련이 없으며, 공격성 평가와 무관하다.
④ 반려동물행동지도는 반려동물의 행동 교정을 돕는 과정으로, 공격성 완화, 문제행동 교정 등을 목표로 한다. 그러나 맹견 여부를 평가하는 과정은 아니다.

65 ③

동물과 관련된 영업을 하려는 자는 농림축산식품부령으로 정하는 바에 따라 특별자치시장·특별자치도지사·시장·군수·구청장에게 등록하여야 한다(동물보호법 제73조 제1항).

오답 피하기 ① 특정 업종에서는 신고만으로 영업이 가능하지만, 동물 위탁업은 등록 대상이다.
② 일부 산업에서는 허가제가 적용되지만, 동물 위탁업은 등록제이다.
④ 영업 승인 개념은 동물보호법상 적용되지 않는다.

66 ①

동물 관련 영업자는 매년 1회 정기적으로 영업 신고를 해야 하며 동물보호센터 및 동물등록 대행기관도 1년에 1회 운영 실태를 보고해야 한다.

67 ④

위생 점검에서 경미한 지적을 받은 경우에는 개선 조치가 필요할 수 있지만, 영업장 폐쇄까지는 해당되지 않는다(동물보호법 제85조 제1항).

68 ④

동물보호센터 및 동물보호시설, 도축장은 CCTV(고정형 영상처리기기) 설치가 의무화되어 있다(동물보호법 제87조 제1항).

69 ①

동물장묘시설을 금지된 곳에 설치한 경우(제72조)는 1년 이하 징역 또는 1천만 원 이하 벌금 규정에 포함되지 않는다.

70 ③

동물보호법 제97조에 따르면 맹견을 유기한 경우 2년 이하 징역 또는 2천만 원 이하의 벌금형에 처해질 수 있다. 일반 반려동물 유기의 경우 300만 원 이하의 벌금이 부과되지만, 맹견의 경우 위험성이 높아 처벌이 더욱 강화된다.

71 ④

소비자의 책무는 올바른 소비 선택 및 권리 행사, 권익 증진을 위한 정보 습득, 합리적 소비 및 환경 친화적 소비 실천이다.

오답 피하기 ①②③ 국가 및 지방자치단체의 역할(소비자기본법 제6조)이다.

72 ③

동물보호센터의 장은 동물의 사체가 발생한 경우 「폐기물관리법」에 따라 처리하거나 동물장묘업의 허가를 받은 자가 설치·운영하는 동물장묘시설 및 공설동물장묘시설에서 처리하여야 한다(동물보호법 제46조 제3항).

73 ③

사료로 인해 사망한 경우, 단순 교환/환불이 아닌 사료의 구입가 및 동물의 가격을 배상해야 한다.

74 ①

가축전염병 발생 시 신속한 신고는 선택 사항이 아니라 법적으로 의무 사항이다. 이를 위반할 경우 5년 이하의 징역 또는 5천만 원 이하의 벌금이 부과될 수 있다.

75 ④

정신질환자의 경우 면허가 취소될 수 있다. 다만, 정신건강의학과 전문의가 직무 수행이 가능하다고 인정하면 예외가 적용될 수 있다.

오답 피하기 ① 수의사 면허를 취득한 후 반드시 동물병원에서 근무해야 하는 것은 아니다.
② 졸업 후 10년이 지나도 면허는 유지되며, 경과 기간 자체가 면허 취소 사유는 아니다.
③ 수의사 면허는 별도의 갱신 절차가 없으며, 갱신 신청을 하지 않는다고 해서 면허가 자동 취소되지는 않는다.

76 ③

반려견을 적절히 통제하지 않아 사람이 다쳤다면 보호자는 과실치상죄로 처벌될 수 있다.

오답 피하기 ① 민사상의 배상 책임은 있지만 형사 처벌과는 다르다.
② 상해죄(형법 제257조): 의도적인 폭력 행위가 아닌 경우 적용되지 않는다.
④ 동물보호법: 반려견의 관리 소홀로 인한 문제에 대해 보호자에게 과태료가 부과될 수 있으나, 직접적인 형사 처벌과는 다르다.

77 ③

반려견은 '재물'로 간주되므로, 다른 반려견을 물어 다치게 한 경우 형법상 재물손괴죄(제366조)가 적용될 수 있다.

오답 피하기 ①② 사람이 피해자인 경우 적용되므로, 반려견 간 사고에는 해당되지 않는다.
④ 계약 관계에서 발생하는 법적 책임에 해당한다.

78 ④

안내견은 예외적으로 공공장소 출입이 허용된다. 도시공원뿐만 아니라 대중교통, 공공시설 등도 출입이 가능하다.

오답 피하기 ①②③ 국립공원, 자연공원, 국립수목원 등은 반려견 출입이 제한된다. 이는 생태계 보호와 공원 내 다른 이용자들의 안전을 고려한 조치이다.

79 ③

유기는 동물보호법 위반으로, 반려동물을 유기하면 과태료 처분(최대 300만 원 이하)을 받을 수 있다.

80 ④

모든 반려견이 같은 방식으로 학습하는 것이 아니므로, 반려견의 개별 특성을 고려해야 한다.

5과목 | 보호자 교육 및 상담 p. 373~375

81	③	82	①	83	③	84	②	85	①
86	②	87	②	88	①	89	④	90	③
91	④	92	③	93	①	94	①	95	④
96	②	97	②	98	④	99	①	100	③

81 ③

고령 보호자는 건강 문제로 반려견을 충분히 돌보지 못하거나, 보호자 사망 후의 돌봄 문제 등이 발생할 수 있다.

오답 피하기 ① 반려견의 성격 변화는 보호자의 건강과 직접적인 관련이 없으므로 적절하지 않다.
② 양육 비용이 증가하는 것이 문제의 주요 원인은 아니므로 적절하지 않다.
④ 보호자의 의지가 부족한 것이 아니라 건강 문제로 인해 돌봄이 어려운 경우를 말하는 것이므로 적절하지 않다.

82 ①

맹견과 외출 시 가슴줄 사용은 금지되어 있다.

83 ③

동물보호법에 따르면 동물학대로 인해 상해를 입힌 경우, 3년 이하의 징역 또는 3천만 원 이하의 벌금이 부과될 수 있다.

84 ②

반려견이 공공장소에서 자유롭게 행동하도록 방치하면 안전사고가 발생할 수 있다.

85 ①
반려견의 문제행동 원인 중 감정적 의존에 의한 분리불안에 대한 설명이다.

오답 피하기 ② 반복적이고 의미 없는 행동을 지속하는 경우(예 꼬리 쫓기, 특정 부위를 과도하게 핥거나 물기)이다.
③ 다른 동물이나 사람과의 교류가 부족하여 낯선 환경에서 위축되거나 공격적인 행동을 보이는 경우이다.
④ 새로운 환경(이사, 보호자 변화, 가구 배치 변경 등)에서 불안감을 느끼고 이상행동을 보이는 경우이다.

86 ②
짖을 때 반려견의 상태를 파악하기에 가장 적절한 것은 영상파일이다.

87 ②
반려견마다 성격과 환경이 다르므로 동일한 방식으로 교육하는 것은 적절하지 않다.

88 ①
훈련 견적서는 훈련 과정에 대한 개요를 보호자에게 제공하는 문서로, 훈련의 기간, 비용, 목표, 방법 등이 필수적으로 포함된다. 관찰일지는 훈련 진행 중 반려견의 행동 변화를 기록하는 문서로, 견적서에 포함될 필요는 없다.

89 ④
계통적 탈감작법은 순화(길들임 교육)의 한 종류로 점진적으로 자극에 노출하여 두려움을 극복하도록 돕는 방법이다.

오답 피하기 ① 소거는 조건 자극과 무조건 자극이 결합되지 않으면 반응이 점차 사라지는 과정이다.
② 홍수법은 반려견을 두려운 자극에 갑작스럽게 노출하여 두려움을 극복하도록 유도하는 방법이다.
③ 자극 일반화는 특정 자극과 유사한 자극에도 동일한 반응을 보이는 현상이다.

90 ③
사회화 시기에 자율적인 인지 활동을 습관화하여 보호자보다 지나치게 앞서는 행동을 예방하고 적절한 속도를 유지하도록 유도한다.

오답 피하기 ① 강하게 목줄을 당기는 것은 반려견에게 부정적인 경험을 줄 수 있으며, 효과적인 교육 방법이 아니다.
② 반려견이 자유롭게 이동하도록 하면 지나치게 앞서가는 행동이 강화될 수 있다.
④ 너무 갑자기 멈추면 오히려 반려견이 흥분하거나 두려움을 느낄 수도 있다.

91 ④
비분리성·동시성은 서비스 제공과 소비가 동시에 이루어지는 특성을 나타내는 개념이다.

오답 피하기 ① 신뢰성은 보호자가 상담의 정확성과 효과를 신뢰할 수 있도록 제공하는 요소이다.
② 소멸성은 상담 서비스가 저장되지 않고 실시간으로 진행되는 특성을 의미한다.
③ 이질성은 상담 방식이 보호자의 양육 방식이나 반려동물의 성격에 따라 달라지는 특징을 의미한다.

92 ③
고객의 입장에서 문제를 이해하고, 문제를 해결하기 위한 구체적이고 단계적인 방법을 제시하는 것이 바람직하다.

오답 피하기 ①②④ 문제 해결에 도움이 되지 않는 부적절한 태도이다.

93 ①
존재하지 않는 상담 화법이다.

94 ①
도베르만은 단모종으로, 보온이 잘 되는 환경이 필요하다.

오답 피하기 ② 시베리안 허스키는 장모종으로 더운 환경을 피해야 한다.
③ 프렌치 불독은 호흡기 건강이 취약하여 고온다습한 환경을 피해야 하지만, 추운 환경을 선호하는 것은 아니다.
④ 장모종은 더운 환경을 선호하지 않으며, 오히려 시원한 환경이 필요하다.

95 ④
미용숍은 단순 위생관리를 하는 곳으로, 반려견을 맡기고 위탁관리를 하는 곳은 아니다.

96 ②
상담 시 차분하고 정중한 태도를 유지하는 것이 중요하며, 강한 어조나 지나친 표현은 피해야 한다.

97 ②
교육 종료 후에도 지속적인 사후관리가 필요하며, 훈련 성과가 보호자의 일상에서도 유지되도록 점검하는 것이 목적이다.

98 ④
훈련 종료 후에도 보호자가 올바르게 훈련을 지속할 수 있도록 지속적인 피드백과 상담이 필요하다. 추가적인 문제행동이 발생할 경우에는 이를 파악하고 적절한 해결 방법을 안내해야 한다.

99 ①

보호자의 과실로 인한 사망은 분양처에서 책임지지 않는다.

100 ③

반려견 분양 계약서에는 반려견의 접종 내역, 출생일, 분양처로 데려온 날짜, 분양 비용, 환불 규정 등이 포함되어야 한다. 판매 담당자의 개인적인 주소와 연락처는 법적으로 필수 기재 사항이 아니다.

2회 실전모의고사

1과목 | 반려동물 행동학   p. 376~378

01	②	02	①	03	②	04	①	05	④
06	③	07	③	08	③	09	①	10	①
11	①	12	④	13	①	14	④	15	③
16	④	17	①	18	④	19	③	20	④

01 ②

생물체가 태어날 때부터 가지고 있는 본능적인 행동인 생득적 행동에 대한 예시이다.

오답 피하기 ③④ 습득된 행동에 대한 설명이다.

02 ①

변연계는 ⓒ 시상하부(Hypothalamus), ⓒ 편도체(Amygdala), ⓔ 해마(Hippocampus) 등으로 구성되어 있으며 ⓐ 뇌량은 변연계에 해당되지 않는다.

03 ②

학습이나 경험을 통해 형성된 기억의 물리적 흔적(또는 신경 회로)인 엔그램과 관련 있는 행동이다.

오답 피하기 ① 감정, 기억, 동기부여, 본능적 행동과 밀접하게 관련된 뇌 구조를 뜻한다.
③ 개가 신체 일부를 특정 방향으로 밀리거나 당겨질 때, 반대 방향으로 저항하려는 경향을 뜻한다.
④ 생물체가 태어날 때부터 가지고 있는 본능적인 행동을 뜻하므로 관계가 없다.

04 ①

라벨링(Labeling)은 반려견이 특정한 자극(예 낯선 사람)을 특정한 방식으로 분류하는 과정을 의미한다.

오답 피하기 ② 계통발생은 종 전체의 진화 과정과 관련 있다.
③ 본능회귀는 스트레스 상황에서 본능적 행동이 다시 나타나는 현상이다.
④ 고정행동패턴은 특정 자극에 의해 자동적으로 발생하는 본능적 행동이다.

05 ④

조건반사는 학습을 통해 형성되는 행동이다.

06 ③

코르티솔은 스트레스 상황에서 분비되는 호르몬으로, 신체가 위협을 감지했을 때 불안이나 회피 행동을 유발한다.

오답 피하기 ① 도파민은 보상과 동기 부여, 학습에 관여하는 신경전달물질로, 긍정적인 행동 강화를 촉진하지만 스트레스 반응과는 직접적인 관련이 없다.
② 옥시토신은 사회적 유대감과 신뢰를 형성하는 호르몬으로, 불안을 감소시키고 애착 행동을 촉진하는 역할을 한다.
④ 테스토스테론은 공격성과 경쟁 행동을 강화하는 호르몬으로, 스트레스보다는 주로 지배적인 행동이나 영역 방어와 관련이 깊다.

07 ③

옥시토신은 사회적 유대감을 형성하고 신뢰를 증가시키는 호르몬으로, 개와 인간 사이의 정서적 유대감을 강화하는 데 중요한 역할을 한다.

오답 피하기 ① 보상과 동기 부여에 관련된 신경전달물질로, 학습과 긍정적 행동 강화에 중요한 역할을 한다. 하지만 인간과의 유대감 형성보다는 보상 기대 행동과 관련이 깊다.
② 스트레스 반응과 관련된 호르몬으로, 개가 위협을 감지했을 때 분비된다. 인간과의 정서적 유대감보다는 불안이나 회피 행동을 유발하는 역할을 한다.
④ 공격성과 경쟁 행동을 강화하는 호르몬으로, 개가 인간과 친밀한 관계를 형성하는 데 직접적인 역할을 하지는 않는다.

08 ③

강아지기(3~6개월)에는 보호자의 말을 알아듣기 시작하며, 독립성이 증가하여 명령에도 응답하지 않는 등 보호자의 명령을 시험하는 행동이 나타난다. 또한, 이 시기는 긍정적 보상 훈련을 통해 올바른 행동을 가르치기 좋은 시기이다.

오답 피하기 ① 활동량이 감소하고 감각 기관이 약화되는 것은 노견기(7세 이상)의 특징이다. 이 시기에는 신체 기능이 저하되며, 기억력과 학습 능력도 감소할 수 있다.

② 성장하면서 성격이 확립되고 독립심이 증가하는 것은 청소년기 (6~18개월)의 특징이다. 이 시기에는 자율성이 증가하며 때로는 반항적인 행동도 나타날 수 있다.
④ 신체적, 정신적으로 성숙하며 안정적인 행동 패턴을 보이는 것은 성견기(18개월~6세)의 특징이다. 이때는 배운 명령어와 규칙을 잘 따르며, 견종에 따라 활동성과 성격 차이가 나타난다.

09 ①
반려견이 어린이를 두려워할 경우 강제적으로 접촉을 시키면 오히려 공포심이나 공격성이 생길 수 있다. 점진적으로 안전한 환경에서 상호작용하도록 유도해야 한다.

10 ①
반려견의 행동은 유전적 요인과 환경적 요인의 상호작용에 의해 결정된다. 특정 견종은 유전적으로 특정 행동 특성을 가지지만, 훈련과 환경에 따라 조정될 수 있다.

11 ①
반려견은 본능적으로 보금자리에서 떨어진 곳에서 배변하는 습성이 있다. 이는 청결을 유지하고 포식자로부터 자신을 보호하려는 행동이다.

12 ④
과도한 몸단장행동이 나타나면 스트레스 원인을 줄이고, 다른 활동으로 주의를 분산시키는 것이 효과적이다.

오답 피하기 ① 몸단장행동을 억제하기 위한 목적으로 입마개를 지속적으로 착용시키는 것은 적절하지 않다.
② 몸단장행동 자체는 정상적인 행동이지만 지나치게 핥거나 긁는 등 과도하게 몸단장을 하는 경우에는 피부 질환, 기생충 감염, 스트레스 등이 원인일 가능성이 높으므로 문제행동을 교정하는 것이 좋다.
③ 단순히 꾸짖어 멈추게 하면 문제의 근본적인 원인을 해결하지 못하고 오히려 불안을 증폭시킬 수 있다.

13 ①
서열 체계가 명확하지 않으면 반려견은 혼란을 느끼며, 불안하거나 공격적인 행동을 보일 수 있다. 보호자가 일관된 태도를 유지하고, 긍정적 강화훈련을 통해 반려견의 행동을 유도하는 것이 중요하다.

오답 피하기 ② 서열이 명확하지 않으면 반려견은 신뢰보다는 혼란을 느낀다.
③ 서열 체계가 불분명하면 반려견은 스스로 해결하지 못하고 보호자의 지도를 필요로 한다.
④ 서열이 불명확할 경우 반려견의 사회성이 향상되기보다는 불안 행동이 증가할 수 있다.

14 ④
암컷은 발정기(Estrus) 동안 LH(황체형성호르몬)가 분비되면서 배란이 유도된다. 이 시기에 교미하면 임신 가능성이 높아진다.

오답 피하기 ① 외음부의 부기는 줄어든다.
② 프로게스테론은 주로 발정 후기(Metestrus)에 증가한다.
③ 발정기의 지속 기간은 약 7~10일이다.

15 ③
에스트로겐에 대한 설명이다. 에스트로겐은 난소에서 분비되며, 발정 전기에 그 수치가 증가하여 발정기의 행동(수컷에 대한 개방적 태도)을 유도한다.

오답 피하기 ① 배란을 유도하는 호르몬은 황체형성호르몬(LH)이다.
② 임신 준비를 돕는 호르몬은 프로게스테론이다.
④ 거짓 임신은 프로게스테론이 감소할 때 발생한다.

16 ④
반려견이 꼬리를 다리 사이로 움츠릴 때는 강한 두려움을 느끼거나 상대에게 완전히 복종하는 신호를 보내는 것이다. 싸울 의향이 없음을 표현하기도 한다.

오답 피하기 ① 흥분과 기쁨을 표현할 때는 꼬리를 흔든다.
② 중립적인 감정일 때는 꼬리를 수평으로 둔다.
③ 공격적인 태도일 때는 꼬리를 높게 들거나 딱딱하게 고정한다.

17 ①
배를 보이며 눕기는 복종, 편안함, 애정 표현 등의 감정 상태를 나타내며 자신이 안전하고 신뢰하는 사람에게 열려 있다는 신호이다.

18 ④
반려견의 생활 환경이 불안정하거나 적절한 자극이 부족하면 문제행동이 발생할 가능성이 높아진다.

오답 피하기 ① 특정 견종의 행동 특성은 유전적 요인에 해당한다.
② 반려견이 심한 통증을 느껴 예민해지는 것은 건강적 요인이다.
③ 뇌 신경계 이상으로 인한 공격성 증가는 건강적 요인에 해당한다.

19 ③
충분한 사회화와 안정적인 환경은 반려견의 상동행동의 원인과 관련이 없다.

20 ④
과잉행동의 원인에 해당하며 사회화 부족 시 과잉행동이 나타날 수 있다.

2과목 | 반려동물 관리학　　p. 379~382

21	③	22	④	23	③	24	②	25	①
26	②	27	④	28	④	29	④	30	②
31	③	32	④	33	②	34	①	35	④
36	④	37	④	38	④	39	④	40	②

21 ③
자유급식은 반려동물의 과체중 및 건강 문제를 유발할 수 있으므로 적절하지 않다.

22 ④
심리적 복지가 부족할 때 나타나는 행동이다. 동물의 심리적 안정감을 위해서는 조용하고 안전한 환경이 필수적이다.

오답 피하기 ① 불규칙한 보호자의 행동은 동물의 혼란을 초래할 수 있다.
② 예측 불가능한 상황은 스트레스를 증가시킨다.
③ 과도한 사회적 자극은 오히려 불안을 유발할 수 있다.

23 ③
단백질(4kcal/g), 지방(9kcal/g), 탄수화물(4kcal/g)이므로 (20 × 4) + (10 × 9) + (15 × 4) = 230kcal이다.

24 ②
비만 경향이 있는 반려견의 경우 기준 상수 1.4를 적용한다.

오답 피하기 ① 비만 상태 → RER × 1.0
③ 가벼운 운동 → RER × 2.0
④ 적당한 운동 → RER × 3.0

25 ①
그림은 BCS 5단계의 반려견의 모습이다.

오답 피하기 ②③④ BCS 3단계에 해당하는 설명이다.

26 ②
반려견의 하루 권장 칼로리 중 10% 이하만 간식으로 제공하고 나머지 90%는 균형 잡힌 주식에서 공급한다.

27 ④
육식동물인 반려견에게 동물성 단백질은 가장 이상적인 아미노산 조성을 가진다.

오답 피하기 ① 단백질은 20가지 아미노산으로 구성된다.
② 식물성 단백질은 동물성 단백질에 비해 아미노산 조성이 다소 떨어진다.
③ 아미노산은 단백질을 구성하는 기본 단위이며, 일부는 체내에서 합성할 수 없다.

28 ④
비타민 A는 성장 촉진, 상피 보호, 항감염 작용을 하며, 결핍 시 야맹증을 유발한다.

오답 피하기 ① 비타민 K의 기능이다.
② 비타민 B1의 기능이다.
③ 비타민 B12의 기능이다.

29 ④
지용성 비타민에는 비타민 A, 비타민 D, 비타민 E, 비타민 K 등이 있다.

오답 피하기 ①②③ 수용성 비타민에 해당한다.

30 ②
장폐색은 뼈, 건어물, 씨앗류 등을 섭취했을 때 발생하는 문제이다.

31 ③
치아가 깨끗하고 하얀 것은 정상적인 상태이다.

32 ④
제시된 관리 포인트는 다리 및 관절과 관련되어 있다.

33 ②
반려견의 체온은 항문에 체온계를 넣어 측정한다.

34 ①
반려견의 맥박은 허벅지 안쪽의 대퇴 동맥에 손가락을 대어 측정한다.

35 ④
반려견의 정상적인 호흡수는 10~30회/분이므로, 15회/분은 정상 범위에 속한다.

36 ④
진드기 매개 질병(바베시아증 등)의 예방을 위해 산책 시 보호제를 사용하는 것이 필수적이다.

37 ④
골절 부위가 손상되지 않도록 반려견의 움직임을 최소화한다.

38 ④
어질리티는 장애물을 피하는 경기이므로 후각 능력이 요구되지 않는다.

39 ④
엉덩이에서 무릎까지 연결되는 큰 뼈인 넙다리뼈이다.

40 ②
닥스훈트에 대한 설명이다.
오답 피하기 ① 시츄
③ 잉글리쉬 불독
④ 비글

3과목 | 반려동물 훈련학 p. 382~385

41	③	42	②	43	②	44	④	45	②
46	②	47	②	48	①	49	①	50	②
51	②	52	③	53	④	54	①	55	④
56	②	57	④	58	①	59	④	60	④

41 ③
놀이에 쓰인 장난감은 놀이 종료 후 바로 치워 흥미가 떨어지지 않게 한다.

42 ②
반려견 목줄의 종류 중 하네스에 대한 설명이다.
오답 피하기 ① 반려견과 사람을 연결해주는 주요 훈련 도구로, 용도에 따라 줄의 길이가 다르다.
③ 목줄 안쪽에 뾰족한 돌기가 있는 금속 체인으로 가장 강력한 통제가 가능하다.
④ 일반적인 형태의 목줄이다.

43 ②
유전적 요인은 부모에게 물려받는 것으로 반려견 행동에 지속적인 영향을 끼친다.
오답 피하기 ① 훈련에 필수적인 요소인 동기의 수준을 뜻하며 성취도에 큰 영향을 준다.
③ 반려견의 성장 시기에 따라 학습 능력과 집중력이 달라지는 것을 의미한다.
④ 물리적 환경, 사회적 환경 등으로 나뉘는 요인이다.

44 ④
행동주의 학습이론으로는 파블로프의 고전적 조건화, 스키너의 조작적 조건화 이론이 대표적이다.

45 ②
흔적 조건화는 조건 자극을 먼저 제시하고 일정 시간이 지난 후에 무조건 자극을 주는 방법으로 가장 효과적이다.

46 ②
고전적 조건화에서 무조건 반응으로 보이는 침 분비는 자율신경계에 의해 발생한다.
오답 피하기 ①③④ 조작적 조건화의 특징이다.

47 ②
추동감소론에 해당하는 설명으로, 예시로 음식의 결핍으로 배고픔을 느낄 때 먹이 획득을 위한 사냥 행동을 보인다.
오답 피하기 ① 특정 행동이 불쾌한 결과를 가져오면 그 결과를 회피하게 되며, 이 과정에서 다른 행동을 선택하거나 특정 행동을 표현한다는 이론이다.
③ 특정 행동이 일정 수준 이하로 제한당하면 그것을 얻고자 하는 욕구가 발생하는 것을 통해 행동 강화에 적용하는 이론이다.
④ 행동은 강화물에 의해 발생되지만 강화물을 얻기 위한 행동 자체도 강화물이 될 수 있으며, 행동의 상대적 가치에 따라 상황에 따른 선호 행동이 발생한다는 이론이다.

48 ①
비율 긴장에 대한 설명에 해당한다.
오답 피하기 ② 여러 행동 강화 시 강화 계획의 종류에 따라 특정 행동을 선택하는 현상이 발생하며, 두 행동이 모두 강화를 받은 경우 강화 비율이 높은 쪽을 선택함을 뜻하는 개념이다.
③ 행동과 강화물 사이의 시간 지연이 발생하면 행동 결과에 강화물이 결합하지 못함을 뜻하는 개념이다.
④ 간헐적으로 강화를 받은 반려견은 소거와 강화를 분별하기 어려움을 뜻하는 개념이다.

49 ①
긍정적 강화와 부정적 강화는 행동의 증가를 일으킨다.

50 ②
강화력은 결핍 수준이 높을수록 더 커지며 강화물의 종류와 질에 따라 효과가 다르다.

51 ②
혐오성 자극을 이용한 훈련은 문제행동을 일시적으로 억제하는 효과가 있다.

52 ③
용암은 특정 행동을 발생시키는 자극의 크기를 조금씩 줄이면서 목표에 이르는 훈련법이다.

53 ④
환경 풍부화를 통해 반려견에게 다양한 환경 자극을 제공할 수 있다.

오답 피하기 ① 반려견의 특정 행동을 감소시키거나 없애는 데 주로 사용되는 것이다.
② 비정상적으로 두려워하는 특정 자극에 반복적으로 노출시켜 자극에 대한 반응이 둔화되도록 하는 것이다.
③ 조건화된 조건 자극을 다른 성질의 것으로 결합하여 새로운 반응을 형성함으로써 바람직하지 않은 행동의 교정에 활용하는 것이다.

54 ①
땅을 파는 반려견의 행동 교정에 해당한다.

55 ④
실기시험 항목에 제자리 돌기는 포함되지 않는다.

56 ②
반려견과 핸들러가 다양한 장애물을 신속하게 통과하여 결승점까지 도달하는 스포츠는 어질리티이다.

오답 피하기 ① 플라스틱 원반 장난감을 서로 멀리 던져서 받는 놀이와 경기이다.
③ 사람이 던지고 놀던 디스크를 반려견과 함께 던지는 경기이다.
④ 반려견이 스타트 지점을 지나 4개의 허들을 통과한 후 박스의 공을 물고 다시 4개의 허들을 넘어 피니시 라인으로 돌아오는 릴레이 경기이다.

57 ④
대형에 속하는 체고는 43cm 이상의 반려견에 해당한다.

58 ①
어질리티에 쓰이는 위브 폴이다.

59 ④
반려견 스포츠 중 '플라이볼'에서 쓰이는 '플라이볼 박스'이다.

60 ④
치료 도우미견의 선발 연령은 12개월령 이상이다.

4과목 | 직업윤리 및 법률   p. 385~387

61	②	62	③	63	④	64	④	65	②
66	③	67	①	68	②	69	①	70	③
71	③	72	②	73	④	74	③	75	④
76	③	77	③	78	③	79	②	80	②

61 ②
유실·유기동물이란 도로·공원 등의 공공장소에서 소유자등이 없이 배회하거나 내버려진 동물을 말한다(동물보호법 제2조 제3항).

오답 피하기 ① 반려동물로 기르는 개나 고양이 자체를 유실·유기동물로 정의하지는 않는다.
③ 맹견은 국가에서 지정한 위험성이 있는 특정 견종의 개를 의미하며 유실·유기동물과는 구분되는 개념이다.
④ 소유자의 허락 없이 돌아다니는 동물이라도 소유자가 있는 경우에는 유실·유기동물로 정의되지 않는다.

62 ③
동물 복지종합계획은 동물의 보호·복지 및 관리, 반려동물 관련 영업, 보건 증진, 대국민 교육 등 다양한 내용을 포함하지만, 처벌 수위는 법률이나 행정명령을 통해 별도로 정해진다.

63 ④
동물보호법에서는 동물에게 불필요한 고통을 주는 행위를 금지한다. 반려동물의 건강을 위한 적절한 운동은 동물 복지의 중요한 요소로 권장된다.

64 ④
맹견 사육자는 동물보호법 제18조(맹견사육허가 등), 제21조(맹견의 관리)에 따라 맹견사육허가 및 정기 교육을 받아야 한다.

오답 피하기 ① 즉시 안락사 규정 없음 → 맹견이 공격성을 보였다고 해서 무조건 안락사해야 하는 것은 아니다.
② 추가 교육 의무 있음 → 사육 허가를 받은 후에도 시·도지사가 명령하면 추가 훈련 및 교육을 받아야 한다.
③ 사람을 다치게 하면 사육 지속 불가능할 수도 있음 → 맹견이 사람을 공격하여 다치게 하면 허가 철회 및 인도적 처리 조치가 내려질 수 있다.

65 ②
반려동물행동지도사는 의료 행위를 할 수 없으며, 이는 수의사의 업무이다.

66 ③
정신질환자는 원칙적으로 자격이 제한되지만, 정신건강의학과 전문의가 업무 수행이 가능하다고 인정하면 예외적으로 가능하다.

67 ①
동물수입 영업자와 종사자는 동물보호법 제78조에 따른 사항을 준수해야 한다.
오답 피하기 ② 판매 목적과 관계없이 신고 필요 → 수입한 동물은 판매 여부와 상관없이 신고해야 한다.
③ 신고한 용도와 다르게 사용 금지 → 신고한 용도 외의 사용은 불법이다.
④ 동물판매업자 외에도 직접 판매 가능 → 수입업자가 직접 판매할 수도 있다.

68 ②
동물학대 방지 목적 → 명예동물보호관은 동물보호 및 계몽 활동을 위해 위촉될 수 있다.
오답 피하기 ① 권한 남용 금지 → 직무 수행 시 부정한 행위를 하거나 권한을 남용할 수 없다.
③ 일정 자격 필요 → 제10조를 위반해 형이 확정된 사람은 명예동물보호관이 될 수 없다.
④ 신분증 지참 의무 → 직무 수행 시 신분을 증명하는 증표를 지니고 있어야 한다.

69 ①
영업정지 기간 중 영업 → 제83조를 위반한 경우 1년 이하 징역 대상이다.
오답 피하기 ② 동물장묘업 거짓 등록 → 제72조를 위반하여 거짓으로 영업 등록한 경우 2년 이하 징역 대상이다.
③ 맹견취급허가 없이 영업 → 제70조를 위반하여 허가 없이 맹견을 취급한 경우 2년 이하 징역 대상이다.
④ 사람을 사망에 이르게 한 경우 → 제16조를 위반하여 사람을 사망에 이르게 한 경우 3년 이하 징역 대상이다.

70 ③
보호시설 폐쇄명령 불이행 → 제38조 제2항을 위반하여 보호시설 폐쇄명령을 따르지 않은 경우 500만 원 이하의 벌금 대상이다.
오답 피하기 ① 맹견 유기 → 제10조 제4항 제1호에 따라 일반 동물 유기는 300만 원 이하 벌금, 맹견 유기는 2년 이하 징역 또는 2천만 원 이하의 벌금 대상이다.
② 동물을 도박에 이용한 경우 → 제10조 제5항 제2호 위반으로 300만 원 이하 벌금 대상이다.
④ 영업정지 기간에 영업 → 제83조 위반으로 1년 이하 징역 또는 1천만 원 이하의 벌금 대상이다.

71 ③
소비자 정보 제공은 중요한 의무로, 소비자가 중요한 결정을 내릴 수 있도록 반드시 정보를 제공해야 한다.

72 ②
소비자중심경영인증의 유효기간은 3년이며, 2024년 2월 13일 개정되었다.

73 ④
특정 전문성이 요구되는 분쟁조정기구에서 관장하는 사항은 제외된다.

74 ③
가축전염병 예방법은 전염병 예방·관리에 관한 법이다.

75 ④
동물등록제는 반려동물(개)의 유실·유기를 방지하기 위한 제도이다.
오답 피하기 ① 현재 고양이는 의무 등록 대상이 아니며 일부 지자체에서 시범 운영 중이다.
② 동물등록은 모든 동물이 아닌 개(2개월령 이상)에 한해 의무이다.
③ 반려동물 등록은 선택이 아닌 보호자의 법적 의무이다.

76 ③
일부 지자체에서는 동물등록 비용의 지원 사업을 진행하고 있다.
오답 피하기 ① 동물등록제는 반려동물의 유실·유기 방지 목적이 있다.
② 고양이 동물등록 의무화가 추진 중이며, 향후 개와 동일하게 등록 의무화될 가능성이 크다.
④ 동물등록은 반려동물의 신원 정보 관리 목적이며, 실시간 위치 추적 기능이 아니다.

77 ③
장애인 보조견을 동반한 장애인은 공공장소에서 차별 없이 출입이 가능하다.
오답 피하기 ① 보조견 출입 보장은 장애인복지법(제40조의2)에 의해 규정되어 있다.
② 보조견 출입을 거부할 경우 최대 300만 원 이하의 과태료가 부과될 수 있다.
④ 장애인 보조견은 식당, 병원, 공공시설, 대중교통 등에서 모두 이용 가능하다.

78 ③
동물의 방임 및 유기 금지와 관련된 조항이다.

79 ②
반려동물의 배고픔과 갈증으로부터의 자유를 위하여 균형잡힌 식단과 깨끗한 물 제공 등의 기본적 욕구를 존중해주어야 한다.

오답 피하기 ① 과도한 간식 제공은 비만과 건강 문제를 초래할 수 있다.
③ 반려견은 사회적 동물로 충분한 교류와 활동이 필요하다.
④ 신체적 건강뿐만 아니라 정신적, 사회적 욕구까지 충족해야 한다.

80 ②
인간 중심의 사고에서 벗어나 동물도 고통을 느끼고 행복을 추구하는 존재로서 도덕적 고려의 대상이 되어야 한다는 관점이다.

5과목 | 보호자 교육 및 상담 p. 388~390

81	①	82	②	83	②	84	③	85	④
86	④	87	①	88	③	89	①	90	③
91	④	92	③	93	①	94	②	95	③
96	④	97	③	98	④	99	④	100	③

81 ①
보호자는 반려견이 사회에서 적응할 수 있도록 훈련과 교육을 제공해야 한다.

오답 피하기 ② 반려견은 적절한 보호와 관리가 필요하며, 보호자의 관심이 필수적이다.
③ 반려견의 신체적 건강뿐만 아니라 반려견과의 정서적 교류도 중요하다.
④ 반려견을 집 밖에 방치하는 것은 올바른 보호자의 역할이 아니다.

82 ②
보호자는 반려견의 행동을 통제할 책임이 있으며, 법적 책임도 질 수 있다.

83 ②
반려견의 과실로 인해 사람이 사망에 이른 경우, 3년 이하의 징역 또는 3천만 원 이하의 벌금에 처해질 수 있다(과실치사).

오답 피하기 ① 300만 원 이하의 벌금에 처해질 수 있다(맹견을 유기한 경우는 제외한다).
③④ 반려견의 과실로 사람의 신체를 상해에 이르게 한 경우 2년 이하의 징역 또는 2천만 원 이하의 벌금에 처해질 수 있다(과실치상).

84 ③
반려견이 원하는 것을 얻기 위해 특정 행동을 반복하는 경우이다.

오답 피하기 ① 테리어종의 과도한 사냥 본능, 시베리안 허스키의 탈출 성향 등이 있다.
② 반려견이 과거의 경험을 통해 특정 행동을 학습했을 때 발생하는 행동이다.
④ 충분한 운동 및 놀이 부족으로 과도한 짖음, 가구 물어뜯기, 공격성 등이 증가하는 행동이다.

85 ④
두 교육 방법 모두 전문가가 반려견의 행동을 교정하는 역할을 수행한다는 공통점이 있다.

오답 피하기 ① 두 교육 방법 모두 비용이 비교적 높은 편이며, 방문 행동 교정은 출장비가 추가될 수 있다.
② 방문 행동 교정은 보호자가 훈련법을 익히는 것이 중요하지만, 위탁 행동 교정은 보호자가 직접 훈련을 하지 않아도 된다.
③ 반려견을 맡기는 것은 위탁 행동 교정의 특징이며, 방문 행동 교정과는 다르다.

86 ④
제시된 도구들은 문제행동을 줄이는 데 초점을 둔 행동 교정 약화 도구에 해당한다.

87 ①
반려견의 기본 훈련 과정의 예시이다.

오답 피하기 ② 다른 반려견과의 교류를 통해 사회성을 길러주는 방법이다.
③ 반려견이 공격적인 행동을 보일 때 1:1 상담 및 훈련 지도를 진행한다.
④ 보호소 봉사나 전문가 상담을 통해 보호자가 깊이 있는 지식을 습득한다.

88 ③
대형견의 리드줄 길이는 1.5~2m가 적당하며, 처음부터 너무 길게 잡지 않도록 지도해야 한다.

89 ①
소거(Extinction)는 조건 자극과 무조건 자극이 결합되지 않으면 반응이 점차 사라지는 과정을 의미한다.

90 ③
반려견을 집에만 머무르게 하면 외부 환경에 대한 적응력이 떨어져 오히려 사회성이 저하될 수 있다.

91 ④
스키너의 학습 이론에 따르면, 행동의 결과로 강화물이 제공될 경우 반려견이 같은 행동을 반복할 확률이 증가한다.

오답 피하기 ① 강화물은 행동 빈도를 증가시키는 역할을 하며, 감소시키는 자극은 '벌'이다.
② 이차적 강화물은 음식과 같은 직접적인 보상이 아니라, 클리커 소리나 칭찬과 같이 학습을 통해 효과를 가지는 강화물이다.
③ 강화물은 학습과 직접적으로 관련이 있으며, 행동을 촉진하는 중요한 요소이다.

92 ③
반려견이 낯선 환경에서도 배변을 한다면 그만큼 안정감을 느끼고 사회적 적응력이 높다고 볼 수 있다.

오답 피하기 ① 배변 장소의 선호보다는 새로운 환경에서의 적응력이 평가의 초점이다.
② 배변 훈련 여부보다는 환경 적응과 심리적 안정성을 평가하는 것이 목표이다.
④ 독립성보다는 환경에 대한 심리적 안정성이 주요 평가 요소이다.

93 ①
유형성(Tangibles)을 높이기 위해 상담 공간을 깨끗하고 정돈된 상태로 유지하는 것이 중요하다.

오답 피하기 ② 논리적인 해결책도 중요하지만, 상담 환경도 서비스 품질에 영향을 미친다.
③ 교육 도구를 적절하게 활용하여 보호자가 이해하기 쉽게 도와야 한다.
④ 시각적 자료(영상, 프레젠테이션 등)는 상담 효과를 높이는 중요한 요소이다.

94 ②
신뢰 화법은 솔직하고 일관된 태도를 유지하며, 과학적으로 검증된 방법을 사용하여 고객의 신뢰를 쌓는 것이다.

오답 피하기 ① 전문가의 의견만을 강조하면 고객과의 신뢰 관계가 형성되기 어렵다.
③ 감정적인 설명보다는 객관적이고 신뢰할 수 있는 정보가 중요하다.
④ 단 하나의 해결책만 강조하는 것은 신뢰 형성에 부정적인 영향을 미칠 수 있다.

95 ③
견종별 환경 조성 시 체고, 체중, 피모의 길이 및 밀도를 고려하여 실내·외 환경을 조성해야 한다.

오답 피하기 ① 견종별 체형과 성향에 맞는 목줄과 리드줄을 선택하는 것이 중요하다.
② 모든 반려견에게 동일한 환경을 제공하면 특정 견종에게 불리할 수 있다.
④ 피부 알레르기가 있는 반려견은 저자극 환경과 공기질 관리를 고려해야 한다.

96 ④
반려견 유치원은 보호자가 부재 중에도 반려견이 건강한 사회성을 유지할 수 있도록 교육하는 시설이다.

오답 피하기 ① 반려견 훈련소의 역할이다.
② 미용실이나 동물병원의 서비스에 가깝다.
③ 반려견 호텔의 목적에 해당한다.

97 ③
모든 반려견을 한 공간에서 자유롭게 활동하게 하면 안전사고가 발생할 위험이 높다.

98 ④
반려견이 교육 내용을 잊지 않도록 지속적인 복습과 보호자와의 소통이 중요하며 추가적인 연락을 하지 않는 것은 교육 효과를 감소시킬 수 있다.

99 ④
교육 종료 후에도 보호자와 지속적인 관계를 유지하며 반려견의 상태를 점검하고 필요한 지원을 제공하는 것이 신뢰를 유지하는 가장 효과적인 방법이다.

오답 피하기 ①②③ 신뢰를 유지하는 데 부적절한 방식이다.

100 ③
불만을 제기하는 보호자에게 열린 태도로 응대하고 개선점을 함께 논의하는 것이 중요하다.

오답 피하기 ①②④ 보호자의 의견을 무시하거나 문제 해결을 회피하는 태도이므로 부적절하다.

반려동물행동지도사 자격시험 모의 답안지

기 록 란 (DATA SHEET)

성명

응시일자 : 20   년   월   일

수험번호

생년월일 (주민번호 앞자리)

문제지유형
- 홀수형 ☐
- 짝수형 ☐

문제지 결장의 유·무를 확인 후 표기

감독관 확인

수험생이 지켜야 할 일
1. 답안지에는 반드시 연필을 사용하여 표기해야 합니다.
2. 표기란에는 "●"와 같이 바르게 표기해야 합니다. (잘못된 표기 예시 → ⊘ ⊙ ⊖ ◐)
3. 표기란 수정은 지우개를 사용하여 안전(깨끗)하게 수정해야 합니다.

답 안 란 (ANSWER SHEET)

객관식 답란

문항	1과목 1 2 3 4	문항	2과목 1 2 3 4	문항	3과목 1 2 3 4	문항	4과목 1 2 3 4	문항	5과목 1 2 3 4
1	① ② ③ ④	21	① ② ③ ④	41	① ② ③ ④	61	① ② ③ ④	81	① ② ③ ④
2	① ② ③ ④	22	① ② ③ ④	42	① ② ③ ④	62	① ② ③ ④	82	① ② ③ ④
3	① ② ③ ④	23	① ② ③ ④	43	① ② ③ ④	63	① ② ③ ④	83	① ② ③ ④
4	① ② ③ ④	24	① ② ③ ④	44	① ② ③ ④	64	① ② ③ ④	84	① ② ③ ④
5	① ② ③ ④	25	① ② ③ ④	45	① ② ③ ④	65	① ② ③ ④	85	① ② ③ ④
6	① ② ③ ④	26	① ② ③ ④	46	① ② ③ ④	66	① ② ③ ④	86	① ② ③ ④
7	① ② ③ ④	27	① ② ③ ④	47	① ② ③ ④	67	① ② ③ ④	87	① ② ③ ④
8	① ② ③ ④	28	① ② ③ ④	48	① ② ③ ④	68	① ② ③ ④	88	① ② ③ ④
9	① ② ③ ④	29	① ② ③ ④	49	① ② ③ ④	69	① ② ③ ④	89	① ② ③ ④
10	① ② ③ ④	30	① ② ③ ④	50	① ② ③ ④	70	① ② ③ ④	90	① ② ③ ④
11	① ② ③ ④	31	① ② ③ ④	51	① ② ③ ④	71	① ② ③ ④	91	① ② ③ ④
12	① ② ③ ④	32	① ② ③ ④	52	① ② ③ ④	72	① ② ③ ④	92	① ② ③ ④
13	① ② ③ ④	33	① ② ③ ④	53	① ② ③ ④	73	① ② ③ ④	93	① ② ③ ④
14	① ② ③ ④	34	① ② ③ ④	54	① ② ③ ④	74	① ② ③ ④	94	① ② ③ ④
15	① ② ③ ④	35	① ② ③ ④	55	① ② ③ ④	75	① ② ③ ④	95	① ② ③ ④
16	① ② ③ ④	36	① ② ③ ④	56	① ② ③ ④	76	① ② ③ ④	96	① ② ③ ④
17	① ② ③ ④	37	① ② ③ ④	57	① ② ③ ④	77	① ② ③ ④	97	① ② ③ ④
18	① ② ③ ④	38	① ② ③ ④	58	① ② ③ ④	78	① ② ③ ④	98	① ② ③ ④
19	① ② ③ ④	39	① ② ③ ④	59	① ② ③ ④	79	① ② ③ ④	99	① ② ③ ④
20	① ② ③ ④	40	① ② ③ ④	60	① ② ③ ④	80	① ② ③ ④	100	① ② ③ ④

정답과 해설

2026 최신판

에듀윌 반려동물행동지도사
한권끝장
+무료특강

고객의 꿈, 직원의 꿈, 지역사회의 꿈을 실현한다

에듀윌 도서몰
book.eduwill.net
- 부가학습자료 및 정오표: 에듀윌 도서몰 > 도서자료실
- 교재 문의: 에듀윌 도서몰 > 문의하기 > 교재(내용, 출간) / 주문 및 배송